西方人学观念史

赵敦华

———— 主编

江苏人民出版社

图书在版编目(CIP)数据

西方人学观念史 / 赵敦华主编. —南京：江苏人
民出版社，2024.2

ISBN 978-7-214-28240-8

Ⅰ.①西… Ⅱ.①赵… Ⅲ.①人学-思想史-西方国
家 Ⅳ.①C912.1-091

中国国家版本馆 CIP 数据核字(2023)第 131534 号

书　　　名	西方人学观念史	
主　　　编	赵敦华	
责 任 编 辑	汪意云　汪思琪	
装 帧 设 计	刘葶葶	
责 任 监 制	王　娟	
出 版 发 行	江苏人民出版社	
地　　　址	南京市湖南路 1 号 A 楼,邮编:210009	
照　　　排	江苏凤凰制版有限公司	
印　　　刷	苏州市越洋印刷有限公司	
开　　　本	718 毫米×1 000 毫米　1/16	
印　　　张	35.5　插页 4	
字　　　数	540 千字	
版　　　次	2024 年 2 月第 1 版	
印　　　次	2024 年 2 月第 1 次印刷	
标 准 书 号	ISBN 978-7-214-28240-8	
定　　　价	148.00 元	

(江苏人民出版社图书凡印装错误可向承印厂调换)

总　序

我是学哲学的,只能写一点哲学方面的东西。在人们眼里,我属于西方哲学专业,如果写西方哲学方面的书,可能有一些阅读的价值。但我也写其他方面的书,谈马克思,谈中国哲学,谈宗教学,谈进化论,等等,那些都不是我专攻的领域。我为什么要冒着"外行"评说"内行"的风险,涉足西方哲学以外的那些领域呢? 我曾经沿着自己所从事的专业方向,鸟瞰两千多年的西方哲学的历史,并对其中的几个胜境作了透视。但是,写得越多,我越感到自己的无知。庄子说:"吾生也有涯,而知也无涯。以有涯随无涯,殆已!"孔子也说:"学而不思则罔,思而不学则殆。"我今年已有七十四岁,却既不殆也不罔。因为我相信,人的有限生命是融入无限的过程,人类知识由世世代代的人的思想积累而成。每个人在有限生命中能吸吮到思想海洋中的一滴,那是何等甘美! 人们所写的文字能为知识的"通天塔"增添一砖一瓦,那是何等幸福!

这套文集的每一本书,即使有些篇章涉及哲学以外领域,也都源于我对哲学的研究。一种哲学言谈不管多么纯粹,不管看起来与现实多么遥远,都有它的"文化母体"(cultural matrix)。在广阔的历史视野里,不同历史时期的哲学有不同的文化母体。比如,古希腊哲学所依附的文化母体是希腊人的世界观,它最早表现于希腊神话和宗教,但那仅仅是一幅拟人化的世界图画。当人们进一步用思想去理解它,找出构成它的要素,分析这些要素的关系,又从这些要素构造世界的等级结构和统摄它的最高原则,这时哲学就诞生了。希腊哲学的文化母体不但是神话世界观,还包括与它同时生成的戏剧、艺术、几何学、经验性的科学、医学和历史学体现出来的观察世界的"视域"(horizon)和"焦点"(focus)。这样的文化母体中孕育出来的哲学是理性化的世界观,它当然也关心人。至少从苏格拉底开始,"人"成为哲学的中心,但希腊哲学家并不认为人是世界的中心,他们把"人"定位在世界的一个合适位置,人的本质(不管是灵魂还是理智)和目的(不管是德性还是幸福)都是由人在世界中的地位所规定的。世界观对于希腊哲学的重要性一直保留在以后的哲学里,以至于现在人们常把"哲学"定义为世界观(Weltanschauung)。当我们听到这样的定义时,要注意它的定义域。希腊哲学以后的哲学虽然与世界观有密切关系,但不能像希腊哲学那样被简单地等同为理性化的世界观,因为它们的文化母体不是世界观。比如,继希腊哲学之后出现的中世纪的各种哲学就不是世界观。在中世纪,哲学的文化母体是基督教,中世纪哲学是基督教哲学。基督教教义的中心是人和上帝的关系,世界观出现在人神关系的视域,而不是相反。据基督教教义,上帝是世界的创造者,他超越世界;上帝把世界交托给人管理,人因对上帝负有义务而与世界打交道。基督教这一文化母体孕育出的哲学、神学、文学和科学有很大程度的相似性,中世纪文化是神学一统天下。基督教哲学是神学的婢女,作为自然哲学的科学也属于神学,文学艺术则是神学观念的感性形式。

现代哲学摆脱了基督教和神学,但没有因此回归希腊的世界观哲学,因为它的文化母体不是希腊人的世界观,而是近代自然科学。但是从自然科学这一文化母体中产生出来的近代哲学并不囿于对自然界的研究,从培根、霍布斯、洛克到休谟,从笛卡尔、斯宾诺莎到莱布尼茨,从卢梭到康德等德国唯心论者,人的内心世界比外部世界更加重要,内在的自我意识和天上的星辰同样奥妙和神圣。但是从他们的著作中我们可以理解,他们对人的意识和社会行为的观点离不开自然科学设定的"参照系",这就是自然科学的理性标准和方法论。

哲学家也做实验,他们的大脑是实验室,思想实验是哲学的重要方法。所谓思想实验,就是利用自然科学技术提供的材料,想象出另一个自然。比如,对于人的理解,向来有"天性还是教养"(nature or nurture)的争论。早期基督教教父阿诺毕乌斯设计了一个"隔离的人"的实验,设想把一个刚出生的婴儿放在与世隔绝的房间里,由一个沉默的、无感情的人抚养成人,那么这个人将没有思维和语言,以及作为一个人所具备的一切;结论:人是后天教养的结果。中世纪阿拉伯哲学家伊本·西纳设计了一个"空中人"的实验,设想一个突然被创造出来的人悬浮在空中,眼睛被蒙蔽,身体被分离,此时他将没有任何知识,甚至连感觉也没有,但他不可能对他的存在没有意识;结论:人的存在是先天的自然本性。科幻小说和后现代的艺术也是这类思想实验或自由的游戏。

我的梦想是把哲学和现代知识、道德和艺术尽可能广泛与完满地结合在一起,不管这个学术梦会产生什么影响,对于我来说,它是在一个思想世界的漂泊。法国知名科学家联合写作的《最动人的人类史》一书中有一段令人印象深刻的描写:

> 我们直立的祖先带上他的小行囊,出发去征服世界了……
>
> 他们开始了征服地球的漫长历程,最早的移民为数不多,但却大无畏,踏上了冒险的旅程……
>
> 虽然有地理上的障碍,但他们毫不犹豫,越过沙漠,通过地峡,渡过海峡……
>
> 大约公元前五十万年前,在非洲、中国、印度尼西亚、欧洲,都有了直立人,旧大陆被征服了。[1]

最后,请允许我借用"小行囊"这个比喻:我所具有的知识储备与人类知识发展水平相比,好像是直立人的"小行囊"之于现代知识;即便如此,我仍愿意带上我的小行囊,出发到思想世界去漂泊。这套书记载的是我的漂泊经历。

2003 年 8 月 18 日 于北京大学外国哲学研究所

---

1 安德烈·朗加内等:《最动人的人类史》,蒋梓骅、王岩译,太白文艺出版社 1998 年版,第 27—29 页。

目 录

前　言 | 001

第一编

人学的童年 | 001

第一章　"人"的诞生 | 003
　　第一节　"宗教人"的形象 | 005
　　第二节　"自然人"的形象 | 017
　　第三节　"文化人"的形象 | 023
　　第四节　"智慧人"的形象 | 038
　　第五节　人的综合形象 | 056
　　第六节　人的形象的消解 | 067
第二章　"宗教人"的观念 | 072
　　第一节　人的堕落与自由 | 073
　　第二节　人性与神性 | 098
　　第三节　人的灵魂与肉体 | 110
　　第四节　神圣与世俗的生活 | 122

第二编

多元化的人学新篇章 | 139

第三章　"文化人"的观念 | 141

第一节　人的重新发现 | 142

第二节　思考人的生活 | 152

第三节　研究人的"新科学" | 159

第四节　呼唤人的启蒙 | 168

第五节　张扬个性自由 | 180

第四章　"自然人"的观念 | 189

第一节　"政治人"的观念 | 190

第二节　人性科学 | 210

第三节　"道德人"的观念 | 223

第四节　自然决定论 | 232

第五节　人本学 | 243

第五章　"理性人"的观念 | 251

第一节　"自我"的凸显 | 253

第二节　人是理性存在者 | 269

第三节　人的自由行动 | 285

第四节　人的精神发展 | 293

第三编

挑战与转型 | 309

第六章　"生物人"的观念 | 311

第一节　进化论与人学 | 312

第二节　社会的生物性　　　　　　　　　| 322

第三节　进化博弈论　　　　　　　　　　| 329

第四节　基因决定论　　　　　　　　　　| 338

第七章　"文明人"的观念　　　　　　　　| 347

第一节　价值世界的创造　　　　　　　　| 347

第二节　文明进程的反思　　　　　　　　| 352

第三节　文明起源的探讨　　　　　　　　| 359

第四节　原始思维的解码　　　　　　　　| 377

第八章　"行为人"的观念　　　　　　　　| 389

第一节　行为的实效　　　　　　　　　　| 390

第二节　身心统一的行为　　　　　　　　| 400

第三节　日常生活的语言行为　　　　　　| 410

第九章　"心理人"的观念　　　　　　　　| 421

第一节　人的意志力　　　　　　　　　　| 423

第二节　人的生命冲动　　　　　　　　　| 433

第三节　人的性欲冲动　　　　　　　　　| 440

第四节　社会心理的分析和批判　　　　　| 451

第五节　健康的人格　　　　　　　　　　| 462

第六节　欲望的结构分析　　　　　　　　| 481

第十章　"存在人"的观念　　　　　　　　| 489

第一节　哲学人类学的观念　　　　　　　| 490

第二节　存在的澄明　　　　　　　　　　| 498

第三节　人的存在与自由　　　　　　　　| 508

第四节　存在的终极关怀　　　　　　　　| 523

结束语　人的消解　　　　　　　　　　　| 536

前　言

当年黄楠森先生委托我主持北京市哲学社会科学"九五"重点项目"人学的理论和历史"的分项目"西方人学史",当时我以为这并非难事,无非是在前人工作的基础上做一些综述评介工作。但是在着手研究时,我发现事情并没想象的那么简单。我最先感觉到的困难是没有现成的可供参考的前人的成果。关于人学的专著很少,大多数图书资料检索系统还没有"人学"这一主题词,与中文"人学"相对应的外文词汇 hominology 甚至在字典上都找不到。但另一方面,与人学相关的资料又可以说是汗牛充栋,不论查询"哲学史""伦理学""人类学""心理学""社会学""政治学",还是"经济学""历史学""语言学""宗教学""考古学"等主题词,都可以发现不可胜数的资料。卡恩(Theodore C. Kahn)在《人学导论:关于人的整体的研究》一书中列举了 14 门与人学有关的学科,除了上面提到的那些学科,还有地理学、生态学、控制论和仿生学等自然科学方面的学科。卡恩说,所有这些学科都和人学有关,但又不是人学本身,人学本身是"非学科"(non-discipline)和"非专业"(non-specialized)。他解释说,人学不是一门单独的学科和专业,因为它具有相对于其他任何专业和学科的中立性(即不以任何一门学科专业为基础和前提)和普遍性(即研究人的整体,而不是人的一个方面或一个部分)。[1]

卡恩把人学理解为"非学科"和"非专业"的观点是可以商榷的,但他对人学性质的这一描述至少反映了这样一个事实,即大多数西方的和中国的学者还没有把西方人学史当作一门学问来研究,甚至没有把人学作为一门学科。但是人学在各门学科中又可以说是无所不在。为了把人学的思想观念从各门学科关于人的论

---

[1] T. C. Kahn, *An Introduction to Hominology: The Study of the Whole Man*, Springfield: Thomas, 1969, p. 5.

述中概括、抽取出来,一定要有一个理论框架和标准,以决定哪些材料与人学相关,哪些材料是重点,哪些材料是辅助的,甚至是可以忽略的。因此,在正式开始写作之前,我花了很长时间思考"人学何以可能"和"什么是西方人学的对象和范围"等问题。我的思考的部分结论在《作为文化学的哲学》(载《哲学研究》1995 年第 5 期)、《作为人学的文化学》(载《学术月刊》1996 年第 4 期)等文章和一篇对我的访谈《"大哲学"的观念和比较哲学的方法》(载《哲学动态》1999 年第 1 期)之中得以阐述。

关于西方人学的对象和范围的问题,我想可以从三个方面加以解决:一是结构,二是选材,三是方法。这三个方面是相互联系的,解决其中一个便可以解决其他方面。比如,首先确定结构,就可以根据结构来选材,根据结构决定组织材料的方法;再如,首先确定材料的范围,就可以决定选材和概括的方法,根据材料和方法概括出一个合适的结构。我分别尝试了这两种方案,但成效甚微,于是从方法入手,来解决结构和选材的问题,取得了自己尚感满意的结果,并把这一结果应用于后来的写作。因此,在读者接触本书的内容之前,我愿意先谈一谈本书解决结构和选材的方法。

西方人虽然没有为我提供现成的人学史参考书,却为我写作西方人学史提供了方法。我首先必须承认,本书的写作得益于观念史的方法和叙事法。以下分别对这两种方法作一说明。

"观念史"的概念首先由德国哲学家狄尔泰(Wilhelm Dilthey)在《劳萨克尔的观念史成就》(E. Rothacker's archiv für Begriffsgeschüchte)一文中提出,后经美国哲学家劳维格教(A. O. Lovegjoy)大力倡导,逐渐形成一家之言,《观念史杂志》(*Journal of the History of Ideas*)就是此派的阵地。观念史派是属于哲学史的一个派别,它主张哲学史是文化史、观念史,而不仅仅是哲学范畴和哲学家、哲学流派的历史。这实际上是反对把哲学史解释成少数哲学家的思想史、概念史,而要求根据文化背景和社会环境来确定哲学的对象、范围和内容。可以说,观念史是扩大了的哲学史,它不仅包括现有哲学史的内容,而且包括与哲学思想相关的政治、经济、科学等领域的思想,但又不是哲学史与政治思想史、经济思想史、社会思想史和科学史等的混合,而是以哲学史为核心的综合性的、跨学科的文化思想史。这就是他们称之为"观念史"的科学。

虽然观念史派在西方哲学界不是主流派别，绝大多数西方哲学史著作没有采用观念史的方法，但我倒是觉得，这一派的主张和方法对于克服哲学的危机、扩大哲学的领域和社会功能具有积极的意义。上面提到的我写的关于"文化学"和"大哲学"的那些文章，与他们所提倡的"文化史"和"观念史"的思想有不少一致的地方。我在那些文章中力图说明，现有的哲学史只是包括形而上学和认识论的纯哲学史，而掩盖了历史上纯哲学发生危机时期所涌现的、具有深远影响的丰富的文化思想，我们现在应该把历史上的哲学解释成文化学(meta-culture)，而不仅仅是形而上学(meta-physics)。这样做的现实意义是走出 20 世纪初以来一直笼罩在哲学上的危机阴影。现代哲学(特别是现代西方哲学)的危机实际上是纯哲学的危机，如果我们跳出纯哲学画地为牢的狭隘性和专业技术特征，走进大哲学的广阔天地，哲学将再次恢复时代精神和民族精神的勃勃生机，向世人展现不朽的精神魅力和远大的发展前程。

在研究西方人学史的过程中，我越发感到，文化学就是人学，人学史就是人类文化的观念史。人学的归属是哲学，但不是现有的哲学史上讲的那种纯哲学，而是我们要提倡的大哲学。因此，我是把西方人学史作为哲学史来写的。与我过去写的那几本哲学史不同，这次写的是大哲学的历史，纯哲学只是其中的一部分，大哲学更多涉及的是宗教、政治、经济、科学、社会学等领域的文化观念。不管是纯哲学的观念，还是宽泛意义上的观念史，都是人对自身的反思。人对自身的反思不是镜像式的自我观照，人通过其他对象也可以认识自己。人固然可以通过人与人之间的关系(经济、政治等社会关系和语言交往)反思自己，但人的自我反思也可以是神的形象的折射；即使人以外界的自然物为对象，也可以通过人与自然、主观与客观的关系看到自己的形象。人对自身反思的对象既是人自身，也是人与物的关系，还可以是表面上与人无关的异己对象。人学对象的普遍性决定了这门学问是大哲学，西方人学史是人类文化的观念史。因此，我把本书命名为《西方人学观念史》。

按照观念史的方法，我把西方历史上出现的关于人的观念概括为九类："宗教人""文化人""自然人""理性人""生物人""文明人""行为人""心理人""存在人"。在一定的历史时期，某一类人学观念包含着一些从属观念。比如，近代"自然人"

的观念包含着"政治人""经济人""道德人"等观念,现代"文明人"的观念以"野蛮人"为参照。所有这些人学观念按照历史的顺序展开,构成了本书的基本结构。

必须承认,西方历史上出现的这些人的形象,是我们用现代人的眼光观察、透视的结果;人学观念史不仅是历史,也是现在的一种建构。这种建构历史观念的方法就是叙事法。"叙事"(narratives)是后现代主义的一个术语,它和后现代主义的其他术语,如"游戏""言谈""写作"等有着相同的指向,这就是要代替近代以来的"科学""学说""理论"的概念。这不仅是文字上的变换,更重要的是风格和意义的转换。在后现代主义者看来,近代以来的科学、理论和学说的特点是"宏大叙事",他们的任务是解构宏大叙事。但解构本身也是叙事,不过不是把现象归结为本质、用一统摄多的理论构造,而是追溯细微事件,见微知著或谈言微中的历史叙事。福柯(Michel Foucault)的"知识考古学"就是用历史叙事来解构近现代科学理论(如医学、心理学、政治学和人文科学等)的范例。但叙事法不只有解构之用。美国伦理学家麦金太尔(A. MacIntyre)的《谁之正义? 何种合理性?》(*Whose Justice? Which Rationality?*)一书用历史叙事建立了自己关于正义的看法。加拿大哲学家查尔斯·泰勒(C. Taylor)的《自我的来源:现代认同性的产生》(*Sources of the Self:The Making of the Modern,Identity*)用同样的方法打破了认识论和伦理学的樊篱,建立了认识主体和道德主体合一的理论。

虽然我对后现代主义不敢恭维,但对他们提出的叙事法却有兴趣,特别欣赏麦金太尔和泰勒等人所使用的建设性的历史叙事法。我认为这一方法的好处是把哲学史和哲学结合在一起,借历史上的学说来表达自己的观点。这正好可以克服做学问的两种弊病。一种是不用历史资料就声称自己建立了一个可以概括古今的理论,实则不过是历史上曾经出现过的某种理论的翻版,更糟的是拙劣的模仿。另一种是堆砌史料而提炼不出自己的观点,缺乏想象力、解释力和创造力,资料就失去了生命力;烦琐的引经据典,没有问题意识的复述,既没有理论上的价值,也没有历史存在的必要。历史叙事既不是就事论事,也不是以论代史,而是论从史出。叙事不是复述,而是创新。它既是思想的历史,又是活着的思想;既积累别人的思想资源,又不失时机地阐发自己的观点。

历史叙事法特别适用于人学观念史的构建,因为人学不是一门成熟的学科,但西方历史上又有丰富的人学观点散见于各门学科之中。本书并没有发掘更多、更新的资料，我只是用大家熟知的材料叙说一个故事，一个关于"人"的故事。这个故事从"人"的诞生开始，古希腊人发现了各种各样的人的形象，成为后世人学观念的萌芽；其后经历了中世纪"宗教人"的观念，近代"文化人""自然人""理性人"的观念而进入现代；现代人学观念繁多而深入，我们重点讲述"生物人""文明人""行为人""心理人""存在人"五类观念。后现代主义对历史上所有这些人学观念的解构标志着"人"的消解。我们的故事至此结束，但人学并没有消亡，也不可能消亡。只要人类继续存在，人就会不断地反思自身。历史上的人学观念潜移默化地影响着我们，我们还会继续提出新的人学观念。

如果我们讲述的这个关于"人"的故事对读者认识我们的过去、现在和未来有一点启发，那就是对我们多年来的辛劳的最好回报。当然，读者一定会在书中发现不少缺陷和错误，我真诚地希望读者不吝赐教。

本项目是一个集体项目。课题组的成员：李晓南、韩震、王成兵、严春友、朱红文和高新民。时为北京师范大学哲学系博士生的彭立群和北京大学哲学系博士生的张晓梅也参与了本项目的一些工作。他们为本书提供的初稿如下：

严春友：第一、二章的初稿；

李晓南：第三章第一、二节，第四章（除第三节外），第五章的初稿；

韩　震：第三章第三、四、五节，第七章第一、二节的初稿；

张晓梅：第四章第三节的初稿；

朱红文：第七章第三、四节的初稿；

高新民：第八章第二节的初稿；

王成兵：第九章第三、四、五节的初稿；

彭立群：第九章第一节部分和第十章第四节部分的初稿。

我除了撰写第六章，第八章第一、三节，第九章第一、二、六节，第十章和结束语之外，对初稿的内容和结构作了较大幅度的修改和增删。如果读者在书中发现错误，本人应负完全责任。

本书材料有赖于外文书刊。由于执笔人较多，有的作者直接从外文书刊选材，有的从中译本选材，所选外文书和中译本的版本有时也有所不同，因此，引文和注释的术语有时可能难以统一。另外,为与上下行文风格一致,对中译本的引文作了一些修改。请读者在引用本书译文时,务必要核对原文。

本书按照下列规则尽量统一注释体例。

1. 中文版书一般按国内通行规则注明出处;

2. 外文版书一般按国外通行规则注明出处;

3. 一些外国哲学经典(如柏拉图、亚里士多德、康德的著作等)按标准页码注明出处;

4. 一些重要的经典之作(如《圣经》和著名教父的著作等)按卷、章、节的体例注明出处。

特此说明。

第一编

人学的童年

希腊文明包含着后来所有形式的西方文明的萌芽。治西学"言必称希腊"是不可避免的，谈论西方人学也必须从古希腊开始。现存古希腊文献中人学思想比比皆是，举凡神话、戏剧、雕塑、历史、哲学、科学等，处处都有希腊人所发现的人的形象，这是人对自身的最早的观照和反思，西方人学思想正是从这棵茁壮的萌芽开始成长起来的。

基督教兴起之后，希腊的理性精神与希伯来的宗教精神和罗马的法的精神被整合成一个流传至今的西方文化传统。在基督教神学的框架中，不但"宗教人"的观念得到充分的发展，而且为近现代的一系列人学观念奠定了一个初步的基础和参照系。

第一章

"人"的诞生

　　我们所说的"人"的诞生不是指人的生理上存在的开端。在希腊文明产生很久之前,人类业已存在。但是,不管是数百万年前出现的古人类,还是数十万年前出现的现代智人,对于自身都没有一个观念;或者说,他们还不能自称为"人"。在个人成长史上,我们把能够使用第一人称代词"我"作为个人意识的标志;同样,在有文字记载的人类历史上,我们把"人"的观念的出现作为人类有意识的历史的开始,即"人"的诞生。

　　希腊神话里有一则标志着"人"的诞生的传说。斯芬克司是人面狮身的怪物,她守在海边一条通道的岩石上,问每一个过路行人一个同样的问题:"有一样东西最先用四条腿走路,然后用两条腿走路,最后用三条腿走路,这个东西是什么?"回答不出这个问题的人都被她吃掉了。英雄俄狄浦斯为民除害,来到斯芬克司面前说:"那就是人。"斯芬克司于是坠海身亡。

　　"斯芬克司之谜"的谜底是"人",它提出的是"人"的问题。它留给人们的启示是:如果不知道"人是什么",人就会灭亡;只有答对这个问题,人才能存在。但是"斯芬克司之谜"包含着一个循环:提出"人是什么"的问题,需要"人"的观念;而这一问题的答案恰恰又是"人"的观念。观念的循环对于古代希腊人是一个困惑,因此,他们才把"人"的问题及其答案看作是一个"谜"。

　　那么,人的自我观念又是怎样形成的呢?希腊人的另一则神话与此问题有关。传说美少年那喀索斯只爱自己不爱别人,致使钟情于他的回声女神憔悴而死,其他女神为了报复他,让他爱上了自己在水里的影子,最后也使他因得不到所爱的对象憔悴而死。"那喀索斯之死"的神话说明,人不是孤芳自赏的"水仙花",人的观念不是自我镜像,而是在自己追求的外在对象的身上看到自我的形象。

用现代人的观点来看,"人"的问题与"人"的观念之间的循环是从低到高、由表及里、从粗到精的"解释学循环"。人不能像认识外界事物那样,凭着感觉、记忆或想象,指着一个东西来回答"这是什么"的问题。人首先必须对他和别人的类别有一个初步的理解,形成"人"的整体印象,然后对这一印象加以反思,从各个侧面对最初的印象加以观照,得到"人"的清晰形象。这标志着西方人学的开端。

我们把西方人学最初的成果称为"人的自我形象",而不称为"人的观念"。我们在此所说的"形象"(image)与"观念"(idea)相比,有两个特点:一是形象的轮廓性。一个形象是一个整体,它有部分、有结构。希腊人的自我形象如同他们的人体雕塑,每一个部分都刻画细致,整体和谐。在思想领域,他们从各种不同的角度观察人、思考人,提出了各种不同的关于人的形象的整体观念。二是形象的直观性。如同希腊的其他学科一样,最初的人学也是哲学的一部分。但是希腊人关于自然和世界等形而上的理论是高度抽象的,充满着概念思辨和逻辑推理。相比而言,他们对人的反思与他们的生活经验有着更加直接和密切的关系,因而能够在思想中呈现出生动具体的人的形象。

希腊人提出了人的形象是多种多样的,这些形象成为西方不同的人学思想传统的源头。我们把最初的人的自我形象概括为:(1)"宗教人"的形象;(2)"自然人"的形象;(3)"文化人"的形象;(4)"智慧人"的形象。本章前四节分别论述这些形象,第五节介绍在这四种形象基础上形成的综合的人的自我形象。在后面关于中世纪和近代人学的各章里,读者可以看到人的这些自我形象是如何发展、演变为不同的人学理论的。

第一节 ————————————————————————

"宗教人"的形象

宗教是远古文化的主要形式。每一个民族都有宗教,希腊民族也不例外。古希腊人的宗教主要是通过他们的神话表达的。希腊神话堪称人类各民族中最为系统、最为完整的神话。现在大家都承认,希腊神话表达了一种世界观,神是把自然拟人化的产物。这无疑是正确的,但还不全面。需要补充和强调的是,希腊神话同时也表达了人对自身的认识和一种人生观,我们在希腊神话里所能看到的,不但是自然的拟人化形象,而且是一种"宗教人"的自我形象。

一、 与人同形同性的神

"人神同形同性论"(anthropomorphism)是古希腊哲学家色诺芬尼(Xenophanes)首先提出的。他指出,希腊神话的实质是神人同形同性。他精辟地论述道:"荷马和赫西阿德把人间一切的无耻与丑行都加在神灵身上:偷盗、奸淫、彼此欺诈。凡人们幻想着神是诞生出来的,穿着衣服,并且有着同凡人一样的容貌和声音。可是假如牛、马和狮子有手,并且能够像人一样用手作画和塑像的话,它们就会各自照着自己的模样,马画出、塑出马形的神像,狮子画出、塑出狮形的神像了。埃塞俄比亚人说他们的神皮肤是黑的,鼻子是扁的;特拉基人说他们的神是蓝眼睛、红头发的。"[1] 总之,从道德、形体到生活方式,都与人相似,是对人的模仿;希腊的神只是按照希腊人的形象和观念创造出来的。

色诺芬尼对希腊神话本质的看法是深刻的,但他对荷马(Homer)和赫西阿德(Hesiod)的批判不过是一个时代对另一个时代的批判。色诺芬尼所认为的那些"丑行",荷马时代的人却不一定这么看,因为从荷马史诗中对这些事情的描述来看,常常是一种欣赏的口吻。如果我们理解这个时期的神话是神人同形同性的,荷马和赫西阿德是按照人的形象来描述神的性情和行为的,那么我们可以依据人们对神的认识来了解当时人们对于人的认识。神话中包含着对人自身的初步认识,可以说,神话中的神就是被理想化了的人的自我形象。

————————————————————————

1 北京大学哲学系外国哲学史教研室编译:《西方哲学原著选读》上卷,商务印书馆 1981 年版,第 29 页。

1. 神的身体

神话中的男神英俊健美,女神天生丽质。神也用装饰物,如赫拉用橄榄油擦身;神穿着缝制的衣服,戴耳环,还穿着鞋[1],完全是一副希腊人的形象。神是一种理想的人,比男人更健美,比女人更美丽温柔。这反映出希腊人对于肉体之美的赞赏。

希腊人不仅赞赏活的肉体,而且对于死的肉体的美也表达出了同样的兴趣,这在其他民族看来恐怕是不可思议的。例如,据希罗多德记载,希腊人杀死了波斯人的一个重要首领,但他们并没有把这个首领的尸体破坏或埋掉,而是对这具尸体欣赏了一番:"首先他们就把尸体安放在马车上,顺着他们的队伍走了一程;因为这具尸体不但魁梧,而且姿容美好,是值得一看的。正因如此,他们竟情不自禁地离开了他们的队伍来看玛西司提欧斯的尸体。"[2]荷马史诗在描述杀人的场面时热衷于血淋淋的细致描写。比如,把肚肠戳了出来[3];骨头被打碎了,他的两颗眼珠掉在脚下的泥土里[4];多隆的嘴还在说话,但他的脑袋已经掉在地上[5];那人的脑浆泼了一头盔[6];两个眼珠子在尘土里乱滚[7]。对人的死态津津乐道,对死的过程详尽地描述,而且用了很优美的比喻,显得极其冷酷。但实际上,希腊人是用对身体美的赞赏态度来描述身体的灭亡的。

希腊人虽然对于肉体的美的表现极其逼真、生动,但令人惊讶的是,他们的裸体艺术作品竟然没有丝毫肉欲的成分,他们很少有直接表现肉欲的作品。那些裸体雕塑美得让人战栗,却并不因此撩起人的情欲。希腊人对于肉体之美的表现,是天真而纯朴的;他们对于肉体之美的欣赏,如同孩童一般,天真无邪,一尘不染。希腊人对肉体的崇拜近乎宗教崇拜,那是一种神圣的情感。[8] 这种境界是其后全世界的裸体艺术所望尘莫及的。

---

1 荷马:《伊利亚特》,傅东华译,人民文学出版社 1958 年版,第 262 页。
2 希罗多德:《历史》,王嘉隽译,商务印书馆 1959 年版,第 799 页。
3 荷马:《伊利亚特》,第 246 页。
4 同上书,第 248 页。
5 同上书,第 188 页。
6 同上书,第 222 页。
7 同上书,第 317 页。
8 参见科尔宾斯基等《希腊罗马美术》,严摩罕译,人民美术出版社 1983 年版。

2. 神的性情

希腊人眼里的神充满着情欲。例如,最高的神宙斯在情欲面前也失去了理智,竟然在毫无遮掩的山顶上与赫拉云雨起来。[1] 睡眠之神经受不住赫拉送给他一个美惠女神做妻子的诱惑,而与她一起蒙骗宙斯。当阿芙洛黛蒂与战神阿瑞斯偷情被捉住时,当时在场的阿波罗问另一个神赫尔墨斯:"纵然身陷这牢固的罗网,你是否也愿意与黄金的阿芙洛黛蒂同床,睡在她身边?"赫尔墨斯回答说:"我当然愿意能这样。纵然有三倍如此牢固的罗网缚住我,你们全体男神和女神俱注目观望,我也愿意睡在黄金的阿芙洛黛蒂的身边。"[2]

希腊人的神不仅与配偶做爱,而且与情人做爱;不仅与神做爱,而且与人做爱。这些在当时的希腊人眼里都是正常的,不仅不可耻,而且以羡慕的口吻来叙述。宙斯就是一个恋爱高手,他常常变成天鹅或牛之类到人间来,诱使人间的女子上钩。他引诱过很多女神和女人。他的夫人赫拉虽然也有嫉妒之心,时常给他一点破坏,但远没有达到"闹离婚"的地步,她大多数情况下是睁一只眼闭一只眼。宙斯曾经在向赫拉求欢的时候历数他爱过的女神和女人,以此来论证赫拉比她们都好,赫拉并没有生气,而他也没有觉得不好意思。[3] 看来,希腊人把情欲作为值得崇敬的特征。

希腊的神与人的根本区别只在于他们是不死的,其他方面无不与人一样,而且在这些方面比人的力量要强大得多。他们的情欲远比人旺盛;他们的力量比人强大;他们的私心、嫉妒心比人强烈;他们的权力欲也比人炽热,宙斯为了不让他儿子夺权而把儿子吃掉。从神话中神的形象和性情来看,早期的希腊人崇拜人的感性特征。

二、关于人的起源的传说

人类在童年时代像一个儿童一样不时地会问"我是从哪里来的",这个问题又和"我是谁"联系在一起。每一个民族都有关于人的起源的神话,并通过这种传说了解他们的家庭、部落、氏族与其他家庭、部落、氏族的关系。希腊人也是这样发

---

1 荷马:《伊利亚特》,傅东华译,人民文学出版社1958年版,第266页。

2 荷马:《奥德赛》,王焕生译,人民文学出版社1997年版,第159页。

3 荷马:《伊利亚特》,第266页。

问和回答的,但他们的答案更系统。

1. 神创造人

归于荷马名下的神话由《伊利亚特》和《奥德赛》两部史诗构成。《伊利亚特》所描述的是一个神人共居的时代。神与人同形同性,由此,神可以与人结合,生出一些半人半神的人物,有些人也可以上升为神。荷马史诗中也涉及一些重要人物,他们大多具有半人半神的性质,是神与人结合的产物,他们的后人构成了希腊各部落和族群。由此,神的谱系是人类谱系的源头。

后起的赫西阿德神话用神谱的形式,试图对万物的起源和人类的起源等问题给予系统的解释。万物都产生于最初的一个神,它是终极的神,这就是卡俄斯(混沌),然后其他的神才产生出来。天、地、雷、风、海等一切自然现象无不具有相应的神,这也就意味着,所有自然现象都有它们产生的原因,自然现象是相互联系的。人的产生也是有原因的,人也是神所创造的。至于人是如何被创造出来的,希腊神话中有两个不同的版本。

根据第一个版本,人是普罗米修斯创造的。普罗米修斯是地母该亚的后裔,他用泥土构成人形,"从动物的心里摄取善恶,将它们封闭在人的胸腔里";智慧女神雅典娜"把灵魂和神圣的呼吸送给这仅仅有着半生命的生物",最后完成了人生命的创造。这样创造出来的人是高贵的,具有"神祇——世界之支配者的形象"。[1]

第二个版本说的是人的重生。宙斯厌恶普罗米修斯所创造的人类,发大洪水毁灭人类。普罗米修斯指示一个名叫丢卡利翁的人和他的妻子皮拉准备了一条船,两人得以逃生。大洪水第九日时,这对夫妻按照先知忒弥斯告知的使人类重生的办法,向身后扔石头,丢卡利翁扔的石头成为男人,皮拉扔的石头则成为女人。使人惊奇的是,这个造人的神话与《圣经》中的记载十分相似。《圣经》中写道,神按照自己的形象创造了人,"神用地上的尘土造人,将生气吹在他鼻孔里,他就成了有灵的活人"(《圣经·创世记》,2:7)。后来,神也是用大洪水毁灭人类,唯独挪亚一家在事先准备的方舟里保存下来,成为现在人类的祖

---

1 斯威布:《希腊的神话和传说》上册,楚图南译,人民文学出版社1958年版,第1页。

先。《圣经》与希腊神话的不同之处在于,《圣经》中人类是由一个至高无上的上帝创造的,而神话中的普罗米修斯是"被宙斯所放逐的神祇的后裔",他违背最高神祇宙斯的意志创造和保存了人类。

2. 历史的退步过程

赫西阿德在解释了自然和人类的起源之后,又描述了人类历史的倒退过程。神所创造的第一代人类是黄金种族。那时人与神灵相似,没有忧伤、劳累和忧愁。他们不会衰老,死亡也无痛苦。肥沃的土地上有源源不断的果实供他们享用。他们和平地生活在大地上。他们是大地上的神灵。

第一代人类消亡以后,神创造的第二代种族是白银种族。这些人远不如第一代人类优秀。他们语言贫乏,愚昧无知,彼此伤害,不敬神。所以神抛弃了他们。

第三代人类是青铜种族。他们的特点是喜欢暴力和战争,因为他们粗壮而强悍,心灵冷酷,令人望而生畏。他们使用的一切东西都是用青铜制造的。他们最后死于黑死病。

第四代人类是英雄种族。这些半人半神的英雄之间除了战争就是厮杀,结果许多人丧生。剩下的一些没有死的英雄,被天神安排在大地边缘的一个幸福岛上。

第五代人类就是目前的人类,他们是黑铁种族。这是最差的一种人类。他们生活在各种不幸之中,劳累不堪。他们已经堕落到了极点,"父亲和子女、子女和父亲关系不能融洽,主客之间不能以礼相待,朋友之间、兄弟之间也不能如以前那样亲密友善。子女不尊敬瞬即年迈的父母,且常常恶语伤之,这些罪恶遍身的人根本不知道敬畏神灵"[1]。他们不信守诺言,只相信力量就是正义。他们也必将灭亡。赫西阿德对他那个时代的人充满了失望,说:"我但愿不是生活在属于第五代种族人类中间,但愿或者在这之前死去,或者在这之后才降生。"[2]

赫西阿德这种历史倒退的观点在人类思想史中是普遍存在的,反映出人类对于人神关系的一种普遍感受:越是离自己近的时代,人们就越是觉得神的遥远,越

---

1 赫西阿德:《工作与时日 神谱》,张竹明、蒋平译,商务印书馆1991年版,第6—7页。
2 同上书,第6页。

是不能美化、理想化现实,因而他们把人神和谐的美好理想推溯到遥远的过去。

三、 人的命运

在希腊神话里,"人是什么"的问题总是与人对命运的困惑相关。与古代所有民族一样,希腊人也相信命运支配着人生。但是他们对命运的看法经历了思想的进步:神话中的命运是不可把握的盲目的神秘力量。后来的希腊人把命运看作是某种必然性,具有善恶之分;并且在希腊文学作品中,他们希望通过趋善避恶的德行,向命运抗争,获得自主性。在本节和下一节,我们将考察这一思想演化的过程。

1. 神支配人事的任意性

希腊神话中奥林匹斯山上诸神密切地盯着人类的事务,任意地干涉人间事务。神主宰着世界,主宰着人的命运。例如,《伊利亚特》一开始在说到特洛伊之战时说:"是阿波罗,宙斯和勒托之子,发动这场内讧的。"[1] 不但人间事变的起因在于神,甚至一个人对重大事务的抉择也不知不觉地受到神意的支配。人间的一切现象也都有相应的神来分管,如欺骗女神、友爱女神、爱情女神、年龄女神、睡眠之神、劳役之神、遗忘之神、饥荒之神、多泪的忧伤之神、争斗之神、战斗之神、谋杀之神、屠戮之神、争吵之神、谎言之神、争端之神、违法之神和毁灭之神。[2] 人生诸种事情均有神来管理,人的善良与罪恶也都根源于神。

但是,神又不能完全决定人的命运,因为不同的神之间也是有分歧的。即使是具有最高权威、威力最大的宙斯的决定也不能得到所有神的支持,仍然有许多神在暗地里支持宙斯的敌人。神不是万能的。就连宙斯这个最高的神,也常常受其他神的愚弄,如赫拉蒙骗他,他竟然中了计。

神不是公正的。神也经常根据自己的喜好来偏袒某一方。例如,宙斯由于阿伽门农对神不敬而袒护他的对头阿喀琉斯,使阿伽门农的人员遭受屠杀之灾。[3]后来宙斯虽然接受了阿伽门农的献祭,却并不领他的情,而是要以加倍的苦难来报复他。可见,这个神与人一样,也是有着强烈的报复心。他做事情并非完全公

---

1 荷马:《伊利亚特》,傅东华译,人民文学出版社 1958 年版,第 1 页。
2 参见赫西阿德《工作与时日 神谱》,张竹明、蒋平译,商务印书馆 1991 年版,第 33 页。
3 参见荷马《伊利亚特》,第 21 页。

正,也不是完全合理和理性的,且常常感情用事。如果人对神尊敬,那么神就给这些人以祝福;否则就给他们以惩罚,让他们遇到罪恶的事情。神完全根据自己的好恶和私利任意地支配着人类。

2. 命运的必然性

与《伊利亚特》的内容相比,《奥德赛》中的神与人已经开始疏远,神对人的作用开始减少。决定人生祸福的不再是神,而是命运。连神都说:"可悲啊,凡人总是归咎于我们天神,说什么灾祸由我们遣送,其实他们是因自己丧失理智、超越命限遭不幸。"[1] 人们遭遇不幸的原因是丧失了理智,损害了他人的利益,违反了人们的道德,从而招致了他人的报复所致。这时神的作用已经不是亲自来管理人类的事务,直接干预人的命运,而是只提出忠告,至于人们是否听这忠告,神则不再干涉。命运已经成为支配人的主要的力量:"死亡对凡人一视同仁,即使神明们也不能使他所宠爱的凡人免遭殒命,当带来悲痛的死亡的悲惨命运降临时。"[2]

3. 命运与善恶

在稍晚于荷马神话的赫西阿德的神话里,支配人的命运已经有了善恶之分,命运的善恶分别表现为人的活动的好坏。比如,《工作与时日 神谱》主张人与人之间应和睦相处,而人能够和睦相处的原因在于神。赫西阿德区分了两种不和女神:一种是天性残忍的,她不断地挑起人们之间的战争和争斗,这是罪恶的;另一种要和善得多,她对人类比较友好,她刺激怠惰的人要勤奋,促使人们勤劳致富、家庭和睦。暴力对于贫穷的人没有好处,对于富有的人也没有好处。这一点与荷马史诗中对战争的歌颂大为不同。

赫西阿德发挥了神人对立的思想,把人间的灾难归诸神的恶意。神主要是以宙斯主神为代表的统治者,不愿意让人类懂得谋生之法,不给人类火种。但是普罗米修斯把火种偷出来,交给了人类。宙斯知道后十分恼怒,他不仅惩罚了普罗米修斯,还制造了一个少女潘多拉,让她把谎言、疾病等各种不幸带给人类。潘多拉的瓶子中存有各种不幸,当她敞开瓶盖的时候,"其他一万种不幸已漫游人间。

---

1 荷马:《奥德赛》,王焕生译,人民文学出版社 1997 年版,第 2 页。
2 同上书,第 47 页。

不幸遍布大地,覆盖海洋"[1]。可是希望却逗留在瓶中,在希望飞出瓶子之前,潘多拉已经盖上了瓶塞。从此以后,人类就生活在苦难之中。但在这之前,人类原本生活在没有罪恶、没有劳累和疾病的大地上。看来,赫西阿德对人生持一种悲观主义的命定论。

四、 命运与自主性的冲突

希腊悲剧的主题大多脱胎于神话,即便那些表现凡人的作品也常常与神有关,但它所表现的思想与神话却有着很大的不同。它表现的主要是人生中的命运悲剧和道德冲突,这种冲突所展现的正是人类的主体意识的觉醒。

1. 德性观念的萌芽

公元前 5 世纪,智者普罗狄库斯(Prodicus)首次提出了"德性是人生目的"的看法。他是用寓言来表达这一看法的。他写了《季节》的故事,大意如下:希腊英雄赫拉克里斯成年时在野外思考人生应走什么路。这时走来两个女人。一个浓妆艳抹,名叫"快乐"或"邪恶"。她保证赫拉克里斯终生不受辛劳,还能享受各种快乐。另一个庄重典雅,名叫"美德"。她说,如果你走我指出的道路,将会成为人类的造福者,我将给你好名声,但你要知道,人类不会不劳而获,你只能得到自己给予自己的东西。"快乐"或"邪恶"说,"美德"除了艰难生活之外没有许诺任何东西。"美德"驳斥说,你在人们满足之前给予欲望,引诱人们奢侈、懒惰和贪睡,因为你自己就没有任何正事可做,你也许是不朽的,但神已经把你逐出他们的行列,人类鄙视你,无人信赖你,受你迷惑的人贪得无厌,下场悲惨;相反,我是工匠和善行的赞助者、家庭关系的保护者、和平的忠实同盟者,在我的庇护下,人们除了平安地睡眠,还要履行义务,享受工作的乐趣,即使死后,人们也会永远记住他的光荣。赫拉克里斯接受了"美德"的教诲,结果成为举世闻名的大英雄。

这个故事表明,生活的正确目的应该是美德,人不应该贪图享受,而要勤奋工作;不要满足于暂时的快乐,而要追求不朽的光荣。各种好坏价值摆在人们面前供人选择,美德是选择的结果,需要不懈地努力才能实现。就是说,美德是人可以自主决定和实现的人生目的。

---

1 赫西阿德:《工作与时日　神谱》,张竹明、蒋平译,商务印书馆 1991 年版,第 4 页。

2. 对道德自主意识的歌颂

埃斯库罗斯(Aischulos)的《普罗米修斯》也表现出对道德自主意识的歌颂。它的一个主题是歌颂爱护人类的英雄普罗米修斯那种无私无畏的精神和敢于反抗暴君的英雄气概。他宁愿自己永生受苦,也不愿意让人类受苦。普罗米修斯的伟大之处在于他自觉自愿地为人类作出牺牲的利他主义。

《普罗米修斯》的另一个主题是批判宙斯的专制和暴虐。普罗米修斯批评宙斯冷酷无情、忘恩负义,他把宙斯扶持上权力的第一把交椅,但宙斯却用酷刑来惩罚他。他得出一般性的结论说:"不相信朋友是暴君的通病。"[1]"宙斯滥用新的法令,专制横行。"[2]除了宙斯以外,其他任何人都没有自由,却无可奈何,因为"每一位新得势的神都是很严厉的"[3]。这既是对神的批判,也是对人间暴虐行为的反抗,表达了向往自由与公正的自主意识。

3. 命运毁灭自主努力

像《普罗米修斯》那样正面歌颂人的自主意识的作品在希腊悲剧中并不多见。在更多的情况下,我们看到的是命运支配人生的观念,如普罗米修斯就认为自己的遭遇是不可避免的命运,《波斯人》中也说"自古以来命运便支配着一切"[4]。

在索福克勒斯(Sophokles)的《俄狄浦斯王》中,命运的不可抗拒、不可逃避被表现得淋漓尽致。在俄狄浦斯出生前就有神谕预言说他将杀父娶母。他的父母为了避免这一结局的出现而采取了措施;他本人长大成人知道这件事后也采取了措施,但最终并没有逃脱这个命运。这个悲剧表明,命运是不可改变的,我们改变命运的努力反而促使我们走向那个既定的命运。事实上,俄狄浦斯一生中两次重要的逃避活动,都是在向这个命运走近,而不是疏远。他父母扔掉他的时候,就使他不可能认识自己的生父,这恰恰使他误杀自己的父亲成为可能。当他知道这个预言以后,他误认为养父就是他的生父,所以逃出了家乡,但正是在逃走的路上杀

---

1 《古希腊悲剧经典》上卷,罗念生译,作家出版社 1998 年版,第 15 页。

2 同上书,第 12 页。

3 同上书,第 10 页。

4 同上书,第 97 页。

死了他的生父。即使他知道他的不幸的命运,他千方百计摆脱命运的努力只不过是实现命运的步骤。

命运虽是必然的,但对于人来说却是偶然的,因为"偶然控制着我们,未来的事又看不清楚"[1]。我们不可能完全把握人生未来的轨迹,所以也就难以控制自己的命运。既然命运是不可改变的,那就只有服从命运了。所以俄狄浦斯说:"我的命运要到哪里,就让它到哪里吧。"[2]

在这种不可抗拒的命运面前,索福克勒斯得出了悲观的结论:人生是痛苦的。"谁的幸福不是表面现象,一会儿就消灭了? 不幸的俄狄浦斯,你的命运,你的命运警告我不要说凡人是幸福的。"[3]人之所以痛苦,是由于命运使他做了他不该做的事;他的命运终究要毁灭他的道德意识。正如俄狄浦斯所说的:"我成了不应当生我的父母的儿子,娶了不应当娶的母亲,杀了不应当杀的父亲。"[4]

《特拉喀斯少女》也表现了同样的主题。神谕说赫拉克里斯将悲惨地死亡,后来果然应验。他的妻子想让他保持对她的爱情,结果却与她的愿望相反。害死了丈夫,她在悲痛之中自杀而死。但她的丈夫并没有死,只是昏迷而已。可是当他醒来看到妻子的尸体时,悲痛欲绝,也自杀身亡。人生就是这样无常,没有永驻的幸福。人努力地追求幸福,得到的却可能是痛苦。"那星光灿烂之夜并不永留在人间,灾难不,财富也不,它们一会儿就告退了。快乐也是突然而来,又突然而去。"[5]人世间没有什么永恒的东西。

4. 道德冲突的悲剧

欧里庇得斯(Euripides)的悲剧则突出地揭示了伦理上的冲突和矛盾。《美狄亚》一剧揭示了错综复杂的伦理关系及其冲突。美狄亚为了爱情而背弃了父亲,杀害了弟弟,结婚以后对丈夫温柔体贴,是个贤妻良母。但是,后来她的丈夫却抛弃了她们母子,另娶国王的女儿为妻,国王为了防止美狄亚报复,决定将她们母子

---

1 《古希腊悲剧经典》上卷,罗念生译,作家出版社 1998 年版,第 163 页。
2 同上书,第 177 页。
3 同上书,第 170 页。
4 同上。
5 同上书,第 249 页。

赶出国土。美狄亚感到命运太不公平,她的好心没有得到好报,她痛恨男人的朝三暮四,决定实施残酷的报复:她杀害了丈夫的第二个妻子,也杀害了自己的孩子。

该剧表现了这样一些道德冲突:

为了爱情而不顾一切,表明了美狄亚对爱情的忠贞和执着,是值得赞赏的。但这忠贞却是建立在对亲人的伤害之上的,因而这是应当受到谴责的。

从道理上或伦理上说,忠贞的爱情应当得到忠贞的报偿,但她得到的却是丈夫的背叛。这究竟意味着品德与报偿之间并没有因果关系呢,还是对她原先的不义行为的一种报应?如果是前者,那就意味着一个人是否幸福并不取决于她的品德,幸福完全是偶然的;如果是后者,那么她就是罪有应得,因为对那些受到她伤害的亲人来说,这不正是对她的一种报复吗?

美狄亚被丈夫抛弃是值得同情的,但她对亲人的伤害却是残酷的,她仅仅为了得到一个人的爱情就伤害了那么多人,实在是太恶毒了。然而,对于她丈夫及其新妻子,这伤害难道不也正是对他们不忠实的道德的一种报复吗?

爱情曾经给人幸福,但爱情又给人制造了痛苦;美狄亚的丈夫曾经给她带来了幸福,但也带来了痛苦。所以,美狄亚感叹:"爱情真是人间莫大的祸害!"[1]然而,爱情不也给人们带来了莫大的快乐吗?这个悲剧说明,人虽然极力追求自己的幸福,但仍然摆脱不了悲惨的命运。

《阿尔刻提斯》一剧揭示了同样的主题。国王为了延长自己的寿命,寻找能够为自己去死的人,结果找遍了天下也没有一个人愿意为他去死,即使那些垂垂老矣的人也是如此。最后,他的妻子阿尔刻提斯愿意为他去死。一方面,这种舍己为人的精神是为社会所崇尚的美德,她为了他人而愿意舍弃自己最宝贵的生命,这是一种崇高的精神境界;可是,另一方面却是国王的自私,他为了活命而不惜牺牲自己妻子的生命,这不能不说是卑鄙的。这里又出现了尖锐的矛盾:一个人的无私行为竟然是为了满足另一个人的自私的目的!

在该剧以及《酒神的伴侣》中,欧里庇得斯反复论说命运的不可把握:"死是一

---

[1]《古希腊悲剧经典》上卷,罗念生译,作家出版社1998年版,第170页。

种债务,人人都要清偿,可没有谁知道得很准,他来朝还能否生存;命运是不可测的,谁知道它怎样运行,我们无法去请教,也不能凭什么巧妙的法术去推测。"[1] 人总是要死的,但我们不知道会在什么时候死。正因为如此,每个人都应当抓住今天、享受今天,都应该寻求快乐,因为谁也不知道明天是否还属于自己。既然活着,就应该快快乐乐地活着。人也不应当有过高的期望,过高的期望常常是难以实现的,因为"生命是短促的,在这样的情况下,一个人好高骛远,就会连眼前的好处都弄不到手"[2]。

5. 希腊悲剧的启示

希腊悲剧的结论虽然是消极的命定论和放浪形骸的享乐主义,但这恰恰是人的微弱的自主意识和道德意识在不可抗拒的外力面前所作出的反应。当人们浑浑噩噩地生活时,他们没有心灵深处的痛苦,没有精神上的负罪感。只有到了他们开始有了自主意识时,他们才体会到实行自主意识的困难。他们把阻碍自主意识的强大阻力归于不可抗拒的命运,为人自身在命运面前的无助而感到痛苦悲哀。由此,希腊悲剧要告诉人们的不只是消极无为的命定论,更是在与命运的抗争失败之后的哀叹和宣泄。

同理,希腊悲剧最后所表达的享乐主义也有消极反抗的成分。那只是道德与命运抗争失败之后无可奈何的投降,但不是对命运的投降,而是在被命运捉弄的道德准则和由此而造成的道德冲突面前采取的一种非道德(然而还不是反道德)的选择。由此看来,希腊悲剧所表现的正是处于觉醒时的自主意识和道德意识所经历的不可避免的冲突、失败和由此产生的痛苦。即使在人的自主意识和道德意识成熟强大了之后,他还会不时感受到这种冲突和失败带来的痛苦。这大概就是为什么希腊悲剧具有永恒魅力。

随着人的自主意识的发展,神话世界观和人生观被动摇,神话和戏剧里表现的"宗教人"的形象也分别被"自然人""文化人""智慧人"这些新形象代替。

---

1 《古希腊悲剧经典》下卷,罗念生译,作家出版社 1998 年版,第 366 页。
2 同上书,第 380 页。

第二节

"自然人"的形象

公元前 6 世纪,希腊哲学取代神话世界观,成为希腊思想的主要成分。希腊文化中的人脱下了"神"的外衣,成为哲学家关注的话题。早期希腊哲学的主要形态是自然哲学。"自然"(physis)并非我们现在所说的作为自然事物总和的自然界,它的意义接近于现代西文中的"本性"(nature),特指事物运动变化的本性。"本原"(arche)是自然哲学家关注的焦点,它的本义是"太初"。希腊哲学家认为,最初存在的东西在运动变化过程中始终起作用,因此,事物的最初状态或者是构成事物的基本要素,或者是事物存在和运动的缘由。

早期自然哲学把人看作宇宙的一部分,与自然物有着相同的本原和本性,遵从相同的理性原则。早期自然哲学并没有特意探讨人的问题,只是把关于人的学问当作自然哲学的推论。

一、 人的自然起源

希腊哲学起源于自然哲学。最早的哲学家最感兴趣的问题是宇宙本原和万物的起源。就这个内容而言,它与神话有相同之处,因为神话也是对万物起源的一种解释,它的兴趣也是寻求它们的根源。自然哲学与其不同的地方在于,它以理性的思考和科学的态度来探讨这个问题,而且寻求的是终极的起源。自然哲学家所理解的人是物质世界的一部分,他们关注的主要是人的自然起源和物质结构。

1. 关于人的进化的猜想

最早的哲学家提出了关于人类起源的猜测,在这些猜测中确立了人是变化的产物的原则。他们普遍地认为人一开始并不是这个样子,而是经过一系列变化才成为今天这种状态。例如,阿那克西曼德(Anaximander)认为,生物是从太阳蒸发的湿气中产生的,而"人是从另一种动物产生的,实际上就是从鱼产生的,人在最初的时候很像鱼"[1]。这是人从另一种动物产生的一个依据。他提出的另一个依

---

1 北京大学哲学系外国哲学史教研室编译:《古希腊罗马哲学》,商务印书馆 1961 年版,第 10 页。

据是，相比其他动物，人有一个更长的幼儿期。其他动物一生下来很快就能够独立谋生，寻找食物。但人却不能，人有一个很长的哺乳期，如果没有人喂养，人就不可能生存下来。他由此推断人一定是从另一种生物变来的。

令人惊奇的是，他的这两个猜想都与现代生物学的进化过程有一致之处。也许他观察过人的胚胎，因为人的胚胎在最初的确像鱼；人的哺乳期长，也的确与人比其他动物有着更长的演化史有关。

恩培多克勒（Empedocles）提出了关于生物进化全过程的解释。他认为生物进化经历了逐步完善的过程。第一代生物是最初从土里生长出的许多各自独立的器官，如头、胳膊等。第二代生物是器官的无目的的杂乱的结合，合成了各种各样的怪物，如长着无数只手的动物、长着两个脸和两个胸膛的动物、半人半牛的动物、半男半女的人等。怪物由于身体各部分不相适应而灭绝，剩下各部分和谐的生物，这是第三代生物。这些生物中的一些由于形体美丽而吸引异性，因而能够大量繁殖；而另一些则由于形体丑陋而没有后代。最后形成的第四代生物不但身体各部分协调一致，而且形体美丽。恩培多克勒依靠理性的思辨，猜测到生物进化、自然选择的道理，代表了当时生物学所能达到的最高成果。

2. 关于人的个体起源的猜测

自然哲学家们对于人的个体的起源也饶有兴趣，提出了种种猜想。毕达哥拉斯（Pythagoras）认为，人的精液是一滴脑髓，含有热的蒸气。在进入子宫后，就逐渐形成各种组织，人的灵魂和感觉是由热的蒸气产生的。精液在子宫中 49 天形成胎儿，10 个月形成完整的人。巴门尼德（Parmenides）认为人是由男人和女人的爱情种子混合的产物。当爱情的种子混合等量时就产生了完善的身体，当这种混合不等量时就产生可怕的男女同体现象。

自然哲学家对"男人与女人是如何形成的"这个问题也非常关注。巴门尼德主张子宫的右边生男孩，左边生女孩。恩培多克勒则用温度来解释形成男女性别的原因：当男人的种子和女人的种子流到子宫中时，遇到寒冷就生女孩，遇到温暖就生男孩。

二、人是小宇宙

自然哲学家们通常都把人当作宇宙的一部分，宇宙是如何构成的，人也就是那样构成的。泰勒斯(Thales)第一个把人的灵魂看作是构成万物的水,赫拉克利特(Heraclitus)把人的灵魂看作是构成万物的火。阿那克萨戈拉(Anaxagoras)通过设问和论证,说明人和自然物有着共同的构成。他提出了这样一个问题:食物为什么能够变成人的血肉?表面上看,食物与人的血肉没有任何相同之处,但这些东西被我们吃了以后却变成了人的血肉,因此应当承认,在这些食物中一定包含着血液、神经和骨骼等我们身体中具有的元素。否则的话,"毛怎能来自非毛,肉怎能来自非肉呢?"[1] 只是由于这些元素很小,我们才看不见它们,但我们从理性角度上可以认识到,这些很小的东西就是人和自然物共同具有的"同类体"(stoichenon)。

德谟克利特(Democritus)是第一个把人描述成"小宇宙"(microcosm)的人。[2] 他的意思是说,人与其外部的大世界都是由相同的元素构成的,即都是由原子和虚空构成的;并且,人的原子构造和世界的结构相似,人与外部世界之间存在着结构上的同一性。"人是小宇宙"是西方人学的一个基本命题,后世很多思想家从不同角度对此命题作了深入的阐发。

三、 人的自主命运

希腊哲学的一个重要范畴是"逻各斯"(logos),它由赫拉克利特首先提出。这个词的原意是"话语",赫拉克利特用它专门表示人所说出的道理,它可被理解为"理性""理由",又可被理解为"原则""规律""道"等。"逻各斯"这一范畴的哲学含义是世界和人的活动的必然性和规律性,与神话的"命运"观念格格不入。"逻各斯"的观念使得一些自然哲学家,特别是原子论者摆脱了宗教命运观,对人和社会现象作出了合规律的自然主义解释。

1. 顺应自然的生活态度

德谟克利特认为世间万物都由原子和虚空组成,因原子的结合而产生,因原子的分离而消失。他把原子的运动称作"必然性",说"万物都出于理由按必然生

---

1 北京大学哲学系外国哲学史教研室编译:《西方哲学原著选读》上卷,商务印书馆1981年版,第39页。

2 参见 W. K. C. Guthrie, *A History of Greek Philosophy*, vol. 2, Cambridge University Press, 1980, p. 471。

成""没有什么事物是偶然生成的"。[1] 自然是如此,人事也是如此。

根据对原子运动规律的理解,伊壁鸠鲁(Epicurus)否认了命运、宿命论和神意。他说,如果摆脱不了对神、命运和死亡的恐惧,就不会有幸福生活。按照他的解释,神只是原子运动的结果;这些神远离人事,不干涉自然。万事万物都按照原子规律运动,没有什么命运。死亡只是构成人的原子的消散。当我们活着的时候,原子还没有消散;当原子消散的时候,我们已经不知道了。总之,没有理由畏惧这些与我们的生活无关的东西。后来的伊壁鸠鲁据此开出了医治心灵的"药方":"神不足惧,死不足忧,乐于行善,安于忍恶。"[2]

2. 智慧高于物质享受

最早的自然哲学家关注的焦点是外部世界,但也已经开始思考人生价值的问题。他们把永恒起作用的规律作为判断事物和人生的最高价值,认为人的幸福不在于物质享受和肉体上的快乐,因为物质享受是很快就会消逝的,只有永恒性的东西才有长久的价值。赫拉克利特讽刺说:"如果幸福在于肉体的快感,那么就应当说,牛找到草料吃的时候是幸福的。"[3] 他还说,那些优秀的人物抓住的是永恒的事物,而不是这种瞬间就会消逝的东西:"最优秀的人宁愿取一件东西而不要其他的一切,就是:宁取永恒的光荣而不要变灭的事物。"[4] 而大多数人却相反,他们只关注那些变化无常的事物,以为那就是最有价值的东西,这些普通人是没有多少价值的,所以,"一个人如果是最优秀的人,在我看来就抵得上一万人"[5]。

德谟克利特则明确地说:"幸福不在于占有畜群,也不在于占有黄金,它的居处是在我们的灵魂之中。"[6] 不管是赫拉克利特所说的"永恒的光荣",还是德谟克利特所说的"灵魂中的幸福",都是指认识永恒规律的智慧。在他们看来,万物常变,稍纵即逝,人生也是如此;但人可以通过智慧认识永恒的真理,把短暂的人生融合在永恒的真理之中,这就是人生的价值所在。

---

1 苗力田主编:《古希腊哲学》,中国人民大学出版社 1989 年版,第 165 页。
2 引自 *The Hellenistic Philosophers*, vol. 1, ed. by A. Long, Cambridge, 1987, p. 156。
3 北京大学哲学系外国哲学史教研室编译:《古希腊罗马哲学》,商务印书馆 1961 年版,第 18 页。
4 同上书,第 21 页。
5 同上书,第 23 页。
6 同上书,第 113 页。

3. 人类的自然演化过程

罗马时期的原子论者卢克莱修（Lucretius）的《物性论》从自然的起源和本性谈起，全面系统地阐述了人和社会的起源、发展和本性，被认为是继公元前5世纪希罗多德的《历史》（详见下节）之后的又一部典型的人学著作。

卢克莱修说，万物都必须按照一定的规律而发生，同样，人也不是按照神的目的而产生出来，万物的产生也不是为了人的目的。"（人的）身体中任何东西都不是为了我们能用它才产生出来，而是生长了它才有它的用处的。"[1]

卢克莱修认为，人的灵魂和精神都是精细的原子构成的，所不同的是，灵魂分布在全身，是人的生命的动力；而人的精神是理智，只存在于人的胸中，支配人的意识活动。但既然灵魂和精神也是原子，它们与构成身体的原子有共同起源和相互作用，他得出结论说："心灵的本性不能没有肉体单独生出来，也不能远远离开血肉而存在。"他还根据这一观点，对人的意识的活动作了具体的分析。人的意识开始于感觉，感觉是外部事物中的原子"流射"进人的感官而造成的"影像"；有些精细的影像"穿进身体的小孔，并且在内部搅动心灵的精细的本性"，就会在心灵中产生概念和思想。[2]"流射""影像"等说法实际上是对人的神经交感作用的最初的解释。

卢克莱修描述了人和社会产生的自然过程。他认为人的产生是一个长时期的进化过程，最初地球上只有植物，而后出现动物，最后出现人类。原始人过着漫游的生活，主要靠树木花果为生，只是发展到一定时期才有了火、衣服和住所，而后产生了家庭，有了语言。在语言交往中，人们的理性进一步发展，要求公共道德规范和法律，于是订立契约，选举首领，组成国家。令人惊异的是，卢克莱修所描述的从植物到人、从原始生活到社会生活的进化过程，与进化论和社会进化论的总的思路是如此一致。

四、 快乐主义

希腊哲学家把人生的价值和目的归结为善。但是什么是善呢？有些派别把善

---

1 参见卢克莱修《物性论》，方书春译，商务印书馆1981年版，第235页。
2 参见上书，第171—229页。

恶归结为人的自然情感，认为善就是快乐，恶就是痛苦。这一自然主义的伦理价值观被称为"快乐主义"。但实际上，被称为"快乐主义者"的人的主张差别很大，既有放纵肉体快乐的非道德甚至反道德的主张，又有提倡精神快乐的道德主张。

1. 快乐是肉体满足

苏格拉底之后的昔兰尼派认为，幸福生活是一切快乐的总和。但是什么是快乐呢？这一派别的创始人阿里斯底波（Aristippus）接受了智者们的相对主义原则，认为每一个人都有自己判别好坏的标准，每一个人所能确定的只是自己的感情。根据这一标准，每一个人都追求快乐，避免痛苦；而人们所能感受的快乐都是肉体快乐，这是最强烈、最真实的快乐。视觉或听觉给予的快乐，记忆和期待的快乐以及其他心灵快乐，都低于肉体快乐。他们还区分了作为目的的快乐与造成快乐的手段，认为只有肉体快乐才是真正的目的，精神快乐和德性只是达到肉体快乐的手段。比如，智慧的目的是避免造成痛苦的原因，如嫉妒、迷信、恐惧、愤怒等，但智慧本身不是快乐，愚蠢的人也会有快乐。同样，有些快乐是用非道德的手段获得的，它们也是好的（善）。昔兰尼派把快乐视为肉体快乐，主张用一切手段获得快乐，这是非道德的主张，但不一定就是反道德的。

2. 快乐是放纵自然欲望

苏格拉底之后的犬儒派主张按照本性生活，抛弃一切人为的习俗。犬儒派的代表人物第欧根尼（Diogenes）仿效狗的生活，主张放纵自然欲望，并以最简单的方式满足欲望，不依赖他人以及任何文明手段。他认为快乐的人的标志是对苦难泰然处之，不承担任何社会责任，不受拘束地放言，毫无顾忌地行动，抛弃荣誉感和羞耻心。他身体力行自己的主张：虽然出身于富裕家庭，他却过着乞丐般的生活，睡在一只废弃的水桶里。他甚至为吃人肉和乱伦辩护。但他却说正常人不是真正的人，于是在白天打着灯笼到处找真正的人。犬儒派反对一切社会伦理和规范，追求赤裸裸的原始欲望的满足，他们的快乐主义是反道德的主张。

3. 精神快乐高于身体快乐

希腊化时期的伊壁鸠鲁派被称为"快乐主义"。他们论证了快乐无可辩驳地具有崇高的价值：感觉证明了"快乐为善、痛苦为恶"这一常识的正确性，感情显示了趋乐避苦的自发性和自明性；视快乐为人生目的是显而易见的真理。

伊壁鸠鲁坚决反对把快乐与享乐相等同。他说："所有的快乐由于天然与我们相联，所以是善的，但并不是都值得抉择。"[1] 那么什么样的快乐才值得选择呢？伊壁鸠鲁区分了三类不同的快乐：第一种是自然的和必需的，如食欲的满足；第二类是自然的，却不是必需的，如性欲的满足；第三类是既不自然又不是必需的，如虚荣心、权力欲的满足。他又区分了强烈但不能持久的快乐与平静而长久的快乐，还区分了动态快乐和静态快乐：前者是欲望的要求和满足，如娱乐和高兴；后者是痛苦的消除，如无饥无渴、无欲无求的轻松状态。

伊壁鸠鲁在比较了各种快乐的得失之后，认为静态快乐高于动态快乐。他的理由是：最高的幸福是不可增减的，人们在动态快乐中得到的享受或强或弱，只有在静态快乐中才能处于平稳不变的幸福状态。伊壁鸠鲁也认识到，享乐无止境，欲望对快乐的追求和满足是贪得无厌的。他说："当我们缺少快乐和感到痛苦时，就会感到需要快乐。"[2] 欲望的追求和满足总是摆脱不了痛苦，过度的享受最终导致痛苦，这也是"欲壑难填"的道理。

伊壁鸠鲁所谓的静态快乐指身体免遭痛苦和心灵不受干扰两个方面，如用肯定的方式表述，指身体健康和心灵宁静。伊壁鸠鲁认为这两个方面相互影响，身体遭受痛苦时心灵不能宁静；反之，心灵受到干扰时身体健康也会受损害，但是他更加强调心灵的快乐。"宁静"的心态是静态快乐的主要特征，伊壁鸠鲁把它和审慎的生活相联系，认为这种生活才是最高的善。他本人对自己的伦理思想身体力行，一生过着宁静生活，赢得了追随者的信任和尊重。

第三节

"文化人"的形象

当"自然人"形象伴随着自然哲学出现时，"文化人"的形象也随着希腊文化的

---

1 苗力田主编：《古希腊哲学》，中国人民大学出版社1989年版，第648页。
2 同上。

其他形态而出现了。"自然人"和"文化人"都是神话中的"宗教人"的对立面,两者的差异在于,"自然人"在人与自然的关系中看待人,而"文化人"在人际关系以及人与社会的关系中看待人。

一、 从神话到人学的转折

西方第一部人的历史是希罗多德(Herodotus)撰写的《历史》,他因此被称为"历史学之父"。他在这部书里,对古代近东社会各民族的来龙去脉、风土人情作了详尽描述,因此又被称为"人类学之父"。以历史学和人类学在西方人学中所占的重要位置,可以说《历史》这部书是西方人学的第一部著作。

1. 人是历史的主体

从总体上说,《历史》标志着希腊人对于人类自身认识的一个重要转折,这个转折就是从神话到人学的转折。在希罗多德之前,虽然人已经有了历史,但还没有关于人的历史学,只有神的谱系学,这就是荷马史诗和赫西阿德诗歌中所叙述的神话。在神话和神谱学中,虽然已经开始了对人的认识和探索,但人处于一种陪衬的地位,神才是真正的主体。希罗多德的《历史》却完全改变了这一点。希罗多德所描述的历史的主体是人,而不是神;虽然也涉及神,但神的活动是围绕着人的活动而出现的。

希罗多德在《历史》一书的开篇处就申明了他的目标。他之所以要把这些研究成果发表出来,是为了保存人类的功业,"使之不致由于年深日久而被人们遗忘,为了使希腊人和异邦人的那些值得赞叹的丰功伟绩不致失去它们的光彩"[1]。注意他所记载的是"人类的功业"。希罗多德的历史记载中也有传说,但那已经是人的传说,而不是神的传说。柯林伍德(R. G. Collingwood)也认为:"历史学对于希罗多德来说乃是人文主义的,而与神话的或神权的都不相同。"[2]虽然希罗多德在书中并没有直接发表他对于人本身的理论观点,但与他之前的神话相比,他这种全新的视角应当说是革命性的。

希罗多德所确立的史学方法,一是亲证,二是"听说"。他为了写《历史》,访问

---

1 希罗多德:《历史》,王嘉隽译,商务印书馆 1959 年版,第 167 页。
2 柯林伍德:《历史的观念》,何兆武、张文杰译,中国社会科学出版社 1986 年版,第 21 页。

了许多人,游历了许多重大历史事件的发生地。他还把从别人那里听来的一些事情记录下来。对于这种方法,后人多有批评。例如黑格尔在其《历史哲学》一书中就批评这种方法是没有反思的方法,因而不是真正的历史。我国国内也有人批评说:"希罗多德对于所听到的故事,毫无批判地记载下来。"[1] 这些批评是不够全面的。因为从希罗多德的论述来看,他对于听说的故事并非毫无批判,而是有所选择。对于一些传说他也经常持怀疑态度,说"我不相信"之类的话;他也多次说过,对于那些没有价值的东西不予记载。例如,他说:"他们还说,神常常亲自降临到这座圣堂并在这个床上安歇,但我是不相信这件事的。"[2] "关于居鲁士的死的传说的确是有很多的,但我只叙述了上面的一种,因为我认为这个说法是最可信的。"[3] 这类话很多,这些话都意味着"批判"。有一些传说他拿不准的,就如实地说"我不知道这是不是实有其事,我只是把人们传说的写下来"[4]。那位批评者忽视了最重要的一个问题,就是希罗多德在这里实际上确立了历史学研究的一个重要原则,就是以事实为依据的原则;或者用今天的话说,就是实事求是的原则。希罗多德所贯穿的正是这样的一个原则。而这个原则与神话的原则是完全不同的,甚至是对立的。神话都只是一些传说,既没有人能够亲证,又没有人事上的证据,是无法确定真假的。与现代的史学相比,希罗多德的史学确实缺少一些反思,但如果我们把它放在当时的历史条件下来考察,那么希罗多德所确立的这个亲证的原则无疑有着重大的意义,因为它实际上意味着确立了以人为本的史学原则,即以人的认识、思考为依据的原则——一切都要经过我的思考才可以得到确认。

2. 关于"人"的普遍观念

希腊人对于"人"(homo)的理解非常狭隘,他们只把希腊人当作人,文化不发达的"野蛮人"不是人,奴隶也不是人。希罗多德去世很多年以后,亚里士多德还坚持"奴隶是会说话的动物"的观点。相比而言,希罗多德的眼界宽阔得多,思想开放得多。在对不同人种的分布及其特征进行广泛考察的基础上,他知道远在希

---

1 修昔底德:《伯罗奔尼撒战争史》,谢德风译,商务印书馆1960年版,译者序言第26页。
2 希罗多德:《历史》,王嘉隽译,商务印书馆1959年版,第257页。
3 同上书,第273页。
4 同上书,第506页。

腊人之前,埃及人、巴比伦人、腓尼基人和印度人就已经发展起高度的文明。他还惊异地发现,埃及文中也有与希腊文"野蛮人"相对应的词汇。希罗多德于是发现,各个民族都有"野蛮"和"文明"的标准,希腊人的标准并不是"人"的普遍标准。

《历史》一书中提到的不同种族或地域的人就有160余种。对其中的大部分种族,希罗多德都进行了亲自考察,包括他们的起源、迁徙、特征、语言、风俗等方面。另外,当他提到一些著名人物的时候,通常要交代那些人的家族谱系,一直追溯到很多代以前。这样,他就以人事为中心,把人种学和历史学、地理学融为一体,从这个崭新的角度描述了人类活动的轨迹。就此而言,《历史》俨然是一个种族与家族的谱系,这个谱系是由一个个活生生的人构成的,而不是由虚构的神构成的。

虽然在荷马史诗中也涉及一些重要人物的身世,但他们大多具有半人半神的性质,是神与人结合的产物。我们不能以此了解他们的后代在现实历史中的真实状况。希罗多德则不同,他完全就人来论人,不以人以外的因素为根据。他所说的某个种族的迁徙、地点、特征、语言、风俗等都在历史上有据可查。例如,讲到雅典人和拉西代孟人的起源时,他作了这样的描述:原来希腊城邦中最强大的是多利斯族的拉西代孟人,而伊奥尼亚族则是雅典人。拉西代孟人是由过去的佩拉司吉族演变而来的,这个民族从来没有离开过自己的居住地;雅典人则特别富于流动性,经常迁徙,他们在不同的时代曾经移居许多地方。佩拉司吉族的语言原先并不是希腊语,后来演变成希腊人以后才讲希腊语,而忘掉了他们原先的语言。希腊族却从他们出现以来就一直讲着同样的语言。又如:"美地亚人是由下述的一些部落构成的:布撒伊人、帕列塔凯奈人、斯特路卡铁斯人、阿里桑托伊人、布底奥伊人、玛果伊人。"[1]对于这些民族历史状况的记述,为以后民族史的研究提供了珍贵的材料。

3. 习俗统治一切

希罗多德认为习俗统治人的一切。他记载了这样一件事:波斯国王大流士(Darius)问希腊人,他要花多大代价,他们才愿意吃掉自己父母的尸体,而不去焚

---

1 希罗多德:《历史》,王嘉隽译,商务印书馆1959年版,第219页。

烧尸体。希腊人的回答是,不论他花费多么大的代价,也休想让他们这样做。大流士又来问一个有着吃父母尸体习惯的印度氏族成员是否能够焚烧自己父母的尸体,这些人恳求他不要想这样的事。希罗多德进一步探讨了各民族的不同习俗的成因。他特别重视人与环境的关系,在《历史》一书中提出了人的精神状态、政治体制与地理环境有关的思想。书中说:"温和的土地产生温和的人物。"[1]可产生优良作物的地方,不一定能够产生勇敢的战士,他们是从不同的土地上产生的。勇武的战士产生于贫瘠的山区,而奴隶则产生于平坦的土地。这些说法无疑是近代孟德斯鸠地理决定论的萌芽。

希罗多德把其他民族也当作人类的一员,因此他能够欣赏外族的好的风俗文化。他在介绍波斯人的一些风俗和规定的时候,特别赞赏他们的一些人道的和宽容的做法。他说:"下面的一种规定也是值得推荐的,即国王不能由于某人只犯了一个错误而把他处死,而任何一个波斯人也不能用无法治疗的伤害来惩罚自己仆人的仅有的罪过。"[2]但是当一个人的错误大于他做的好事的时候,就可以惩罚他了。

4. 宿命与人为

希罗多德把希波战争中希腊人胜利的原因归结为天意,他认为一些非人力能够控制的原因起了决定性的作用。根据他在书中的分析,当时波斯人的力量是非常强大的。他估计,波斯大军连同辅助人员有 500 多万,而希腊人的军队要少得多,并且希腊的很多城邦都已臣服于波斯,只有少数几个城邦表示坚决抵抗到底。所以,以如此悬殊的力量,希腊人要战胜波斯军队是不可能的。但天意帮助了希腊人,海上突起的风暴大大地削弱了波斯人的力量。希罗多德还把波斯人的失败归结为他们不敬神。

希罗多德把人生的祸福归结于一种人不能控制的力量,人因此不能掌握自己的命运。他常常借书中的人物之口说出"这是不可避免的命运"一类的话。但是这种不可控制的力量并不是不可预测的。他说,每逢有重大的事情要发生的时

---

[1] 希罗多德:《历史》,王嘉隽译,商务印书馆 1959 年版,第 844 页。
[2] 同上书,第 237 页。

候，就一定会有预兆出现，从这预兆中可以窥见未来的影子。克洛伊索斯国王的儿子必死的命运就是一个典型的例子。梦里有人预言说他的儿子将会被铁器刺死，他于是就采取了一切措施来防止这件事情的发生，但最终没有能够避免。[1]这表明命运是不可违背的，"任何人都不能逃脱他的宿命，甚至一位神也不能例外"[2]。这些都表现出他没有摆脱时代的局限性，思想中仍保留有宿命论的残余。

但是，作为一个历史学家和人类学家，希罗多德注重对人事的考察，他对宿命论的态度是有矛盾的。比如，书中提到的最重要的一个预兆就是神在梦中对波斯王薛西斯（Xerxes）的预言，却没有灵验。本来薛西斯对于出兵希腊这件事已经后悔了，可是神一再在梦中出现，要他下决心去征服希腊，说否则他的后果将会更加悲惨，他终于作出最后的决定。但是，没想到波斯人以惨败而告终。这个史实说明，神的预言也是不可靠的，命运并不能完全支配战争的胜负。

希罗多德在《历史》中表明，人的活动并不是盲目的，而是在理性指导下进行的。每进行一项活动之前，人们，尤其是那些重要的人物，总是在一起进行讨论，最后从各种可能的办法中寻找一个最好的办法。而最后能否取胜，往往取决于人的智慧。战争的较量，实质上是一种智慧的较量。他虽然没有把人为努力作为战争胜负的决定性因素，但在对战争胜负原因的具体分析中，他都强调人为因素的重要性。

从希罗多德的论述来看，名和利是人们行动的原因，是历史运动的推动力。所有的历史事件，都是由于某些人物的占有欲、名利心导致的，除此之外，看不出人们还有什么更高尚的动机。即使是那些以自由的名义所进行的事业，也仍然是为了某些人的某种利益罢了。所以，当一个国家的人占领了另一些人的土地时就肆无忌惮地掳掠，即使是以捍卫自由而著称的雅典人也不例外。既然人们的行为出自名利，那么当无利可图的时候，人们常常违背自己的诺言或者背叛自己的国家，转而趋向有利可图的一方，也就是时常可见的了。波斯人有叛徒，希腊人也有叛徒。雅典人是希腊人中最为坚定的，但雅典人也同样有叛徒。当波斯大军压境

---

1 希罗多德：《历史》，王嘉隽译，商务印书馆1959年版，第183—187页。
2 同上书，第213页。

的时候,希腊人并不是万众一心的;相反,很多城邦为了自己的利益而向波斯人献媚或者效忠,甚至成为同伙。

希腊人之所以取胜,也有人为的因素,这就是波斯人的军事智慧不如希腊人。他们虽然力量庞大,但在战术上要比希腊人差,组织性也差,而希腊人有着非常严密的计划和组织。尤为重要的是,希罗多德把希腊的强大归因于赋予人民平等权利的民主制。他说:"权利的平等,不是在一个例子,而是在许多例子上证明本身是一件绝好的事情。"[1]历史证明,当雅典人受僭主统治的时候,雅典人就与其他民族没有任何区别了,这时在战争中雅典人并不比他们的邻人更聪明;但是一旦他们摆脱僭主的桎梏,他们就会远远超过他们的邻人。可见,雅典人的智慧并不是天生的,而是来自他们的民主制度。这种民主制度不仅能够使人们最大限度地发挥自己的聪明才智,还能够使人们团结一心,焕发出巨大的力量。"在单对单作战的时候,他们比任何人都不差;在集合到一起来作战的时候,他们就是世界上无敌的战士了。"[2]他们的勇气来自他们严格的法律。他们虽然是自由的,但并不是无法无天的。他们畏惧法律甚于畏惧国王,凡是法律让他们做的,他们绝对不会推诿。希腊的国土虽然是贫穷的,但智慧和强有力的法律使他们战胜了贫穷,并且驱除了暴政,从而成为一个强大的民族。

二、 关于社会起源的争论

公元前5世纪和公元前4世纪之交,雅典兴起了智者运动。智者生活在氏族社会转变为城邦的社会变革的时代,他们对传统的宗教信仰、风俗习惯和世袭观念提出挑战。在智者讨论人事问题时,特别是在涉及国家的起源和性质、个人和法律的关系等一些重要的问题上,形成了"自然说"和"约定说"两种观点的争论。自然说所坚持的"自然"来自自然哲学中的本原观念,特指人类本性。自然说认为人应按照自己本性决定自己命运,不应受外在法律和习俗的约束。约定说所坚持的"约定"指非自然的社会属性。约定说强调人和动物、社会和自然物的区分,主张用社会力量约束和改善人的本性。自然说和约定说虽然彼此对立,但它们又都

---

1 希罗多德:《历史》,王嘉隽译,商务印书馆1959年版,第545页。
2 同上书,第671页。

与传统的氏族势力相对立。无论是自然说还是约定说,都反对用不可认识和把握的神或命运来解释社会的起源。

1. 人是万物的尺度

从文化的角度来理解人及其社会,是智者学派的基本立场。大多数智者把自然的与人为的东西对立起来,把人看作是与自然相对立的一种存在。正是出于这样的立场,普罗泰戈拉(Protagoras)提出了这样一个著名的命题:"人是世间万物的尺度,是一切存在的事物所以存在、一切非存在事物所以非存在的尺度。"[1]

对于这个命题的具体含义,普罗泰戈拉没有解释,人们经常引用它来表述各种不同的思想。如果"人"在这里被理解为与世间万物相对立的人类,那么这句话表达了人类中心主义的观点;如果"人"在这里被理解为与其他人相对立的个人,那么这句话表达的是唯我主义的观点。对于"尺度"亦可作不同理解:人究竟是按照自己的欲望,还是依据自己的认识来衡量万物呢? 如果是后者,那么人究竟是用感觉,还是用理智来作为判断事物的标准呢? 苏格拉底把"人是万物的尺度"理解为"事物就是对我显现的那个样子"。如果这是符合普罗泰戈拉的原意的,那就是一种感觉主义的世界观。柏拉图转述普罗泰戈拉的话说:"我们每一个人都是存在或不存在的尺度,世界中的一切对于一个人来说不同于另一个人,正因为对一个人来说存在着并向他显现的东西不同于对另一个人来说存在着并向他显现的东西。"[2] 既然每个人都只能根据自己的感觉判断事物,既然人们的感觉各不相同,那么他们必不能就事物的存在和性质作出不变的共同判断。再者,每一个人都有自己的尺度和标准,没有一个共同的标准衡量这些不同认识的优劣是非,这样,相对主义的结论便顺理成章地被推导出来了。苏格拉底反驳说,如果把这一相对主义的原则更加彻底地贯彻,那么将没有理由否认猪、狗、猴等动物也是万物的尺度,因为它们和人一样具有感觉,有什么理由说人的感觉优于动物的感觉呢?[3] "人是万物的尺度"于是走向了自己的反面。

"人是万物的尺度"是西方人学的一个重要命题,它强调人的主观能动性和在

---

1 周辅成编:《西方伦理学名著选辑》上卷,商务印书馆 1964 年版,第 27 页。
2 柏拉图:《普罗泰戈拉篇》,152a,166b。
3 参见上书,161c。

世界的中心地位。正如蓝金(H. D. Rankin)所说:"普罗泰戈拉所思考的是这样一个宇宙,在这个宇宙中,个体是衡量现实的唯一有效的工具:他是他那直接而无可疑义的知觉的尺度和依据。"[1]人的主体性在这里第一次凸显出来,这是西方人学成熟的标志之一。

2. 约定论的解释

普罗泰戈拉著有《事物的性质》一书,用约定论观点解释了国家的起源。柏拉图在《普罗泰戈拉篇》里复述了他的观点。据说,神在造出各种生物之后,又分配给它们适合其本性的生存手段,唯独人没有得到护身的工具。普罗米修斯于是从宙斯那里盗火,送给人类。人类由于分享了神圣的技艺,得到了生活必需品。但是人类一开始分散居住,不能抵抗凶猛的野兽,他们之间也相互为敌。为了使人类不致灭绝,宙斯派赫尔墨斯把尊敬和正义带到人间,建立政治和社会秩序。他要求把这些德性分给每一个人,不要像分配技艺那样,只让少数人所有。普罗泰戈拉并不相信神的存在。柏拉图借他之口所说的故事应被理解为:人为了生存而在共同认可的道德原则之下组成国家,这些原则是人为的,需要通过人的共同努力,特别是通过传授和学习的过程,才能得以维持和延续。普罗泰戈拉的约定说代表了民主派的政治观点。

寡头派政治家克里底亚(Critias)在《西绪弗斯》的剧本中如此解释社会约定的过程:最初人生活在无序的野蛮状态中,为了向恶人报复,人制定了法律,让正义统治,使暴力屈服。但法律不能阻止人们私下作恶,因此一些更聪明、赋有良好理智的人发明了对神的崇拜,用恐惧和神圣原则阻止人们邪恶的行为和思想。克里底亚通过不信神的西绪弗斯之口表达了对这种人为的约定的蔑视。

3. 自然派的解释

自然派有寡头派和民主派的不同。寡头派利用自然说为强者的权力辩护。比如,斯拉西马库(Thrasymachus)露骨地说,法律是"弱者,即大多数人"约定而成的,是大多数弱者限制少数强者本性的枷锁,它禁止一个人通过强力得到比别人

---

1 H. D. Rankin, *Sophists*, *Socratics and Cynics*, New Jersey: Barnes&Noble Books, 1983, p. 33.

更多的东西；然而，出自本性的真理却是，强者应该拥有比弱者更多的东西。[1] 他论证说，法律并不公正，法律本质上只是某种利益的体现，政府制定法律的目的是保护它的利益。所以对于它有利的就是公正，就受到法律的保护；而凡是违犯法律的人都要作为不公正的人而受到惩罚。"因此我说凡国家都拿当权的政府的利益作为公正的原则。由于每一政府必具有权力，所以唯一正确的结论是：强者的利益，在任何地方都是公正的。"[2] 如果以为牧羊人考虑的是羊本身的利益，那就大错特错了。强者打击人，弱者遭受打击，这是天经地义的事。这是"强权就是公理"的最早表达。又有两种不同的观点：一种认为"自然"意味着"不平等"，因而只有不平等才是符合自然的，才是正义的；另一种认为"自然"意味着平等，因而只有平等才是正义的。

加里克利斯（Callicles）同斯拉西马库一样，也认为法律的制定、奖惩的安排都是为了自身的利益。他进一步把自然与法律对立起来："约定与自然是不同的。"[3] 从约定的角度看，一个人要求比别人更富有是可耻的，但按照自然来看却正相反，"优者比劣者多获得一些，乃是公正的；较强者比较弱者多得些，也是公正的"[4]。无论是人还是动物，所有种族都是如此，"自然所昭示的都是：公正是在于优者统治劣者，优者比劣者占有更多"[5]。自然的法则就是优胜劣汰，强者统治弱者；而我们的法律却追求平等，要强者和弱者一样。这是违反自然的，因为自然的法则就是不平等，所以只有不平等才是合乎自然的。至于平等的观点，完全是人为的约定，而且是大部分人的约定。大部分人之所以赞成平等、反对不平等，是因为他们都是弱者。由于他们无法与强者竞争，害怕强者超过他们，于是就制定了平等这个原则，说只有平等才是光荣的、合乎正义的。他们根据这个原则制定了法律，然后用这法律来教育人类的后代，就像驯养幼小的狮子那样，把人类中的强者驯养成与大众一样平庸的人，使他不能够超过他人。但这平等实际上才是最不

---

1 参见柏拉图《高尔吉亚篇》，484c。
2 周辅成编：《西方伦理学名著选辑》上卷，商务印书馆 1964 年版，第 27—28 页。
3 同上书，第 29 页。
4 同上。
5 同上。

平等的,因为让一个英雄人物与一个无能的人平等,那不是最不合理的事情吗?事实上,历史上的英雄人物没有一个是遵守这个平等原则的,或者可以说,只有那些打破这个原则的人才有可能成为英雄人物。当英雄人物践踏了与自然相反的法律,从奴隶地位一跃成为我们的主人的时候,自然的正义就又被恢复了。

另有一些自然派则提出平等和民主的要求。他们说,人在本性上没有高低、贵贱、强弱之分。安提丰(Antiphon)同样主张法律是对自然的限制,但认为自然意味着自由和平等。凡是法律上正当的东西往往是有害于自然的。法律规定我们的眼睛应当看什么,不应当看什么;耳朵应当听什么,不应当听什么;舌头应当说什么,不应当说什么;心灵应当想什么,不应当想什么。可是按照自然却相反,我们的眼睛、耳朵、舌头和心灵都应当是自由的。可见法律不是与自然相亲善的,而是相敌对的。法律也不能保障它所允诺的所谓正义。事实上正相反,"法律允许受害的一造受害,加害的一造犯罪"。"使本可以减少的痛苦加多,使本可以加多的快乐减少,使本可以避免的侵害成为侵害。"[1] 相对于法律而言,自然的东西才为正义提供了真正的保证。因为自然的东西是内在的,而法律的规则是外来的。一个人作了违背法律的事情,若是没有人看见,就不会受到惩罚;但按照自然的情感却不同,即使没有人看见,他也会感到羞耻。之所以如此,是由于自然的规则是不可避免的、天赋的,不管是否被人发现,其后果都不会有所改变。自然规则无须他人监督就会起作用。因此,法律或约定的东西是违反自然的,法律所确定的规则恰恰是不自由和不平等的,而只有自然的东西才是自由平等的。"我们的天赋在一切点上都一律平等,不论我们是希腊人或蛮族。我们可以观察到人人天生有人所必须具备的任何一种能力的特征……我们没有一个人可注定,作为一个希腊人,或一个野蛮人的。我们每个人都通过自己的口鼻来呼吸空气。"[2] 他批判贵族世袭制度和奴隶制度说:"我们敬仰和尊重贵族的后代,却既不敬仰,也不尊重一个卑贱家庭的后代。这种做法使我们自己成为野蛮人,因为我们都可能是天生的希腊人和野蛮人(大概希腊人和野蛮人平等地继承了同一个本性)。"[3] 智者

---

1 周辅成编:《西方伦理学名著选辑》上卷,商务印书馆 1964 年版,第 32 页。

2 同上书,第 33 页。

3 引自 H. D. Rankin, *Sophists*, *Socratic and Cynics*, New Jersey: Barnes & Noble Books, 1983, p. 65.

希庇阿斯（Hippias）说："我们之所以是亲戚和公民，是由于自然的联系，而不是约定。物以类聚靠自然，而不靠约定。约定是强加在人们头上的暴君，强迫人去做很多违反本性的事。"[1] 就是说，人的社会联系是因为他们在本性上的一致，而不是靠人为的约定。他们批判奴隶制的社会制度是违反自然的，这是一个连哲学家也未能达到的结论，它反映了某些智者对传统观念的批判已超出了哲学家所能接受的激烈程度。

三、 国家是大写的人

柏拉图在《理想国》中对国家的起源作了深入的探讨。他的观点属于当时流行的自然说，但他也认为为了维护自然所形成的本质，也需要采取人为的措施。这样就把自然说和约定说结合起来了。

1. 社会起源于社会分工

柏拉图认为社会起源于经济需要，一个人与另一些人合作的目的是获得更多更好的生活必需品。相互帮助和合作的人聚集而居，"并把聚集的居所称作城邦"[2]。社会的原则首先是专业分工的原则：每一个人都按照自己的自然禀赋从事一门职业劳动，这样，社会劳动的技能和产品数量才能优于社会分工之前的状况。最初的职业有农夫、织匠、鞋匠、木匠、铁匠、牧人、商人等；随着财富的增长，又出现了适应奢侈生活需要的职业：乐师、诗人、教师、护士、理发匠、厨师、糖果商等。然而，随着城邦人口的增长，维护奢侈生活的需要必然导致对外扩张，因此发生与邻邦的战争。

按照专业分工的原则，有一批人承担保卫城邦的职责，他们构成了与上述生产者阶层有别的武士阶层。武士除了具有勇敢的禀赋之外，还赋有智慧。他们知道什么是城邦的真正敌人，同时必须知道什么是真正的善。他们的知识要靠教育，必须有人承担教育武士的职责。这些人是从武士阶层中挑选出来的最有智慧、最有力量、最关心城邦的优秀人才，是经过长期磨炼和考验的、富有治国经验的长者。柏拉图称这些人才是完善的保卫者，武士则是真正保卫者的助手。他在

---

1 柏拉图：《普罗泰戈拉篇》，337d。
2 柏拉图：《理想国》，369c。

严格和一般意义上使用"保卫者"和"统治者"两个概念。一般意义上的统治者包括武士和真正的保卫者,两者共同统治着生产者;严格意义上的统治者专指武士的指导者,武士则是实施他们治国方略的执行者。

2. 社会等级的自然构成

在《理想国》中,柏拉图主张作为个体的人的本质是先天的,是由神创造的。神分别用金、银和铜、铁制造了三种人。每种人由于是用不同的材料造成的,因而也就有不同的本性、不同的灵魂,适合于不同的工作。他们分别构成了社会的三个等级。就是说,用金子构成的人是统治者,用白银和黄铜构成的人是武士,而生产者是用铁构成的。社会的自然分工是由人的不同的自然构造所决定的。柏拉图认为,社会正义就是每一个人都只做适合他的本性的事情,只要各个等级各司其职,社会的正义就可以实现;否则,如果等级秩序颠倒或混乱,那么就无所谓正义了。

在柏拉图设想的理想国家中,统治者共享财产和配偶。柏拉图认为男女的差别只表现为生育中的不同作用。除此之外,女人和男人由同样高贵的材料构成,他们应该具有同等的自然才能,应该接受同等教育,担负同等职责,包括统治者的职务。没有根据认为柏拉图主张把妇女当作财产分配。事实上,所谓的"共妻"主张不过是国家严格控制婚姻和生育的一种政策,只在统治阶层内部实行。男女统治者均由国家指定配偶,配偶不固定,致使统治者无家庭;并且,配偶在指定的时间里生育,以便能生出天性优秀的后代。

3. 法律的作用

柏拉图也吸收了约定说的观点。他承认构成人的自然材料会发生混杂,造成低等材料做出的人当统治者的结果。为了防止统治等级的人种的退化堕落,必须作出严格的规定,禁止不同等级的人通婚。人种退化的另一个原因是统治者在不适当的时候交媾生育,此时生育出来的人的自然材料也会退化。他说,何时交媾生育是一个"神秘的数",需要学习教育才能知道。

柏拉图认为,等级的区分是依照社会分工原则在不同禀赋的社会成员之中产生的自然区分,将某一等级利益凌驾于其他等级利益之上则是不公正的人为追求。他在批评"强权即公正"的论调时说,如果少数人凭借自然赋予的优势来压迫多数人,那么多数人也可以凭借数量和力量的优势来压迫少数人;每一阶层都有各自的优势和劣势,"强权即公正"是一条自我毁灭的原则。[1] 他对统治阶层的生活作出极其严格的规定,禁止统治者占有私人财产、具有私人利益,就是为了防止统治者把他们的自然优势转变为压迫生产者的强权。

柏拉图的社会观的基础是自然说,法律规定的基调是保守主义。他生活在社会变革的时代,却不能接受贵族沦为平民、平民执掌政权的事实,而要求按照固定不变的自然本性规范人们的行为。他在《法律篇》中作出的一些具体规定明显反映出氏族社会的习俗。例如,他说城邦不应设在海边,应是农业社会,而不是商业社会;应当生产,而不应进口。他还规定一个国家的公民人数应为 5040 人,分为59 个部落。[2] 这些主张显然违反氏族农业社会向城邦商业社会发展的历史潮流。

四、 人是天生的政治动物

亚里士多德基本持自然说的立场,他从时间的顺序和自然的顺序两方面探讨了国家的起源。他认为这两个方面是一致的,都符合自然的顺序。但他也认为,人们为了一定的目的而选择不同的政治制度,这又表现了约定论的立场。

1. 国家的发生过程

从时间的顺序上说,国家是家庭和村落的延续。最初的社会组织是家庭,家庭为着满足人的日常需要而存在。当人们的需求扩大时,若干家庭联合为村落,以满足人们日益增加的需要。最后,若干村落组成国家,满足人们所有需要,包括物质生活和精神生活的需要。人们一开始组成国家时,只是为了保障他们的生存。然而,一旦国家形式发展成熟,它终将以公民的至善为目的,因为每一种社会组织都与一种善的目的相对应。作为最高社会组织形式的国家必定以最高的善为目的。亚里士多德对国家起源所作的历史性探讨,基本上符合希腊社会由家族部落向城邦发展的进程。

2. 人在本性上是政治动物

人为什么会最终组成国家? 亚里士多德没有像柏拉图那样诉诸经济需要和

---

1 参见柏拉图《高尔吉亚篇》,488b—490b。
2 参见柏拉图《法律篇》,705a,737e。

社会分工,而用自然顺序解释了这一问题。所谓"自然顺序",实际上指人的自然本性。从自然顺序上说,国家优先于其他一切社会组织形式。这是因为国家出自人的自然本性,而人的自然本性是他的政治属性。他说:"很明显,国家是自然的产物,人在本性上是政治动物。那些出于本性,而不是出于偶然性没有国家的人,或高于人,或低于人。"[1]这句话被演绎为"人是天生的政治动物"这样的名言。按照他的定义,"高于人"的神没有国家,而那些没有国家的奴隶或没有固定居所的流浪人群,则是"低于人"的"会说话的工具"。

奴隶与自由人是天生的(除了强迫的奴隶以外,如战争中的俘虏)。有些人天生就赋有自由的本性,而有些人天生就具有一个奴隶的灵魂。凡存在物,总有高低之分,在自然界中也是高级的统治低级的。因此,无论是在自然中还是社会中,低级的受高级的领导和统治是合乎自然的事情。而且大自然也赋予自由人和奴隶不同的体格。一般说来,奴隶体格健壮,适合于劳动;而自由人体格俊美,不适合于劳动,却适合于从事政治活动。大自然确立了等级制度,让高级的统治低级的,如让灵魂统治肉体。同样,在人类社会中,具有高级灵魂的人统治具有低级灵魂的人也是合理的。如果是相反,优秀的人和低劣的人平等,那才是最违背自然的事情,是最不平等的。这反映出亚里士多德的阶级偏见。

3. 国家的目的

亚里士多德认为,国家和个人的终极目的都是同样的善,但是国家和公众活动所实现的善比个人所能实现的善更高级、更完全、更尊贵,个人只有在公众的政治生活中才能实现"至善"这一终极目的。

国家是为了达到人类道德和理智生活最高目的之社会组织,个人只有在公共的政治生活中才能最大限度地实现自己的德性,达到最高的幸福。为了公民的幸福生活,国家至少应有下列一些功能。第一,国家必须保持适当疆域,以便提供足够的资源,满足公民生活的需要。国土不能太小,否则将缺乏生活必需的自然资源;但也不能太大,否则过剩的资源将产生挥霍浪费的生活方式。第二,国家必须维持社会等级制度。农民和工匠等生产者虽然是必要的社会成员,但不应有公民

---

1 亚里士多德:《政治学》,1253a 1—4。

权。只有能够保卫国家的武士才是真正意义上的公民。公民是一生履行国家职责的人,他们在青年时是武士,中年时是统治者或立法者,老年时是祭司。公民在城郊或军事要塞附近拥有一块土地,雇佣农民耕种。第三,国家的一项重要功能是教育。教育从体育和德育开始,从小培养道德习惯,铸造健全体魄。第四,这一点是最重要的,国家要有最好的政体。

在讨论哪一类政体最好这一问题时,亚里士多德区别了最理想的政体和现实中最佳的政体。最理想的政体是君主制,公民被一个在各方面都最卓越的人当作自由人来统治,这样的政治在理论上说是最好的。但是英雄时代已经结束,现实政治中没有一个人有高于其他任何人的统治资格。贵族制比君主制实际上更好,但是贵族制也只能在少数城邦实行,对于大多数城邦依然是一个政治理想,因为很难保证少数执政的贵族不蜕变为寡头。现实中最佳的政体是立宪制。立宪制的优越性在于稳定、持久。它是由中等阶级统治的政体,是由少数富人统治的寡头制和由多数贫民统治的民主制的中道。他说:"这个阶级是一个国家中最安稳的公民的阶级,因为他们不像穷人那样觊觎邻人的东西,别人也不觊觎他们的东西;既然他们不谋害别人,又不怕别人的谋害,所以很安全地生活。"[1]他所说的中等阶级有着鲜明的历史特征,即那些能够购买重装军备,在战时成为武士,平时拥有适度财产、温文尔雅的自由民。亚里士多德的人学伦理学和政治学归根到底代表着这一阶层的利益,曲折地、间接地反映着他们的社会地位和文化特征。

第四节

"智慧人"的形象

任何学问都要思考所研究的对象的本质,人学也不例外。希腊人对人的本质的思考非常广泛和深刻,经历了从神到人、从身体到灵魂、从人的感性到理性的转变和发展。"宗教人"的形象实际上是把人的本质投射在神的本质上;"自然人"的

---

1 亚里士多德:《政治学》,1295b 27—40。

形象是把人的本质归结为自然本质或合规律的自然过程;"文化人"的形象则从人的自主创造和人的社会特性来规定人的本质。然而,在希腊各种关于人的自我形象中,"智慧人"的形象对西方人的观念影响最大、最深刻,以致现代人类学家把现在存在于地球上的人类命名为"智人"。希腊人所谓的"智慧"是"灵魂"的本质,他们是通过对人的灵魂的认识来认识人的本质的,因此,"智慧人"的形象与希腊人的灵魂观是密不可分的。我们将在希腊哲学的灵魂观中展现"智慧人"的形象。

一、 哲学灵魂观的开始

早期的希腊人与世界其他民族一样,也持"万物有灵论",他们以为所有事物都有灵魂,灵魂并不是人所特有的本质。早期的希腊自然哲学家,如泰勒斯、赫拉克利特等把水或火当作灵魂。他们所说的灵魂,指在事物内部推动事物运动的能动力量。德谟克利特则直截了当地说:"灵魂是由最根本的、不可分的物体形成的。"[1]他把这种特殊的物体叫作灵魂原子[2]。直到毕达哥拉斯出现,我们才看到对人的灵魂的论述。

1. 灵魂的不朽和净化

毕达哥拉斯派的灵魂观来自奥尔斯教派的"灵魂转世说"。根据这种古老的灵魂观,一切生物都有共同的灵魂,灵魂是不朽的,可由一个身体转移到另一个身体,重复已经历的生活。据说,毕达哥拉斯有一次制止人们打一条狗,因为他从被打的狗的哀叫中听到了一个已故朋友的声音。

毕达哥拉斯关于灵魂不朽的观念虽然具有明显的宗教色彩,但与当时流行的"宗教人"形象并不完全一致。毋宁说,他的灵魂观是"智慧人"形象的开端。毕达哥拉斯教导说,为了不失去灵魂,或死后重新获得灵魂,人需要净化自己的灵魂;而"爱智慧"(philosophia,即哲学)是净化灵魂的必由之路。

毕达哥拉斯派把哲学思辨作为净化灵魂的一种活动。毕达哥拉斯派认为,"灵魂是一种和谐"[3]。净化灵魂的手段是音乐和哲学,因为音乐是和谐的音调,

---

1 北京大学哲学系外国哲学史教研室编译:《古希腊罗马哲学》,商务印书馆 1961 年版,第 103 页。

2 参见 W. K. C. Guthrie, *A History of Greek Philosophy*, vol. 2, Cambridge University Press, 1980, p. 471。

3 引自苗力田主编《古希腊哲学》,中国人民大学出版社 1989 年版,第 64 页。

哲学是对事物间和谐关系的思索。

2. 灵魂支配身体

毕达哥拉斯关于灵魂不朽的观念已经蕴涵着"人的本质是灵魂"的意思。毕达哥拉斯所说的"灵魂"并不是与身体相对立的东西，也没有完全脱离身体而独立存在。毕达哥拉斯所说的"灵魂"在人身上有一个具体位置，它存在于从心到脑这个地方。这个灵魂还需要"从血液取得养料"，而且"灵魂的纽带是血管、肺和神经"。[1] 但是灵魂不是由一般的物质产生的，而是由热的蒸汽产生的。热的蒸汽是能动力，可以驱动身体的运动。正如古思里（W. K. Guthrie）指出的那样，在毕达哥拉斯眼中，知觉和理解活动完全是物质上的原因，完全依赖于身体的状况。[2]

二、 认识你自己

从人学的角度看，苏格拉底首次明确地把人的本质归结为灵魂，他提出了"认识你自己"的命题，标志着西方思想的一个重大转折。他把人对自身的自然属性的认识转向了对人的内在精神的认识。"认识你自己"这一命题可以从两个方面理解。第一，从作为整体的人类方面来看，这是要回答"人是什么"的问题；第二，从人与外物的关系来看，这是要回答"人如何认识外物"的问题。

1. 人的本质是灵魂

"认识你自己"原是德尔菲神庙的铭句，苏格拉底以此要求人要首先认识自身。苏格拉底主张，人的本质是灵魂，而灵魂的特点就是精神和理性，是能够自我认识的理性。人不是感性的、个别的存在物，而是普遍的、不变的理性灵魂，这才是人的本质所在。这种理性是和肉体相对立的。真理不在自然中，也不在人的感性之中，而是在人的理性之中，因此认识自己就是认识真理。所以他把认识自己看作是自己的主要任务。

苏格拉底所说的人的灵魂已经不是早期自然哲学家所说的灵魂。我们看到，自然哲学家所说的灵魂只是有形体中的能动力量，灵魂并不与身体相分离、相对立，而苏格拉底所说的灵魂指人的理智。"理智"即希腊文的"奴斯"（nous），又译

---

1 北京大学哲学系外国哲学史教研室编译：《古希腊罗马哲学》，商务印书馆 1961 年版，第 36 页。
2 参见 W. K. C. Guthrie, *A History of Greek Philosophy*, vol. 2, Cambridge University Press, 1980, p. 68。

作"心灵"(mind)。苏格拉底赞扬阿那克萨戈拉发现了这一原则,同时批评他未能将这一原则贯彻到底。与"灵魂"观念相比,理智更纯粹,有更高的思辨性,而无人格的禀性。理智是无形的、纯粹的实体,它推动万物而不被任何事物推动,弥漫于世界而能保持自身的统一。当理智与人的灵魂相通时,它构成了灵魂的纯粹部分,统摄着灵魂的一切活动,不单是认知活动,意志、欲望等也应受理智的支配。哲学的理智主义使得身体和灵魂、感觉和理性成为二元对立的关系。苏格拉底的思想经柏拉图和亚里士多德的提倡,发展为理智主义,从而能够对人的本质问题作出理性的、纯思辨的思考。

2. 以心灵为原则

"认识你自己"与认识自然并不矛盾。苏格拉底主张通过审视人的心灵的途径研究自然。他认为人的心灵内部已经包含着一些与世界本原相符合的原则,主张首先在心灵中寻找这些内在原则,然后再依照这些原则规定外部世界。他打比方说,直视太阳会弄坏眼睛,不如通过太阳映在水面的影子去看太阳。同样,灵魂是人认识外部事物的中介。苏格拉底说,为使灵魂不致盲目,必须求助于灵魂内的原则去发现事物的真理。他说:"在任何情况下,我首先确定一个我认为是最健全的原则,然后设定:凡是看起来符合这个原则的东西,不管是在原因方面,还是在其他方面相符合,都是真的;凡是与之不相符合的东西,都不是真的。"[1]

3. 德性就是知识

我们谈到,苏格拉底提出的"认识你自己"的命题标志着西方人学的重大突破。这一命题既是对人的本质的内在性的挖掘,又是对人生目的之道德性的阐发。苏格拉底要求认识的"自己"是内在于人的心灵的原则,这个内在于心灵的原则是什么呢?苏格拉底说,这个原则就是德性。他解释说,"德性"指过好生活或做善事的艺术,是一切技艺中最高尚的技艺。他认为这是一种每一个人都能够学会或可以确定地知道的原则。

苏格拉底说:"德性就是知识。"一个人对他自己的认识,就是关于德性的知识。他说明了两个道理。第一,他说明德性是指导人生的原则,因为德性是唯一

---

1 参见柏拉图《斐多篇》,100a。

值得人们追求的目的。只有有德性的生活才是有价值的,没有德性的生活没有价值,这样的生活根本不值得过。苏格拉底因此说:"未经思考过的生活是不值得过的生活。"这里所说的"思考"不是理论思考,而是对人生目的的价值评估。如果一个人对自己的生活目的茫然无知,他就是没有认识自己,他的生活与动物没有什么两样;这样的生活如行尸走肉,生不如死,没有价值。

第二,他又说明了这样一个道理:如果一个人自称知道一件事是善,但又不去实现这件事;这恰恰说明,他实际上并未真正知道这件事的好处(善),他并没有关于这件事的知识。相反,一个人知道什么是善,必然会行善;知道善而又不实行善是自相矛盾的,因而是不可能的。苏格拉底相信,一切恶行都是在不知道善的情况之下做出的。亚里士多德对苏格拉底的"无人有意作恶"这一断言有这样的概述:"如果人们不相信一件事是最好的事,他们就不会去做这件事;如果他们这样做了,那只是出于无知。"[1]

苏格拉底提出"德性就是知识",强调知行合一、真善一体的道理。有人批评他没有考虑到理论与实践、思想与意志之间的差别。确实,他并没有仔细考虑到那些直到后世才产生的复杂的理论上的区分,他只是身体力行自己认识到的真理。可以说,苏格拉底的道德实践就是对"德性就是知识"的最好注释。他被判处极刑之后,多次有生的选择:他可以交付一笔赎金换取生命,他的朋友也愿意代他交付赎金;他还可以把妻子和孩子带上法庭求情,用妇孺之情感化陪审团;在临刑前夕,朋友们又为他安排好了出逃的道路。但他认为,这些行为都是与法律相抵触的不正义的行为,他在知道什么是正义之后不能再做不正义的事。他宁可承受不正义的惩罚,也不愿做不正义的事。因为人们对他进行不正义的惩罚乃是出于无知,而他若做不正义的事便是出于自愿。他为"德性就是知识""无人自愿作恶"的道理付出了生命的代价。正因为如此,苏格拉底在西方被当作道德的楷模,对后世的人生观、价值观产生了极大的影响。

4. 德性的价值判断

苏格拉底终身都在探讨"什么是德性"的问题,却没有给出一个关于"德

---

1 亚里士多德:《尼各马可伦理学》,1145b 25。

性"的一般定义。他在与别人的对话中,对各种具体德性的内涵和表现作了广泛而深入的探讨,并且对各种德性及与它们相反的邪恶进行价值评估,通过好坏程度来判断人的幸福或不幸。桑塔斯(G. X. Santas)在《柏拉图早期对话中的苏格拉底》一书中对苏格拉底的这一学说作了简明扼要的论述,我们作了整理。

(1)善就是好处。按照好处的大小,各种程度的善可分类如下:

灵魂的善:正义,节制,智慧,勇敢,虔诚;

身体的善:健康,有力,美丽;

财产的善:富有。

(2)恶就是坏处。按照坏处的大小,各种程度的恶可分类如下:

财产的恶:贫穷;

身体的恶:疾病,软弱,丑陋;

灵魂的恶:不义,放纵,愚蠢,懦弱,不虔诚。

(3)幸福在于拥有善的事物,而不拥有恶。拥有灵魂的善的人最幸福,拥有身体的善的人次之,拥有财产的善的人再次之。

(4)灵魂的善即德性。在拥有德性的人中,拥有好处较大的德性的人比拥有好处较小的德性的人更幸福,拥有所有德性的人最幸福。

(5)不幸在于拥有恶,而不拥有善的事物。拥有灵魂的恶的人最不幸,拥有身体的恶的人次之,拥有财产的恶的人再次之。

(6)灵魂的恶即邪恶。在拥有邪恶的人当中,拥有坏处较大的邪恶的人比拥有坏处较小的邪恶的人更不幸,拥有所有邪恶的人最不幸。[1]

三、 人是利用身体的灵魂

柏拉图的灵魂观继承了毕达哥拉斯的灵魂不朽论和苏格拉底的理智灵魂论。他认为人也有可见与不可见两部分。可见的人是人的形体,不可见的人则是寓存于人的形体之中的"内在的人"[2],这就是人的灵魂。柏拉图把人的本性归结为灵

---

1 G. X. Santas, *Socrates: Philosophy in Plato's Early Dialogues*, Routledge, 1979, pp. 89 – 115.

2 柏拉图:《菲德罗篇》,279c。

魂,在他看来,人不是灵魂与身体的复合,而是利用身体达到一定目的之灵魂。灵魂统摄身体,身体只是灵魂的工具和暂时的寓所。同时,他也看到身体对灵魂的反作用,这种作用可能有益于灵魂,也可能有害于灵魂。

1. 灵魂的三重区分

《理想国》首次对灵魂作出理性、激情和欲望的三重区分,柏拉图称它们为灵魂的三个部分。[1] 但我们应该理解,"部分"仅仅是一个比喻的用法,比喻灵魂包含着人的行为必须服从的三个原则:理性控制着思想活动,激情控制着合乎理性的情感,欲望支配着肉体趋乐避苦的倾向。柏拉图认为,理性把人与动物区别开来,是人的灵魂的最高原则;它是不朽的,与神圣的理念相通。激情和欲望则是可朽的。激情高于欲望,因为激情虽然也被赋予动物,但只有人的激情才是理性的天然同盟。欲望专指肉体欲望,理性的欲望被称作爱欲,这是对善和真理的欲求。肉体的欲望或服从理性而成为一种德性,或背离理性而造成邪恶。

柏拉图所说的灵魂和身体的关系归根到底是灵魂内部理性和欲望的关系:当理性原则支配着灵魂时,灵魂正当地统摄着身体;反之,当欲望原则支配着灵魂时,身体反常地毁坏着灵魂。不管在哪一种情况之下,起决定作用的总是灵魂自身的原则。《菲德罗篇》里有一个比喻,灵魂被比作两驾马车,理性是驭马者,激情是驯服的马,欲望是桀骜的马。[2] 灵魂的善恶取决于是驭马者驾驭着这辆马车,还是桀骜的马不受控制地拉着马车任意狂奔。凡此种种说明了这样一个道理:灵魂始终支配着身体活动,即使身体对于灵魂的有害影响也是通过灵魂中的欲望而起作用的。

柏拉图在《蒂迈欧篇》中说,理性存于头部,激情存于胸部,欲望存于腹部。[3] 这种说法可追溯到荷马史诗。柏拉图运用这一传说是为了强调灵魂的每一部分都是支配身体的原则,因此与身体的各部分分别相对应。他还把灵魂的各部分与各种德性相对应:理性对应于智慧,激情对应于勇敢,欲望对应于节制。我们将看到,灵魂与德性的对应关系是政治等级关系的基础。

---

1 参见柏拉图《理想国》,444b。
2 参见柏拉图《菲德罗篇》,246a—b。
3 参见柏拉图《蒂迈欧篇》,69d。

柏拉图对灵魂作出的三重区分并不影响他所坚持的灵魂统一性。在他看来，灵魂的本性是理性，激情和欲望都应服从于理性；欲望违背理性而耽于肉体享受是违反灵魂本性的反常行为。当他不加区别地使用"灵魂"一词时，往往指合乎本性的灵魂。比如，他所说的"灵魂不朽"，主要指理性灵魂的不朽。只有在需要分析灵魂与身体、道德与政治活动的对应关系时，他才区别灵魂包含的不同因素，而不把"灵魂"与"理性"等同起来。在不同的场合，他有时强调灵魂的统一，有时强调灵魂的区分，却始终坚持了灵魂在本性上高于身体的原则。

2. 灵魂回忆说

灵魂既然是纯粹的独立存在，那么为什么会与身体结合在一起呢？柏拉图用一个神话故事作出解释。宙斯率领诸神去赴宴，次等的神和灵魂跟随在后面。装载他们的马车由一些顽劣的马拉着，驭马者也缺乏高超的技巧，在经过陡峭险路时失去对马车的控制，被顽劣的马拽落到地上。灵魂被折断翅膀，不能上升到天上的理念领域，只得附着于肉体，将肉体作为暂居之处。[1] 这个神话以隐喻方式暗示，灵魂是一些不纯粹的理念，包含着向往身体的因素（顽劣的马）；灵魂和身体的结合虽然是一种堕落，却是符合灵魂状况的堕落，具有某种必然性。

灵魂在未跌落之前，对理念领域有所观照，包含着天赋的知识。灵魂在附着于身体之后，由于身体的干扰或"污染"，忘记了过去曾经观照到的东西。只有经过合适的训练，才能使它回忆起曾经见过的理念。因此，学习就是回忆。在《曼诺篇》中，苏格拉底作了一个实验，通过适当的提问，便使从未学过数学的童奴知道如何计算正方形面积，知道两个正方形面积之比等于它们边长平方之比。柏拉图通过这个事例说明：知识不是后天获得的，也不是从灵魂中自发产生的，而是灵魂固有的；或者说，先天地存在于灵魂之中，但处在潜在状态，宛如在梦境一般。学习的作用在于触动、提示或唤醒知识，使之明白地昭示于灵魂。[2] 如果把柏拉图的语言变成现代的语言，他的意思是：灵魂有无意识和意识两种状态，无意识包含着意识的内容，意识活动是对无意识内容的自觉与反思。

---

1 参见柏拉图《菲德罗篇》，246a—248b。
2 参见柏拉图《斐多篇》，81e—86c。

3. 灵魂不朽

"灵魂回忆说"在柏拉图哲学中占有重要地位,意在论证灵魂不朽。柏拉图说,如果我们的灵魂在进入人的身体之前不在某处业已存在,这种回忆是不可能的。

柏拉图还从不同角度论证了灵魂不朽,其中一个论证从相反相生的原则出发。一切事物,凡是有相反的一面的,必定能由这相反的一面产生。生和死是两个相反的方面,因此它们必定是相生的。因为生与死如同睡与醒一样,睡由醒产生,醒由睡产生;生死也是如此,没有死不可能有生,没有生也不可能有死。这就说明,灵魂在人死后一定在某个地方存在。还有一个论证利用了灵魂的神圣性。按照希腊人的观念,任何神圣的东西都是不朽的。灵魂属于看不见的、神圣的、理智的世界,因此是不朽的,死亡的只是肉体。

柏拉图的"灵魂不朽说"是一种"灵魂转世说"。他把灵魂分为九等,最高级的灵魂属于哲学家、爱美者和音乐家,最低的两种灵魂分别属于智者和暴君。清白的哲学家如果在三个时期(每期一千年)都过着这样的生活,他们的灵魂就会重新长出翅膀返回世界。其余人等的灵魂在生命结束时则要接受审查,根据生前的善恶,或上升到较高等级,或下降到较低等级。暴君如果继续作恶,他们的灵魂将会沦为动物灵魂。[1] 西方伦理学有把"灵魂不朽说"作为道德生活必要前提的传统,柏拉图的轮回说可以说是开了这一传统之先河。

4. 灵肉对立论

虽然在苏格拉底那里已经出现了强调理性的价值而轻视肉体的意义的倾向,但还没有把这二者完全对立起来,在肯定一方的同时否定另一方。可是柏拉图却把灵魂和肉体完全对立起来,把肉体看作是灵魂的监狱和临时的载体,并且把一切罪恶归于肉体,对肉体持否定态度。

柏拉图认为,灵魂是纯洁的、单纯的,但一进入肉体就受到了它的污染,因为肉体是肮脏的;灵魂是不朽的、不变的,但肉体却是变化的、死亡的;灵魂没有情欲,是善的,但肉体却是恶的,充满情欲;灵魂一旦进入肉体就失去了自由,因为它

---

1 参见柏拉图《菲德罗篇》,248d—249b。

常常受到肉欲的诱惑；肉体感受到、看到的只是现象的世界，因为它只诉诸感觉，而感觉是易变的、不可靠的，只有灵魂才能够达到本质的、纯净的世界。因此，肉体实在是灵魂的监狱，当人活着的时候，它只能通过肉体来追求真实和自由，就好像囚徒通过监狱的栅栏向外张望。

怎样才能够克服肉体的欲望，达到自由呢？有两种方法：一种是学习哲学，因为一个人的灵魂独立思考的时候就会进入纯净的、本质的世界；另一种就是死亡。从这个意义上说，学习哲学就是学习死亡，"真正的哲学家一直在练习死亡。在一切世人中间，唯独他们最不怕死……他们向来把肉体当作仇敌"。哲学家不仅努力克制肉体的各种欲望——不管是快乐还是痛苦，而且他还要急切地"甩掉肉体"，因为纯粹的知识只有在死了以后才能够得到，灵魂处于肉体的束缚之中的时候是不可能得到的，"非要到死了，灵魂不带着肉体了，灵魂才是单纯的灵魂"。这意味着个人生命终结时，灵魂重新回到对理念的观照，最彻底的净化是灵魂与肉体的完全分离，最高的智慧只有在死亡之后才能达到。因此，哲学家是唯一不畏惧死亡的人，不畏惧死亡的人也不会畏惧其他任何东西，哲学家因而是最勇敢的人。[1]

柏拉图把灵魂的回忆等同于灵魂的净化，强调智力训练和道德修养的一致性，"死亡练习"和"爱的追求"同样神秘，最后到达"惊喜交集，不能自制"的迷狂境界。[2]

5. 灵魂向善

柏拉图哲学的最高理念是善，一切理念都服从善，人的灵魂来自理念世界，因此也必然以善为追求的目标和归宿。柏拉图的这种理论对西方人学有着深远的影响，自他之后，大多数思想家都把善作为人生最高的和终极的目的。

柏拉图用太阳比喻善。他说，可感领域中最崇高、最伟大、最美丽的是太阳，善在可知领域占有同样的位置。正如太阳是肉眼视觉的源泉，善是"心灵的眼睛"，是认识的源泉；正如太阳是可感事物生长的源泉，善决定一切事物的存在和

---

1 参见柏拉图《斐多篇》，68d。
2 参见柏拉图《菲德罗篇》，250c。

价值；正如太阳高悬于可感领域之上，照耀着、培育着可感事物一样，善是安排、规定心灵领域的秩序的外在原则和原因。人的本质是灵魂，而灵魂属于心灵领域，当然受善的统摄，以善为最高的目标。

人的灵魂对善的追求表现为爱，爱的目标是真善美的统一。柏拉图在《会饮篇》中谈到，爱善、爱美和爱智慧是同一活动：爱善的目标是永恒地占有善，爱美的目标是通过生育在有朽中实现不朽，爱智慧的目标是把有限的知识融会在无限的持续过程之中。[1] 这就是说，灵魂对善的追求不仅仅是理智的认识行为，同时也是全身心的投入。

柏拉图要求通过德性的修养净化灵魂，经过对理念的沉思，在最后的阶段，当灵魂到达最高的理念——善的时候，灵魂超越了理智的沉思，达到观照的最高境界。观照使人进入迷狂境界。迷狂是比幸福更强烈、更充实的生命体验，是灵魂出窍、舍弃躯体与至善合一的不可名状、无与伦比的神秘状态，这是灵魂所能达到的最高境界。

公元3世纪的新柏拉图主义的代表人物普罗提诺（Plotinus）把人的灵魂对善的爱比喻为女子回娘家。他说："灵魂很自然地对神有一种爱，以一个处女对她的高贵父亲的那种爱要求与神结合为一体。可是当她委身于创造时，她在婚姻中受骗了，于是她把以前的爱转换成尘世的爱，失去了她的父亲，变得放荡起来。一直要等到她重新开始厌恶尘世的放荡，她才再次纯洁起来，回到她父亲那里，才一切都好起来。"[2]

普罗提诺把"善"的理念神化为最高的神，灵魂与善的融合被说成是神人合一的境界。神人合一的思想是普罗提诺给柏拉图主义注入的新内容。

6. 幸福在于至善

人的本质是灵魂，灵魂向善的活动在现实生活中表现为追求幸福生活。什么是幸福呢？当时有两种解释，快乐主义说幸福是快乐，理智主义认为幸福是智慧。柏拉图在晚年写作的《菲利布篇》中调和了这两种立场，他说没有思想的快乐和没

---

1 参见柏拉图《会饮篇》，205e—209e。
2 普罗提诺：《九章集》，6集9篇9节。

有快乐的思想都不是幸福。快乐如果没有思想的体验和鉴赏,将不会对心灵有任何影响;单纯的肉体快乐不是人的生活,而只是牡蛎般的生活。另一方面,缺乏快乐的心灵也不是人的幸福。虽然理智是灵魂的最高原则,但人的灵魂不是纯理性的,单纯的理智不是唯一的幸福,也肯定不是大多数人向往的幸福。因此,人类的幸福必然是理智和快乐的混合状态,既是心灵的快乐,又是欲望的满足。柏拉图说,正如蜜和水成比例地混合产生可口的饮料一样,快乐的理智也按照一定的比例调和成人的幸福。[1]

这里的关键是快乐与理智混合的比例。这一比例首先强调理智的主导地位。快乐和理智对于幸福的意义不是等同的,理智比快乐更接近于幸福;即使没有快乐,理智也可以在沉思中接近善。其次,这一比例也指和谐、美、适宜、对称等赏心悦目的性质和关系。总的来说,柏拉图对幸福的理解虽然承认情感的因素,但倾向仍然是理智主义。他看到了不能把人类现实生活的目标规定为善,他把灵魂所追求的善与感知的快乐结合起来,认为这才是完全意义上的善,或曰至善。

7. 国家的本质

柏拉图认为,人的本质是"内在的人",即灵魂;如果说灵魂是身体里的小人,那么国家就是放大了的人。在此意义上,他说:"国家是大写的人。"国家、人和灵魂以善为共同的本质,但又有各自的特殊性。人的目的是至善,是理智追求的善和快乐的调和,国家所追求的善也是某种调和。把国家的各个部分调和成一个符合善的理念的整体,这就是国家的本质。

对应于灵魂的理智、激情和欲望三个部分,国家分统治者、武士和生产者三个等级。每一等级有着各自的德性,即智慧、勇敢和节制。只有正义才能把这三个等级调和成符合善的理念的整体。所谓正义就是每一个人都只做适合他的本性的事情,这就是,统治者以智慧治理国家,武士以勇敢保卫国家,生产者节制自己的欲望。反之,三个等级相互干预、彼此替代则是不正义,如天性应该当生产者的人企图跻身于武士行列,军人企图掌管治国的大权,这种僭越行为将毁灭国家。[2]

---

1 参见柏拉图《菲利布篇》,61b。
2 参见柏拉图《理想国》,433a—434e。

柏拉图的结论是,正义是管辖所有人的普遍的德性,这也是国家的本质。按照正义的德性来治国就是善的,反之就是恶的。

四、人是灵魂与身体的统一

亚里士多德虽然是柏拉图的学生,但他以"我爱我师,我更爱真理"的精神,从多个方面和层次上广泛地探讨了人的问题,创立了一个与柏拉图不同的理论体系。在这一体系中,他主张人的本质是灵魂与身体的统一。

1. 灵魂的性质

按照亚里士多德的世界观,事物在宇宙中被排列为由低到高的等级,有生命的事物比无生命的事物更高级。灵魂只存在于有生命的事物之中,无生命的事物没有灵魂。这种看法在某种程度上克服了古代流行的"万物有灵论"。他给"灵魂"下的定义是:"潜在地具有生命的自然形体的形式。""所谓生命,指靠自身摄取营养和生长(以及相应的朽灭)。"[1]

亚里士多德强调,灵魂是生命的现实性原则。按照他的定义,生命是靠自身摄取营养和生灭变化的运动过程。和一切运动过程一样,生命有潜能和现实两个方面,潜能即身体的潜在能力,灵魂使身体的潜能转变为现实的生命活动。更确切地说,灵魂在身体内部推动生命活动,是身体生灭和运动的原因。这种原因是自因和内因,与从外部推动无生命的事物作位移运动的推动力不同。

2. 灵魂的功能和类别

一切有生命的实体都有灵魂。有生命的实体分植物、动物和人三大类,灵魂也相应地分成植物灵魂、动物灵魂和人类灵魂。植物灵魂的功能是消化繁殖,这是生命活动最普遍的特征。动物灵魂除了具有植物灵魂的功能之外,还执行着感觉、欲望和位移的功能;感性活动是动物的最普遍的特征,因此,动物灵魂也被称作"感性灵魂"。人类灵魂除了具有植物灵魂和动物灵魂的功能之外,还有理性思维的特殊功能,因此又被称作"理性灵魂"。

不难看出,植物灵魂、动物灵魂和人类灵魂在逻辑上按照种和属的顺序排列,在事实上则被排列为由低到高的等级。植物灵魂是灵魂的最普遍的种,包含在一

---

1 亚里士多德:《论灵魂》,412a 20,15。

切灵魂的定义之中。动物灵魂是植物灵魂的属,它的定义由植物灵魂(种)和感性功能(属差)构成。人类灵魂是动物灵魂的属,它的定义由动物灵魂(种)和理性功能(属差)构成。因此,亚里士多德作了一个著名定义:人是有理性的动物。

逻辑上由普遍到特殊的关系在事实上表现为由低到高的等级,较高一级的灵魂具有较低级灵魂的功能,反之却不然。因此,动物灵魂亦有消化和繁殖的功能,人类灵魂也有动物灵魂的全部功能。这意味着,一方面,较高级的灵魂包含着较低级的灵魂,以其作为它的一个构成因素。较高级的灵魂不是一个单纯的形式,因为它的定义包含着种和属差的区分。另一方面,灵魂不是一个复合体,灵魂以及它的构成因素是无形的。灵魂和它的构成因素的关系不是整体和部分的关系,而是特殊和普遍的关系,普遍的种寓于特殊的属之中。

亚里士多德在其所著的《论灵魂》中论及了各种灵魂形式和功能的等级,如下表所示:

植物灵魂	动物灵魂	人类灵魂
营养功能:消化、繁殖	同左	同左
	感性功能:感觉、生理欲望、行动	同左
		理性功能:1. 理论理性(想象、抽象);2.实践理性(思虑、选择)

3. 灵魂与身体的统一性

亚里士多德认为,灵魂与身体是统一的,"灵魂和身体是不能分离的"[1],就像直线和平面不可分离一样。

灵魂与身体虽然不能分离,但也不能把两者等同起来。因为身体相对于灵魂来说是一种质料和载体,而灵魂是它的形式,是使它成为现实的那种东西,两者的功用是不同的。质料是潜能,而形式是现实。灵魂是身体的统治者。

但就发生的次序而言,躯体先于灵魂。躯体先于灵魂而产生,灵魂的非理性部分先于理性部分而产生。比如,儿童刚出生时灵魂尚未显现出来,尤其是没有

---

1 苗力田主编:《亚里士多德全集》第3卷,中国人民大学出版社1992年版,第32页。

理性,只有欲望,理性部分只有到了成人时才逐渐产生。

在身体结构方面,人类是唯一能够直立行走的动物。这是由许多原因造成的:人的脑容量最大,这是由于在人的心与肺部区域血液的温度比其他动物更热,数量也更多;为了与过分的热量相抗衡,就在头部存在着大量的冷和湿的物质,脑就是由这些物质构成的。

人是有智慧的动物。由于他有智慧,他才有手,手是智慧的体现。因为人的手已经远远不同于动物的爪子,手不是一种工具,而是多种工具,是工具的工具。人比其他动物优越的地方,正在于他的器官功能不是固定的,而是灵活多样的。他没有天然的防卫武器,但他可以随时变换,利用一切东西作为防卫武器;而动物虽有利牙尖爪,却不会变换。

雄性是运动和生成的本原,是形式;雌性则是质料的本原。这就是说,人的灵魂来自男人的精液。人既然具有灵魂,那么它是什么时候形成的?亚里士多德认为,在精液中已经存在着灵魂,只是它还处于潜在的状态。"显然,精液既具有灵魂,同时又是潜能意义上的灵魂。"[1] 精液中的灵魂是潜在的灵魂,当它与女性子官中的质料结合时,就成为现实的灵魂。正因为如此,男人和女人单独都不能生育,只有形式和质料结合为一体时,生命才会产生。

4. 灵魂的感觉活动

亚里士多德认为灵魂的感觉活动可分为触觉、味觉、视觉、听觉和嗅觉五种简单活动,每一种活动都与一个感官相对应,感觉就是感官的运动。除此之外,他还设想存在着一种通觉。他在《论梦》一文中说:"还有一种伴随着所有的单独的感觉的活动能力……这是感觉的统一的活动以及感官的统一主宰。"[2] 他认为简单感觉是相通的,必定有一种活动把它们统一起来。通觉伴随着每一种简单感觉,因此,视觉所见的形状和颜色与触觉所感受的硬度、味觉所感受的味道相统一。通觉也有与之相应的感官,亚里士多德认为这就是心脏。心脏是"感官的统一主宰",因为"心脏是血液的源泉和首先出现的场所"。[3] 他观察到,凡有感觉活动的

---

1 苗力田主编:《亚里士多德全集》第5卷,中国人民大学出版社1997年版,第258—259页。
2 亚里士多德:《论梦》,445a 15、20。
3 参见亚里士多德《论动物的部分》,666b 1。

器官都有血液,而血液来自心脏的运动,心脏在供给感官血液的同时传递着通觉,把各个感官产生的感觉统一起来。

5. 灵魂的理智活动

感觉是人和动物共有的活动,人类所特有的活动是理性活动。理智是理性灵魂的认识功能、活动和内容。亚里士多德承认:"关于理智的问题,它在何时、如何、从哪里被有理智的人所悉知,是一个最令人困惑的问题,我们必须尽我们所能,解决能被解决的问题。"[1]

亚里士多德对照感觉,对理智的性质作了说明。理智是一种主动的能力,或者说,理智活动的原因在理智自身,而不是像感觉活动那样,来自外部事物的作用。"因此,人有随心所欲地思想的能力,但他却不能随心所欲地感觉,而是只有在感觉对象呈现时才能感觉。"[2]

亚里士多德认为理智活动是感性活动的继续。他说明了从感性到理性认识发展的三个阶段。首先,感觉接受可感形式,可感形式同时包含了可知形式,只是此时理智尚未发生作用,故对可知形式毫无认识。其次,想象对个别的可感形式加以比较、归类,把相似的可感形式想象为一个印象,可知形式开始显露。最后,理智作用于想象的印象,把可知形式从可感形式中完全抽象出来,产生出理性的概念。

五、 人生的目的是幸福

人的理性灵魂除了具有理智以外,还有实践智慧(phronesis/prudence)。实践智慧的目的是人的幸福。亚里士多德认为,人的目的有不同的等级,较低级的目的服从较高级的目的。比如,服安眠药的目的是睡觉,睡觉的目的是健康,健康的目的是快乐,快乐的目的是幸福。幸福是生命的自然目的,也是最高的目的。也就是说,每一个人都有追求幸福的自然倾向,幸福以自身为目的,同时又是其他一切目的之目的。这种以幸福为伦理活动终极目的的观点被称作"幸福主义"。

1. 幸福与德性

亚里士多德认为,作为生命的自然目的之幸福出自人的自然禀赋和本性;自

---

1 亚里士多德:《论动物的部分》,736b 5—8。
2 亚里士多德:《论灵魂》,417b 23—25。

然所产生的一切东西,都有目的和能力相适应的共同特征,无能力实现的目的或无目的之能力,都是非自然的。人的生命也是目的与能力的自然统一。人的独特的自然能力是理性,理性是一种分辨是非善恶并趋善避恶的能力。当理性如此指导人的行为时,理性便成为德性。根据自然目的与自然能力相适应的道理,可知幸福生活必然是有德性的活动状态。

然而,亚里士多德并没有把"幸福"等同于"有德性",快乐也是幸福必不可少的条件。如果有德性的活动伴随着痛苦,或最终导致不幸的后果,那么它只能在正常的意义上被认作是悲惨,而不是幸福。他认为幸福的人就是"那些按照完全的德性活动,在一生而不只是一个短暂时期有充足的外来好处供给的人"[1]。德性只是内在好处(善),神不需要任何外来好处(善),只通过自身本性的完善便能够得到幸福;人类只有借助一些外来好处,如财富、名誉、门第、闲暇等,才能实现自身的德性。但他又强调,外来好处不是幸福的原因,正如音乐家成功演奏的原因不是他所使用的乐器一样。他也不赞成以外在的好处为追求目的。他明确地表达了一种利他主义的道德准则:"善人为他的朋友和国家尽其所能,在必要时甚至献出生命。他抛弃财富、名誉和人们普遍争夺的利益,保持着自身的高尚。他宁可要短暂的强烈的快乐,也不要长期的平和的快乐;宁可高尚地生活一年,也不愿庸庸碌碌生活多年。"[2]

亚里士多德的幸福主义力图在快乐的生活和道德追求之间保持一种平衡:一方面强调德性是幸福的本质,另一方面指出快乐是幸福的外在条件。没有德性的快乐和没有快乐的德性都不是幸福,但相比之下,前者比后者离幸福更远。

2. 德性是实践智慧

亚里士多德虽然认为德性是一种与理性相适应的自然禀赋,但他并不是一个"性善论"者。他谈到自然论和约定论对德性的不同看法时说:"德性既不是以自然的方式,也不是以违反自然的方式移植在我们之中。我们自然地倾向于获得德性,却通过习惯培养起德性。"[3]人虽然倾向于德性,却可能永远实现不了德性,甚

---

1 亚里士多德:《尼各马可伦理学》,1101a 14—16。
2 同上书,1169a 19—24。
3 同上书,1103a 23—26。

至成为违反德性的恶人。亚里士多德说："自然赋予人用于理智和德性进程的武器很容易用于相反的目的。没有德性的人是最邪恶、最野蛮、最淫荡和最贪食的动物。"[1]

为了实现人所倾向的德性，需要充分发挥人所特有的实践智慧。亚里士多德指出："德性确保目的正确，实践智慧确保实现目的之手段。""德性显示目的，实践智慧使我们去做受目的支配的事情。"[2]实践智慧不是先天的，乃是长期经验积累的结果，年轻人所能获得的只是像数学这样的理论智慧。[3]

实践智慧的明显特征是思虑和选择。思虑（deliberation）是对达到既定目的之最佳手段的思考，考虑到各种可能的手段与后果，对它们加以审慎地比较，瞻前顾后、深思熟虑，不同于思辨的推理过程。选择（choice）是思虑的结果，通过思虑，选择出最佳手段。思虑和选择的对象是可欲的，过程却是理性的。使欲望服从于理性，这正是合乎德性的有意行为（自我节制）的特征。正如亚里士多德所说，选择"属于有意行为领域"，是"欲望和理性的结合"，是"对我们所能及的欲望的思虑"。[4]　思虑和选择不是单纯的理智活动，而是受理智支配的意志活动。这两个概念的意义一方面表达了一种理智主义的伦理观，另一方面又包含着"意志自由"观点的萌芽。我们已经谈到，实践智慧不是先天的，而是后天的长期经验积累的结果，需要在实践中才能获得。实践智慧既是应用于实践领域的智慧，又是通过实践才能获得的智慧。

3．中道学说

实践智慧之所以是实现德性的手段，是因为它所遵循的是德性的标准。实践智慧选择德性的标准被亚里士多德概括为"中道"。他说："德性是牵涉选择时的一种性格状况，一种适中——一种相对于我们而言的适中，它为一种合理原则所规定，这就是那些具有实践智慧的人用来规定德性的原则。"[5]伦理上的"中道"是

---

1 亚里士多德：《政治学》，1253a 35—37。
2 亚里士多德：《尼各马可伦理学》，1144a 7—19、1145a 5—6。
3 参见上书，1142a 23—27、1173b 29—31、1142a 11—16。
4 参见上书，1113a 11。
5 同上书，1107a 1—2。

相对于人的情感和行为而言的适中,由实践智慧规定。中道的对立面是两个极端:"过分"和"不足",过分是"主动的恶",不足是"被动的恶"。以情感为例,自信是骄傲(过分)与自卑(不足)的中道,义愤是易怒(过分)与麻木(不足)的中道。以行动为例,勇敢是鲁莽与怯懦的中道,大方是奢侈与吝啬的中道。需要注意的是,德性是相对于两个邪恶的极端而言的中道;但相对于各种不同程度的恶而言,德性本身也是一个极端,是与一切邪恶相分离的善。"中道"表示德性的特质和独一无二的品格。亚里士多德引用一句诗说:"人们行善只有一途,作恶的道路却有多条。"[1]这形象地说明了"中道"标准的唯一性和邪恶程度的多样性。各种邪恶情感和行为没有中道,或者说,程度适中的邪恶仍然是邪恶。如亚里士多德所说:"怨毒、无耻、妒忌、通奸、盗窃、谋杀,这些活动的名称已经意味着它们本身的恶的性质,并非由于它们的过分或不足才是恶的。所以,要想在不义、卑怯、淫逸的行为中发现一种中道,一种过分和不足,同样是荒谬的。"[2]

第五节

人的综合形象

亚里士多德之后出现的斯多亚派在哲学上具有调和、折中的倾向,有些现代学者对这一哲学派别的历史贡献评价不高,认为他们的自然观继承了赫拉克利特的学说,认识论调和了感性主义和理性主义,伦理学也继承了以前的德性论;除了逻辑学之外,斯多亚派似乎缺少更多的原创性思想。但是,如果我们把眼光转向人学领域,斯多亚派的重要性和原创性便显现出来了。从人学的观点看,斯多亚派综合了以往的"宗教人""自然人""文化人"和"智慧人"的形象,第一次提出了关于人的综合形象。

斯多亚派在哲学上调和、折中的特点是为他们在人学上的综合服务的。人的

---

1 亚里士多德:《尼各马可伦理学》,1106b 35。
2 同上书,1107a 10—20。

综合形象不是以前各种形象的简单拼凑,它需要把人性和神性、自然和文化、感性和理性等原来二元对立的观念有机地结合起来。为了人学上的综合的需要,斯多亚派广泛地、有选择性地吸收了以往各哲学派别的某些重要思想,并加以自己的解释,使之融会贯通,为人的综合形象奠定了理论基础。

斯多亚派流行于公元前 4 世纪到公元 6 世纪,是希腊哲学中延续时间最长的派别,其影响也极其广泛。罗马帝国时期成为"官方哲学",上至皇帝、贵族,下至奴隶,人们普遍地接受了这一学说。斯多亚派的广泛的社会影响力主要来自它关于人的综合形象。在此意义上,我们可以把它视为希腊人学思想的最高阶段。

一、 按照自然生活

斯多亚派的口号是"按照自然生活"。在他们看来,人是自然的有机部分,人的生活服从自然的必然性。他们接受了"宗教人"的命运观,但把命运解释成"逻各斯""火""神",一切都被命运严格地决定着,人的生活也不例外。然而,斯多亚派的命运观毕竟是一种哲学思考,不同于传统的神话命运观。他们通过对命运的理性态度,表达出一种积极有为的生活态度和普遍化的伦理精神。他们的自然人生观把"自然人""宗教人""文化人"的形象结合在一起。

1. 命运和天命

虽然在斯多亚派术语中,"逻各斯""火""神"都指示同一种支配宇宙、规范运动的力量,却区分了不同程度的必然性。"命运"(fate)表示最严格的必然性,如天体在特定的轨道上运行。产生命运的原因是宇宙理性或"逻各斯",命运能够被人的理性理解。斯多亚派用以表示必然性的另一术语为"天命"(providence)。天命和命运的区别在于天命暗示着神的预见和前定,命运却是普遍的理性的决定作用。西塞罗(Cicero)后来解释说,"天命"一词只是"神的天命"的缩语,它肯定"神以预见统治着宇宙"这一信条。[1] 按照斯多亚派的说法,命运包含着天命,神也不能摆脱命运。但从认识的角度而言,人的理性可以认识命运,但天命只能被神认识。

---

[1] 西塞罗:《论神的本性》,2 卷 29 章 73—74 节。

2. 命运和原因

斯多亚派的命运观是严格的决定论,但并不一定导致消极无为的宿命论。斯多亚派的论敌声称,斯多亚派的命运观是一种"懒惰学说",就像对病人说:"如果你命定要康复,找不找医生看病都不起作用。如果你命定不能康复,医生也不能起作用。因此,不论你的命运是什么,你都不用找医生看病。"克吕西甫回答说:"命运是整体的连续不断的秩序,一类事物跟随着另一类,并导致别的一类,它们之间的相互联系不可违反。"[1]他提出"合成原因"的概念:每一个事件都有自身原因,命运是这些原因的合成原因。正如睡梦者不能观看一样,逃兵不会获胜,不劳者没有收获。"合成原因"的概念排除超自然的奇迹,使命运观成为因果决定论。

斯多亚派又区别了"近因"和"主因"。在物理世界,形体运动的近因是外力推动,主因是形体的内趋力。在伦理领域,人的活动的近因是呈现在心灵中的表象,主因是心灵对表象的反应。虽然人的表象被外物决定,但人却可以自主地选择对待表象的态度。爱比克泰德(Epictetus)用抵制女色诱惑为例,说明了人选择表象的自由:"不要被表象弄得急不可耐,对自己说:'表象啊,等一会,让我看一看你是谁,要干什么,让我考验你一下。'不要让表象牵着你走,不要把你要做的事想得栩栩如生,否则你就会受它任意支配。要用另外一个美丽、高尚的表象与之相抗衡,把这个卑鄙的表象排除。"他说,这种表象之间、感情之间的冲突才是"真正的竞技"[2]。如果作出正确的选择,那么他就是幸运的人。虽然世界上的一切都被命运严格地决定着,但人仍然有行善的幸运和作恶的不幸。严格的决定论仍然留有自由选择的余地。

3. 服从命运

斯多亚派既肯定人的自由和自主性,又从根本上坚持命运决定一切的世界观和人生观,他们的学说在理论上是有矛盾的,结果只能是服从命运。按照他们的命运观,每一个人都有自己的命运,人不能改变或控制命运,可以控制的只是对待

---

1 *The Hellenistic Philosophers*, vol. 1, ed. by A. Long, Cambridge, 1987, p. 336.
2 爱比克泰德:《言谈集》,2 卷 18 章 24—28 节。

命运的态度。爱比克泰德把命运比作每一个人在人生舞台上扮演的角色:有人当主角,有人当配角;有人当英雄,有人当小丑。人生舞台的总导演是神,神赋予每一个人的角色就是他们的命运。人不能控制和改变他的命运,却可以控制他对待命运的态度。顺从命运是理性的态度。对命运的恐惧、回避或抱怨、反抗都是非理性的。因为命运支配任何人,不管是穷人还是富人,都不能逃脱命运的摆布,在命运面前人人平等。命运是不会向任何东西屈服的。既然命运是不向任何东西屈服的,那么我们就只好向它屈服了。向命运屈服是征服命运的唯一方法。我们要获得幸福和安宁,就应该估计到一切可能发生的事情,就应该设想一切厄运都可能会降临到你的头上。这样,当灾难真的来临时你就不会感到意外,就可以处之泰然,以宁静的心情来对待它,因为这些早就在预料之中了。我们还应该认识到:"一切发生的事情都是注定要发生的,所以不要去抱怨自然。人只能忍受无法驾驭的东西,只能毫无怨言地服侍神……嘟嘟囔囔、怨声载道地跟随自己长官的士兵不是个好兵,让我们心悦诚服地接受指挥和命令吧。"[1]

斯多亚派把人生比作一场排好的戏。不正确的人生态度为幸运而沾沾自喜,为厄运而怨天尤人,就好像一个演员不演好自己的角色,却忌妒别人所承担的较好的角色,抑或喧宾夺主,企图改变剧情。正确的人生态度则像会努力完成自己的角色的好演员的做法,承担命运赋予的职责。

公元 2 世纪的基督教哲学家希波利特(Hippolytus)曾如此形容斯多亚派的命运观:"好比一条狗被拴在一架车上,当它情愿遵从时,它拉车;当它不情愿遵从时,它被车拉。"[2]斯多亚派所提倡的顺应命运的态度,正像一条奋力而愉快地拉车的狗。

4. 世界公民

斯多亚派根据人类共同的自然起源和本质,提出了"世界公民"的思想,在伦理学、政治学和人类学上都有划时代的意义,对西方人学的发展更是具有重要意义。

---

1 《幸福而短促的人生——塞涅卡道德书简》,赵又春、张建军译,上海三联书店 1989 年版,第 247 页。
2 希波利特:《驳一切异端》,1 卷 21 章。

斯多亚派的创始人芝诺(Zeno)著有与柏拉图《理想国》同名的著作,却表达了与柏拉图的城邦政治完全不同的政治理想。这部著作提出的"世界城邦"和"世界公民"的思想具有划时代的意义。苏格拉底和犬儒派的第欧根尼是这一思想的前驱,他们在被问及"你属于哪一城邦"的问题时,都回答说:"世界。"芝诺根据理性统一性的宇宙图式,认为有理性的人类应当生活在统一的国家之中,这是一个包括所有现存的国家和城邦的世界城邦。"世界城邦"是完善的国家,各民族在世界城邦里具有平等的地位。它的存在使得每一个人不再是这一或那一城邦的公民,而只是"世界公民"。

斯多亚派提出大一统的国家学说绝非偶然。希腊化时期,希腊各个小城邦被统一在大国家之中。到了罗马时期,各民族的交往、交融更为频繁,人们的种族偏见逐渐淡化。早期斯多亚派哲学家大多出生于希腊本土以外,他们生活在文化交流空前活跃的大希腊化时期,反对希腊哲学家狭隘的民族优越感和城邦政治,反映出希腊化时期"大一统"的趋势。"世界城邦"的思想预示了后来兴起的大一统的罗马人统治的国家,客观上有助于普遍人性的思想和人的综合形象的广泛传播。

5. 自然律

世界公民不仅享有同等的权利,他们也有共同的义务。世界公民的权利和义务不是由任何一部人为法所规定的。因为现有的人为法只是某一个民族所制定的,充其量只能规定一个特殊民族和国家的权利和义务。世界城邦的法律是由自然颁布的"正当律"或"公共法",而不是人为约定的、在各城邦实施的法律,后者只是前者发展的低级阶段。

自然律是宇宙理性或"逻各斯"的无声命令,无条件地被人类理性接受。芝诺以自然律的名义,摒除希腊城邦不合理的法律和习俗。他说,世界城邦没有阶级、种族和任何等级差别,一切人都是平等的公民,是互爱互助的兄弟。男女是平等的,男人不能把女人作为自己的财产。他们应当穿着同样服装,无须向对方遮掩自己的身体。男女以自由结合的方式组成家庭。这个城邦将没有殿堂庙宇和法庭辩论,没有剧场和体育场,没有货币。总之,凡是无助于德性的设施一律废止,让理性以自然方式起作用。

自然律的第一条命令是履行责任。芝诺是第一个使用"责任"概念的人，他把它定义为"与自然相一致的行为"。他说，由驱动力产生的行为，有些被赋予责任，有些没有责任，有些无所谓责任和非责任。衡量有责任行为的标准是"可以合理地加以辩护的行为"。责任并非专属于人类，动物也有责任。简言之，动物对一切有待实现的自然本性都负有责任。自我保存、避害趋利、婚配繁殖是一切动物的责任。但是人还有组成社会的自然本性，因此，人对他人和国家负有责任，孝敬父母、敬重兄弟、热爱朋友、忠于国家是人所特有的责任。

自然律主要是道德律。德性是自然律的终极目标，责任是朝向德性的从属目标。按照斯多亚派的看法，只有极少数有智慧的人才能达到德性的要求，但一切人，包括儿童和成年人、有智慧和无智慧的人都能履行责任。自然律把道德准则铭刻在人的心灵之中，它默默无闻地指导人的行动。所有人都会自然而然地遵从自然律。哲学家也很难解释德性的依据，却很容易解释责任所依据的自然律，并用日常生活准则概括责任。斯多亚派关于自然律的思想在实际中促进了罗马法的建立和推行。可以说，希腊哲学和罗马法这两大西方文明源泉的合流肇始于斯多亚派。

二、按照理性生活

斯多亚派把"自然人"与"智慧人"的形象结合起来，提出了"按照自然生活就是按照理性生活"的口号。为了理解他们的思想，我们首先需要理解斯多亚派是如何理解自然与理性的关系的，是如何理解人的自然情感和理性思维的关系的。

1. 理性的宇宙

斯多亚派的物理学在不同的层次上分析了世界的构成，不论在哪一个层次上，宇宙都充满着理性。

在微观的层次上，万事万物均由元素构成，并消解为元素。据史料，"斯多亚派说有些元素是主动的，有些是被动的，如气和火是主动的，土和水是被动的"[1]。火与气这两种能动的元素构成精气，精气并不是火与气的混合物，而是最富有火的能动性的热气，又被称作"气息"或"普纽玛"（peuma），一般译作"精神"（spirit）。

在可感的宏观层次，被动的质料和能动的"逻各斯"或理性结合为运动着的形

---

1 *The Hellenistic Philosophers*, vol. 1, ed. by A. Long, Cambridge, 1987, p. 282.

体。理性因质料的不同而被分为不同等级,理性所规定的形体也相应地被排列成无生命物、植物、动物、人和神。最低级却最普遍的理性是弥散于宇宙之间、渗入万物之中的气息或"普纽玛"。"普纽玛"给予质料"内聚力",使之形成一个单一的整体。即使石头中也有"普纽玛",否则它就不能保持其完整的形状。植物中的理性除了有内聚力之外,还有生长力。这种理性被称作"种子理性"(logos spermatikos),它控制着生命的生长、扩大和繁殖的过程。动物的理性除有内聚力和生成力之外,还有自动和感觉的能力,这种理性即"灵魂"。人除有灵魂之外,还有理智。理智是最高级的理性,是人与神共享的活动力。理智与"普纽玛"的不同之处在于它是纯粹的火,不再掺杂着较被动的气。斯多亚派认为神是"有智慧的火",只有神才具有完全的理智。人介于神和动物之间,他与神分享理智,与动物分享灵魂。

2. 理性的情感

斯多亚派关心自然的理性是为了达到幸福生活,人的理想生活就是达到与宇宙理性的一致与和谐。既然自然充满着理性,按照自然生活也就是按照理性生活,按照自然律生活。斯多亚派认为,违反自然的生活是非理性的生活。这主要指非自然,同时也是非理性情感。这样的情感有四种:忧伤、恐惧、欲求和快乐。他们有如下定义:忧伤是非理性的压抑,恐惧是非理性的退缩,欲求是非理性的扩展,快乐是非理性的膨胀。[1] "压抑""退缩""扩展""膨胀"指的是不足和过度的心理状态。

与情感相反,理性态度的特点是"不动心"。可以说,不动心是斯多亚派所追求的幸福目标。塞涅卡(Seneca)说:"什么是幸福? 和平与恒常的不动心。""如何获得它们? ……把理性放在硬壳之中。"[2]

斯多亚派提倡不动心的理由是:幸福归根到底是一种心理感受;人们既然不能控制外界发生的事件,就应该排除外在事件对心灵的影响,以心灵的不变对付外界的万变。不管什么样的命运,不管外界发生了什么,有智慧的人都能保持平

---

1 H. von Arnim, *Stoicorum Veterum Fragmenta*, vol. 3, Stuttgart, 1905, no. 391.
2 塞涅卡:《信件集》,65 章 12 节。

稳而又柔和的心情。爱比克泰德心目中理想的斯多亚人是"虽病而幸福,危险而幸福,被放逐而幸福,蒙受羞耻而幸福"[1]。马可·奥勒留(Marcus Aurelius)把不动心称为"坚忍"。他说:"像岬角那样屹立,任凭脚下波浪滚滚,直至咆哮的冲击波被制服平息。不要说'我遇到这样的事多么不幸',而要说'即使遇到这样的事,我却没有创伤,不被现在所压倒,不对未来抱有恐惧,这是多么的幸运'。"[2]

3. 面对死亡的理性

即使面对死亡,也要不动心。按照理性生活就一定要克服对死亡的恐惧。马可·奥勒留说,我们每个人所能拥有的只是现在,我们的未来和过去是不会失去的,因为过去和未来是我们不能拥有的东西,我们没有拥有的东西是不会失去的。人生是短暂的。"虽然你打算活三千年,活数万年,但还是要记住:任何人失去的不是什么别的生活,而只是他现在所过的生活;任何人所过的也不是什么别的生活,而只是他现在所过的生活。最长和最短的生命就如此成为同一。"[3]

马可·奥勒留指出,每个人的过去虽然不一样,但"现在"对每个人来说都是一样的,每个人拥有的都是现在,每个人丧失的都是片刻。生命最长的人和濒临死亡的人失去的是同样的东西,都是现在,都是一样的。"有理性的人不要以烦躁、厌恶和恐惧的心情对待死亡,而要等待这一自然动作的来临。"[4]应该"以一种欢乐的心情等待死亡"[5]。在《沉思录》的最后一段,马可·奥勒留说:人作为世界的一个公民,三年和五年有什么不同呢?你像一名演员,现在要让你离开舞台了,你可能会说:"我只演了三幕,我的戏还没演完呢。"可是三幕就是人生的全剧了,因为一出戏剧的长短,决定于形成这出戏的原因和现在来解散这出戏的人,而你两者都不是。"那么满意地退场吧,因为那解除你职责的人也是满意的。"[6]

4. 死亡哲学

塞涅卡构造了一个"死亡哲学"。他说,人最难接受的东西是死亡,但是对死

---

1 爱比克泰德:《言谈集》,2卷19章24节。
2 马可·奥勒留:《沉思录》,何怀宏译,中国社会科学出版社1989年版,4卷49章。
3 同上书,2卷14章。
4 同上书,9卷3章。
5 同上。
6 同上书,12卷36章。

亡的恐惧和忧虑是非理性的、不必要的,死亡使一切人达到平等。"我们在生时有富贵贫贱之分,死后则人人平等了。"[1]没有一个人能够逃脱死亡,世界上再也没有比死亡更平等的了。死亡既然是不可避免的,那么为此感到忧虑是没有意义的;相反,我们应该随时等待死亡,因为死亡并不是遥远的未来的事情。所以不能因为年轻就不考虑死亡问题,因为"我们无法知道死亡正在何处等你,所以,你随时随地等待着它吧"[2]。

塞涅卡指出:"死只不过是非存在。"[3]从这个意义上讲,我们每一个人在出生之前就已经死亡过一次了,因为在出生以前我们同样是非存在。生命就像一盏灯,我们是被点燃以后又被熄灭的。"事实上,我们活着之前和之后,死都是存在的。生前是死,生后也是死。至于究竟是你停止存在了,还是你尚未开始存在,这有什么关系呢?因为两者的结论都是你不存在。"[4]死亡之后并没有什么痛苦,因为我们在出生之前的死中并没有感受到有什么痛苦存在,在生前和死后"都有着最深刻的宁静"[5]。可是我们活着的时候反而要遭受各种各样的痛苦。在此意义上,死亡对许多人来说还是件幸运的事呢!因为它会把人从折磨、痛苦、疾病、贫困、灾难中解救出来,"我们一旦能够支配死亡,也就没有人能够支配我们了"[6]。死亡之后,就再也不会有人来压迫我们,把我们当臣民,再也不会有任何东西能够给我们制造痛苦了。

既然死亡有如此好处,我们就应该在死亡还没有到来的时候"预演死亡"。塞涅卡说:"'预演死亡',就是要人去预习自由。学会了死亡的人,也就忘记了做奴隶,他会超越于一切政治权力。对他来说,牢房、狱吏、法院算得了什么?他的门是敞开着的。束缚我们手脚的镣铐仅有一副,那就是我们对生的贪恋。没有必要把这种贪恋完全抛弃,但确有必要把它稍微减少一点。"[7]

---

1 《幸福而短促的人生——塞涅卡道德书简》,赵又春、张建军译,上海三联书店1989年版,第221页。
2 同上书,第59页。
3 同上书,第112页。
4 同上书,第112—113页。
5 同上书,第112页。
6 同上书,第223页。
7 同上书,第60页。

塞涅卡的死亡哲学助长了罗马人盛行的自杀风气。斯多亚派把自杀称为"合理去世"或"自由去世"。他们把自杀的合理性归纳为五条:生命好像是一场筵席,客人提前离席的理由可能是让位给新来的客人(为他人作牺牲),对粗野的客人的反感(对暴政的抗议),食物变得不合口味(生病的折磨),食物享用完毕(贫困的折磨),醉酒(发疯)。

三、 追求德性

斯多亚派认为德性是生活的最终目的和最高的善,德性就是幸福,德性就是智慧。他们的德性观打通了"文化人"与"智慧人"的隔阂,实现了两者的综合。

1. 德性的自足性

斯多亚派提出了"德性是自足"的论点。其创始人芝诺提出"德性足以使人幸福"的口号,认为"幸福生活只需要德性自身"。[1] 克吕西甫作为斯多亚派另一个著名的代表人物对过去的观点作了概括。他说,对于"什么是幸福"的问题,有三种观点,或认为幸福是德性,或认为幸福是快乐,或认为幸福既是德性又是快乐。正确的观点只能是第一种。

斯多亚派在论证德性的自足性时说,德性是灵魂的健康状态,它是通过理性后天获得的。儿童没有理性,因此没有德性;理性的"见习者"接近德性;只有完全实现了理性功能的人才完全拥有德性。

德性的自足性还表现在不依赖人的肉体。肉体对于灵魂的德性既无害,也无益;身体活动既无德性,也不是邪恶。早期的斯多亚派据此向道德禁忌挑战。如芝诺说,与什么人交媾,吃什么食物,如何处置尸体,都与灵魂的德性或邪恶无关;因此,乱伦、童男癖、吃人肉、裸葬、火葬都是只与身体有关的行为,谈不上违反或符合道德。他的观点为后来的基督教卫道士和道德家所不齿。

德性的自足性又表现为与外在利益无关。德性被看作自身的目的,而不是谋取外在利益的手段。斯多亚派说:"有些东西是善,如智慧、勇敢、正义、节制;德性的反面,如愚蠢、不义,是不善。任何对德性无损益的东西,如生命、健康、快乐、美丽、强壮、富有、名誉、高贵,以及它们的反面,死亡、疾病、痛苦、丑陋、虚弱、贫困、

---

1 第欧根尼·拉尔修:《著名哲学家的生平和学说》,7 卷 127 章。

坏名声、卑微,既不是善,也不是不善。"[1]

2. 有智慧的人

斯多亚派认为德性是一个整体,不能被分割。人们不能拥有德性的一部分,不能拥有某些德性,却缺乏另一些德性。拥有德性的人必然拥有所有的德性。他们采用了柏拉图所确立的四主德,即智慧、勇敢、正义、节制,但又认为四主德不可分,不能只拥有其中的一项或几项。这四主德中,最重要的是智慧,有智慧的人必然同时具有另外三项主德。

有智慧的人,是斯多亚派心目中理想的人。智慧的人有以下一些美德:

有智慧的人是宁静的,因为他没有强烈的嗜好,所以不会受外在事物的引诱。

有智慧的人没有虚荣心,因为在他看来荣耀和不荣耀是一样的。

有智慧的人是严肃的人,因为他们从来不谈愉快的事情,也不听别人谈论愉快的事情。

有智慧的人是诚实的人,因为他们取消了任何伪装,没有任何伪善。

有智慧的人是有节制的人,他们从来不疯狂;喝酒,但不醉;他们远离商业活动,以免受金钱的污染。

有智慧的人不会感到悲哀,因为悲哀不利于心灵的健康。

有智慧的人热爱青年,因为青年人的面貌充分展现出了自然的本性。

有智慧的人为了国家或朋友可以放弃自己的生命或者忍受极度的痛苦,即使在拉肢刑架上也是幸福的。

有智慧的人从不后悔,因为后悔没有用处。

可奇怪的是,斯多亚派说有智慧的人应实行公妻制。他们的理由是,这样可使所有儿童得到同样的父爱,还消除了由于通奸而发生的嫉妒。

3. 德性即职责

克吕西甫说,有智慧的人只有一两个,他和他所认识的人都不是有智慧的人。这说明斯多亚派认识到了纯粹的德性观之不可行。后来的斯多亚派根据"按照自然生活"这一基本原则,否认了有智慧的人的存在,把早期斯多亚派的"有智慧的

---

[1] 第欧根尼·拉尔修:《著名哲学家的生平和学说》,7卷101章。

人"的道德理想修改为普通人可以实行的道德职责。后来的斯多亚派说,按照自然生活就是履行自然赋予的责任。有些自然禀赋是普遍的,如理性,有些则是特殊的、因人而异的。每一个人不但服从普遍的道德准则,而且要做好力所能及的事情。西塞罗把人的日常职责译为拉丁文 officia,意思是"日常公务"或"服务",这样就把有德性的人和好公民统一起来。

中期斯多亚派的代表人物巴内修斯(Panaetius)把德性和责任联系起来。他说,完善地完成自然赋予的职责就是德性,在现实生活中,真正完善和有智慧的人不存在,只有那些完善地完成职责的人才显示了德性,他们的行为是德性的标志。他还修改了"德性是一"的说法。他用箭靶比喻幸福,德性是达到箭靶的箭。这个比喻说明:"所有的德性都以幸福为目的,但以按照自然生活的不同方式达到目的。"[1]

第六节

人的形象的消解

在斯多亚派的综合达到了希腊人学的最高阶段的同时,希腊人学也遭遇到怀疑派的严重挑战。在与斯多亚派同时期的怀疑派看来,斯多亚派和他们的前辈关于人的本质所作的论述都是经不起推敲的"独断论"。怀疑派提出,人是不可理解的。一般认为皮浪(Pyrrho)是怀疑主义的创始人,故怀疑主义也被称为"皮浪主义"。此外,公元 2 世纪至 3 世纪的塞克斯都·恩披里克(Sextus Empiricus)也是一个重要人物。

一、 幸福是不动心

同当时的其他哲学派别一样,怀疑论的最终目的也是寻求幸福,也是要达到不动心或宁静的心境。恩披里克指出,怀疑论的起因是希望获得安宁。在各种相互矛盾的事物中作出判断,必然会引起争论,使心灵不得安宁,无论什么样的判

---

1 转引自西塞罗《论国家》,3 卷 25 章 37 节。

断，都会引起困惑，因为"对任何一个命题都可以说出相反的命题"。因此，只有悬搁判断，才能避免争论和困惑。悬搁判断就是不作任何判断，不肯定也不否定任何东西。皮浪说："最高的善就是不作任何判断，随着这种态度而来的就是灵魂的安宁。"[1]"悬搁"不仅是一种认识论的态度，也是一种生活态度，皮浪的怀疑论同时也是一种生活方式。一些哲学家之所以欣赏皮浪思想，并不是因为接受了他的怀疑论，而主要是出于伦理上的原因。皮浪先于伊壁鸠鲁和斯多亚派提出，生活的目标是灵魂的安宁，这大概是他的学说的历史意义所在。

皮浪所说的不动心指两种不同的情况。一种是完全消极的状态，既无思想和情感的冲动，又无积极的作为。据拉尔修写的传记，皮浪不关心任何事物，也不避免任何事物，对像车祸、摔倒、被狗咬之类的危险无动于衷。有一次，他的朋友跌入泥坑，他径自走过，没有伸手相助。还有一次，在海上遇到风浪，别人都惊慌失措，他却若无其事，指着船上一头正在吃食的猪说，这就是哲人应有的不动心状态。但是一个人如果真的如此生活，可能很难存活，皮浪只是在其朋友紧随其后，不时地把他救出危险境地的情况下，才能过那种不动心的生活。另一种更为合理的观点是，不动心是一种随遇而安的态度。据史料记载，皮浪主义者"并不背离正常的实践"，他们接受生活的四条常规：自然的指导，情感的约束，习俗和法律的传统以及技能的使用。按照这种理解，不动心只是平常心而已，并非哲人才能达到的高深境界。看来，皮浪派还是区分了理论和实践，他们所悬搁的只是理论上的判断，而不是日常生活须臾不可离的经验判断。

二、 人是不可理解的

怀疑派要求悬搁判断，首先是要悬搁对判断者——人的判断。恩披里克在他所著的《皮浪主义概述》一书中集中论述了这个观点。他说："就独断论者做出的种种陈述而论，我认为'人'（如果他属于'判断者'的话）似乎不仅是不可理解的，而且也是不能设想的。"[2]

---

1 北京大学哲学系外国哲学史教研室编译：《西方哲学原著选读》上卷，商务印书馆 1981 年版，第177 页。

2 塞克斯都·恩披里克：《悬疑与宁静——皮浪主义文集》，杨适等译，上海三联书店 1989 年版，第89 页。

怀疑派从以下几个方面论证了人是不可理解的。

1. 人的本质不可知

人们之间对于人的本质看法不一致,有的认为人是这样的,有的认为人是那样的,有的认为人既不是这样的也不是那样的。这就足以说明,人们根本不知道人是什么。

本质由定义表达。人们提出的各种关于人的定义,都是不能成立的、不可理解的。

德谟克利特说,人就是我们大家都认识的东西。怀疑派反驳说,如果他是对的,那么就正好相反,我们就不可能认识什么是人了。因为狗也是我们认识的,这样狗就成为人了;另外,有一些人我们并不认识,那么他们就不是人了。按照他的学说,只有原子和虚空才是真正的存在,它们构成了一切事物。从这个角度出发,根本就无法区别人与其他动物,因为它们都是原子和虚空所构成的,我们在这里只能找到原子和虚空,而找不到人。

亚里士多德等人说,人是有理性的。怀疑派反驳说,动物也是有理性的,按这个定义,动物也同样是人。

还有人说,人是有朽的动物。怀疑派反驳说,按照这个定义,如果一个人还没有完全断气,就不能说他是一个人。只有在他死了以后,才能确定他是人。这显然是荒谬的。

有人认为,人是由肉体和灵魂构成的。怀疑派反驳说:"灵魂和肉体恰好又都不可理解,因而人就不可理解。"[1] 我们所知道的只是肉体的属性,如肉体的颜色、形状等,而不是肉体本身,且这些性质并不专为肉体所具有。灵魂的不可理解更是显而易见,人们对于灵魂有各种各样的看法,有的认为灵魂存在,有的认为不存在,有的则不作判断。这说明他们不知道灵魂是什么,他们事实上是在承认灵魂不可理解;若是可理解的话,就不会有这么多争论了。

2. 人的认识能力是不可认识的

怀疑派说,即使假定人是可理解的,我们也没有用来理解人的工具。我们的

---

1 塞克斯都·恩披里克:《悬疑与宁静——皮浪主义文集》,杨适等译,上海三联书店 1989 年版,第 92 页。

理解只有两个工具:感觉和理智。但这两者都无法理解人。

首先,感觉是不可靠的。我们无法确定一种感觉是真实的还是幻觉。味觉对同一种蜜有时感觉是甜的,有时则感觉是苦的;视觉对同一种颜色一会儿感觉是红的,一会儿则是白的。因此我们无法判断哪一种感觉是真的,因而依靠感觉是不能理解人的。

其次,理智的存在本身就是不可理解的。理智是否存在、理智本身是什么这个问题至今没有解决,它对自己都没有一个精确的认识,怎么能够用它来对人进行理解呢?人们还认为理智有程度的差异,那么我们就无法找出一个最聪明的理智,因为我们无法断定已知的理智是否最聪明的,也许未来还会有比它更聪明的理智出现。因此就无法找到一个聪明的理智来理解人。

剩下的唯一途径就是感觉和理智相结合来进行判断。但这又是不可能的,因为感觉与理智是相反的能力,两者得到的结论相反,这样我们仍然不能得出一个确定的结论。

3. 人的价值是不可知的

怀疑派说,人们所说的善恶和生活的准则之类的话,也都是不可相信的。因为你认为是善的,别人会认为是恶的;反之,你认为是恶的,别人却认为是善的。这就表明,根本不存在什么善恶,也不存在什么统一的生活准则,每个人都有不同的生活方式。伊壁鸠鲁所喜欢的生活方式对他来说是快乐的,但对斯多亚派来说却是痛苦的。因此,无论从哪个方面来看,人都是不可理解的,人的行为也是不可理解的。

三、 怀疑派的破坏作用

希腊神话之后的文化有着明显的理性主义色彩,希腊人学也是如此。不独是"智慧人"的形象,"自然人"和"文化人"的形象都是以某种理性的态度和方法对人的现象和本质加以反思的结果。我们前面看到,苏格拉底关于"德性就是知识"的命题,柏拉图认为理智统摄灵魂的观点,亚里士多德关于思辨的生活是最幸福的生活的论述,斯多亚派要求按照理性生活的基本原则,无不表现出强烈的理性主义特色。怀疑派用理性来怀疑理性,从理性内部解构了哲学家们的理性主义的人学观,对希腊人学有很大的破坏作用。既然人是不可理解的,那么以前人们所说的关于人的一切言论都要被悬搁,种种关于人的自我形象就都被消解了。

希腊理性主义的人的形象被怀疑派消解,唯独"宗教人"的形象是非理性的,没有成为怀疑派的理性怀疑的对象,因此能够在希腊文化转向基督教之后,成为希腊人学向基督教神学过渡时的一架桥梁。但是基督教神学所关心的神不是希腊神话中的神,它所关注的是神人关系,与希腊神话的人神同形同性论也有根本的不同。西方人学在基督教神学神人关系的框架中,发展出更为深刻和普遍的"宗教人"的观念。这是我们在下一章要讨论的内容。

第二章

"宗教人"的观念

在公元 1 世纪基督教诞生至 16 世纪宗教改革这段基督教占统治地位的历史时期,基督教的思想家以《圣经》为依据,发展出基督教所特有的人学思想。基督教人学思想上接希腊人学思想之余绪,下开近代人文主义之先河,是西方人学思想的主要组成部分。过去有一种倾向,认为在压抑人性的中世纪只有神学,没有人学。其实神学与人学不是对立的两端,神学可以包含人学思想,人学也可以采取神学的形式。我们将根据西方人学理论发展的特点和逻辑,把基督教人学思想从神圣光环的笼罩中揭示出来。

基督教思想和文化的主要载体是《圣经》。脱胎于犹太教的基督教的《圣经》,包括犹太教的经典《旧约》和记载基督教创始人耶稣及其使徒言行的《新约》。《旧约》凡 39 卷,《新约》27 卷,中世纪流行的通俗拉丁文译文还收录《后典》7 卷。《圣经》被教会和神学家视为天启之书。

从人学的角度看,《圣经》并不神秘,而是一本人所写的关于人与神关系的书。作为犹太教经典的《旧约》记载了人类产生和发展的历程,它的主体内容实际上是从亚当到挪亚再到亚伯拉罕这个家族的族谱和亚伯拉罕的后裔以色列人的历史。《旧约》记载的人类历史突出了上帝与以色列人之间的"合约"关系,并把合约具体化为律法和道德规范;就此而言,它又是一本道德律法书或伦理规范集成。当然,《圣经》也记载了不少不可理解的神迹启示,因此它又不是严格意义上的史书。记载耶稣基督和使徒言行的《新约》与《旧约》在语言形式和思想内容上有较大的区别。《新约》强调耶稣既有神性,又有人性。耶稣既是上帝之子——圣子的肉身,又是以色列大卫王的后裔,与《旧约》的族谱相衔接。《新约》中的上帝与人更加接近,神人关系更加密切。这些都为基督教神学家的人学思想奠定了基础。

中世纪基督教的人学是这样一种特殊形态的人学,它围绕人神关系而展开,构造了一个"宗教人"的观念。西方中世纪"宗教人"的观念与古希腊"宗教人"的形象之间最明显的区别是,"宗教人"的形象是人神同形同性的神话构造出来的,而"宗教人"的观念是基督教神学构造的。基督教神学的根本立场是强调人与神的差别,基督教信仰的神是全能的、无限的神,又是救赎之神,与人有密切关系。因此,基督教神学中关于人的范畴与关于神的范畴总是两两成对出现的,两者意义相互参照,因此展开了人神关系的讨论。根据这一特点,本章从四个方面概括基督教的"宗教人"的观念:(1) 人的堕落与自由;(2) 人性与神性;(3) 人的灵魂与肉体;(4) 神圣与世俗的生活。

第一节 ————————————————————

人的堕落与自由

人类的"原罪"和上帝的"恩典"是基督教的基本教义,它表达了基督教对人的本性和人的自由的基本信念,也反映了对人生目的和善恶价值的一种独特的看法。正如罗素所说,"原罪"的观念是区别中世纪与希腊两个时代的标记:"如果我们反问自己,希腊观点与中世纪观点之间的主要区别是什么?那我们就完全可以这样说:前者缺乏原罪意识。对希腊人来说,人们似乎并不为遗传下来的个人罪孽负担感到苦恼不堪。""希腊人的心灵里是没有赎罪或灵魂获救一说的。"[1] 中世纪"宗教人"的观念集中表现了基督教"原罪说"和"恩典说"的内容,并包含着对人的意志自由的肯定。"意志自由说"是中世纪"宗教人"对西方人学的最为可贵的贡献。下面按照时间顺序,对"宗教人"的这些内容加以评述。

————————————

1 罗素:《西方的智慧》上册,崔权醴译,文化艺术出版社 1997 年版,第 358 页。

一、 人类的原罪和上帝的恩典

"原罪说"并不明显地包含在《旧约》和《新约·福音书》里，而是使徒保罗根据《圣经》精神所阐发的一个教义。这一教义的出现标志着基督教对其他宗教的和世俗的人性观的一个重大改变，它可以说是基督教的"宗教人"观念的一个核心内容。

1.《旧约》中"罪"的观念

《圣经·创世记》说，人类的祖先亚当和夏娃受蛇的诱惑，违反上帝耶和华的命令，偷吃了智慧树上的善恶果，"他们二人的眼睛就明亮了"，知道了羞耻善恶，但却被上帝逐出伊甸园。由于人类祖先的这种罪，上帝对人类进行惩罚。人不再像神那样不朽，人"本是尘土，仍要归于尘土"。男人"必终身劳苦，才能从地里得吃的"，"必汗流满面才得糊口"；女人要受"怀胎的苦楚"，"生产儿女必多受苦楚"。（《创世记》，3：1—19）

这里的"罪"是希伯来文的 chata，原意是射箭偏离了目标，在这里的意思是人失去了崇拜的目标，这是不可饶恕的罪。按照犹太教和基督教的教义，上帝按照自己的形象创造了人，人无条件地追随上帝，服从上帝。但是人和神的这种密切的联系却因人违反上帝的命令而破裂了。就是罪造成人神关系破裂的，因此《圣经》中有"你们的罪孽使你们与神隔绝，你们的罪恶使他掩面不听你们"（《以赛亚书》，59：2）这样的话。人神关系破裂的后果是人的堕落。

2. 拯救和恩典

《圣经》的主题是神对人的拯救。即使在人神关系破裂之后，上帝也没有抛弃人类，仍然要拯救人类。上帝在用洪水毁灭了罪恶深重的人类之后，与新生人类的祖先挪亚立约，以后不再用洪水毁灭人类。后来上帝耶和华又与以色列人的祖先亚伯拉罕和雅各立约，以色列人崇拜耶和华为唯一的神，而上帝护佑以色列人昌盛强大。犹太教的创始人摩西制定十诫，把以色列人与耶和华的合约固定下来。十诫的第一条是：除了耶和华外，不许崇拜其他的神。

摩西十诫标志着人神关系的修复。但是以色列人不断违反十诫。《圣经》中有关以色列人崇拜外族偶像以及道德败坏的记载屡见不鲜。耶和华不断惩罚以色列人的恶行，又一再宽恕他们。以色列人在大卫和所罗门治下曾一度强盛，但终因违反先知们所传达的上帝的意愿,而国破家亡,陷入"巴比伦之囚"的灭顶之灾。上帝在以色列人绝望的时刻,仍然通过先知表达对他们的关爱。先知预言上帝将为他们派遣一个"弥赛亚"(救世主),拯救他们于水火之中。

这个弥赛亚就是《新约》记载的耶稣。《新约》以"天国来临了,你们要悔改"(《马太福音》,3∶2)的神谕揭开了人神关系的新篇章。耶稣的登山宝训宣告了一个关爱人、拯救人的神的降临。但是犹太人的统治者却拒绝了耶稣,他们期待的弥赛亚是强有力的政治军事领袖,而不是像耶稣那样出身贫贱、"柔和谦卑"(《马太福音》,11∶29)的人。他们嘲笑耶稣是"假先知""假基督",并借罗马总督彼拉多之手,以冒充"犹太人的王"的罪名,把耶稣钉在十字架上。

耶稣之死并不意味着人神关系再次破裂。恰恰相反,按照基督教的教义,耶稣之死和复活,正表现出上帝的恩典。耶稣是上帝之子,上帝让他的儿子在十字架上遭受痛苦和羞辱,是为了给人类赎罪;耶稣的复活则在向世人昭示,只要跟从十字架上的耶稣,人就能够获救,就能够从罪恶的深渊中获得新生、永生。正是出自对基督耶稣赎罪和复活的这种信仰,基督教产生了。

3. "原罪"教义

虽然《旧约》指出亚当、夏娃的罪造成了人类生活必然遭受痛苦(死亡、劳累、生育之苦)的后果,但并没有肯定人性为恶。虽然《圣经》记载展示了人的罪恶的根深蒂固,耶和华不断谴责人的罪恶,人也不断地向上帝忏悔罪恶,但也没有肯定人的罪恶出自本性,或来自人类祖先的遗传,甚至《新约·福音书》也没有这样的意思。

使徒保罗首先把亚当、夏娃的罪解释为"原罪",即通过遗传代代相传的罪;就是说,罪是人堕落以后的本性。保罗说:"这就如罪是从一人入了世界,死又是从罪来的;于是死就临到众人,因为众人都犯了罪。"(《罗马书》,5∶12)保罗把人类的自然死亡与罪联系在一起。他的逻辑是,既然亚当的罪的后果(有朽)遗传给人类,那么罪也同时遗传下来。如果人类没有像亚当那样犯罪,他们何以会像亚当那样死呢? 因此他又说:"从亚当到摩西,死就做了王,连那些不与亚当犯一样罪过的,也在他的权下。亚当乃是那以后要来之人的预像。"(《罗马书》,5∶14)

保罗所说的通过遗传获得的原罪,主要指人类堕落之后,两种出自本性的罪恶。第一种是人类不认得上帝的堕落本性。人类的历史和个人成长的经历都表明，人类没有信仰崇拜一个至高无上的上帝的本性；相反，人只崇拜那些能够满足他的欲望的人和事，把他（它）们作为偶像来崇拜。保罗把这种罪叫作"与神为仇"（《罗马书》，8:7）。这是遍及全人类的罪。他说："就如经上所记：'没有义人，连一个也没有；没有明白的，没有寻求神的；都是偏离正路，一同变为无用；没有行善的，连一个也没有。'"（《罗马书》，3:10—12）这里虽然使用了道德谴责，如"没有义人""没有行善的"，但所指的还不是一般意义上的非道德的缺陷，而是指"没有寻求神的""偏离正路"这样的非宗教的缺陷。

第二种原罪指道德意义上的邪恶，包括"不义、邪恶、贪婪、恶毒，满心是嫉妒、凶杀、争竞、诡诈、毒恨；又是谗毁的、背后说人的、被神所憎恶的、侮慢人的、狂傲的、自夸的、捏造恶事的、违背父母的、无知的、背约的、无亲情的、不怜悯人的"（《罗马书》，1:29—31）。保罗认为，这些罪恶出自人的肉体，随着肉体的遗传而遗传。保罗说："我是属乎肉体的，是已经卖给罪了。"他把这种罪叫作"顺从肉体而活着，必要死"（《罗马书》，7:14,8:13）。

全面地理解保罗的意思，他并非谴责肉体的邪恶，而是谴责人不顺从神，却顺从肉体。确切地说，不顺从神和顺从肉体是同一种罪。"原来体贴肉体的，就是与神为仇"；"他们既然故意不认识神，神就任凭他们存邪僻的心，行那些不合理的事"（《罗马书》，8:7,1:28）。他的意思是，只是由于背离了神，肉体才堕落为罪恶之源。如果顺从神，肉体也被拯救了，身体成为"圣灵的殿"，"所以要在你们的身子上荣耀神"（《哥林多前书》，6:19,20）。

4. 因信称义

如何摆脱罪恶呢？保罗的回答是，只有依靠上帝的恩典，人才能获救。这就是"因信称义"的教义。这里所说的"信"是来自上帝的恩典。保罗说："世人都犯了罪，亏缺了神的荣耀；如今却蒙神的恩典，因基督耶稣的救赎，就白白地称义。"（《罗马书》，3:23—24）"白白地称义"并不是消极地接受信仰，不劳而获恩典。人需要对耶稣的救赎作出积极的回应，相信耶稣是基督，耶稣基督之死是为人类赎罪，耶稣基督的复活建立了新的人神关系。只有相信基督，才能认识神，已经断裂的人神关系才能恢复，人才能从原罪中解脱。这就是保罗所说的"一切都是出于神,他借着基督使我们与他和好"(《哥林多后书》,5:18)的意思。

注意,使得人神和好的信"出于神",是白白地赐予,但不是赐予每一个人的。有些人始终不信,并不是因为他们比信的人生性更愚顽,而是因为他们没有获得恩典。保罗把信徒称为"神所拣选的人"(《罗马书》,8:33),同时告诫他们不要为此骄傲。因为"你们得救是本乎恩,也因着信。这并不是出于自己,乃是神所赐的;也不是出于行为,免得有人自夸"(《以弗所书》,2:8)。因此,信仰不是人的自我发现,不是主动寻求的结果;"称义"不是自义,不是对主观努力的酬报。"因信称义"的实质是因恩典而信,因恩典而称义。

5. 恩典与律法

"因信称义"是针对"由律法称义"而言的。顺从律法是犹太教的一个特点。祭司们把摩西十诫繁衍为系统的、深入一切生活细节的繁缛礼节。耶稣反对用条分缕析的戒律约束信仰,但同时宣称不废除任何戒律。保罗把信仰和戒律的冲突尖锐地提了出来。在保罗看来,靠戒律得救还是因信称义,是一个依靠自己还是依靠恩典获救的问题。

保罗指出人不能依靠律法得救。他的理由是,沉溺于罪的人无力遵守律法。他通过自身的体验,指出了一个人所共知的心理规律,这就是不能摆脱肉欲控制的意志力薄弱规律。他说:"我是喜欢神的律;但我觉得肢体中另有个律和我心中的律交战,把我掳去,叫我附从那肢体中犯罪的律。我真是苦啊!"(《罗马书》,7:22—24)正是因为这个"肢体中犯罪的律",一切道德律都显得苍白无力。"我里头,就是我肉体之中,没有良善;因为立志为善由得我,只是行出来由不得我。故此,我所愿意的善,我反不作;我所不愿意的恶,我倒去作。"(《罗马书》,7:18—19)

人只能依靠恩典获救,这就是凭着恩典的信仰,摆脱那凭自身不可避免的肉欲的控制。"谁能救我脱离这取死的身体呢?感谢神,靠着我们的主耶稣基督就能脱离了。"(《罗马书》,7:24—25)

保罗也不要废除律法,他承认律法有一定用途。律法与罪是相反相成的。没有罪,就不会有律法,律法为限制罪而立。但是在现实生活中,人们受"肢体中犯罪的律"的控制。律法虽然限制不了犯罪,但它的存在却在时刻提醒人们注意到自己违法的事实,而且是明知故犯,加深了人的罪恶感。保罗因而说"罪因着诫命更显出是恶极了"(《罗马书》,7:13)。然而,戒律不只有负面作用,它还有正面作用。按照保罗的分析,戒律使人认识到自身不可避免的罪恶,会使人体会到恩典的可贵。所以,归根到底,律法的作用是彰显恩典。用保罗的话来说:"律法本是外添的,叫过犯显多;只是罪在那里显多,恩典就更显多了。"(《罗马书》,5:20)

保罗的"原罪说"和"因信称义说"(即"恩典说")的目的是凸显上帝的恩典,刻画了人绝对依赖、服从上帝这一基督教信仰的主要特征。他没有脱离人神关系这一中心问题来讨论人性的一般特征,也没有对人性的善恶作出一般的、正面的回答。他所说的"原罪"是堕落的人性,既不是人性的应有之义,更不是"因信称义"的"新人"的人性。应该承认,"原罪说"具有普遍的意义。既然从亚当到耶稣的人类都处在堕落状态,即使耶稣之后,不信基督的人也脱离不了堕落,那么在绝大多数的时间里,绝大多数人的本性是罪恶。很多人把"原罪说"理解为事实上的性恶论,是有道理的。但另一方面,"原罪说"和"恩典说"的教义也为另外的解释留下了空间。中世纪的基督教思想家在解释教义的过程中提出了这样一些问题:什么是人性的应有之义?罪是人的选择,还是不可避免的恶?堕落之后人性中是否仍有善的因素?人的自主努力,特别是道德实践,是否有助于恩典的获得和拯救?

二、善恶是人的自由选择

基督教传播初期,有一种柏拉图主义倾向的教父,按照柏拉图的思想解释"原罪说",他们一方面坚持灵魂向善的人性观,另一方面把罪恶解释为肉欲对灵魂的控制。下面介绍几种有代表性的解释。

1. 人有自由意志

早期教父奥立金(Origenes)肯定,人有自由意志,这就是上帝赋予人类的选择善恶的能力。他说:"我们一般动作的力量是由上帝所赐的,这种力量,我们可以用来行善,也可以用来作恶。"[1] 按《圣经·创世记》记载,亚当、夏娃的罪是吃善恶果,像神一样知道善恶。奥立金解释说,这里的隐义是罪与善恶的选择是同时出现的,不可分的。自由意志来自上帝,上帝以此分辨善恶,惩恶扬善。人却不能像上帝那样正确地运用自由意志,人的自由意志不能总是趋善避恶,它也能够行

---

1 《亚历山太学派选集》,台湾基督教文艺出版社 1989 年版,第 264 页。

恶弃善,由此造成罪恶。

在奥立金看来,人的自由意志既然是上帝赐予的,当然是善的本性。但是上帝却不能为人的选择负责。上帝给了人选择的能力,却没有规定选择的结果。人既可以用这种能力做善事,也可以用它做恶事,人要为自己的自由意志所选择的结果负责。

人的自由意志的基础是理性。动物没有理性,也就没有自由意志。人先用理性来了解善恶,然后决定取舍。但是人的理性是有限的,会作出错误的判断,混淆善恶是非,这样自然会作出错误的选择。而且人的意志也是软弱的,人即使知道善恶,也往往会经不起欲望的诱惑。这样,那些犯罪的人把自己犯罪的原因归于外在事物的引诱就是错误的。例如,一个男人可能会说,他之所以陷入淫乱是由于女人的引诱。但是在这里女人的引诱只是一个外在的因素,并不起决定作用,最终起决定作用的是他的意志放弃了对贞操的坚守。人们无论是犯罪还是行善,其根本原因在于他自己的意志,而不是外部因素。

2. 罪恶是意志的悖逆

奥古斯丁(St. Augustine)对"原罪说"作出了系统的解释。他早期的解释与晚期的解释有很大差别,早期的解释依据的主要是新柏拉图主义。他接受了新柏拉图主义者普罗提诺关于"恶"的定义,把"恶"定义为"存在的缺乏",也就是应该有而没有的东西。罪是伦理的恶,是"人的意志的反面,无视责任,沉湎于有害的东西"[1]。"意志的反面"是说罪恶是意志的悖逆活动。按照柏拉图主义的观点,灵魂追求比它高级的神圣的理念是善,追求比它低级的肉体是恶。他说,当意志背离了不变的共同的善,追求个人的好处,即外在于自身、低于自身的好处,它就是在犯罪。意志是灵魂的活动,其正当目标应是高于灵魂的上帝;当意志追求低于灵魂的身体时,造成秩序的颠倒,产生伦理的恶。

奥古斯丁用人的自由意志解释恶的目的是证明上帝的公正,说明罪恶不是上帝的创造,而是产生于人类意志的缺陷。人类意志的缺陷虽然包含着作恶的可能性,但这种缺陷还是意志的自由选择所必需的,只会行善、不能作恶的意志不是自

---

1 奥古斯丁:《论摩尼教之路》,2章2节。

由意志,没有选择善恶的功能。而自由选择又是惩恶扬善的公正性所必需的,人们只有对自己自由选择的事情才承担自己的责任,否则将无所谓善恶之分,也不应该接受惩罚或奖赏。最后,惩恶扬善的公正性是上帝的善所必需的。经过这样的推论可知,人类意志的不完善性是相对于上帝的善而言的,人类意志的选择自由是惩恶扬善的先决条件。如果上帝不赋予人类意志自由,他将丧失其公正性,这种为小善而舍大善的做法本身不符合善的秩序。这样,奥古斯丁证明了人类意志自由及其可能产生的罪恶的合理性。

3. 人依靠自由意志自救

按照奥古斯丁等人的解释,人有选择善恶的自由意志,而且自由意志来自上帝。这种观点蕴涵着人能够自主择善的结论。因为上帝创造的一切都是善的,上帝创造的人的自由也不例外。这意味着,人的自由意志是向善的。虽然它会有过失,造成罪的后果,但只要人正确地运用自由选择的能力,就会从善如流。

与奥古斯丁同时代的佩拉纠(Pelagius)读过奥立金和奥古斯丁的著作,并合乎逻辑地得出上述结论。他否认人类的原罪,认为亚当的罪与人类无关,不会遗传给后代;死亡也不是罪的后果,而是人的自然本性。他相信,上帝创造的一切都是善的,上帝赋予人类的自由意志是善良的本性。虽然自由意志可以导致罪恶,但基督徒受洗之后就可以避免对自由意志的误用,就可以正确地、自然地实现这一自然本性,就会趋善避恶。赋予人类自由意志是上帝的恩典,除此之外,人不需要其他恩典,依靠自由意志就可以成为善人、义人,达到拯救的目标。佩拉纠的追随者否认原罪,否认恩典的必要性,甚至反对婴儿受洗,被教会谴责为异端。

三、 自由意志的丧失和复得

奥古斯丁后期的观点发生了明显的变化,他在与佩拉纠派异端的争论中,修改了早期的"意志自由说"。奥古斯丁认识到他的早期观点可能被佩拉纠派利用。他在逝世前几年写的《更正》一书中说,早期著作是为反驳摩尼教而作,主要讨论恶的起源问题,"这些著作没有谈及上帝的恩典",但是"探究恶的原因是一回事,探究我们如何返回原初的善,或达到更大的善,则是另一回事"。佩拉纠派混淆两者,他们"所说的意志自由没有上帝恩典的位置,因为他们认为恩典与人的功德相当。这一观点别想得到我们的支持"[1]。

1. 自由意志的丧失

奥古斯丁在后期反佩拉纠派著作中强调,没有上帝的恩典,人的意志不可能选择善,而是只能在罪恶的奴役之下,不能遵循正当的秩序,丧失了选择的自由;伦理的恶的原因与其说是人类的意志自由,不如说是人类的原罪。他说,上帝在造人时曾赋予人自由意志,但自亚当受蛊惑而犯下原罪之后,人类意志已经被罪恶污染,失去自由选择的能力。在罪恶条件之下,人既不能自由地选择善,人的犯罪也是被罪恶征服的不自由行为。他说:"他们能够依靠自己的善功获救吗?自然不能。人既已死亡,那么除了从死亡中被解救出来之外,他还能行什么善呢?他的意志能够自行决定行善吗?我再次说不能。事实上,正因为人用自由意志作恶,才使自己和自由意志一起毁灭。一个人自然只是在活着的时候自杀,当他自杀身亡,自然不能自行恢复生命。同样,一个人既已用自由意志犯罪,被罪恶证明,就已丧失了意志的自由。"[2]

2. 堕落的人性

丧失了自由意志,人类处在罪的统治下。但人还以为自己是自由的、自主的,这本身就是罪。奥古斯丁说:"傲慢是一切罪恶的开始,因为正是傲慢招来了撒旦,使他成为一切罪恶的根源。"[3]傲慢自大使人远离上帝,是一切罪的根源。

堕落的人性主要有三种欲望:物质占有欲、权力欲和性欲。人总是具有无止境地占有物质财富的欲望,所以尘世的人永远不会有幸福。人由于其傲慢自大,想模仿上帝,于是就追求权力,这种欲望在每个人那里都可以发现。至于性欲,亚当的原罪正是通过性活动而被传给后代的。因而人是在罪中孕育而成的,他天生是有罪的。婴儿都是自私的,以自我为中心的。

3. 自由意志的恢复

奥古斯丁继承了保罗"因信称义"的教义,强调只有依靠上帝的恩典,人才能恢复意志自由,在非奴役的条件下作出善的选择,除此别无拯救之路。上帝的恩

---

1 奥古斯丁:《更正》,1卷9章2—3节。

2 奥古斯丁:《教义手册》,30章。

3 奥古斯丁:《论灵魂的量》,15章6节。

典首先表现在为人类赎罪。上帝之子耶稣基督牺牲自己,为全人类赎了罪,换取全人类复生。自此以后,人类已经能够摆脱原罪的奴役,恢复自由选择的能力。奥古斯丁并未像后来的加尔文那样强调"选民"和"弃民"的区分。他只是强调不依靠上帝恩典,人就不能作出正确的选择,就没有真正的自由,由此恩典是获救的前提与条件。直到16世纪宗教改革时,新教神学家才从奥古斯丁反佩拉纠派的著作中引申出强调恩典的"先定说"。

四、 配合恩典的自由意志

教会虽然谴责佩拉纠主义为异端,虽然尊崇奥古斯丁为圣徒,却没有完全采纳奥古斯丁后期对原罪的解释。因为照此解释,现实中的人完全受罪的奴役,没有行善的自由;在获得上帝的恩典之前,人也不会作出任何道德努力。这显然与基督教的伦理精神不相符合。中世纪的正统学说修正了奥古斯丁的"原罪说"和"恩典说",吸收了佩拉纠主义对意志自由的看法。很多思想家认为,人类即使在堕落的状态中,也没有完全丧失选择善恶的能力,仍然可以择善行善。人的善行是对恩典的回应和配合,也是获得拯救不可缺少的条件。

1. **自由选择是不可剥夺的自然能力**

安瑟尔谟(Anselm)在《论选择的自由》开头借学生之口提出了这样的问题:"自由选择似乎与上帝的恩典、命定及天意相对立。我想知道自由的选择是什么,以及我们是否总是有自由的选择。有些人常常说,选择的自由是犯罪或不犯罪的能力,如果果真如此,如果我们总有这种能力,为什么我们有时需要恩典? 如果我们不总是具有这种能力,犯罪不会出自我们的自由选择,为什么我们还要承担罪责?" [1]安瑟尔谟把"如何调和人的意志自由与上帝恩典"作为重要的神学问题,辩证法的运用使他得以用细致的辨析和缜密的思考来涉及这个问题。

安瑟尔谟对"意志"概念的意义作了分析。他指出"意志"有三重意义:它首先指灵魂的一种功能,如同视觉是眼睛的功能一样,意志是使灵魂自由并作出选择的功能。其次,"意志"指选择功能的倾向性,比如父母热爱子女是他们的意志的一般倾向。最后,"意志"指选择功能的实际运作,即有意的行为。

---

1 安瑟尔谟:《论选择的自由》,1章。

奥古斯丁认为，人滥用了意志自由而犯罪。安瑟尔谟则否认了意志自由会被滥用的可能性。他认为意志就其本性（选择功能）来说绝无选择恶的可能，但意志在外界因素影响下，可以倾向于善或恶。选择善或恶只是意志的一种倾向，而不是意志的本性。

按照安瑟尔谟的分析，意志有两种倾向：一种倾向于有用的东西，另一种倾向于正当的东西。前一种是受外物影响而产生的倾向，某些外物之所以可以吸引和驱动意志，正是因为它们看起来是有用的。后一种倾向的产生可能有两种原因：一种是正当的东西有用，这仍然是外部原因；另一种是为了正当本身，这是出自意志本性的倾向。安瑟尔谟说，为正当本身而选择正当的倾向是善的倾向。意志自由会被有用的东西驱动。倾向于有用的东西是中性的倾向，如果有用的东西同时也是正当的东西，那么它就是善的倾向；反之，它就是恶的倾向。当亚当选择犯罪时，他屈服于外来的诱惑，未能运用自由意志而作出恶的选择。

安瑟尔谟说，人在"原罪"之后并没有丧失自由意志的能力，自由意志是上帝赋予人的不可更改与剥夺的能力。人所丧失的只是自由意志的运用。好比一个自由人在选择做他人的奴仆之时，他并没有放弃他的自由权，他的选择是和他的自由权相抵触的。"原罪"是人类由于亚当没有运用自由意志而承担的罪责，上帝的恩典使人类摆脱了这一罪责，使意志仍然有着向善或向恶两种选择倾向，他们按照何种倾向行动将决定他们自己能否得救。

总之，自由意志出自上帝的恩典，意志的选择倾向和行为决定了人自身的命运。人类既需要上帝的恩典，也要对自己的选择承担责任。"恩典说"和奖善惩恶的"自由选择说"是协调一致的。正如霍金斯（Jasper Hopkins）所总结的那样："安瑟尔谟主张，人总是具有保持意志的正义性的能力，甚至在一些偶然的场合他也保持着这种能力，例如在没有选择善甚至从未选择善的时候。因此，人的选择总是自由的。若是他没有选择善，原因并不是他不能够，而是他不愿意，即他没有使用其选择善的能力，而是使用了其选择恶的能力。"[1]

---

1 Jasper Hopkins，*A Companion to the Study of St. Anselm*，Minneapolis：University of Minnesota Press，p. 145.

2. 人的意图决定善恶

12世纪的基督教思想家阿伯拉尔（Petrus Abailardus）的《认识你自己》一书被认为是中世纪最早在理性基础上探讨伦理学的著作。在讨论"善恶是由什么决定的"这一问题时，他不再像奥古斯丁、安瑟尔谟等神学家那样从"自由意志""原罪""恩典"等教义出发，而是以理性和事实为根据。阿伯拉尔强调，只有罪恶的意图才能是罪恶本身，罪恶既不能被归结为先于它的罪恶倾向，也不能用它所造成的后果来衡量。他的这种观点一方面区别于把人的意志的倾向说成罪恶根源的正统神学家观点，另一方面也反对以实际效果和影响定罪的法律观点。

阿伯拉尔把灵魂的不完善性看作人的缺陷。但"缺陷"和"罪恶"是两个概念，前者是人所共有的自然倾向，后者是实际已有的意图。由倾向变为意图是一个自觉的选择过程，只有自愿与心中犯罪倾向同流合污的人才是真正意义上的罪人。他说，人们不能为他们无法自主的自然禀赋承担道德责任。比如，软弱的天性使人屈服于邪恶势力，但只要不在心底里赞同邪恶势力，屈服就不能算作犯罪。"他们可以支配我们的身体，但只要我们的心灵是自由的，真正的自由不会受到威胁。"[1]再如，一个主人企图毫无道理地杀害他的仆人，仆人在走投无路的情况下杀死他的主人，他的行动受求生本能驱使，并非自愿所为，也不能算作犯罪。阿伯拉尔争辩说，如果把内心不自觉的倾向与自觉自愿的意图混为一谈，那么善恶的区分还有什么意义呢？人们抵制内心的犯罪倾向的道德修养和思想斗争还有什么价值呢？须知，犯罪的倾向是可以抵制的，犯罪的意图则是对之不加抵制或未能成功的结果；善是抵制成功的奖赏，抵制所付出的代价越大，奖赏越高。

阿伯拉尔区分了自然倾向与主观意图，指出不能把人的意志和欲望的自然倾向作为犯罪根源。自然欲望如性欲、食欲等本身并不是邪恶的。比如，一个男人看见一个美丽的女人会萌发爱慕之心，一个路过邻居花园的人看到成熟的硕果时会有垂涎之感，这些欲望是正常的。但如果产生出占有那个女人或偷窃果子的意图，那就是在犯罪了。阿伯拉尔说，把邪恶欲望等同于犯罪本身的前提是把人的自然欲望看作邪恶，这种禁欲主义的立场是荒谬的。"如果他们能够证明身体的

---

1 阿伯拉尔：《认识你自己》，1章。

快乐本身就是一种罪恶,或者不犯罪就不会有这样的快乐,那么夫妻运用他们的身体行使结婚的特权,一个人贪婪地吃着属于他自己的果实,都不能免于罪恶。"禁欲主义者的论调是,人的自然欲望虽然无法否定,但只能在没有快乐的情况下被满足。比如,性生活的目的是生育,吃饭的目的是生存,它们都不是为了追求快感。阿伯拉尔反驳说:"如果确实如此,那么这些活动只有在它根本无法进行的条件下才能被允许去做。"这实际上剥夺了人们的自然欲望。因此,"既然肉体的自然满足很明显不是罪恶,那么这种满足必然伴随着的快乐感情同样也不能称之为罪恶"。他以"意图决定论"反对"意欲决定论"的主要动机是反对当时流行的禁欲主义精神和做法。

"意图决定论"所反对的另一个目标是"效果决定论",或被现代人称作"功利主义"的伦理观。阿伯拉尔坚持认为意图决定善恶与否,意图的实施或不实施、实施成功与否都不能加重或减轻善恶的程度,效果大小与否不能改变意图本身。他反对以动作的效果衡量意图的善恶的一个理由是,一个同样的动作可以同时出自善和恶的意图。比如,两个人共同杀死一个恶人,一个出自对罪恶的义愤,另一个则出自个人报复的意图。另一个理由是,集体总是根据犯罪的效果、场所等外部环境惩治罪恶的。比如,一个人在教堂里污辱妇女,引起人们愤怒的是他玷污神圣的场所,而不是他对上帝子女的冒犯。按社会效果决定罪恶大小,其结果是微小的过错被量以重刑,秘密或内心的罪恶却不受任何惩罚。阿伯拉尔把人的意图看作他在上帝面前作出的尊重或藐视上帝的选择,人不能自主地决定他的行动和外部环境,却能自主地决定他的意图,这就是为什么意图决定善恶。

3. 意志是理性的意欲

中世纪最伟大的思想家托马斯·阿奎那(Thomas Aquinas)也肯定了人的自由意志的崇高价值。他说:"人性并不因为罪而完全腐败到全然没有本然之善的地步,因而人有可能在本性遭腐败的状态也能依其本性做一些具体的善事。"[1]人之所以能够在堕落的状态中行善,是因为人仍然保有自由意志(libero arbitrio)、良心(synderesis)和理性(ratio),它们都是现实的人所具有的善的本性。

---

1 托马斯·阿奎那:《神学大全》,1集1部98题2条。

　　人的意志属于意欲范畴。托马斯把意欲分为感性的和理性的两种。理性意欲与感性意欲的差别就如理智与感觉的差别一样。感性意欲是动物意欲。托马斯承认，动物意欲，如食欲、性欲也是人的自然意欲。人的感性欲望本身既不善也不恶，正如没有理性的动物没有善恶之分一样。感性意欲和理性意欲共同支配人的行为，如果它成为决定性的因素，完全支配和改变了人的行为，那它就是罪恶的原因了。

　　托马斯把意志定义为"理性的意欲"[1]。意志是一种欲望，因为它总是以可欲对象为目标；意志又是理性的，因为它以理智判定的可欲对象为目标。托马斯说，凡被理智认作值得追求的目标都有"善"的性质。意志所追求的"善"的范围非常广泛，可被分为"可敬""可悦""可用"三个由高到低的等级。善因自身价值而可敬，因它的美感而可悦，因它所导致的其他东西的价值而可用。

　　追求善的意志活动有"意动""愉悦""意向"三个构成因素。"意动"（motus voluntatis）以可敬对象为目标。托马斯说："意志这个词有两种意义，当它指一种能力时，它与目的和手段相关；当它指意动，它专事于目的。""意动"指意志根据理智判断朝向一个可敬对象的纯粹运动。"愉悦"（fruitio）以可悦对象为目标，这时意欲之所以追求一个目的，是因为心灵可获得精神上的"愉悦"，而对该目的有所喜爱。"意向"（intentio）则以可用对象为目标。

　　理智不但为意志判定对象，而且为意志确定获得对象的途径和手段。托马斯接受亚里士多德对思虑的解释，对思虑中的理智活动与意志活动作了进一步分析。他说，理智把目的与手段关系处理为因果关系，思考产生某一预期结果的最合宜原因是什么，这一原因是否在自己力所能及的范围内，自己能采取哪些适合于上述因果关系的行动与步骤，等等问题。思虑中的理智按因果关系的必然性思考，思虑中的意志在理智所提供的种种可能方案之中选择一个实际行动方案。

　　意志自由是对实现某一种可能性的自由选择，表现为两个方面：第一，即使理智判定了一些手段是可行的，意志也可以放弃所有这些可行手段，不采取达到目的的任何行动；第二，即使理智认定某一手段是最佳方案，意志也可以选用其他手

_____

1 托马斯·阿奎那：《神学大全》，2 集 1 部 6 题 2 条。

段。意志的自由选择对托马斯来说并不是没有根据的,只是它所依据的是偶然理性,而不是必然理性。他说:"唯因人是理性的,他才有自由选择。"[1]

4. 自由意志的超越性

20世纪的新托马斯主义者马利坦(Jacques Maritain)根据托马斯的学说,深入探讨了自由问题。他认为,有两种自由:一种是选择的自由,这种自由源于人的意志。在托马斯主义者看来,意志就是一种愿望和倾向的能力,这种能力则来源于理智。意志的本质就是选择,就是选择各种各样具体的善以及最高的至善,而且它必然地趋向于至善,这就是意志的自由。

马利坦比托马斯更加强调意志与理智的不同。理智是一种知识能力,仅凭这种能力不可能作出采取何种行动的决定。意志是远比理智更为深刻的东西,而理智只是意志实现自己愿望的工具,是对意志的实际运用。理智的形式是判断,而意志是使这判断成为可能的东西:"自由意味着做一个人的判断的主人。意志正是规定它的那个判断的主人,并且这样一来就完全主宰着它自己的活动。"[2]

这种自由意志的活动是不可预知的。我们只能对于一个社会的未来做一种统计学的预测,却不能对某一个人的自由意志将会做什么进行预测,即使他自己也不可能预先知道,甚至连上帝也不能预先知道。因为上帝只是我们的存在和自由的第一因,他赋予我们自由意志,但我们对于自由意志的运用却是第二因,不是第一性的。第二性的东西是属于我们自己的。在这个领域内,人是有选择能力的,所以称为选择的自由。

另一种是自发的自由。这种自由的意义仅仅在于没有强制,它不是选择的自由,不是出自自由意志。这种自发的自由有以下几种类型:第一类是没有生命的自然物体的自由,如石头有自由下落的自由。第二类是生物的生长性。第三类是动物,它可以出自本能地按照自然的规定而活动,如鸟的飞行,我们称之为自由。对于动物来说,按照本性生活就是自由,正如托马斯所说的,一头驴子并没有变成

---

1 托马斯·阿奎那:《神学大全》,1集83题1条。
2 刘小枫主编:《20世纪西方宗教哲学文选》上册,上海三联书店1991年版,第399页。

狮子的愿望,因为这是对它的本性的破坏。第四类是有理智的生命的自发性自由,这就是精神世界中的自由。这种自由并不是自然赋予的,而是来自人的理智。通过理智活动,整个宇宙进入了人的灵魂,于是人成为一个小宇宙。自发的自由在这里转变成了独立的自由。但是人是不完满的,所以在他的本性中有一种超越的愿望,他要超越人作为人的条件,他总因不满而感到痛苦,因而就永远在追求更高的幸福。只有在第五类,也即神圣的等级中,"自发性与独立性的自由,以及人格,才是绝对完满的"[1]。

选择的自由是为自发的自由而存在的。自发的自由是人格本身所渴望达到的地方,可以称之为"欢跃的自由"或"自治的自由"。这是一种终极的自由,它只能在人类历史的终结处才能够实现。在这种自治的自由中,人奴役人的状态——即驱使他人来为自己的私利而劳动——将会消失。那个会犯错误的自由意志,将借助于恩典而达到极限,在这个极限处它会达到一种欢跃与自治的自由,达到一种超自然的不犯错误的选择,这时恶也就被克服了。当然,这种自由在社会中的实现一方面要依赖技术与财政制度的进步,使私有财产得到更加合乎人性的安排;另一方面要通过人性和精神的进步来完成。

五、人的意志和上帝的意志

作为对托马斯理智主义的反抗,14世纪经院哲学内部兴起了意志主义。意志主义强调上帝意志的无限性和人的理智的有限性,由此得出"人的意志不受理智支配,只服从上帝意志"的结论。

1. 人的意志是无限上帝的一部分

英国经院哲学家司各脱(Johannes Duns Scotus)是意志主义的"始作俑者"。当时的经院哲学家普遍以理智主义的观点看待理智与意志的关系,他们认为意志活动有一个外在的"动力因",也就是说,意志受理智所认识的对象推动。司各脱对此提出两点反驳。第一,意志不受外部对象支配。"支配"意味着受吸引或被推动,意志的特征在于只有在它愿意的情况下它才接受外部对象的作用,意志不可能像无意志之物那样不由自主地受吸引或被推动。对于外部对象,意志有愿意或

---

1 刘小枫主编:《20世纪西方宗教哲学文选》上册,上海三联书店1991年版,第404页。

不愿意接受它们的自主性。第二,意志没有动力因。"意志有动力因"的说法意味着意志是事物活动造成的结果,这种说法与"意志活动"的说法相抵触。"活动"属于主动对象,而不属于被动对象,如 A 造成 B 的活动属于 A,而不属于 B。同样,如果意志是某事物活动造成的结果,那么我们将只能谈论造成意志的事物的活动,而不能谈论意志的活动,意志将成为没有活动的被动对象,这是不符合事实的说法。司各脱的结论是,不是理智支配意志,而是相反;只有当人们愿意知道某一对象时,他才会运用他的理智。

司各脱的神学也是意志主义的。他认为上帝最主要的属性是无限性,这意味着上帝不受任何限制。当人企图认识上帝时,他们实际上是想用自己的理智来限制上帝,由此,上帝的属性是不可认识的。上帝是无限的实体,他没有理智和意志的区分,他所想的也是他所愿意的,同时又是完成了的现实。正因为如此,上帝创造的世界才是无限的。人的有限的意志是无限上帝的一部分。人的意志自由就是做上帝愿意的事情。

2. 自由是任意的偶然的行为

14 世纪另一个经院哲学家奥康(Ockham)也认为上帝是绝对自由的,人的理性不可能知道上帝的预知和先定的命运,人的道德活动是被上帝意志直接地、偶然地决定的。

奥康否认有发自人的内在本性的普遍道德规范。在中世纪,人们普遍相信人的灵魂有向善的本性,它是上帝创造的自然律在人的灵魂上的不可磨灭的印记。"灵魂本性"或"自然律"成了中世纪伦理学的基石。奥康认为,关于人的灵魂的谈论都是信仰,而不是知识。意志活动和欲望活动也都是人的一部分,一个部分不能统摄或代替另一个部分。人的意志既不服从理智的判断,也不受欲望的支配。所谓"自然律"指符合人类理性自然倾向的原则,把这种自然律作为道德基础与上帝意志无所不能、无所不为的绝对自由是矛盾的。上帝如果命令一个人去做违反自然律的事情,不但是可能的,而且是合理的。上帝的意志是完全自由、偶然的,他没有必要也没有责任去命令所有人在一切环境中做同样的事,不存在普遍适用的道德律。

奥康对"自由"的定义是:"不管我受到什么力量作用,我任意地、偶然地造成一些可以造成也可以不造成的后果。"[1]"作用于人的力量"可能是理智,也可能是欲望,但这些力量并不是必然原因,因为意志的自由在于任意地、偶然地使用或不使用这些力量。

奥康与中世纪其他哲学家一样认为意志的终极目标是上帝:"除了上帝之外,没有其他对象可以满足意志,凡是不以上帝为目标的行动都不能避免焦虑和悲哀。"即使上帝可以最终地满足意志,意志也不必然地朝向上帝。正因为意志可以自由选择目标,这种选择才有善恶之分:凡是以上帝为终极目的之意志都是善的意志,否则是恶的意志。所谓善就是使自己的意志服从上帝的意志,愿意做上帝愿他所做的事,不愿意做上帝不愿他所做的事。上帝不承担任何道德责任,因此他的意志可以命令人做任何事情,包括不道德的事情,甚至仇恨上帝的事情。奥康说:"上帝愿意做一件事就有做这件事的权利……因此,如果上帝在某人意志中造成对上帝本人的仇恨,就是说,如果上帝是这一行为的全部原因,那么上帝和这个人都没有罪过,上帝不负任何责任,人也不负任何责任,因为这一行为不是出于他个人的力量。"同样,如果杀人、偷盗、通奸是上帝愿意某人所做的事情,那么这个人做这些事情并没有犯罪。

奥康的这些话似乎违反道德常识,然而他的意图并非取消道德是非观念或鼓励人们为所欲为,"上帝意志"也不是为罪恶解脱道德责任的借口。奥康指出,任何一个道德行为不仅出自上帝意志,而且出自人的"正当理性"(recta ratio)。正当理性是对于自己意志是否服从上帝意志的一种常识,它使人在具体环境中识别善恶、判断是非。奥康说:"每一正当意志都服从正当理性。""除非服从正当理性,否则,无德性行为可言。"服从上帝意志与服从正当理性是一致的。如果一个人按照上帝意志杀人,那只是他意识到这样做是服从上帝命令的正当理性。正当理性与其说是理性,不如说是良知。从事情效果上看,正当理性并不总是正确的。判断事情正确与错误是理智的工作,意志并不服从理智的判断,它只听从良知召唤出来的正当理性。在此意义上,奥康说正当理性是"不可抗拒"的。"被造的意志即使听从不可抗拒的错误良知也是正当的意志,因为神圣意志愿意它服从自己的

---

1 奥康:《自由论辩集》,1 集 16 题。

理性,这一理性是不应被责备的;相反,如果意志反对这一理性,它倒是有罪的。"[1]

奥康把个人良知当作个人道德行为标准,强调个人的道德主体地位。他以上帝意志的偶然性为理由取消普遍道德律的极端论调,在当时历史条件下旨在反对清规戒律对个人行为的束缚,它标志着中世纪后期个人道德意识的觉醒,而且对16世纪的宗教改革运动产生了影响。

六、 基督徒的自由

16世纪宗教改革运动的领袖马丁·路德(Martin Luther)思想的主要来源是保罗"因信称义"的教义。他强调人的堕落和罪的奴役,要求信徒单凭恩典获救。如同奥古斯丁,他否定了人在堕落状态的自由,又肯定了人获得恩典时的真正的自由。

1. 人受罪的奴役

路德对人的本性持完全否定的态度:"人在肉体里和灵魂里全都有一个搅乱了的、败坏了的和受到毒害的本性,人类没有一点东西是好的。"[2]人处在堕落的状态,完全为罪所奴役。人靠自身无力拯救自己,因为在他看来,人的拯救主要是灵魂的拯救,原罪意味着人的灵魂已经堕落,失去了行善的能力;人不但没有能力净化自己的灵魂,用灵魂来控制肉欲,也不能指望通过宗教仪式和道德行为使人摆脱罪的奴役而获得拯救。

路德不但否认了人类堕落之后有任何善性,而且否认了人有自我完善的可能;更主要的是,否认了"事功"对于人的拯救的作用。"事功"指人的宗教行为和道德行为,相当于日常意义上的"好事"。路德指出:"人只有在成为好人以后,才能做好事。"[3]人的本性既然已经堕落为罪恶,哪里还能够做好事呢? 即使人做了一些被社会、教会或个人认可的好事,那也只是堕落灵魂的自我肯定。路德否认事功对于拯救的作用的另外一个主要理由是:拯救是灵魂的根本转变,而不是罪

---

1 参见奥康《箴言书注》,1卷1部4题,4卷9题,3卷13题。
2 周辅成编:《西方伦理学名著选辑》上卷,商务印书馆1964年版,第485页。
3 转引自 J. Atkinson, *Great Light*, Exeter: Paternoster. 1968, p. 23。

恶程度的改变。人所谓的"好事"与"坏事"都是相对的,是表示罪恶的大小程度不同。拯救不是不断地减少罪恶的程度,直至摆脱原罪的渐进的过程。拯救是上帝的恩赐,表现为灵魂的、根本的,同时又是突然的、一次性的飞跃。

路德否认事功的目的主要是反对天主教会的理论和制度。天主教会采纳的是中世纪主流思想,认为事功对于恩典的获得是必要的,上帝不会拯救那些无所作为的人。路德把这一立场谴责为"半佩拉纠主义"。他还认为天主教复杂的教阶制度、繁缛的仪式是为了实施事功而设立的,是毫无用处的,甚至还会造成更大的罪恶,如购买"赎罪券"那样的腐败行为。

2. 人的两重性

路德反对事功不是要人们无所作为或不做好事,而是强调信仰是心灵的转变。路德说:"人有一个双重的本性,一个心灵的本性和一个肉体的本性。"[1]这两者是对立的,但不是善和恶的对立。两者的对立指主从关系,表现为心灵对肉体的支配,肉体对心灵的依附。在本性堕落状态,心灵为罪所奴役,心灵指挥身体作恶。当人获救之后,身体成为心灵行善的工具。心灵转变之后,人就完全变成了新人,但身体却没有改变,也不需要改变。身体仍然是旧人,但他完全受新人的支配,由此也就不会像从前那样犯罪了。饮食男女是身体的自然欲望,这在拯救之前是罪,在拯救之后却是正常的功能,甚至有神圣性在其中。

路德强调获救的标志是心灵的转变,这主要出于对获救感的确信。他说,"因信称义"表现在对上帝全能和公正的畏惧,以及人在上帝面前的渺小感、犯罪感和内疚感。他把谦卑看作虔诚的基础,认为人要抛弃自我,把自我看成非存在,一切都由上帝完成。很明显,堕落的人是不会自己把一切交给对上帝的绝对依赖感的,只是当上帝的恩典降临于他的心灵时,他才会产生出对上帝恩典的信任和挚爱。上帝恩典的降临和"因信称义"是同时发生的心灵的转变。路德把拯救的心灵与上帝相通称为"凭信仰而活在基督之中",而把获救的心灵之间的相互沟通称为"凭爱而活在他邻人之中"[2]。

---

1 周辅成编:《西方伦理学名著选辑》上卷,商务印书馆 1964 年版,第 440 页。
2 同上书,第 474 页。

3. 关于自由意志的争论

保罗提出了"基督徒自由"的说法。他说:"基督释放了我们,叫我们得以自由,所以要站立得稳,不要再被奴仆的轭挟制。"(《加拉太书》,5:1)根据这样的信念,路德把基督徒的自由理解为依靠恩典而获得的解放,这是摆脱了罪的奴役的自由。他说:"这就是那种基督徒的自由,也就是我们的信仰,它的功效,并不在于让我们偷闲安逸,或者过一种邪恶的生活,而是在于让人们都无需律法和'事功'而获得释罪和拯救。"[1]自由既然是恩典的赐予,它就是被动的,"即只能是接受,而不能是创作。因为它(自由)并不存在于我们的能力之中"[2]。自由是上帝赋予我们的,上帝已经规定了我们能否自由以及自由的限度,我们的意志只能是上帝意志的体现,并没有选择善恶的自由。

与路德同时代的荷兰人文主义思想家爱拉斯谟(Desiderius Erasmus)写了反驳路德的《论自由意志》,路德写出《论奴役意志》作为答复,爱拉斯谟又写了《反路德被奴役的意志的奢望》。

爱拉斯谟说,人有双臂,一手行善,一手作恶。路德砍掉了人的一只臂膀,罪人只能作恶,义人只是行善,两者都没有选择善恶的自由意志。爱拉斯谟对"自由"的定义是:"人类意志的一种力量,使人决定做趋向或背离拯救的事情。"[3]他指出,对《圣经》的拯救观的解释有两种极端倾向:一是否定恩典的佩拉纠主义,一是路德的否定意志自由的立场。罗马教会持中间立场,这虽然不是最完满的,却是可行的。相比而言,路德的极端立场有明显缺陷:如果人不能自由选择善恶,那么他为什么要为自己的行为负责?上帝惩恶扬善还有什么公正性?人的拯救还有什么伦理价值?

路德所反对的正是这种中间立场。他说,中间立场属于人的智慧,企图用三段式推论论证上帝的道德义务,这没有超出法律的合法性和亚里士多德的伦理学。与之相反,基督教确信的真理来自对《圣经·福音书》的绝对服从,伟大的圣

---

1 周辅成编:《西方伦理学名著选辑》上卷,商务印书馆1964年版,第447页。

2 同上书,第482页。

3 *The Cambridge History of Renaissance Philosophy*, ed. by C. B. Schmitt, Cambridge, 1988, p. 662.

徒从来没有体验到除了服从上帝命令之外的任何自由,他们的意志被上帝的意志驱使,这里只有因果决定关系,没有自由选择。但是服从上帝的意志不是被强制的,而是自愿的。由此,基督徒的自由是别无选择、义无反顾的追求。

我们看到,路德与爱拉斯谟对"自由"的理解完全不同。爱拉斯谟认为自由是凭意志选择善恶的自由,而路德坚决否认人有自由选择善恶的能力。路德认为人没有违背或反对上帝的自由。当人受罪奴役时,他必然反对上帝;当人服从上帝时,他不得不自由。但这在爱拉斯谟看来根本不是自由,而只是命定。

4. 主人的自由和奴仆的自由

路德提出了这样一个命题:"一个基督徒是一切人的最自由的主人,不受任何人辖管;一个基督徒是一切人最忠顺的奴仆,受每一个人辖管。"[1] 路德的意思是说,一个获得了恩典的人只服从上帝,不服从任何人;但同时他又是众人最谦逊的奴仆,因为他爱每一个人,而爱的本性就是顺从于所爱的对象。

服从上帝的命令就是爱,不但爱上帝,而且爱众人,为他人服务。人并非为自己活着,"他也是为尘世上一切人而生活的;不仅如此,他活着,只是为了别人,并非为了他自己。因为正是为了这目的,他才要压服他的肉体,以使他能够更为诚笃地、更自由地为他人服务"[2]。对于一个基督徒来说,"在他眼前除了他邻人的需要和利益之外,就不应该有别的什么了"[3]。人们之间应当相互友爱,彼此关心,分担彼此的负担。从这个意义上说,他是一切人最忠顺的奴仆。

他这样做并非被迫的,而是自愿的,所以这是一种自由的服役,他是为爱而工作、为爱而活着的。基督徒在人间的使命就是为他人效劳,对他人有用。他为他人效劳并非为了回报,他从不计较得与失,也不计较是得到责备还是赞赏。他行善的目的并不是施恩于人,也不分敌人还是朋友,都一视同仁。所以他是自由的。他这样做只有一个理由,就是上帝也是这样做的。

同时,一个基督徒还应该自觉自愿地为他的邻人承受罪恶,把他人的罪放在自己身上,并为此而忍受劳苦和奴役。因为基督已经这样做过,他把全人类的罪

---

1 周辅成编:《西方伦理学名著选辑》上卷,商务印书馆 1964 年版,第 439 页。
2 同上书,第 465 页。
3 同上书,第 466 页。

孽都承受下来,为人类而受苦受难,这才是真正的、纯粹的信仰。

路德所说的做所有人的奴仆是极其高尚的事功。他虽然否认事功对于获得拯救有所帮助,却肯定获救的人必有事功。看来,恩典是最主要的。没有恩典,就没有自由,也没有真正意义上的事功;有了恩典,就有了自由,也有了事功。"恩典—自由—事功"是一个因果关系系列,它们的关系不能颠倒。

七、 人的新生

新教的另一个领袖加尔文(John Calvin)与路德一样,坚持人不能自救,必须依靠上帝的恩典才能获救。但他比路德更强调获救的"选民"的自由。在他看来,人在罪恶中被上帝抛弃,在精神上被奴役,在历史上被动地被上帝的意志驱使而不能自主。只有获得上帝恩典的人才能在精神上和事业上获得自由和成功。

1. 人是生而败坏的

加尔文认为,人的本性已经整个地堕落了,而不只是局部地堕落。因为亚当所犯的原罪在我们之内。原罪是祖先传下来的我们本性的堕落与邪恶,它浸透入灵魂的一切部分。在他看来,人整个的本性都是坏的,他的全部的本性都受到了败坏,连他的灵魂都没有好的部分了。

人犯罪的根源不是像有些人所主张的那样是情欲,而是因为人从本性上就变坏了。罪恶来自人类从原罪开始的退化,"人是生而败坏的"[1]。本性中既然"富有着一切的恶"[2],那么这恶就一定会表现出来,在人的身上不断地产生那些《圣经》上叫作"情欲的事"[3]。情欲只是罪恶的一种表现而已,并不是罪的根源。由此,人不能指望通过克服情欲来摆脱罪恶。

正因为人整个地变坏了,所以我们就需要彻底革新自我,使自己变成一个完全的新人。加尔文不像路德那样,把人的拯救主要认作精神上的转变,他要求转变为从灵魂到肉体都是新的新人。这样,基督徒的目标就不只是改正灵魂中的低劣部分和人的感性部分了,而是一种整体的改善。这或许就是他进行宗教改革的一个重要目标。

---

1 加尔文:《基督教要义》上册,台湾基督教文艺出版社 1991 年版,第 163 页。
2 周辅成编:《西方伦理学名著选辑》上卷,商务印书馆 1964 年版,第 489 页。
3 同上书,第 487 页。

2. 被救的可能性与获救的恩典

加尔文在另一个地方却说:"在上帝的一切工作中,人是神的公义、智慧和良善的最高贵、最显著的样本。"[1] 他承认人是上帝的形象,人固有的本性是善的,但由于亚当的原罪而丧失了。从这个角度说,人的堕落的原因是偶然的,而不是出自本性。但是就堕落的性质而言,人的堕落是严重的,是本性的堕落。就是说,人一旦堕落之后,罪恶就从我们的祖先那里传给每个人,人无法改变它,外在因素也不能影响它。加尔文区分堕落的原因和性质的目的,一方面是要说明人的堕落不是出自本性,由此人还是可以被拯救的;另一方面说明人性堕落的根深蒂固的严重性使得人不能自救,人需要上帝的拯救。

加尔文和保罗、路德一样强调上帝恩典。但他既然承认人类的本性具有被拯救的可能性,就不可避免地面临着这样的问题:上帝既然是全善的,为什么不拯救能够被救的每一个人呢? 加尔文回答说,如果上帝的拯救工作只是使得一切可能性成为现实,那么他只是在实施一种必然性,而不是施舍恩典。恩典对人而言是幸运。幸运不是出现了不可能发生的事情,也不是所有可能发生的事情都出现,而是有些可能发生的事情出现了,有些则没有出现,而且永远也不会出现。加尔文说,被上帝拯救的"选民"和不被上帝拯救的"弃民"是上帝的前定。上帝的决定正显示出他的恩典。

加尔文把恩典的获得归结为上帝的前定,而不像路德那样强调人对上帝的依赖。这是因为前定比满足依赖感更能显出上帝的恩典:如果上帝把恩典赐予那些依赖、服从他的人,那么那些人还有理由归功于自己,为他们对上帝的依赖而感到骄傲。而前定是没有理由、没有原因地白白地赐予,这种无条件的恩典才是最为可贵、最值得感恩的恩典。

人不能因为上帝抛弃另一部分人而责怪上帝的不善和不公。上帝的意志是最高的善和公正,上帝的前定是绝对自由的。人不能在上帝之外寻求善和公正,以此来指责上帝。弃民无权抱怨上帝为什么没有选择他们,正如动物无权抱怨上帝为什么给予人类更多。

---

[1] 加尔文:《基督教要义》上册,台湾基督教文艺出版社 1991 年版,第 103 页。

3. 人靠上帝而自由

加尔文和路德一样，否认人有意志自由。他区别了"自由"和"自愿"这两个概念。自愿而为的事，不一定就是自由的。人自愿犯罪，但我们不能说作恶的人是自由的。人的堕落是自愿的，却不是自由的。加尔文也像路德那样把自由当作罪的摆脱，"除非有恩典的帮助……人就没有为善的自由意志"[1]。自由就是做上帝意愿的事，但这样的自由不是出自人的意志，而是出自上帝的意愿。他建议取消"自由意志"这个术语，因为人的意志没有行善的自由。

加尔文也提出了"基督徒的自由"这一概念。他更强调"自由"与"律法"的联系。两者的关系有三层含义：第一，基督徒的良心已经完全超越了律法，他不是被迫不行不义之事，而是自觉不行不义之事。第二，自愿地顺从上帝的意愿。他之所以服从上帝，并不是由于法律的恐吓，而是由于自觉。第三，上帝的意愿表现为神圣的律法，即宗教法规。基督徒怀着对上帝的感恩，自觉地遵守这些律法。基督徒的自由就是守法的自觉性，包括遵守他所生活于其中的那个国家的法律。作为一个现实的人，基督徒要遵守双重法律：一是属灵的，由灵来管制，以造就人的良心；一是政治的，他要受政治的管制，在社会关系中遵守人的本分。[2]

4. 过圣洁生活

加尔文提出了一个崇高的目标：基督徒应该把自己改造成一个全新的人，开始新的生活，此谓之"新生"[3]。所谓新生，就是模仿基督的生活，因为基督的生活是上帝给我们提供的一个启示，是全身心都完全圣洁的模范。

圣洁生活不但是心灵的修养，同时也是身体的行为；不仅表现在宗教道德的精神领域，而且表现在政治、经济、科学等各种世俗的社会领域。这种以神圣价值为取向的人生观把人的"原罪"转变为改造世界和人自身的一种精神动力，对近代资本主义和自然科学的诞生起到积极的推动作用。比如，被马克思誉为"整个现代实验科学的真正始祖"的弗兰西斯·培根（Francis Bacon）说过："人同时从无罪状态和创世状态堕落，但这种双重损失可以在现世中得到部分的恢复，前者通过

---

1 加尔文：《基督教要义》上册，台湾基督教文艺出版社 1991 年版，第 171 页。
2 参见上书中册，第 19 章。
3 参见上书上册，第 152 页。

宗教和信仰,后者通过技术和科学。"[1] 培根虽然不是加尔文的信徒,但他表达的却是在加尔文的新教精神的鼓舞下出现的一种新的人生态度,这就是,一方面通过宗教信仰来净化道德,另一方面通过科学技术来创造新的世界;只有通过这两条途径,人才能获得新生。

第二节 ─────────────────────────

人性与神性

基督教对人性的理解有两个宗教维度。一是原罪和恩典。从这一维度理解人性是负面的、悲观的;即使是肯定堕落之后的人有意志自由的思想家,对人性之善的肯定也是吞吞吐吐、羞羞答答的。另一重要维度是关于上帝按照自己形象造人的教义。中世纪"宗教人"的观念也包含这两个维度,这一观念力图表现人性与神性的联系,揭示了人性中的神圣性,努力对人性作出积极的、乐观的评价。

一、人性的神圣

尼斯的格列高利(Gregory of Nyssa)是最著名的希腊教父之一,他对人进行了专门研究。他的《人的形成》是中世纪传统中少有的一本充分肯定人的尊严与价值的著作。

1. 人有神性

尼斯的格列高利说,人性是在第二重天被创造的,因此人性是无形的理性,这就是《圣经·创世记》所说的上帝按照自己形象造人的意思。这还意味着,人性最初是单一纯粹的,多样性和个别性只是后来随着肉体附加于人性之上的。《圣经》中说,上帝于第六天造人,意思是说:上帝在创造出整个宇宙之后,用物质世界的"土"和第二重天的"人性"创造了人,这是上帝的第二次创造。人分属两个世界,即身体所在的可见物质世界以及人性所在的精神世界。人处于联结两个世界的特殊地位,他是一个"小宇宙"。

────────────────

1 弗兰西斯·培根:《新工具》,II,52.

在格列高利看来，"人的本性比天地万物更可贵"[1]。因为上帝在创造其他事物时并没有思虑再三，在创造人的时候却慎重考虑了一番，他要使人的样式有一种美感。由此可见上帝对人的重视。此外，人是上帝按照他自己的形象创造的，而其他事物却不是，它们不像上帝。于是人就具有了一定程度的神性，而其他事物却没有。

尼斯的格列高利把人的理性说成联结人与上帝的纽带，理性引导着人遵从上帝的戒律去过完善的生活，包括净化、沉思、面对上帝这样三个阶段。人的神性使情感服从理性、灵魂追求上帝，一旦人的灵魂与圣道相通，就会进入这样一个神秘的境界："至乐的观照下的美丽越来越清晰，神圣主宰越来越逼近在灵魂面前。在超越的境界，新的快乐层出不穷，每一次都上升到新的高度……那些真正上升的人将永远上升，朝向主的人将永远在广阔的空间沿着神圣的道路行进。"[2]

2. 人是万物之王

人的高贵还表现在上帝所赋予他的权利上，人是整个物质世界的王，像上帝统治着整个宇宙一样统治着可见的物质世界。上帝创造人的目的是要他来统治万物，因而人的地位高居于在他之前被创造出来的事物之上。因此"人性自始即有君王的位分"[3]。

人之所以适合为王，一方面是由于他与上帝相似，上帝是万王之王，而与他相似的人当然也就有王的尊严；另一方面是由于人有灵魂，人的灵魂是最适合为王的："它是自治的，不忍任何别的主宰，任意自由，特立独行。如此意态，非王其谁？"[4]

然而，人与动物相比却显得非常软弱，他没有可以飞翔的翅膀，没有可以猎取猛兽的利牙，没有可以保暖的羽毛，他怎么会有统治万物的资格呢？在尼斯的格列高利看来，这不仅不是人的缺陷，反而是人的优越之处。人如果像动物那样有

---

1 尼斯的葛里高利（即格列高利）：《人的形成》，见《东方教父选集》，台湾基督教文艺出版社1992年版，第5页。

2 尼斯的葛里高利（即格列高利）：《赞歌注》，10章。

3 尼斯的葛里高利（即格列高利）：《人的形成》，见《东方教父选集》，台湾基督教文艺出版社1992年版，第6页。

4 同上。

毛有爪,那就是一头野兽,而不是人了。正是由于人有种种缺陷,人才有了许多发明,以使自己完善,并且把所需要的一切交由其他动物来分担。由于我们动作迟缓,所以才想到要养马;由于赤身裸体,所以才牧羊……因此我们非统治其他动物不可。

从形体上也可以看出人的高贵来。在一切动物之中只有人是直立的,他昂首向天,单这一点就说明他有帝王的形迹;而其他动物则俯身向下,一副臣服的样子,所以它们要受人的统治。从创造次序的先后来看,也可以看出动物是为人所用的。上帝是先创造了动物,然后才创造了人类,而不是相反;因为如果不是先创造动物以有助于人类,人就无法生存。

人是最完美的动物。从生物被创造的过程看,自然界是由低级向高级前进的。越早被创造的生物就越简单而原始,越是在后的就越复杂而精致,"最完美的在最后才出现"[1]。人是最后出现的,所以人是最完美的。当然,人虽然高于其他动物,但他却包含着其他动物的成分,"理性动物内含有其他动物的根底",正如有知觉的动物也包含生长的形态(这是植物的特点),而生长的形态也包含着物质一样。"可见自然界每走一步便高升一步……系由较卑微下级的起,渐臻至完美为止。"[2]他所描述的这一幅生物演化图与近代进化论所揭示的生物进化过程有着令人惊异的一致性。

3. 人性的奇妙

人既与上帝相似,为什么神没有男女之分,而人却有? 尼斯的格列高利说,人的创造是双重的,一方面他在形象上与上帝相似,这表明了他具有一定程度的神性;另一方面上帝又把他们分成男女,这与上帝又是不同的,这表明了人与他的原形分离了。如果没有这种分离,他就是神了。与神相似的是理性,而与神不相似的部分是比理性次一等的东西,这就是我们的情欲部分。

人的理性是天赋的,这理性是由上帝所分与的。人与动物的本质区别就在于他有理性。人的形体之所以如此构成,是为了成为理性的工具。理性天赋于人的

---

1 尼斯的葛里高利(即格列高利):《人的形成》,见《东方教父选集》,台湾基督教文艺出版社 1992 年版,第 14 页。
2 同上书,第 15—16 页。

灵魂之中,但灵魂本是无形体的,它要表现出来就必须借助于有形体的东西,于是就有了人的身体。人的身体构造天生适合于理性活动,他的两只手就是为了理性活动而创造的,因为手承担了所有辛劳费力的工作(而在动物这都是由嘴来完成的),两手足以供给人体的需要,这样就可以留出嘴巴来从事理智活动了。

他对心的问题极有兴趣,对心的活动感到迷惑不解。他感到人的心是"尤其奇迷的事"[1]:心接受来自外部感官的一切,它的容量有多大?究竟是谁在作记录工作呢?听觉引入的意念储藏于什么位置?各种意念在内部相遇时为什么不会发生混乱?其他感官的作用也是如此令人不解。他猜想,心灵类似于一个巨大的城市:各个城门每天都有许多人进入,但这些人入城以后各自进入不同的地方,有的去市场,有的去教堂,有的去住宅⋯⋯大家各有其目的地,并不相互冲突;心灵也是如此,当不同感官把各种外部事物引进来以后,这些事物"则由心检查清辨,分门别类地编入其适当的知识部门"[2]。这些猜测饶有趣味,也很有道理。不过他认为心最终是不可理解的,因为人心是对上帝的模仿,具有神性,而神性是不可理解的,是超乎人的理解力之上的。那么人的心位于什么地方呢?他主张心并不存在于某个地方,如脑部或肝部。它是渗透于全身各部分的,它既不被身体包围,也不包围身体。总之,心与身体的关系是不可思议的。

4. 人性中的兽性

人的无理性的情欲成分来自兽类。我们是兽类的亲戚,因而与兽类相似,而兽类主要是按照情欲生活的,因此人就难免也带有兽类的痕迹。

人有两副面孔,既有神性的一面,又有兽性的一面;一半是天使,一半是野兽。或者说是这两者的结合体。人的理性往往容易受到兽性的沾染,从而兽化,这时理性就使人的兽性增加,理性就会为情欲为虎作伥,动物本能就占据了一个人的心灵,善为恶所淹没。可见,人的兽性因心灵处理不当就会变成罪恶。反之,若是人的理性占据了心灵的统治地位,那么各种情感就会变成美德,人的兽性就会服从理性,人就成为善的。不过,从根源上说,这种恶的性质也是上帝所为,是上帝

---

1 尼斯的葛里高利(即格列高利):《人的形成》,见《东方教父选集》,台湾基督教文艺出版社 1992 年版,第 19 页。

2 同上书,第 20 页。

对人类犯罪的惩罚,当人自甘堕落以后,上帝就在人身上掺入了非理性的成分。

尼斯的格列高利的人论没有采用灵魂与肉体两要素的简单模式。纯粹的人性包括精神和灵魂,而人的身体和情感属于可见世界,它们都是人的道德生活不可缺少的因素。考察灵魂和肉体的关系应首先考察情感是否服从灵魂的情况。当情感为理性所驾驭时,"激情产生勇敢的德性,情欲追求神圣与不朽";反之,当情感支配理性时,"灵魂转向我们在动物身上看到的那种情感"。[1] 从人的情感到动物情感是人的罪恶与堕落的根源。

二、人的本性为善

中世纪的人们普遍相信上帝创造的一切都是好的,人的本性是上帝创造的,自然也是善的。虽然这一信念被"原罪说"淡化,但仍然以不同的方式表达出来了。

1. 人的真智慧

亚历山大的克莱门(Clement of Alexandria)认为人是有理性的动物,而理性是上帝赋予的。上帝是善的根源,他赋予人理性也是为了使人能够行善事,能够让人认识到上帝的存在。在他看来,不信仰基督教或信仰无神论就是没有理性。他甚至说那些无神论者还不如野兽,野兽虽然没有理性,但野兽也不可能有无神论;无神论者竟然不认识上帝,这就"比没有理性的生物更是没有理性"了[2],因而不配称之为"人"。

人的理性的化身是"真智慧人"。真智慧人是一种达到了极高境界的人。他行善并非出自其他目的,例如害怕受到惩罚或希望得到奖赏,而是由于善本身,即为了善而行善。因此当他行善反遭受痛苦的时候,他不会有任何抱怨。真智慧人是达到了无欲境界的人,他无须自制,因为他已经没有任何欲望。这样的人与上帝最为相似。真智慧人并不排斥知识,相反,他知识渊博,对各门学科都有深入的研究。当然,他并不停留在这些知识之中,因为他研究知识的目的是认识创造这

---

1 尼斯的葛里高利(即格列高利):《关于灵魂与复活的对话》,见《东方教父选集》,台湾基督教文艺出版社 1992 年版,第 35 页。
2 革利免(即克莱门):《对希腊人的劝勉》,见《亚历山太学派选集》,台湾基督教文艺出版社 1989 年版,第 37 页。

些知识的主,为了达到真理,也即最高的知识——神的知识。因此,知识与信仰上帝不仅不矛盾,反而是完全一致的,"知识的基础不是在怀疑上帝,而是在相信上帝"[1]。

2. 人天生是无罪的

大马色的约翰(John of Damascus)提出,人天赋是无罪的。他说,人的天赋是上帝的创造,"上帝把人造成纯善无恶的,正直的,有德的,无苦恼的,不必挂虑的"[2]。人是创造的精华,是宇宙间真善美的浓缩,由此人才成为小宇宙。人与上帝同形,人是一个半人半神的存在,人的本性具有神性。所以圣子肉身化为人,耶稣基督既有神性,也有人性。

人与上帝的不同之处在于他是一个复合体,他是地上的万物之王,又服从上帝;他既属于天,又属于地;既是暂时的,又是不朽的;他是灵与肉的交界;他既是现世的,又是来世的。人的复合性导致罪恶,丧失神性。但神性既然属于人的本性,其丧失是暂时的、可恢复的。只要人心向上帝,来世就可以获得神性。

3. 人性不朽

安瑟尔谟在"原罪说"和"恩典说"的前提下,仍然坚持了人性本善的立场。他认为,纯洁的人性是不朽的,死亡不是人的本性。人的死亡,是由于人的叛逆,"如果人不曾犯罪,他永远不会死亡"[3]。人在陷入罪恶之前,本来就是永生的,这种状态"原是人所固有的,因为人和圣天使原有同等的地位。"[4]后来,人由于违反了上帝的意志而遭上帝惩罚,能够拯救人类的只有上帝。

只有依靠上帝的救赎,人类才能够得救。上帝之所以化身为人,化身为耶稣基督,其目的是拯救人类。因为神性与人性既不能互换,也不能混淆。人的原罪是人类对神所犯的罪恶,是人欠神的罪责。神本身和人本身都不可能去完成偿还人所欠的罪责,神是无罪的,无须去偿还;人是有罪的,却无力偿还。这就需要一

---

1 革利免(即克莱门):《杂记》,见《亚历山大学派选集》,台湾基督教文艺出版社1989年版,第165页。
2 大马色的约翰:《正统信仰阐详》,见《东方教父选集》,台湾基督教文艺出版社1992年版,第360页。
3 安瑟尔谟:《神何故化身为人》,见《中世纪基督教思想家文选》,台湾基督教文艺出版社1992年版,第266页。
4 同上书,第188页。

位"神-人"来完成这一任务。所谓"神-人",是完整的上帝和完整的人的结合体,"因为除非他就是上帝,他不应完成任务;除非他就是人,他不能完成任务"[1]。于是上帝就创造了基督这个"神-人"。

耶稣为什么由童贞女所生呢? 安瑟尔谟的理由是,耶稣若是按照自然的方式出生,他就是一个人的后代,而人的后代是有罪的,不可能靠自己得救。这个"神-人"之所以从一个女人体内出生,原因在于人类原罪根源于女人(夏娃首先被蛇所引诱,再引诱亚当犯罪),因而对罪恶的拯救必须出自女人。

耶稣只是代人类赎罪。但是,"代赎"只是使得人性的恢复成为可能,要实现这一可能,人必须亲自向上帝赎罪,否则也无法得救。关于得救和永生,安瑟尔谟的看法与神学家的看法也不相同。他认为,真心赎罪的人在将来肯定能够复活,从而恢复到他原来没有犯罪时的状态。这种复活不只是灵魂的复活,而是连同他的肉体一起复活,因为在他犯罪之前就是这种状态。所以,人的身体也同样是不朽的。[2] 他说:"人的本质被创造出来,是为了完整的人,即肉体和灵魂,有朝一日能够享有神圣的不朽。"[3]

安瑟尔谟之所以持这种观点,与他对人的本质的理解有关。他把人理解为一个整体,而不是把人的一部分理解为人的本质。

安瑟尔谟说:"当一个人被叫作躯体、理性和人的时候,这三者并不是以同一种方式、从同一个角度来说的。从一个方面说他是一个躯体,而从另一个方面说他又是理性;这两者之中的任何一个都不能构成完整的人。"[4] 人不只有一个方面的性质,而是具有三个方面的本性,即肉体的、精神的和理性的。只有这三者结合为一体,才构成一个完整的人。完整的人在肉体和灵魂方面都是不朽的。

三、人性的成全

托马斯有句名言:"恩典并不摧毁自然,而是成全自然。"这里的"自然"指人的

---

1 安瑟尔谟:《神何故化身为人》,见《中世纪基督教思想家文选》,台湾基督教文艺出版社 1992 年版,第 271 页。
2 参见上书,第 266 页。
3 Jasper Hopkins,*A Companion to the Study of St. Anselm*,Minneapolis:University of Minnesota Press,p. 122.
4 同上书,第 123 页。

本性。在他看来,为了强调上帝的恩典而否定人性的善,是没有必要的。上帝的恩典首先表现为创造人,其次才是拯救人。上帝不会创造邪恶和罪人,上帝创造的人性是善的;人的原罪是违背自然的,上帝的拯救是顺应自然的,是人性的成全。

1. 善良人性的现实性

托马斯肯定人的本性为善。他的出发点是亚里士多德的哲学。按照亚里士多德的观点,一事物的现实性既是它的存在,也表现为活动。托马斯从存在和活动两方面论证了善良本性的现实性。

原罪虽然造成人性堕落,但这不意味着本性的丧失。根据他的分析,善有三种:第一种是本性的善,它不会因为犯罪而消失,"人的本性既不是罪加诸于人,也不是因罪而丧失的东西";第二种是德性的善,它会因罪而减少;第三种"意味着原初的义的恩赐",它已经由于我们祖先的犯罪而丧失。[1]

善良本性表现在人的行为中。托马斯通过对人类行为的分析,肯定了善良本性的现实性。他区分了"人性行为"(actus humanis)和"人的行为"(actus huminis)。人性行为出自人的特有性质,即理智与意志;人的行为出自人的本质,人的本质是理性动物的行动,人的行为是由理性与动物意欲共同支配的行为。但不管哪一种行为,都有善的因素在起作用,只是程度不同而已。

2. 人的行为分析

托马斯说:"在改变人的因素之中,有些是生理的,有些是心理的;心理的因素或是感性的,或是理性的;理性的因素或是实践的,或是理论的。在生理因素中,最强烈的物质因素是酒,最强烈的感性因素是女人,最强烈的实践因素是政权,最强烈的理论因素是真理。正当的秩序是后者依次服从前者。"[2]在酒、女色、权力和真理这四种决定人的行为的因素中,酒和女色出自动物意欲,权力是动物意欲与理性参半的行为,只有真理是纯理性的。

托马斯并不否定动物意欲的正当性,因为动物意欲是自然的,是上帝创造的。

---

1 参见《圣多默的神学》,台湾基督教文艺出版社1992年版,第118页。(圣多默即圣托马斯·阿奎那)
2 托马斯·阿奎那:《自由论辩集》,12题20条。

上帝不会创造无用的东西,自然的活动不会是徒劳的。以上四种人的行为都有正当目的:饮食是生存所必需的,性欲是人的繁殖所必需的,政权是社会所必需的,真理是信仰所必需的。实现这些正当目的的人性行为都是善的,生理的、感性的人的行为也不例外。

托马斯还指出了人的行为中的正当秩序,这就是生理服从感性,感性服从理性,实践服从理论。符合这一秩序为善。反之,如果食物的满足不是为了维持生存,而是为了口腹的快乐;如果性行为不是为了繁殖后代,而是为了享乐;如果繁殖出来的人群不服从政权,而是一群乌合之众;如果认识真理不是为了信仰,而是排斥、反对信仰,那就是罪恶。但是,罪恶是违反自然的,并不出于本性,而是对本性的悖逆。

3. 人性行为分析

人性行为比人的行为有更多的善的因素,但也不是纯然的善行,也有悖逆作恶的行为。托马斯在人性行为中又进一步区分完全的与不完全的两种人性行为。完全的人性行为指理智与意志相统一的行为,理智考虑某一行为是否应该执行,意志决定执行的方式和手段。不完全的人性行为以理智与意志的分离为特征,是缺乏意志的理智活动或缺乏理智的意志活动,前者表现为软弱,后者表现为盲目,两者都会产生罪恶。托马斯认为理智与意志的分离是违反自然的不正常行为。只有完全的人性行为才是善行。

四、 人性与上帝相通

中世纪的基督教思想家普遍相信人可以通过自己的本性达到与上帝相通的神圣境界。根据他们对人的本性的不同理解,与上帝相通的途径可分为理性的、神秘的,以及由理性上升到神秘的三种途径。

1. 通过类比关系认识上帝

中世纪的神学家始终为一个问题所困扰,即有限的、不完善的人如何能够认识无限完善的上帝。在这一问题上有两种倾向:一种倾向强调人与上帝的相似性,把人类语言所能描述的最好属性归诸上帝,这是按照自身形象想象神的人类主义倾向;另一种倾向强调上帝至高无上的超越地位,否定人的思想和语言可以弥合人神之间不可逾越的差距,这是企图通过否定人的思想到达不可言说境界的神秘主义倾向。

托马斯把两者的分歧归结为这样一个问题:"是否可用单义的称谓同时说明上帝与被造物?"一个称谓如果能够同时表述上帝与被造物,那么它的意义便是单一的;相反,一个相同的称谓在表述上帝与表述被造物时有着不同的意义,那么它就是一个多义词。比如在"耶稣是善的"与"苏格拉底是善的"这两句话里,如果认为"善"的意义相同,那么人们可以用单义称谓同时表述上帝与被造物;反之,如果认为"善"在两句话中意义不同,便否认了用单义称谓表达上帝的可能性。显然,前一种意见代表了人类主义倾向,后一种意见代表了神秘主义倾向。

托马斯说,我们用来表达上帝的称谓,如"存在""真""善""美""智慧""力量""仁慈"等,既不是单义的,也不是多义的。它们不是单义的,因为造物主与被造物不可能具有同等的完善性,被造物从造物主那里获得的完善性受到自身缺陷的限制,因而是有限的、不完全的。这些称谓也不是多义的,因为造物主与被造物的完善性有等级高低、程度多少、范围大小的区别,但并不是完全不同的性质。如果承认一切事物是上帝创造的,那么至少应该承认被造物与造物主之间具有一定程度的相似性。托马斯称这种相似性为"类比":"上帝的称谓与被造物的称谓的意义是依照比例的类比。"[1]这里所说的"比例"指等级秩序,造物主把被造物安排在高低不等的位置,每一被造物享有与它地位相配的完善性,处于等级顶端的造物主具有最高的完善性,等级之中的被造物依次被赋予等而下之的完善性。比如,当"健康"一词被用来描述尿时,它表示动物健康的症状;当它被运用于医学之中时,它表示健康的原因。同样,当"善"被运用于人时,表示善的表现;当它被运用于上帝时,表示善的终极原因。

上帝与被造物之间的类比关系使人可以通过认识被造物来认识上帝的存在。托马斯强调,人对关于上帝存在的认识必须从经验事实出发,必须经历从感性认识到理性认识的过程。也就是说,只有调动人的全部的认识功能,才能全面地认识上帝的存在。

2. 灵魂与圣灵的神秘遭遇

整个中世纪都弥漫着神秘主义的传统。神秘主义认为,人与上帝相通的途径

---

1 托马斯·阿奎那:《神学大全》,1集13题5条。

是神秘的,最后达到的境界也是神秘的。神秘主义强调人的灵魂与圣灵的神秘遭遇,因而产生超越理性、不可言传的神秘体验。我们以 14 世纪著名神秘主义者艾克哈特(Meister Eckhart)的学说为例,说明神秘主义的这一特点。

在艾克哈特看来,人的灵魂是一种灵性的实体。这种灵性除了有奥古斯丁所说的理解、记忆和意志三种功能之外,灵魂的核心在于其深处的"火花"。灵魂的这一部分是神圣的,因此它不是被造的,也不能创造。艾克哈特这一观点显然与正统基督教所认为的"人及其灵魂完全为上帝所造"的观点有一定距离,而更接近于"上帝在人心之中"的泛神论。

艾克哈特之所以坚持这个被称为"火花"的神圣处所才是灵魂的核心,就在于他认为,人唯有借着灵魂的这个处所,才能够与上帝达到神秘的融合。为了使个人灵魂与上帝直接相通,人必须全心全意地聚敛于灵魂的这个幽深之处,借着这里所发出的"火花",过灵性的生活,与一切不属于上帝的东西分离,既不去追求外物,也不要炫耀外功。这是一个所谓的"灵魂堡垒",它筑起了与世俗的功名利害相隔离的墙。这不是要把人封闭在自己之中,而是要胜过有限的自己。灵魂在自身中认识到或者感到空虚,就会放弃自己,达到不知任何事物,不做任何事物,不占有任何事物。只有摒弃任何追求与占有,灵魂才能聚精会神于灵魂的那个神圣处所,并最终融入上帝的无限之中。

在此最高境界,上帝以一种隐蔽的和难以理解的方式与人的灵魂结合在一起。人的灵魂本来就有上帝形象的烙印。在与上帝的神秘结合中,烙印清晰到如此程度,它与真实的本原不分彼此,人的灵魂与上帝合而为一。艾克哈特说:"我们完全可以被改变并被融入上帝。""上帝和我,我们是同一的。通过知识我使上帝进入我自身之中;通过爱我进入上帝之中。"[1] 在这种状态中,上帝与我同在,我与上帝同在,"我看上帝的那只眼亦即它看我的那只眼……我的眼和上帝的眼乃是同一只眼"[2]。

3. 朝向上帝的灵魂上升

中世纪的神秘主义往往过分强调人与上帝之间的融合,忽视人与上帝的差

---

1 Frederick Copleston,*A History of Philosophy*,vol. 3,London:Search Press,1976,p. 193.
2 转引自车铭洲《西欧中世纪哲学概论》,天津人民出版社 1982 年版,第 151 页。

别,也就忽视了人的原罪。神秘主义经常被教会谴责为异端,艾克哈特也没有逃离被谴责的命运。比较温和的神秘主义不排斥理性主义,强调人与上帝相通的途径是一个逐步接近上帝的过程。

与托马斯同时代的波那文图拉(Sanctus Bonaventura)的学说代表了正统经院哲学中的神秘主义。他在其《心灵进入上帝之路程》中论述了人的灵魂朝向上帝上升的过程。

在他看来,整个世界就是一个由低级到高级的上升阶梯。人生则是借着神的力量,通过内心的祈祷或沉思,朝向上帝的上升过程。当然,人生的上升不是肉体的活动,而是精神的活动。波那文图拉认为,世界由三个阶梯构成,即物质、智慧和永恒的艺术。基督相应地也有三重本质,即肉体的、精神的和神圣的,代表的正是人类的阶梯。人的心灵也有三重发展:一是外体,表现为兽性或情欲;二是反察内心,称之为"精神";三是超越自己,称之为"心灵"。

波那文图拉把人上升的整个过程概括为六个阶段,即"感觉、想象、悟性、理智、明慧以及心灵最高之点,即是良心的豁朗"[1]。所有这六阶段的灵魂活动都是静观、沉思和默祷。

灵魂的上升首先从静观自然开始。上帝是万物的根源,上帝的不可见的奥秘都表现在有形的世界中,只要我们侧耳静听、专心注意,处处都可以发现上帝的存在。其次,万物都是一面镜子,反映着上帝,上帝也可以直接出现在这"镜子"之中。人这个小宇宙是整个大宇宙的缩影,反映着上帝的影像。然后进入自己的心灵,通过记忆、悟性和理智,认识到上帝的属性。再通过净化灵魂,体验到一种内心的狂喜,内心充满了喜悦和惊异,达到彻悟豁朗,这种体验无法用理智来理解。最后"在心灵奥妙的超脱中,爱慕直至完全与神相通,因而得以安宁"[2]。

---

1 波那文图拉:《心灵进入上帝之路程》,见《中世纪基督教思想家文选》,台湾基督教文艺出版社 1992 年版,第 395 页。

2 同上书,第 425 页。

人的灵魂与肉体

中世纪的"宗教人"的观念与希腊人"智慧人"的形象有着直接联系。这是因为,中世纪思想家基本上接受了希腊哲学的灵魂观,从灵魂与肉体关系的角度阐发人的本质。我们知道,希腊哲学有柏拉图主义和亚里士多德主义两大传统,这两个传统延续到中世纪,形成了对人的灵魂、人的本质以及身心关系的不同看法。但是中世纪思想家是在基督教神学范围内接受和解释希腊人的灵魂观的,他们根据"个人灵魂不朽""人的尸身复活"等教义,提出了与希腊灵魂观不同的观点。这些观点中的合理部分构成了西方人学的组成部分,需要我们注意。

一、物质性的灵魂

早期教父面临的一个理论难题是如何解析"尸身复活"的教义。基督徒不但相信耶稣死后三日尸身复活升天,而且相信在末日审判到来时,一切死去的人都会复活并接受奖赏或惩罚。这一信仰不但有违常识,而且与希腊哲学格格不入。哲学家们普遍相信"灵魂不朽""灵魂转世",但没有人相信"尸身复活"。他们一致谴责这种荒诞不经的说法,以致德尔图良(Tertullianus)说出"唯其不可能,才是确信的事实"这样的反语。但这并不是理屈词穷的表现,事实上,包括德尔图良在内的护教士都力图证明"尸身复活"的可能性和合理性,其中包含着对人的灵魂的物质属性的新认识。

1. 灵魂和身体密不可分

早期希腊教父阿萨纳戈拉斯(Athenagoras)首先提出这种论证:"根据柏拉图和毕达哥拉斯的思想,有形物由无形的东西组成,是无形物与理智结合的产物,可感的东西由可知的东西组成。既然如此,那么,当一个肉体消解之后,有什么东西可以阻止那些原先构成肉体的(无形)成分组成同一肉体呢?"[1] 在《论复活》一文中,他又提出了几个独立论证。首先,凡是一切不与理性相矛盾的事件都被哲学家当作可能的。既然大多数哲学家都承认神赋人以生命,神也可能在人失去生命

----

[1] 阿萨纳戈拉斯:《为基督徒祈求》,31 章。

之后再把它交还给人。其次，上帝创造的是人，而不只是灵魂。人有灵魂和肉体两方面，人的理性也属于这两方面。既然哲学家都承认理性不朽和灵魂不朽，他们也应该承认肉体的不朽。

阿萨纳戈拉斯的初步论证代表了护教士这样一种普遍的辩解：肉体和灵魂密不可分，既然哲学家都承认灵魂不朽，那么也应该承认肉体不朽，尸身复活。这个论证的关键在于大前提："灵魂和肉体密不可分。"

2. 灵魂的物质性

护教士们在证明灵魂和肉体的不可分时，进而提出了"物质性灵魂"的概念，说明灵魂是肉体的属性和机能。希腊教父伊里奈乌(Irenaeus)把灵魂与肉体的关系比作水之于容器："正如水一旦注入容器就有了容器的形成，如果它恰在这一刻凝固，它就与这一形式不分离；同样，灵魂也具有身体的形状。"[1] 这是"物质性灵魂"概念的一个形象说明。

拉丁教父德尔图良为了论证灵魂的物质性，不得不诉诸希腊哲学。他"召来斯多亚派帮忙，他们使用几乎与我们同样的语言说，虽然灵魂是一个精神本质，但可以毫不困难地证实灵魂是一个物质实体。事实上，芝诺把灵魂定义为和身体一起产生的精神"。德尔图良说，灵魂是上帝创造的气息，在母体子宫里和胎身一同生长；那些宣扬灵魂是从外面降临到身体之中的哲学家一定会遭到妇女们的反对。[2]

阿诺毕乌斯(Arnobinus)明确提出，灵魂只是身体的属性，因此一切动物都具有灵魂。他反驳"人是有理性的动物"这一定义，说理性只是任何动物通过一定的训练都可获得的后天技巧。他说："我们看到，人并不比野兽更高明，他甚至比岩石更加昏昧。"为了说明这一点，他设想了一个"隔离的人"的实验：把一个刚出生的婴儿放在一个与世隔绝的房间里，即使他是柏拉图式天才的后裔，即使他长大到三四十岁，他有什么理性？"在这种情况下，他岂不是像一头驴、猪或更昏昧的动物？"[3] 由此可知，人的灵魂不是与身体活动无关的纯理性，而是随着身体行为

---

1 伊里奈乌：《驳异端》，2卷28章2节。
2 参见德尔图良《论灵魂》，5章，25章。
3 阿诺毕乌斯：《反异教徒》，2卷25章。

成长的技能和功用。

早期教父关于灵魂的物质性的看法与希腊人的"自然人"的形象有相似之处，对后世的"自然人"的观念也有一定影响。比如，18 世纪法国唯物主义者拉美特利高度评价了德尔图良的灵魂观，并受其启发，从人的生理和心理特征出发，提出了"人是机器"的观点。[1]

3. 灵魂的物质性和理性

奥立金主张，一切活物都有灵魂，只是灵魂有高级与低级之分。高级灵魂是理性灵魂，低级灵魂有两重性。从一个方面说，灵魂是一种有感觉、能活动的实体；从另一个方面说，灵魂就是活物的血，那些没有血的活物也有灵魂，那就是身体里的流质。一旦活物没有了血液和流质，它就要死亡，可见血液和流质就是它们的灵魂。

奥立金认为即使天使和耶稣也是有灵魂的。因为根据奥立金的定义，"灵魂是一个属理性而又'有感觉、能活动'的实质"[2]，而天使和耶稣除了有理性的感觉与活动以外，不可能是别的。

高级灵魂也具有低级灵魂的两重性，也有感觉，也能够运动。高级灵魂的理性堕落了以后，就完全变成了低级灵魂。所以，在《圣经》中讲到灵魂的时候有时带有贬义。可见灵魂有不同的种类，天使和耶稣的灵魂是合乎理性的，而动物的灵魂是非理性的，一部分人的灵魂也是非理性的。

早期教父关于灵魂物质性的概念突破了流行的哲学灵魂观，但并不是与希腊哲学完全无关。他们利用了原子论和早期斯多亚派的灵魂观，把灵魂特性归结为身体属性和行为有唯物主义倾向。当然，早期教父利用唯物主义灵魂观是为他们的"尸身复活"等信仰和教义服务的。

二、 人是利用身体的灵魂

早期中世纪神学家的灵魂观基本遵循柏拉图主义传统，认为人的灵魂占主导

---

1 参见北京大学哲学系外国哲学史教研室编译《十八世纪法国哲学》，商务印书馆 1963 年版，第239—273 页。
2 奥利根（即奥立金）：《教义大纲》，见《亚历山太学派选集》，台湾基督教文艺出版社 1989 年版，第 358 页。

地位,灵魂支配身体,是人的本质所在。但是他们也不仅仅是在重复柏拉图主义者过去说过的观点,他们对人的灵魂活动进行了深入的分析。即使从现代心理学的角度来看,这种分析也不失其理论价值。我们以奥古斯丁的灵魂观为例来说明中世纪的柏拉图主义灵魂观的特点。

1. 人的本质是理性灵魂

奥古斯丁同意把人看作灵魂和身体的结合,但他并不停留于这一层面。他说,我们在此基础上继续问:人究竟是什么? 他是两部分呢,还是只是肉体,或只是灵魂? 因为,虽然灵魂和肉体是两个东西,任何一个缺少另一个都不能被称作人(一个身体若不以灵魂为其生命不是人,一个灵魂若不以身体承受其活动也不是人),但是,它们中的一个有时却被单独当作或算作了人。奥古斯丁就灵魂和身体的关系提出一系列问题:如果灵魂和身体是势均力敌的独立部分,那么两者组成的将是双体马或人头马那样的复合动物。如果认为其中一部分统摄另一部分,那么可将起统摄作用的部分看作人的本性,或如一些早期基督徒那样强调灵魂的物质性,将人看作是包含着灵魂的身体;或如柏拉图那样,把人看作利用身体的灵魂。

奥古斯丁的立场是修改了的柏拉图主义。他强调灵魂统辖肉体的主导地位,但又不像柏拉图主义那样完全否定身体的实体性。他明确地把"人"定义为灵魂,即"一个使用不朽及世间的肉体的理性灵魂"[1]。另一个意思相近的定义是:"人是被赋予理性的,适合于统辖一个身体的实体。"[2]在这些定义中,人的本质被归结为灵魂,但并未否定人是灵魂和肉体的结合。他打比喻说,一个人被称作"骑士",并不是指一个人和他的马,但在说这个人时却不能不同时考虑到他的马。同样,身体虽不是人的本性,却是人所不可缺少的部分。

2. 灵肉二元论

奥古斯丁进一步说明,灵魂和身体是有主从关系的两个实体,两者的结合是"不相混的联合"。他说:"我的身体是不同于灵魂的另一个实体,虽然两者在同一个人之中的关系不同于两个人的灵魂之间的关系。"[3]

---

1 奥古斯丁:《论公教会之路》,4 章 6 节,27 章 52 节。
2 奥古斯丁:《论灵魂的量》,13 章 22 节。
3 奥古斯丁:《论三位一体》,1 卷 10 章 20 节。

奥古斯丁主张身体的实体性,主要出于坚持灵魂的个性的考虑。他在反驳波菲利等柏拉图主义者时指出,只把身体当作灵魂临时使用,并认为身体终将被灵魂抛弃的观点,使得柏拉图主义者接受了灵魂转世论。既然灵魂能够适合于不同的身体,那么它将成为众人的共同灵魂。基督教义要求的却是个人灵魂不朽,不能同意灵魂转世论。奥古斯丁强调:"一个灵魂占有一个身体,造成一个人,而不是两个人。"[1]就是说,一个身体是与一个灵魂相对应的部分,即使人死之后,身体与灵魂相分离,这种对应关系也仍然存在。身体必须具备一定的独立性才能保证这种稳定不变的对应关系,为此,必须肯定身体的实体性。

肯定人的本性是灵魂与肯定人是灵魂与身体这两种实体的结合是否相矛盾呢? 奥古斯丁说,灵魂是人的内在本质,身体则是外在的实体。他写道:"本质自身并不是本质。我们至少可以这样说,被称为本质的东西是相对于内在的东西而言的。但当我谈到主人的本质时,并不指内在的东西,而是相对于他与奴隶的关系而言的⋯⋯可以说,相对而言的本质不是本质。进一步说,纵然不谈关系,相对而言的本质总是其他的东西,如一个作为主人的人,一个作为奴隶的人。"[2]灵魂和肉体的关系犹如主人和奴隶的关系,但灵魂作为内在的实体只是相对的本质,"总是其他的东西",不能离开外在的身体成为本质,正如主人不能离开奴隶而成为主人一样。在这里,奥古斯丁强调的是内在与外在、主导与从属之间相互依赖的关系,力图纠正柏拉图主义过分贬低身体的偏向。

3. 灵魂的三种功能

奥古斯丁认为,人从其"内在本质"上说具有上帝的形象。灵魂具有记忆、理解和意志三种基本功能,它们是对上帝"三位一体"的模仿。记忆之于圣父,理解之于圣子,意志之于圣灵,都有模仿关系。

奥古斯丁所说的模仿不仅仅是一个比喻的说法。"模仿"有两个含义:其一,从人的灵魂方面说,灵魂的活动以上帝为目的。记忆和理解是人的认识活动,奥古斯丁所说的意志主要指爱的实践活动。灵魂的功能既然是对上帝的模仿,它们

---

1 奥古斯丁:《约翰福音注》,19 卷 5 章 15 节。
2 奥古斯丁:《论三位一体》,7 卷 1 章 2 节。

必然是以上帝为目标，人在认识和实践两方面都朝向上帝。

其二，从上帝方面说，上帝为灵魂活动提供动力。上帝的"光照"是人的认识活动的动力。神圣光照的作用有两种：一是潜在地作用于记忆，潜在的光照与圣父的不可认识的超越相关；二是为理解提供现实的真理，现实的真理表现为肉身化的圣子——耶稣基督，正如耶稣自己所说，"我就是道路、真理、生命"（《约翰福音》，14:6）。上帝的"爱"向人的召唤，使意志自觉地遵从耶稣所说的"最大的诫命"（《马太福音》，22:37—39）：爱上帝和爱邻人。

奥古斯丁的灵魂观不仅是神学，而且包含着对人的心理活动的细致分析，对灵魂的认知活动和意志之爱的分析尤为精彩。

4. 灵魂的认知活动

奥古斯丁说，"认识"（cogitare）来源于"集合"（cogere），"认识是心灵所擅有的，专指内心的集合工作"。所谓集合，指心灵根据规则对感觉材料进行分析、综合，从记忆上升为概念的过程。

奥古斯丁认为，概念是在记忆的基础之上产生的。记忆是联系理性和感性的中介。记忆属于内感觉，保存着一切感觉材料，但同时它又是最初运用理性规则的场所。感觉材料在记忆中不是杂乱无章地堆砌在一起，而是依照理性规则有序地排放。记忆好比一个库房，"在那里，一切感觉都被分门别类、一丝不乱地储藏着，而且各有门户，如光亮、颜色和各种物象属于双目，声音属于耳，臭香属于鼻，软硬、冷热、光滑粗糙、轻重，不论身内或身外的，都属于身体感觉。记忆把这一切全都纳于庞大的仓库，保藏在不知哪一个幽深屈曲的处所，以备需要时取用"。同时，"记忆容纳着数的规则、衡量规则以及其他无数的规则，它们都不是感觉铭刻在我们心中的，因为它们无色、无声、无臭、无味，无从捉摸"。记忆之中的规则高于感觉，因此可以判断、区分、安排感觉材料。"概念的获得，是把记忆所收藏的零乱混杂的部分通过思考加以集合，再用注意力和概念引置于记忆之前。这样，原来因分散、疏略而躲藏的东西与我们的思想相稔，很容易呈现在我们思想之中。"[1]

那么，记忆所遵循的分门别类的规则是从哪里来的呢？奥古斯丁说，来自上

---

[1] 奥古斯丁：《忏悔录》，10 卷 11 章 18 节、8 章 12 节、12 章 19 节。

帝的光照,光照以人知觉不到的方式把记忆规则压在人的灵魂里,这些规则在不知不觉地起作用,使得记忆成为可能。

上帝的光照除了给予记忆规则外,还给予理解的规则。理解的规则是理性规则,如数学公理等。它们是上帝赋予的,由此是天赋的。天赋真理是明晰的、确定的,人只要注意到灵魂中的天赋真理,立刻就会理解它,并按照真理或规则的要求,把记忆所整理的材料进一步组织为理性知识。

总之,奥古斯丁对认识过程的分析以记忆为中心,始终强调理性规则的判断和指导作用,同时也承认感觉材料的独立性,符合心理活动的自然过程。

5. 人的爱心

奥古斯丁说,上帝的光照还把伦理规则铭刻在人的灵魂里。他说,伦理规则"固定不变地永驻在上帝之中,但又像是铭刻在贤者的灵魂之中"[1]。就是说,人的道德准则是理性的天赋内容。任何有理性的人只要按照内心的法则,就可以选择更有价值的东西作为爱的对象。奥古斯丁说:"德性最简单、最真实的定义是爱的秩序。"[2]即使那些因实用的动机而犯罪的人,他们的理性也会在内心告诉他们:不应该这样做。

据奥古斯丁的定义,德性就是按照爱的秩序追求高级对象,同时利用低级对象。这两种对象分别被称之为"正当"(honestum)和"有用"(utile)。正确对待正当东西的态度是"喜爱"(frui),正确对待有用东西的态度是"使用"(uitimur)。如果"喜爱"较低级的事物,它就不再是正当的"喜爱";同样,如果"使用"较高级的事物,那么这种"使用"的爱也是不正当的。

奥古斯丁认为,对两种事物的不同态度,也取决于意志的抉择。如果意志按照这种爱的秩序选择可欲对象,那就是德性;反之,如果意志的选择颠倒了这一秩序,那就是邪恶。他说:"带有恶名的人的悖逆在于使用应被喜爱的东西,喜爱应被使用的东西。带有美名的人的秩序在于喜爱应被喜爱的东西,使用应被使用的东西。"[3]

---

1 奥古斯丁:《论秩序》,2卷8章25节。
2 奥古斯丁:《上帝之城》,15卷22章。
3 奥古斯丁:《问题集》,83题30节。

与"喜爱"和"使用"相应的另一区别是"爱心"（caritas）和"贪心"（cupiditas）。奥古斯丁说，爱心是对造物主的爱，这种爱是引人向上的，是对永恒的渴望。贪心则是人对比自己低的被造物的爱，是引导人向下的爱，是对可朽东西的爱，比如金钱、财物等。他认为，在人的身上，同时存在这两种爱的倾向，这是因为人同时是精神与肉体的存在，因此，人必须要在这两者之间作出选择。人们把自己渴望的爱针对着怎样的对象，他们就会为什么样的对象所牵引，使他们越来越趋近那对象，变得更加像那个对象。如果这个对象是比人低的被造物，那么它就使人堕落；反之，如果我们爱的对象是上帝，那么我们就会变得更圣洁。

奥古斯丁认为，人对上帝的爱乃是通过人对邻人的爱表现出来的，人如果爱神的话，就一定会爱他的邻人；人能够爱他的邻人，不是因为这个邻人有什么可爱之处，而是因为人爱上帝。因此，他所说的"爱心"既是对上帝的热忱爱戴，又是基督提倡的兄弟之爱。但如果仅仅是为了自己而爱他人，那则是贪心。

总体上来说，奥古斯丁所说的爱是一种"渴望式的爱"。尽管方式上有上述不同区别，然而对奥古斯丁来说，它们一个共同的地方是，人要借着这些爱的方式最终达到一个共同目的，即得到最高的幸福和心灵的安宁，只不过"贪心"是在"错误的地方"寻找。

三、人的有形本质和无形本质

13世纪中期，久违了的亚里士多德主义重新在西方传播，与占统治地位的柏拉图主义发生冲突。灵魂性质问题成为冲突的焦点之一。托马斯基本采取了亚里士多德的灵魂观，但也接受了柏拉图的一些观点，建立了一个调和的体系。

1. 人是两种实体

托马斯·阿奎那的《神学大全》按照《圣经·创世记》的顺序，最后讨论"人"这一主题。托马斯对人的本质的看法遵循两条基本原则：第一，人是由肉体和灵魂构成的有形实体。第二，人的灵魂是单一的精神实体。第一条原则来自亚里士多德，第二条原则来自柏拉图。托马斯认为两者并行不悖。在这一点上，他受到其师大阿尔伯特（Albertus Magnus）的影响。大阿尔伯特曾说："只有同时理解柏拉图和亚里士多德的人才是完善的哲学家。如果我们研究灵魂自身,我们追随柏拉图;如果我们把灵魂作为激活身体的原则,我们同意亚里士多德。"[1]

按照这两条原则,人的本质可以从两方面进行研究:一是跟随亚里士多德,把人看作灵魂和身体共同构成的有形实体;一是追随柏拉图,把人的本质看作是无形的灵魂。可以说,人有两个本质,一个是有形的,一个是无形的。有形本质是人的生命本质,无形本质是人的精神本质。

当然,人的生命本质也包含精神,但精神在身体之中的形态与自身本质是不同的。托马斯在论述人的活动时,总是注意区分两种不同情况:一是在肉体和灵魂相结合的条件下人的生命活动,一是按照精神本性进行的人的灵魂活动。灵魂既是人的一个构成要素,又在人之中保持着精神活动的纯粹性与独立性。它一方面与肉体相结合;另一方面又是精神实体,并最终与上帝相通。但两方面联系都是出自灵魂本性的自然关系,因此他说:"灵魂学是自然哲学和物理学的一部分。"[2]在他的灵魂学说里,神学和神秘主义的因素被降低到当时历史条件所容许的最低限度,认识论、心理学、伦理学、行为理论的内容十分丰富。

2. 人的精神本质

托马斯的灵魂学说与实体理论相衔接。按照他的实体理论,实体可分最高实体上帝、精神实体和物质实体三类。上帝和精神实体都是无形的。灵魂属于精神实体。与其他精神实体相比,灵魂的品位最低。灵魂以外的其他精神实体被等同于"天使"。托马斯认为每个天使都是一个普遍的实体,其普遍性大于物质实体的种类,天使与具体的形状之间差距太大,不能与物质实体结合,它只能与相似的天使组合成"天使群";每一天使群都是亚里士多德物理学体系中的一个天体里的理智。因此,天使是天界的精神实体,与地界的有形实体无涉。

灵魂不同于天使之处在于它的普遍性最低,小于物质实体的类,比较接近于具体形状。肉体在质料中品位最高,与品位最低的精神实体之间差距最小,最适合与某一个灵魂相结合。灵魂一旦与肉体相结合便产生个别的人。与肉体相结

---

1 托马斯·阿奎那:《神学大全》,2 部 69 篇 2 题。
2 托马斯·阿奎那:《论灵魂注》,1 卷 2 讲。

合的灵魂被个体化为个人灵魂。

　　阿拉伯哲学家阿维洛伊(Averroe)根据亚里士多德的学说,认为人的灵魂有人类共同的人类灵魂和个人灵魂两种,只有人类灵魂才是不朽的,个人灵魂随着肉体的死亡而消亡。这种观点不符合基督教关于个人灵魂不朽的教义,被教会谴责为异端。

　　托马斯在与阿维洛伊主义者的论战中,维护基督教正统立场,否认阿维洛伊关于人类共同灵魂的观念。他指出,灵魂与肉体的自然本性倾向于造就个别的灵魂。他说:"灵魂被肉体个别化,在与肉体分离之后仍保持个别性,如同图章压在蜡块上的印迹一样。"按这一解释,每一灵魂按其本性只适合于一个特定的肉体,反之亦然。每一个人都有自己独特的不朽的灵魂,有多少人就有多少灵魂。人类没有普遍的灵魂,只有天体上的天使才是普遍的灵魂。

　　托马斯虽然肯定灵魂在肉体之中起作用,但并没有说灵魂不具有独立于肉体活动的独特作用。人的灵魂固然与肉体一起执行生命的功能,但这些毕竟不是精神实体的本质。精神实体的本质在于"它是一个理智,不是肉体,它的力量也不依赖肉体"。灵魂与肉体结合并未能改变灵魂的这一本质。肉体之中的灵魂仍然执行不受肉体影响的纯粹的精神活动,因此有必要在肉体之中区分灵魂的两种活动:一种是与肉体同步的活动,另一种是与肉体无关的纯粹精神活动。

　　3. 人的生命本质

　　灵魂在与肉体结合的全过程中,只是某一个具体实体(个人)的形式,而不是一个实体之中的另一个实体。如柏拉图所说,是一个人之中还有一个独立的小人。托马斯认识到,人的灵魂与人的整体之间的关系究竟是形式与实体的关系,还是实体与实体的关系,这一问题是区别亚里士多德主义与柏拉图主义的分水岭。在这一问题上,他毫不含糊地站在亚里士多德的立场上。他说:"经验证实的是亚里士多德学说,而不是柏拉图学说。"[1]

　　柏拉图及其追随者主张"理性灵魂如同推动者与被推动者那样结合在一起,灵魂在肉体之中犹如舵手在船只之中"的观点。托马斯反驳道,两个实体在一起

―――――――――――

[1] 托马斯·阿奎那:《反异教大全》,2卷56题。

只能组成"复合的整体",而不能组成"实质性的整体"。就是说,灵魂若是实体,它只能是人体的某一部分,而不会渗透在身体的每一部分。如果灵魂与身体是组成人的两个实体、两个部分,那么,人的身心活动的协调一致就无法解释了。

个人灵魂是人的生命活动的形式。托马斯说:"理性灵魂是人的唯一的实质性形式,实际上包含着动物灵魂、植物灵魂以及所有低级形式。""实质性形式"是实体其他形式的统一性,它统摄其他形式的一切功能。人的理性灵魂的功能不仅是理性活动,而且执行着动物灵魂的感觉、生殖功能,植物灵魂的营养、生长功能以及其他一切生命功能,并使这些生命活动都服从于理性活动。"实质性形式"的另一含义是"灵魂在肉体的每一部分,充满全部有机体",它"不只是整体的形式与现实性,而且是每一部分的形式与现实性"[1]。就是说,灵魂存在于肉体的每一部分,它与肉体器官同时执行生命功能。

4. 认知的灵魂

按托马斯的区分,灵魂活动包括认知与实践两类,灵魂的实践活动又称"意欲"。我们在介绍托马斯的意志自由学说时已经看到他对灵魂的实践活动的分析,这里再介绍他对灵魂的认知活动的分析。

托马斯坚持"亚里士多德关于我们的知识开始于感觉的教导"。他认为人的认识开始于感觉,灵魂经历了由感觉到理智的发展过程,包括外感觉、内感觉和理智三个阶段。

感觉是人的灵魂与动物灵魂所共有的。动物不但有外感觉,而且有内感觉。托马斯举例说,一条猎狗追踪猎物,在三岔路口停下,当它在另外两条路口没有嗅出猎物气味时,它不用再嗅就会往第三条路跑,似乎它能按"排中律"判断感觉。但实际上,动物没有理性与选择能力,它们依靠本能与习惯辨别感觉对象。在此意义上,托马斯说,人的外感觉并不高于动物的外感觉,如人的嗅觉不如动物嗅觉灵敏,但人的内感觉超过动物的内感觉。"其他动物只对与食和性有关的感觉对象产生快感,人却因为它们的美而愉快。"[2]

---

1 托马斯·阿奎那:《神学大全》,1集76题1条、8条。
2 同上书,1集91题3条。

外感觉是感官活动,包括看、听、嗅、尝、触五种。内感觉对外感觉获得的关于事物的印象进行再认识,它能在各种条件下,包括在事物不出现的情况下,从各方面认识事物全部。内感觉包括通感、辨别、想象、记忆四种。通感(sensus communis)是五种外感觉的综合,把通过不同感官获得的不同印象汇总成一个统一的印象。辨别(aestimatio)把所感知的对象与自身联系起来评估它的利弊,如辨认好坏、分清敌友。想象(imaginatio)是最重要的内感觉,它对感觉印象进行了初步的抽象,把印象中的可感性质与可感质料相分离,抑或在分离之后重新组合,产生新的印象。托马斯认为想象是思想的初级阶段:"想象是我们知识的一个原则,我们的理智活动在这里开始。想象不是开始的刺激,而是持久的基础。"在想象从感觉印象中抽象出来的可感形式的基础上,理智才进一步抽象出不可感的本质。最后,记忆(memoria)把外感觉和内感觉中的印象都贮存起来,使之不因当下感觉活动的消失而消失,使之可以随时重新浮现在心灵之中。

托马斯高度评价感觉对于知识的作用。他说:"人被赋予感觉,不仅是为了获取生活必需品,如同其他动物那样,而且是为了知识自身。"感觉是知识的一个来源,但不是唯一来源,人的灵魂的理智活动同样也是知识的一个来源。理智从个别的、具体的、可感的事物之中获得普遍的、无形的、不可感的概念。托马斯说:"有两种抽象。首先是组合与分解,其次是单纯化。"[1]想象把事物某些性质与形状分离,重新组合。这已经是一种抽象,并且这并不完全是感觉所能完成的活动,理智已经参与其中潜在地起作用。想象所抽象的产物虽然脱离了具体的形状,但不能脱离关于形状的印象,比如,我们不能想象无面积大小的颜色。理智的抽象把一切与具体形状、大小有关的印象完全排除,达到对无形的、普遍的形式的认识。从想象的抽象到理智的抽象也是理智由潜在状态到现实状态的发展过程。

托马斯对人的认知活动的论述突出了灵魂的自然过程,即由感觉到理智发展的连续性和阶段性。在人们只能用思辨方式研究认识活动的情况下,他的解释是比较合理的。

1 托马斯·阿奎那:《神学大全》,1集85题1条。

第四节

神圣与世俗的生活

耶稣基督在回答"我们要不要给该撒纳税"的问题时说:"该撒的物当归给该撒,神的物当归给神。"(《马可福音》,12:17)基督徒把这句话奉为区分和处理神圣和世俗两种事务的箴言。保罗区分了从亚当来的和从基督来的两种人性,从人性的根源上,区分了神圣和世俗两个领域。在具体生活中,这两个领域是对立的,但又不可避免地交织在一起。基督徒必须在世俗社会中追求神圣的目标。因此,保罗虽然要信徒绝对地、无条件地服从上帝的诫命,但同时要求他们服从世俗政权,像好公民那样履行一切世俗的社会义务。"宗教人"生活在神圣与世俗的张力之中,中世纪的思想家对神圣与世俗生活的关系的感受比任何时代的人都更敏锐、更深刻,他们的相关论述构成了中世纪"宗教人"观念的一个独特内容。

现代基督教思想家理查德·尼布尔(Richard Niebuhr)写了题为《基督与文化》的名著。这里的"基督"指效仿基督的神性生活,"文化"指世俗社会的文化和生活。他把基督教思想史上有关两者关系的态度分为五种类型:(1) 基督反对文化;(2) 基督与文化共处;(3) 基督综合文化;(4) 基督独立于文化;(5) 基督改造文化。[1] 理查德·尼布尔的分析并不局限于中世纪,但实际上,这五种类型的生活态度在中世纪都已经存在。我们也可以把中世纪思想家对神圣生活与世俗生活关系的思考分为这五个类型。

一、 抛弃世俗的神圣生活

早期基督教有着强烈的末世论倾向。基督徒把耶稣预示的"天国的来临"理解为现实世界的结束,纷纷抛弃世俗生活。他们或抛弃家庭、财产,或以殉道的方式献身,或实行禁欲自残的苦修。当时占统治地位的世俗生活方式受希腊文化影响很大,他们在抛弃世俗生活的同时还集中攻击希腊文化。

1. 反理性主义

希腊文化的核心是理性主义,反对希腊文化的教父把攻击矛头首先指向希腊

---

1 H. R. Niebuhr, *Christ and Culture*, New York: Harper Torchbooks, 1951, pp. 40 – 45.

理性主义。教父德尔图良以激烈的言辞表达了反理性主义的倾向。在他看来,哲学就是异教徒的智慧,哲学家比其他异教徒对基督教更危险。

德尔图良认为,耶路撒冷与雅典的生活方式势不两立,基督徒和哲学家的生活是不可同日而语的。他说:"基督徒和哲学家之间哪有什么相似之处呢?在希腊人的信徒和上帝的信徒之间,在追求名声的人和追求生活的人之间,在言说者和行动者之间,在建设者和摧毁者之间,在谬误的朋友和谬误的敌人之间,在真理的败坏者和保卫、传授者之间,在真理的统领和真理的囚徒之间,难道有什么相似之处吗?"他说:"让斯多亚派、柏拉图、辩证法和基督教相混合的杂种滚开吧!我们在有了耶稣基督之后不再需要奇谈怪论,在欣赏了《福音书》之后不再需要探究。"[1]

德尔图良甚至反对用理性来理解和解释信仰。在《论基督肉身》一文中,针对那些为基督被钉死在十字架上感到惶恐的信徒,他说:"上帝之子被钉在十字架上,我不感到羞耻,因为人必须为之羞耻。上帝之子死了,这是完全可信的,因为这是荒谬。他被埋葬又复活了,这一事实是确定的,因为它是不可能的。"[2]这些话后来被概括为"唯其不可能,我才相信"的口号,用以排拒对信仰的理性辩护和论证。

2. 反世俗幸福

希腊人推崇的幸福生活是人的德性生活。反对希腊文化的教父认为,人不可能通过自己的道德努力获得永恒的幸福;哲学家所能达到的世俗的幸福是反道德的。希腊护教士提奥菲勒在早期斯多亚派芝诺、克里尼雪斯(Kleanthes)和第欧根尼等人的著作中,找出了为食人肉、生人祭等落后习俗所作的辩解,在柏拉图《理想国》里找出"共妻"的主张,在伊壁鸠鲁的著作中找出无神论的证据。用这种手法,提奥菲勒把反道德的罪名归诸希腊哲学家提倡的德性生活。

拉丁护教士拉克坦修(Lactantius)也指出希腊道德哲学的虚伪:这类哲学家教导以善和美德为人生指南,却以自己的生活驳倒了他们的理论。他辛辣地说:

---

1 德尔图良:《申辩篇》,46 章;《反异教的信条》,7 章。
2 德尔图良:《论基督肉身》,46 章。

"过去和现在都有无数没有学问的好人,但哲学家中却很少有人在生活中做过任何值得赞扬之事。"[1]他举了一个例子:库兰尼派创始人阿里斯底浦与科林斯美人拉尤斯有不正当关系,却向人夸口说,自己与拉尤斯的众多情人不同,因为拉尤斯占有他们,而他却占有拉尤斯。对于教人"如何占有一个妓女"的哲学家,拉克坦修喟然长叹。他还攻击了哲学家学说的不道德后果:原子论使人耽于生前享乐,不顾身后报应;"灵魂转世说"诱人自杀;柏拉图的政治蓝图是图谋推翻国家政权。再说,只有少数人经过长期教育之后能掌握哲学,"哲学背离了大多数人"。除了个别例外,从未有人教妇女和奴隶学哲学。凡此种种,说明哲学家根本没有实现教人过善良生活的诺言,他们无法实现这一诺言,因为世俗生活中根本没有真正的善。

3. 抛弃尘世的隐修

基督教早期盛行隐修主义。隐修主义的思想根源可以追溯到《福音书》。耶稣在出道之前曾是施洗的约翰的门徒。施洗的约翰就过着隐修的生活,他住在旷野,"吃的是蝗虫、野蜜"(《马太福音》,3:4)。耶稣称赞施洗的约翰"比先知大多了"(《马太神音》,11:9)。耶稣自己也有在旷野禁食40天的隐修实践。当基督教传播开来以后,护教士们从根本上否定了希腊文化所代表的世俗价值观,《福音书》中蕴含的隐修生活就成为一种模范的生活。

隐修主义的创始人是安东尼(Anthony)。希腊教父阿塔那修斯写的《圣安东尼生平》把安东尼的生活奉为真正基督徒生活的榜样,对隐修主义的兴起产生很大作用。安东尼的隐修是禁欲苦修。他把世俗的幸福和身体的欲望当作魔鬼对他的引诱,于是不断祈祷,禁欲禁食。早期隐修士效仿安东尼,甚至用阉割自残的手段断绝尘世生活。

一百多年之后的本尼狄克(Benedict)建立了规范的隐修制度。本尼狄克规定,修道院的生活内容主要是做礼拜、劳动和读经,其中礼拜时间最长,每天至少要做七次礼拜,不少于四小时。此外,隐修士的独身和劳作也是奉献上帝的生活所必需的。隐修的实践最突出地体现了基督教为了追求神圣而抛

---

1 拉克坦修:《神圣的原理》,3卷15章。

弃世俗的独特的人生观。

二、世俗之中的神圣生活

中世纪的"宗教人"的观念代表着两种对立的人生观和价值观。在基督教思想家中间,有反对希腊文化和接纳希腊文化的对立,有抛弃尘世生活和肯定世俗价值的对立。很多人坚持在世俗生活中追求神圣的目标,肯定健康的世俗生活不但不会损害神圣的精神生活,而且有助于神圣目标的实现。这些人一般都以理性的生活态度,反对宗教狂热、迷信和宗教迫害。

1. 神圣生活是有知识的智慧生活

诺斯替派是早期基督教中企图按照希腊文化理解基督教信仰的一种思潮和运动,它被正统教会谴责为异端。但正如理查德·尼布尔所说:"以基督教的观念为出发点,他们企图建立关于上帝和人的基督教理论。公教会与诺斯替派的冲突是相信自己是基督徒的人们之间的冲突,而不是基督徒与异教徒之间的冲突。"[1]

诺斯替派从人类宗教发展的过程看待基督教的起源和性质。他们认为全人类崇拜一个最高的神,除此之外,各民族还崇拜众多的天使。耶和华只是七个或十二个天使之一,他创造出本性为善和为恶的两种人,让善恶处于永恒的斗争状态。耶稣基督是耶和华的长子,是全善的神,他的目的是拯救那些本性为善的人,使他们的灵魂逃脱肉体的束缚。善人只有通过耶稣基督才能获救,因此,基督教是人类宗教发展的最高阶段。

诺斯替派的创始人瓦伦提诺(Valentino)采用的"诺斯替"这一名称来自希腊文的 gnosis,其意是知识。他认为基督教信仰和希腊知识属于同一个体系,因此在基督教术语和希腊哲学概念之间存在对应关系。瓦伦提诺认为,造物主是不可命名的"二元",其中之一是"不可说",另一是"沉默",从中产生出第二个"二元"——"父亲"和"真理",接着又生出"逻各斯"和"生命"、"人性"和"神性"等二元,又把上帝、大天使、小天使配置在这一概念体系之中。

诺斯替派把希腊哲学推崇的思辨生活和灵魂净化作为拯救之道,认为只有通过知识才能认识上帝;只有使灵魂从肉体中解脱出来,才能与耶稣基督相通。他

---

1 转引自 H. R. Niebuhr, *Christ and Culture*, New York: Harper Torchbooks, 1951, p. 86。

们所追求的神圣目标与希腊哲学家以智慧为幸福的生活目标，实际上是一致的，因此能够把希腊化的知识分子的生活与基督徒的生活调和起来。

2. 世俗生活的价值是上帝的礼物

即使在正统的早期教父中，也有一种肯定世俗生活价值的理性态度。亚历山大的克莱门虽然把基督教看作超越世俗的事业，认为"风俗是从无益的见解养成的"[1]，但他同时以冷静的理性态度肯定世俗生活有助于神圣事业的价值，以此来纠正基督教内部存在的宗教狂热的极端现象。

克莱门肯定生命的价值。生命是上帝创造的，具有神性。基督教要珍惜上帝赐予的这一神圣礼物，不能自残身体，也不能故意激怒统治者以达到殉道的目的并祈求上帝对迫害者施行报复。针对独身、素食及禁欲等行为，他说婚姻和美酒是上帝的礼物，应该愉快地接受。荒淫奢侈只不过是对这些礼物的滥用。基督徒道德应出自对上帝的认识与热爱，而不是由于对地狱的恐惧而否认人间的快乐。

克莱门还肯定了财富的价值。他在《哪些富人能够得救》一文中说，财富本身不是罪恶，关键在于人与它的关系，究竟人是财富的奴隶，还是要做它的主人。物质财富和精神财富一样，它们的价值取决于灵魂怎样去运用它们，而不在于多少。善于使用财富的人和善于使用思想的人一样可以得救。这个观点让当时不少进入教会的富人放下了包袱。而对于一贫如洗的人，他则强调，精神的财富才是更加珍贵和真实的财富。

3. 善的世俗标准

中世纪的传统观念是用信仰来划分人的善恶，认为只有基督徒的生活才是善良的，异教徒的生活中没有道德。理性主义的基督教思想家阿伯拉尔则用非宗教的世俗精神解释善的意义。他指出，善良并不意味着做取悦上帝的事，否则的话，那些出自宗教狂热而迫害基督徒的罗马人也是善良的了。他似乎用早期基督徒受害的历史提醒现在的基督徒不要出于宗教信仰而迫害异教徒。

阿伯拉尔说："意图被称作善良，不只是因为它看起来善良，而是因为它尊重

---

1 革利兔（即克莱门）：《对希腊人的劝勉》，见《亚历山太学派选集》，台湾基督教文艺出版社1989年版，第32页。

善良。"[1]善良对于心灵的眼睛是自明。这种自明的善良意图类似于后来伦理学家所说的"良知"。既然善良并不取决于宗教信仰,那么善良意图不应只是基督徒的特权。阿伯拉尔在《基督教神学》中公开挑明了隐藏在《认识你自己》这本书中的结论。他说,有些犹太人和异教徒也能获得上帝的恩典。在异教徒中,希腊哲学家首先得救,因为希腊哲学家已经知道如何幸福地生活,苏格拉底、柏拉图的生活不亚于基督教的圣徒,他们的高雅生活足以使一些自称为基督徒的人为自己的卑劣而惭愧。他说:"他们与基督徒相差甚少,甚至根本不差。他们和我们的统一性不仅在于生活方式,甚至还在于名义。我们因为真正的智慧而自称为基督徒,因为圣父的智慧乃是基督。如果我们真正地热爱基督,我们对于'哲学家'的称号是当之无愧的。"[2]这在当时是惊世骇俗、离经叛道的言论,但现在看来,它揭示了神圣和世俗生活共同的真理。

4. 抗议宗教战争的良心

13世纪的神学家哈勒斯的亚历山大(Alexander of Hales)把自然律分为天然的、人类的与神圣的三种:天然的自然律适用于一切能够自我运动的被造物;人类的自然律适用于有理性的动物;神圣的自然律适用于获得上帝恩典庇护的有理性动物,如摩西的戒律。后两种自然律是通过人类良心起作用的。良心(synderesis)是人心中神圣的火花,它指导理性在具体环境中作出善恶的判断。

哈勒斯的亚历山大根据人类的自然律所规定的良心,对战争的性质作了全面阐述。他说:"为了决定一场战争是否正义,你们必须注意权威当局、心境、意向、条件、惩罚和原因诸方面因素。心境与权威当局系指宣战的人的状况,条件和意向指进行战争的人的状况,惩罚的当事人是战争对象,原因也应在战争的对象中寻找。"按哈勒斯的亚历山大的说法,正义战争的权威当局必须是代表主权领地的君主,而不能是个人,他不能处在残忍的心境之中;作战者的条件(身份)应是世俗人员,而不能是教士、僧侣,他们不应有掠夺、嗜血的意向,但不应排除获得报酬的意图;战争惩罚的对象是对自己的国土和人民造成损害的人,正义战争的原因是

---

1 阿伯拉尔:《认识你自己》,12章。
2 Gilson, *History of Christian Philosophy in the Middle Ages*, New York, 1995, p. 162.

"维护善、制止恶,为了所有人的和平"[1]。

我们看到,哈勒斯的亚历山大完全按照世俗的标准来判断战争的正义与否。按照这些世俗标准,一切出于宗教理由的战争不可能是正义的战争。13世纪上半叶,欧洲仍然处在十字军东征的狂热气氛中,第四次东征时十字军掠夺君士坦丁堡的暴行已把它的非正义性暴露无遗。哈勒斯的亚历山大关于正义战争的学说正是人类良心对宗教战争的抗议。

5. 向世俗伦理学习

13世纪的思想家罗吉尔·培根(Roger Bacon)把伦理学说成是最好、最高尚的科学,关系到现世和来世的生活。伦理学既包括形而上学和神学,也包括民法和个人道德准则。民法和道德准则起源于世俗生活。他明确指出:"拉丁人从希腊人那里知道人的权利与法律,这就是来源于亚里士多德、提奥弗拉斯及其继承者、雅典人梭伦的十二铜表法。"他对个人道德准则的看法以斯多亚派哲学家塞涅卡、西塞罗的观点为依据,把人与人之间的互利原则作为个人道德准则的基础。

罗吉尔·培根提出了向异教徒的道德水准学习的号召。在一篇题为《普遍的腐败》的论文中,他抨击教廷贪欲泛滥、傲慢与妒忌成风,高级教士搜括财物、无视灵魂拯救,新建立的修会也失去尊严,世俗统治者互相压榨和欺骗,商人和手工业者中充满虚伪、欺骗和奸诈。他说:"我们这个时代充满了比以往任何时代都严重的罪孽。"相比而言,古代哲学家的教导尤其可贵:"古代哲学家们尽管没有鼓舞人们追求永恒生活,但无论就其生活方式的可敬,还是就其对一切世俗情趣、财富和荣誉的蔑视来说,都无可比拟地优于我们。任何人都可以从亚里士多德、塞涅卡、西塞罗、阿维森纳、阿尔弗拉比、柏拉图、苏格拉底等人的著作中看到这一点。"[2]他发出了"必须纯洁教会"的呼吁,提出以古代伦理学和基督教相结合的精神力量、教权与王权相结合的权力、物质之剑和精神之剑相结合的措施革除腐败,建立廉洁教会。

---

1 N. Kretzmann, *The Cambridge History of Later Medieval Philosophy*, Cambridge, 1982, p. 774.
2 R. Lerner, *Medieval Political Philosophy*, New York, 1963, p. 125.

6. 幸福生活在现世

13 世纪中期兴起的拉丁阿维洛伊主义者根据亚里士多德和阿维洛伊的诠释,把世俗的生活当作幸福生活。达西亚的波埃修的《论至善》一文解释了亚里士多德关于思辨是最幸福生活的思想。他在论文开头宣称:这是一个由理性得出的结论。论文通篇没有涉及信仰的内容,只在一处提到:"那些成功地达到理性所知的、人在现世可能达到的幸福的人更接近于信仰所期待的来世幸福。"在他看来,现世幸福与来世幸福相对应,人有不依赖信仰追求实现至善的自然能力。他说:"任何按照自然的正确顺序生活,达到了人类生活最好和最终目的之人,我都称之为哲学家。"[1]一个名叫杜埃的詹姆丁的教师更加直接地说:"上帝不能直接赋予幸福。"这一说法和"哲学家是最幸福的人""幸福在现世,而不在另外世界"等观点一起遭受到教会的谴责。

7. 世俗权利不受教权限制

中世纪的政治神学的正统是 5 世纪末的教皇盖莱修一世(Gelasius I)提出的"双重权利论":"教会的神圣权利与帝国的权利。两者中神父的责任更加重大,因为即使是君主,在神圣的审判中也要接受他们的评审。"[2]这一说法强调教权高于王权,但中世纪始终存在着王权和教权的斗争,君主经常反抗教会,甚至囚禁教皇。

14 世纪时,一些基督教思想家站在王权立场上反对教权。相传,被教皇谴责为异端的奥康对教皇的政敌、神圣罗马帝国皇帝巴伐利亚的路德维希说:"你用剑保护我,我用笔保护你。"这句话形象地表达了奥康在王权与教权斗争中所起的作用。

奥康随路德维希回到巴伐利亚首府慕尼黑,著文维护王权的权威,反对教皇的绝对权力。根据奥康的意志主义,每个人在上帝面前有着同等的意志。人民表达意愿的方式或是直接选举统治者,或是对现存政权公认或默认。奥康用人民意愿而不用教皇批准来解释世俗政权的合法性。教权是与王权平行的权力,教权的范围是人的精神生活,而不是国家管理事务。同时,教权的合法性也在于信徒的意愿。奥康要求在教会内部用普遍选举方式选举宗教会议代表,由宗教会议选举

---

1 M. Haren,*Medieval Thought*, McMillian, 1985, p. 203.

2 A. Hyman,*Philosophy in the Middle Age*, Indianapolis, 1974, p. 667.

教皇，反对教皇专制。

奥康的支持者帕多瓦的马西留（Marsilius de Padua）是 14 世纪国家主义政治哲学最著名的代表。他坚持不懈地以教皇为攻击目标。正如一个评论者所说，在他的思想中，"一切都服从一个主要目标，这就是摧毁教皇与教会的权力"[1]。

《和平的维护者》一书首先使用亚里士多德的国家理论证明，神权只是国家政权的一部分。国家是为了达到个别人不能达到的目的而组成的集体。国家目标是公众利益，达到这一目的之手段是社会分工。社会分工最大限度地满足了个人的物质需要和精神需要。亚里士多德把国家分成不同"部分"或阶层：提供生活必需品的农人和工匠、保存财富的商人、保卫国家的武士、管理国家的执法者以及指导精神生活的祭司。马西留认为，祭司靠天启的帮助来指导以来世为目的的公共生活，这并不意味着国家内部有两个权力中心。设立祭司阶层符合国家目的，祭司是为人而设置的，而不是为神而设置的。祭司还有维护法律和秩序的作用。祭司的作用是国家职能之一，隶属于国家政权。

教权虽只是国家政权的一部分，应和其他部分严格区别开来。否则的话，思想上的分歧就会造成国无宁日的灾难。马西留把当时意大利北部城邦间的内战、仇恨、瘟疫，以及由此产生的死亡、犯罪、道德沦丧、城市萧条、农村荒芜等灾难都归咎于教廷对世俗政权的干涉。

三、"上帝之城"与"世俗之城"的对立

中世纪"宗教人"的生活分神圣与世俗两部分，他们的观念是这两部分事务不是非此即彼的关系，而是二元对立的关系。神圣生活虽然高于世俗生活，但并不干预世俗生活，这就是耶稣所说的"该撒的物当归给该撒，神的物当归给神"。奥古斯丁在《上帝之城》这部不朽的名著中，第一个明确地提出神圣和世俗二元论。

1. 圣史与俗史的二元对立

奥古斯丁认为，人类社会的历史本身就是二元的，这就是圣史与俗史的区别和对立。圣史是《圣经》所记载的上帝启示于人的事件，在这个意义上，《圣经》就是一部圣史的记录。《圣经》记载的历史可以分成六个阶段，与创世六天相对应。

---

1 Previte Orton, "Marsiglo of Padua, Doctrine", *in English Historical Review*, 38 (1923) , p. 2.

《旧约》描述的以色列人的历史构成是前五个阶段,《新约》记载的耶稣基督活动是圣史的最后阶段,圣史结束于耶稣为人类赎罪而献身之时。俗史即历史学家记载的事件,其发生时间与圣史平行,在圣史结束以后仍然持续。

奥古斯丁说,只有圣史才与人的拯救相关。耶稣之死的俗史只是人类的历史,不涉及神人关系,因此与人的拯救无关。奥古斯丁得出这样的结论:不但世界末日不可预测,而且世俗人事的兴衰都不会影响圣史已揭示了的恩典与拯救。比如,410 年西哥特人洗劫了当时已经把基督教奉为国教的罗马帝国的首都,这一历史事件并不意味着罗马人受到神的惩罚,更不意味着基督救赎计划的失败。

2. "上帝之城"与"世俗之城"的二元对立

与圣史和俗史相区别的历史观相对应的是圣城和俗城相区别的社会观。这里所谓的"城"(civitate)是"社会"的意思。奥古斯丁认为,社会是按照一定协议组成的人的群体。他说:"一群有理性的存在者就他们所爱的对象达成共同协议而结合在一起。因此,为了知道这一群体的性质,我们只需了解什么是他们所爱。"按照这一定义,不同的爱组成不同的城,"爱自己并进而藐视上帝者组成地上之城,爱上帝并进而藐视自己者组成天上之城"。

奥古斯丁借用了亚里士多德的观点,认为国家的首要任务是保障和平。但是他接着对"和平"的解释超出了亚里士多德的思想。他说既有人际关系的和平,又有灵魂的和平。人与人之间的和平表现在当权者与从属者的合作以及他们对现世法律的服从。"一切事物的和平都是秩序的平衡。"比如,"身体的和平在于各部分之间合比例的排列;非理性灵魂的和平是欲望的平静与和谐;理性灵魂的和半是知识与行动的和谐;身体与灵魂的和平是有序与和谐的生活以及生命物的健康;人与上帝的和平是信仰服从永恒律的秩序;人与人的和平是有序的合作;家庭和平是当权者与从属者的有序合作;社会和平是公民间类似的合作;神圣之城的和平是以完善的秩序与和谐的方式欢悦于上帝,以及在上帝之中人与人之间的彼此欢悦"[1]。就是说,和平是有序的平衡,人与上帝的秩序表现为人对上帝的信仰以及对永恒律的服从;可以把"天上的和平"理解为是上帝之城的功能,而"地上的

---

[1] 奥古斯丁:《上帝之城》,19 卷 24 章,14 卷 28 章,19 卷 13 章。

和平"是世俗政权的功能。

3．政治生活与精神生活的二元对立

奥古斯丁说，上帝之城与地上之城的说法只是"神话般"（mystice）的隐喻，表示"一部分人命定与上帝一起进行永恒统治，另一部分人与魔鬼一起永遭劫难"。圣城和俗城是同一国家中的人们的两种对立的精神生活和命运，并不是指两个独立的政治实体。在现实与历史中，没有任何外在的标准或地域界限可以把两者区别开来，两者的区别在现世是无形的，但在来世却是有形的，圣城在俗城灭亡之后仍然存在，作为基督王国而永存。

圣城和俗城既然在现世都存在于同一国家之中，那么便产生了圣城和国家之间的关系问题。这里有两种可能性：国家的目标或者与圣城相一致，或者与俗城相一致。在前一种情况下，国家的统治者是基督徒；在后一种情况下，国家的统治者是异教徒。奥古斯丁要求生活在异教徒政权之下的基督徒服从国家法律，承担国家义务，如纳税、服役，但同时坚守自己的信仰，不承认异教徒统治者的精神统治。在基督教国家里，奥古斯丁要求统治者和其他基督徒一样服从上帝的永恒律，以上帝之城为目标和榜样进行统治。

但是基督教国家不等于上帝之城。奥古斯丁看到，基督教国家的一些统治者和居民虽名曰基督徒，却做着与基督教信仰截然相反的事情。他说："我们今天看到，那些出入教会的人，明天就会拥挤在无神的剧场。"[1] 这些人属于世俗之城。上帝之城在现世只是基督徒精神生活的无形圣地和心目中的理想目标，不等于从事圣事活动的有形场所——教会。也就是说，不管是在异教徒国家，还是在基督教国家，也不管是在教会内外，都有圣城与俗城的区别。

4．对奴隶制的矛盾态度

《上帝之城》还包括对奴隶制的讨论。奥古斯丁关于神圣和世俗的二元论造成了他对政府、法律、财产制度与奴隶制等现实问题的矛盾态度。

就奴隶制来说，奥古斯丁首先说，奴隶制不符合上帝创造的自然秩序。他说，上帝"只想让他的有理性的被造物统治非理性的被造物，人统治野兽，而不是人统

---

1 奥古斯丁：《上帝之城》，1 卷 35 章。

治人。因此，原始时期义人是牧人，而不是人中之王。……奴隶制的条件是由罪产生出来的。这就是为什么'奴隶'一词直到义人挪亚为他儿子的罪命名时方才出现。这一名称产生于罪，而不是自然"[1]。就是说，奴役或屈从他人都不属于人的自然本性，它们只是违背自然秩序的罪的产物，也是违反上帝意志的。

同时，奥古斯丁又说，奴隶制属于世俗之城，是人类为滥用自由意志而不得不承受的罪恶后果。基督徒对世俗法律的服从包括对奴隶制的服从，处于奴隶地位的基督徒应以爱心服从、伺候他的主人。但基督徒作为"上帝之城"的成员不能在内心对奴隶制持赞同态度，应善待奴隶，把身为奴隶的基督徒视为兄弟姐妹。我们可以看到奥古斯丁的矛盾态度：他既不赞同奴隶制，但也不主张推翻奴隶制。

四、 神圣统摄世俗的生活

奥古斯丁的二元论的生活态度在中世纪长期流行，直到 13 世纪，托马斯才提出了一个一元论的综合方案取而代之。托马斯与奥古斯丁一样坚持神圣领域高于世俗领域，但认为两者不是上下平行的二元对立关系，而是从上到下的统摄关系。

1. **自然律统摄人律**

托马斯关于社会和人的学说的核心是"自然律"。自然律是上帝制定的永恒律，并铭刻在人的心灵中，表现为人的自然禀赋和倾向。自然律的要求依次为，趋善避恶以保全生命，通过夫妻关系来繁衍后代，在和平的环境里探索真理，服从法律以保持社会秩序。

自然法既是不成文法，又是成文法。自然律首先是直指人心、见诸人心的不成文法，它以自然方式无声无息地支配着人的行为。不成文的自然律可对人的自然生活提供充足的指导，却不足以保障人的社会生活，由此需要成文法的补充。

成文法是社会中实际起作用的法律，是用语言颁布人所理解的自然律。托马斯说："人在本性上是社会动物，因此，一个人的思想需要通过语言才能为他人所知，需要有意义的言谈才能生活在一起，说不同语言的人可能幸福地居住在

---

1 奥古斯丁：《上帝之城》，19 卷 15 章。

一起。"[1]

成文法有两类：一类是上帝直接向人类宣布的神律，包括《旧约》中的摩西十诫和《新约》中耶稣的登山宝训，它们表达了自然律最一般的原则。成文法的另一类是人律，是人的信仰与理性建立的。人向自己内心发掘良知，用语言表达他们对自然律的共同理解。如果这种共同理解通过信仰途径形成，语言所表达的就是教会法；如果这种共同理解的途径是理性，语言所表达的就是民法，民法首先被表达在罗马人制定的法律之中。托马斯强调自然法高于成文法，成文法中的神律高于人法。因此，上帝制定的自然律是统摄人间一切法律，包括神圣领域的神律、教会法和世俗政权的民法的永恒律。

2. 至善统摄共同之善

托马斯接受了亚里士多德的幸福论，认为"幸福是人类的至善，是其他目的都要服从的目的"[2]。上帝是至善，是一切善行的来源。但是人们不一定认识到一个具体的善行与上帝之间的因果联系，单凭理性也可以把这些具体的善行判断为善。理性认识的善是共同之善。

托马斯说，共同之善分四等：物理之善、伦理之善、时宜之善和终极之善。以谋求友谊的活动为例，其物理之善是友好的微笑，伦理之善是好意的表达，时宜之善是在特定环境之中的友好行为，终极之善是仁爱之心。只有仁爱之心才是上帝的至善造成的结果，友谊的其他方面的善属于人类善行。但是，如果没有至善造成的仁爱，人所公认的友谊不过是暂时的、功利的，甚至是虚伪的。只有依靠至善的统摄，人类才有真正的共同之善。

同样，托马斯在德性中区分了基本德性和神学德性。基本德性分谨慎、正义、节制和坚韧四种，它们是以理性为标准的意志的习惯：谨慎是意志对理智的服从，正义是依理智认识的秩序而行动，节制是理性对感情的压抑，坚韧是理性对感情的加强。神学德性是意志遵循上帝启示和使徒教导而培养出的好习惯，包括使徒保罗所宣扬的信、望、爱。

---

1 托马斯·阿奎那：《神学大全》，2 集 2 部 94 题 5 条。
2 托马斯·阿奎那：《伦理学注》，1 卷 4 讲。

基本德性适用于世俗生活，神学德性适用于神圣生活，但两者不是分离的。只有依靠信、望、爱的精神鼓舞，基本德性才能贯彻到底。信、望、爱中又以爱为最高的德性，爱是统摄一切德性，包括基本德性和神学德性的总纲。

3. 国家统摄世俗社会

托马斯认为教会的目的高于国家的目的，宗教生活高于世俗生活，却没有坚持教会高于国家的极端教权主义立场。他采纳了亚里士多德的政治学说，肯定社会与国家出于人是社会与政治动物这一自然本性，因此也符合上帝的愿望。国家是一群人按照自然律组成的团体，国家是完善的社会；它使用一切必要的手段，达到社会的根本目的，即公民的共有之善。在《论君主体制》一书中，托马斯认为国家功能主要是维护国内和平、统一国民行动、提供充足的生活必需品。托马斯重申亚里士多德的这些观点，意在分清教会与国家权限。

托马斯同意亚里士多德对国家政体的看法，但增添了更多民主思想。他同意说最好的政体是君主制，最坏的政体是暴君制，因为君主制符合自然的秩序：君主在国家的地位犹如理智之于灵魂、心脏之于身体、蜂王之于蜂群，甚至上帝之于创世的地位。但托马斯不赞成君主集权，因为理想的君主罕见，坏君主很容易把君主制蜕变为暴君制。君主制只是最好的理想政体，最佳的现实政体应是君主制、贵族制与民主制混合的政体。在这种制度之下，民众有权选举官吏，君主的权力受民选官吏的制衡。

托马斯关注的是国家的目的和手段，政府和君主的权力来源问题并不是他关注的焦点。在这一问题上，当时存在着神学家坚持的"君权神授说"与罗马法学者主张的"主权民有说"两种对立观点。托马斯没有参与这场争论，他对人的自然本性的爱好使他产生出一些难能可贵的民主思想。他认为所有人的自由生来平等，虽然其他禀赋都不平等。一个人不应该像一个工具一样服从另一个人。因此，在完整的国家中没有废除属民自由的君主统治，只有不歧视自由的权威统治。

五、 神圣生活改造世俗生活

16世纪是西方近代资本主义的发生时期，新的时代需要新的人生观和价值观。宗教改革运动产生的新教顺应时代的需要，提出了奋发有为的新教伦理。作为一种宗教伦理，新教伦理当然坚持神圣领域高于世俗领域，但这里的神圣领域和世俗领域不再是两个分离的实在。神圣领域是在世俗社会之中的，按照神圣目标改造社会的精神动力和价值标准。这一立场与传统的中世纪的立场大相径庭，对近现代西方文化有着深远的影响。

1. 神圣与世俗的界定

路德说："人分为两部分：所有上帝王国的属于基督，服从基督；非基督教的属于世俗王国，服从法律。"两个王国是他的两种人性的推论。人的心灵本性属于上帝王国，而肉体本性属于世俗王国。每一个基督徒都生活在这两个王国之中。

世俗王国并不是上帝命令之外的王国。按照路德的解释，世俗王国是在原罪之前创造的。原罪之前没有政治组织，因为没有这个需要。国家在人的堕落后建立，目的是用强制性的法律惩治罪，法律虽然不能把人从罪中解脱出来，但可以把罪约束在人们可以共同生活的范围内。在此意义上，国家是必要的恶，是上帝以恶制恶的工具。

这两个王国的权威和功能是不同的。他说："国家依据自然律和理性来管理。基督的王国是信仰的领域，不要应用理性。"就功能而言，"国家统治外部事物——身体、房屋、土地等，教会统治精神，国家对付罪行，教会对付罪"[1]。在世俗王国，上帝用国家法律、社会正义和严格的纪律统治堕落的人类。教会的工作是像耶稣基督那样宣道、教诲和关爱人。这两种功能都是人所必需的，世俗王国不能行使上帝王国的权利，反过来也一样。路德说，混淆这两种职能对双方都是祸害。

2. 拒绝神权等级

中世纪的社会是等级社会，最基本的等级是两个等级：教皇、主教、神父和僧侣构成精神等级，其他职业的平信徒和民众则组成世俗等级。我们看到，路德所说的两个王国适用于每一个基督徒。既然每一个基督徒都有灵肉两种本性，他们同时属于两个王国。为了从根本上否认天主教的教阶制度，路德说，两个王国不是两个社会等级。他说："把教皇、主教、神父和僧侣、修女称为'宗教'阶级，而君主、领主、工匠和农民是'世俗'阶级，这是一个时代的错误。"在他看来，所有的基督徒都属于宗教阶级，他们有着共同的信仰和灵性。"仅仅只是洗礼、福音和信仰

---

1 转引自 R. E. O. White, *Christian Ethics*, Canada: Regent, 1992, p. 177。

造成了'宗教'的人,创造了基督教的人。"教士和平信徒只是从事不同职业的基督徒。职业的差别属于世俗王国,不同职业的基督徒在上帝王国里没有职业的差别。他说:"洗礼使我们都是神父,那些行使着世俗权威的人像其他人一样受洗,他们因此也是神父和主教。"[1]

3. 世俗领域也属于上帝

神圣和世俗的区别不是两个社会、两个政治实体或两个等级,而是两种社会功能和生活。世俗王国虽然不属于上帝王国的一部分,却属于上帝。世俗王国是为了制约人类的罪而制定的,它们符合上帝的意志,符合表现上帝意志的永恒律。在此意义上,路德说:"政治的和经济的法令是神圣的,上帝亲自下达了这些命令。"[2]

人的职业分工属于世俗王国,但是每一个人又属于上帝王国,他们可以在不同的职业中完成上帝王国的使命。路德不认为善功能够使人获救,获救是上帝的恩典。然而,一旦人借由恩典进入上帝王国,任何职业的工作都是荣耀上帝的善功。他说,善功不限于宗教和道德行为,"善功不一定是宗教的"。他举例说:"母亲为孩子洗澡,磨仿主的女儿把谷子放在骡背上,农夫耕种,皮匠楦鞋,学者教学生,君主管理人民,这些都是善功。"加尔文把基督徒的职业视为上帝赋予的使命。他说:"只要接受给你的使命,没有一样工作是卑贱的,没有在上帝眼里不是闪光的工作。"

4. 积极参与世俗事务

新教伦理肯定了世俗职业的神圣性,鼓励信徒积极地、勤奋地工作。路德说,"工匠的劳动是光荣的",诚实的铁匠或鞋匠是神父。路德还把懒惰谴责为不可宽恕的罪。[3] 加尔文认为,懒惰是中世纪僧侣的生活方式。他说:"奥古斯丁特别强调,僧侣没有懒惰地生活的合法性。我们的僧侣却把他们神圣生活的主要部分用于懒惰。"与此相反,清教徒乐意"承担烦恼、折磨和焦虑,因为他们相信这是上帝赋予他的负担"。"勤奋工作"成为新时代的一个神圣要求。正如现代研究者英格

---

1 转引自 R. E. O. White,*Christian Ethics*,Canada:Regent,1992,p. 180。
2 同上书,第 158 页。
3 转引自上书,第 166—199 页。

(Inge)所说:"所有的工作都被纳入宗教范围,没有神圣和世俗的区别。这在基督教历史上第一次肯定了工作本身的价值和尊严,而懒惰成为最坏的罪。"[1]马克斯·韦伯(Max Weber)在《新教伦理与资本主义精神》一书中认为,新教的这一伦理观念是早期资本主义原始积累和工人劳动的主动性和创造性的精神动力。

加尔文派对近现代西方社会的改造所提供的力量最大。按照加尔文的"前定说",选民和弃民的不同命运决定了他们在历史中的不同地位。选民能够积极地、主动地实现上帝的意愿,为了荣耀上帝而创造一个圣洁的社会。弃民只是消极的社会机体,不自觉地承受着选民创造的社会成果。

在经济上,加尔文鼓励信徒积累财产。他说,虽然贫困不能表明上帝的不悦,但富有在上帝眼里肯定是善。中世纪的人根据《圣经》里的犹太人的戒律,反对高利贷。加尔文却说,这一戒律只适用于犹太人,高利贷对借贷双方的财产增值都有利,但利息不要高到违反爱的戒律的程度。他还提出了私有财产神圣不可侵犯的思想。他说,个人的私有财产受"十诫"的第八条"不可偷盗"保护。依加尔文的解释,这条戒律表示上帝痛恨不义,禁止贪图别人财产,每个人所有的东西都是上帝的分配。

在政治上,加尔文要求建立政教合一的神权国家,并在日内瓦建立了这样的国家。他规定说:"国民政府的任务是加强对上帝的崇拜,维护健康的教义和教会,使行为适应社会,建立正义的方法,协调人们彼此关系,培育和平。"[2]加尔文的政治主张基本上是集权主义的,但他也要求国家统治者聆听和畏惧上帝的旨意。对于作恶多端的统治者,人民仍要继续服从,让上帝派出更换统治者的解救者。这里也有肯定人民在解救者的领导下反抗暴君的含义。英国、尼德兰和美国的革命都是清教徒发动的,这与加尔文的政治主张不无联系。

---

1 转引自 R. E. O. White,*Christian Ethics*,Canada:Regent,1992,p. 200。
2 转引自上书,第 206 页。

第二编

多元化的人学新篇章

15世纪到19世纪是西方人学发展的近代阶段。近代的思想家们对个人、社会、国家、文化、历史等人学领域进行了前所未有的广泛探索。这一时期的人学思想集中地表现了西方近代文化的个人主义、理性主义和世俗的特点，是近代西方文明最重要、最基本的一个组成部分。

　　近代西方人学的方法以分析为主，不同的思想家在不同的具体学科中研究人的某一个侧面。社会科学中的人文学科乃至自然科学的一些基础部分的综合构成了人学。近代人学研究人的途径比古希腊时期的人学范围更宽阔，思想更深邃。近代人学建构了一个个关于人的观念，而不只是直观的整体形象。

　　近代西方思想家大体上在三个领域推进了人学的发展：在人文学科和文化研究等领域，构建成"文化人"的观念；在伦理学以及社会学和政治学、经济学等现在被称为社会科学的领域，构建了"自然人"的观念；依靠自然科学精神和哲学知识论，构建了"理性人"的观念。我们将在第三、四、五章分别展示西方近代人学在这三大领域的主要内容和历史贡献。

第三章

"文化人"的观念

从十五六世纪开始,西方文化进入了近代阶段。近代开端的两大历史事件——文艺复兴运动和地理大发现,对于西方人学的转型具有重要作用。文艺复兴时期开始的人文主义在语言、艺术、历史、政治、伦理和哲学等关于人的学科中研究人。西方近代人学分学科、跨学科的特征首先表现在文艺复兴时期的人文学科之中,这标志着西方人学的一个重大转折。在其后的科学理性时期和启蒙运动中,一批具有人文精神的学者意识到对文化进行的人学研究具有普遍性和科学性,可与近代理性思想的主流派别平分秋色,甚至更胜一筹。如果说近代这一"理性时代"主流思想的重要成就是"自然人""理性人"的观念,那么近代文化研究的成就则是"文化人"的观念。

"文化人"的观念主要是与自然科学同时兴起的文化研究的产物。近代的文化研究者都自觉地意识到研究人的方法与自然科学的方法的根本区别,要求运用与自然科学不同的新方法研究人。他们特别强调人的创造性和自由不能用自然规律的决定论来解释。"自由"和"创造"是"文化人"观念的核心内容,是各门文化研究学科的焦点。

人的重新发现

布克哈特(Jacob Burckhardt)在《意大利文艺复兴时期的文化》一书中把文艺复兴时期的成果概括为"世界的发现和人的发现"这两大主题。[1] "人的发现"这一历史使命主要是由人文主义者完成的。"人文主义"这个词最初的意思是指人文学科(studia humanitatis)。当时的人文学科大致相当于古罗马学校讲授的科目,包括语法、修辞、诗学、历史和道德哲学,后来又加上政治学说。这种教育较之中世纪有很大变化。中世纪的教育分"七艺"和神学,"七艺"是世俗学问,是神学训练的初级阶段。15世纪意大利恢复以古典拉丁文为主的人文学科,它的培养目标是个人的表达能力和文化修养。人文学科最初在新开设的拉丁学校中讲授,后来欧洲各国的中等学校也普遍开设;人们不但学习古典拉丁文著作,还学习希腊文著作。[2]

教育内容的变化反映了时代精神的变化,对西方人学的变化有深刻的影响。中世纪的人学隶属于神学,始终以神为目标和参照系来研究人。人文主义者摆脱了神学的束缚,重新发现了古希腊人作为"万物的尺度"的"文化人"的形象。

一、人的高贵

教皇英诺森三世在《论人类悲惨状况》一文中强调人是值得怜悯的悲惨动物,他承认自己没有涉及"人的尊严"这一主题。有鉴于此,佩托拉克(Francesco Petrarca)说自己是第一个讨论人的尊严的人。他首次自称为"人文主义者",把自己所从事的研究称为"人学",以区别于中世纪的"神学",主张从对神的研究转向对人的研究。他的这些主张使他成为"文艺复兴与人文主义之父"。人文主义的巨擘拉伯雷、塞万提斯、莎士比亚、米开朗琪罗、达·芬奇、拉斐尔等人也用文学艺术的形式热情讴歌了人的崇高。在他们的笔下,人不再是匍匐在上帝脚下的可怜的被造物,而是上帝创造的杰作、世间最可宝贵的生灵。

---

1 参见布克哈特《意大利文艺复兴时期的文化》,何新译,商务印书馆1979年版,第280—302页。
2 参见赵敦华《西方哲学简史》,北京大学出版社2000年版,第257页。

1. 人是万物之灵

佩托拉克的重要贡献是最早恢复了古希腊思想家提出的"人是最宝贵的"思想。他认为在上帝的创造物中,人占据最高地位。"人是上帝创造的许许多多的奇妙东西中最奇妙的。"后来,英国诗人、戏剧家莎士比亚也用诗的语言颂扬人的高贵的价值:"人类是一件多么了不得的杰作!多么高贵的理性!多么伟大的力量!多么优美的仪表!多么文雅的举动!在行为上多么像天神!宇宙的精华!万物的灵长!"[1]

被恩格斯称为"中世纪的最后一位诗人,同时又是新时代的最初一位诗人"[2]的意大利诗人但丁,也赞美人的高贵。但丁写道:"人的高贵,就许许多多的成果而言,超过了天使的高贵。"[3]人的高贵不在家族门第,而在个人的自由的天性、爱好和美德。但丁借用《圣经》的话,赞美上帝把管理被造物的荣誉和尊贵送给人,使人具有其他被造物无可比拟的自由,使人们享受人间和天堂般的快乐。自由是上帝给人类的最伟大的恩惠,自由的第一原则就是意志自由。

但丁猛烈抨击中世纪的蒙昧主义对人的自由意志的否定和压制。他指出,具有理解力的知觉,是人的特性;人先有思想的理解力,然后用思想指导意志,选择正确的行动达到目的。自由在但丁看来首先是创造。他认为现实生活的意义不是来世永生的准备,而是创造新的生活。他赞美人的探险精神,鼓励航海探险的勇士,大声疾呼:应该从怠惰中摆脱出来,因为坐在绒垫上面或是睡在被窝里的人是不会成名的,他们因没有名声而蹉跎一生。

2. 人的幸福在于尘世快乐

人文主义者们还频频揭露僧侣们要求人们放弃享乐,自己却恣意放荡的伪善。但丁把当时或历史上一些腐朽丑恶的贪官污吏、叛国分子,以及出卖圣职、虚伪贪婪的教皇、僧侣,放到地狱最底一层。佩托拉克攻击教廷的腐败,在他的诗中,把教廷称为"恶毒的寺院""谬误的学校""阴谋的学校"。意大利作家薄伽丘在

---

1 莎士比亚:《哈姆雷特》,卞之琳译,人民文学出版社 1956 年版,第 63 页。

2 《马克思恩格斯选集》第 1 卷,人民出版社 1995 年版,第 269 页。

3 周辅成编:《从文艺复兴到十九世纪资产阶级哲学家政治思想家有关人道主义人性论言论选辑》,商务印书馆 1966 年版,第 68 页。

《十日谈》中对教会僧侣的无知虚伪和荒淫无度作了淋漓尽致的揭露和讽刺。薄伽丘反对教会宣扬的禁欲主义,认为人是一种自然的存在,是能思考的动物,人生活在世上就是利用环境来谋幸福。教会宣扬人生在世要禁欲受苦,那是违背人的本性的。

人文主义者提倡人世的快乐,要求按照人的自然本性生活,满足物质和精神上的需要。他们提出,享乐是真正的幸福,是普遍的道德原则,不道德的享乐是不存在的。薄伽丘说,我是凡人,我只要求凡人的幸福。但丁说,天造万物,必有其目的。永恒的上帝用其力量命令全人类存在,就是要达到其最后的目的,即人类幸福。按照人的本性,人生唯一目的就是获得幸福,而且人人都有追求幸福的平等权利,因为"我们人类是天生平等的"。

3. 歌颂人性解放

爱拉斯谟是基督教人文主义的主要代表。他批判教会、教皇、君主和贵族的生活是虚伪的,歌颂人性的解放,肯定人类食色欲望,提出只有顺应自然生活才能得到幸福。

在《愚神颂》这部文艺复兴时期重要的人文主义著作中,爱拉斯谟讽刺教会、教皇、主教、修道僧、神甫,把他们讥笑为一群不可救药的愚人,并揭示他们行为的虚伪、阴暗、残暴和可悲。这些神学家津津乐道于世界是怎样创造的,原罪是怎样传给后代的。在爱拉斯谟看来这些问题毫无意义。他讥讽道:"他们被人嫌恶到这种地步,假若谁碰见他们,谁就觉得倒霉,然而他们却十分安然自得。"[1] 爱拉斯谟进而指出,这些愚不可及的"宗教骗子手","精神错乱,头脑发狂"的经院哲学家,用宗教谎言欺骗群众,使之成为毫无理性和智慧的愚昧无知的牛马,以便听信他们摆弄,温顺地缴纳贡赋。在宗教统治下,要摆脱烦恼和折磨,只有变成愚人。谁要是不愚而有理性,用理性去反对教会僧侣的虚伪和恶行,那就得"怀着羞耻去忏悔",否则便会被斥为异端遭受迫害。

爱拉斯谟还揭露了教皇和主教们的虚伪。他说,这些披着神圣外衣的教皇主教们,并不执行拯救教徒灵魂的神圣使命,而是把教徒交给"基督"去看管,自己却

---

1 周辅成编:《西方伦理学名著选辑》上卷,商务印书馆 1964 年版,第 391 页。

热衷于贩卖赎罪券、出售圣徒遗物、买卖圣职等"宗教买卖"。这些腐化、愚蠢、寡廉鲜耻、阿谀奉承之徒,自私自利,寻欢作乐,仇恨真理与自由,自以为是,以自己的好恶衡量一切事物。虽然君主们口颂圣经,满嘴高尚道德,身着华美的衣服、珍贵的首饰,却掩盖不了他们以合法的名义醉心于打猎养马、卖官鬻爵、搜刮民财、中饱私囊等不义之事。《愚神颂》这部广泛传播的讽刺著作和匿名作者写的《无名者的信》,被当时的宗教改革者们用作攻击教会、教皇和僧侣的武器。

4."愚人"的率真生活

爱拉斯谟所说的"愚人"有肯定和否定两方面的意思。他否定教士们的愚蠢,但同时也肯定率真的生活。爱拉斯谟反其意而把"愚人"称为真正的人,认为"愚人"的"疯狂"的人生才是真正有价值的生活。所谓"疯狂"是中世纪寓意文学中的一个人格化、形象化的概念,象征着放浪形骸的热情、无拘无束的行动、率直的言谈、恣意纵情的狂欢。

爱拉斯谟劝导人们要任性而为,无所顾忌。因为没有欢乐的生活,就不成其为生活。如果没有欢乐,不用疯狂来调剂,生活将是悲哀的、烦闷的、无聊的、乏味的、难以忍受的。他批评斯多亚派的禁欲主义,说他们诽谤肉欲享受不过是装腔作势。他引用古人的话说,最愉快的生活即顺其自然的生活。人生的目的首先在于寻欢作乐。

爱拉斯谟认为,人要幸福就必须按其自然本性生活。他断言,顺自然行事便是幸福,逆自然而行则为不幸。他强调除去人性中虚浮矫揉的一面,恢复简单、质朴、清新的自然本性。处于自然状态的黄金时代的善良人们,一点不知道那些空虚有害的说教,他们顺从自然的推动,遵循自然的本能,却生活得很好。他在《谈话集》中讲过这样一个故事:在一次海难事故中,船上的人都惊慌失措,不断乞求圣徒保佑,许诺报答的誓言。一位怀抱孩子的母亲却保持平静和尊严,最后只有她得救。他相信符合人的自然性与一切圣贤发现的真理是相同的。他认为,大自然这位人类的慈母,在人一生下来的时候,就在人周围散播一种疯狂的气氛。它使人的辛劳得到补偿,使小东西们得到仁爱和保护,使世界有了快乐和幸福。

斯多亚派强调用理性指导生活,尽量抑制情欲。爱拉斯谟认为这不符合神的旨意。他认为朱庇特大神正是为了减轻人类生活中的辛酸和忧愁,才赋予人多于理性的情欲。上天把理性置于头脑中的一个小角落里,把身体的其他部分交给不断冲动的情欲。在消除人生忧患上,情欲远远胜过理性。

二、 人在宇宙的中心位置

人文主义者的一个任务是利用希腊哲学,把思想界的重点由神学转向人学。正如一个现代研究者所指出的那样,古希腊思想最吸引人的地方之一是,它是以人为中心,而不是以上帝为中心的。苏格拉底之所以受到特别的尊敬,正如西塞罗所说,是因为他把哲学从天上带到地上。人文主义不断反复要求的就是,哲学要成为人生的学校,致力于解决人类的共同问题。[1] 正是本着这样的精神,文艺复兴时代的哲学家论证了人在宇宙的中心地位,发展出以人文主义为特点的哲学。

1. 人是宇宙的一面镜子

库萨的尼古拉(Nicolaus Cusanus)的思想前提是关于上帝无限性的神秘主义,结论却是人文主义的人类中心论的世界观。他认为宇宙是极大和极小的辩证统一。首先,无限是绝对的极大,它是不可易损的"一"。其次,无限也是相对的极大,它是宇宙的界限,并存于杂多之中。因此,无限是绝对和相对的统一。在尼古拉看来,人是既有限又无限的生物。他明确提出"人是极大与极小的对立面统一的体现者",人的构造集宇宙的各种元素和精微力量于一身。

正因为人是极大与极小的统一,所以人是宇宙的一面镜子。他赞同当时的"小宇宙"思想,认为人的本性包摄全宇宙,人是小宇宙或微型世界。[2] 人是小宇宙,因为在人身上的一切都上升到最高级。

人类有一个极大的个体,这就是耶稣基督。同时,库萨的尼古拉对人的形体、人性和人的精神作出高度评价:"人是上帝,尽管不是绝对意义上的上帝,因为他是人。人是小宇宙,或是某种人形世界,因此,人性领域潜在地包含着上帝、宇宙和世界。人能够是人性的上帝,或以人的方式成为上帝。人也能够以人的方式成

---

1 阿伦·布洛克:《西方人文主义传统》,董乐山译,生活·读书·新知三联书店1997年版,第14页。
2 参见库萨的尼古拉《论有学识的无知》,尹大贻、朱新民译,商务印书馆1988年版,第128页。

为人形天使、人形动物、人形狮子、人形熊或其他任何一种东西。"[1]

人的智慧是宇宙的结晶。库萨的尼古拉指出,人的智慧或心灵(mens)是一个具有感性(sensus)、知性(ratio)和理性(intellectus)的复杂能力结构系统。他用人体作比拟说:就像在一个人的身体中,头、手和脚具有不同的功能一样,在心灵中,理性是头,知性是手,感性是脚。它们之间像宇宙万物那样要相互影响和配合,因此能够获得真理。

2. 人就是地球上的神

马尔西利奥·费奇诺(Marsilio Ficino)的思想基础是柏拉图主义。柏拉图认为人的本质是灵魂。社会是放大的人,灵魂是缩小的人。费奇诺也是通过灵魂观确定了人在宇宙的中心地位的。

在《柏拉图神学》中,费奇诺构造了一个新柏拉图主义的宇宙等级体系。它由太一、心灵、灵魂、形式和形体五个基本实体构成。太一是基督教的上帝,包含着万物的理念;理念注入天使的心灵,心灵产生理性的灵魂;灵魂包含着与心灵中的理念同样多的"精微理性";灵魂的创造把精微的理性外化为形式;形式与形体的结合组成可感的具体事物。在这个宇宙图式中,灵魂占据着联系精神世界(太一、心灵)和物质世界(形式、形体)的中介位置。

灵魂的中介地位决定了它有双重性:灵魂既有倾向于低一级生命的感性,又有沉思高一级精神的理性。处在肉体之中的灵魂摆脱不了这样一个矛盾:它不断地追求永恒幸福,但又总得不到满足。费奇诺用希腊神话中的普罗米修斯和西绪弗斯所受的折磨比喻人的处境。

费奇诺突出了人的灵魂的非凡的创造力。个人灵魂是世界灵魂的个体化,因而人可以利用弥漫于宇宙的精微活力进行创造,人有激发外界事物中的精微活力来进行创造的能力。费奇诺心目中的人性楷模是艺术家的灵魂。人所创造的奇迹主要是艺术、伟大的城市、辉煌的建筑、雕像、绘画和实用的工具器械。这些奇迹表现了人利用自然、装饰自然的创造力,显示了人的灵魂的神圣。人就是地球

---

[1] 库萨的尼古拉:《与门外汉的三篇对话》,转引自赵敦华《西方哲学通史》第一卷,北京大学出版社 1996 年版,第 607 页。

上的神。个人灵魂是不朽的。

三、 人的意志自由

前一章我们看到,"自由意志说"在中世纪与"原罪"和"恩典"的教义相联系。意大利文艺复兴时期的人道主义思想家罗伦佐·瓦拉(Lorenzo Valla)和乔万尼·皮科(Giovanni Pico)等人摆脱了神学的约束,完全在人性和道德范围内讨论这一问题。

1. 上帝意志不是人的意志的原因

在《论自由意志》中,瓦拉反对上帝的意志决定人的意志的决定论。他没有否定上帝能够毫无错误地预知未来的事情,但又说上帝的智慧和意志是有区别的。上帝以智慧预知,却不以意志决定一切事物。他论证说,一件事情的可能性并不意味着它必定成为现实,对于未来事件的预先知识也不应该看成是该事情发生的原因。我能够知道的是上帝预知未来事件的智慧,但不能知道他的意志,我们应该丢掉对不能回答的问题的好奇心。神的预言仍然给人的自由意志留有余地,人的自由意志使得上帝预知的事件得以实现,是事情发生的实际原因。

2. 自由意志选择德性和幸福

在《论真正的善》的对话中,瓦拉表达了斯多亚派、伊壁鸠鲁派和基督教三种幸福观的交锋。他总结说,斯多亚主义者相信命运,他们提倡为德性而德性,却忘记了德性和自由意志的联系,因而是虚假的,实际上与最高的善相违背。伊壁鸠鲁主义者正确地看到幸福和自由意志的联系,但他们的幸福只是现实可以获得的快乐,没有看到自由意志与德性的联系。基督徒为了来世幸福而追求美德,把天国的快乐看作真正的、永恒的善。然而,如果意志没有对快乐的正当体验,没有快乐也就没有希望和期待。这样的意志不能作出自由的选择,将一事无成。瓦拉说,恭顺而毫无乐趣地侍奉上帝的人一无是处,上帝喜欢快乐的仆人。他把人的自由意志的本性归结为追求德性和快乐,肯定了人类追求现实幸福的合理性。

3. 人凭自由意志决定自己的生命形式

皮科最有名的人学著作是《论人的尊严》。他着重强调人性的本质是自由,认为人的命运完全是由人的自由选择所决定的。皮科说:"世界舞台上可见到的什么东西最值得惊奇?! 再见不到什么东西比人更奇异的了。"有许多赞美人的语言,"比如说,人是动物之间的媒介;人是上帝的密友;人是低等动物的帝王;因为人的感官敏锐,理智聪明,智慧辉耀,所以是自然的解释者;人是不变的永恒与飞逝的时间中间的间隔……"[1]皮科肯定这些说法,但指出这些都是明白的大理由,还不能算是人值得最高赞扬的主要根据。人之所以是最幸福的生灵,从而是值得一切赞赏的,是因为人在存在的普遍链条上具有特殊的地位——"不仅畜生忌嫉,甚至世界之上的星辰与精神亦都忌嫉的地位"[2]。

使人成为一件大的奇迹和一个奇异的生物的特殊的地位,就是人在宇宙间没有固定的地位。皮科说:"人是本性不定的生物。"上帝创造其他存在物时,赋予它们固定的本性和场所。但上帝没有给人以固定的居处,没有给人以自己独有的形式和特有的功能,为的是让人可以按照自己的愿望、自己的判断,取得人自己渴望的住所、形式和功能。

皮科借上帝之口说:"其他一切生灵的本性,都被限制和约束在我们规定的法则的范围之内,但是我们交与你一个自由意志,你不为任何限制所约束,可凭自己的自由意志决定你本性的界限。我们把你安置在世界中心,使你从此地可以更容易观察世间的一切。我们使你既不属于天堂,又不属于地上;使你既非可朽,亦非不朽;使你好像是自己的塑造者,既有自由选择,又有光荣,能将你自己造成你所喜欢的任何模样。你能够沦为低级的生命形式,即沦为畜生,亦能够凭你灵魂的判断再转生为高级的形式,即神圣的形式。"[3]

4. 人性是人的自由塑造

上帝赋予人的自由使人能够决定自己的本性。皮科说:"上帝许他要什么有什么,愿是什么就是什么。"人的生活就是人性的创造,人可以把自己塑造成各种种类的存在。人没有固定的本性,人依据他所自由选择的生活,可以把自己的本性塑造为植物性、兽性或神性。

---

1 转引自罗国杰主编《人道主义思想论库》,华夏出版社 1993 年版,第 365 页。
2 同上。
3 转引自上书,第 366 页。

用他的话来说："人在出生之际,天父却赐给他所有各种种子和一切生活方式的幼芽。不论每人培育的是什么种子,它们都能成熟,并在他身上结出自己的果实。如果种子是植物性的,他就像树木;如果种子是感性的,他就兽性十足;如果种子是合理的,他就成为神圣的人物;如果种子是理智的,他将是天使和上帝的儿子。"[1]

四、 人性可与神性媲美

1. 人的多样性

西班牙人文主义思想家微微斯(Juan Luis Vives)热情讴歌了人的形象。在他的笔下,人貌似天地,能成为一切。人有多重性。他可以"扮演一个没有感觉能力的简单生命",这实际上是讲人具有自然性;人还可以"扮演成千种野兽,即愤怒狂暴的狮子、贪婪的豺狼、凶狠的野猪、狡猾的狐狸、淫荡龌龊的母猪、胆小的兔子、趋炎附势的狗、愚蠢的驴等等",这实际上是讲人具有兽性;人还可以有"种种道德特性","精明、公正、诚实、通情达理、和蔼可亲""奉公守法、维护公共福利",这实际上是讲人具有理性和德性。[2] 总之,在微微斯看来,人具有多种本性:生物性、兽性、理性和德性。他更看重理性和德性。

2. 人的神性

微微斯进而把人和神摆在一起,而且将人置于头等神的地位。人是上帝所生,因此与天神有极相似之处,分有天神的一点智慧、精明、记忆力。人身上的才能都是天神从他的宝库中取来赐予人的。所以,人表现为精明、公正、诚实、通情达理、和蔼可亲;与他人一道维护公共福利、奉公守法,在各方面都成为一个长于政治、善于社交的动物。人还分有天神的不朽性,人凭借自己聪明的心灵可以超越自己的本性,进入天神的行列;甚至超出低级天神的系列,像他的父亲一样,成为天神中最值得尊敬的一位。

微微斯用赞美天神的语言来赞美人,颂扬人有一个充满了智慧、精明、知识和理性的心灵,它足智多谋,单靠自身便创造出了许多了不起的东西:房屋建筑、农

---

1 转引自罗国杰主编《人道主义思想论库》,华夏出版社 1993 年版,第 366 页。
2 参见上书,第 370 页。

作物栽培、石器制造和金属冶炼、万物名称的制定。次于此但并非不那么重要的是,他用很少的几个字母便能拼出人类语言极其繁杂的语音。用这些字母就把那样多的教训都记录下来流传后世,其中包括宗教……这些都是其他动物所没有的。[1]

3. 人的身体的神奇

微微斯还热情地讴歌人的形象。在奥林匹斯山诸神的眼里,人有高贵的头颅,这是神圣心灵的城堡与殿堂。五官的安排既是装饰,又有用处。耳朵既无细嫩皮肤,又无硬骨,但被弯曲的耳郭包围,因而可接受来自各方的声音,又不让灰尘、草屑、毛绒、小虫飞进。眼睛成双,因而可以看到一切,并有睫毛和眼帘保护,同样地防止尘土、毛虫的侵袭。它们是灵魂的标尺,人脸上最高贵之处。再看人的装扮,这是何等的漂亮,修长的四肢终止于指尖,十分好看,完全有用……所有这一切如此协调一致,任何一部分被改变或损益都会失去全部的和谐、美丽和效用。[2]

微微斯的思想反映了人文主义人学所具有的一个共同的特点,他们不但弘扬人的精神自由和理性,而且崇敬人的身体。人文主义者托麦达(Anselm Turme-da)在《驴的论辩》中设想人与驴争论谁更优越。人用人能建造辉煌的宫殿为例,证明人比动物更高贵;驴用鸟筑巢的本领证明动物的建筑才能也不差。人说人以动物为食,因而比动物更高级;驴举出寄生虫以人体为养料、狮子老虎也吃人的反例。但是人最后找出的证据说服了驴:上帝肉身化的形象是人,而不是其他动物。

德国的人文主义者阿格里帕(Rudolph Agricola)说,人体的比例是万物的尺度,人体的构造是小宇宙。人不但包括地界的四种元素,还包括天界的精神元素;人体的直立姿势使人不像其他动物只能俯视地面,人能够仰望苍天,因而能够以精神世界为归宿。

因此,人文主义者的人学都有哲学宇宙论作为支撑。他们从人的神性、创造

---

1 参见罗国杰主编《人道主义思想论库》,华夏出版社 1993 年版,第 371 页。
2 同上。

性、自由的意志和智慧，以及人与上帝相似的形象，得出了人类中心主义的结论：人就是尘世的神！

第二节

思考人的生活

很多人文主义者把对人的研究与对自然的研究对立起来。比如，彼得拉克针对当时的自然研究说："忽视或藐视是人的本性、人生的目的以及人们的来世和归宿，这对于我们又有什么益处呢？"[1] 在自然科学兴起之际，一些具有人文精神的学者思考了人学与科学的关系，对自然科学的理性进行了批判性的反思。当然，他们还不能提出与自然科学相抗衡的人的科学的理性概念，他们的思想往往带有怀疑论的色彩。但是他们的怀疑为近代"文化人"的价值观体系的形成作了理论的准备，开辟了一个不同于自然科学的"新科学"的领域。

一、生活的理性

法国的人文主义者米歇尔·蒙田（Michel de Montaigne）以怀疑论为武器，提出了一种温和的理性人学。在他看来，人的理性是健全的生活常识，而不是固执的教条，也不是严格的逻辑思维。根据这样的理性观，他批判了当时流行的种种宗教迫害和不宽容，提倡和平的、合乎人性的合理生活。

1. 人对自身是无知的

蒙田像那些人文主义者一样，把过多的关注投向了人。他认为人类研究的重点原本在于对人的研究。他写道，儿童首先应当学会的是"认识自己，知道生得其乐、死得其所"[2]。他毕生的工作就是对人和人性的种种形态进行冷静的审视和研究。他要撕去一切人为的伪装和矫饰，揭示人的本来面目，还其一个赤裸裸的本我。

---

1 转引自保罗·奥斯卡·克利斯特勒《意大利文艺复兴时期八个哲学家》，姚鹏、陶建平译，上海译文出版社 1987 年版，第 18 页。
2 参见博克《蒙田》，孙乃修译，工人出版社 1985 年版，第 32 页。

蒙田有句座右铭："我知道什么?"这与蒙田在书房的柱梁上贴着的"一切确定之物实乃无一确定"和"我不置可否"[1]等条幅相映成趣,很能反映蒙田的怀疑精神。蒙田欣赏爱拉斯谟用怀疑主义来批判经院哲学家的教条主义的悖论方式。蒙田的随笔自始至终都在强调,五花八门的关于人的见解是不可靠的。他认为,天下找不出那么两个人对同一事物持完全一致的看法。世界上大多数弊端来自人们内心对承认自己无知的害怕。蒙田说:"承认自己无知,我认为是说明自己具有判断力的最磊落、最可靠的明证之一。"[2]苏格拉底不是声称他只知道自己无知吗? 事实上,"疑惑是一切哲学的开始,研究是中间,无知是终结……这种无知需要和知识同样多的知识才能达到"[3]。

蒙田与早期人文主义者的一个重要区别在于,他在赞美人的同时,也对人性的弱点有所警惕。他看到人心难测,人学最难学懂学透。他指出,在我们所有的缺点中最严重的就是轻视自己的生命。他认为人是渺小的,"自高自大是我们与生俱来的一种病,所有创造物中最不幸、最虚弱,也是最自负的是人。……这种妄自尊大的想象力,使人自比为上帝,自以为具有神性,自以为是万物之灵"[4]。

人不能认识自己,首先是由于任何自然的事物都有两个对立的方面,因此,"任何东西都处于不同的光线下,可以从不同的角度观看,因而产生不同的看法"[5]。人有精神和肉体两个对立的方面。经院哲学家只从精神这一个方面看,根本不能认识人自身。他说:"人对自己的精神没有懂得多少,对自己的肉体也没有懂得多少。"[6]

蒙田要求,不要过于相信人在自然中的优越性。这种自诩的优越性造成了人性中骄横和自负的一面。如果说人的理性使人高于动物,谁能证明理性比动物的本能更有助于生活? 人类中心论的创世观念更是人的想象:谁能相信天穹的运动,在人类头顶上高傲地移动着的发光体的永恒光芒,无涯的大海令人生畏的潮

---

1 参见博克《蒙田》,孙乃修译,工人出版社 1985 年版,第 39 页。

2 《蒙田随笔全集》中卷,潘丽珍等译,译林出版社 1996 年版,第 82 页。

3 *Autobiography of Michel de Montaigne*, Boston, 1935, p. 233.

4 《蒙田随笔全集》中卷,第 124 页。

5 同上书,第 40 页。

6 同上书,第 243 页。

涌,都是为了人的方便和用途才延续了千百万年呢?人这可怜脆弱的创造物,连自己都不能掌握,受万物的侵犯朝不保夕,却自诩是宇宙的主宰,还有比这个更可笑的狂想吗?人还自称在茫茫太空中唯有他独一无二,唯有他领会宇宙万物的美,这又是谁给了他这个特权?[1] 蒙田的怀疑论把人的正反两面揭示出来,提醒人们要时刻警惕人类自身的弱点,看到认识人自己并非易事。

2. 健全的生活哲学

蒙田的怀疑主义是探究人的问题的思想工具,并非要否定一切。相反,他声称自己的"生活哲学"是一种健全的常识。这种常识哲学的特点是自然主义。蒙田说:我的生活方式是自然的生活方式,"唯其生活得自然,所以生活得幸福","我们不能不跟随自然"[2]。

蒙田肯定按自然生活就是按照德性生活。但是德性不是经院教条,因为"宗教和法律不能给予人德性,只能完善和促进德性。德性来自自然种植在每个人之中的普遍理性的种子"[3]。符合自然的生活必定是简单的常规生活。"最简单地追随自然就是以最大的智慧追随自然。"[4]

蒙田认为,每个人内心都有"普遍理性的种子",或者"人性的全部幸运"。因此,没有人比自己更懂得自己应当怎样生活。唯一需要关注的只是自我对生活的感受,它会帮助人自然地运用理性。蒙田告诫道,人们可以尽情地爱抚自己,但首先要学会自我控制,敬畏自己的理智和良心,对自己违背理智和良心的举动感到羞愧。充分尊重自己的人是罕见的。一个能够真正地、正当地享受其生存的人,是绝对的,几乎是神圣的、完善的。掌握知识、学问不是为了别的,而是为了生活。而且,"生活就是我的工作、我的艺术"。"如果学问不能教会我们如何思想和行动,那真是莫大的遗憾。"

3. 人的价值在自身

蒙田说,人在世界上最大的事情就是知道并学会怎样依归自己,也就是要知

---

1 《蒙田随笔全集》中卷,潘丽珍等译,译林出版社 1996 年版,第 121—122 页。
2 *Autobiography of Michel de Montaigne*,Boston,1935,p. 372.
3 同上书,第 373 页。
4 同上书,第 347 页。

道人的命运由什么决定、人的价值应如何估价等问题。蒙田认为人的命运和价值源于人本身。他指出："看人应看人本身，而不是看他的穿戴。"就像估价一只鹰隼要凭它的翅膀，而不是它的足套和铃铛；估价一匹骏马要凭它的腿、眼、蹄，而不是它的鞍辔；估价一把剑要凭剑身和锋刃，而不是剑鞘。

一个人的价值，不在于他的财产和尊荣，而要看他自身：看他的身体是否健壮；他的灵魂是否纯洁、高尚；他是否能干、坚定、沉稳，是否能与凶命恶运抗争。如果一个人能具有这样完美的灵魂，安贫乐道，意志力非凡，不希冀外来的尊贵，不惧怕生命的转折和逆顺，"那这样的一个人，远远超越了王国公国：他本身就是一个属于他的帝国"。权力、财富并不为人的幸福增添什么，那只是过眼烟云。"身体和精神都不好，身外的财富有何用？"一些人并不知道真正的快乐应止于何处，蒙田的结论是"各人的性格规定着各自的命运"[1]。"因此，富裕和贫困完全取决于各人的看法。是好是坏全凭自己的感觉。"[2]

4. 人性的多样性和统一性

蒙田重视对人类不同种类文化的研究，因此有人把他称为人种学家（ethnographer）或人类学家（anthropologist）。他一方面重视文化的个性，身体力行，不断在各地实地考察，"尽量体验各种各样的风俗习惯"。他反对"每个人都把自己不习惯的东西称为野蛮"。他指出，人类对美的看法没有一把放之四海而皆准的标尺。"印第安人认为厚嘴唇、扁鼻子、黑皮肤是美的。……在秘鲁人们认为耳朵越大就越漂亮，因此他们就尽量把耳朵拉得长长的。"人的宗教信仰也是多种多样的，是由不同的民族文化传统造成的。他说："我们之所以成为基督徒，就像我们不是普利高丁人就是德意志人那样一种道理。"[3] 蒙田对宗教信仰的看法导致他提出了当时难能可贵的宗教宽容的思想，反对正在法国开展的宗教战争。

另一方面，蒙田具有世界意识或世界观念，超越种族，超越民族。他对人性的研究是跨时间和空间的。他认为，尽管人们的习俗各异，而且个人有个人的禀性，但人性从根本上来说是一致的。"每个人都具有人性的完整形态。""天性常在。

---

1 《蒙田随笔全集》上卷，潘丽珍等译，译林出版社 1996 年版，第 290—296 页。

2 同上书，第 70 页。

3 参见博克《蒙田》，孙乃修译，工人出版社 1985 年版，第 92、99、100 页。

谁能准确判断现在,就能洞察过去和未来。"[1]

二、 人的理性和心情

帕斯卡(Blaise Pascal)生活在 17 世纪,但他的思想并不属于那个"理性的时代"。帕斯卡是与笛卡尔比肩的同时代人物。正当笛卡尔的理性主义如日中天之际,帕斯卡却以他敏感而踌躇的心,看到人和理性的"伟大与可悲"[2]。他继承了蒙田的理性怀疑方法和人道主义精神,从两极观念的对立入手,考察人的本性、人生、社会、历史和宗教信仰。在帕斯卡看来,期望通过理性主义来寻求生活的真谛,可能适得其反。在理性的人性模式面前,人的真实自我却丧失了;理性主义的道德,成为新的虚伪;理性的结晶——与人无关的冰冷的科学知识,远离现实的人的生活,理性离开了生命的本体,生活的丰富意义萎缩了。帕斯卡曾一度热衷于世俗活动,专心于科学研究,但在经过神秘的内心体验之后,便从世俗转向宗教,从科学转向人生,从占有(have)转向生存(being),从理智(mind)转向心情(heart)。

1. 研究人的方法

帕斯卡从讨论当时最流行的方法"几何学精神"(逻辑推理方法)和"敏感性精神"(心灵的直觉方法)[3]入手,提出他研究人的方法——矛盾(辩证)的方法。

他认为:"有两种精神:一种能敏锐地、深刻地钻研种种原则结论,这是精确性精神;另一种则能够理解大量的原则而从不混淆,这是几何学精神。一种是精神力量与正确性,另一种则是精神的广博。而有其中一种却很可能没有另一种;精神可以强劲而又狭隘,也可以是广博而又脆弱的。"[4]这里,可以把"几何学精神"理解为象征逻辑与理性;把"敏感性精神"理解为象征直觉与非理性。帕斯卡既强调理性的伟大力量,又看到感情或心灵的广博。

当时,自然科学方法被认为无论对研究自然还是研究人都是同样适用的(譬如笛卡尔《论精神》中的物理学方法和斯宾诺莎(Baruch de Spinoza)《伦理学》中的

---

1 参见博克《蒙田》,孙乃修译,工人出版社 1985 年版,第 107 页。
2 帕斯卡:《思想录》,何兆武译,商务印书馆 1985 年版,第 180 页。
3 同上书,第 3 页。
4 同上书,第 5—6 页。

几何学方法），帕斯卡却认为，自然科学方法不适用于对人的认识。理论思维本身只是纯粹的工具，理性思维并不能完全解决人类的生存价值问题，因为人的生存并不能完全归结为数学公式。

帕斯卡认为，只有辩证方法才能揭示人生的真实境遇。譬如，"人性可以通过两种方式加以考察：一种根据他的目的，这时人就是伟大无比的；另一种是根据群体……（从本能看本性）那样，这时候人就是邪恶下流的"[1]。

2. 人就是矛盾

——"人的状况：变化无常，无聊，不安。"[2]"他要求伟大，而又看不到自己渺小；他要求幸福，而又看不到自己可悲；他要求能成为别人爱慕与尊崇的对象，而又看不到自己的缺点支配着别人的憎恶与鄙视。"[3]

——人是由精神和物质（肉体）构成的。精神的灵秀，物质的呆板，两者之间必然带来冲突。

——"人性之中有多少种天性，有多少种禀赋啊！"[4]这些天性、禀赋之间的冲突也在所难免。

——感情与理智、本能与理智，这是人的两种天性之间的内战。"假如只有理智而没有感情……假如只有感情而没有理智……但是既有这个又有另一个，既要与其中的一个和平相处就不能与另一个进行战争，所以他就不能没有战争了；因而他就永远是分裂的，并且是自己反对自己。"[5]

总之，人具有多样性、丰富性，不是用单一的规定来确定的。因为"我们的本性就在于运动；完全的安息就是死亡"[6]。

3. 人是一根能思想的苇草

帕斯卡在赞美理性的伟大的同时，也睿智地看到它的脆弱。他说："思想——人的全部的尊严就在于思想。因此，思想由于它的本性，就是一种可惊叹的、无与

---

1 帕斯卡：《思想录》，何兆武译，商务印书馆 1985 年版，第 180 页。
2 同上书，第 62 页。
3 同上书，第 52 页。
4 同上书，第 60 页。
5 同上书，第 179 页。
6 同上书，第 63 页。

伦比的东西。"[1]然而,"人只不过是一根苇草,是自然界最脆弱的东西;但他是一根能思想的苇草。用不着整个宇宙都拿起武器来才能毁灭他;一口气、一滴水就足以致他于死命了"[2]。读了这段话,既令人对自己肃然起敬,又不禁暗自神伤。拨动自然玄机的思想是伟大的,"由于思想,我却囊括了宇宙";但承载思想的肉体又是如此脆弱、龌龊。智慧的星星之火,在茫茫的虚无中摇曳灰暗。

4. 人的卑贱与伟大

人是天之骄子,万物之灵长,但人类过分自信,自以为凌驾万物,自诩无所不能,人就有毁灭的危险。帕斯卡告诫道:"使人过多地看到他和禽兽是怎样的等同而不向他指明他的伟大,那是危险的;使他过多地看到他的伟大而看不到他的卑鄙,那也是危险的。让他对这两者都加忽视,则更为危险。"他接着又说:"绝不可让人相信自己等于禽兽,也不可等于天使,也不可让他对这两者都忽视;而是应该让他同时知道这两者。"[3]

这里涉及对人的主体性的三种态度:一是悲观的,二是盲目乐观的,三是清醒的。帕斯卡坚持的是第三种态度。不能因为人的有限性就对人失去信心。"人的伟大之所以伟大,就在于他认识自己的可悲"[4];人并不是自己活动的唯一尺度,主体与自然之间、世俗与神圣之间有张力,不能简单地把人的主体性一笔勾销。人的主体性并没有终结,只是转型,其中的关键在于"让我们认识我们自身的界限吧;我们既是某种东西,但又不是一切"[5]。这又是何等精妙!

5. 人应该找准自己的位置

对人类中心主义,帕斯卡已有警惕。他大声疾呼:"人类并不知道要把自己放在什么位置上。他们显然是走入了歧途,从自己真正的位置上跌下来而再也找不到它。"[6]他冷静地说道:"人在自然界中到底是个什么?对于无穷而言就是虚无,对于虚无而言就是全体,是无和全的中项。他距离理解这两个极端都是无穷之

---

1 帕斯卡:《思想录》,何兆武译,商务印书馆1985年版,第164页。
2 同上书,第157—158页。
3 同上书,第181页。
4 同上书,第175页。
5 同上书,第32页。
6 同上书,第186页。

远,事物的归宿以及它们的起源对他来说,都是无可逾越地隐藏在一个无从渗透的神秘里面;他所由之而出的那种虚无以及他所被吞没于其中的那种无限,这两者都同等地是无法窥测的。"[1]

第三节

研究人的"新科学"

意大利思想家维柯(Giambattista Vico)是近代文化研究的拓荒者,其涉猎范围很广,包括现在所说的历史学、哲学、宗教学、神话学、法学、政治学和人类学等学科。维柯继承了古代和文艺复兴时期的人文精神和文化研究的成果,但又是一位具有独创精神的学者。自20世纪以来,西方学术界开始注意到他的历史功绩,有人甚至把维柯评价为与笛卡尔并驾齐驱的开创者。正如笛卡尔的理性主义开创了近代"理性人"的观念一样,维柯的"新科学"开创了近代"文化人"的观念。

一、"人类形而上学"的概念

维柯把新科学称为"人类形而上学",这实质上就是关于人的科学,或者用他的话来说,新科学是"一门把人性史和人性哲学完全结合在一起的科学"[2]。维柯不仅把自己的主要研究目标放在人类事务上,而且极力为这种研究寻求信念和方法论的基础。

可以说,在西方思想史上,维柯首先提出了关于人的科学(或者说,"人类的形而上学")如何可能的问题。当时的自然主义人学和理性主义人学虽然也提出要以人为对象,但他们效法自然科学、参照自然科学来确定人学的对象和方法。在当时人们的观念里,关于人的研究仍然停留在不太成熟的科学水平,或者干脆把对人和人类事务的认识排除在科学之外。维柯从研究对象和方法两方面指出了当时流行的人学的不足,在此基础上阐发了新科学的任务。

---

1 帕斯卡:《思想录》,何兆武译,商务印书馆1985年版,第30页。
2 *Vico Selected Writings*,ed. & trans. by Leon Pompa, Cambridge University Press, 1982,p. 89.

1．人性史和人性哲学的完全结合

维柯看到，传统的和当时流行的"人性科学"像研究自然物的本质那样研究人的本质和本性，把人看作是给定的、本性固定不变的存在物。历史生成中的人和变化中的人类事务是科学领域的一个盲区，只有产生一门新科学，才能使关于人的学问进入科学的殿堂。

维柯的新科学，就是关于人类本性和人类自我发展的科学。他认为，新科学的对象是人性的创造。狄皮埃特罗（Robert J. Di Pietro）说，维柯提供了"一种新的人道主义精神"。但是，我们认为，维柯的新人道主义精神不仅"确认了科学与艺术背后共同的创造力源泉"[1]，也确认了人类自我创造的理性依据。

一方面，维柯与同时代的启蒙思想家一样，力图发现适用"理想的永恒历史"；另一方面，他对启蒙运动进行了批判的反思，把人类的普遍进程看成是人类自我创造的历史过程，从而把普遍性与历史生成统一了起来。用他的话来说，把"人性史和人性哲学完全结合在一起"。人性哲学以人的普遍人性为对象，但这是历史创造的过程，人性史说明了人创造自己本性的历史。维柯的新科学的对象是动态的，是历史中生成变化的人性，而当时流行的"人性科学"的对象是静态的人性。这就是维柯的新科学之所以为新的一个主要标志。

2．认识论传统的批判

为了建立新科学的方法论，维柯向西方哲学的整个传统提出了挑战。他所处时代的主流哲学以认识论为基础，其历史根源是整个西方哲学的传统。正如彼得·里克曼（Peter Rickman）所说的："维柯感觉到，他不得不向其发起挑战的哲学，其根子牢牢地扎于整个西方哲学传统中。"[2]

根据西方认识论传统，永恒不变的东西才是真实的，而变化的现象则不具有真实性。这种哲学传统起源于巴门尼德和柏拉图，因为巴门尼德的"存在"和柏拉

---

1 Robert J. Di Pietro, "Linguistic Creativity: A Key to Contemporary Humanism", in Giorgio Tagliacozzo ed. ,*Vico: Past and Present*, vol. Ⅱ, Atlantic Highlands, N. J. : Humanities Press, 1981, p. 133.

2 Peter Rickman, "Vico's First Principle and the Critique of Historical Reason", in Giorgio Tagliacozzo ed. , *Vico: Past and Present*, vol. Ⅰ, Atlantic Highlands, N. J. : Humanities Press, 1981, p. 208.

图的"理念"都是永恒不变的形而上学本质；笛卡尔哲学是这个传统的认识论变种，在他看来真理都是普遍有效的和先验的东西。

维柯的主要攻击目标是笛卡尔的认识论。他看到，这种认识论是由 16—17 世纪自然科学的发展所推动的，以几何学为典范，其第一原则是"我思故我在"。这样一来，真理的标准就成了清楚、明晰的观念，凭借心灵和思考，人不仅能够确证自我的存在，而且可以确证和认识一切外在事物，获得关于世界的永恒有效和不容怀疑的知识。

维柯指出，笛卡尔的认识论不适用于关于人的科学。由于人类事务及其变化多端达不到清晰明白这一真理的标准，这样一来，关于人和人类事务的学问就无法达到科学的层次。

维柯的新科学努力改变西方哲学的认识论的方向。以往哲学追求永恒不变的抽象真理，而维柯的科学要求以可变性为前提，因为不可变的东西是人们无法创造的。维柯认为，人们只能认识自己所创造的东西，由此出发，我们只能对我们自己的所作所为进行科学的认识。

在维柯看来，数学和物理学都不是真正的科学。数学的对象是虚构的，而物理学的研究对象并不是人类创造的。他指出："当人向外探索自然事物时，最终都会认识到：实现这个目标是不可能的，因为他未包含在组成事物存在的成分之中，而且这是他自己思想的必然界限，原因在于所有的自然事物都存在于他自身之外。"[1] 在实验的操作中人不是创造者，只是近似于创造者；实验的结果因此也是近似的，人只能满足于自己在实验室里得到的关于自然的粗糙而模糊的知识。严格地说，对自然界的真正科学的认识或许应当留给创造自然界的上帝。

3. "真理即创造"

维柯提出，"真理即创造"（verum-factum），他把这个原理视为新科学的"第一条无可争辩的大原则"[2]。这一原则为建立关于人性创造的科学奠定了方法论基础。人学之所以是真理，人的世界和人类事物之所以可以科学地加以认识，是因

---

1 *Vico Selected Writings*, ed. & trans. by Leon Pompa, Cambridge University Press, 1982, p. 54.
2 维柯：《新科学》，朱光潜译，人民文学出版社 1986 年版，第 573 页。

为"这个包括所有民族的人类世界确实是人类自己创造出来的"。

在西方思想发展史上,维柯"真理即创造"的原则具有重要的理论意义和价值。首先,维柯的观点是近代"实践"理论的发祥地之一。根据维柯的观点,人类事务是人类创造性活动的产物,人类通过自己的创造性活动,把作为客体的人性世界和生活世界从彼岸纳入此岸。这种思想不仅影响了黑格尔,而且给马克思也留下了深刻影响。马克思很欣赏维柯"人类历史是人类自己创造的"这一观点。他在《资本论》第1卷一个很长的脚注中指出:"达尔文注意到自然工艺史,即注意到在动植物的生活中作为生产工具的动植物器官是怎样形成的。社会人的生产器官的形成史,即每一个特殊社会组织的物质基础的形成史,难道不值得同样注意吗?而且,这样一部历史不是更容易写出来吗?因为,如维柯所说的那样,人类史同自然史的区别在于,人类史是我们自己创造的,而自然史不是我们自己创造的。工艺学会揭示出人对自然的能动关系,人的生活的直接生产过程,以及人的社会生活条件和由此产生的精神观念的直接生产过程。"[1]维柯理论的深刻性就在于,它将人类的创造性活动看成是人类认识活动和理解活动的基础。正如马科奎尔(Rudolf A. Makkreel)指出的:"维柯不把历史认识放在人的自我意识中,而是放在他的生产性活动中。"[2]这样一来,我们就能够消除人类自我认识的主观任意性。

维柯"真理即创造"的原则还改变了以往人们认为人类活动及其历史无法得到科学认识的看法,为关于人的科学奠定了信念基础。如果过去人们因为人类事务是人的"自由"创造而将其归结为纯粹的偶然性,因而无法科学地给予认识的话,那么在维柯这里,恰恰因为人类事务是人创造的,它们才能够真正被人认识。通过人类的创造性活动,人类活动的确定性与人类自我认识的真实性就结合起来了。正因为如此,我们认为,维柯首先提出了人学以及社会科学如何可能的问题,并且非常巧妙地为这种新科学的可能性提供了信念

---

1 马克思:《资本论》第1卷,人民出版社1975年版,第409—410页,注89。

2 Rudolf A. Makkreel, "Vico and Some Kantian Reflections on Historical Judgment", in Giorgio Tagliacozzo ed., Vico: Past and Present, vol. Ⅱ, Atlantic Highlands, N. J.: Humanities Press, 1981, p. 208.

的基础。

二、 人的能力与人类世界的创造

维柯对人的创造作了理性的解释，但他的解释不是理性主义的。理性主义者强调人的理性创造能力，强调理性创造的自主性和必然性。维柯却把理性置于更基本的想象力的基础之上，强调人的创造的偶然性和不依赖理性的必然性。

1. 人的创造与神意

人类事务是人们自己创造的，因而人性及其人类事务对他们来说是可以理解的。但是人类的自我创造并不是一个完全自觉的和有意识的过程，而是某种充满激情与冲动的"诗性"活动的产物。这种诗性活动是人们意图的直接生命冲动，而不是深思熟虑的结果。维柯以这种方式为上帝和神意留下地盘：人们偶然的和缺乏远见的行为，都在通过积累而实现着某种具有长远意义的后果，这种后果就是神意的体现。

维柯把人类的自我创造归结于神意。按照他的话说就是，"这个民族世界的建筑师是天意。因为除非人们达成人类的共识——有一位能够洞察人们内心深处的神存在，否则他们不可能一起结合在人类社会中" [1]。

维柯认为，人类世界是嵌入在自然世界之中的，在上帝眼中，人类世界是自然世界的延续。作为全能主宰者的上帝关心共同的善，而每一个单个的人只关心他自己的特殊目的；由于人的自我创造仍旧是上帝创世的继续，因而私人的恶却可能达到公共的善。维柯指出："天神意旨作为设计者既然具有无限智慧，凡是它所安排的在整体上就必然是制度方面的秩序。天神意旨既然以它自己的无限的善为目的，它所安排的一切就一定导向永远高于人类为自己祈求的那种善。" [2]

显然，维柯关于神意的作用的解释与后来黑格尔关于理性的狡黠的论述之间存在某种类似。因为维柯力图告诉人们，个体出于自己以为的切身利益而行动，但是他的行动往往成为社会化利益的组成部分，他的行动所产生的后果，许多是他预料不到的和他不希望看到的。然而，在这里，我们也要看到，维柯与黑格尔还

---

1 *Vico Selected Writings*, ed. & trans. by Leon Pompa, Cambridge University Press, 1982, p. 104.
2 维柯：《新科学》，朱光潜译，人民文学出版社 1986 年版，第 143 页。

是有差别的。在黑格尔那里,精神凭借一系列矛盾的对立,使变化的过程朝进步的方面发展。相反,就维柯的思想整体说来,缺乏矛盾的对立面推动历史进步的辩证法。

2. 人类就是他们的生成史

针对维柯的观点,莱昂·庞帕(Leon Pompa)批评说,维柯的"新科学"是"关于人所创造的事物的原因的科学或知识。但是它既没有真正回答'人'是谁的问题,也没有说明人创造的是什么东西,更没有指出人们是怎样创造这些东西的"[1]。

我们认为,庞帕的看法是不合适的。也许由于维柯把人类的创造活动纳入了神意的黑洞,因而没有直接地回答"人"是谁的问题,但是他却明白无误地回答了人创造了什么以及怎样创造的问题;而且由于对这些问题的回答,维柯也间接地回答了人是什么的问题:人是通过自我创造而不断生成的存在。维柯的研究无非是为了说明,人创造了人类世界和人类事务,人类的先民用某种诗性活动进行了这种创造,人恰恰由于这种创造活动而成为人。这就是说,重要的问题不是人是什么,而是人怎样生成。

慕尼黑大学教授恩内斯托·格拉思(Ernesto Grassi)指出,维柯已经认识到,人类与动物的"首要本质区别在于,事实上动物是通过运用内在的设计完成满足器官需要的工作。另一方面,人则被迫寻求外部的设计并决定它们是否适用。对于人来说,需要的实现引导新需要的形成,而这些新的需要又引导出新的工作形式,并进而引向新的社会形式。就这个理由来说,人绝不是'在'(is),而永远是'生成'(becoming);正是这一本质的方面使它成为'历史的'世界"。这就是说,人类就是他们的生成,而人类的生成史就是人的实践活动史;换句话说,"工作的历史就是人的进化史"[2]。

3. 想象力是人的创造力之源

同他所处的那个时代的多数哲学家一样,维柯也试图对人类能力的界限作出

---

1 *Vico Selected Writings*, ed. & trans. by Leon Pompa, Cambridge University Press, 1982, p. 13.
2 Ernesto Grassi, *Vico and Humanism: Essays on Vico, Heidegger, and Rhetoric*, New York: Peter Lang Publishing, Inc. ,1990, pp. 45, 61.

界定。在讨论人的本性和能力时,维柯把想象力置于抽象思维之上。在他看来,想象力是人类创造力和实践智慧之源,它与生命力的迸发密切相关。维柯发现,各民族的创建者都具有诗人的本性,他们的思维是诗性的思维,诗性思维是与想象力联系在一起的,它是整个民族乃至整个人类共同具有的不假思索的判断。

维柯写道:"在那些原始时代,一切对人类生活为必要的事物都须创造出,而创造是天才的特性。事实上……不仅是对生活为必要的事物,就连有用的,供安逸的,愉快的,甚至是奢侈的和过剩的事物,还在希腊哲学家们出现之前都已创造出了。……因此,最初的各族人民都是些人类的儿童,首先创造出各种艺术的世界,然后哲学家们在长时期以后才来临,所以可以看作各民族的老人们,他们才创造了各种科学的世界,因此,使人类达到完备。"[1] 显然,在维柯看来,不是行动来自理智,而是理智源于行动;不是先知后行,而是先行后知。在人类理智能力发展序列的每一个阶段,想象力都有着不可替代的重要作用;如果对青少年过早或过多地进行抽象思维训练,就可能窒息人的理智发展动力。因此,对人的行为不能按照一种抽象而固定不变的德行规则去评估。维柯还把这种人学观贯彻到他的历史观中,他认为,人的能力自然发展与人类历史的发展在结构上是同步的。

三、 文化的生成

1. 人类共性与民族个性

尽管维柯的全部工作就是为了确认人性的生成与发展,但是他对人性究竟是什么的确没有作出明确的论断,他只是说人类有着共同的"心灵词典"(mental dictionary)。维柯承认人类的共同本性,并把这种本性归结于上帝。在他看来,"整个人性都包含在上帝的同一性之中"[2]。对于人来说,人的确是人类事务的创造者;但是对于上帝来说,人的"创造"是上帝创世活动的继续。"上帝是所有运动的第一创造者",人永远跳不出天意的手掌。

维柯指出:"民族世界的工匠是人类意志,它服从神圣的建筑师。可是,就本性而言,人类意志在特殊的人身上极其不确定,它是由人类智慧通过对人的全部

---

1 维柯:《新科学》,朱光潜译,人民文学出版社 1986 年版,第 231 页。
2 *Vico Selected Writings*,ed. & trans. by Leon Pompa,Cambridge University Press,1982,p. 112.

特殊本性所共有的人类功用和需要作判断来决定的。"[1]维柯说,由于不同的民族有着不同的历史境遇,各自的发展过程也带有不同的特点。"因为各民族人民确实由于地区气候的差异而获得了不同的特性,因此就产生了许多不同的习俗,所以他们有多少不同的本性和习俗,就产生出多少不同的语言。因为凭上述他们特性的差异,他们就从不同的角度来看人类生活中的同样效用和必需,这样就有同样多的民族习俗兴起来,大半彼此不同,有时甚至互相冲突,有多少民族就有多少语言,其原因就完全在此。一个明显的凭证就是谚语。谚语都是人类生活的格言,各民族的谚语在实质上都大体相同,但表达的方式却不一样;有多少民族,就从多少不同角度去表达。"[2]这就是说,人类在本性上是完全一致的,但不同民族对共同本性的表达方式却是多种多样的;在发展人类的共同本性的历程中,每个民族都有着不同的发展方式和途径。

2. 人类文化的共同性

在维柯看来,人类的共同本性是人类历史有规律发展的基础,人类的共同本性表现为自然法。在他看来,贯串人类世界的自然法是一部穿越时间的永恒法律。但是人类共同的本性和自然法都有一个历史生成的过程:在人类之中埋藏有永恒正义的种子,随着人类心灵根据其真实本性从人类社会的童年时代逐渐发展,它们逐步成为得到证明的正义准则。即使哥伦布没有发现美洲大陆,印第安人也会"按人类各种制度的自然进程前进"。各个民族都在展现着"一些永恒规律","这些永恒规律是由一切民族在他们兴起、进展、成熟、衰颓和灭亡中的事迹所例证出来的。纵使在永恒中有无限多的世界不断地产生……他们的事迹也都会替这种永恒规律作例证"[3]。

证明人类普遍的永恒规律的例证有哪些呢?维柯认为,历史上的所有民族,无论是野蛮的还是文明的,无论在时空上相隔多远,他们都保持有三种习俗:宗教、婚姻仪式和葬礼。正因为有这三种共同的文化,各个民族纷纭复杂、变化多端

---

1 参见 *Vico Selected Writings*, ed. & trans. by Leon Pompa, Cambridge University Press, 1982, pp. 66 - 152。
2 维柯:《新科学》,朱光潜译,人民文学出版社 1986 年版,第 205—206 页。
3 同上书,第 562 页。

的习俗才表现出普遍的一致性。各民族都拥有宗教、婚姻仪式和葬礼制度,说明整个人类有着共同本性。

3. 人类文化的三阶段

不同时代的人表现这些共同本性的方式和对这些共同制度的认识不尽相同。根据不同历史时期的人表现人类本性的不同方式和对人类共同制度的不同认识,维柯把全部人类历史划分为三个时代:神的时代、英雄时代和人的时代。这三个时代是先后衔接的,各民族均按照它们的顺序向前演进。

神的时代是人类的童年时期。那时的人类处于原始状态,其本性属于诗性的或创造性的自然本性。他们筋骨强壮、牙齿锋利,与动物差别不大,在自然本性上是凶狠而残暴的。原始人强于想象,不善推理,他们把自己创造人类事务的能力都归于神,同时宗教也是能够钳制原始民族的残暴野性的唯一手段。他们想象自身和一切规章制度都来源于神,相信一切事物都是由神创造的。

英雄时代脱胎于神的时代。原始人为了生存进行激烈的斗争,结果是胜利者成为主人,失败者变为奴隶。胜利者相信自己来源于天神,是神的后裔,凭借这种天然的高贵本性成为统治者,并在政治、经济、法律、礼仪、语言上享有特权。

维柯强调人的时代的重要性。他认为,在人的时代,人才真正变成人,因为理性是人类真正特有的自然本性。这时,人的本性"是理智的,因而也是谦恭的、和善的和富于理性的,把良心(conscience)、理性和责任视为法律"[1]。在这个时代,平民通过反思终于认识到他们的本性与贵族的本性是同等的,人性是大家共同具有的,贵族没有超出平民的特殊本性。在认识到这种真正的人性之后,他们便发觉英雄主义的虚妄,渴望得到与贵族平等的获取功利和声誉的权利。人民日益不能容忍贵族的特权,他们不再听信贵族高贵的神话,民众创造的观念逐渐成为语言的主流,人的时代就到来了。维柯对人的时代的描述,基本符合资本主义社会的特征:人们在理智上的平等,人生来是自由的,法律面前人人平等,民主成为社会的基本准则。

人的时代是人的自然本性充分实现和发展的时代,可是,基本的创造力量却属于以前的社会,特别是第一个时代。创造性往往与想象、野性、冲动和勇气相交

---

1 *Vico Selected Writings*, ed. & trans. by Leon Pompa, Cambridge University Press, 1982, p. 251.

织,而完善时常与理智、文雅、谨慎和遵循规范联系在一起。因此,人的时代的繁荣也孕育着某种危机。当社会发展到一定阶段,人的创造力被日渐完美的规则所窒息,人们由冲动转入安逸,再由安逸而腐化。为了摆脱社会的腐朽,历史会表现出某种复演,人类似乎重新回到野蛮阶段,转入新的创造阶段,重演神、英雄和凡人三个阶段。这种回复最初往往表现为内部衰败,然后是纷争、冲突并陷入野蛮状态,随之是被外部更年轻、更具野蛮活力的民族征服。譬如,西罗马帝国被日耳曼人征服,从而使欧洲进入一个新的历史阶段。当然,维柯在这里描述出某些循环论的特征,但是,必须指出的是,维柯所谓的循环并不是一种简单的循环,而是不断增长新质的生成过程。

综上所述,维柯的新科学实质上就是关于人的本性及人自我创造和自我生成的科学。他提出了关于人的科学的可能性问题,并为实现这种可能性提供了一个坚实的信念依据和方法论依据,从而开辟了在人类历史和文化生成的过程中探讨人的本质和本性的新天地。

第四节

呼唤人的启蒙

启蒙运动不但是理性的启蒙,也是文明的彰显。启蒙时期不但盛行自然主义和理性主义的人学,而且是"文化人"的观念流行的时期。启蒙学者通过对人类文化和历史的研究,指出了"无论是在肉体上还是在道德上,人类种族从根本上说是统一的"[1]这一道理。他们按照人类文明的共同理想,塑造了新时代的"文化人"的形象,以此为标准来批判现实、匡正人性、改造社会。

一、 文明诸要素

在法国启蒙学者看来,文明在西方还是有待实现的目标,而不是既存的现实;

---

1 转引自 Henry Vyverberg,*Human Nature*,*Cultural Diversity*,*and the French Enlightenment*,New York:Oxford University Press,1989,p. 34。

启蒙就是朝向这一目标运动的开始。他们按照未来社会的要求,对文明的诸要素作了一一说明,并把这些要素作为衡量社会进步的标准。

1.自然状态的蒙昧

法国启蒙运动的旗手伏尔泰(Voltaire)彻底摆脱了"古代是人类的黄金年代,而人类是不断衰落着"的神话历史观。在伏尔泰看来,古代已经被淹没在虚构的传说和神话之中,我们没有必要相信"用一千句装扮很少真相"的古代史[1],人类的黄金年代在未来而不是在黑暗的过去。伏尔泰反对迷信古代人,尤其蔑视中世纪。在他那里,古老已经失去往日的神话光彩,只剩下让人羞愧的愚昧和野蛮。他指出:"任何时代的人总夸奖过去和诬蔑现在……每个民族都幻想着一个纯洁、健康、悠闲、愉快,实际上不存在的黄金时代。"[2]这种与封建迷信势不两立的态度,大大增强了伏尔泰思想的战斗力,使他成为毫不妥协的反封建、反宗教和反迷信的斗士。

与启蒙时代的其他思想家一样,伏尔泰也相信人类曾经处于自然状态。在自然状态下,人们愚昧无知,没有语言,也没有关于上帝和灵魂的观念,因此也没有善恶的区分。通过漫长的探索,人类的理智才达到现在的样子。伏尔泰对人类理智大加赞扬,人类理性或理智能力是人类社会进步的最重要的动力和标志,而人类理智的发展又与人的社会群居性密切相关。人类理性的发展进一步强化了人的社会本能,反过来,人的社会生活也推动了人类理性能力的提高。在伏尔泰看来,一个脱离社会而离群索居的人,很快就会丧失语言和思维的能力,变成一个没有教养的野蛮人。对卢梭怀疑科学与艺术的进步而赞美自然状态的观点,伏尔泰进行了无情的揶揄:无论卢梭怎么样,作为人,伏尔泰本人还是愿意两条腿走路,而不是回到四条腿走路的状态。伏尔泰认为,使人堕落的不是理性而是无知,不是社会生活而是离群索居。

2.文明开始于中国

伏尔泰认为人类的进步开始于脱离动物界,能够用理性支配生活。开明的专

---

1 转引自 Frederick Copleston,*A History of Philosophy*,vol. 6,London:Search Press,1953,p. 166。
2 伏尔泰:《哲学通信》,高达观等译,上海人民出版社 1961 年版,第 289—290 页。

制为人类理性的萌发提供了必要的条件。他把中国的政体当作开明专制的典范，因此在《历史论文集》中把中国作为人类历史的发祥地，认为人类的理性和文明从中国开始，经过印度、波斯和阿拉伯，最后才达到西方教会。伏尔泰根本不相信奥古斯丁等人传授的、从《圣经·旧约》时代开始的"圣史"。他说，这段历史充满着谎言和幻想，西方历史开始于9世纪的卡洛林时期，真正的信史开始于15世纪。

出于文明开始于中国的历史观，伏尔泰称得上是一位"中国之友"。他以崇敬的心情看待中国古代圣贤的事迹，并把春秋时代赵氏孤儿的故事改编成戏剧《中国孤儿》，以颂扬中国圣贤的道德。他对中国文化有一段精彩的评价："总的说来，秩序和温和的精神，科学的情趣，对生活有益的艺术修养，手工制作的奇异发明，这些就是中国智慧的本质。"[1] 当然，伏尔泰对中国文化的评价也有溢美之词，个中原因并不完全是他对中国的知识有限。他对中国的颂扬有着强烈的现实政治目的，那就是，以他所理解的中国人的世俗的、健全的理性来批判法国的专制制度和宗教迷信。

3. 文明的基础是法律

伏尔泰吸收了孟德斯鸠（Montesquieu）的自然法理论，他把孟德斯鸠的代表作《论法的精神》誉为"理性和自由的法典"。

孟德斯鸠所说的法的精神不仅是经验事实的概括，更重要的是文明的原则。正如他在说明自己的方法时所指出的那样：通过对人的考察，他得到这样一个信念——人类无限多的法律和风俗不是出自偶然的念头，他于是确定了一些原则。他看到，个别的情况是服从这些原则的，仿佛是由原则引申而出的，所有民族的历史不过是由这些原则而来的结果。[2]

从广义上理解，自然法是"由万物的本性派生出来的必然关系"。他说："在这个意义之下，一切实体都有它们的法；神有神的法，物质世界有物质世界的法，在人之上的天使有天使的法，禽兽有禽兽的法，人有人的法。"一切实体都遵循法，即使神也不能例外，造世主对世界的统治依法进行。"因为世界没有这些法则是不

---

1 转引自 Henry Vyverberg, *Human Nature*, *Cultural Diversity*, *and the French Enlightenment*, New York: Oxford Vniversity Press, 1989, p. 137。

2 参见孟德斯鸠《论法的精神》上册，张雁深译，商务印书馆1961年版，著者原序。

会存在下去的。这些法则是一种确定不移的关系。……每一种殊异都有齐一性，每一种变化都有恒定性。"[1]

孟德斯鸠最关心的当然还是人法。他说："理智界远不如自然界治理得那样好。"[2]人作为自然实体，受不变的法则支配；但人同时也是理智实体，他的有限知识和脆弱的感情阻碍或改变着法则。因此，人不能成为自己制定的成文法的基础。自然法是客观的"公正关系"，是先于成文法的基础。

孟德斯鸠说，自然法与人的本性和生活条件相吻合，是"唯一从我们的存在结构派生出来"[3]的。自然法的应用范围包括和平、自养、互爱和社会生活。战争起源于社会，包括国与国、个人与个人的战争，"战争状态乃是促使人间立法的原因"。为了战争和和平的目的而制定的成文法包括国防法、政治法和公民法等。成文法要符合建立政府的"本性和原则"。

伏尔泰根据孟德斯鸠的自然法理论，把自然法作为成文法的基础。自然法以"自爱"为手段，维系人类的福祉和社会的秩序。伏尔泰指出："没有自爱心，社会就不可能形成和继续存在；没有情欲，就不会生出小孩子来；没有胃口就不想吃东西，诸如此类。正是对我们自己的爱，助长了对他人的爱；正是由于我们相互需要，我们对人类才有贡献；相互需要乃是一切商业的基础，乃是人与人之间永恒的联系。没有这种联系，那就不会有某项艺术的发明，不会有十人以上组成的社团。每种动物都从自然那里接受了这种自爱，是这种自爱告诉我们要尊重别人。法律指导这种自爱心，宗教又改进了它。"[4]成文法符合人类的利益，它使人们在追求自己的利益的同时，也给他人带来快乐——至少不给别人带来痛苦。显然，在伏尔泰看来，法律进一步完善了人的自爱心，使之成为文明的基础。

4. 人类文明的希望在未来

伏尔泰认为，不断把自己的眼光投向未来，是人类朝向文明目标持续进步的

---

[1] 北京大学哲学系外国哲学史教研室编译：《西方哲学原著选读》下卷，商务印书馆1982年版，第37—38页。
[2] 同上书，第39页。
[3] 同上书，第40页。
[4] 伏尔泰：《哲学通信》，高达观等译，上海人民出版社1961年版，第126页。

最重要的动力之一。他指出:"人类最可贵的宝库乃是这个'希望',它缓和了我们的悲哀,它在我们目前所有的欢乐中描绘了将来的欢乐。倘使人类相当地不幸,只能管到现在的话,我们将不再播种,不再建筑,不再种植,不再供给任何东西,于是在这虚幻的享乐中,人们将缺乏一切。"但是,人类的本性决定他们不能停留在希望和幻想之中,要满足自己的需要并获得发展,人类必须依靠实际行动。"人类为行动而生,正像火向上升、石往下掉那样。对于人来说,绝对无所事事和不存在是等同的。"[1]伏尔泰在这里接触到一个对现代人来说非常重要的思想,那就是,人只有行动才能希望,人通过实践活动实现对于文明的希望。

5. 人类文明是教育的结果

杜尔哥(Anne Robert Jacques Turgot)是一位颇具创造性的天才思想家,他对人类的阶级结构和社会经济过程有深入的研究。杜尔哥把人类的文明看作是理性的胜利和教育的结果,他对人和人类社会的未来持基本的乐观主义态度。

通过对人类历史和自然界的比较,杜尔哥试图找到人类社会的特殊规定性。他认为,自然界的运动变化都是循环的,而人类社会却朝着完善的目标不断前进。民族有兴有衰,社会有治有乱,人民有喜有悲,但是人类理性的进步却从不间断。杜尔哥断定,人类的所有活动和社会的每一次改变,都会以"在最后提供某种好处而结束,因为每一次改变都变成经验,因为每一次改变都在普及和改进教育,或者作好教育的准备"。甚至连人们的私欲、政治家的野心,也会起某种教育作用,启发人们的心灵,"因而有助于增进他们毫不关心的人类的幸福。他们无意识地走向贪欲和狂暴行为推动他们去的地方……贪欲在没有理性的时代代替了理性,从而丰富了思想,传播了知识,完善了才智……"。[2] 可见,杜尔哥确信理性和教育的发展是必然的,教育的发展会"扩大自然法",导致最后建立一个每个人都能够幸福地生活于其中的和谐的社会秩序。

作为研究经济现象的思想家,杜尔哥知道经济生活对人类进步的重要意义,他甚至认为经济关系的变化对文明的实现具有决定性的意义。杜尔哥认为,采集

---

[1] 伏尔泰:《哲学通信》,高达观等译,上海人民出版社 1961 年版,第 130—131 页。
[2] 转引自维·彼·沃尔金《十八世纪法国社会思想的发展》,杨穆、金颖译,商务印书馆 1983 年版,第 96 页。

经济是人类生活的起点,由于这种方式不能满足人的需要,人们又通过狩猎的方式作为补充,进而发明了畜牧业。部落之间往往为争夺草地等资源而发生冲突,胜利者就把失败者变成奴隶。奴隶的出现为从畜牧业向农业转变创造了条件。人口的增长引起分工的必要,分工使手工业、商业、艺术发展起来。城市出现了,财产的差别和社会地位的不平等也随之扩大了。但是杜尔哥又认为,不平等使一部分人摆脱了繁重的劳动,获得了闲暇的时间,从而为知识和教育的发展创造了条件,知识和教育的发展反过来又促进人类生活各方面的进步。

杜尔哥承认历史上所有的时代都曾经为社会的进步作出过贡献。在他看来,即使中世纪也有教育,为文明作了理性的准备。这一点使他比其他法国启蒙思想家更加具有历史感。杜尔哥认为,一旦教育普遍发展的时代到来,一切愚昧和无知的阴霾都将被一扫而光,真正的文明才会实现。

6. 人权是文明社会的立法

启蒙运动的一个具有历史意义的成果是天赋人权论。天赋人权论主要以自然主义的人学为基础。文化派的启蒙学者把人权作为文明的标志,使人权理想从观念形态逐渐转变成现实的社会要求。正如瑞士学者托马斯·弗莱纳(Thomas Fleiner)所指出的:"启蒙是现代民主的基础。每一个'启蒙了的'人都能够独立地运用理性来掌握自己的命运。每一个人都是自己的'主权者',任何国家机关都不能强制个人接受一种与他或她认为正确的理性形式不同的理性。这一人性观后来成了 18 世纪和 19 世纪的革命和民主运动的基础。"[1] 在这个意义上,我们可以说,"人权是人类启蒙观念的反映",人权是文明社会的立法。

美国思想家潘恩(Thomas Paine)在《人的权利》一书中,对《独立宣言》和《人权宣言》中关于人权所作的法律认定,进一步作了社会进步的认定。潘恩说,人类从自然状态进入社会状态,绝不是为了减少自己的自由与权利,而是为了使自己的自由权利得到更加充分的保障。潘恩认为,《人权宣言》至少在以下两个方面取得了进展:其一,它"取消了宗教的神圣尊严",削弱了宗教对人类心灵的影响,就像驱散了遮蔽光源的"云雾"一样。其二,它注意到权利与义务的平衡,因为从相

---

1 弗莱纳:《人权是什么?》,谢鹏程译,中国社会科学出版社 2000 年版,第 5 页。

互作用的角度看,"凡是我作为一个人所享有的权利也就是另一人所享有的权利,因而拥有并保障这种权利就成为我的义务"[1]。

潘恩对人权的两个方面——天赋人权和公民权的关系进行了说明。他指出:"天赋权利就是人在生存方面所具有的权利,其中包括所有智能上的权利,或是思想上的权利,还包括所有那些不妨害别人的天赋权利而为个人谋求安乐的权利。公民权利就是人作为社会一分子所具有的权利。每一种公民权利都以个人原有的天赋权利为基础。"[2]但是人们之间公正的社会合作有利于保障他们的天赋权利。潘恩坚信,能够保障人们天赋权利的社会是人类文明的必由之路。

二、追求人道目标

德国的启蒙学者不像法国启蒙思想家那样简单地否定过去,他们把社会进步视为漫长的教育和人类创造性的努力结果。他们用来衡量社会进步的一个主要标准是人道,把人类的文明史看作朝向人道目标前进的过程。

1. 宗教是神教育人类的计划

莱辛(Gotthold Ephraim Lessing)的人类进步观首先是对宗教的历史解释。他把历史进步看作上帝对人类的长期教育,历史上的任何偶然性和荒唐行为都是这种教育的组成部分。现代思想家卡西尔评价说,按照莱辛的观点,"真正的、唯一绝对的宗教,乃是在自身中包容了宗教精神的全部历史表现的宗教。这种宗教包容了一切细节,无论是多么荒谬的意见,也无论是多么古怪的谬误,都间接地服务于真理,隶属于真理。……莱辛认为,宗教乃是神的一种计划,其目的在于教育人类"[3]。这样一来,包括中世纪在内的历史现象就不再与理性完全对立,而是成为人们逐渐认清真理的唯一途径。

莱辛承认宗教史上的一切现象都有其历史价值,但是他并没有彻底放弃启蒙运动的基本立场。在他看来,对于真理来说,历史上的现象只具有相对的意义,无论是教皇还是路德都不可能拥有把握整体真理的绝对权利。在这里,莱辛利用了莱布尼茨的认识论观点,即理性的必然真理和经验的偶然真理之间存在着严格的

---

1 王德禄、蒋世和编:《人权宣言》,求实出版社 1989 年版,第 16—17 页。

2 同上书,第 146 页。

3 卡西尔:《启蒙哲学》,顾伟铭等译,山东人民出版社 1988 年版,第 187 页。

区别。在《论精神和力量的证明》中,莱辛指出:"历史的偶然性绝不能成为理性的必然真理的证据。"[1]因为历史现象和真理属于不同的范畴,二者之间没有必然的联系,历史现象只是有利于教育人们认识真理。对于人来说,绝对真理与其说是形而上学地存在着的一个自在之物,倒不如说是在历史中人们不断接近的无限过程。莱辛形象地说:如果上帝用右手向他提供完整的真理,左手提供需要无休止地加以探讨的真理,那他自己将选择后者,即使这样做他将永远处于错误之中,那也是值得的。只有上帝才拥有纯粹的和最终的真理,人只有在历史活动中才能实现自己的相对价值。

2. 社会教育促进人类的进化

上帝在漫长岁月中按人类的理智发展水平和接受能力而启示于人的教育过程,表现为人类的进化。莱辛断言:"教育是对人类个体而言的,进化则是对整个人类而言的。"[2]教育促进了个体理智的进化,连续的社会教育也促进了整个人类的进化。教育是一个世代相传、连续不断的系列,因此,人类的进步也是一个永无止境地趋向完善的过程。

按照教育方式或境界的不同,莱辛把人类进步的历史划分为三个阶段。正像教育过程有一定的奖惩手段,人类历史的进步也有赖于一定的奖惩手段,以便促使人们弃恶从善。历史的第一阶段是人类的幼年时期,相当于《旧约全书》时代。这时缺乏宗教和法律规则,上帝是通过趋乐避苦的自然法则来教育人们的。第二阶段是人类的少年时期,相当于《新约全书》时代。在这个阶段,自然法则的奖惩逐渐改变为间接的精神性奖惩,支配人们行为的是对永恒幸福的向往和对地狱的恐惧。第三阶段是未来人类的成熟阶段。到那时,人们行善只是因为善本身是好的,他们并不期望从行善的生活方式中捞取什么好处。当人类进入成熟阶段后,不仅有可能消除作为绝对真理的上帝与相对的人之间的对立,也将消除人与人之间的分歧,从而使人类达到完美的境界。

3. 人道主义的理想

莱辛是理想主义者,他与启蒙思想家一样,向往趋于完善和高度发展的人性。

---

1 *The Encyclopedia of Philosophy*, vol. 4, ed. by Paul Edwards, Macmillan, 1967, p. 445.
2 转引自韩震《西方历史哲学导论》,山东人民出版社 1992 年版,第 139 页。

但是，莱辛的理想主义超越了启蒙思想的理性主义和自然主义。卡西尔认为："启蒙哲学避开了兴衰无常的历史，而避居于理性之不可摧毁的、永恒的规律。但莱辛实际上不承认有任何诸如此类的理性，他终生都是一个伟大的理性主义者，但他用综合的理性取代了分析的理性，用能动的理性取代了静止的理性。"[1]

莱辛对社会教育作用的强调表明他也摆脱了自然主义。社会教育对他而言不是出自人的自然本性，而是按照某种神圣的计划对人的自然本性的改良，其结果不是人的自然本性的实现，而是人类的进化。

通过对人类文明的历史性和多元性解释，莱辛的理想主义具有更明显的人道主义和世界主义的色彩。莱辛死在法国大革命和拿破仑帝国之前，他看到单一理性的"本质力量"所带来的强制性和恐怖性。他主张思想宽容，反对狭隘的民族主义。莱辛公开声称："也许我的爱国心尚未完全泯灭，尽管按我的思想方法，我最不愿意被人夸为热心的爱国者，这会使我忘记我应当是一名世界公民。"他甚至说，"我对爱祖国毫无概念"，"这种爱在我看来是一种宁可没有的英雄的弱点"。[2]可见，莱辛首先是一个视野开阔的世界公民，然后才是国民；他首先是一个人，然后才是德国人。

4．人是动物与上帝之间的环节

德国启蒙思想家赫尔德（Johann Gottfried Herder）对人的理解同他对神与世界、神与人类的关系的思考密切相关，他把自然、生命和人类理性都放在统一的历史图景中加以考察。

在赫尔德看来，整个宇宙充满着内在的生命力，生命是宇宙发展和地质史的必然结晶，动物生命是植物生命的进一步发展，人类又是动物生命发展的崭新阶段。在每一种情况下，不仅新的发展都存在于它由之而来的母体环境中，而且新的生命形式也是原有形式的完善化。动物是完美的植物，而人类就是完美的动物。生命的形式发展了，生命之间的联系却是割不断的。譬如，人的性爱活动与植物的开花授粉是同样性质的事，只不过提升到一个较高的层次上罢了。自然界

---

1 卡西尔：《启蒙哲学》，顾伟铭等译，山东人民出版社 1988 年版，第 190 页。
2 巴莱特、格哈德：《德国启蒙运动时期的文化》，王昭仁、曹其宁译，商务印书馆 1990 年版，第 153 页。

虽处于发展过程中,却是一个统一的整体。高级的生命形式包含着低级的生命形式,生命的形式越高,它所包含的生命形式就越多。在人身上,自然界的多样性达到了最高程度,人是自然界生命发展的顶峰。

作为牧师,赫尔德保留了上帝在世界图景中的地位。他认为,上帝统治着世界,而在人之上有更高级的存在——"世界灵魂"。正像人脚着地、头朝天一样,人类也是站在两个世界之间,成为二者之间的连接点:一个是物质世界,人在其中是最崇高的存在;另一个是精神世界,人在其中是最低微的。

5. 语言是人的本质

人的本性是什么呢? 西方思想家大多认为理性是人区别于动物的地方。但是人为什么发展出动物所没有的理性或理智水平,许多思想家并没有给予正面的回答。而赫尔德在这个问题上写了许多文章。

赫尔德相信理性不是人的自然本能。他指出,人类的理性能力的发展恰恰是以人的本能所缺乏的力量为基础的,本能所缺乏的力量迫使人类以理智水平的发展弥补自己的不足。赫尔德指出:"人赤裸裸地来到世上,他是一种缺乏本能的动物。"就本能的强大和可靠而言,人远远比不上动物。可是人恰恰因此而得救。因为"他作为动物所具有的一切缺陷和需要,促使他以自身的全部力量证明自己是人"[1]。每一种动物都有自己的生存范围,从一出生它就进入其中,始终生活在那里面,直至死亡。奇怪的是,动物的感官越灵敏,本能越强大、可靠,其本能的技艺越精妙,它们的生存范围就越小。这就是说,在动物的本能技艺与它们的活动空间和社会性发展的丰富程度之间存在着反比关系。蜜蜂构筑蜂房的技能,让人叹为观止。但是离开蜂房所限定的工作,蜜蜂什么也不会建筑。

然而,"人的生存范围绝不那么单一狭窄","他的感觉和机体组织并不只在一个方面特别发达,在所有的方面他的感官都起作用;当然,就每个具体的方面来说,感官也就更弱、更迟钝"。人缺乏很多本能,他的嗅觉不如狗,力量不如牛,奔跑不如马,牙齿的锋利不如虎;但是人却有许许多多的事情要做,他的综合能力使他超越了所有的动物。"他的心灵的力量广及整个世界,他的想象并非仅仅针对

---

1 赫尔德:《论语言的起源》,姚小平译,商务印书馆 1998 年版,第 72 页。

一个方向"[1]。既然人没有多少本能力量可以依靠,那么在人身上肯定潜藏着一些非本能的力量。这就是动物所不具备的理智能力。

人的理智首先表现为语言的使用,人是使用语言的生物,语言是人的内在规定性。赫尔德说:"人是一个自由思维、积极行动的生物,他的力量在持续不断地发挥作用,正因为此,他才成为具有语言的生物!"因为"即使是最基本的知性活动也离不开词语符号,那么,第一个有意识的思考行为发生的那一刻,也正是语言内在地生成的最初时刻"[2]。

在赫尔德看来,语言的起源和人类的起源是一回事,离开语言的人和离开人的语言都是不能想象的。"语言是人的本质所在,人之成其为人,就因为他有语言";"语言乃是我们人类种属外在的区分特征,正如理性是人类的内在区分特征一样"。[3] 没有人类心灵的词语,人类最初的自觉意识活动就无法成为现实。人类心灵的任何状态都必然伴随着词语的生成,人们的任何一次思考都必然需要词语予以限定。"事实上,悟性的所有状态都以语言为基础,人的思想的链带也即词语的链带。"[4] 语言和理性是相辅相成的关系,语言借助理性向前发展,反过来,语言的丰富也促进了理性的进步。

6. 人的社会性和创造性

赫尔德认识到,语言赋予人社会性。在他看来,"人本质上是群体的、社会的生物,所以,语言的发现对于人来说是自然而然、必不可免的"[5]。语言是人的本质。只有在群体之中,语言才能得到发展。一个与社会隔绝的人,必然退化到野蛮人甚至普通动物的状态。人刚出生时非常孱弱,没有父母的照顾和他人的体贴,根本无法生存。养育儿童的任务非常重,妇女在怀孕、分娩和照料孩子的时候,需要丈夫、家庭和社会的帮助。因此,人绝不是卢梭式的孤独的林中人,因为他时刻需要别人;人也不可能是霍布斯式的狼,因为人至少需要配偶、家庭和社会

---

1 赫尔德:《论语言的起源》,姚小平译,商务印书馆1998年版,第17页。
2 同上书,第72—73页。
3 同上书,第36、21页。
4 同上书,第76页。
5 同上书,第85页。

的合作。赫尔德的结论是:"没有任何一个人是为自身而存在的,他是整个人类的一分子;人类发展的链带延续不断,个人只不过是其中的一个节点。"[1]

由于人的语言和社会性,人是一种通过学习积累知识的生成性生物,人类是历史性的物种。在某种意义上,动物不需要发明,因为它们靠本能和天性生存;而人必须靠自己的发明才能生存,因此人类必须有持续的发展。蜜蜂筑巢和蜘蛛织网都很完美,但是它们的能力是本能的,具有封闭性;而人不经长期的学习和摸索,做事很难成功。但是,恰恰因为人做事不完美,人才有了不断改进的可能。

人缺少天赋本能,却有了自由探索和创造的能力。动物本能的封闭性把它们固定在狭窄或单一的方向上,而人的理性和语言却为人开拓了无限发展的空间。赫尔德指出:"人初入世界之时是最无知的生物,但他马上就开始接受自然的教化,而这在所有其他的动物都做不到。他不只是每天都在学习,而且是每一分钟都有收益,从每一个思想中获得启迪。人类心灵的本质特点就是:人绝不是为当前的一刻学习,而是把一切都与他已知的东西联系起来,或为将来的联系而贮存起来。换言之,人类心灵在不停地考虑它已积聚的东西和进一步要积聚的东西,它是一种永不歇止地进行着积聚的力量。这一过程伴随着人的一生,直至死亡。人似乎永远不是完整的人,他始终在发展、在进步、在完善。"[2]

7. 人道是人性的目标

在赫尔德的思想里,"人道"是一个核心概念。他说道:"我希望,把我迄今为止所说的关于以高尚的方式把人教育为具有理性和自由、具有良好的感觉和本能、具有最强健的体魄并能够满足和控制地球这一切意思都归纳到人道这个词里;因为没有一个比人道这个词更高贵的词可以来证明人的使命。"[3]赫尔德认为,人道就是人类本性的目的,是我们追求的目标,人类历史的未来就是愈来愈趋向于人道。历史的每一次进步,都是人道目标的部分实现。

赫尔德认为,人道促进人的本性和人的本质的完善,是对人权和人的尊严的尊重及对人类的热爱。根据人道的原则而活动,必须参与促进整个人类幸福的事

---

1 赫尔德:《论语言的起源》,姚小平译,商务印书馆1998年版,第87页。
2 同上书,第75页。
3 卡岑巴赫:《赫尔德传》,任立译,商务印书馆1993年版,第77—78页。

业,心甘情愿地为了全人类的利益而发挥自己的才智。上帝已经把人道同人类的命运联系在一起,因此,追求人道的目标是符合人性的活动。一切事物的价值,都是根据它们与人道的关系而确定的;个人、国家、艺术、理论、宗教,越是能促进人道的发展,越是有价值。理性就是上帝为实现人道的目标而赋予人类的手段,有了理性,有限的人就能够在失误中学会更好地运用理性。人越是能迅速认识错误,越是能努力改正错误,并按照理性的引导去活动,他的精神就越是能得到发展。可见,人道是以理性为基础的,理智的进步是推进人道的主要手段。

第五节

张扬个性自由

德国浪漫主义是对法国启蒙理性的反动。浪漫主义不再相信一成不变的理性,反而重视实际生活和民间智慧。德国的浪漫主义运动就是从收集中世纪民间文学开始的,为此甚至有人提出了"回到中世纪"的口号。浪漫主义者表面上的复古主张实际上是现代文明的新阐述,他们崇尚文明与自然的和谐,放任想象力和创造力。他们认为,"文化人"的举动应不受近代文化所体现的那种古典主义的清规戒律的束缚,而是真实感情的自然流露。浪漫主义文学作品所刻画的主人翁往往是自由奔放和自我陶醉的人物,是"文化人"形象的典型。

一、 艺术的自由和创造

1. 个性自由与自然和谐

施莱格尔兄弟——奥古斯特·施莱格尔(August Wilhelm von Schlegel)和弗里德里希·施莱格尔(Friedrich von Schlegel)创办的《雅典娜神殿》杂志,成为德国浪漫主义运动的喉舌和中心。他们把希腊哲学作为人类文明的典范。希腊史诗和戏剧同时具有哲学、神话、讽刺和宗教的意义,表达了自由与和谐的精神。

浪漫主义者注重的精神自由是人的个性自由。浪漫主义对个性自由的弘扬并没有发展到个人主义和利己主义的地步。个性自由是宽宏大量的,尊重每个人和每个民族的个性。与启蒙理性的单一性相比,浪漫主义更能够容忍多样性和特殊性。

浪漫主义者不把自然界视为征服的对象,而视为人类存在的家园和母亲。诗和艺术是洞察自然界奥秘的手段,却不破坏它的原初和谐。在他们那里,自然的创造力是无限的,世界充满着永不重复的东西。人的潜能只有在自然界才能得到充分的发挥,达到诗意的境界,与自然界融为一体。

浪漫主义蔑视抽象的理性思考,认为它割碎了生命的有机性,把生活变成灰色的概念和理论。生活是充满矛盾和特殊性的,因此,生活本身对于浪漫主义者来说是富于激情和想象力的。歌德激烈地批评霍尔巴赫的《自然的体系》的机械唯物主义的自然观,说这一体系是灰色的,剥夺了自然和生命中最可宝贵的东西。谢林(Friedrich W. J. von Schelling)的夫人卡洛琳娜(原来是奥古斯特·施莱格尔的妻子)认为,诗意是每个文化人生存的精神根基,因为它是大自然无穷创造力的表现,这种精神创造力的源泉是不会枯竭的。显然,对于浪漫主义者来说,艺术是精神活动的最高形式,它超越于知性和理性。因为艺术是自然界创造力量的无意识的流溢,它高于人为的和矫揉造作的东西。

2. 浮士德式的人生创造

歌德崇尚人道主义的启蒙精神,但他的启蒙思想与浪漫主义有密切联系。

歌德相信人和自然的和谐,人在生理上与动物没有根本的差异。为了证明人与动物的联系,他推翻了当时生物学界用来区别人和动物的一个生理学标准,即动物有上颌骨,而人没有上颌骨。歌德发现了人也具有上颌骨,但他并不是要证明人只是动物,而是要说明,人与动物的差别不是生理上的,而是精神上的。人的智力和道德使人比其他自然物更加高尚。

歌德认为,人是一种能进行感觉、体验和思维的统一整体,而艺术正是适应人的这种整体性和统一性的精神活动。人们应该过一种自然的生活,自然就意味着人格的完整性,犹如宇宙的统一性。上苍和尘世构成了广袤无垠的天地,以致万物生灵只有通力合作才能理解它。艺术作品必须能够触及事物的本质或人们的内心,只有这样作品才能具有某种生命力,从而使人们借以理解宇宙和人生。

在歌德看来,人生就是一场持续不断的、使每寸光阴都带来益处的斗争。善于创造者才是唯一的真。文学在形式上有某种超自然的性质,它揭示了生命欲望的永恒冲动。歌德塑造的浮士德形象,就是这种观念的典型。浮士德的最后目标是创造事业。他说道:"我完全献身于这种乐趣,这无疑是智慧的最后的断案:'要每天每日去开拓生活和自由,然后才能够作自由与生活的享受。'"当浮士德要尽量享受那"最高的一刹那",说出"你真美呀,请停留一下"之时,浮士德倒在地上与世长辞了。

歌德认为,生命好比一步步向高处推动巨石,任何停止都意味着生命的终结。他指出:"我们必须把自己看作零,而后争取变成一切,尤其不应超过疲乏的精神和肉体的需要,成天默默无为地站着和歇着。""为了不让自己发霉,我们必须不断变化,不断更新和变得更年轻。"[1]因此,歌德才认为,理论是灰色的,生活之树则常青。即使是艺术,也不如生活本身更值得珍惜,因为艺术的目的无非是美化生活而已。

3. 世界文明的完善

伴随着岁月的流逝,歌德愈来愈清楚地认识到:太阳不仅属于自己,也会为别人升起。他主张用文学的感染力作手段教育人民,改善不良风俗,提高民族的文明素质,寻求人类的真正进步,建立理想的"世界文化"。世界文明的完善是考察我们的行为和艺术活动的社会标准。

歌德相信,艺术创造是人类共同的财富,艺术和理性有着共同的终极目的,就是面向全人类的共同幸福。在世界各地的任何时代,艺术都是从成千上万人的创造活动中而来。歌德愈是成熟,就愈是"把自己看成一种历史现象"。他写道:"我绝不把自己的作品单单归功于我自己的智慧,而是归功于周围成千上万为我提供了素材的人和事。"[2]与此同时,歌德愈是感到自己身上纯个人的成分减少了,愈是专心于考虑人类社会的进步与发展。一个人如果囿于自己的小天地,怎么能达到卓越的境界呢?

---

1 转引自彼得·伯尔纳《歌德》,关惠文等译,人民文学出版社 1986 年版,第 25—26 页。
2 转引自上书,第 117 页。

歌德认为,个人应当享有自由,但是这种自由并不是恣意妄为。与任意的自由结伴而行的必然是专制主义,与真正的自由相协调的必定是法律和条件的约束。任何人都能够任性地生活,但只有自由的人才能自觉地接受约束。歌德在一封信中指出:"强制性的东西做起来是很苦的,但只有在做强制性的工作时,一个人才能表现出他的内在精神。"[1]自由无非是给人提供选择的可能性,从而为人们的行为及其后果的合理化创造条件。自由必须以社会历史发展的条件为依据,因此不同时代的自由追求都有其特殊性。人们的自由显然要受历史条件和法律的限制,认识到这些限制就会感到自己有自由。

二、 人从自然到艺术的发展

谢林最初也是在启蒙运动和法国大革命的影响下成长起来的。青年谢林对理性充满信心,他曾经说过,人的革命"必须从认识自我的本质开始"[2]。谢林与施莱格尔兄弟等浪漫主义者有密切交往,他们分享着对启蒙运动和法国大革命的失望情绪,使他的思想转向了浪漫主义。谢林后来逐渐认识到,人不仅具有理性,还有生命的情感和道德责任感。

1. 从自然到艺术的精神历程

俄国思想家赫尔岑(Herzen)把歌德称为"诗人—思想家",把谢林称为"思想家—诗人"。二人都对自然和世界进行着诗意的思考。同浪漫主义者一样,谢林也是从对自然的关注转向对人的认识。谢林诗意地思考自然,把自然哲学与艺术哲学结合在一起,形成了谢林浪漫主义的特征。

谢林从自然中看到的是勃勃生机,他从斯宾诺莎关于"能动的自然"的概念中得到启发,认为自然整体是能动的"世界精神",表现为各种各样的力,如引力和斥力、作用力和反作用力、光明和黑暗等;在最高层次,表现为有机体整体,即自然本身。

自然界从无机向有机、从植物向动物、从动物向人演化,演化的一般趋势就是客观的世界精神转变为人的自我意识。自然和自我最后汇合于艺术。诗意把自

---

1 转引自彼得·伯尔纳《歌德》,关惠文等译,人民文学出版社1986年版,第60页。
2 转引自阿尔森·古留加《谢林传》,贾泽林等译,商务印书馆1990年版,第23页。

我与自然联系起来。艺术美既是主观的,也是客观的;既是自由的、有意识的,也是不自由的、无意识的。它是无限者的有限表象。谢林说:"艺术本身是绝对者之流溢(ausfluss)。"[1]艺术的历史,最鲜明地向我们展示艺术与宇宙的目的,以及与它们为其所预定之绝对同一的直接关系。艺术把哲学的主观反思当作客观现实,达到了最高的境界。用谢林的话来说,艺术是"哲学唯一真实的、永恒的肌体和记录"[2]。

2. 人是自己命运的承担者

随着年龄的增长,谢林的主要兴趣转向人。他把人类的活动解释为超越自然的自由意志的真善美的统一。

谢林认为,人是自由精神的体现者,自由不是别的,就是从自然朝向精神的发展。但是人却辜负了自己的使命,受自己的物质属性或肉体的支配,人与自然界的和谐关系也因此被破坏。这就是基督教所说的原罪。

人的原罪意识导致了对上帝的崇拜。谢林认为,宗教的核心是上帝与人的关系问题。他采取了基督教关于"上帝按照自己的形象造人"的教义。正如上帝既是无理性的客体,又是有爱意的主体一样,每一个作为上帝的影像的个人也是如此。

谢林肯定人的存在既是必然的,也是自由的。人的善或恶并不是偶然的,而是被上帝预先决定的,因为一切事物都通过上帝的理念而存在于上帝之中。上帝是"通过理念(即永恒概念)同人相关联","而人之理念无非是人本身的本质或自在存在",是"存在于上帝中的人本身的永恒概念"。

谢林说,上帝关于人的理念被"客观化于灵魂和躯体",这就产生了人的自由意志,"内在的必然性就是自由本身。人的本质就是他自己的行动。自由和必然是内在的统一,正如同一个实在看起来有不同的方面"[3]。

谢林虽然说人的存在是自由和必然的统一,但更强调自由是人的存在的主要方面。他在后期著作《论人类自由的性质》中指出,仅仅用反思和思辨把握人的本

---

1 谢林:《艺术哲学》上册,魏庆征译,中国社会出版社 1996 年版,第 26 页。

2 *Schellings Werke*, ed. by M. Schroter, Munich:Beck/Oldenbourg, 1927, B. iii, s. 627.

3 同上书,B. iv, s. 277。

质,就会导致失去必然与自由的统一。与世隔绝的、孤立的人没有办法上升到自由意志,只有存在其他的人并且处于个人与他人的永不停止的互动中,人才能发展自由意识。人的道德性规定了人的自由意志的社会性,法律在保障社会秩序的同时也保护着人的个性。"普遍性最大的客观东西就是历史",人的自由活动与他的历史命运交织在一起。人是自己命运的承担者。这部著作对人的存在与自由的探讨在 20 世纪引起了雅斯贝尔斯(Karl Jaspers)、海德格尔和蒂里希等人的关注,被视为存在主义的先声。

三、 人与万有合一的自由

荷尔德林(Friedrich Hölderlin)在图宾根神学院读书时,与谢林和黑格尔同窗。三个人以不同的方式表达了人学的观念。黑格尔的"理性人"是绝对精神的化身,谢林的超越自然和自我的"艺术人"最后成为上帝永恒理念的体现,荷尔德林的"自由人"则是诗人和神人的合一。

1. 人的本质是虚无

荷尔德林对"人是什么"这一千古之谜作了颇有新意的探索。他认为,人与其说是什么,不如说是在自由地追求什么;但人追求的对象也不能规定人,因为人与其说是追求什么具体的东西,不如说是在追求自由的过程本身。与顽石和草木相比,人非常可怜,因为他无从说起自己的规定性。人是不断地追求,在精神的领域不断提升;可是,这种提升过程的顶峰是什么? 答案只有一个:虚无。在这个意义上,"我们为虚无而生,热爱虚无,相信虚无,为虚无而劳碌终身,以逐渐化入虚无"[1]。人生在本质上的虚无性决定了人的自由。

在荷尔德林看来,自由从本质上规定着人,这种自由不仅把人与其他动物区别开来,也使人有了将自己与自己不断区别开来的特征。人不断发展,有了脱离整体而又力图达到更高整体的能力。这就是回到"美的人",而作为"美的人"他已经具有了神性。这就意味着,这种美本质上不是外在于他的附属品,而是源自人性所独具的神性。"一旦他是人,这个人就是一位神。如果他是神,那么他是

---

1 《荷尔德林文集》,戴晖译,商务印书馆 1999 年版,第 42—43 页。

美的。"[1]

2. 人是自由把握自己的诗人

自由就其本意来说,就是不需要外在的根据,自由是自身的根据。人与自然原初是和谐的,但原始人在自然界没有自由。荷尔德林于是认为,自由的人必须离开原始的和谐,然后才能重建更高意义的和谐。他把和谐的重建叫作对自由的"把握"。"因为神人或人,必须把握所有苦难。"[2]人与自身相分离是通过选择客体得以完成的。比如,诗人从选择的材料来规定其性格,并且自由地把握这些材料。人自由地选择和把握客体,也就是自由地选择了自己的命运。命运是自己选择、自由地接受的。就是说,自由是人的自我规定。

在人的自我规定中产生了自我及其对立面的和谐。荷尔德林说:"我与我自身相对峙,我与我自身相分离,却又无视这种分离,将在对立面中的我作为与自身同一的我加以认识。"[3]和谐的对峙者作为统一显现于我之中,并且在美的个性中成为客体。按照人的自我规定,每个人都天赋和内在地拥有和谐的对峙;然而,只要人没有把自己投入与外部领域的关系中,并且是"和谐地"投入,就无法认识内在的对峙。

人的自我规定也决定了他与外部世界的关系。人的自由命运决定了他必须对现状感到不满足,生命是贫困的,他必须投入世界,自找痛苦。不要羡慕解脱了痛苦的人,那样的人与木偶无异。绝对的宁静并不是人生的目标,因为"万有生于情趣,万有止于和平"。荷尔德林指出,尽管"脉络分路而行又回到心脏,统一,永恒,灼灼的生命是一切",但是,"世界的不谐和犹如爱人的纷争。在斗争中是和解,而所有被割裂的又找回自己"。[4]

自然的终极目的既不是文化也不是幸福,而是实现了自由把握或达到了最高目的的人。人所具有的这种天然的自由把握的精神就是"诗"。在诗意的存在中,人应该是理想的存在——在自身中与自身相区别的人。因此,人并非有时是诗

---

1 《荷尔德林文集》,戴晖译,商务印书馆 1999 年版,第 75 页。
2 同上书,第 469 页。
3 同上书,第 197 页。
4 同上书,第 197、150 页。

人，也不只有一部分人是诗人，人从本质上就是诗人。诗人是人性的导师，是民族的导师。

3. 人与万有合一的神性

荷尔德林曾经钟情于斯宾诺莎哲学。他从斯宾诺莎的泛神论中得出了"一即一切"的思想。在《许佩里翁》中，荷尔德林写道：我们的世界就是你们的世界，你们的世界也是我们的世界。因为"整体为了人人，人人为了整体！这言辞里是一种欢乐的精神，他也像神的戒律一样抓住我的人民"。"与万有合一，这是神性的生命，这是人的天穹。""与生命万有合一，在至乐的忘己中回归自然宇宙，这是思想和欢乐的巅峰，它是神圣的峰顶。"[1]

人在世界中是孤独的，孤独感使人不能外在于自然。荷尔德林借许佩里翁之口说："我们不能孤独地存在，只要我们活着，爱在心中就不死，这使我们在一切富足中感到贫乏。……让古老的美的世界在我们之中更新，让我们汇集并统一于我们的神性的怀抱，看！于是我对困厄一无所知。"实际上，人的生命力就在于他的爱。当他爱时，人是太阳，看见一切，照彻万物；而当他不爱，人是灰暗的居室，燃着一盏昏黄的灯。[2]

就其存在而言，人就在自然之中，他是自然的一部分；可是就其本性而言，人是超越自然的。他过着在人性上不断向上的生活，与世界处于丰富多彩而更加深情的关系，这种关系对于他是至为神圣的。因此，"人只要合理地着手，在每一个他所独具的领域中，都有一种大于必需的、更高尚的生活，那就是说，一种大于必需的更无穷的满足"[3]。

荷尔德林所说的"万有合一"，既是人超越自然的神圣感，也是人生的神圣境界。他以此歌颂了人的神性："人认识到自己作为统一包含于神性的和谐对峙者中，正如反之，神圣、统一、和谐对峙者包含在作为统一的自身之中。显然这仅于美而神圣的情感，神性的感觉中才可能，一种情感，既非单纯地舒适幸福，亦非单纯地崇高强大，亦非仅仅为统一和宁静，而是同时是这一切，并且只能如此，它因

---

1 《荷尔德林文集》，戴晖译，商务印书馆1999年版，第106、8页。
2 参见上书，第204、15、71页。
3 同上书，第150页。

此才美。一种情感,既不只是无私地献身于客体,也不仅仅无私地栖息于内在的根据,也不只是无私地逍遥于内在根据和客体之间,而是同时是这一切,并且只能如此,它因此是神圣的;一种情感,既非单纯的意识,丧失了内在和外在生命的单纯反思(主观或客观的),亦非丧失了内在和外在和谐的单纯的追求(主观或客观的),亦非单纯的和谐,就像灵性的观照及其神话般的形象的主体—客体,丧失了意识和统一,而是因为它同时是这一切,并且只能如此,它因此是神性的;一种超验的情感,并且只能如此,因为它在上述特性的统一和相互作用中既不太柔媚和感性,也不太强劲和狂放,太深情和热烈,既不太无私,这就是说,过于忘我地献身于客体,也不太漠然,这就是说,我行我素地静栖于内在的根据。"[1]

4. 向世界和未来开放

荷尔德林认为,人愈是肯定自身的自由,愈是专注于自己的至善生命,他愈是能够轻松地从较低层次跃上本真的层次,他的目光与视野也就愈加广阔。为此,人必须开拓人们的视野,密切关注世界,克服人们的狭隘意识,从而促进共同意识的发展。荷尔德林曾经说,他不再过分热衷于个别人,他爱的是人类,是未来世纪的人。

荷尔德林对未来充满理想的和乐观主义的憧憬。他说:"我们生活在一个万物朝着美好的明天而努力的时期。启蒙的萌芽,这种个体向人类之教养转化的宁静的希望和奋斗,将遍布四方,茁壮成长并且结出灿烂的果实。"[2] 荷尔德林承认人是社会的存在,没有共同意识和探入世界的开放的目光,个人所独具的内在灵性生活是不可能的。

荷尔德林要求人在所有事业和行动中达到与万物合一的境界,但他不把国家视为个人发展的必要形式和条件。在荷尔德林看来,"人越少了解国家,越不清楚它的所谓形式,人就越是自由"[3]。人类的未来并不属于国家,而是属于人类社会联系的自由形式。

---

1 荷尔德林:《荷尔德林文集》,戴晖译,商务印书馆 1999 年版,第 233—234 页。
2 同上书,第 346 页。
3 同上书,第 435 页。

第四章

"自然人"的观念

我们已经看到，希腊思想家根据"自然人"的形象，中世纪思想家在人神关系的框架里，看待人的自然本性和本质，评价人的价值和目的，探讨社会的起源和规律。西方近代人学沿着这一思想传统，发展出完整意义上的自然主义人学。

自然主义人学的研究对象是"自然人"。"自然人"有哪些特点呢？

首先，"自然人"是科学研究的对象。17—19 世纪是自然科学兴起和发展的时代，自然科学的观念改变了人们关于人类知识的观念。人们普遍相信，一般意义上的科学都要以自然事物为对象，人学研究的人是一种特殊的自然事物，即"自然人"。

其次，"自然人"是自然界的独立法人，他的生存、本质、本性和权利都是自然所赋予的。正如一切自然事物都遵从自然规律一样，"自然人"所遵循的是一种适用于人类和社会的特殊的规律——自然法。

最后，"自然人"是单个的人，他是社会和国家的基础，享有任何集体也不能剥夺的天赋权利，同时也承担不可推卸的社会义务。

正如其他时期的人学，近代人学不是一个统一的学科。"自然人"的观念是多学科共同描绘的一个综合观念，包括"政治人""经济人""道德人""机器人""环境人"和"情感人"等不同的观念。下面对"自然人"观念的各个组成要素作分析评介。

第一节 ————————————————————————————————

"政治人"的观念

亚里士多德说"人是天生的政治动物",这是近代"政治人"的观念的先声。近代思想家从人的自然本性来探索国家的起源和性质,把"自然人"与"政治人"统一起来,构成了近代独特的社会政治学说,这同时也是近代自然主义人学的一个重要方面。

一、合乎人性的政治

中世纪政治学的基础是"君权神授"的教条和自然律的神学理论。人文主义的思想家们恢复了古代人从人的自然本性出发来理解人的社会政治生活的传统,但人文主义者对人性的理解并不一致,有的立足于人性恶来制定合理的政治制度和策略,有的立足于德性来构造政治理想。

1. 以人性为基础确立政治学原则

尼科洛·马基雅维里(Niccolò Machiavelli)是文艺复兴时期最重要的政治思想家,也是近代政治学说的先驱。他抛弃了神学的和道德的说教,从人性的现实表现出发规定国家的性质和功能,为新兴的民族国家的王权政治提供理论武器。

马基雅维里提出以历史和个人的经验教训为依据来研究社会问题,他认为:"最宝贵和最有价值的莫过于我对于伟大人物事迹的知识了。"[1]这也是他对"现代大事的长期孜孜不倦地加以思索和检验"的依据。他严格地划分了"人们实际上怎样生活"与"人们应当怎样生活"。前者是从既有的事实出发,后者是从理想和愿望出发。他一再强调:他的目的是写一些有用的东西,"我觉得最好论述一下事物在实际上的真实情况,而不是论述事物的想象方面。许多人曾经幻想那些从来没有人见过或者知道在实际上存在过的共和国和君主国。可是人们实际上怎样生活同人们应当怎样生活,其距离是如此之大,以致一个人要是为了应该怎样办而把实际上是怎么回事置之脑后,那么他不但不能保存自己,反而会导致自我

---

[1] 马基雅维里:《君主论》,潘汉典译,商务印书馆 1985 年版,第 1 页。

毁灭。因为一个人如果在一切事情上都想发誓以善良自持,那么,他置身于许多不善良的人当中定会遭到毁灭"[1]。马基雅维里的政治学的人学,正是建立在"实际的政治统治"这个实用基础上的。

马基雅维里所说的"人们实际上怎样生活"相当于现代哲学所说的"实然",而"人们应当怎样生活"相当于"应然"。他用"实然"和"应然"的区分切断了政治学与伦理学、神学的联系,奠定了现代意义上的政治学的基本原则。

2. 人性恶

马基雅维里所认为的"实然"并不是生活的细枝末节。他说,社会既然是人类的集合体,社会中最重要、最基本的实际只能是"人性"。他把"人类天性"作为整个政治学说的基础,把人性作为研究和观察社会政治问题的出发点。

马基雅维里认为人性是恶的。这不是出于想象或推理得到的结论,也不是以原罪为根据的,而是被人类全部历史所证实了的经验。他说:"关于人类,一般地可以这样说:他们是忘恩负义、容易变心的,是伪装者、冒牌货,是逃避危难、追逐利益的。"[2]

人性的最大特点是自私自利。人的贪欲和利益无休无止、动荡不居。他说:"自然把人造成想得到一切而又无法做到;这样,欲望总是大于获得的能力……有些人想要更多一些,而另外一些人则害怕失去他们现有的东西,随之便是敌对和战争。"也正是因为人的贪欲得不到满足,人们就"咒骂现在,颂扬过去,期望未来"。[3]

马基雅维里是从人与生俱来的欲望或利益入手,分析其社会政治后果的。他分析说,人都是见利忘义的。他对君主说,事前人们可以这样或那样地许诺和表示愿意为你流血,奉献自己的财产、性命和自己的子女,可是到了这种需要即将来临的时候,他们就背弃你了。要臣民死心塌地地忠诚,仅靠恩义这条纽带是难以维系的。

---

1 马基雅维里:《君主论》,潘汉典译,商务印书馆 1985 年版,第 73—74 页。

2 同上书,第 80 页。

3 马基雅维里:《论图提斯·李维的前十卷》,转引自《西方法律思想史资料选编》,北京大学出版社 1983 年版,第 119、121 页。

人又是欺软怕硬的。处在人群中的人感觉自己强大有力,一旦孤立起来,每个人都考虑到他自身的危险,人就变得懦弱无力了。当没有任何威胁在人们头上的时候,人们的抗议叫喊是喧嚣和漫无节制的;但一旦觉察到威胁,人们就重新变得恭顺。凶恶和懦弱这两种人性在一起,产生了这样一种结果:当自己不受压迫,自己就企图去压迫别人;当他不害怕别人的时候,就需要别人来害怕他。

通过对人性的分析,马基雅维里达到这样的结论:"由于人性是恶劣的(tristi),在任何时候,只要对自己有利,人们便把这条纽带一刀两断了。可是畏惧,则由于害怕受到绝不会放弃的惩罚而保持着。"[1] 所以,对被统治者既要施与"恩义"(di obligo),又要施与"畏惧"。他说:"君主既然必须懂得善于运用野兽的方法,他就应当同时效法狐狸与狮子。由于狮子不能够防止自己落入陷阱,而狐狸则不能够抵御豺狼,因此,君主必须是一头狐狸以便认识陷阱,同时又必须是一头狮子,以便使豺狼惊骇。"[2] 并且,君主还要知道在什么时候做狐狸或做狮子。

3. 国家产生于人类的邪恶

马基雅维里认为,国家之所以产生,根源于人的邪恶本性。人类最初和动物一样没有组织、没有国家,但是由于人们追求权力和财富的无穷欲望,人们反复无常、忘恩负义,人与人之间经常发生争斗。如果继续使人们按照各自的本性自由发展,就会使人陷入毁灭性的战争状态和相互残杀之中。为了防止人与人之间的残杀和毁灭,人们便自愿结合起来,选举领袖,颁布约束邪恶的法律和刑罚,于是就产生了国家。

人本性自私自利,为了自己的利益可以不择手段。在这样的人组成的社会里,只有凭借一种外在的权力和力量,才能维持正常的生活秩序。因此,个人也只有生活在一个强有力的政府统治的社会里,才能保证不受他人侵犯,才有安全感。基于这种思想,马基雅维里强调国家高于个人,政治高于道德。政治致力于社会的安定与有序,这是国家和君主的利益之所在,为此利益和目的,政治家可以不择手段而不受道德的约束。

---

1 马基雅维里:《君主论》,潘汉典译,商务印书馆 1985 年版,第 80 页。
2 同上书,第 83—84 页。

4. 基于人性的统治权术

马基雅维里认为权力是国家的核心问题——权力既是国家的核心,又是政治的目的。没有权力就没有统一和稳定。君主要达到政治的根本目的,必须讲求统治的技巧,善于用权术。

马基雅维里向君主建议的统治术包括:在政治上只应考虑有效与有害,不必理会正当与非正当,为了达到治世的目的,可以不择任何手段;不必重视自己的诺言,不必顾忌道德的约束,欺骗是君主在政治上必须做的头等事情;不必过多考虑仁慈、善良和宗教之类的东西,对人要么是抚爱,要么就置于死地,这能使他永无报复的力量;应当注重实力,善于运用法律和武力,在法律有所不足时,毫不犹豫地诉诸武力。

马基雅维里还劝告君主,必须深知怎样掩饰自己的狮子和狐狸般的兽性,在表面上装出慈悲、忠实、仁爱、公正和笃信宗教的样子。君主必须做一个伟大的伪装者和假好人。人们单纯地受着当前的需要的支配,因此要进行欺骗的人总可以找到某些上当受骗的人。

5. 通过共和制恢复人的自由

在《君主论》中,马基雅维里鼓吹绝对君权;在《论李维的前十书》中,他又论证共和制的必要性。两者看起来似乎相互矛盾,其实都出于同样的原则。《君主论》是献给君主的进谏,主要论述君主所必备的品质。《论李维的前十书》是向大众发表的著作,主要论述人民应遵循的政治路线。如果说,《君主论》论述了在人性腐败条件下的现实制度,那么,《论李维的前十书》则在论述符合自由天性的理想制度。

马基雅维里把人性堕落的历史原因归于基督教的教化。他以历史变化的眼光看待人性的变化。他说:"古代人比现在的人更热衷于自由,这是因为那时的人更坚强。我相信这种差别可被归诸教育的差异,并以他们与我们的宗教差异为基础。我们的宗教关于真理以及真正的生活方式的教导赋予现实的荣誉与占有较小的价值,而异教徒把这些东西作为最高的善,他们的行为更加活泼、酷烈……此外,异教仅仅神化伟大的光荣者,如军队的指挥官、共和国首领;而我们的宗教美化恭谨者、沉思者,而不是行动者。再者,我们的宗教认为最高幸福存在于恭谦、低贱、鄙视世间事物之中,他们却把最高的幸福放在灵魂的崇高、身体的强力以及令人生畏的品质之中。"[1]

马基雅维里推崇古罗马的共和制,认为人的自由天性也只能在共和制之下才能恢复。"自由"(libertas)在古罗马共和国的维护者西塞罗和李维(Levi)等人的著作中,主要的含义指免受外族奴役以及公民的利益互不冲突。马基雅维里憧憬古罗马的光荣,看到罗马的伟大是它的自由生活方式的结果。他说,从理论上说,一个好君主可以制定出反映全体人民意志的法律来维护城邦的自由;然而现实的教训却是有利于君主的事情损害了城邦,有利于城邦的事情损害了君主。因此,保障自由的最佳可行方案是采用共和制。只有保障自由和法律才能恢复人的自由天性,人民的自由反过来巩固和保卫共和制,两者相辅相成,造就城邦的光荣与强大。

6. 构建一个适于人生存的理想社会

与马基雅维里从"实然"出发建构政治学不同,另一些思想家热衷于"应然",着眼于理想社会的建构。托马斯·莫尔(Thomas More)的《乌托邦》和康帕内拉(Tommaso Campanella)的《太阳城》就是这样的代表。

托马斯·莫尔是空想社会主义政治著作《乌托邦》的作者。该书的全名是《关于最完全的国家制度和乌托邦新岛的既有益又有趣的金书》。《乌托邦》一书表达了人文主义者的德政理想。

莫尔认为,人的德性就是"依从自然命令的生活"。按照自然的教导,德性包括"把享乐当作我们全部行为的目标",以及"为别人造福"。他认为,追求人生快乐是人人具有的权利,因为自然界对所有的人都是一视同仁的,并没有人得天独厚,命运比别人好。人人都应当追求幸福,但在为自己谋便利时,不要妨碍他人的便利。这样人们就可以通过互助共同达到更快乐的生活。

莫尔对现实进行了激烈的批判。他认为现实的罪恶的根源是违背人的德性。战争是唯一适宜于野兽的活动,然而任何一种野兽都不能像人那样频繁地进行战

---

1 转引自赵敦华《基督教哲学 1500 年》,人民出版社 1994 年版,第 567 页。

争。私有制也违背了德性。他深信："私有制存在一天，人类中绝大的一部分也是最优秀的一部分将始终背上沉重而甩不掉的贫困灾难担子。"[1] 莫尔对作为财富主要标志的黄金表示深恶痛绝。他指出，黄金"毫无用处"，可是却被人视为无比珍贵，人反而不如黄金值钱。少数人拼命猎取黄金的行为，给大多数人带来贫困和灾难。莫尔认为，人们凭现金价值衡量所有的事物，一个国家就难以有正义和繁荣。比如，英国社会之所以盗贼遍地，就是"羊吃人"的结果。

莫尔提出了符合人类德性的理想社会的方案。首先，在莫尔的乌托邦中，人与人之间没有剥削，没有贫富的阶级之分。乌托邦不但与邻邦保持和平，而且公民处于完全自由状态，不像世界上其他国家，"只是在共同体的名称和名义下追求各人的私利的富人的一个阴谋"。乌托邦达到幸福的奥秘在于，公民的德性表现为献身于公众事业，每一个人都把自己的才能与精力贡献给公众事务。其次，公民为了完善德性而劳动，劳动产品全归社会所有。由于实行人人劳动和按需分配，货币的功能也随之丧失，用不着金钱，人也就不贪金钱。"这就砍掉了多少烦恼啊！这就铲除了多少罪恶啊！"[2] 最后，乌托邦的法律符合德性，即使对犯人，也给予人道待遇，使之能悔过自新。乌托邦实行信仰自由这一符合德性的制度，规定任何人不能由于自己的信仰而受惩罚。

康帕内拉构想的《太阳城》与《乌托邦》一样，也是理想的王国。这个国家从人类所具有的智慧出发，符合人的自然本性。理性是人的本性，因此，"这个国家的生活基础是受天赋理智支配的"。康帕内拉之所以把这个国家称作"太阳城"，是因为太阳就是光明，知识就是光明。理想的国家应当是知识指导的国家，推选最富有知识的人担任国家领导。

二、遵循自然法的社会契约

在17世纪的思想家看来，"自然人"首先生活在"自然状态"里，他们是社会和国家的来源和基础，并以个体法人的身份继续生活在他们组成的社会里。霍布斯（Thomas Hobbes）、洛克、卢梭可算自然主义人学的第一代。他们系统地论述了

---

1 莫尔：《乌托邦》，戴镏龄译，商务印书馆1982年版，第44页。
2 同上书，第117页。

"自然人"从"自然状态"向社会的过渡,建立了西方民主制度所需要的社会契约论。

1. 近代"自然法"观念的诞生

"自然法"的观念古已有之,但近代以前的自然法主要指神所颁布的道德律。荷兰法学家格劳秀斯(Hugo Grotius)割断了自然法理论与神学的联系,把自然法作为世俗社会的根本大法。他把"自然法"定义为与人的本质属性相关联的正确律令。他说:"自然法是极为固定不变的,甚至神本身也不能加以更改。"[1]即使没有上帝,自然法也是行之有效的。

与格劳秀斯同时代的霍布斯也系统地阐述了自然法的内容。他把自然法当作理性所发现的戒条或一般法则。自然法的第一个规律是:"禁止人们去做损毁自己的生命或剥夺保全自己生命的手段的事情,并禁止人们不去做自己认为最有利于生命保全的事情。"[2]根据这一准则,人们应该寻求和平、信守和平,但在和平无望时,可利用包括战争在内的一切手段和办法保卫自己。自然法的第二个规律是:你愿意别人怎样待你,你也要怎样待人。为了和平与保护自己,如果别人愿意放弃为所欲为的权利,你也要放弃同样多的权利。

霍布斯的自然法理论是他的社会契约论的基础。正是由于自然法的作用,人们才放弃自保的自然权利,签订社会契约,把自己置身于国家的保护之下。但是,霍布斯的自然法理论只是他的人学理论的一部分,我们需要知道他对人的全部观点,才能理解自然法为什么会对人起作用。

2. 科学研究的主要对象是人

霍布斯的先驱、英国哲学家弗兰西斯·培根明确提出要建立人的哲学,人性的研究应当成为一门独立的科学。培根提出人类的知识有三类:自然知识、上帝知识、人类知识。与之相应,形成自然科学、神学、人的哲学。人的哲学又分人类哲学和市民哲学。人类哲学以单个人为对象,市民哲学以结合于社会中的人为对象。

---

1 周辅成编:《西方伦理学名著选辑》上卷,商务印书馆 1964 年版,第 583 页。
2 霍布斯:《利维坦》,黎思复、黎廷弼译,商务印书馆 1985 年版,第 97 页。

霍布斯基本上接受了培根的知识分类法,但更看重人的哲学。他认为知识的目的就在于"利用先前的认识的结果来为我们谋利益"[1]。他的主要著作《利维坦》开宗明义地强调"认识你自己"。他的抱负不仅仅在于了解个别特殊的人,而是致力于"了解全人类"。

为了达到上述目的,霍布斯对知识的对象作了这样的分类:"一类是自然的作品,称为自然的物体,另一类则称为国家,是由人们的意志与契约造成的。……但是由于为了认识国家的特性,必须先知道人们的气质、爱好和行为,所以通常又把公民哲学分为两个部分,一部分研究人们的气质和行为,称为伦理学,另一部分注重认识人们的公民责任,称为政治学,或者直接称为公民哲学……"[2]

霍布斯根据科学研究对象的分类,把科学分为两类四种:第一类是研究一般自然物体的自然哲学或物理学,其中包括考察人类心灵的运动的心理学。第二类是公民哲学,包括研究个人的伦理学和研究国家的政治学。这四种科学中的三种都是研究人的,全部科学的研究都是为了人。在霍布斯看来,科学的主要内容和实质实际上就是人学。

3. 利己是人的本性

霍布斯认为人是自然界的一部分,所以要从生命机体这个事实出发来研究人。人的生理和心理活动如同自然物体一样,都服从统一的机械运行规律。

霍布斯把人的活动分为两类:一类是与生俱来的,与有机体同始同终的生命运动,如血液循环、呼吸、消化、排泄等;另一类是动物活动,也称自主活动,如行走、言谈等。前者是一种纯生物的功能,后者则是由想象和外物刺激引起的自觉运动,但两种活动的功能都在于生命的保持和延续,都是人存在的必要条件。人的自主活动根源于外界物体对人感官所产生的作用。当外界物体作用于人,有助于人的生命运动时,就引起快乐的感情;反之,有碍于人的生命运动时,就产生痛苦的感情。前者被称为"善",后者被称为"恶"。人在活动时的欲念冲动相应地表

---

1 北京大学哲学系外国哲学史教研室编译:《十六—十八世纪西欧各国哲学》,商务印书馆1975年版,第63页。
2 同上书,第65页。

现为"欲求"和"憎恶"两种倾向：对产生快乐的物体表现为欲求，对产生痛苦的物体则表现为憎恶。人总是趋乐避苦的，自我保存是人永恒不变的本性。

4. 人类的自然状态

霍布斯认为，人类在进入社会状态以前，处于一种"自然状态"。自然使人在身心两方面的能力都十分相等。由于体力和智力天然均等，人们都希望有同等的机会去占有和享用同等的事物，但是不可能。因为"任何两个人如果想取得同一东西而又不能同时享用时，彼此就会成为仇敌。他们的目的主要是自我保全，有时则只是为了自己的欢乐；在达到这一目的的过程中，彼此都力图摧毁或征服对方"[1]。

在人的天性中，霍布斯发现，竞争、猜疑、荣誉是三种造成争斗的主要原因。为求利则相互竞争，使用暴力去奴役他人并获得其财产；为求安则彼此猜忌，寻求自保；为求荣誉则要他人敬畏自己。每个人都追求这三者，不可避免地发生战争。人们终日处于"人对人像狼一样"的敌对状态，人人自危，不得安宁。在这种人人相互为战的状态下，没有公共权力，没有法律，因而也就不存在是和非、公正和不公正等道德观念。

5. 人的自然权利

霍布斯认为，自然权利"就是每个人按照自己所愿意的方式运用自己的力量保全自己的天性——也就是保全自己的生命——和自由"[2]。他把"自由"作为人权的第一要义，这是对继格劳秀斯"自然权利"的进一步发展。"自然权利"是较早的人权的概念。从"人性"概念到"人权"概念，标志人学理论的发展。

霍布斯区分了权利和法律：权利在于做或不做的自由，也就是说，权利是来自人固有的天性；法律则是约束人们的法则。[3] 每个人对每一种事物都具有权利，甚至对彼此的身体也是这样。但是人不放弃这种天赋的权利就不能和平地相处下去，走完生命的历程。因此，"当一个人为了和平与自卫的目的认为必要时，会自愿放弃这种对一切事物的权利"[4]。要求保存自己和对死亡的恐惧必然使人产

---

1 霍布斯：《利维坦》，黎思复、黎廷弼译，商务印书馆 1985 年版，第 93 页。
2 同上书，第 97 页。
3 同上。
4 同上书，第 98 页。

生寻求和平、摆脱战争状态的强烈愿望。

6. 国家起源于社会契约

人的理性所能认识的自然法,向人们指出了摆脱自然状态的恐惧和危险的必然途径——按照自然法订立社会契约。根据自然法的第二条规律,社会契约是这样的和平协议:每个人都同意放弃与别人同样多的自然权利,并因此而享受到和别人一样多的利益。

社会契约要求,每个人都把各自对自然事物的权利和自保的权利转让给一个人或一群人,由他或他们代理行使权利,以保全契约者的生命。"保全生命"的意义不是苟且偷生,而是在对生命不厌倦的条件下生活。国家是这一契约的产物,同意转让权利的契约者是被统治者,接受契约的代理权利者是统治者。

霍布斯提出社会契约论的初衷是为绝对王权辩护。他所规定的社会契约对于被统治者是极其苛刻的。被统治者除了自己的生命权之外,转让其他一切权利。为了保障他们的安全,统治者要强大到足以产生巨大的威慑作用的地步。《圣经·启示录》中有一个可畏的巨大海兽"利维坦"。霍布斯说,国家就是伟大的"利维坦",是"可朽的上帝",具有绝对的权力和至高无上的权威。国家元首的权力是不可分割、不可剥夺的。因为他不是契约的一方,不受契约人的制约,推翻他是毁约的不合法行为,是违反自然理性的叛乱。但是霍布斯也承认,只有在一种情况下,即在国家元首不能保护契约人生命的情况下,才能替换他。

社会契约论第一次用人的自然属性和自然理性说明国家的起源和本质,它取代了中世纪流行的"君权神授"的信仰。后来的自由主义的理论家抛弃了其中包含的"绝对王权"的内容,把它改造成民主国家的理论基础。

三、 保护天赋权利的社会契约

约翰·洛克(John Locke)是西方自由主义和民主政治理论的创始人。作为辉格党的主要理论家,他是一个新兴的统治阶级的代表,他的政治思想与社会的需要和发展趋势相契合,因而一经出现,就在他的祖国得到实施,并在国外广泛传播。仅就哲学与政治的关系而言,洛克是时代的幸运儿。

1. 人的本性是追求幸福和快乐

洛克的理论基础是经验主义。他认为没有天赋真理,也没有天赋的道德规范。对人性问题的解答，要诉求于经验。道德领域的人类经验主要是快乐和痛苦两种情感，它们是道德的教师。

洛克认为，一切属灵之物，本性都有追求幸福的趋向，人的心灵接受了心理组织的支配，不得不接受自己思想和判断的决定，追求最好的事物。他认为，人的一切意志、情感和理性活动都是由人的欲望所决定的，而人的欲望又取决于外物对人的身心作用。所以人都会逃避使人身心痛苦的事物，追求使身心快乐的事物，人的本性就是追求快乐和幸福。洛克认为，道德上的善和恶取决于人趋乐避苦的天性。所谓善，就是能产生快乐或减少痛苦的东西；所谓恶，就是能产生痛苦或减少快乐的东西。

2. 人生以最大和最长远的幸福为根本目标

霍布斯从人的利己本性出发，建立了一个理论体系，遭到一些思想家的反对。当时剑桥柏拉图派的代表人物柯德华斯、亨利·莫尔（H. S. Moore）和神学家昆布兰等人相继驳斥了霍布斯关于人性的理论。也有人捍卫霍布斯的道德理论，譬如反宗教精神的思想家曼德威尔提出了"私恶即公利""自私即美德"等伦理学说。为了调和霍布斯的利己主义和剑桥柏拉图派的情感利他主义的冲突，洛克既批判了剑桥柏拉图派天赋道德论的观点，又对霍布斯的利己主义作了某些修正。

洛克同意霍布斯的人性观，肯定人的利己本性。他指出人只关心与己有利之事，即使他们看到的是最大的公认的好事，只要他们以为它与自己的幸福无关，也不会关心，不为它所动；并且，人只注重眼前的实惠和暂时的幸福。但是人毕竟是一个有理性的生物，理性能为人达到最大的幸福提供正确的方法和手段。因此，人在追求幸福时，要用理性来权衡利弊，谨慎判断，选择人真正的幸福和最大的快乐，切勿以小失大、以近障远。洛克告诫道，人在追求个人的幸福时，还必须考虑他人和社会幸福。人应当听从理性的指导，要有远虑。有远虑即有德。远虑是考虑把眼前的利益和将来的利益、个人的利益和社会的利益结合起来。从长远来看，个人利益和社会利益是并行不悖的。人生应当以求得最大、最长远的幸福为根本目标。

同时，洛克批判霍布斯的社会契约论不符合理性标准和人的根本利益。他说,如果社会契约产生的国家是一个使社会成员畏惧的"利维坦",那不啻说,人们愚蠢到如此地步:他们为了避免野猫或狐狸可能给他们带来的困扰,而甘愿被狮子吞噬,甚至还把这看作安全。[1] 洛克指出,霍布斯的理论是不合逻辑的,因为自然状态对人的伤害是偶然的,但如果社会契约所建立的政府是专制的,那么对人的伤害则大得多。人的理性何至于愚蠢到舍小害而取大害、避重利而趋轻利的地步呢! 人的理性的选择只能是得到更大的利益,而不是失去自由权;如果人的自然本性是互相不信任,那么他们更不会相信一个独裁的统治者会保护他们的利益。按照理性的标准,洛克建立了一个更加合理、更有逻辑说服力的社会契约论。

3.人的自然状态

洛克用整个《政府论》的上篇来驳斥君权神授。那么在切断传统的君权神授的权力来源后,又如何以世俗、合理的方式解释政治权力的起源呢? 洛克诉求于自然状态。洛克所说的自然状态是什么呢? 通过洛克与霍布斯的比较,可以看出洛克学说的特点。

第一,与霍布斯所描绘的充满敌对和残杀的自然状态不同,洛克描述的自然状态充满了和平、善意和互助。"这也是一种平等的状态,在这种状态中,一切权力和管辖权都是相互的,没有一个人享有多于别人的权力。极为明显,同种和同等的人们既毫无差别地生来就享有自然的一切同样的有利条件,能够运用相同的身心能力,就应该人人平等,不存在从属或受制关系。"[2]

第二,霍布斯说,由于体力和智力天然均等,所以人们之间发生竞争、猜疑、求荣的争斗。洛克则认为,平等导致人类互助互爱。他认为既然人类生而平等,那么"爱人"和"爱己"便有同样的责任。如果我要求本性与我相同的人们尽量爱我,我便负有一种自然的义务对他们充分地具有相同的爱心。洛克从"人人平等"和"由己推人"的原则,自然地引申出自然人所共知的指导他们共同生活的规范。因此,自然状态不是霍布斯所说的无序状态。

第三,洛克首次将财产所有权引入人的自然权利,而且他把财产权作为自然

---

1 参见洛克《政府论》下篇,叶启芳、瞿菊农译,商务印书馆 1964 年版,第 57—58 页。
2 同上书,第 5 页。

状态下享有的与自由、平等同样重要的甚至更加重要的权利。在洛克这里,财产权的含义是广泛的,它不仅包括自己拥有的物品,也包括人自己的身体,甚至人身自由。生命权是人的一切权利的源泉,财产权是实现这些权利的主要工具。没有财产权,其他权利就不可能实现。因此,在人们享有的各项自然权利中,财产权最为重要。在自然状态,人们"是他自身和财产的绝对主人,同尊贵的人平等,而不受任何人的支配"[1]。既然人在自然状态如此惬意,他们为何要舍弃自然状态而进入国家呢? 洛克的回答是,为了克服自然状态的缺陷。

第四,洛克所看到的自然状态的缺陷与霍布斯也有所不同。洛克认为财产权起源于劳动,是物化劳动铭刻在自然物上的标志,谁改动了自然事物,就拥有了占有它的权利。自然状态里的人的自由没有限制。两个人如果对同一事物采取行动,他们都会声称对这一事物拥有财产权,因而产生财产权的冲突。当冲突发生时,每一个人都同时是原告和法官,又是自我判决的执行人,这种状况会导致混乱和争夺,人们的财产权得不到保障,甚至生命权也会受到威胁。冲突起源于人们享有自由和平等的自然权利,却没有公共权力对财产权加以判决。引起人们之间冲突的原因是轻微的、偶然的,造成的后果却是严重的。订立社会契约是他们为避免这一严重后果而采取的手段。

4. 个人权利与国家权利

由于洛克对自然状态的看法不同于霍布斯,所以他对从自然状态而来的社会的性质的看法也全然不是霍布斯主张的绝对主权,而是一个民主的社会。

洛克认为,社会契约要求人们放弃的只是对财产权加以判决和执行的权利,大家都把这一权利转让给代理人。这个公共代理人的主要任务是保护委托人的财产权,不让他们对财产权的要求引起混乱和不安全。洛克说:"人们联合成为国家和置身于政府之下的重大的、主要的目的,是保护他们的财产。"[2]

洛克不同意霍布斯所说,社会契约要求人们转让除了生命权之外的一切自然权利。他认为,除了对财产权加以判决和执行之外的一切权利,包括生命权、财产

---

1 洛克:《政府论》下篇,叶启芳、瞿菊农译,商务印书馆 1964 年版,第 77 页。
2 同上。

权和自由权都是不可转让、不可剥夺的自然权利。

洛克与霍布斯的另一分歧点在于,他把统治者作为订立契约的一方,是从订约人中间推选出来的,统治者受契约的限制。如果他不履行契约,人民有权反抗、推翻他的统治。他说:"统治者无论有怎样正当的资格,如果不以法律而以他的意志为准则,如果他的命令和行动不以保护他的人民的财产而以满足他自己的野心、私愤、贪欲和任何其他不正当的情欲为目的,那就是暴政。"社会契约明确地规定了人民有推翻暴君的权利。在社会契约论的基础上,洛克提出了"三权分立""宗教宽容"的思想,目的是防止专制,保障人民的自由权。

5. 洛克的影响

马克思和恩格斯曾说,法国大革命的"自由思想正是从英国输入法国的。洛克是这种自由思想的始祖"[1]。事实上,1776 年的美国《独立宣言》和 1789 年的法国《人权宣言》,都是对洛克的天赋人权论的法理总结。

美国《独立宣言》声称:"我们认为这些真理是不言而喻的:人人生而平等,他们都是从他们的'造物主'那边被赋予了某些不可转让的权利,其中包括生命权、自由权和追求幸福的权利。为了保障这些权利,所以才在人们中间成立政府。而政府的正当权力,系得自被统治者的同意。如果遇有任何一种形式的政府变成是损害这些目的的,那么,人民就有权利来改变它或废除它,以建立新的政府。"[2]这些规定显然是启蒙思想的法律表述。

法国《人权宣言》对人权作了更加系统的规定,但我们从中发现的精神实质仍然是洛克思想的结晶。《人权宣言》确认了一系列"神圣的人权和公民权",其中最重要的有:"一切政治结合的目的都在于保护人的天赋的和不可侵犯的权利,这些权利是:自由、财产、安全以及反抗压迫。""国民是一切主权之源。""人生来是而且始终是自由平等的。"因此,"政治上的自由在于不做任何危害他人之事。每个人

---

1 《马克思恩格斯全集》第 7 卷,人民出版社 1959 年版,第 249 页。
2 王德禄、蒋世和编:《人权宣言》,求实出版社 1989 年版,第 9 页。

行使天赋的权利以必须让他人自由行使同样的权利为限"。[1]

四、 归复自由的社会契约

18世纪法国启蒙思想家卢梭(Jean-Jacques Rousseau)认为,人类知识的中心任务就是在研究人的基础上指导如何做人。但是,在"人类的各种知识中最有用而又最不完备的,就是关于'人'的知识"[2]。为了建立完备的人学,卢梭建议进行一个"通过人来研究社会,通过社会来研究人"[3]的实验。卢梭在这个实验中建立了关于人性、个人、社会和国家的系统学说。

1. 人在本性上是善良的

卢梭说:"应该由人的本性,由人的体质,由人的状态来阐述这门科学原理。"[4]他认为人的本性存在于"自然人"之中。但是我们已知的都是社会人,如何能够知道"自然人"的本性呢?卢梭使用抽象分析的方法,从"人所形成的人性",即已知的人性事实中,剔除人的社会性,剩下的就是人的自然本性。经过这样的抽象,他能够透过不合理的现实,追溯到"自然人"的善良本性。

卢梭在致克里斯多夫的信里说,他的全部著作都在强调性善论:"我在所有著作中,以我所能达到的最清晰的方式所说明的道德的基本原则是,人是本性为善的存在者,他热爱正义和秩序;人心中没有原初的堕落;自然的原初运动总是正确的……一切加诸人心的邪恶都不出于人的本性。"[5]这段话清楚地表明,卢梭学说的基础是性善论。

2. 良心论

卢梭的性善论是一种良心论。良心是天赋的自然感情,相当于"不虑而知,不学而能"的良知良能。"自然人"无理性,无知识,但有良心。即使人在社会状态中,良心在道德生活领域和理智活动领域,也仍然起着判别真假是非的规范作用。

---

1 王德禄、蒋世和编:《人权宣言》,求实出版社1989年版,第14页。
2 卢梭:《论人类不平等的起源和基础》,李常山译,商务印书馆1962年版,第62页。
3 卢梭:《爱弥儿》上卷,李平沤译,商务印书馆1978年版,第327页。
4 卢梭:《论人类不平等的起源和基础》,第64页。
5 转引自 Henry Vyverberg, *Human Nature*, *Cultural Diversity*, *and the French Enlightenment*, New York: Oxford University Press, 1989, p. 52.

卢梭说,"我存在"和"外物存在"并不是理性推理的发现,而是感觉展示在良心的真理。从根本上说,卢梭的良心论的基础是意志主义。从主观的角度看,良心是内心体验到的意志的能动力量。卢梭说:"我是凭意志的行动而非凭着它的本性来认识意志的。"而意志是一个能动的思维实体的活动,他说:"这个实体是存在的,你在哪里见到它的存在呢? 请告诉我。我不仅在旋转的天体上,在照耀的星辰上,也不仅在我自己身上,而且在吃草的绵羊身上,在飞翔的鸟身上,在下落的石头上,在风吹起来的树叶上见到它的。因此我认为,世界被一个强大而有智慧的意志统治着;我见到它,或者不如说我感到它。"[1]这里所说的"能动的思维实体"实际上是充满着生机活力的自然界,良心感到了自然的意志,意志是良心的源泉。

良心在道德中的作用尤为重要。良心不是消极的感觉,它先于后天的观念并对观念做鉴定和取舍,因此具有趋乐避害、向善背恶的天然倾向。卢梭为良心谱写了一曲响亮的赞歌:"良心,良心,你是神圣的本能,不朽的天堂呼声! 你是一个无知而狭隘的生物的可靠的导师;你是理智而且自由的;你是善与恶的万无一失的评判者,你使人与神相似;你造成人的天性的优越和人的行为的美德。若是没有你,我在心中就感觉不到任何使我高于禽兽的东西了。"卢梭明确地说,人之所以高于禽兽,不在理性,而在良心。无良心的理性是"无规范""无原则"的,是一种"倒霉的特权";依靠它,只会弄得"错上加错,不知伊于胡底"。[2]

3. 自然人的幸福和自由

卢梭学说的起点是"自然人"。他认为"出于自然的一切都是真的"[3]。自然人未经社会和环境污染,未受习俗和偏见侵蚀。自然人是孤独的,却是幸福和善良的。

在大森林里散居的自然人,并没有固定的住所,也不需要任何财产。他们在橡树下饱餐,随意地在一条河沟里饮水,在绿荫下美美地睡觉。人们之间谁也不

---

1 北京大学哲学系外国哲学史教研室编译:《西方哲学原著选读》下卷,商务印书馆 1982 年版,第84 页。
2 同上书,第 86 页。
3 卢梭:《论人类不平等的起源和基础》,李常山译,商务印书馆 1962 年版,第 73 页。

需要谁,一生之中彼此或许无从相遇,互不认识,互不交谈。男女两性结合是偶然的,或因巧遇,或因机缘。

与霍布斯笔下自然人的悲惨状态不同,卢梭笔下的自然人生活在幸福中。卢梭诘问道:"一个自由的、心灵安宁身体健康的人会遭受什么样的悲惨呢?"[1]自然人以本能生活于自然状态,不被理智迷惑,不被情欲困扰。

自然人享受着与生俱来的自由、平等、纯朴、良知与善。卢梭认为,生活在原始自然状态的人受感性的指导,这种感性首先表现为自爱心和怜悯心。人们彼此间没有任何社会联系,也就没有道德上的关系和公共义务。他们不知道什么是美德,对邪恶也一无所知,更不知道什么是虚荣、尊崇、重视、轻蔑。

自爱是自然人性的首要法则。自爱始终是自然的、原始的、内在的、先于其他欲念的欲念,其他欲念只不过是它的演变。自爱始终是很好的,始终是符合自然秩序的。人性的首要关怀是对自己的关怀,因此,"为了保持我们的生存,我们必须爱自己,我们爱自己要胜过爱其他一切东西"[2]。由于爱自己,凡是能够维护我们生存的一切事物,我们都爱。人本能地喜欢接近一切对个人幸福有益的东西,而排斥一切对他有害的东西。他认为,怜悯心会使自爱心受到调节,它是一种自然的情感,在自然状态中它代替法律、风俗和道德,对人类全体的相互保护起协调作用。而一切美德正是从怜悯心中产生的。

4. 人生而自由却无往不在枷锁中

卢梭与霍布斯和洛克一样认为社会由自然状态而来,国家是社会契约的产物。但是他坚决否认这是历史的进步;相反,他说,从自然到文明的过程是堕落,这首先是人的堕落。

自然人的善良和幸福的生活之所以会堕落,是从他们之间存在的天然不平等开始的。自然人的不平等与生俱来,是自然或生理的不平等,即由年龄、体力、健康以及智力的差异带来的不平等。卢梭说,在开始的时候,"不平等在自然状态中

---

1 卢梭:《论人类不平等的起源和基础》,李常山译,商务印书馆 1962 年版,第 96 页。
2 卢梭:《爱弥儿》上卷,李平沤译,商务印书馆 1978 年版,第 289 页。

几乎是人们感觉不到的,它的影响几乎是等于零的"[1]。

卢梭认为人类具有自我完善的能力,自然人也不例外,他们总要尽力发挥自然赋予的体力和智力,在技巧、知识、声誉、分配等方面产生了事实上的不平等,最后到达自然状态的终点——私有制的产生。他说:"第一个圈起一块地,想到说:这属于我,并且找到一些人老实到相信这句话的,就是公民社会的真正创立人。"[2]

"这属于我"这句话不但宣告了私有制的产生,而且宣告了自我意识的显现。卢梭与同时代的哲学家不同,并不认为自我意识和思维是人的本质。相反,他说:"思考的状态是违反自然的一种状态,而沉思的人乃是一种变了质的动物。"[3]人自我完善化的这种特殊而无限的能力,使得人的自然上的不平等变为社会的不平等,终于使人成为"人类自己的和自然界的暴君"[4]。

社会不平等伴随着文明进程而加深。文明的第一阶段是法律和私有财产权的确定;第二阶段是官职的设置,通过社会契约建立国家政权;在第三阶段,合法的权力变为专制,富人和穷人、强者和弱者、主人和奴隶的不平等发展到极点。

5. 公意和主权在民

卢梭相信,物极必反,在文明发展的最后阶段,不平等达到极端,暴君必将被暴力推翻。专制被暴力推翻之后,人们面临的问题是:如何在社会中达到新的平等? 如何摆脱不平等的桎梏? 卢梭说,可能的选择有三条,一是回到自然状态,二是通过暴力废除一切不平等的根源,三是用社会契约来保障社会平等。第一条道路是不可行的,人们不可能再返归自然状态,人类不可能"毁灭社会,取消'你的'和'我的'这种区别,再返回森林去和野熊一起生活"[5]。第二条道路也走不通。因为暴力可以推翻暴君,却不能产生合法的权力;在暴力面前,既无义务,也无权利可言。卢梭说:"既然任何人都没有一种自然的权威驾驭他的同类,既然暴力并

---

1 卢梭:《论人类不平等的起源和基础》,李常山译,商务印书馆 1962 年版,第 109 页。
2 北京大学哲学系外国哲学史教研室编译:《十八世纪法国哲学》,商务印书馆 1963 年版,第 154 页。
3 卢梭:《论人类不平等的起源和基础》,第 79 页。
4 同上书,第 84 页。
5 同上书,第 166 页。

不产生任何权利,那么剩下来的就只能用契约作为人间一切合法权利的基础。"[1]

卢梭的社会契约论与霍布斯和洛克的不同。他认为真正的社会契约不是在进入社会之前的自然状态中制定的,而是在社会中制定的。人们两次制定契约:第一次是在不平等的情况下制定的,不是自愿的公认的契约,而是少数人加在多数人身上的枷锁,结果建立了加深人类不平等的国家政权。第二次是在平等的条件下制定的,目的是建立一个能够保障人们自由和平等的国家政权。只有第二次制定的契约才是真正意义上的社会契约,即社会的全体成员在平等的条件下的自由选择。

社会契约的核心是权利的转让。在"转让什么""转让给谁"等关键问题上,卢梭的回答与他的前辈都不同。霍布斯要求把除生命权以外的全部权利都转让给代理人,洛克要求只把财产仲裁权转让给代理人,卢梭的要求却是:一切人把一切权利转让给一切人。卢梭说,只有这种转让才是对所有人都是平等的:"每一个人既然把自己交给所有人,也就不是交给任何一个人;而人们既然把支配自己的权利交了出来,也获得了同样的支配所有参加联合的人,那么,也就得到了与自己所失去的一切等价的东西,而又得到了更大的力量保持自己的所有物。"就是说,每一个人都没有把自己奉献给任何一个人,反而从所有订约者那里获得了自己转让给他们的同样的权利,既没有失去自由的权利,却反而得到了更多的东西,即自由权不会被任何人剥夺。

最后,社会契约所产生的结果既不是霍布斯所说的有绝对权力的"利维坦",也不是洛克所说的只有有限权力的政府,而是集强制的权力和自由的权利于一身的"公意"。所谓公意指全体订约人的公共人格,是他们的人身和意志的"道义共同体",它是"每一个成员作为整体的不可分的一部分"。[2] 我们要知道,"公意"是一个抽象概念,而不是一个集合概念;公意不等于众意,不等于所有的个别意志的总和。公意是没有相互矛盾的个人利益,它是在扣除众意中相异部分之后所剩下

---

1 北京大学哲学系外国哲学史教研室编译:《西方哲学原著选读》下卷,商务印书馆 1982 年版,第69 页。
2 同上书,第 72—73 页。

的相同部分。公意永远以公共利益为出发点和归宿,因此永远是公正的,不会犯错误。

"公意"是保障人人平等的法律和使得每一个人都能享受他们的自由权的政体,它的个体形式是每一个人的合法的权利,人人都既是自由的主体,又是他人自由的受体。公意既是自由的,也是服从的。卢梭说:"服从自己制定的法律才是自由。"[1]他并不以服从矛盾、服从一己私利为不自由,服从公意为自由。一个人如不服从公意,也就是不愿自由,法律可以强迫他自由。

公意学说的实践意义更为重大。在现实生活中,公意的抽象概念不止一次地转化为"主权在民""人民的政权"等政治口号和民选政府的实践。公意的第一次实践就是法国大革命。这场革命的领袖虽有左、中、右派之分,但都是卢梭的信徒,都以"公意"相标榜,以"公民"相称呼。1871年的巴黎公社是表达"公意"的又一次实践。至于罗素所说,希特勒的第三帝国也利用了卢梭关于公意的学说,那是不可信的。明眼人不难看出,现代独裁主义标榜的"人民政权""公众意志",只有权力意志的绝对性,而无自由权利的普遍性,是不符合卢梭对于公意的论述的。

6. 人性的发展

卢梭提出了"人性的自然—人性的丧失—人性的复归"这一人的发展模式,这种发展模式是与他对人性的看法相关联的。他认为人生而自由,自由是人之所以为人的根据。人与动物的区别,"与其说是人的悟性,不如说是人的自由主动者的资格。……而人特别是因为他能意识到这种自由,因而才显示出他的精神的灵性"[2]。人放弃了自己的自由,就是放弃了做人的资格,放弃了人类的权利。[3]

卢梭对自由作了三种区分。一种是"自然的自由",即人在自然状态中的自由。人享受天赋自由,每个人是自己的主人,不受任何人的奴役,如果要有所服从,也必须经过他的同意。每个人对他企图要求的一切东西,都有无限的权利。这种自由在进入社会状态时便丧失了。第二种是"社会自由",即通过平等的社会

---

1 北京大学哲学系外国哲学史教研室编译:《十八世纪法国哲学》,商务印书馆1963年版,第175页。
2 卢梭:《论人类不平等的起源和基础》,李常山译,商务印书馆1962年版,第83页。
3 参见卢梭《社会契约论》,何兆武译,商务印书馆1980年版,第16页。

契约而获得的自由。这是受公意规定和保护的自由。由于获得这种自由，人成为能正确地运用思维能力的生物，人与人之间在各方面互相帮助，构成一种合作关系。第三种是"精神自由"。这是较高层次的自由，它不受任何外在的限制，只服从人自己的意志和良心。在卢梭看来，"唯有道德的自由才能使人类真正成为自己的主人；因为仅有嗜欲的冲动便是奴役状态，而唯有服从人们自己为自己所规定的法律，才是自由"[1]。

与此相关，卢梭提出了人的发展模式：自然状态中人的本性—社会状态中人性的堕落—平等社会中人性的复归。在自然状态中，人受本能的支配，只求满足自己的自然欲望，四处漂泊，居无定所，生活素朴，彼此孤立。在社会状态中，人与人发生了社会联系，受理性支配，订立契约，建立国家和法律，制定道德规范；但是，个人与社会之间出现尖锐的矛盾，人性堕落，理性缺乏良心制约。只有在平等的社会里，人的一切行动都出自自由意志，人才能重新恢复失去的本性。

卢梭关于人和社会的学说包含着对人类文明的反省，它克服了启蒙学者社会进步观的盲目和理性主义的偏颇。卢梭的第一篇论文对第戎科学院征文题"科学和艺术的复兴是否有助于敦化风俗"作了否定的回答。在他看来，文明与自然、理性与自然本能相比，是一种蜕变，甚至是堕落。人类征服自然的自由并没有带来人的自由，技能的进步并不伴随着道德的进步。他对文明的批判着重指出，文明的基础是私有制。他说："各种不平等最后都必然会归结到财富上去。"[2]卢梭对所有制的批判预示了资本主义行将出现的矛盾，对现代社会的弊病有先见之明。

第二节

人性科学

苏格兰和法国、德国一样，是欧洲启蒙运动的重镇。苏格兰启蒙运动的一个

---

1 参见卢梭《社会契约论》，何兆武译，商务印书馆1980年版，第30页。
2 卢梭：《论人类不平等的起源和基础》，李常山译，商务印书馆1962年版，第143页。

重要成果是出现了以"人性科学"而著名的人学派别。人性科学的代表人物有大卫·休谟(David Hume)、亚当·斯密(Adam Smith)和约翰·米勒(John Miller)等。这一派别有以下特点:第一,他们注重并提倡经验或情感,怀疑理性有能力创造出完全合乎理性的社会;第二,他们认定人性科学与自然科学并无两样,致力于把人的科学建立在经验的和观察的基础上;第三,他们提出并阐发了人作为社会生活参与者的概念,人的活动从来不是仅仅依靠自己完成的,而是必须与别人的活动相配合相联系;第四,他们发现了社会行动无意后果律(law of unintended consequences),也就是说,无论在社会生活中发生的是什么,都是人们行动的后果,而非人们刻意设计和追求的目的;第五,他们把行为理论与判断行为的理论区分开来,并把关注重点放在后者,由此建立起关于人的行为互动性的思想。[1]

一、"人性科学"的观念

"人的科学"(science of man)是17—18世纪哲学家经常使用的一个术语。在休谟以前,马勒伯朗士等法国哲学家也曾谈过"人的哲学",要把人作为研究对象,对人的本性进行研究。休谟把人的科学称为"人性科学"(the science of human nature),或称为"精神哲学"。他在《人性论》开头指出,哲学分为自然哲学和精神哲学两部分,哲学的研究方法是实验和观察。牛顿运用这种方法在自然哲学领域获得巨大成功。休谟的目标是成为精神哲学中的牛顿,他的任务是运用那种业已被证明为有效的方法,剖析人性,建立科学的精神哲学。休谟的《人性论》是一个完整的体系,它以人性为研究对象,包括理解和情感两部分,休谟的理论相应地分为认识论和伦理学两部分。《人性论》卷一论理解,卷二论情感,卷三论与理解和情感都有关的道德。

1. 人性科学何以可能

休谟从对象、可能性、研究方法、研究意义入手,阐明了人性科学是可以成立的。第一,人性科学(精神哲学)是对人性进行的研究,它与以物理学为代表的自然科学是不同的,涵盖了与人的活动和行为有关的一切事情。

第二,关于人性科学的可能性,休谟指出:"在人类的行动中,正像在太阳和气

---

1 参见熊彼特《经济分析史》第1卷,朱泱等译,商务印书馆1991年版,第200页。

候的运行中一样,有一个一般的自然规程。有些性格是不同的民族和特殊的个人所特有的,正如有些性格是人类所共有的一样。我们关于这些性格的知识是建立在我们对于由这些性格发出的各种行为的一致性所作的观察上面的;这种一致性就构成了必然性的本质。"[1] 通过人类行为、制度等表现出的巨大差异,仍可以发现包含在人类动机和行为中的一致性,这使人性科学成为可能。

第三,与自然科学一样,"人性科学也可以达到极其精确的程度"[2]。可以"以最少的和最简单的原因来说明所有的结果,借以使我们的全部原则达到最大可能的普遍程度"[3]。

第四,人性科学是一门基础科学,是一切科学"唯一稳固的基础"。"直捣这些科学的首都或心脏,即人性本身;一旦掌握了人性以后,我们在其他各方面就有希望轻而易举地取得胜利了。"[4]

休谟特别强调,一切科学都同人性有关系,任何学科不论看起来与人性离得多远,它们总是通过这样或那样的途径回到人性,甚至数学、自然科学和自然宗教也靠人的能力和机能来判断。[5] 说到底,任何科学都不是上帝的科学,也不是动物或其他什么生灵的科学,而是属人的科学,也就是说与人性有关。

2. 人性科学的基本结构

哲学体系一般都由形而上学、自然哲学和精神哲学这三大部分组成,精神哲学是其核心。这是古希腊哲学以来的传统。比如斯多葛学派把哲学比作天地,把逻辑学比作围墙,把物理学比作土壤,把伦理学比作果实。休谟也秉承这样的传统。

在休谟看来,逻辑学、伦理学、美学和政治学这四门科学是精神科学或人性科学最基本的内容。因为这些学科是直接以人本身为研究对象的。逻辑学的目的在于说明人类推理能力的原理和作用,以及人类观念的性质;伦理学、美学(批评

---

1 休谟:《人性论》下册,关文运译,商务印书馆 1980 年版,第 440—441 页。
2 休谟:《〈人性论〉概要》,见周晓亮编《休谟哲学研究》,人民出版社 1999 年版,第 367 页。
3 休谟:《人性论》上册,关文运译,商务印书馆 1980 年版,第 9 页。
4 同上书,第 7 页。
5 参见上书,第 6—7 页。

学)考察人类的鉴别力和情绪;政治学研究人在社会中的彼此结合并相互依赖。[1]人性科学的四门学科之间的关系是:感觉经验论的认识论(逻辑学)是方法论基础,伦理学和美学是人性科学的核心和主体,政治学和社会历史观是伦理学和美学的延伸。

3. 人学的方法论

休谟认为,"精神哲学或人性科学,可以用两种途径来研究"[2]:一种是用生动丰富的描写,以此来证明优雅的情感、正义的道德、伟大的灵魂,达到对人的思想和行动的劝导和规范;另一种是经验和推理的方法,以此来发现对人性起决定作用的根本原则。前一种哲学轻松而明显,常比后一种精确而深奥的哲学,得到一般人的较大的爱好。但是,唯有后一种艰苦的研究才能使人性科学成为一门真正的科学,并使前一种研究在其支持下达到完美的程度。

休谟说:"在任何情况下,精确都有益于美丽,正确的推理都有益于细致的情感。"[3]正如一位画家只有知道了人体内部的结构和肢体的功能,才能创作出优美动人的画像来。画家精于观察的方式是人性科学家所必需的。休谟把人性科学的方法与绘画方法作了一个类比。

休谟要求,"像解剖家那样",对构成人性的各种成分,对人心的各种活动、能力和作用进行剖析和描述,以发现它的最奥妙的源泉和原则。人性研究的出发点是经验的。人类思维的一切材料都来自外在和内在的印象。因此,"经验和观察"是人的科学的"唯一稳固的基础"[4]。休谟将人性分解为最原始的知觉元素。他认为,人性经验依靠人内心活动的不受干扰的反省,依靠人们对日常生活不同情况下的心理体验的供述。用作研究的材料都是描述性的,对心灵活动的任何论断,也都是建立在这种"描述材料"基础上的。作为"精确而深奥"的研究,应旨在把人学建成一门"规范科学",就是说它是可演绎的,它"可以归结为一个共同的原

---

1 参见休谟《人性论》上册,关文运译,商务印书馆1980年版,第7页。
2 休谟:《人类理解研究》,关文运译,商务印书馆1957年版,第9页。
3 同上书,第13页。
4 休谟:《人性论》上册,第8页。

则,而且可以从这个原则推出另一个原则,那么,我们就将得到少数几个简单的原则,所有原则都依赖于它们之上"[1]。

二、 人的道德情感

在休谟的时代,英国正热衷于"道德和宗教本性"的讨论,在《人性论》引论中提到了洛克、沙夫茨伯利、曼狄维尔、赫钦逊和布特勒。[2] 后四位都是英国情感道德学派的代表,他们提出人天生有一种识别行为善恶的内在官能,即道德感(moral sense);这种道德感与人的外感官相似,能直接地作出价值判断。休谟吸收了他们的成果,建立了关于人的道德的情感论。

1. 人性的一致性——同情心

"同情心"是休谟人学中极为重要的概念。他通过同情心,旨在限制他的前辈霍布斯等设想的人类利己性,说明道德的科学根据。他从多学科的角度,论证了同情心的自然发生过程和活动规律。

从认识论角度,休谟放弃唯理论把同情心视为天赋的假设的立场,试图在经验的基础上建立起同情论。在他看来,同情原则发生的心理机制在于联想的作用。休谟用"观念联想原则"来说明各种各样的知觉为什么和怎样呈现于心中。他认为,自然赋予了人们之间三种关系,即类似关系、接近关系和因果关系。正是这三种关系的存在,能够使人们在观察他人的情绪时,根据以往的经验和习惯,产生某种联想,从而体察出他人的情感,并在自己内心引起相应的感觉。当我在任何人的声音和姿势中看出情感的效果时,我的心立即从这些效果转向其原因,并对那种情感形成一个生动的观念,这观念很快变成那种情感本身。同样,当我看到任何情绪的原因时,我的心也立即转向它的结果,并为同样的情绪所激动。如果我亲眼见过一场甚为可怕的外科手术,那么甚至在手术之前的医疗器械的安排、绷带的放置、刀剪的烘烤,以及病人和助手们的一切焦虑和忧愁的表情,都确会在我心中产生很大的效果,激起最强烈的怜悯和恐怖之感。别人的情感不能直接呈现在我们心中,我们只能感受到它的原因或效果。由这些原因或效果才能推

---

1 休谟:《〈人性论〉概要》,见周晓亮编《休谟哲学研究》,人民出版社 1999 年版,第 367 页。
2 参见休谟《人性论》上册,关文运译,商务印书馆 1980 年版,第 8 页。

断出那些感情,结果正是它们引起了我们的同情。

从生理学角度看,由于"血管和肌肉的结构,心、肺、胃、肝和其他内脏的组织和位置,在一切动物方面既然都是相同或差不多是相同的……骄傲与谦卑不但是人类所有的情感,而是推广到全部动物界的"[1]。就是说,动物的生命机体所具有的刺激—反应机制是相同的,故感情(feelings)是相通的。

现代人类学也持有这样的观点。正如人类学家莫非所说:"人类的思想和行为之所以相似,主要是由于所有的人们的脑子结构相同,因此他们的心理状态也相同。在人类发展史的各个已知阶段里,人的生理机能在组织上和神经活动上基本相同,因此在人们的心理上就有某些共同特征、动力和行动方法。"[2]

从心理学的角度看,人同此心,心同此感。休谟说:"显而易见,自然在一切人之间保持了一种很大的类似关系;我们在别人方面所观察到的任何情感或原则,我们也都可以在某种程度上在自身发现与之平行的情感或原则。在心灵的结构方面是这种情况,在身体的结构方面也是这种情况。……这种类似关系,对于我们体会别人的情绪而欣然立即加以接受,一定大有帮助。"[3]

从社会学的角度看,同情心还有"相识关系与教育关系"等原因,社会交往和教育使人性呈现出"一致性"。这是人性中最为引人注目的、同情别人的那种倾向,即同情心(sympathy)。[4]

休谟的思路是由同一的生理—心理结构推出情感的一致性,进而把这种一致性规定为同情心。这种同情心,具有能够引起同样情感和同等情绪的机能,是人类道德的基础和来源。

2. 道德来自人的情感

休谟认为,伦理学是一门实践科学,应建立在观察和经验之上。他强调,道德判断中起决定作用的是感觉(道德感),而不是理性。心理分析与描述、想象和联想是道德研究基本的方法。

---

1 休谟:《人性论》下册,关文运译,商务印书馆1980年版,第361—362页。
2 转引自汤因比《历史研究》上册,曹未风等译,上海人民出版社1966年版,第51页。
3 休谟:《人性论》下册,第354页。
4 同上书,第352页。

在休谟看来,情感(passions)是一种原本的印象,它具有主动性,能够产生或阻止行为。情感的范围非常广泛,囊括了人心中除感觉和观念以外的大部分心理现象。比如本能情感(欲求、饥饿、性欲、对生命的爱恋、对子女的爱恋等),这是原始的、第一性的、基本的情感[1];直接情感(欲望、厌恶、悲伤、喜悦、恐惧等),这是直接、单纯地建立在苦乐善恶感觉之上的;间接情感(骄傲、谦卑、爱、恨)等。[2]

休谟认为,道德只能来自情感。为了说明道德来源于情感,休谟考察了理性(理智)与情感的关系:第一,道德属于实践的而不属于思辨的,"道德规则并不是我们理性的结论"。第二,"理性的作用是发现真伪。真伪在于对观念的实在关系",而不是发现道德。理智判断是依据"是"或"不是"进行的,而道德判断则是"应该"或"不应该"。理性只能告诉人们"是什么",而不能告诉人们"应该是什么",即从"是"(to be)中推不出"应该"(ought be)来,从事实的真伪推不出道德的价值。[3] 第三,"理性是,并且也应该是情感的奴隶,除了服务和服从情感之外,再不能有任何其他的职务"[4]。第四,虽然总体上道德不依赖于理性,但是理性通过对情感的辅助作用,间接地同道德发生作用。[5]

在道德的根源上,休谟还认为道德产生于调整冲突的利己心。他承认,"利己心才是正义法则的真正根源"[6]。无论是在探讨道德的形成和发展,还是在为道德划定范围和进行道德判断,都"非从各方面审查人类的真正利益不可"[7]。但是人不仅有利己心,还有同情心,同情心是道德的标准。

休谟认为道德的标准"就在你心中,而不在对象之内。……由于你的天性的结构"[8],"我们自己的感觉也决定任何性质的恶与德"[9]。但是出于利己心的善恶标准是因人而异、因时而异、因地而异的。

---

1 参见休谟《人性论》下册,关文运译,商务印书馆 1980 年版,第 455 页。

2 同上书,第 477 页。

3 同上书,第 509 页。

4 同上书,第 453 页。

5 同上书,第 508 页。

6 同上书,第 569 页。

7 周辅成编:《西方伦理学名著选辑》下卷,商务印书馆 1987 年版,第 165 页。

8 休谟:《人性论》下册,第 509 页。

9 同上书,第 640 页。

在休谟看来,美德是观察和思维一个行为和品格时给人的一种快乐的感觉;而恶则给人一种痛苦的感觉。因此,利己心虽然是道德的根源,却不能提供道德的标准。

只是由于有同情心,人们才能对特定事件作出相近的价值判断。休谟说:"同情是人性中一个很强有力的原则,它对我们的美德鉴别力有一种巨大的作用,它产生了我们对一切人为的德的道德感。"[1]同情心使得人们之间对公正、忠顺、贞操、守信等社会美德有较为一致的看法。同情心使人摆脱了自我的小圈子,对他人甚至对陌生人的利益也加以关注;由同情心还可以产生出自然的、天赋的美德,如慈善、柔顺、温和、慷慨等。就是说,同情心是道德标准的来源。

休谟坚持经验主义立场,努力把经验主义贯彻到人所涉及的层面,建立起严格的人性科学。他的人性科学把认识论上的经验论和道德伦理学说的情感论统一起来,诉求每个人都天生具有的人性,整个启蒙运动对此都有共识。

三、"经济人"观念

被视为古典经济学奠基人的亚当·斯密,学识渊博、涉猎极广。他试图建立一个阐述生存在这个宇宙中的人类历史活动的全部意义及整个过程的庞大体系。与同时代许多思想家一样,斯密也真诚地相信,把握了人的永恒不变的本性,就能正确地解释社会、国家、经济、政治、法律以及伦理道德问题。他关注的问题是:作为自然的人,作为社会的人,他的本性是什么?他生活的终极目的、过程和形态又是什么?

1. 什么是"经济人"

尽管"经济人"(homo economics)的概念是 19 世纪末的意大利经济学家帕累托正式提出的,但是人们总是将"经济人"假说的建立与斯密的名字联系在一起。早在 18 世纪 70 年代,斯密在《国富论》中就已经对"经济人"的假设条件进行了大胆的猜想。

斯密说:"由于他管理产业的方式目的在于使其生产物的价值能达到最大程度,他所盘算的也只是他自己的利益。在这种场合,像在其他许多场合一样,他受

---

1 休谟:《人性论》下册,关文运译,商务印书馆 1980 年版,第 620 页。

着一只看不见的手的指导,去尽力达到一个并非他本意想要达到的目的。也并不因为事非出于本意,就对社会有害。他追求自己的利益,往往使他能比在真正出于本意的情况下更有效地促进社会的利益。"[1]

斯密认为,人的经济活动是受利己心驱使的。他说:"毫无疑问,每个人生来首先和主要关心自己。"[2]因为他比任何其他人都更适合关心自己,每个人更深切地关心同自己直接有关的事情,自己的幸福可能比世界上所有其他人的幸福重要。个人利益是人们从事经济乃至社会活动的出发点。"把资本用来支持产业的人,既以牟取利润为唯一目的,他自然总会努力使他用其资本所支持的产业的生产物能具有最大价值……"[3]这里,斯密已经初步提出了"经济人"行为的最大化原则、自利原则与公益原则,这些都是"经济人"最重要也是最基本的假设。从利益出发从事经济活动的人,就是斯密假设的"经济人"。

斯密发挥了重农学派的"自然秩序"概念。他反复强调自然秩序的无比优越性,与此相比,人类制度存在着不可避免的缺陷。他说,把人为的选择和限制去掉,最显然并简单的自然的自由体系就会制定下来,事物的秩序是人类的自然倾向所促成的,而人为的制度阻碍了这些自然倾向。斯密坚信,每一个人天然是自己利益的最好判断者,应该让他有按自己的方式来行动的自由。假若他不受到干预的话,他不仅会达到他的最高目的,还能有助于促进公共的利益。[4]

"经济人"就是使市场得以运行的人,即能够计划、追求自身经济利益最大化的人。经济人假说建立之后,古典经济学家才将追求财富的人类行为从人类的其他社会行为中分离出来,并确立为经济学的研究对象。这样,经济学才成为一门独立性的人类社会知识,并以此造福于社会。

2. 同情心与完善的人性

人不仅仅只有利己心。斯密把人性分为三类:除了自爱(或自私)的原始情感,还有非社会的情感,如野心、钦佩富人和大人物、轻视或怠慢穷人和小人物等;

---

1 斯密:《国民财富的性质和原因的研究》下卷,郭大力等译,商务印书馆1974年版,第27页。

2 斯密:《道德情操论》,蒋自强等译,商务印书馆1997年版,第101—102页。

3 斯密:《国民财富的性质和原因的研究》下卷,第27页。

4 同上书,第252页。

第三类是社会情感（同情心），这种情感顾及他人，少为自己，节制个人的自私情感[1]，发扬仁慈、仁爱。这就构成了完善的人性。人由自爱到人爱，是人性逐步完善的过程。

同情心或同感（compassion）是斯密的人性学说的起点，并贯穿于他的整个体系。同情心不仅指对他人不幸的同情，也包括与别人共享幸福和财富。在斯密看来，同情心是最基本的人性，同时也是最广泛的道德情感。

同情心产生道德认识、道德判断和行为准则。其发生过程是：第一步，产生道德感，即借助联想，"能设身处地地想象"，体验别人的感受，从而产生一种与他人感受相符的"情绪共鸣"[2]；第二步，产生道德的鉴赏，即对他人的痛苦和悲伤产生怜悯和体恤，也对他人的福乐和成功感到高兴和自豪；第三步，产生道德观念和判断，即在自我和他人的联系中，通过持续多次的经验和理智（intelligence），获得对同情心内容与原因的更深刻意识，自觉形成道德观念和判断；第四步，出现了义务律（the laws of duty），即同情心由自发上升到自觉，人们便自觉而习惯地遵从道德良心。

斯密认为德行对于个人与社会是有用的，美德能给个人带来幸福、给社会带来繁荣，恶行则会使个人和社会遭受不幸和毁灭。但是这种有用或有害并不是道德上赞成与否的根本原因，人们对道德行为的善恶判断，只能以情绪共鸣为标准。情绪共鸣即情感的一致性是追求善的表现，只要达到情感的一致便是在从善了，个人的苦乐感觉则是次要的。在斯密那里，情绪共鸣既是目的又是手段。道德共鸣在斯密看来是一种"合宜"。所谓合宜，就是人们同情心之间相互一致或相称，道德评价的对象乃是人们感情之间的合宜性。

斯密认为，人有双重性。作为经济人，人在经济领域里只关心自己的利益，并尽力追求之；作为道德人，人应当关心他人，看轻自己，超脱自私情感。这两者之间的矛盾如何调和？斯密认为，社会是由个人组成的，所以社会利益是个人利益的总和。个人越是追求自己的利益，社会利益也就越大。斯密同意孟德维尔在

---

1 参见斯密《道德情操论》，蒋自强等译，商务印书馆1997年版，第25页。
2 参见上书，第5—6页。

《蜜蜂的寓言》中提出的"私恶即公利"的说法。斯密致力于把"德"与"利"统一起来。

3. 人只能存在于社会中

斯密提出:"人只能存在于社会之中,天性使人适应他由以生长的那种环境。人类社会的所有成员,都处于一种需要互相帮助的状况之中,同时也面临相互之间的伤害。"[1]每当相互产生愤恨和敌意的时候,一切社会纽带就被扯断。正义犹如支撑人类社会这个雄伟大厦的主要支柱,如果这根柱子松动,那整个大厦势必土崩瓦解。只有较好地遵守正义法则,社会才能存在。无秩序和混乱的社会状况会葬送人们所珍视的一切。如果社会不能用温和而合理的手段去约束不义行为及其引起的无序和混乱,那就必定要采用暴力来压制它,总之,必须阻止它的发展。为了维持社会秩序,在这里斯密没有诉诸"看不见的手",而是启用了法律的现世"惩罚"和宗教的来世"审判"这两只手。[2] 社会是人的栖居之所,是人的家园,它应该有利于自然人性的生长。为此,必须诉求正义,呼唤公正。

4. 公正的旁观者

为了调控社会和维护社会秩序,斯密在其经济学中提倡"看不见的手"的作用;在道德中,斯密提出"公正的旁观者"(impartial spectator)或"第三者"。[3] 两者异曲同工,相得益彰。如果说休谟已经证明原始的道德(正义观念等)来源于同情,斯密则具体分析了同情在道德反省形成过程中的作用;休谟感兴趣的是道德的起源,斯密则更关心道德的功能,以及社会交往作为个人控制行为镜子的作用。

斯密说,如果有一个人与其他同类没有任何交往,在某个与世隔绝的地方长大成人,那么,如同他不会想到他自己面容的美与丑一样,他不会想到他自己心灵的美与丑,他不会想到自己的性情,也不会想到他自己情操和行为的合宜性或过失。所有这一切都是他不能轻易弄清楚的对象,他自然也不会注意到它们,并且,他也不具有能使这些对象显现在自己眼前的镜子。"一旦把这个人带入社会,他

---

1 斯密:《道德情操论》,蒋自强等译,商务印书馆 1997 年版,第 105 页。
2 参见上书,第 106、108、109、113 页。
3 参见上书,第 164 页。

就立即得到了在此以前缺少的镜子。这面镜子存在于同他相处的那些人的表情和行为之中,当他们理解或不赞同他的情感时,总会有所表示;并且他正是在这里第一次看到自己感情的合宜和不合宜,看到自己心灵的美和丑。"[1]

斯密和休谟一样,认为个人是在观照"镜子"中成长起来的,在社会之外没有自我。斯密进一步认为,即便是要认清个人自己的利益之所在,也一定要生活在社会中才可能。在《国富论》中,交互原则表现为经济的交换原则:个人需要他人,不仅在于需要别人对其行为的认可,还在于依赖别人满足其物质需要。如同他假想的"第三者"来控制其道德行为一样,市场是一个"公正的旁观者";通过市场,个人证明其劳动产品的质量,了解他自己是否真正为社会所需要。

斯密提倡功利,在他的《国富论》中运用大量实例来论证富裕、利益对于一个国家的重要性,同时在他的伦理思想中也渗透着这种经济功利主张。另外,在《道德情操论》中,斯密继承与发挥了休谟对于同情的论述,论证了人具有克制私利的能力,强调从感情经验上来把握善与恶,把道德和社会政治理论建立在自然人性论之上。

四、情感主义的人性论

苏格兰的启蒙运动和法国的启蒙运动遥相呼应。18 世纪法国启蒙思想家爱尔维修(Claude-Adrien Helvétius)的《论精神》和《论人》可以说是以休谟为代表的人性科学在法国的翻版。他用感觉主义和功利主义观点看待人性,用经验主义的观点把道德的基础归结为情感。

1. 趋利避害——人之本性

爱尔维修认为,人是能够感觉肉体的快乐和痛苦的,因此人逃避痛苦,寻求快乐。就是这种经常的逃避和寻求,他称之为"自爱"。[2] 这是自然赐予人的天性,也是人的自然权利,不可抹杀,不容侵犯,更不能剥夺。在无损他人权益的条件下追求和满足自己的欲望和利益,是无可非议的。

在他看来,自爱的情感是人的美德和恶性的根源,由于它鼓动起人的不同爱好和欲望,可以在个人的身上转化为美德或罪过;"自爱在不同的变相之中既可以

---

1 参见斯密《道德情操论》,蒋自强等译,商务印书馆 1997 年版,第 138 页。
2 北京大学哲学系外国哲学史教研室编译:《十八世纪法国哲学》,商务印书馆 1963 年版,第 503 页。

产生骄傲,也同样可以产生谦虚"[1]。他有诗云:"自私心(即自爱)——美德和罪恶之父,它不停地在各处挖下不幸和堕落的深渊,形成市民,创立国王,为人们制定法典;一再煽起战争和屠杀的火焰,把地球搞得天翻地覆。"[2]

自然界是不会使人变恶或变善的。自爱作为人的本性,是发自人内心的,它本身单纯清白,几乎是中性的,除自私、自保以外,没有其他倾向。但是它可以转化,趋往不同的方向。人生来不好也不坏,并无天赋的良心、怜悯心和道德感,人性的善恶完全是后天的经验和环境影响的结果。

自爱心以情感为中介转化为美德。情感一是指生存的需要(饥、渴、冷)所产生的自然感情,仅限于肉体的满足、快感和痛楚;自然感情与生俱来,无所谓善恶。二是指社会感情,这是自然的感情和需要在社会中发展起来的感情,诸如对财产的欲望、对权力的垂涎、爱国心、荣誉感等。自然感情是社会感情的基础,社会感情是自然感情的发展。社会感情都可以归结为自然感情,归结为人的趋乐避苦的肉体感受性。在任何一个社会里,人们的行为都服从个人利益的法则,这是人之慷慨行为的动机。但是个人利益须服从公共利益。一个正直的人,必须把灵魂的高尚与精神的明智结合在一起。这样,他就会以公共利益为行动的指南。

2. 伟大的感情才能产生伟大的人物

爱尔维修对感情颂扬备至,他热情地说道:"情感是使精神世界活跃鲜明的天火!"[3]情感是文化、道德的源泉。对于个人,"伟大的感情才能产生伟大的人物"[4];对于国家,它鼓动国家,唤起它的工业及其他的商业,扩大它的财富和势力。这种情欲的停止,将会置若干国家于死命;对于人类,没有情感就没有物质文明和精神文明。情感驱使人类移山填海,开凿湖泊,建筑金字塔,推动生产能力的发展,刺激科学技术的进步。情感创造、保持、推动着人类文化艺术和道德。总之,"消灭了欲望也就消灭了灵魂;人没有感情就没有行动的原则,也没有活动的

---

1 北京大学哲学系外国哲学史教研室编译:《十八世纪法国哲学》,商务印书馆 1963 年版,第 452 页。
2 赫·恩·蒙让:《爱尔维修的哲学》,涂纪亮译,商务印书馆 1962 年版,第 99 页。
3 赫尔维修(即爱尔维修):《精神论》,杨伯恺译,上海辛垦书店 1933 年版,第 150 页。
4 北京大学哲学系外国哲学史教研室编译:《十八世纪法国哲学》,第 469 页。

动力。……要扼杀人的感情和需要,是非改变人性不可的"[1]。

爱尔维修更赞美爱情:"在一切快乐中,对我们作用最强,给予我们灵魂鼓舞最大的,毫无问题的是女色的快乐。自然把最大的陶醉放到女色的享受上。"[2]他反诘道:哪一种对于美德的热忱能不为好色的欲望所动?不得不说,爱情发明了一切,产生了一切。

3. 利益支配着一切道德判断

爱尔维修把趋利避害、趋乐避苦视为人性的通则,循此人性准则的道德判断是:凡是使人得到快乐的,就是善;凡是对自己有利的行为,就是合乎道德的行为。相反,则是不道德的行为。爱尔维修认为,"无论在道德问题或认识问题上,都只是利益宰制着我们的判断";"唯有利益支使着我们对人们的各种行为和观念表示尊重或蔑视。""利益永远是正直和明智的唯一判断者。""河水是不向河源倒流的,人们也不会违抗他们的利益的激流。谁要想这样做,就会是疯子。""如果爱美德没有利益可得,那就决没有美德。"[3]

马克思和恩格斯在《神圣家族》中评述说:"爱尔维修也随即把他的唯物主义运用到社会生活方面。感性的印象和自私的欲望、享乐和正确理解的个人利益,是整个道德的基础。人类智力的天然平等、理性的进步和工业的进步的一致、人的天性的善良和教育的万能,这就是他的体系中的几个主要因素。"[4]

第三节

"道德人"的观念

从 17 世纪末开始并贯穿整个 18 世纪,道德哲学成为英国知识界最为关注的

---

1 北京大学哲学系外国哲学史教研室编译:《十八世纪法国哲学》,商务印书馆 1963 年版,第 487 页。

2 同上书,第 497 页。

3 同上书,第 457、459、537、512 页。

4 《马克思恩格斯全集》第 2 卷,人民出版社 1957 年版,第 165—166 页。

论题之一。这期间的思想家塞缪尔·克拉克(Samuel Clarke)、沙夫茨伯利伯爵(Authony Ashley Cooper Shaftesbury)、弗朗西斯·哈奇森(Francis Hutcheson)和约瑟夫·布特勒(Joseph Butler)等为了寻求道德的基础,提出了比较完整的"性善说"。

我们在前一章谈到,基督教的"原罪说"虽然不是完全意义上的性恶论,但它对人在现世的表现和命运的看法的实际效果无异于性恶论。经路德和加尔文的加工,"原罪"和"性恶"的观念盛行于欧洲。我们看到,卢梭声称自己的全部工作都是在与这种性恶论进行斗争。休谟和斯密等人肯定道德标准起源于同情心,也肯定了人性中的善的成分。这些启蒙学者的思想并非空穴来风,在他们之前,英国的道德哲学家已经提出了性善说。只是他们不像后来的启蒙学者,没有否认宗教与道德的联系。他们秉承了那一时期特有的乐观主义,相信人性本善,对此岸世界日趋完满抱有真诚的美好期待。他们的思想都带有理性主义的烙印(这在克拉克和布特勒那里尤为突出),同时受柏拉图主义和基督教自然神学传统的影响。

一、 道德性是自明的

1. 道德关系与自然关系的善性来自上帝

塞缪尔·克拉克的思想有明确的宗教目的,他的两部最重要的著作题目分别为《对上帝的存在和属性的推证》和《论自然宗教的不可改变的义务及基督启示的真理和确实性》。

克拉克主张道德与自然、宗教都是一样的。道德义务与物理定律一样由事物的本性所决定,可以如同数学公式那样从自明的公理按严格步骤推演出来。有理性的人完全可以自觉地按照道德义务来行动,而无需趋乐避害这样的动机。但另一方面,他又认为如果没有不朽或彼岸的赏罚,如果不承认上帝及基督启示的权威,就不可能为这些道德义务提供有效的证明。道德最终还是需要信仰的支持,而德性的生活是所有真正宗教的基础、本质和生命力所在。

克拉克一方面力图证明道德哲学的严格科学性和独立性,另一方面又坚持强调道德义务来自上帝。在他看来,这两点可以协调一致:道德宇宙与自然宇宙同为上帝的意志所决定,而上帝是全能、全知、全善的,上帝的存在和属性决定了自然关系或道德关系是"适宜的""适合的"。就是说,上帝所规定的自然和道德关系必然是善的。

2. 道德性是自明的理性

克拉克非常赞同柏拉图的观点:一个公正无私、没有偏见的年轻人没有经历什么世故,也没有什么学识,只需要用问题一步步引导他,不用直接教授或灌输任何东西,他完全可以从自身找出正确的答案,知道什么是事物之间的恰当比例和关系。柏拉图讨论的虽然只是数学的真理,但这种能力同样适用于辨别道德上的善与恶。

克拉克认为有四种道德原则是同数学公理一样自明的:对上帝的虔敬、公正、仁爱以及对自己负责(他称之为"理智")。实际上,如果仔细分析,只有"公正"和"仁爱"两条原则属于道德范畴。所谓公正,简单地说即"己所不欲,勿施于人";而所谓仁爱,即说较大的善总是比较小的善更为可取,而不考虑最终获益的是谁。既然这些道德原则对于每一个有理性的人都是自明的,那么人们只要运用理性,就会有公正、仁爱的美德。这不啻肯定了人的自然本性之善。

3. 理性主义的性善说的缺陷

克拉克把人的理性与道德性相等同,是对人的道德性的一种理性主义解释。但问题在于,即使我们承认上述四条原则的公理性质,也还需要考虑它们在多大程度上能够决定人的具体动机和行为。克拉克将道德与自然进行严格类比,却忽视了道德之所以区别于自然的关键:它不是"实然",而是"应然"。他甚至说,如果某人蓄意违背道德原则,那么他就是在希望事物不是其所是(或所能是)。边沁(Jeremy Bentham)曾经讥讽说,按照这个逻辑,即使你图谋弑父,也只是用一种特殊的方式表明他不是你的父亲。这样的讽刺当然过于机巧,因为克拉克的本意是说人的行为动机在其原本和自然的意义上,必然符合事物之间和谐的道德关系。但他的确未能解决"实然"怎样过渡到"应然"的问题,而仅仅是诉诸上帝,将二者简单地等同起来。

4. 道德性是自明的常识

苏格兰常识学派的代表人物托马斯·里德(Thomas Reid)认为常识原则是知觉所具有的原初的、基本的判断,是自然赋予人类理解的要素,是理性活动的基础。作为人类构造的一部分,常识原则是天赋的,而不是后天获得的。里德说,它们"来自全能的主的灵感","纯粹是苍天的礼物"。[1] 只是由于这些先天的原则的

---

1 T. Reid, *Essays on the Intellctual Powers of the Human Mind*, vol. 2, Edinburgh, 1819, pp. 233 – 234.

作用,我们才能通过感官的作用获得常识。

常识原则包括逻辑律和数学公理,还包括首要的道德原则,如"人不应该为他的力量所不能阻止的事情而受到责难"。人们凭着自明常识就可以成为符合道德原则的善人。这也是一种天赋的性善说。

不难看出,里德所谓的天赋的原则是一些当时当地的上层人士的"常识",他把这些作为全人类道德的基础,主要目的之一是为他们的宗教信仰和道德准则辩护。苏格兰常识学派的其他成员也是如此。比如,奥斯瓦尔德(James Oswald)著有《为宗教而诉诸常识》;比悌(James Beattie)的《论真理》得到英王乔治三世的奖赏,休谟曾愤怒地批判这本书说:"真理! 其中没有真理,八开本里有的只是可怕的大谎言。"[1]

克拉克和里德思想的缺陷表明,将人的道德性完全建立在自明的理性或常识的基础上是不够的。违背道德义务或许真的如同"二加二等于五"一样是荒谬的、反理性的,但如果不道德可以带来很多利益,人们大可以选择荒谬。霍布斯的利己原则并没有被真正驳倒。有鉴于此,后来的道德哲学家更注意为人的道德性寻找心理基础,这在沙夫茨伯利和哈奇森那里尤为突出。

二、 道德感是人类的天然情感

沙夫茨伯利最先将伦理建构的基础从理性转移到情感。他详细地论证了人类的自然本性原是两种看似相反的倾向:一是不计自身利害,一是关注自身利益。他认为人类依凭其天然的社会情感,就能够达到自我利益与群体利益的和谐。

1. 批判"利己说"的人性论

沙夫茨伯利在他的著作《美德或善良品质研究》中,严厉批评了霍布斯的人性利己说。他论证道,霍布斯的理论认为人只有关注并争取自身利益,其行为才能被称作是善的,这仅在人类不具备社会属性,而只是作为孤立的单独个体存在时才能说得通。但我们必须把人放在更广阔的背景中来考察。个人的情感和行为取向,必须对其所从属的整体有益,才能被称作是善的。霍布斯所谓的"德人",如果脱离了强权的管制恣意任行,必然在群类中助虐作恶,祸害无穷。

沙夫茨伯利曾经是洛克的学生,但他将洛克的伦理思想当作自己的反面,认

---

1 转引自 F. Copleston,*A History of Philosophy*,vol. 5,pt. ii,New York:Image Books,1959,p. 177。

为自己有义务澄清是非。洛克持唯意志论,主张人类所谓的善恶,全凭上帝的意志决定,没有必然性与合理性可言。沙夫茨伯利认为洛克的主张在本质上与霍布斯的"自私说"没有区别。他要张扬的是一种全新的性善论,并以性善论为基础为人类道德正名。

2. 人的目的性即德性

沙夫茨伯利熟谙剑桥柏拉图学派的著作,他曾为该学派最具影响的人物之一本杰明·维奇科特的《布道书》作序。他称赞维奇科特的人性论,将人看作是天性善良温情,喜交际,爱邻人。维奇科特认为基督教从本质上说是"爱"的宗教,而不是依靠惩戒与恐怖来维持的律法式宗教。这种基本立场同样出现在沙夫茨伯利本人的成熟思想中。但他的著述并不采用宗教语言,也并不倚重超越的上帝来论证人间的善恶。

沙夫茨伯利的风格类似古希腊,尤其是斯多葛学派的伦理文章。他的中心思想是:德性本身就是目的;有德即个人灵魂世界的协调有序,这本身就是完满的幸福。存在一个上帝,但这个上帝与人的关系较为疏远,他赋予人类一种善良、合群的天性,人类完全可以依靠这种天然本性保证社会的良好秩序与个人的幸福生活。人类"原始而纯正的本性"是造物主的手笔,强大有力、难以动摇。但人类依凭本性进行道德判断,却无需关于上帝的观念或信仰。一个具有反思能力的人,能够在具备任何关于上帝的确定观念之前,对道德行为有所好恶,并由此而判断是非。不信神并不会损害人的道德。不过,他还是认为真正的宗教(即基督教)要比无神论更为可取,因为有信仰的人将世界看作是上帝管辖下一个和谐、有序的系统,而上帝本身是最完满的善,有了这样的信仰,在实际生活中实践德行就更容易。

3. 德性是天然情感

按沙夫茨伯利的定义:"人的所有倾向和情感,他的心思性情,必须与他的族类或他所从属的系统,以及他作为其一部分的整体的善相符,才能配得上好的或善的称谓。"[1] 真正明智的人,依据其天然情感,就能够不计自身利害,优先虑及群

---

[1] Shaftesbury, *An Inquiry Concerning Virtue or Merit*, B. ii, pt. I, Section I, 转引自 *Moral Philosophy from Montaigne to Kant*, Cambridge University Press, 1990, p. 495。

体利益,而这样考虑的结果,恰恰最能促进其自身利益。与之相对照,斤斤计较自身利害,往往适得其反。沉溺声色享乐,日久麻木,最终连体会快乐的能力都要丧失掉;贪婪无度、爱慕虚荣,只会使人时刻处于不安与焦虑之中;即使是爱恋自己的生命,超过一定限度,也会造成沉重的约束与负担,不再有生命的幸福可言。

沙夫茨伯利指出,"过"与"不及"之间的"度",对个人和群体来说一样适用,对社会有益的恰恰也对个体有益,而对个体有害的同样将危及社会。拥有自然情感,比如对同胞族类的爱、善意、同情等,就是拥有自我愉悦的主要手段与能力。沙夫茨伯利用了大量篇幅详尽论证"德性与利益最终是一致的"[1]。他思路清晰流畅,笔法婉转优美,行文幽默机智,思辨较弱却不乏洞见,是典型的英国绅士文风。

沙夫茨伯利在伦理思想史上占有重要地位,他是第一个用心理经验解释道德原则的道德学家,但他的思想又并非纯粹的经验主义,而是与欧洲大陆的自然法和理性主义传统有极深的渊源。在他的词汇中,"自然"与"善"几乎完全等义,"非自然"与"恶"也是一样。他对人类理性抱有非常乐观的看法,这也是整个18世纪的时代特征。沙夫茨伯利被后人推崇为"情感学派"的创始人,但真正对"道德感"学说作详细阐释,构造出一个精致的道德哲学体系的,是哈奇森。

4. 道德感是不可还原的感觉

弗朗西斯·哈奇森的主要工作,是从学理和实证两方面,将沙夫茨伯利关于人的道德性的思想加以系统的、深入的阐释。他将洛克的"观念起源说"用于论证人类道德观念的起源。洛克主张我们的一切观念来自经验,感官经验与观念之间是一一对应的关系。哈奇森详细论证了道德观念的独特性与根本性,认为道德观念不可以被还原为其他基本观念的组合,因此,人类一定拥有一种独立的感官功能,能够在人心中产生道德观念、判断事物的道德属性,正如我们通过外感官能够感知声音、颜色、大小、形状等一样。哈奇森将人类的这种能力称作"道德感"。哈奇森沿承沙夫茨伯利的思路,主张人从道德感获得的道德观念,与其说是一种客观的知识,不如说是一种主观的情感,因而他也被后人归入伦理学的"情感学派"。

---

1 Shaftesbury,*An Inquiry Concerning Virtue or Merit*,B. ii,pt. Ⅰ,Section Ⅰ,转引自 *Moral Philosophy from Montaigne to Kant*,Cambridge University Press,1990,p. 488。

道德感即对其他感觉和观念"赞成"或"不赞成"的感觉,我们从道德感得来的判断,使我们自然亲善某些人或事,对另一些人或事则抱有怨恶。因此道德从根本上说是我们对待外界和他人的情感态度,而不是要获得关于世界的知识。

哈奇森针锋相对直指霍布斯和孟德维尔的"人性利己说",不惜笔墨反复论证人类天然具有的无私与仁爱之心。哈奇森进一步主张,既然仁爱是实实在在的人性,那么我们的道德本质也就有着坚实的基础,道德怀疑主义或不可知论因而是站不住脚的。一方面我们具有天赐的能力判别利害,不会在面临道德选择时茫然无措;另一方面我们也被赋予充足的行为动机,能够有切实的行动趋善避恶。他说:"造物主赋予我们实践德行的能力,大大高于道德学家们的想象……他赋予德行一种可爱的形式,使我们可以轻易地将它与其对立面区别开来,并乐于去追求它……"1

5.基督教之爱

与沙夫茨伯利对宗教采取的若即若离、可有可无的态度不同,哈奇森有着非常鲜明的宗教立场。他将道德最终归结为"仁爱",而人们对德行的"赞成"态度,则被赋予一种基督教之爱,他的道德学说几乎可以被看作是福音书中"爱上帝"和"爱邻人"这两条诫命的学理化版本。

加尔文主张原罪后人性的极端堕落,人类要从各种罪恶中解脱,只能企望于上帝的救恩。哈奇森反对这种恩典说,他极力为人类的自然欲望和情感辩护,认为自然的人性就足以构成道德生活的基础。

传统基督教伦理中还隐含一条悖论,即律法一方面规定我们应该怎么做,另一方面因人无力遵守它而更加凸显人性的堕落。哈奇森认为,由于人认识到并在情感上倾向于善,就自然会在行动中追求善,人有努力完成律法的本性和能力。他采用的是苏格拉底的论证方法:德性就是知识,认识德性与实践德性是一致的,不能亲履践行,就意味着并不知道什么是真正的善。

哈奇森的思想渊源可以一直追溯到托马斯·阿奎那一脉的自然神学。他的

---

1 Hutcheson,*The Original of Our Ideas of Beauty and Virtue*,B. ii,Preface,转引自 *Moral Philosophy from Montaigne to Kant*,Cambridge University Press,1990,p. 506。

道德学说以自然人性为依归,认为权利和义务都有实在根据;而在基督教传统中,这个根据就是上帝的全善。

哈奇森的著作在当时的英国及欧陆拥有广泛的读者群,他的思想极大地影响到休谟、亚当·斯密、托马斯·里德等重要思想家,其著作被译为法文及德文,与当时欧洲的思想流变关系密切,并在英属北美殖民地产生了深刻影响。哈奇森也被看作是功利主义的先驱,是他首先提出"最大多数人的最大幸福"的概念,后来边沁稍加改动,使之成为功利主义的标牌口号。但哈奇森与功利主义思想家的一个本质区别在于,功利主义完全依凭行为的后果计算利害,而哈奇森道德判断的对象却是行为的动机。他所说的"最大多数人的最大幸福",是我们据以对行为动机进行道德判断的一个尺度,而不是我们计算实际利害的方法。

三、 良心是自然的道德原则

约瑟夫·布特勒本人是一位神职人员,他的思想具有更鲜明的宗教色彩。布特勒的道德论述见于他的道德神学著作《布道辞十五篇》以及《自然宗教和天启宗教,与自然的结构和过程的类比》(尤其是附录的"论德性"一部分)。他的道德神学的主要旨意在于用人的自然本性作为德性的根本,把恶当作对自然本性的偏离或违反,要求人们自然地遵循道德的要求,过德性生活。

1. 行为动机的复杂性

与沙夫茨伯利一样,布特勒同样主张德性使人的灵魂世界处于一种和谐状态。但布特勒超出他同时代其他思想家的地方在于,他着重强调人的行为动机的多样与复杂。在面临选择时,人们往往要考虑多个动机,但最终促使他行动的,并不一定是那个最强烈的动机,而是权威最高的动机。较低等的动机,即使在强度上占优,仍然要受较高等动机的支配。例如牙痛,你可能怕治疗痛苦而不愿就医,但理智告诉你还是应该去看医生。这种情况下即使惧怕心理在强度上远远超过理智判断,前者仍然要服从后者,因为后者享有更高的权威。

布特勒反对在当时思想界较为普遍的用单一原则解释所有伦理现象的还原论方法(如霍布斯的"利己"、哈奇森的"仁爱"),他在其著作中对人类复杂的心理动机作了详尽的描述。英国的伦理思想史家威廉·维韦尔说,布特勒使人们意识到道德生活复杂而丰富的现实,但他未能构造一个有效的理论体系包容并解释这些现实。实际上,布特勒本人认为,理论解释在实际生活中并不重要,他要表明的是,我们每个人都被上帝赋予了判断和行动的能力,在面临道德抉择时,上帝总会指引我们找出正确的答案。

2. 指导行为动机的道德原则

布特勒认为,在决定我们的行为时,有两条原则是首要的,即"自爱"与"良心",其他原则要受这两条原则的辖制与支配。他关于"自爱"与"良心"的讨论有一些含混的地方。大多数情况下他将二者等量齐观。

从沙夫茨伯利开始,英国道德哲学的主流,是主张合理的、真正的自爱,必然使人意识到他应该承担的社会道德责任,利他与利己最终是一致的。布特勒同样持这种乐观的理智主义。他说:"如果我们理解了什么是真正的幸福,那么良心与自爱将告诉我们同样的东西。责任与利益完全一致;这个世界上的大多数情况都是这样,如果我们考虑到彼岸和大全,则更是必然如此、毫无例外。"[1]沙夫茨伯利的论证将支撑点放在自爱一方,始终围绕利己展开利他;而布特勒更强调良心。

在布特勒看来,根据自爱来辨别利害、决定取舍,是需要斤斤计较的,而有计较就不免有错误。但良心的命令直截了当、不容置疑,明白地宣布哪些行为其本身就是公正的、正当的、善的,哪些行为其本身就是邪恶的、错误的、不公的。这是因为良心考虑的是行为的纯粹动机,而无须计较其后果。但他在另一处又说,只有我们冷静地坐下来思考,就会看到,"只是在确信德性符合我们的幸福或至少不与之相违背的情况下,我们才会承认其合理"[2]。大多数评论家认为这一段文字并不代表他最终的观点,而只是"对那个时期自私精神的一个暂时的让步"[3]。应该看到,布特勒本人并不关心良心与自爱孰先孰后的理论争辩,他是一个注重实际的思想家,反对囿于纯思辨的语言逻辑游戏。重要的不是分清良心与自爱哪一

---

1 Butler, *Sermons* 3.9,转引自 *British Philosophy and the Age of Enlightenment*, New York: Routledge, 1995, p. 212。

2 Butler, *Sermons* 11.20,转引自上书,第213页。

3 索利:《英国哲学史》,段德智译,山东人民出版社1992年版,第171页。

条是更根本的道德原则,而是在面临真实选择时,作出合乎道德的判断,并由此产生正确的道德行为。至于判断所依凭的是什么,不必分辩得那样清楚。

自然决定论

自然主义的人学是与近代自然科学同步诞生和发展的,深受自然科学的观念和方法的影响。近代自然科学以牛顿力学为范式,持机械论的世界观。在机械论的影响下,18世纪的法国启蒙学者把人看作自然界的一部分,人和社会完全受自然的支配。机械唯物论者还进一步把人的本质还原为自然属性,把社会规律等同为自然规律。这种机械论的人学是自然主义人学的一个重要组成部分。

一、人是机器

机械论者把世界看作由因果链组成的大机器,人只是其中的精巧的小机器。比如,霍布斯说,人和钟表一样,心脏是发条,神经是游丝,关节是齿轮,这些零件一个推动一个,造成人的生命运动。持身心二元论的笛卡尔(René Descartes)也说人的身体是机器,心灵好像是"机器里的幽灵"。18世纪法国机械唯物主义者拉美特利(La Mettrie)在笛卡尔的"动物是机器"思想的基础上,提出"人是机器""人是植物"的论断。

1. 人是动物

拉美特利指出,"在整个宇宙里只存在一个实体,只是它的形式有各种变化"[1],这个唯一的实体便是既不能被创造也不能被消灭的"永恒的物质"[2]。人也不是例外,人和其他自然物一样,都是自然界用同样的"面粉团子捏出来的"。人的特殊性在于他的动物性,人"归根结底是一些动物和一些在地面上直立着爬行

---

1 北京大学哲学系外国哲学史教研室编译:《十八世纪法国哲学》,商务印书馆1963年版,第273页。
2 同上书,第186页。

的机器而已"。动物性"只是以不同的方式变化了这面粉团子的酵料而已"[1]。在组织结构方面,"人的身体是一架钟表,不过这是一架巨大的、极其精细的、极其巧妙的钟表"[2]。与动物相比,人只不过是比最完善的动物再多几个齿轮,再多几条弹簧,脑子和心脏的距离成比例地更接近一些,因此所接受的血液更充足一些而已。

在思维意识方面,他认为人与动物也没有质的差别。一位几何学家做最繁难的证明和演算. 就像一只猴子学会脱下又戴上它的小帽子,学会如何爬到那只驯顺的狗背上一样,都是依靠着一些符号进行的。

2. 人是植物

拉美特利还运用医学和生理学的材料和成果,把人的心理活动还原为身体的生理反应。这种生理反应属于生物的刺激—反应的机制,连植物也有。在此意义上,"人是植物"。

拉美特利举例说,当人突然面临万丈悬崖大吃一惊时,身体总是机械地向后退缩;一棒打下来,眼皮机械地闭起来;在日光下瞳孔机械地收缩以保护网膜,在黑暗里瞳孔机械地放大以观看事物;冬天我们身上的毛孔机械地闭起来,使寒气不能侵入体内;胃脏在受毒物、一定量的鸦片、呕吐剂的刺激的时候,机械地翻扰起来;肺如同鼓风的机器一样机械地一收一缩。这些都说明,人的身体活动是对外界的反应,是受自然界机械运动规律支配的生命活动。

3. 心灵是肉体的属性

拉美特利认为,人的心灵、精神等不是独立的实体,而是肉体的属性。他本人是医生,他根据医学和解剖学的大量材料,证明人的心灵活动、精神现象完全取决于机体的组织和状况。他有下面一些实验观察的例证。

第一,有多少种体质,便有多少种不同的精神、不同的性格。把黑胆、苦胆、痰汁和血液这些体液按其性质和数量进行不同方式的配合,就可以使一个人完全不

---

1 北京大学哲学系外国哲学史教研室编译:《西方哲学原著选读》下卷,商务印书馆 1982 年版,第117 页。

2 北京大学哲学系外国哲学史教研室编译:《十八世纪法国哲学》,商务印书馆 1963 年版,第 270 页。

同于另一个人。脾脏、肝脏里有一点故障,门静脉里有一点阻塞就可使勇敢的人变为畏葸怯懦的人。心灵和身体是一同入睡的。血液循环太快了,心灵就不能入睡;心灵太兴奋了,血液就不能缓慢下来。

第二,食料会影响人的心灵。如鸦片、酒、咖啡都使人沉醉,一个临阵脱逃的士兵喝足烈性酒会应着战鼓,迎着死亡,勇往直前;吃生肉使人凶暴、骄傲、怨恨、强悍,以及拥有其他种种使性格变坏的情绪。如同机器全靠电力、油料等为动力一样,人全靠食料的支持。没有食料的支持,人的心灵就得瘫痪。他说:"人体是一架会自己发动自己的机器,一架永动机的活生生的模型。体温推动它,食料支持它。没有食料,心灵就渐渐地瘫痪下去,突然疯狂地挣扎一下,终于倒下,死去。"[1]

第三,拉美特利还进一步发现,人的精神活动、精神状态都与脑的组织结构有着密切的联系。与动物相比,"按照脑与身体体积的比例来看,在一切动物里面,人的脑子最大,表面的皱纹也最曲折"[2]。所以人是一切动物中最聪明的。白痴和疯子是因为脑子有毛病。脑子受重伤,人就失去知觉;脑伤痊愈后,人就恢复知觉。因此,思维是脑子的属性,"思想和有机物质绝不是不可调和的,而且看来和电、运动的能力、不可入性、广袤等一样,是有机物的一种特性"[3]。

二、 计算人类精神自然进程的社会数学

孔多塞(Marquis de Condorcet)把自然科学的方法运用到人类生活和社会历史领域,并企图建立一种像自然科学那样严密的社会科学。他制定了一种可以贯通自然科学和人类科学的方法论,称之为"社会数学"。

1. 人类生活的或然性是可计算的

孔多塞把"或然性"(la probabilité)这个概念作为连接物理科学和人类科学的认识论桥梁。他利用了洛克的经验主义认识论学说,强调自然科学和人类的自我

---

1 北京大学哲学系外国哲学史教研室编译:《西方哲学原著选读》下卷,商务印书馆 1982 年版,第 107 页。
2 拉美特利:《人是机器》,顾寿观译,商务印书馆 1959 年版,第 25 页。
3 同上书,第 67 页。

认识都属于经验的范畴,而所有经验真理都只具有或然性。人类所有的认识,无论是自然科学还是人类科学,在本质上都是相同的,它们只有量上的差别,即不同的认识所确认的或然性大小是不一样的。在对人类社会进行认识的时候,由于人类意识的多变和社会因素的纷纭复杂,对人和社会的认识可能更加困难些,所达到的或然性也许比物理科学更小些。但是这里的差别只能是量上的,就两种认识都是对或然性的把握来说,它们在性质上是一致的。

孔多塞认为,所有经验陈述的或然性都可以用数学的方式加以表达和评价。这样一来,尽管关于人类生活的认识在或然性上比物理科学少些,但从二者都能够运用数学进行研究而言,它们都具有科学的性质。人类的自我认识还比较幼稚,其中所达到的或然性还比较小,但是我们不能因此否认人类自我认识的科学性质。实际上,即使自然科学也从未使或然性达到100%的水平。例如,气象科学仍然无法实现对天气进行绝对准确的预报;与之相类似,人们对社会的经济运行过程的运算与预测也只能停留在概率允许的范围之内。

既然人类行为、道德实践和政治活动可以用数学的方式进行计算,从而获得关于人性和人类生活的真理性认识,那么这就为建立一种正确指导人生和社会活动的科学奠定了基础,找到了方法。孔多塞认为,他已经发现了"一种常见而又普遍有效的""新的社会数学(mathématique sociale)"[1],可以为人们过理性的生活和制定合理的社会政策提供科学的依据。如果说过去人们是凭本能和情感盲目地从事各种活动的话,那么"社会数学"对人生和社会诸种或然性的严格分析,可以将人类从本能和情感的束缚中解放出来,人类从此可以过一种理性而公平的社会生活。孔多塞把科学的发展与人类社会的进步联系起来。在他看来,人类生活中的愚昧和荒谬行为,社会中的犯罪与冲突,与其说是邪恶情绪冲动的结果,倒不如说是人们对自己的利益进行了错误运算的产物。随着人类科学认识自身和社会的手段不断发展,人类必定无限地向完善化的目标前进。

笛卡尔曾经把科学的方法称为"普遍数学"(mathesis universalis)。但是,笛卡尔为了确定性而把人类生活和社会历史排除在科学之外,因为在他看来,人的

---

1 Condorcet, *Oeuvres*, vol. 1, Paris, 1847, p. 550.

事物和行动不具有清晰明白的确定性。孔多塞把或然性与数学的确定性结合起来，并借此把关于人类的认识也提升到科学的行列。在孔多塞看来，人类科学所达到的或然性仍然比自然科学低，人类科学应该以自然科学为典范。当然，人类科学有不同于自然科学的经验基础和研究对象。孔多塞认为："假如有一门能够预见、指导和推进人类进步的科学，那么以往人类的进步史就应该成为这种科学的主要基础。"[1]

2. 社会的责任是完善人的天赋

孔多塞认为，社会和国家应该顺应自然规律，促进人的天赋的发展。他说："人应该以一种完整的自由运用自己的才能（facultes），支配自己的财富，满足自己的需要。任何社会的普遍利益，都不能强制他们限制这些活动，反而应防止这种强制；在公共秩序方面，殚精竭虑地维护每个人的天赋人权，是社会的唯一有用的政治和责任，而且也是公意能够合法地对个体行使的唯一权利。"[2]

人类理性是作为物种之一的人的需要，它在人的其他自然能力的基础上发展而来。在孔多塞看来，一个人生来就有可以接受各种感觉的能力，有可以辨别感觉的知觉能力，在这个基础上理性能力发展起来。

人人都有理性，但是理性能力有一个发展或完善的过程。人类的自我完善就是理性能力的提高，因此，知识的发现和教育对知识的传播就是理性启蒙和社会进步的主要动力。同其他启蒙思想家一样，孔多塞也坚持乐观主义的人类历史发展观。他在《人类精神进步史概观》中指出："无论是通过推理还是根据事实，自然界都没有为人类能力的完善化规定任何限度，人类的完美性实际上乃是无限的；而且，除非地球毁灭，今后任何力量也不能阻碍人类完美性的进步。"[3]

3. 人类进步的自然进程

孔多塞认为，人类的发展是自然发展规律的组成部分，人类的进步是一个自然进程。他把这一自然进程划分为九个阶段：人类首先从野蛮状态结合为部落；

---

1 Condorcet, *Esquisse d'un Tableau Historique des Progrès de l'Esprit Humain*, Paris: Editions Sociales, 1971, p. 85.
2 同上书，第 209—210 页。
3 同上书，第 77 页。

然后是游牧民族、农业民族;第四阶段发明了文字,产生了哲学,科学也开始出现;随后是罗马人的时代;中世纪被孔多塞一分为二(以十字军远征结束为标志);第八阶段基本与文艺复兴时期重合;第九阶段从笛卡尔开始到法国大革命为止。

法国大革命之后是人类未来崭新的历史时代,因为孔多塞相信:"人类的精神在挣脱了所有的锁链,摆脱了偶然性的王国,战胜了人类进步的敌人之后,就会迈开坚定不移的步伐,在真理、德行和幸福的大路上迅猛前进。"[1] 从此人类将逐渐实现理性的启蒙和社会的正义,实现三个重要目标:"废除国家之间的不平等,统一民族内部的平等进步,最后是人类完善化的实现。"[2]孔多塞想象说,到那时,暴君的残酷、教士的虚伪和人民的愚昧将永远成为历史,它们也许只能在舞台上出现;现实中,灿烂而和煦的阳光照耀着自由的人民,他们除了自己的理性之外不再服从任何外在的权威,所有人都能够过平等而富有意义的生活。

三、 地理环境决定论

法国启蒙学者用自然主义的观点把自然和人的关系归结为环境和人的关系,得出了"人是环境的产物"的结论。孟德斯鸠、爱尔维修和霍尔巴赫分别从地理环境、社会环境、文化环境三个方面阐述了环境决定论。他们的侧重点虽然有地理、社会和文化方面的不同,但他们所说的环境都是自然环境,他们的环境决定论实际上都是自然决定论。

1. 气候决定民族性格

孟德斯鸠在《论法的精神》这部巨著中,用很大篇幅论述了地理因素对一个民族的性格、风俗和精神面貌的决定性作用。

孟德斯鸠认为,决定人的因素是多方面的,如气候的寒热、土地的肥瘠和面积的大小,农、猎、牧各种人民的生活方式,以及宗教信仰、人口的多少、风俗、习惯等。但其中气候和土地等地理环境起着决定作用。正因为如此,孟德斯鸠特别强

---

1 Condorcet, *Esquisse d'un Tableau Historique des Progrès de l'Esprit Humain*, Paris: Editions Sociales, 1971, p. 248.

2 同上书,第 253 页。

调气候的影响作用。在他看来,气候的影响是一切影响中最强有力的影响。为此,他在《论法的精神》中专辟了一些章节详细论述了气候对各民族的性格、情感、想象力、智慧以及风俗、习惯等的巨大影响。

在"人怎样因气候的差异而不同"这一节里,孟德斯鸠特别详细地阐述了气候对人的性格、情感等的影响。在孟德斯鸠看来,在寒冷气候下,人们具有充沛的精力和较大的勇气,较为直爽,较少猜疑、策略与诡计。相反,在气候闷热的地方,炎热的空气使人们感到精神非常萎靡。人们缺少勇气,什么都害怕。他认为,炎热国家的人民,就像老头子一样怯懦;寒冷国家的人民,则像青年人一样勇敢。孟德斯鸠还说,极度炎热的气候会使身体完全丧失力量,使人没有任何好奇心,没有任何高尚的进取心,也没有宽容豁达的情感,懒惰,不肯动脑筋,可以忍受奴役。因为在极度炎热的气候条件下,懒惰就是幸福。

2. 气候决定民族习俗

孟德斯鸠还用气候来解释民族的风俗和习惯的差异。他说,身体的懒惰自然地产生精神上的懒惰,而懒惰的心灵一旦接受了某种印象,就不再能加以改变了。在他看来,东方的风俗、习惯,"甚至那些看来无关紧要的习惯,如衣服的样式,和一千年前的相同"[1]。他在解释人们饮酒的风俗习惯时说,从生理上说,热带人宜喝水,寒带人宜喝酒。他认为,事实也正是这样:"当你从赤道走向北极,你便会发现,饮酒的嗜好是随着纬线的度数而增加的。当你再从赤道走向南极,便将要发现,这种嗜好也按着同样的比例,向南方发展。"[2]孟德斯鸠进而概括说:"不同气候的不同需要产生了不同的生活方式。"[3]

3. 地理环境决定民族精神

孟德斯鸠还用气候因素来解释人民是否勇敢,民族能否享有自由。他说:"炎热的气候使人的力量和勇气委顿;而在寒冷的气候下,人的身体和精神有一定的力量使人能够从事长久的、艰苦的、宏伟的、勇敢的活动。不仅在国与国之间是如

---

1 孟德斯鸠:《论法的精神》上册,张雁深译,商务印书馆 1961 年版,第 231 页。
2 同上书,第 235 页。
3 同上。

此,即在同一国中地区与地区之间也是如此。中国北方的人民比南方的人民勇敢,朝鲜南方的人则不如北方的人勇敢。""因此……热带民族的怯懦常常使这些民族成为奴隶,而寒冷气候的民族的勇敢使他们能够维护自己的自由。……这是自然的原因所产生的后果。"[1]

除了气候因素之外,土壤因素对民族精神也有决定性作用。孟德斯鸠认为,土壤与人的性格之间有非常密切的依赖关系。在他看来,土地贫瘠,能使人勤奋、俭朴、耐劳、勇敢和适宜于战争。因为土地不能给予的东西,他们必须靠自己的努力去获得。而土地膏腴则使人因生活宽裕而柔弱、怠惰、贪生怕死。所以,他认为,肥沃的地方常常是平原,无法同强者对抗,只好向强者屈服,自由的精神便一去不复返。

应该说,孟德斯鸠重视地理环境对人的影响无疑是正确的,但是他把这种影响作用过分夸大,将其说成是决定性的,这就错了。正如黑格尔在批判孟德斯鸠这一思想时指出的:我们不应把自然界的意义估计得太高,"伊奥尼亚的温和的气候固然大大地有助于荷马的诗的优美,可是这个温和的气候并不单独产生荷马,而且并没有再产生其他的荷马"[2]。

四、 社会环境决定论

法国思想家从"受理性制约的欲望才是合理的欲望"这一原则出发,讨论人与环境的关系问题。他们承认人的欲望是可以改变的,承认人的大部分情感或精神状态(如骄傲、贪婪、有野心、勤劳、勇敢等),是后天造就的,是由人的生活经历、经验乃至教育的陶冶而塑造的。正如法国唯物主义哲学家爱尔维修所指出的:"我们在人与人之间所见到的精神上的差异,是由于他们所处的不同的环境、由于他们所受的不同的教育所致。"[3]为此,他提出了"人是环境的产物"或"人的观念是环境的产物"的观点。

---

[1] 孟德斯鸠:《论法的精神》上册,张雁深译,商务印书馆1961年版,第273页。
[2] 黑格尔:《历史哲学》,王造时译,生活·读书·新知三联书店1956年版,第123页。
[3] 北京大学哲学系外国哲学史教研室编译:《十八世纪法国哲学》,商务印书馆1963年版,第467—468页。

1. 社会环境比地理环境更重要

爱尔维修说的"环境"主要不是指地理环境,而是指社会环境,即人们生活于其中的经济制度、政治制度、生活方式、亲戚和朋友,以及他们所接受的教育和所读的书籍等。在他看来,这些都是造成人的性格、道德和观念差异的因素。

爱尔维修不赞成孟德斯鸠关于地理环境决定人的精神面貌的主张。他认为,地理环境对民族精神的影响是微不足道的,一些民族不是注定永远繁荣昌盛,一些民族不是注定永远贫困愚昧。

2. 政治和法律决定民族性格

爱尔维修认为,在决定某个民族精神面貌的社会环境中,最主要的是政治制度和法律制度。经验证明,各个民族的性格和精神是随着它们的政治形势的变化而变化的。同一民族由于政体的变更,它的性格也发生变化:有时高尚,有时卑下;有时英勇,有时怯懦。爱尔维修指出:"人们在一种自由的统治之下,是坦率的,忠诚的,勤奋的,人道的;在一种专制的统治之下,则是卑鄙的,欺诈的,恶劣的,没有天才也没有勇气的。他们性格上的这种区别,乃是这两种统治之下所受教育不同的结果。"[1]

爱尔维修特别抨击了专制制度对人的精神中思想和美德的扼杀。他认为,在专制国家里,人们只能按统治者的意志行事,使一些无才又缺德的人,专门依靠向专制君主奴颜婢膝、阿谀逢迎和吹牛拍马而获得高官厚禄。在这种制度的统治下,只能形成最令人憎恶的品性,人们变得胆怯、虚伪和阴险。法国专制制度的特点就在于扼杀人们精神中的思想以及灵魂中的美德,使人们的精神变成硬邦邦的土壤,真理之水倒上去,却不能使之滋润肥沃,著名的作家不会产生,法兰西民族也不能重享盛誉;它只能使这个衰颓的国家成为欧洲蔑视的对象。

爱尔维修还特别强调法律对人们的影响。他认为,法律决定着一个民族的风俗和道德。历史表明,各个民族的兴衰并不依靠他们宗教的纯洁,而是依靠他们法律的高明。坏法律把人们引向邪恶,好法律则使人们善良。爱尔维修进而断言:"造成各个民族的不幸的,并不是人们的卑劣、邪恶和不正,而是他们的法律不

---

1 北京大学哲学系外国哲学史教研室编译:《十八世纪法国哲学》,商务印书馆 1963 年版,第 539 页。

完善……"[1]完善的法律,对人是无所不能的,它能支配人们的意志,使人们诚实、合乎人道和幸福。总之,"法律造成一切"[2]。这样一来,爱尔维修所说的"人是环境的产物"的命题就成为人是政治制度和法律制度的产物了。

3. 教育决定法律

既然政治法律决定一切,那么在爱尔维修看来,法国败坏和苦难的根源就在于法律的不完善。因此,要改变这种现状,必须改变现存的政治制度和法律制度,建立一个好的理想的政体和好的法律制度,以消除将人引向恶的社会与法律制度,消除使人道德沦丧的种种原则或精神。

但是按照爱尔维修的观点,法律是依靠立法建立起来的,立法者是否英明与公正,是否能够按照理性原则制定法律,具有重要意义。因此,爱尔维修认为,要改变法律,首先就要改善人的理性。只有使人的理智日益完善,才能指望国家的政体和法律得到改善。那么,谁来进行法律制度的完善工作?爱尔维修认为,必须有天才人物的出现。他进一步指出,人们在完善的法律的影响下实行好的道德教育就能改善其精神面貌。他还指出,只有通过教育,才能促进人的理性进步,才有利于法律的进步。

4. 自然主义的缺陷

爱尔维修关于"人是环境的产物"的论断陷入了法律决定包括教育在内的社会环境,而教育又决定法律的循环论证。马克思曾经写道:"有一种唯物主义学说,认为人是环境和教育的产物,因而认为改变了的人是另一种环境和改变了的教育的产物,——这种学说忘记了:环境正是由人来改变的,而教育者本人一定是受教育的。因此,这种学说必然会把社会分成两部分,其中一部分凌驾于社会之上。"[3]这段话深刻剖析了社会环境决定论的自然主义根源。马克思主义认为,人们的社会环境不是自然生成的,人在实践中能动地改变社会环境,同时也改变着

---

1 北京大学哲学系外国哲学史教研室编译:《十八世纪法国哲学》,商务印书馆1963年版,第537—538页。
2 同上书,第538页。
3 《马克思恩格斯选集》第1卷,人民出版社1995年版,第59页。

自己的本性,环境的改变与人的改变是一致的。

五、 文化环境决定论

一些法国的启蒙思想家认为体现社会文化的公众意见决定个人的思想和行为。法国唯物主义哲学家霍尔巴赫(Paul Heinrich Dietrich d'Holbach)提出的"意见支配世界"的观点代表了这种文化环境决定论的思想。

1. 公众意见塑造人

霍尔巴赫所说的意见,主要是指公共意见。在他看来,这种公共意见有决定人的感情、倾向、习惯、判断和德行的力量,是一种文化环境。生活在某一种特殊的文化环境中,一个人的思想和行为就会受到感染,形成一定类型的人物。他说:"假如教育、舆论、政治、法律联合一致,只提供出一些有益的、真实的观念,那就会很少见到邪恶的人,正如在现今的法制之下很少见到道德的人一样。"[1]霍尔巴赫认为,有益的、真实的观念是良好的意见,这种观念可以影响人、塑造人,使人成为有道德的人。

他还认为,意见不仅能影响一般人,而且能够促使君主的意识发生变化,使之成为开明君主。不过,他称颂开明君主,并不能表明他能够依赖开明君主进行各项政治改革,他也没有把开明君主制视为他最高的政治理想。相反,在他眼里,开明君主只不过是公众意见可能产生的社会效应的标志。

2. 自然因果律支配人的意见

如果有人追问,公众的意见是如何形成的呢?霍尔巴赫的回答诉诸自然因果律。他把人的一切活动都还原为自然因果作用,人的生命活动完全受生理规则支配,人没有意志自由,不可能任意发表意见。人的意见受自然规则控制,因此大同小异,这就是形成公众意见的最后原因。

霍尔巴赫说,表面上由人的思想和意志造成的文化环境实际上也受物理或生理规律的支配,只不过我们观察不到发生在人体内的细微的力量罢了,但他们造成的社会结果却是巨大的。他说:"没有一粒原子不起重要的、必然的作用,每一个观察不到的分子摆在适宜的环境时全都产生着奇妙的结果。……自然用来推

---

1 北京大学哲学系外国哲学史教研室编译:《十八世纪法国哲学》,商务印书馆1963年版,第647页。

动精神世界的杠杆,乃是一些真实的原子。……一个狂信者胆囊里过多的苦汁,一个征服者心脏里过热的血液,一个君主胃里的一种消化不良,一个女人心中出现的一种幻想,都是一些充分的原因,足以酿成战争,把千百万人送上屠场,夷城池为平地,化都邑为劫灰,使国家长期陷于悲惨境地,饥荒不断,瘟疫流行,地球上一连数百年荆棘遍野,民不聊生。"[1]

我们看到,霍尔巴赫陷入了"环境决定意见,意见决定环境"的怪圈。这和我们在前面看到的爱尔维修那个循环论证相似。这也是自然主义造成的困境。霍尔巴赫所谓的环境既是自然环境,又是文化环境。意见虽然决定社会环境,但归根结底被自然环境决定。走出这种困境的合理出路就在于从人与环境的相互关系寻求意见产生的基本根源,但这大大远离了霍尔巴赫的自然决定论的视野。

第五节

人本学

费尔巴哈(Ludwig A. Feuerbach)提出的人本学的纲领:回到人,回到自然。费尔巴哈的人本学其实是"关于人的学说"。人本学的范围包括人的起源,人的本性,人的本质,人与自然环境的关系,个人与他人的关系,人的目的和精神追求,等等。人本学范围之宽阔,论述之深刻,可以说是近代"自然人"观念的集大成。

一、人和自然是哲学唯一的最高对象

代表德国启蒙运动精神的哲学家们用思辨精神,从整体上对普遍人性、人的认识能力、道德行为、社会价值、历史形态等作了更全面、更深刻的探讨。康德提出以人为中心的"哥白尼革命";费希特提出自我设定非我;黑格尔进一步把精神作为主体,进而提出人类精神是精神辩证发展的最高阶段。

---

[1] 北京大学哲学系外国哲学史教研室编译:《西方哲学原著选读》下卷,商务印书馆 1982 年版,第225 页。

1. 人是哲学的根据和基础

费尔巴哈反对德国古典哲学的思辨作风,特别反对黑格尔的思辨体系,但他直接继承了德国启蒙运动的人本主义精神,把他自己的新哲学称为"人本学",因为新哲学是以人为本原或主体的哲学。他说:"新哲学将人连同作为人的基础的自然当作哲学唯一的、普遍的、最高的对象——因而也将人学连同生理学当作普遍的科学。"[1]

新哲学研究的人是自觉的自然本质,是历史的、国家的、宗教的本质。人性是神圣的,有限的就是无限的。只有人才是莱布尼茨的"单子"、康德的"先验意识"、费希特的"自我"、黑格尔的"绝对"的根据和基础。

2. 感性的人是出发点

费尔巴哈指出:"旧哲学的出发点是这样一个命题:'我是一个抽象的实体,一个仅仅思维的实体,肉体是不属于我的本质的。'新哲学则以另一个命题为出发点:'我是一个实在的感觉实体,肉体的总体就是我的自我、我的实体本身。'……是愉快地、自觉地承认感性的真理性的:新哲学是光明正大的感性哲学。"[2]

费尔巴哈的感性哲学是对黑格尔哲学的批判。他是第一个指出黑格尔哲学头脚倒置特点的人。他指出,现实的总和是自然界,人和人的思维都是自然的产物。黑格尔的根本错误在于颠倒了自然和思维的关系,"把第二性的东西当作第一性的东西,而对真正第一性的东西或者不予理会,或者当作从属的东西抛在一边"[3]。只有观察自然,观察人,才能看到哲学的秘密。而从自然角度看到的人,首先是人的感性特征。因此,哲学的出发点只能是感性的人。

二、 人是自然不可分割的部分

费尔巴哈说,他的学说或观点可以用两个词来概括,这就是"自然界"和"人"。人是从自然发展而来的,是有理性的实体。人与自然不可分割,自然是人赖以生

---

1 北京大学哲学系外国哲学史教研室编译:《西方哲学原著选读》下卷,商务印书馆1982年版,第491页。
2 北京大学哲学系外国哲学史教研室编译:《十八世纪末—十九世纪初德国哲学》,商务印书馆1975年版,第626—627页。
3 北京大学哲学系外国哲学史教研室编译:《西方哲学原著选读》下卷,商务印书馆1982年版,第455页。

存的基础。

1. 自然的第一性和人的第一性

费尔巴哈人本学又称为"自然学"。他的前提：自然是"第一性的"实体。他解释说："从我的观点看来，自然界这个无意识的实体，是非发生的永恒实体，是第一性的实体，不过是时间上的第一性，而不是地位上的第一性。"就是说，自然第一性是从时间在先的意义上说的；从重要性上来判断，"有意识的人，在其发生的时间上是第二性的，但在地位上来说则是第一性的"[1]。

费尔巴哈认为，自然是"自因"，自然界本身没有意识。有意识的人是自然界长期发展的产物。但是人是自然界的最高产物。自然不仅建立了平凡的肠胃工厂，也建立了头脑的庙堂。人的思维是人脑的属性，人脑是自然界最高级的物质。

2. 肉体与灵魂相统一

费尔巴哈坚持唯物主义的一元论立场，反对肉体与灵魂二元论。他指出，第一，人是灵魂和肉体、心灵和身体、思维与存在的统一体。肉体与灵魂是人这个实体的两个方面。而且，人的存在是以身体（肉体）的存在为基础的。第二，灵魂、精神、心理、意识等一系列精神现象，都有一种物质的承载体。这种承载体就是人的肉体及其各种器官。精神与肉体、生理和心理，只有在观念中才能分离，在现实中根本不能分离。第三，没有胃、没有血、没有心、没有脑袋的生存，不会给人以生存的规定性，不过是想象中的乌有存在。

人的肉体和灵魂相统一是在肉体基础上的统一，而不是黑格尔所说的存在与思维的同一。费尔巴哈嘲笑黑格尔的没有肉体的纯粹精神："意思等于算账不用找掌柜的；等于处女不与男子交媾仅仅凭着圣灵生出救世主；等于从水里做出酒；等于用语言呼风唤雨，用语言移山倒海，用语言使瞎子复明。"[2]

三、 人的类本质

1. 人的本质的多重方面

费尔巴哈关于人的本质的看法有多种角度，并有一个发展过程。从生理学方

1《费尔巴哈哲学著作选集》下卷，荣震华、王太庆等译，商务印书馆 1984 年版，第 523 页。

2《费尔巴哈哲学著作选集》下卷，荣震华、王太庆等译，生活·读书·新知三联书店 1962 年版，第 447 页。

面说,人是有血有肉的、感性的实体,而且是感性的最敏感的生物。人的生命本质就是维持人的生命存在的东西,如空气、水、食物等。从心理学方面说,人是有意识的生物,意志力、爱是人的本质。从理性方面说,人具有精神追求和宗教意识,理性和宗教是人与动物的本质区别。从社会角度说,人是社会的动物。只有社会的人才是人。"孤独的、个别的人,不管是作为道德实体或作为思维实体,都未具备人的本质。人的本质只是包含在团体之中,包含在人与人的统一之中。"[1]

人的本质虽然是多样的,但都朝向一个共同的目的,这就是追求幸福。费尔巴哈认为,对生命的爱,对存在的渴望,对幸福的追求,这是一切生物的最基本要求。所谓幸福,是指生物的一种强健安乐状态。在这种状态下,生物能满足自己特殊的、与生存和本质有关的各种需要。对幸福的追求是人的自然欲望,当这些欲望得不到满足时,人就会产生痛苦、贫困,就会遇到灾祸。回避不幸也是追求幸福,趋乐避苦是幸福的两面。

2. 类意识是人的本质

费尔巴哈指出,人既是自然界的一部分,又是自然界的本质;既是自然的产物,又是自然的创造者。人是这样的自然物,他可以通过自然而完善自身的本质,并使之成为"人化自然的本质"。

人的本质是自然的最高本质,因为人区别于其他自然物之处在于人有类意识。人不像动物那样是以自我个体为意识的对象,人的意识以他的类为对象。费尔巴哈把类意识理解为一种"内在的、无声的、把许多个人自然地联系起来的普遍性"[2]。由于类意识,每一个人"同时既是'我',又是'你';他能够替别人设想,正是因为他不仅以他的个体为对象,而且以他的类、他的本质为对象"[3]。

"类意识"是人类抽象思维能力发展到高级阶段的标志,又是其成果的结晶。科学是对于类的意识。他说:"类(Gattung)是真理之最终尺度。如果人仅仅按照各人的个体性之尺度来思想,那么,这样的思想跟别人无关,是凭空的,是偶然的,

---

1 《费尔巴哈哲学著作选集》上卷,荣震华、李金山等译,商务印书馆 1984 年版,第 185 页。

2 《马克思恩格斯选集》第 1 卷,人民出版社 1995 年版,第 56 页。

3 北京大学哲学系外国哲学史教研室编译:《西方哲学原著选读》下卷,商务印书馆 1982 年版,第468 页。

仅仅是主观的想法。但是,如果人以类之尺度来思想,那么,就能够正常地、合乎规律地、因而真正地思想。……跟类之本质相一致的,就是真的;跟类之本质相矛盾的,就是假的。"[1]

费尔巴哈进一步分析说,类意识的对象包含着无限的可能性,就是说,类意识是关于无限性或无限者的意识。人是有限的,但他的意识对象却是无限的。费尔巴哈说,人本学的任务是"把有限者化为无限者,把无限者化为有限者"。人把意识之中的无限性外化,变成无限的本质;再按照无限的本质规定自身,完善自身,这是相反相成的两个过程。从哲学与宗教关系的角度看问题,费尔巴哈把前一个过程说成是"人本学上升为神学",把后一个过程说成是"神学下降为人本学";他通过前者揭示了宗教的本质,通过后者提出了"爱的宗教"的主张。

四、人性上升为神性

"神学的秘密是人本学。"[2]费尔巴哈运用黑格尔异化理论,提出宗教的本质是人的本质的异化,表现为人性被投射为神性。

1. 人的依赖感是宗教的基础

费尔巴哈分析说,人的生存依赖于自然界,人就产生了对自然的依赖感。人的依赖感主要表现为恐惧和感恩两种心理。当自然对象给人带来灾难时,人就产生恐惧心理。当人从自然物或自然力方面得到一定满足时,又随即产生爱,或者称为感恩感、欢乐感。恐惧使人产生"死的感情",感恩使人产生"生的感情"。

这种依赖感在野蛮时期产生自然宗教。自然是宗教最初的、原始的对象。随着社会生活的发展,人对自然的依赖逐渐减弱,对社会力量(道德、政治、法律)的依赖性则日益增强,自然力量就让位于社会力量。于是,"精神宗教"(其最完善的形式即基督教)就代替自然宗教。

2. 上帝的本质就是人的本质

人对自然的依赖感是宗教产生的原因,但是宗教(特别是高级的精神宗教)所

1《费尔巴哈哲学著作选集》下卷,荣震华、王太庆等译,商务印书馆1984年版,第194页。
2 北京大学哲学系外国哲学史教研室编译:《十八世纪末—十九世纪初德国哲学》,商务印书馆1975
　年版,第585页。

崇拜的对象却不是自然本身，而是一个高高在上的神。对于宗教崇拜的崇高对象的起源和性质，费尔巴哈提出了"类意识自我完善"的解释。

首先，费尔巴哈建立了两个前提：其一，"对象的意识就是人的自我意识"；其二，"意识在本质上具有包罗万象的、无限的本性"。[1]

其次，费尔巴哈说明，人在现实的对象上意识不到任何无限性。以现实的外物为对象，只能意识到事物的有限性；即便反观自我，意识到的也是有限的对象。这使人感到"屈服、羞愧和不安"。

如果人只能在对象上意识到自己的本质，而在现实的对象上意识不到任何无限性，那么如何能够实现他的意识的无限本质呢？答案很明显，人只能把他的意识的无限本质对象化，才能反过来在这个对象上意识到自身。

那么，这个被对象化的无限本质是什么呢？费尔巴哈说，那就是类意识的完满性。他说："在人里面超乎个别的人之上的神圣的三位一体，就是理性、爱和意志的统一。""理性、爱和意志力是完善的品质，是最高的能力，是人之为人的绝对本质。"[2]当人的类意识中完善的、神圣的本质被对象化为一个实体，这个实体就是上帝。上帝是人的至高无上的感情和思想之备忘录、纪念册，人把最珍贵、最神圣的存在着的名称都记在上面。

至此，费尔巴哈得出了"上帝的本质就是人的本质""上帝是人的镜子"等结论。他继承了启蒙运动的无神论传统，力图说明"不是神造人，而是人造神"的道理。但他不像无神论者那样彻底地否定上帝。他认为上帝固然是人制造的，却也是人按照自己的本质造就的。

3. 传统宗教是人本质的异化

费尔巴哈根据他对宗教本质的奇特理解，对传统宗教，特别是基督教进行了批判。他说，上帝虽然是从人的本质中分离出来的独立精神本质，但没有成为人自我的确证。传统宗教的错误在于颠倒了本末，不知道上帝就是人的本质，而把

---

1 北京大学哲学系外国哲学史教研室编译：《西方哲学原著选读》下卷，商务印书馆 1982 年版，第 468—470 页。

2 同上书，第 469 页。

上帝与人的本质分离开来。上帝处于与人相对立的地位,成为束缚人、统治人、限制人的异己力量。人愈肯定神,就愈否定自己;愈肯定神性,就愈践踏人性。结果人间的一切都被奉献给上帝,作为人性完善的宗教到头来成为压制和摧残人性的工具,这是宗教的异化,其后果是人真正本质的散失。

但是,费尔巴哈又指出,"神圣的东西与人的东西的对立乃是一种虚幻的对立",即使在基督教中,"人在表面上虽然被压抑到不能再低,事实上却是被捧到不能再高。因为人只是在上帝身上并通过上帝把自己当作目的"。[1] 因为这样的缘故,人不可能取消宗教,否定上帝;人需要做的是正确地认识和运用宗教的价值,把人自身的本质当作神圣的价值加以崇拜。

4. 爱的宗教

克服宗教异化的途径就是把被颠倒的东西再颠倒过来。基督教认为人是第二性的东西,真正的宗教则要宣布人是第一性的;真正的宗教只能是人本学的宗教。

人本学的宗教以人的无限的本质为崇拜对象。人的本质是理性、意志和爱的三位一体,但费尔巴哈最推崇爱。他把爱当作类本质的核心,甚至说:"爱是存在的标准——真理和现实的标准。……一个人爱得越多,则越是存在;越是存在,则爱得越多。"[2]

费尔巴哈的理由有以下几点:

首先,存在的问题不是一个理论问题,而是实践问题。只是因为我的爱好和希望,外物才呈现于我。"爱就是有一个对象在我们头脑之外存在的真正本体论证明。"[3]笛卡尔的第一原则是"我思故我在",按照费尔巴哈的说法,正确的原则应该是"我爱故我在"。

其次,人的存在首先是感性直观的存在,而感性存在可被归结为情欲的对象。爱是人的精神和肉体相统一的基础,一个自爱的人才能感受到他的存在,不能被

---

1 北京大学哲学系外国哲学史教研室编译:《西方哲学原著选读》下卷,商务印书馆 1982 年版,第477—480 页。

2 同上书,第 500 页。

3 同上书,第 477—480 页。

爱的东西是不存在的。

最后,爱是感性的向外追求,什么都不爱的东西也不能存在。爱的实践意义是把外在对象变成自己的对象,这表现在男女情爱中,但主要表现在人际交往之中,人与人之间的爱达到了利己主义与利他主义的统一。

费尔巴哈说出了很多关于爱的哲理。但是他的论述基本上没有脱离感性直观和自然主义、利己主义的窠臼。对此,马克思和恩格斯作了尖锐的批判。恩格斯嘲笑道,费尔巴哈的爱的宗教“只是一个老调子:彼此相爱吧!不分性别、不分等级地互相拥抱吧,——大家一团和气地痛饮吧!”[1] 这里说的“老调子”可被理解为基督教关于爱的说教。基督教本来就是以爱的宗教自诩的,费尔巴哈还要创造一个新的爱的宗教,这一企图不是画蛇添足吗?

---

1 恩格斯:《路德维希·费尔巴哈和德国古典哲学的终结》,人民出版社 1972 年版,第 31 页。

第五章

"理性人"的观念

17世纪到19世纪上半叶在欧洲号称"理性的时代"。西方文化始终存在着理性主义的传统,但是近代西方所崇尚的理性不是古希腊人和中世纪人所谓的"理智"或"理性灵魂",而是运用在新兴的自然科学之中的理性。近代西方哲学发生了"认识论转向",哲学与自然科学结盟,把科学知识的基础、性质、方法和范围作为哲学研究的主要任务。通过认识论的论证,哲学家把理性的核心界定为"自我"或"自我意识"。崇尚"自我"是近代理性主义的显著特征。

近代的科学理性和哲学认识论极大地改变了西方人对人自身的认识,"理性的时代"产生出理性主义的人学。近代理性主义人学的核心观念是"理性人"。那么"理性人"有哪些特点呢?

第一,理性主义人学认为,理性的本质是自我意识。人的一切意识活动都受自我意识的规定和制约,一切意识内容都围绕自我意识而展开。想要认识人,首先必须认识自我意识。

第二,自我意识是反思的意识,通过对意识自身的反思,"理性人"不但认识外部世界,而且把握自身的内在世界。"理性人"是从事理性认识的人。

第三,自我意识同时也是实践的理性,"理性人"也是实践着的自我,他能够在道德、宗教、审美等精神活动中体现自我、完善自我。

第四,"理性人"的自我是独立的、自由的个人,他具有存在和活动、权利和目的的主体性,能够自觉地维护个人的主体性,自主地实现自我的价值和目的。

第五,"理性人"的哲学不是无条件的个人主义,而是"合理的"个人主义,合自我反思之理。自我意识不但使单个的"理性人"获得共同的人类知识,而且使"理性人"能够按照理性的要求和规律,建立合理的社会。

"理性人"的观念主要是由哲学家塑造出来的,却不是自觉地、直接地塑造出来的,哲学家们甚至没有使用"理性人"这一概念。哲学的主要领域是本体论、认识论和伦理学,近代哲学以认识论为中心,人学并不是哲学的一个分支。但是这种以认识论为中心的哲学告诉人们的不只是认识世界的途径和世界观的体系,更重要的是如何认识他们自己。它的原则是自我意识,没有自我的反思,就没有对世界的认识。

"理性人"是"自我意识"的化身。近代西方认识论包含着理性主义人学的精华,唯其如此,哲学家们抽象的思辨和晦涩的语言才成为时代的最强音,哲学从来没有像在近代时期那样集中地反映着时代精神和民族精神。恩格斯说,启蒙学者是"非常革命"的,"他们不承认任何外界的权威,不管这种权威是什么样的。宗教、自然观、社会、国家制度,一切都受到了最无情的批判;一切都必须在理性的法庭面前为自己的存在作辩护或者放弃存在的权利。思维着的知性成了衡量一切的唯一尺度"。[1] "理性法庭"的说法非常形象地概括了"理性人"所具有的至上的裁判地位。他们成为光明战胜黑暗的启蒙的使者,被看作推动社会前进的主体。

本着这样的理解,本章将从人学的角度重新解读近代认识论哲学,把其中的理性主义人学的内容剥离出来。我们将通过对唯理论者笛卡尔、斯宾诺莎、莱布尼茨以及德国古典哲学家康德、费希特和黑格尔思想的解析,揭示"理性人"观念的丰富内涵。

1《马克思恩格斯选集》第3卷,人民出版社1995年版,第355页。

"自我"的凸显

由本体论向认识论转向,从外部世界反思自身,着意考察主体的认识能力,这是近代哲学的显著特点。唯理论是近代哲学认识论的派别。唯理论者立足于人的主体性,凸显人的自我意识,铸造了"理性人"的核心。

一、"自我"是精神实体

法国哲学家笛卡尔被认为是近代哲学之父。他对哲学的贡献不仅限于认识论,他提出的第一原则"我思故我在"是人的主体性觉醒的第一声呐喊,人的主体性从此登上历史舞台,标志着理性主义人学的诞生。

1. 为了人类幸福重构知识大厦

笛卡尔认为,哲学的目的是使人成为自然的主人和拥有者,利用自然并且按照自然行事,最终获得人类的幸福。他强调要用研究人、指导人生的"实践哲学"来代替经院"思辨神学"。

他把哲学体系比作一棵大树,形而上学是树的根,物理学(自然科学)是树干,树干又分出许多枝丫,这些枝丫可归结为三门主要学科:医学、机械学和伦理学。笛卡尔把伦理学当作最高最完善的道德科学,它以各门科学全部知识为前提,是智慧的最高级。他还认为哲学的功用体现在各门具体科学之中。果实不在树干,而在其枝端,枝端上结出的是人类幸福之果。医学直接是为了恢复和保护人的身体和健康,机械学是为了减轻和解放人类的体力,而伦理学则是使人的精神安宁和幸福。

为了构造为人类幸福服务的体系,必须找到一个坚实可靠的基础。建构哲学体系好像盖房子一样,只有基础打牢了,才能在这个地基上一砖一瓦地建筑知识的大厦。笛卡尔认为,现有的一切知识都是不可靠的,因为它们建立在不可靠的基础之上。为了要打牢地基,首先要清理地基。一切未经充分考察的原则和观念,都不能成为知识的基础。"因为基础一毁整个建筑物的其他部分必然跟着垮台,所以我将首先打击我的旧意见所依据的那些原则。"[1]

---

[1] 北京大学哲学系外国哲学史教研室编译:《西方哲学原著选读》上卷,商务印书馆 1981 年版,第366 页。

笛卡尔的打击策略是怀疑的方法,凡是不能通过怀疑的推敲的原则,都要被排除在知识的基础之外。笛卡尔使用"普遍怀疑"的策略,把关于外部世界的知识,甚至关于自己身体存在的感觉,都排除在知识的基础之外。

2."我思故我在"

笛卡尔说,思想可以怀疑外在对象,也可以怀疑思想之内的对象,却不能怀疑自身。思想自身是思想的活动,当思想在怀疑时,思想可以怀疑思想的一切对象和内容,却不能怀疑"我在怀疑";否则的话,怀疑就无法进行。并且,怀疑活动一定要有一个怀疑的主体,"我"就是怀疑活动的主体;这样,由于想到我在怀疑,可以确定地知道作为怀疑主体的"我"是存在的。

笛卡尔由这一分析得出了一个必然性的结论:"我思故我在。"他说,这个命题是支撑人类知识大厦的"阿基米德"支撑点,是知识的第一原则。

"我思故我在"有两个部分:"我思"和"我在"。"我思"指我的思想活动;"我在"指我的实体。"我思故我在"中的"故"表示属性和实体之间的必然联系。笛卡尔认为,人们只能通过属性来认识实体。从自我的思想活动,我们可以得到自我必然存在的结论。就是说,"自我"是一个这样的实体:"这个实体的全部本质或本性只是思想。"[1]

3."自我"的划时代意义

"我思故我在"不仅是笛卡尔哲学的第一原则,而且是近代理性主义人学的第一原则。为了理解它的划时代的意义,我们不妨把它与中世纪神学的一个原则做一个对比。《圣经》里有这样的记载:摩西问耶和华叫什么名字,耶和华说了一句意味深长的话:"我是永在自在。"(《圣经·出埃及记》)神学家用这句话说明上帝是最高实体。

笛卡尔用与"我是永在自在"句式相似的"我思故我在"来表达哲学的第一原则,突出了自我与上帝的差异。上帝的存在没有任何依据,他的永在自在是理所当然的。自我存在是有根据的,这就是"我思"。

---

[1] 北京大学哲学系外国哲学史教研室编译:《西方哲学原著选读》上卷,商务印书馆 1981 年版,第 369 页。

"我思"是以意识活动为对象的自我意识,即后来哲学家所说的反思的意识。笛卡尔虽然还没有用"自我意识""反思"这些词,但他已表达出这样的道理:一切思想活动的核心是对这些活动的自我反思。他说:"当我看的时候,或者当我想到我在看的时候(这两种情况我是不加分别的),这个思想的我就决不可能不是同一样东西。"[1] 就是说,当我在看、在想的时候,我必须同时意识到我在进行这样的活动,任何意识都同时伴随着自我意识,这两者"决不可能不是同一样东西"。

"我思"不但是自我存在的依据,也是一切存在的依据。只有经过"我思",自我和自我以外的对象才能被认识,才能成为与自我有关的有意义的存在。笛卡尔没有否认上帝是最高实体,但这一最高实体不是知识的第一原则。反思性的"我思"才是第一原则,即使是上帝的存在,也需要经过"我思"才能得到证明。

"我思故我在"被确定为知识的第一原则,标志着自我的主体性代替了上帝的全知全能,人通过自我意识把握了包括上帝在内的所有存在,这不能不说是一个划时代的变化。"自我"成为理性的象征、人的本质,这也是西方人学的一个重大转折。

4. "自我"的有限性

"自我"是精神实体,但不是纯粹理性的,因为这一实体包括一切意识活动,不管是理性的,还是感性的,或是情感的,都属于"我思"。笛卡尔于是分析了"我思"属性中理性与非理性、本质与非本质的成分。

人是什么?传统的定义是人是有理性的动物。笛卡尔说这是不够的,"因为在这之后,我还必须追问什么是动物?什么是理性?"[2] 在笛卡尔看来,理性就是"那种正确地作判断和辨别真假的能力,实际上也就是我们称之为良知或理性的那种东西,是人人天然均等的";"良知是世界上分配得最均匀的东西"。他还说,理性或良知是"唯一使我们成为人并且使我们与禽兽有区别的东西","它在每一

---

1 北京大学哲学系外国哲学史教研室编译:《西方哲学原著选读》上卷,商务印书馆1981年版,第372页。
2 笛卡尔:《第一哲学沉思集》,庞景仁译,商务印书馆1986年版,第24页。

个人身上都是完整的"。[1] 就是说,自我的本质是正确的认识能力和良知,这是人之所以区别于其他动物的本性。

但是自我还有动物性,即人的感性欲望,这是自我的非本质的属性。理性的本质和非理性的欲望同时存在于意识之中,两者的相互关系造成善和恶、是和非两种后果。当欲望服从于良知时,它表现为趋善避恶的意志,意志服从于理性,思想作出正确的判断。反之,欲望不受良知的约束,这是罪恶的根源;意志不服从于理性,这是错误的根源。

笛卡尔认识到自我的有限性。他说,自我是介于上帝和虚无之间的存在,理性分辨真假的能力不是无限的,它是介于无限的能力和无限的缺陷之间的有限的认识能力。这意味着,理性有时会犯错误,这是不可避免的。

笛卡尔对错误认识的根源还有一个心理学的解释。他说,"我思"不是纯粹的理性活动,它还包含有自由意志。"意志比理性广阔得多。"[2] 意志不但有不受限制的自由,而且还能限制判断,判断是意志在肯定和否定之间的选择。当意志不顾清楚明白的理性观念而作出判断,或者对不清楚明白的对象匆忙作出判断时,便产生了错误。错误来自非理性的意志,是由自我的有限性造成的。

5. 人是精神和身体两个实体

笛卡尔认为,把人理解为精神和肉体共同组成的一个实体,是"一切不完满的认识的通病",他要"不惮其烦","通过更准确的检查,把它们互相区别开来"。[3] 他之所以要这样做,是因为他的世界观是二元论,即认为存在着精神和形体两种实体,"精神的全部本质和全部本性就在于思维,而身体的全部本性就在于身体是有一种广延性的东西"[4]。

把二元论的世界观应用于人,必然会得到身心二元论。身心二元论认为,人既是精神实体,又是身体实体。心(精神)与身(肉体)共处。然而,心与身的共处

---

1 北京大学哲学系外国哲学史教研室编译:《十六—十八世纪西欧各国哲学》,商务印书馆 1975 年版,第 137—138 页。

2 北京大学哲学系外国哲学史教研室编译:《西方哲学原著选读》上卷,商务印书馆 1981 年版,第 379 页。

3 笛卡尔:《第一哲学沉思集》,庞景仁译,商务印书馆 1986 年版,第 428 页。

4 同上书,第 360 页。

是相互独立、互不作用的。因为有广延的身体不能思想，有思想的精神没有广延。笛卡尔的身心二元论和人的心理与生理活动的协调一致明显不符，为后世思想界留下绵延不绝的关于身心关系问题的争论。

6. 人的身心活动的一致性

笛卡尔本人也意识到身心二元论的缺陷，为了解释人的身体的有意识的活动，他对心身活动的一致性不乏探讨。他为身心活动的一致性找出以下证据：

第一，自然用痛、饿、渴等感觉告诉我，自我不仅住在我的肉体里，还和肉体非常紧密地联结在一起。[1] 第二，用"重力比喻"说明精神也可以是有形体的力。他说："虽然精神是一个实体，可是结合到一个肉体上来说，它可以说是一个性质。"[2]第三，精神、灵魂和大脑紧密地结合在一起，而大脑则通过神经末梢及其网络与肉体各部分相联系，身体的刺激变化通过神经系统传给大脑，大脑中这些神经活动产生精神（灵魂）的种种感受和意识。第四，提出"松果腺"假设。身体和心灵有一个交接点，它是位于脑部的"松果腺"。一方面松果腺汇集了身体的精气（动物灵魂），在大脑产生心灵活动；另一方面，心灵活动通过驱动松果腺，牵动精气的活动，使身体随着心灵的活动而活动。这种解释实际上是医学中的神经交感学说。

这些证据虽然违反了心灵没有广延的二元论的原则，但也说明笛卡尔对于现实生活中的人的看法并不拘泥于他的认识论，承认人的身心一致这一基本事实。

二、自我的自由

文艺复兴时期的人本主义哲学，在近代受到新兴的自然科学及其世界观的挑战。如果自然界像科学所揭示的那样被严格的因果规律决定，那么作为自然界一部分的人还能够有多少自由，有什么样的自由？

这是一个时代的重大问题，引起了思想家的共同关注。自然主义的人学是解决这一问题的一个方案。一般来说，自然主义者用理性解释自然规律对人的决定作用，同时把自由留给人的情感；也有一些自然主义者，比如机械唯物主义者把人

---

1 参见笛卡尔《第一哲学沉思集》，庞景仁译，商务印书馆 1986 年版，第 85 页。
2 同上书，第 425 页。

的理性和情感的活动都还原为自然的因果关系。理性主义的人学提出了另一个解决方案。理性主义者认为,人的理性不但能够认识自然界的因果规律,而且能够驾驭情感、欲望,在被决定的自然界中获得精神上的自由。

斯宾诺莎就是这种思想的代表,他的唯理论体系的一个主要任务是解决自然的实体与人的主体、必然规律与人的自由的关系问题。他的主要著作名为《伦理学》,全名是《按几何顺序证明的伦理学》。这本书在哲学史上第一次采用了几何的方法,从公理、定义出发,严格按照演绎的步骤证明命题,甚至用"证讫"这样模仿欧几里得的《几何原理》的字眼。斯宾诺莎宣称:"我将要考察人的行为和欲望,如同考察线、面和体积一样。"[1]他坚信人的理性不但能够精确地认识自然界的规律,而且能够必然地推导出达到人的自由和幸福的途径。

1. 寻求拯救和幸福的理性生活

斯宾诺莎研究哲学有强烈的人生目的,他明确地表示:"我志在使一切科学都集中于一个目的或一个理想,就是达到我们上面所说过的最高的人生圆满境界。"[2]他把寻求真理当作病人所寻求的药剂,把理性认识和最高幸福结合起来。

所谓"最高幸福"是"一经发现和获得之后,我便可以连续地永远享受无上的快乐"。世俗的幸福是财富、荣誉和感官快乐,但这些非但不能使人获得长久的快乐,反而还是陷溺人心的罪恶。最高幸福是真正的幸福,与世俗的幸福正相反对、势不两立,二者必去其一。斯宾诺莎深知世俗的幸福难以摆脱,他说:"世界上因为富有资财而遭受祸害以致丧生,或者因为追逐货利而不能自拔,置身虎口,甚至于身殉其愚的人,例子是很多的。世界上忍受最难堪的痛苦以图追逐浮名而保全声誉的人,例子也并不更少些。至于过分放纵肉欲而自速死亡的人更是不可胜数。"[3]

为了避免这样的不幸,斯宾诺莎要寻找常驻不变的善、最高的善。他把哲学

---

1 斯宾诺莎:《伦理学》,贺麟译,商务印书馆 1958 年版,第 90 页。
2 北京大学哲学系外国哲学史教研室编译:《十六—十八世纪西欧各国哲学》,商务印书馆 1975 年版,第 232 页。
3 北京大学哲学系外国哲学史教研室编译:《西方哲学原著选读》上卷,商务印书馆 1981 年版,第 403—404 页。

当作拯救之道,说:"我深深地知道,我实在到了生死存亡的关头,我不能不强迫自己以全副力量去寻求拯救。"斯宾诺莎所说的真正的幸福、最高的善是精神幸福,他对精神幸福不遗余力的追求和对物质利益的鄙视,使得"斯宾诺莎的幸福"成为精神幸福的代名词,正如"柏拉图恋爱"现在已成为精神恋爱的代名词一样。

难能可贵的是,斯宾诺莎是这样说的,也是这样做的。他年轻时,因追求思想自由而被犹太教会以思想异端的罪名革除了教籍,被驱逐出犹太社团,过着流浪贫困的生活。他在阿姆斯特丹等地以磨制镜片为生。在艰难的生活条件下,他仍然坚持哲学和科学的研究,他的思想通过通信方式传播到欧洲各地,赢得人们的尊敬。普鲁士选帝侯曾邀请他到海德堡大学任哲学教授,被他谢绝。斯宾诺莎的一生孜孜不倦地追求精神幸福,成为思想自由、品德高尚的哲学家的榜样。

2. 人是自然因果链条上的样式

《伦理学》分为五个部分:(1)论神;(2)论心灵的性质和起源;(3)论情感的起源和性质;(4)论人的奴役或情感的力量;(5)论理智的力量或人的自由。这五部分讨论三个主题:一是形而上学;二是认识论;三是有关人的学说。前两个主题是为后者服务的,后者是以前两者为基础的。这一理论体系的逻辑次序是从自然到人,从实体到主体,从外在到内在,从必然到自由。

斯宾诺莎体系最重要的范畴是实体,实体是自因,是唯一的、无限的,实体就是自然界整体。他也把实体称为"神"。斯宾诺莎把自然等同于神,得到了泛神论的结论:"一切存在的东西,都存在于神之内,没有神就不能有任何东西存在,也不能有任何东西被认识。"[1]斯宾诺莎的理论不是传统意义的泛神论。"一切存在的东西,都存在于神之内"的意思是一切都属于自然,都受自然界的因果律的支配。"自然中没有任何偶然的东西,一切事物都受到神的本性的必然性的决定而以一定方式存在和动作。"[2]

斯宾诺莎的自然观采取泛神论的形式,只是为了易于被人们接受。他明确地否认有超越世界的人格神,他在证明了"一切存在的东西,都存在于神之内"的定

---

1 北京大学哲学系外国哲学史教研室编译:《十六—十八世纪西欧各国哲学》,商务印书馆1975年版,第252页。

2 同上书,第263页。

理之后,在附释里对神人同形同质的人格神的传统宗教观念进行了有力的批判。他说,形体、人的心灵和情欲都是有限的,用有限的性质来规定无限的实体是本末倒置的"妄自揣想"。在另一个地方,他进一步批判了认为神有意志和目的的传统宗教观念。他认为,一切目的因都不过是人心的虚构,人们虚构这样的观念是为了"使神拿出整个自然界来满足他的盲目欲望与无厌的贪心"[1]。这是宗教迷信的根源。斯宾诺莎告诫人们,神并没有人的情欲,不会因为人对他的崇敬而回报人;人们崇拜、热爱神是出于对永恒真理的追求和热爱,并不是为了获得财产、荣誉和享乐。这就是说,人与神的关系完全是一种自然关系。

人与神的自然关系表现为人的情感"出于自然的同一的必然性和力量",因此,要"运用普遍的自然规律和法则去理解"人的本性和情感。[2] 在他看来,人是自然的一部分,这不应理解为人是一个实体,或是自然界的一个独立存在;而是说,人从属于自然的属性,人的心灵和身体都是自然因果系列的一部分。

用斯宾诺莎的术语来说,实体或自然有"思想"和"广延"两种属性,属性好像是一根因果链条,无限多的个别事物是这一链条上的一个个"样式"。人是实体的样式,人的身体属于广延系列,人的观念属于思想系列。这两个系列因为是同一实体的属性,所以是平行的。这意味着,对于身体的每一个状态,都有一个观念与之对应,反之亦然。斯宾诺莎于是得到人的"身心平行论",用它来克服笛卡尔的身心二元论的困难。

生存于自然之中的人也是自然界因果链条上的环节,不但人的身体被自然决定,人的思想观念也被自然决定。这是一种严格的自然决定论。

3. 自由是对必然的认识

斯宾诺莎强调人被自然决定的目的,是说明人与自然不可分离。他看到以前人们因为把人和自然割裂开来而产生了两种错误的倾向:或抬高人、贬低自然,或抬高自然、贬低人。前者是人类中心论的倾向,后者是自然主义的倾向,这些倾向都不能真正达到人和自然融合的境界。人和自然融合的境界是人生的最高境界,

---

1 北京大学哲学系外国哲学史教研室编译:《西方哲学原著选读》上卷,商务印书馆 1981 年版,第 425 页。

2 同上书,第 440 页。

表现为认识的自由和幸福的生活。

斯宾诺莎的自然观是严格的决定论,他认为必然性只与偶然性相矛盾,但与自由并不矛盾。决定论否认自然界有任何偶然的东西,当人们说一件东西是偶然的,那"只不过是由于我们的知识有缺陷"[1]。但是,决定论并不否认人的自由。

斯宾诺莎对自由的理解是,仅仅由自身本性的必然性而存在,其行为仅仅由它自身决定;若为别的事物所决定,则不自由。按照他的解释,不管人愿意或不愿意,人都被自然的必然性决定。当人自觉地顺应自然时,他是自由的;当人不自觉地被自然的必然性驱使时,他是被迫的。奴役是自由的对立面,认识并自觉地顺应必然是自由。斯宾诺莎根据他的哲学,提出并论证了"自由是对必然的认识"的著名命题。

对于斯宾诺莎而言,自由和奴役不能被归结为认识问题。当他说自由是对必然的认识时,他不仅指对自然界的认识,更重要的是对人的内在的自然本性的认识。斯宾诺莎的自由学说是建立在对人性、善恶和幸福进行分析的基础之上的。

斯宾诺莎认为,包括人在内的一切个体都有保存自身的自然倾向,这是被自然本性决定的行为和意向,是个体的"现实本质"和人类德性的"唯一的基础"。保存自身不仅是消极地维持现状,而且是扩展自身力量和行动的倾向。在后一种意义上,自我保存也可叫作自我完满。自我保存或自我完满又有自发和自觉之分:前者叫嗜好,后者叫欲望。欲望再分两种:意识到完满性的增加是快乐,对完满性降低的意识是痛苦。人们的意识对自我完满性的增加或减少的原因有所感觉,因此而产生爱和恨:爱是伴随着完满性增加的原因的观念而产生的快乐,恨是伴随着完满性减少的原因的观念而产生的痛苦。伦理的善恶不是事物的本性,它们是相对于人们对自身完满性增减的感觉而言的。善不过是所有的快乐以及欲望的满足,恶不过是所有的痛苦和欲望的折磨。[2]

所有这些自然情感和欲望都伴随着观念,这些观念有些是混淆、不充分的;它

---

1 北京大学哲学系外国哲学史教研室编译:《十六—十八世纪西欧各国哲学》,商务印书馆1975年版,第266页。
2 参见北京大学哲学系外国哲学史教研室编译《西方哲学原著选读》上卷,商务印书馆1981年版,第443页。

们或与身体状态有关,或是对外在原因的错误观念。在这种情况下,人没有能力控制和缓和自发产生的情感,而被情感奴役。他说:"我把人在控制和克制情感上的软弱无力称为奴役。因为一个人为情感所支配,行为便没有自主权,而受命运的宰割。"[1]反之,如果伴随自然情感和欲望的观念是充分的、真的观念,使得人们对情感和欲望的外在原因以及它们之间的因果联系有正确的知识,那么这些人就是自由的。斯宾诺莎说,自由在于用"理性克制感情,管辖感情"。

4.自由是永恒的幸福

自由不仅仅是认识活动,更重要的是心灵所感受到的幸福。他说:"当我受到经验的教训之后,才深悟得日常生活所习见的一切东西都是虚幻的、无所谓的,并且我又确见到一切令我恐惧的东西,除了我的心灵受它触动外,其本身既无所谓善,亦无所谓恶,因此最后我就决意探究是否有一个人人都可以分享的真正的善,它可以排除其他的东西,单独地支配心灵。这就是说,我要探究究竟有没有一种东西,一经发现和获得之后,我就可享有连续的、无上的快乐。"[2]

这种"连续的、无上的快乐"就是人的最高幸福。最高幸福和最高知识是同一的。最高知识是关于神的知识,它伴随着心灵的满足与快乐,产生对神的爱,对永恒真理的爱,并融合在永恒之中。斯宾诺莎对"完善性""上帝之爱""自由""拯救""不朽"等传统的宗教主题作了理性主义的人学解释。他的学说虽然披着泛神论的外衣,但真正的目标是人的自由和幸福,全然没有对人格神信仰和崇拜的位置。

斯宾诺莎的幸福观的特殊含义是,通过对形而上的对象的思辨而获得的心灵的快乐,是持续的、平和的、求诸自己的。这种快乐一直是历史上的哲学家所追求的目标。斯宾诺莎与亚里士多德一样,称之为"最高的幸福"。斯宾诺莎把通过理性思维达到的境界说成是"人的心灵与整个自然相一致"[3]。用中国哲学的术语说,就是天人合一、物我无分的境界。这里没有什么神秘主义,把自我融会在沉

1 北京大学哲学系外国哲学史教研室编译:《十六—十八世纪西欧各国哲学》,商务印书馆 1975 年版,第 318 页。
2 同上书,第 228 页。
3 北京大学哲学系外国哲学史教研室编译:《西方哲学原著选读》上卷,商务印书馆 1981 年版,第406 页。

思的对象之中,这是研究者常有的一种体验。斯宾诺莎以自然整体为思辨对象,沉醉于自然。他感到人的一切,包括一切主观感情、欲望,都是自然的一部分。他因此主张顺应自然,不以物喜,不以己悲,这也是一般意义上所说的伦理的态度。

美国当代著名作家艾萨克·辛格(Isaac Singer)的小说《市场街的斯宾诺莎》形象地描绘了斯宾诺莎式的幸福。小说的主人公是孜孜不倦地读斯宾诺莎的《伦理学》达 30 年之久的费其逊博士,他生活在市场嘈杂的环境里,却能因读书和观赏星空而感到快意。书中有这样一段文字:

> 真的,当费其逊博士抬头看天空时,他意识到了那种根据斯宾诺莎的意见是上帝的属性之一的无限广延。费其逊博士想到,虽然他不过是个软弱无力的人,是绝对无限的实体一个不断变化的样式,他还是宇宙的一部分,是与天体同样材料制成的;只要他是上帝的一部分,他知道他是不会消灭的。这么一想使他感到宽心。在这样的时刻,费其逊博士就有了 Amor Dei Intellectualis(心灵对神的爱)的体会,而根据这位阿姆斯特丹的哲学家的意见,这是精神的最高境界。费其逊博士深深地吸了一口气,把脑袋抬得高高的,真的感到了自己在同地球、太阳、银河上的星星和那只有无限的思想才知道的无限的星系一起旋转了。他的双腿变得轻飘飘的失去了重量,他双手抓住窗框,仿佛生怕自己一松手就会飞出去到永恒之中去似的。

但费其逊博士凡心未泯,最终接受了一位姑娘的爱情,感到肉体的快乐。小说以他的忏悔结尾:"神圣的斯宾诺莎,请原谅我,我成了一个傻瓜。"[1]

艾萨克·辛格的小说表达了对斯宾诺莎式幸福的流俗理解,他以为这种精神快乐超凡脱俗,不合实际。他也许不知道,斯宾诺莎还思考了实现人类幸福的社会环境和具体途径。

5. 让自然权利不受侵犯

斯宾诺莎从个人和自然的根本关系出发,提出要建构"一个理想国家",必须

1《世界文学》1979 年第 2 期,第 77—94 页。

注意个人的天赋权利。天赋的自然权利首先是"自保"。他说:"每个个体应竭力以保存其自身,不顾一切,只有自己,这是自然的最高的律法与权利。"[1] 所以,凡以为对自身有用的,都想方设法求之;凡是有阻碍者,都视为敌人。归结起来可成为一条公理:"人人会两利相权取其大,两害相权取其轻。"[2]

斯宾诺莎的这些观点,很容易让人想起霍布斯。当斯宾诺莎的朋友问他与霍布斯有何区别时,斯宾诺莎曾明确答道:"我永远要让自然权利不受侵犯,因而国家的最高权力只有与它超出臣民的力量相适应的权利,此外对臣民没有更多的权利。"[3] 两人的明显差异在于,霍布斯要人们放弃自身全部自然权利,并把它交付给一个人,建立绝对王权;斯宾诺莎说,人们"只是把天赋之权交付给一个社会的大多数……所有的人仍然是平等的"[4],国家的目标在于让人们享受充分自由和完美的幸福生活。

斯宾诺莎认为,思想和感情的自由是每个人不可割让的天赋权利,每个人都是他思想的主人。他说,任何人都不能放弃自己的判断力,"政治的真正目的是自由"[5]。在一个自由的国家里,每个人都可以思想,自由发表意见。剥夺了人的思想自由的自然权利,就是把人从理性动物变成没有思想的牲畜和傀儡。

斯宾诺莎还指出,人们言论一致是绝对不可能的:"人的心是不可能完全由另一个人处置安排的,因为没有人会愿意或被迫把他的天赋的自由思考判断之权转让与人的。因为这个道理,想法子控制人的思想的政府,可以说是暴虐的政府。而规定什么是真的要接受,什么是不真的不要接受,或者规定什么信仰以激发人民崇拜上帝,这可算是误用统治权与篡夺人民之权。所有这些问题都属于一个人的天赋之权。此天赋之权,即使出于自愿,也是不能割弃的。"[6]

---

1 北京大学哲学系外国哲学史教研室编译:《十六—十八世纪西欧各国哲学》,商务印书馆 1975 年版,第 347 页。
2 同上书,第 349 页。
3 《斯宾诺莎书信集》,洪汉鼎译,商务印书馆 1993 年版,第 205 页。
4 北京大学哲学系外国哲学史教研室编译:《十六—十八世纪西欧各国哲学》,第 353 页。
5 斯宾诺莎:《神学政治论》,温锡增译,商务印书馆 1963 年版,第 272 页。
6 同上书,第 270 页。

强迫人只能按当局的命令说话,只会带来可悲的结果。统治者越是要削弱言论自由,人们越是顽强地抵抗之;而且,抵抗统治者的人往往受过良好教育,有高尚道德品行,更为自由。他说:"把正直的人士像罪犯似的加以流放,因为他们有不同的意见无法隐蔽,一个国家的不幸还能想象有甚过于此的吗?"[1]

三、自我的和谐

莱布尼茨(Gottfried Wilhelm von Leibniz)也思考了人的理性如何从自然界的必然性中获得自由的问题。他把哲学的基本问题归结为"二迷宫",其中之一是"关于自由和必然的大问题,特别是关于恶的产生和起源的问题"。与斯宾诺莎一样,莱布尼茨也把自由看作人和自然和谐的状态。但是莱布尼茨的思想有较浓厚的神学色彩,他把万物和谐的原因归结为上帝安排的"先定和谐"。即使如此,我们还是能够透过神学外衣,看到莱布尼茨对人的本质和自由的理性主义解释。

1. 单子的和谐

莱布尼茨所说的和谐是灵魂之间的和谐。他认为,构成世界的基本单元是不可分割的"单子"。单子是精神实体,每一个单子都是一个灵魂。灵魂的活动是清晰程度不等的知觉。按照表象的清晰程度不同,单子分为以下三个等级。

最低级的单子只有细微的知觉,存在于无生物、植物之中,人在昏迷或酣睡中也处在细微知觉的状态。这种状态好像是现代心理学所说的下意识。

较高一级的单子具有动物灵魂,除了细微知觉以外,还有记忆。记忆把当下的知觉与过去的知觉连接起来。这种意识状态好像是现代心理学所说的条件反射。莱布尼茨说明动物灵魂的例子完全可以用条件反射的理论来解释。他说:"当我们拿棍子对着狗时,狗就想起棍子给它造成的痛苦,叫着跑了。"[2]

最高级的单子具有理性灵魂,只存在于人的自我意识之中。理性有两个特点,一是按矛盾律和充足理由律来思维,又称作"精神";二是可以对自身的知觉活动进行反思,相当于笛卡尔所说的"我思",莱布尼茨称之为"统觉"(appercep-

---

1 斯宾诺莎:《神学政治论》,温锡增译,商务印书馆1963年版,第276页。
2 北京大学哲学系外国哲学史教研室编译:《西方哲学原著选读》上卷,商务印书馆1981年版,第481页。

tion)。

按照莱布尼茨的理论,单子是独立的实体,是一个"没有窗户"的自足的系统。每一个单子都是世界的一面镜子,都以清晰程度不同的知觉反映着整个世界。单子所反映的世界的不同程度就是自然的连续性。"自然界从不作飞跃",因为单子是相互和谐的。

2. 人的灵魂的和谐

按照莱布尼茨的"单子论",构成人的灵魂的单子既有低级的细微知觉,又有感性知觉,还有统觉。人的灵魂从低到高的知觉也是和谐的。莱布尼茨用人的灵魂知觉的和谐性解释唯理论的"天赋观念论"。

唯理论者认为,人的灵魂中有一些人们平时意识不到的天赋观念。经验论者反驳说,"观念"的意思是被意识到的印象,说我们有意识不到的观念,这本身就是自相矛盾的说法。对此,莱布尼茨的答复是,天赋观念以细微知觉的方式潜伏在人的灵魂之中,所以我们平时意识不到它们。莱布尼茨把心灵中的"细微知觉"比作构成大海波涛的每一朵浪花的声音。他说,细微知觉虽然是细小、混乱、杂多的,但作用却比人们所能想象的要大得多;细微知觉之于精神学的作用,犹如分子之于物理学的作用,借口知觉不到而排斥它们,犹如在物理学中排斥分子的作用。[1] 公允地说,莱布尼茨关于细微知觉的概念相当于现代人所说的下意识,他对意识的潜在功能的肯定是符合现代心理学关于下意识的理论的。

莱布尼茨认为,细微知觉、感性知觉和统觉构成了人的认识的整体,三者有着各自不同的作用,但构成连续的活动。细微知觉的作用是提供潜在的天赋观念作为认识的素材,感性知觉是发现天赋观念所需要的注意力。如果没有感觉,天赋观念将一直潜伏在心灵之中,只是由于感觉,人们才注意到它们,并用实践经验检验它们。在此意义上,可以说感觉是发现真理的机缘,但不能说它是真理的来源。天赋观念才是真理的来源,它在被知觉以前已经存在于人的灵魂之中。最后,统觉的作用是从天赋观念和原则出发,按照逻辑规则进行推理,得到知识。

---

[1] 参见北京大学哲学系外国哲学史教研室编译《西方哲学原著选读》上卷,商务印书馆 1981 年版,第498—499 页。

莱布尼茨并不否认经验的作用,他说,人的大部分经验来自动物灵魂的感性知觉,是按照记忆而连接起来的:"就这一点说,人的活动是和动物一样的,很像经验派的医生,只有单纯的实践而没有理论,我们在四分之三的行为上,只不过是经验派。"[1]虽然人的大部分认识是感觉活动,但感觉不是人类理性的本质。感觉是动物和人所共有的,人和动物的区别在于,人能够按照逻辑的规律进行必然推理。莱布尼茨说:"动物的联想与单纯的经验主义者的联想一样,他们以为凡是以前发生的事情,以后在他们觉得相似的场合也还会发生,而不能判断同样的理由是否依然存在。人之所以如此容易地捕获动物,单纯的经验主义者之所以如此容易地犯错误,只是这个缘故。"[2]在他看来,人的认识是不同知觉和谐作用的共同结果,但这种和谐是在统觉指导下的和谐。人的灵魂是理性灵魂,因为统觉是人的本质。

3. 人生活在最好的世界

莱布尼茨把有知觉能力的单子当作构成万物的实体,把世界看作生生不息、常变常新的有机体,而不是无生命的、需要外力推动的机器。他在一定程度上恢复了古代的生机论思想,用以反对当时流行的机械论的世界观。他说,单子是内在于有形事物之中的灵魂,它是"神圣的机器"。它的神圣性在于自身蕴藏的生命的力量,它是自然界的事物运动变化的内在源泉,它赋予万物勃勃生机和活力。莱布尼茨说,正是由于单子的存在,物质不是惰性的,运动不是机械的,"物质的每部分都可以设想成一座充满植物的花园,一个充满养鱼的池塘"[3]。

根据莱布尼茨的单子论,构成世界的单子与构成人的单子是和谐的,他把这样的世界叫作"最好的世界"。最好的世界既是人的理性灵魂认识的对象,又是人的自由活动的处所。

莱布尼茨认为,最好的世界是上帝创造的。上帝是最高的单子,上帝也按照

1 北京大学哲学系外国哲学史教研室编译:《西方哲学原著选读》上卷,商务印书馆1981年版,第481页。
2 莱布尼茨:《人类理智新论》上册,陈修斋译,商务印书馆1982年版,第5页。
3 北京大学哲学系外国哲学史教研室编译:《西方哲学原著选读》上卷,第489页。

理性的矛盾律和充足理由律来创造世界。一个世界如果与逻辑规律不矛盾,就叫"可能的"世界,但上帝按照充足理由律创造了一个最好的世界。莱布尼茨说:"在上帝(创造世界)的观念中有无穷个可能的宇宙,而只能有一个宇宙存在,这就必定有一个上帝进行选择的充足理由,使上帝选择这个而不选择另一个。"[1] 就是说,现实世界是一切可能世界中最好的世界,是上帝最佳的选择。

既然上帝创造了一个最好的世界,那么现实中的恶从何而来?莱布尼茨用人的理性与上帝的差别来为恶的存在辩护。他说,上帝知道一切事物存在和以何种方式存在的充足理由,在上帝创造的最好的世界里,一切事物都有存在的合理性,都有善的目的。但是人的理性是有限的,他们按照充足理由律进行推理是不完全的,不能看到事物存在的全部系列,事物的存在对人而言只是偶然的,而不是必然的。恶就是人们期待出现而没有出现的存在。

人类看到的恶可分两种:物理的恶和伦理的恶。物理的恶是一些突发的对人有害的事件,如自然灾害、身体的痛苦和疾病等;伦理的恶是由人的自由意志的不适当的选择所造成的。莱布尼茨说,只要充分发挥理性和自由,人就能够克服恶,与最好的世界和谐相处。

充分运用理性,人可以认识到,偶然事件都有充足理由,不论是物理的恶还是伦理的恶,都属于上帝创造的和谐的秩序,因而是善的。物理界充满预定的和谐,"物理的恶"是"凭借自然的秩序,甚至凭借事物的机械结构而带来的惩罚"[2]。自然的"惩罚"不是对人类的有意伤害,而是事物之间互相补偿的平衡。

人的自由在于善恶的选择,恶是由于衬托善而存在的。恶是对意志的考验和折磨,恶越大则善越大。同时,人因自由选择的结果而受到报偿或惩罚,绝不会有不受报偿的善良行为,也不会有不受惩罚的邪恶行为。惩恶扬善的公正只有在人自由选择的情况下才能显示出来。只要充分发挥人的自由意志,人就会为了善的整体目的而存在,在最好的世界里完善自身。

---

1 北京大学哲学系外国哲学史教研室编译:《十六—十八世纪西欧各国哲学》,商务印书馆 1975 年版,第 492 页。
2 北京大学哲学系外国哲学史教研室编译:《西方哲学原著选读》上卷,商务印书馆 1981 年版,第 492 页。

4."人类学"的概念

莱布尼茨对人的理性的看法虽然披着神学的外衣,但仍然闪烁着主体性的思想。他把理性的本质归结为统觉的"自我",解释了人能够与自然和谐相处的理性能力,以及人在最好的世界的自由选择。这些不但表达了一种乐观主义的价值观,也把对人的研究推向哲学的前台。

莱布尼茨的继承人克里斯提安·沃尔夫(Christian Wolff)把莱布尼茨的哲学系统化、普及化,并把它搬上大学讲坛。沃尔夫第一次使用了"本体论"和"人类学"的概念。第一哲学是"本体论",包括世界、人、灵魂和上帝等主题,有宇宙论、人类学、心理学、自然神学等分支。他把"人类学"定义为以人为研究对象的学问,相当于我们现在所说的人学。

沃尔夫的学科分类虽然承认了人学的独立地位,但没有表明各门学科之间的联系。康德年轻时接受了"莱布尼茨-沃尔夫体系",但在批判时期却以这一体系为主要批判目标。康德的批判哲学的一个成果就是克服了沃尔夫孤立地、片面地研究人的方式,建立了一个完整的、综合的人学体系。

第二节

人是理性存在者

康德(Immanuel Kant)是理性主义人学的集大成者,他在唯理论者的理性主义人学的基础上,吸收了同时代的自然主义人学的一些思想,建立了理性主义人学的完整体系。

康德的思想体系被后人称为"批判哲学",其主要代表著作是《纯粹理性批判》《实践理性批判》《判断力批判》。按照分科研究和分析方法,学者们通常把"三大批判"分别划归为知识论、伦理学和美学。如果从对象的整体性和内容的综合性来看,康德的批判哲学是关于人的学说,康德的思想体系是一个人学体系。

康德自己坦言,他追求知识的目的经历了一个思想转变。他说:"我生性是个探求者,我渴望知识,急切地要知道更多的东西,有所发明才觉得快乐。我曾经相信这才能给予人的生活尊严,并蔑视无知的普通民众。卢梭纠正了我,我想象中的优越感消失了,我学会了尊重人,除非我的哲学恢复一切人的公共权利,我并不认为自己比普通劳动者更有用。"[1]他与卢梭一样,继承了启蒙运动的人道主义精神,为了尊重人、恢复人应有的价值和权利而研究人、认识人。

康德晚年把自己思考的基本问题归结为四个:"第一,我能知道什么? 第二,我应当做什么? 第三,我可以期望什么? 第四,人是什么? 形而上学回答第一个问题,伦理学回答第二个问题,宗教学回答第三个问题,人类学则回答第四个问题。但从根本上说,可以把这一切都看成是人类学,因为前三个问题都与最后一个问题有联系。"[2]这里所说的"人类学"不是一门具体的学科。对于具体的人类学,康德在《实用人类学》一书中有所阐述。在上述引文中,人类学的任务是回答"什么是人"的大问题,这就是我们现在所说的一般意义上的人学。上述引文还告诉我们,康德认为形而上学、伦理学和宗教学的问题都可以归结为人学问题,都与"什么是人"的问题相关。正是根据康德对自己思想体系的这一解释,我们从人学的角度,按照康德的问题,重新解读康德的主要著作。

一、 人是什么

人是理性存在者,这是康德体系的出发点。康德在前批判时期和批判时期,对"理性存在者"的概念作了逐步深入的论述。

1. 人在宇宙的地位

康德从一开始就关注"人是什么"的问题。他在前批判时期写的科学著作《宇宙发展史概论》中提出了科学史上著名的"康德—拉普拉斯星云学说",但他没有离开人来看待宇宙,人在宇宙占据着特殊位置。

按照康德的宇宙图式,宇宙到处都充满着物质和精神,物质的力量是引力,精神的力量是理性。精神与物质是相反相成的两种力量,因此,两者的分布成反比。离宇宙的中心越近,则引力越大,理性也就越弱;反过来,离宇宙中心越远的地方,

---

1 N. K. Smith, *A Commentary to Kant's Critique of Pure Reason*, New Jersey: Humanities Press, 1918, p. vii.
2 康德:《逻辑学讲义》,许景行译,商务印书馆1991年版,第15页。

理性越强。[1]

按照物质与精神的分布规律,太阳系的行星上的事物形成了一个理性的等级:离太阳越近的行星上的事物的理性程度越低,反之,离太阳越远的行星上的事物的理性程度越高。地球处于太阳系的中间位置,由此,生活在这一行星上的人类拥有一定程度的理性,但没有完全的、纯粹的理性。

康德关于人以外的理性存在者的思辨当然是非科学的,但他从宇宙学的角度,认识到人类理性的局限性,这与他后来对理性进行批判的工作是一致的。在他的批判时期的著作中,人只是"理性存在者"(rational beings)中间的一类,而不是唯一的或完全的理性存在者。其他星球上也有理性存在者,其中有些受到物质的惰力作用较少,可能比我们人类更完善。只有上帝才完全不受物质的惰性作用,是纯粹的理性存在者。康德并不想提供关于"外星人"的知识,谈论人以外的其他理性存在者;他只是为人的理性提供一个参照系,以此说明人的理性与感性的关系、人的理性的有限性和特殊性等问题。

2. 人的两重属性和两重存在

康德认为,人是一种特殊的理性存在者,具有感性和理性双重属性。因为人具有两重属性,人便生活在两重世界之中,既生活在自然界、现象世界,又生活在"超感性自然"的本体世界。康德说:"他必须承认他自己是属于感觉世界的;但就他的纯粹能动性而言,他必须承认自己是属于理性世界的。"[2]

生活在自然界的人是自然因果之链的环节,被自然规律决定。人的身体和生存的自然环境是不依人的理性为转移的感性存在,它们是外在于理性的经验对象,受经验所理解的自然规律的支配。康德说:"感性自然就是在以经验为条件的法则之下的实存,因而这种感性自然对于理性而言便是他律。"[3] "他律"就是人的理性所不能规定的、不能自由选择的自然规律。在自然领域,一切都是被决定的,理性只能服从决定论和自然规律来思想。

---

1 参见康德《宇宙发展史概论》,上海外国自然科学哲学著作编译组译,上海人民出版社 1972 年版,第 212 页。

2 康德:《道德形而上学的基本原则》,见《康德文集》,刘克苏等译,改革出版社 1997 年版,第 113 页。

3 康德:《实践理性批判》,韩水法译,商务印书馆 1999 年版,第 45 页。

另一方面,理性的人生活于本体世界,不受经验因素的制约,只服从道德律。道德律是自己立法、自己遵守的自律。在实践领域,理性是自由的,不为任何外在东西决定。康德明确地说明,人是理性存在者,不受经验因素的决定,因此是自由的。自由是道德活动的先决条件。唯有自由的人才能自主自觉地,而不是被迫地行善;唯有自主自觉的行为,才有道德价值。按康德的术语,"纯粹理性""自由""自律"都是相通的。

康德说:"有两样东西,我们愈是经常持久地加以思索,愈是心灵充满始终新鲜不断增长的敬仰和敬畏:在我之上的星空和居我心中的道德法则。"[1] 这里的"星空"代表自然规律,它和道德法则一样,为理性存在者所虔诚地遵守。人既是被决定的,又是自由的。

康德对人的两种属性和存在的区分,目的是调和经验知识和道德意识、意志自由观和自然决定论。这一区分后来发展为科学与道德两大价值领域,对西方现代价值观的形成有着深远的影响。

二、 人能够认识什么

在以认识论为中心的哲学中,人的认识能力是人的主体性的主要表现。康德通过对人的认识能力的批判性考察,不但显示了人在认识中的主观能动性,而且把人置于为自然界立法的中心地位。

1. **哥白尼革命**

康德认为,与数学和自然科学相比,哲学进展甚微,还没有达到科学的水平。其原因是哲学家以客体的性质来规定主体的思想。康德说,哲学应该向数学和自然科学学习,以成为科学。

数学和物理学是如何走上科学的康庄大道的呢? 康德说,那要"归功于一个人在一次试探中灵机一动,造成了一场革命"。以前人们总是"死死地盯着图形",在图形中辨认它的特性;而产生数学的那场革命性的转变却要人们把自己先天地设想出来的东西归于事物,并通过这个东西必然地推导出事物的特性。物理学也是如此。物理学中那些具有决定意义的实验,都是按照理性设计作出的:"理性必

---

1 康德:《实践理性批判》,韩水法译,商务印书馆 1999 年版,第 177 页。

须挟着它那些按照不变的规律下判断的原则走在前面,强迫自然回答它所提出的问题,决不能只是让自然牵着自己的鼻子走。"数学和物理学领域的革命的共同点是这样一个变化,即把从客体到主体的路线转变为从主体到客体。

客体即科学研究的对象,主体即研究者的思想。过去根深蒂固的观念是:科学的思想是由它所研究的客体的性质所决定的。现在康德却要反其道而行之,他把这一转变称为"哥白尼革命"。正如哥白尼所完成的从"地心说"到"日心说"的转变一样,哲学的革命也涉及从客体到主体的根本转变。

但是人们可以发问,康德在哲学中发动的革命与哥白尼在宇宙观领域实现的革命有同样的性质吗?哥白尼以"日心说"代替"地心说"的一个意义在于破除了人类是宇宙中心的幻觉;康德在哲学界发动的"哥白尼革命"却试图重新规定人在自然界的中心地位。从人与自然关系的角度看问题,"哥白尼革命"对于康德的人学是一个不恰当的比喻。

2. 主体的能动性

康德认为,人获得知识的能力是感性和知性,两者相互配合才能获得知识。他有一句名言:"如果没有感性,则对象不会被给予;如果没有知性,则对象不能被思考。没有内容的思想是空洞的;没有概念的直观是盲目的。"[1]不论感性还是知性,都是能动的、积极的能力,它们主动地建构了知识的对象和内容。

感性不是消极的接受能力。感性的一切材料都被组织在时间和空间之中,但是时间和空间只是"我们(人类)直观的主观纯形式"[2]。他说,只有那些有限的理性存在者才具有感性认识,他们因而才有感性形式,但不一定所有的有限存在者的感性形式都是时间和空间;或许,与人类不同的有限存在者另有不同于时空的感性直观形式,但我们不能确定这一点。我们可以确定的是,时空只是人类的感性形式,而不是事物本身存在的形式。时空像是戴在每一个人脸上的有色眼镜,每一个人看到的事物都有这副眼镜的色彩,但我们不能说这种色彩是事物固有的,而不属于眼镜。康德说,把时空作为不依赖于人的主观认识的客观存在或物自体的存在形

---

1 康德:《纯粹理性批判》,A75/B51。
2 同上书,A35/B51。

式,这是一种"幻相",因为他们把人类所特有的主观性混淆为事物固有的客观性。

知性用概念对时间和空间中的感性材料进行进一步的综合。知性的概念如同时间和空间一样,也是先天的纯形式。知性的形式被称为纯范畴,包括实体和属性、原因和结果、必然和偶然等 12 个范畴。康德问道,为什么纯范畴是这些呢?他说,这是由人类的知性所决定的。上帝的理智知性不需要范畴,可以通过理智直接决定对象的存在。其他的有限的理性存在者的知性像人类一样需要范畴,但不一定使用这 12 个范畴;也许,他们的范畴或者更多或更少,或者是一些我们人类不知道的范畴。我们的知识不能确定这种可能性,我们可以确定的是,人类的知性需要,并且只需要这 12 个范畴。

范畴对感性材料的概括是一种综合,属于人的最高主体能动性。康德把笛卡尔所说的"我思"和莱布尼茨所说的"统觉"当作运用知性范畴的主体。康德和笛卡尔都把自我意识作为知识的核心和出发点,但康德把自我意识当作统觉,而不是笛卡尔所说的自我实体。康德强调统觉是把形形色色的直观材料统一为一个概念的综合能力,包括领悟的综合、想象的综合和概念的综合。

康德把统觉的综合统一性当作知识的最高原理,它确立了知识对象的客观统一性。这里所谓的客观,指普遍必然性,就是说,一切被自我意识到的表象都按照某种普遍必然的方式被综合在一起,由此得到的经验知识是客观有效的。

3. 人为自然界立法

康德用主体的综合能动性建立了知识的客观性,最后得出这样的结论:"范畴是这样的概念,它们先天地把法则加诸现象和作为现象全体的自然界之上。"[1] 他在《未来形而上学导论》中更明确地说:"自然界的最高法则必然在我们心中,即在我们的理智中。"[2] "人为自然界立法",是康德的"哥白尼革命"达到的一个重要结论。我们一般把事物之间的普遍必然联系称为"法则",但康德说,这些普遍必然联系不是事物固有的,而是范畴所具有的。另一方面,范畴不能被运用于物自体,只能运用于现象。我们所能经验到的一切现象都服从于范畴的综合作用,它们被范畴综合为具有

---

1 康德:《纯粹理性批判》,B163。
2 北京大学哲学系外国哲学史教研室编译:《西方哲学原著选读》下卷,商务印书馆 1982 年版,第286 页。

普遍必然理性的现象界的整体,即自然界;范畴加诸其上的法则即自然规律。

人为自然界规定的法则不是自然科学中的具体的定律,这些定律必须经过经验才能被发现和验证,而先验范畴规定的一般的自然法则不依赖于经验,并且能够反过来赋予经验普遍必然性。

康德的认识论既有与自然科学相契合的一面,也有与之不符的一面。康德生活的启蒙时代的特征是弘扬人的理性,以人为本。在康德之前,人本主义主要表现为道德政治领域的人道主义。康德把人本主义的精神发扬光大,通过以自我意识为核心的认识论,达到了以人为中心的世界观。从培根的"向自然学习"的态度到康德的"人为自然界立法"的口号,可谓是根本的翻转。

三、 人应该做什么

康德把理性分为理论理性和实践理性两种。一方面,理论理性不能纯粹,必须和感觉材料相结合才能成为经验和知识。康德的第一批判——"纯粹理性批判"是针对"纯粹理论理性"所作的批判,回答了"人能够知道什么"的问题。另一方面,实践理性必须纯粹,如果它和感觉感情结合而成为不纯粹的实践理性,那么就不会有真正的道德准则和行为。康德的第二批判——"实践理性批判"实际上是针对"不纯粹的实践理性"所作的批判,回答了"人应该做什么"的问题。

1. 理性的自由

康德也使用狭义的"实践"概念来讨论人类道德活动的基础。他认为,道德实践的基础是纯粹理性,而不是经验论者和启蒙学者所说的感觉或情感。对于康德而言,理性是一种自发的能动力量,如果理性能够不受任何外在于自身的因素约束,这样的理性就是纯粹的,同时也是自由的。自由的意义就是不受任何外在东西决定的存在。

康德的自由观经历了一个发展的过程。在《道德形而上学的基础》中,他试图论证"道德何以可能"的问题。他的回答是,作为理性存在者的自由,使得道德成为可能。但他又立即面临着"人的自由何以可能"的问题,他的回答是,人的自主自觉的道德行为,使得人成为自由的主体。他在这里陷入了循环:用自由论证道德的可能性,又用道德论证自由的可能性。在《实践理性批判》一书中,康德直接从"自由"的概念开始。"自由"的应有之义是不受任何限制,它本身就是无条件的、绝对的。自由是实践理性的直接现实,不存在"何以可能"的问题。

2. 善良意志

纯粹理性的自由如何能够成为道德实践的基础呢？康德的回答是，自由的伦理意义就是"善良意志"。自由的无条件性的一个方面是无外在的目的；否则的话，自由便成了追求目的的手段，不得不为目的服务，受目的的制约，也就不成其为自由了。换言之，自由就是以自身为目的的活动。接下来的问题是，人的哪些活动符合自由的这种特征呢？答案是，善良意志。

所谓善良意志，就是以善良自身为目的的意志。在西方伦理学说史上，人们都相信人有求善避恶的意志。康德接过了"自由意志"的概念，并深化了它的内涵。他提出了进一步的问题：意志的自由选择为什么具有趋善避恶的倾向呢？回答只能是，因为自由的意志是以善良自身为目的的。如果意志不以善良为目的，那么，即使它作出了趋善避恶的选择，那也不是自由的选择。譬如，一个慷慨济贫的人，如果是为了沽名钓誉才这样做的，就算不上道德行为，而是追求个人名誉的非道德（即既不善也不恶）行为。即便他是为了摆脱怜悯和不安的心情才这样做，也没有道德上的价值；因为他的目的只是求得心安理得，仍然受情感的支配。善良意志是绝对自由的，因为它只以自身为目的，摆脱了一切经验因素，包括社会的约束力、自然情感以及个人好恶等方面的约束。

自由有肯定和否定双重含义。康德赋予自由的否定含义是，因摆脱了经验的约束而自由；赋予自由的肯定含义是，为了自身而自由。善良意志以自身为目的，就要以摆脱了一切经验因素的理性规则为指导。服从规则与自由不是矛盾的，因为善良意志所服从的是运用自身的力量，为了自身的目的而制定的规则，这样的规则叫"自律"。善良意志自己立法，自己守法，这就是道德自律。

3. 绝对命令

善良意志的自律被康德称为"绝对命令"（categorical imperative）。绝对命令是相对于假言命令而言的。两者区别何在呢？假言命令以"如果……那么……"的句式表达，条件分句表示目的，结论分句表示手段。假言命令要求人们按照目的与手段的关系来行事。假言命令是以经验为基础的。这表现在两个方面：第一，目的与手段的关系和因果关系一样，是通过经验被发现的；第二，条件分句表达的内容是感性的要求或欲望，结论分句则指出满足这些欲望和要求所必须采取的行为，这种行动不是意志的自由选择，而是受感性条件束缚的，因此不是出于善良意志的道德行为。比如，"如果要有好名声，那么就得慷慨施舍"和"如果要赚钱，那么就得做生意"一样，都属于假言命令；两者引起的行为虽然不同，但慷慨施舍既然是赚取好名声的手段，它的本性与赚钱的手段实在没有什么不同，没有道德价值。

绝对命令以直言句式表达，它没有条件句，只是命令"人应该做什么"或"不应该做什么"。绝对命令是无条件的；或者说，是以自身为目的的合理要求。康德根据绝对命令的性质，推导出绝对命令的内涵。他说，一切以自身为目的的合理要求，都有这样的普遍形式，这就是"总是按照那些同时可以成为普遍规律的规则行事"。康德解释说，任何行为规则都是主观的，都是以我自己的判断为依据的，但我的判断同时必须符合理性的普遍要求；或者说，以行为的合理性为自身目的，我的规则同时也就成为普遍规律。这样，绝对命令就具备了合理性（完全按照理性的规则）、普遍性（普遍的规律）和自足性（不假任何外在条件的规则），它因此是理性的自律。

绝对命令也是道德律，但它只是规定了一切道德规则所必需的普遍形式，并没有表达出哪些规则是道德的，哪些是不道德的。毋宁说，绝对命令提供的是区分道德与不道德的标准。比如，"要撒谎"不能成为普遍的规律，因为如果人人都撒谎的话，将没有人会相信别人的话，撒谎将不再可能。再如，"要自杀"也不能成为普遍规律，因为如果人人都去自杀，人类将不复存在，这条规则也失去了适用对象。反之，"不要撒谎""不要自杀""不要杀人""不要奸淫"等古训都是道德规则，因为它们都能够成为普遍行为准则。康德所说的绝对命令不过是用哲学的思辨语言表达了伦理学的"黄金规则"，它的经典表述是孔子所说的"己所不欲，勿施于人"，以及耶稣基督所说的"你要别人怎样对你，你也要这样对人"。绝对命令所要求的也正是这种普遍合理的人际关系。

4. 人是目的

从绝对命令的一般形式，康德得出一个重要的结论："始终把人当作目的，而不能把人当作工具。"他说："在全部被造物之中，人所愿欲的和他能够支配的一切东西都只能被用作手段；唯有人，以及与他一起，每个理性的存在者，才是目的本身。"[1]他要求人们一定要这样做：无论是对自己还是对别人，你始终都把人作为

---

1 康德：《实践理性批判》，韩水法译，商务印书馆1999年版，第95页。

目的,而不要把他作为一种工具或手段。

康德关于人是目的的思想把启蒙时代提倡的人的自由、平等和博爱的要求提高到绝对命令的高度,是人道主义的时代精神的高度哲学概括。

5. 自由、平等、独立的个人权利

以纯粹理性、自由和善良意志为基础的道德命令规定了人应该做什么,即人的义务。人的道德义务决定了他应该具有的个人权利。康德强调权利是从道德命令发展而来的。他说:"我们唯有通过道德命令(这是直接的义务指令),才知道我们自己的自由(由于我们是自由的),才产生一切道德法则和因此而来的一切权利以及义务;而权利的概念,作为把责任加给别人的理由,则是后来从这种命令发展而来的。"[1]

康德对权利作了双重划分:第一,"自然的权利和实在的权利。……自然的权利以先验的纯粹理性原则为依据;实在的权利和法律的权利是立法者的意志所规定的"。第二,"天赋的权利和获得的权利。……天赋的权利是每个人根据自然而享有的权利,他不依赖于经验中的一切法律条律。获得的权利是以上面的法律条例为根据的权利"。[2]

康德认为,人的天赋权利来自人的自由。人作为理性存在者,他的意志不受任何外部必然性的制约,是绝对自由的。自由意志本身就是人自己支配自己的天赋权利。他说:"天赋权利只有一项,就是那与生俱来的自由。自由就是不屈从别人的强制的意志。而且,根据普遍的法则,它能够和所有人的自由并存,他是每个人由于自己的人性并具有独一无二的、原本的、生来就有的权利。"[3]

康德认为,一旦把一个生命带到人间,这个生命将成为一个世界公民。父母不能把自己的子女看成他们自己的生产品,也无权像对待自己的财物那样把孩子毁掉,甚至也不能让孩子听天由命。康德把"人是目的"的道德命令具体化为法律规定的个人权利。他说:"依据权利,公民有三种不可分割的法律属性,就是:第一,宪法规定的自由。这就是说,每个公民,除了必须服从自己表示同意或认可的

---

1 康德:《道德形而上学总分类》,见黄枬森等主编《西方人权学说》上册,四川人民出版社1994年版,第187页。
2 康德:《权利科学导言》,参见上书,第188页。
3 同上书,第188—189页。

法律以外,不服从任何别的法律。第二,公民平等。这就是说,一个公民有权不承认人民当中还有在他之上的人……第三,政治上的独立(自主)。这种权利使一个公民生活在社会中并继续生活下去,并不是凭借专横意志,而是凭借他本人的权利,凭借他作为这个共同成员的权利,因此,一个公民的人格,除了他自己以外,别人是不能代表的。"[1]

四、人可以希望什么

人的希望与他们对自己的目的和命运的看法紧密相关,而对人的目的和命运的看法通常以宗教信仰的方式表达,或者表现为对世界的价值和目的的判断。康德在《判断力批判》和有关宗教的论述里,回答了"人可以希望什么"的问题。

1. 德福一致的希望

康德认为,道德的基础是纯粹理性,而不是人的情感。但是为了让至善成为指导人们行为的道德理想,仅仅靠绝对命令是不够的,还需要道德情感的辅助作用,使人确信能够达到至善,从而激励道德勇气和信心,培养向善的道德情感和习惯。

道德公设是为了适应道德情感的需要而设立的。道德公设给人以德福一致的希望,保证每一个有德性的人会得到真正的幸福。

第一条道德公设是意志自由。我们已经看到,康德把自由作为纯粹理性的现实、道德的先决条件。作为道德公设的自由意志是与具体道德处境下的欲望和情感联系在一起的意志。人们唯有相信他在任何条件下都能够正确地运用自己的意志,作出自由的选择,他们才能相信,依靠自己的力量可以达到至善的目标。

第二条道德公设是灵魂不朽。人的生命是有限的、短暂的,不大可能在有生之年达到至善的目标。因此,人必须相信灵魂是不朽的,他即使在身后也可以作出不懈的、连续的努力,直至达到目标。

第三条道德公设是上帝存在。人们需要确信,他追求至善的努力一定会得到回报;如果他违背了这一目标,将受到惩罚。唯有如此,他的道德努力才有动力,才有希望。因此,他必须相信一个全善的主宰的存在,并且这个全善者具有洞察

---

1 康德:《权利科学》,见黄枬森等主编《西方人权学说》上册,四川人民出版社 1994 年版,第 189—191 页。

一切的智慧和惩恶扬善的能力。这个全善、全知、全能的主宰就是上帝。可以说，康德通过第三公设，恢复了关于上帝存在的信仰。

2. 完善人性的希望

康德是一个虔诚的基督徒，他所属的基督新教虔信派采用了路德、加尔文的"原罪"教义。康德按照这一教义把"原罪说"解释为人性天生为恶的性恶论，但给予理性解释，使之成为他的道德哲学的补充。

康德区分了"意志"（Wille）和"意欲"（Willkür）。人的意志是善良的，但善良意志并不能作抉择；能够作抉择的能力是意欲，意欲有自觉和自发两种状态：它既可以接受善良意志的指导而自觉地趋善避恶，也可以按照感觉的提示而自发地趋乐避苦。意志和意欲都是天生的禀性（Gestinnung/disposition），善良意志是禀赋（Anlage/predispoition），意欲的自发性是倾向（Hang/propensity）。由于这两种天性的冲突，人虽然因善良意志而认识到绝对命令的普遍性和合理性，却因意欲的自发倾向而不能自觉地服从道德律。面临着善恶的抉择，意欲最初的反应是软弱无力，接着是动机不纯，最后堕落为邪恶。基督教"原罪说"所说的人性的堕落就是意欲自发倾向的直接后果。

正因为人性的堕落，人才需要皈依。康德把宗教的皈依解释为从自发到自觉的道德转变。按照他的理论，人属于两个世界，他在感觉世界受经验规律的决定，在理智世界遵守道德律。人认识到道德律的绝对性而无力把它作为自律，因而对于道德律要有一种崇高感和神圣感，于是把上帝想象为神圣律法的立法者。这样，宗教情感和信仰就从道德情感中产生了。

人性的软弱使人感到无力实现皈依，这样又产生了"救赎"和"恩宠"的信仰。康德反对"代赎""补赎"和"恩宠前定"等教义，因为它们使人放弃了道德努力，消极地等待上帝恩宠的降临。康德把救赎和恩宠的作用解释为对人的道德努力的补充或成全。就是说，神圣的宗教情感和信仰对于道德实践起到激励推动作用，并落实为具体的道德行为，但决不能代替道德上的努力。宗教信仰的补充或成全作用还体现于教会的作用。教会的集体力量弥补了个人的不足，教会的精神力量来自它的道德属性。正因为教会是在神圣道德律指引下的道德团体，它可被称为"人间的上帝王国"。

康德把宗教归结为道德的理性宗教，表达他的理性宗教观的著作《完全在理性范围内的宗教》被普鲁士政府指责为"歪曲蔑视《圣经》和基督教的基本学说"。为了捍卫思想自由,他不顾政府的禁令,在退休之后发表了《学院之争》,继续讨论宗教问题。他的宗教思想对 20 世纪的自由主义神学思潮有直接的影响。

3. 人的全面发展的希望

在《判断力批判》中,康德首先通过审美判断,说明人的希望表现于艺术创造性。但是艺术创造的最后目的不是别的,正是人自己。他说:"没有人,全部的创造将只是一片荒蛮,毫无用处,没有终极的目的。"

康德认为,人的判断力具有中介性,这使自然概念领域到自由概念领域之间的过渡成为可能。作为反思判断力的原理是"自然合目的性",它沟通了知性与理性、认识与道德两大领域,实现了从现象到本体、从自然到伦理的过渡,理性与情感的隔阂得到消除,知情意和真善美的统一得以实现。

判断力的合目的性寄托了人的能力的全面发展的希望,这是人对自身的终极希望。正如康德所说:"只是在人之中,在道德律能够适用的个体的人之中,我们才能发现关于目的的无条件的立法。因此,正是这种立法,才使得人能够成为整个自然界都合目的地服从的终极目的。"[1]

4. 人类永久和平的希望

1795 年,71 岁高龄的康德写下了《永久和平论》,把他对人类命运的思考投向人类的未来。卢梭曾预示残酷竞争将毁掉人类自身,提出通过契约之路来拯救人类。康德也把社会契约论的观点用于人类历史与国际关系,提出各个国家联合体的世界大同乃是人类由野蛮步入文明的一个自然又必然的历史过程。

康德相信人类历史中的合目的性。"个别的人,甚至于整个的民族,很少想得到:当每个人都根据自己的心意并且往往是彼此相互冲突地追求着自己的目标时,他们却不知不觉地朝着他们自己所不认识的自然目标,将其作为一个引导而在前进着,是为了推进它而努力着;而且这个自然的目标即使是为他们所认识,也对他们是无足轻重的。"[2]康德表达了人类历史是自然历史过程的信念,相信在纷

---

1 *Kant's Critique of Judgement*,pt. Ⅱ,trans. by J. C. Meredith, Oxford, 1955, p. 108.
2 康德:《历史理性批判文集》,何兆武译,商务印书馆 1990 年版,第 2 页。

然的历史表象后面,在人们彼此目的的冲突中,有一个自然目标的导引。

人类希望和平。康德痛心地指出,我们必须承认:文明民族所承当的最大灾难就是被卷入战争。这种灾难过去、现在和将来都存在着,甚至不断地增长着。国家的全部力量,它那文化的全部成果,本来是可以用于促进一个更高的文化的,却都转移到战争上面。[1] 战争给人类带来灾难,战争带来资源和财富的巨大浪费,战争带来巨大的恐怖感,战争摧毁着人类文明。人类不能被战争毁灭。

要保证世界和平是需要制度安排的。康德认为,人与人生活于相互间的和平状态并不是自然状态,而是必须被建立起来的。[2] 那么,为了祈求永久和平,人类又如何寻求其道路呢? 首先,康德坚信,"把普遍的世界历史按照一场以人类物种的完美的公民结合状态为其宗旨的大自然计划来加以处理的这种哲学尝试,必须看作是可能的,并且甚至还是这一自然的目标所需要的"[3]。第二,建立起一个普遍法制的公民社会。康德明确指出:"大自然迫使人类去加以解决的最大问题,就是建立起一个普遍法制的公民社会。"[4] 之所以要建立普遍法制的公民社会,是因为"大自然使人类的全部禀赋得以发展所采用的手段就是人类在社会中的对抗性,但仅以这种对抗性终将成为人类合法秩序的原因为限"[5]。

关于人类合法秩序,康德提出,第一,一个公正的国际秩序必须与自由民主秩序相契合,也只有自由民主国家能保护人权,成为公正世界秩序的基础。"每个国家的公民体制都应该是共和制。"[6] 第二,"国际权力应该以自由国家的联盟为基础"。康德强调国家主权的独立性。"没有一个自身独立的国家(无论大小,在这里都是一样的)可以由于继承、交换、购买和赠送而被另一个国家取得。"[7]"任何国家均不得以武力干涉其他国家的体制和政权。"但是一个国家由于内部不合而分裂,援助其中的一方不能就认为是干涉别国体制。[8] 第三,世界和平,并不是把

---

1 参见康德《历史理性批判文集》,何兆武译,商务印书馆 1990 年版,第 75 页。
2 参见上书,第 104 页。
3 同上书,第 18 页。
4 同上书,第 8 页。
5 同上书,第 6 页。
6 同上书,第 105 页。
7 同上书,第 99 页。
8 同上书,第 101 页。

人类变成一个世界国家。用康德的话来说就是,国家联盟并不等于一个世界国家,而是要追求民族国家的多样性与世界公共秩序的统一。第四,"世界公民权利将限于以普遍的友好为条件"。普遍友好是指一个陌生人并不会由于自己来到另一块土地而受到歧视,这种友好是基于人类共同占有地球表面的权利。

五、 实用人类学

《实用人类学》是康德生前完成的最后一部著作。早在 1785 年他所作的《道德形而上学的基本原则》中,康德就讲过:"道德准则运用于人的时候,需要人类学。"[1]如果说伦理学的理性部分可称为道德学,那么"它的经验部分可以有一个特殊的名称,叫作实用人类学"[2]。

康德把《实用人类学》分为两个部分:第一部分是人类学教授法,副标题是"论认识人的内心和外表的方式"。第二部分是人类学的特征,副标题是"论从外部来认识人的内心的方式"[3]。《实用人类学》按照从内在到外在和从外在到内在两条途径认识人,表明了康德对日常生活的敏锐的洞察力。

1. 人的意识和心灵的分析

康德提出要考察认识人的内心和外表的方式。

第一,康德对感性作了极其详尽的分类,比如:内观察和外观察、清晰观念和模糊观念、生命感和官感,以及触觉、视觉、听觉、味觉、嗅觉等。康德还分析了各种感性样式的优缺点。特别是针对人们对感性的三条指责,康德作了较为详尽的辩护:感官并无混乱,感官并不支配知性,感官并不搞欺骗。[4] 这表明康德对感性极其重视,并对人生感性经验有着深刻体验。

第二,康德对认识能力薄弱和心灵病态进行了分析,指出这些缺陷在感性上表现为"夸大狂"和"癫狂",在判断力和理性上表现为"狂想症"和"痴迷",还表现为"头脑迟缓""傻气""精神涣散""头脑简单"等心理毛病。

第三,康德对感情作了细致的论述。比如说"快乐是生命力提高的感情,痛苦

---

1 康德:《道德形而上学的基本原则》,见《康德文集》,刘克苏等译,改革出版社 1997 年版,第 76 页。
2 北京大学哲学系外国哲学史教研室编译:《西方哲学原著选读》下卷,商务印书馆 1982 年版,第 309 页。
3 康德:《实用人类学》,见《康德文集》,第 431—625 页。
4 同上书,第 452—455 页。

则是生命力受阻的感情",美的感情就是人的鉴赏力,等等。此外,他还描述了激情的不同表现,如恐惧和勇敢、愤怒与羞怯等,但把不动心(淡泊)作为激情本身。他说,情欲有自然的和人文的,情欲可用一个"癖"字来称呼,如荣誉癖、复仇癖、统治癖等都是情欲的表现。[1]

2．人的个性

从外部来认识人的内心,主要是研究人的个性和特殊性。康德认为,特性"一方面是说,某个一定的人具有这种或那种(身体上的)性质;另一方面是说,他特别具有一个(精神的)个性(Charakter),一个人只能是一种唯一的个性,要么就是完全没有个性。前者是人作为一个感性的或自然的存在物的辨别标志,后者是他作为一个理性的、天赋自由的存在物的辨别标志"[2]。

个性表现为天赋的气质,分为多血质、胆汁质、忧郁质和黏液质四种。"气质具有亲和价格","可以与别的带来同样多的利益特点相交换"的"市场价格"。[3]

不同的气质还表现为不同的思想方式,以及"相面术"可以观察到的"神态的性格特征"。另外,性别差异也是一种个人特性。

3．人的自我意识

康德说,人一旦用"我"来说话,"自我"就诞生了。这是人提升到地球一切其他有生命的存在物之上的标志。在这之前,他只是感觉到自身;现在他是思维到自身了,就像升起了一道光明,摆脱鸿蒙,踏上不归路。

自我一旦出现,便毫无止境地以不同形式,如逻辑的(认知的)、审美的和道德的形式,来推行个人主义。康德认为,个人主义既具有优点又具有破坏性。为了克服个人主义的破坏性,应树立全人类的自我意识。他说:"能够与个人主义相对抗的只有多元主义,即……不是在自身中把自己作为整个世界来研究,而是仅仅作为一个世界公民来观察和对待自身。"[4]为此,他考察了人从民族性到人类特性的发展。

---

1 康德:《实用人类学》,见《康德文集》,刘克苏等译,改革出版社 1997 年版,第 604 页。
2 同上书,第 625—626 页。
3 同上书,第 634 页。
4 同上书,第 435 页。

4. 从民族性到种类性

康德一生中只有一次离家到一个 100 公里外的城市旅行的经历,但他却像一个阅历丰富的旅行家那样,在《实用人类学》中对各国风土人情作了详细而生动的描写。

康德把民族理解为"结合在某个地域中的人的部落"。他分析了在英国、法国、西班牙、意大利、德意志、俄国等国生活的不同民族的特性后说,这是"植根于人类血缘混合之中的天生的自然特性,而不是那种后天获得的、人为造成(或修饰过)的性格特征"[1]。种族特性可视为"同一种族的人所表现出来的家族类型、多样性和变种"[2]。

对于民族性,康德有句意味深长的短语:"血统的混杂(在大征服中)逐渐消灭了民族性格,它不顾一切无用的博爱主义,并没有给人类带来好处。"[3]就是说,靠武力征服带来的种族混合并不能造成人的种类特征。

种类特征即人类的特性。康德对此持世界主义和和平主义的进步观。他认为,只有通过和平和文明的进程,人类才能随着社会的进步,创造、锻炼和教育自身的种类特征,把它作为一个按理性原则安排人的普遍社会性。

第三节 ─────────────────────

人的自由行动

约翰·戈特利布·费希特(Johann Gottlieb Fichte)是康德哲学的继承者,对康德的人学思想的推进尤为激进。1790 年,费希特第一次读到康德的著作《实践理性批判》,深深为康德的"绝对自由"和"义务"的思想所打动。1793 年,他匿名发表《试论一切天启的批判》,这部书惟妙惟肖地阐发了康德的理性宗教观,被人认为是康德本人的著作。但是费希特不满意康德把知识和道德分开的做法,他确

---

1 康德:《实用人类学》,见《康德文集》,刘克苏等译,改革出版社 1997 年版,第 668 页。
2 同上书,第 669 页。
3 同上。

立了"实践领先"的原则,把"自我"的主观能动性和创造性从知识论领域推广到实践领域。费希特把自己的哲学体系称为"知识学",其中的实践哲学、政治哲学和奋斗哲学等都是关于人的学说。

一、 自我是行动

1. 自我是第一原则

费希特接受了康德关于自我意识是知识最高原则的思想,但不同意把自我的功能局限于对感性材料的综合,他认为这样无疑取消了自我相对于经验世界的独立性和自主的创造性。为了说明自我和经验世界的关系,费希特设定了关于自我意识的三条原则:自我设定自身,自我设定非我,自我和非我统一。

"自我设定自身"的意义:自我是纯粹的主体,纯粹的行动,它没有也不需要任何不同于自身的依据。换言之,自我是自身的依据,自我设定自身。费希特在这里强调,纯粹的自我是行动,不是实体;一切都因自我意识的活动而发生,都只能作为自我意识的表象而存在。

"自我设定非我"的意义:当自我意识以自身为对象时,它既是主体,又是对象,但这不是外来的对象,而是自我为自己设定的对象。那些看起来是外来的对象的也是自我为自己设定的表象,是自我意识的内容,它们是自我设定的。至于自我为什么要设定非我作为自身的对立面,费希特回答说,自我是绝对自由的活动,它一定不会囿于自身,只有设定非我,自我才能在所有关于世界和他人的经验中展开自身。就是说,自我为了完全地设定自身,就必须设定非我。"自我设定非我"是"自我设定自身"这个第一原则的延伸。

"自我和非我统一"的意义:非我不仅仅是自我的对立面,也是自我的展开,由此非我在自我之中,这是自我和非我的并存关系。

关于自我与非我关系的三条原则始终把自我放在第一位;非我是自我以外的经验世界,它们都只不过是自我主动活动的产物。"自我设定自身"说明了自我的性质是纯粹的意识活动;"自我设定非我"说明了自我意识活动过程中展现出的对象和内容;"自我和非我统一"则说明了自我意识活动朝向的目标。自我意识的活动、内容和目标构成了一个整体原则,成为说明世界、社会和人的第一原则。

从人学的角度说,费希特把笛卡尔提出的、康德发展了的"自我"的观念推向了极端。在费希特那里，自我不仅是反思的主体，不仅是认识的主体，同时也是行动的主体。自我主动地创造世界，并在其中消除自我的对立面，突破一切束缚，通过对自身的否定之否定，达到真正的自由。

2. 行动是存在的依据

如果说，费希特在知识学中用抽象的、晦涩的语言说明自我第一原则的话，那么这些原则在实践哲学中却洋溢着时代的精神，充满着斗争的活力。

绝对自我和纯粹活动对于费希特来说都是一回事，只是表达不同而已。他高呼道："行动！行动！这就是我们为什么存在的根据。"[1] 又说："我们的自由是决定世界的理论原则。"[2] 他用绝对唯心论的语言表达了后来的存在主义的基本思想：存在就是行动，存在先于本质，存在是绝对自由。

针对哲学以认识论为中心的倾向，费希特要求人们"不仅要认识，而且要按照认识而行动，这就是你的使命"，"你在这里生存，不是为了对你自己做无聊的冥想，或为了对虔诚感做深刻的思考——不，你在这里生存，是为了行动；你的行动，也只有你的行动，才决定你的价值"。[3]

费希特以哲学中存在着唯心论和唯物论的争论为例，说明两者的是非不是一个理论问题，而是一个实践问题。从理论上说，唯心论不能说服唯物论，唯物论也不能说服唯心论，因为两者的差异是第一原则的差异，而第一原则是不可证明的。一个人不是在得到理论证明以后才决定采用什么样的第一原则的，人们可以自由地选择第一原则。

但是人们的自由选择实际上是选择他的存在方式，一个什么样的人就会选择什么样的哲学。费希特说："一个哲学体系并不是一个可以随意放弃或接受的死家具；反之，一个哲学体系因拥有它的人的灵魂而充满生气。一个天性萎靡的或是由于精神的奴役、博学的奢侈和虚荣而弄得萎靡了、随和了的性格，永远不能把

1　J. G. Fichte, *Gesamtausgabe der Bayerischen Akademie der Wissenschaften*, B. iii, ed. by R. Lauch, et al., Frommann: Stuggart and Bad Cannstan, 1964, s. 67.

2　同上书, B. v, s. 77。

3　费希特：《论学者的使命　人的使命》，梁志学、沈真译，商务印书馆1984年版，第148页。

自己提高到唯心论的程度。"[1]

按照费希特的说法,唯心论者是那些热爱自由的人,他们因此认为自我高于外物,能够摆脱外部束缚;相反,唯物论者把人降低到物,使人服从外部世界,因此认为客体高于意识。费希特把哲学第一原则的是非问题归结为人的存在方式的高低,这表现了他以实践为根本的主张。他说:"实践的力量是自我的最为内在的根源。"[2]

3. 行动来源于自我

行动的主体是自我。"自我设定自身"的实践意义是,人的行动来源于自我,听命于灵魂深处的呼声。费希特从以下几个方面分析了人的行动的自我源泉:

首先,行动是自我的冲动。自我也是自然或天然的东西,"我的这类天然东西就是冲动"[3]。自我的冲动与动植物的冲动不同。植物和动物的冲动,如果具备了满足的条件,就必然完成。但自我的冲动的满足则根本不受自然条件的决定。比如说,人控制不了饥渴的发生,却能够控制对于饥渴的满足。费希特说:"简单说,感觉到或感觉不到一个特定的冲动,并不处于我们的控制之下;但是,满足或不满足这个冲动,则处于我的控制之下。"[4]

其次,行动的目的产生于渴望。费希特说,渴望是对冲动的反思。人不同于动物,人的冲动不以满足为目的。他说:"如果人以单纯享受为目的,他就依赖于一种给定的东西,即他的现成存在的冲动对象。所以,他是不自足的。只要人进行反思,就能成为主体。"从这里可以看出,费希特所说的渴望不是感性的欲望,而是理性的希望。正如他所说:"我反思我的渴望,从而上升到明确的意识。"[5]

通过反思,自我摆脱一切要在自我之外存在的东西,把自己置于自我自身的支配下,并且把自己树立为绝对独立的。其结果是,"我就不再是自然链条的一个

---

1 北京大学哲学系外国哲学史教研室编译:《西方哲学原著选读》下卷,商务印书馆1982年版,第330页。

2 J. G. Fichte,*Gesamtausgabe der Bayerischen Akademie der Wissenschaften*,B. iii,ed. by R. Lauch, et al. ,Frommann:Stuggart and Bad Cannstan, 1964,s. 332.

3 《费希特著作选集》第3卷,商务印书馆1997年版,第111页。

4 同上书,第129页。

5 同上书,第129—133页。

环节"[1],在我的内心升腾起一种满足感,"它可以被恰如其分地称为高级根据的能力——就叫良心"[2]。

最后,人的行动是道德的实践。费希特认为,"我们的行为的所谓道德性,都在于人们全然是为了良心而决定去做良心所要求做的事情"[3],人的行动听从"我的良心的呼声","听从这呼声,忠诚老实地、无拘无束地、无所畏惧地、不假思索地服从这呼声,这就是我唯一的使命,这就是我生存的全部目的。……某种事情之所以必须做,纯粹是由于它必须做;这就是在我所处的这种情况下良心恰恰要求我做的事情,我是为了做这种事情而生存的"[4]。

费希特要求,人必须为了良心而亲自作出判断,凭他自己的感受坚持这种判断,而不能人云亦云,盲目地跟从权威,让别人的意见支配自己的行动。他说:"谁靠权威去行动,谁的行动就必然违背良心。"[5]

4. 自我的奋斗

费希特接受了康德关于人的两重属性和存在的思想。他说:"人既是理性的生物,又是有限的生物;既是感性的生物,又是自由的生物。"[6]人的存在也有自我和非我两方面的特征:"人不仅具有绝对存在、纯粹存在,他还具有这种存在的特殊规定;他不仅存在,而且他也是某种东西;他不仅说'我在',而且还说我是这个或那个。"[7]这就是说,每一个人是自我,把别人作为非我;但对于他人而言,这个人却是他人的非我。

自我和非我的矛盾同时也是关于自由的正题和反题。正题:自我必须设定自由是绝对的,即无条件、无根由、纯粹的自由。反题:自我必须限制自由,在自然规律和他人自由的条件下,实现有限的自由。

费希特说,人的行动的目的是克服生活中的矛盾,特别是关于自由的矛盾。

---

1 《费希特著作选集》第 3 卷,商务印书馆 1997 年版,第 138 页。
2 同上书,第 151 页。
3 同上书,第 177 页。
4 费希特:《论学者的使命 人的使命》,梁志学、沈真译,商务印书馆 1984 年版,第 157—158 页。
5 《费希特著作选集》第 3 卷,第 180—181 页。
6 费希特:《论学者的使命 人的使命》,第 11 页。
7 同上书,第 7—8 页。

"人应该永远自相一致，而绝不应该自相矛盾。这就是说，纯粹自我绝不会自相矛盾。"关于自由的正题与反题的矛盾最终在自我与非我相统一的合题中达到统一。自我与非我的统一的实践意义是绝对自由与相对自由的统一。

费希特特别强调不受限制的自由是人所希望的目的，而不是人所能够实际达到的目标。他说："人本身就是目的，他应当自己决定自己，绝不应当让某种异己东西来决定自己；他之所以应当是他所是的东西，是因为他希望成为这种东西，而且应当希求这种东西。"[1]就是说，自我的本质是自己决定自己的自由，这一本质在现实中表现为人的希望。

人的行动是追求自由的奋斗，它表现为奋斗的无限过程。费希特说："无限完善是人的使命。人的生存目的，就在于道德的日益自我完善，就在于把自己周围的一切弄得更合乎道德，从而使人本身日益幸福。"[2]

奋斗就是每个人不断克服自我的局限性，并与他人克服局限性的奋斗相配合，朝向绝对自由的目标前进。绝对自由永远也不能实现，奋斗是一个无休止的过程，但在此过程中的每一个进步都包含着绝对自由的成分。绝对寓于相对，无限寓于有限，目标寓于过程，未来开始于现在。重要的不是能否达到终极目标，重要的是行动；没有行动，也就没有一切。在此意义上，费希特的奋斗哲学是未来哲学、希望哲学。

二、 自我在社会中发展

费希特所说的自我是人的本质，但不是一个个孤立的个人。他肯定："人注定是过社会生活的，他应该过社会生活；如果他与世隔绝，离群索居，他就不是一个完整的、完善的人，而且会自相矛盾。"[3]自我的奋斗不是孤军奋战，作为自我化身的"理性人"在社会中为了他们共同的目的而共同行动，其结果是个人的全面发展和社会的进步。

1. 个人的社会义务和权利

在费希特看来，社会是人们交互作用的产物，是人的行动不可缺少的条件。

---

1 费希特:《论学者的使命 人的使命》,梁志学、沈真译,商务印书馆 1984 年版,第 9 页。
2 同上书,第 12 页。
3 同上书,第 18 页。

他说:"通过自由所造成的相互作用是社会的积极的特性。相互作用以自身为目的;行动是按照相互作用完成的,单纯由于这个目的,行动才得以完成。"[1]

人们之间的相互作用决定了人的社会义务。当自我设定非我时,被设定的也是自我与他人的社会关系和自我的社会义务。费希特说,权利和正义的一般规则是:限制你的自由,使之符合那些与你相接触的人的自由观。费希特正确地把康德所说的绝对命令解释为义务论。义务论的特点是无条件地"应该"或"不应该"做什么。费希特通过对各种应该做的事的分析,说明了人不仅对自己的良心负有义务,对他人、社会和国家也都有义务。

费希特认为,个人的权利是由他所承担的社会义务所决定的。限制个人的社会义务同时赋予和保障了个人的自由权。费希特是法国革命的积极拥护者,他坚决反对教会特权和封建压迫,公开宣称只有意识到他人自由的人才是真正自由的,把别人看作奴才的人其实自己就是奴才。他说,让君主们去当奴隶,他们就会懂得尊重自由。费希特强调,思想自由是个人不可转让的权利,是一切政治权利的根据,国家无权压制;否则,人民就可以用暴力推翻它。

2. 人的平等和教育

费希特认为,人们的社会交往行动不像人对物体世界那样,可以确立主客从属关系,而是为了确立平等协作关系。人的体力不平等是自然造成的,这种自然的不平等,由于理性的多寡程度的不同更加拉大了。但是人的理性程度的多寡不是自然的不平等,自然赋予人相同的理性能力,只是由于社会的后天原因,才造成了人们实现自己理性能力的机会和条件的差别,因此产生了一些人比另一些人具有更多的实际理性能力和知识的现象。

费希特看到,只有知识和教育才能保证使人的全部天资得到同等的发展。他说:"所有理性生物应当得到同等的发展的要求里,就同时包含着这样的要求:所有各种理性生物彼此之间也应当得到同等的发展。……一切社会的最终目的是一切社会成员完全平等。"[2]

---

1 费希特:《论学者的使命　人的使命》,梁志学、沈真译,商务印书馆1984年版,第19页。
2 同上书,第27页。

为了达到社会平等的目的,学者担负着特殊的使命。学者就是人类的教师,学者要用自己的知识服务社会、教育民众、传授知识,并提高全社会的道德水准。他把学者担负的职责规定为:"优先地、充分地发展他本身的社会才能、敏感性和传授技能。"[1]学者要教育民众,首先要充分地认识和实现自己的理性能力;其次还要有传授知识的技巧,通过教育把学生的理性能力最大限度地发挥出来。他特别强调学者的道德操守,认为学者"应当成为他的时代道德最好的人"[2]。

3. 人在文化中发展

根据费希特对自我与非我的辩证关系的理解,自我需要克服非我的对立面才能完善自身,人只有处于改变外界事物的过程中才能全面发展。他说:"人必须设法改变事物的形态,使事物本身同他的自我的纯粹形式相一致……然而这样改变事物的形态,即事物应当按照我们关于它们的必然概念而存在,单靠纯粹的意志是不可能的,而且还需要有一定的技能,且这种技能是通过锻炼获得和提高的。"[3]

费希特认为,人类文化正是人改造外界事物技能的获得、培养和发展:"为了改变我们之外的事物的形态,按照我们的概念变更它们;依我看,获得这种技能就叫作文化,获得一定程度的这种技能同样也叫作文化。文化只有程度的不同,但是文化程度可以表现为无止境的。如果人被看作是有理性的感性生物,文化就是达到人的终极目的、达到完全自相一致的最终和最高手段。"[4]值得注意的是,他认为文化既是终极目的,又是最高手段。人只有通过文化,才能全面发展自身的能力,所以文化是手段;但是,人的全面发展正是改造外界事物技能的发展,即文化的发展,因此文化是目的。

4. 人在历史中进步

费希特像同时代的启蒙学者一样,持乐观主义的历史进步观。他在1805年所作的"当前时代的基本特点"讲演中,根据人类"理性发展史"的五个阶段,把人

---

1 费希特:《论学者的使命 人的使命》,梁志学、沈真译,商务印书馆1984年版,第42页。
2 同上书,第45页。
3 同上书,第10页。
4 同上书,第10页。

的"实践生活"或人类文化的过程分为五个时代。

第一个时代是"理性无条件受本能支配的时代",此时民智初开,道德上天真无邪;第二个时代是"理性的本能变成外在的强制的权威的时代",人发现并崇拜人的理性,但用独断的理性抑制理性,产生了奴性,这是"走向罪恶的时代";第三个时代是"解放的时代",人重新开始思考个性,计较个人得失,一切唯利是图,"对于一切真理绝对漠不关心,完全无拘束,这是罪恶完成的时代";第四个时代是"理性科学的时代",人认识自己的价值和使命,"对真理有了较高的爱好,这是走向善的状态";最后是"理性艺术时代",人像创造艺术作品一样自由地享受自己的"至乐生活",达到"至善完成"。此时,大家共同地形成一个"伦理世界秩序",掌握整个世界的命运,人们服从自己的思想,绝对自由地做想做的一切。[1]

不难看出,上述五个时代大致相当于古代希腊罗马、中世纪、文艺复兴、近代和德国古典时代。费希特按照人的理性和历史发展解释社会的进步,并把他所处的时代看作理性历史发展的最高阶段。这与黑格尔的历史观如出一辙。

第四节 —————————

人的精神发展

黑格尔(Georg Wilhelm Friedrich Hegel)把康德的"纯粹理性"和费希特的"绝对自我"改造成先于和高于人和社会的"绝对精神"。但是,绝对精神不过是被神化了的、高度抽象的人的精神。正如马克思一针见血地指出的那样,黑格尔的绝对精神是伪装了的自我意识。费尔巴哈曾正确地指出,黑格尔的绝对唯心论是一个头脚颠倒的体系。他和马克思都批判黑格尔颠倒了物质与精神、自然与思维的关系。从人学的角度看,黑格尔的颠倒也表现在人与他的精神的关系问题上。精神来自人,表现于人,为人所认识。但在黑格尔的体系里,精神却成为外在于人

---

1 参见贺麟《〈精神现象学〉译者导言》,见黑格尔《精神现象学》上卷,贺麟、王玖兴译,商务印书馆1979年版,第18—19页。

的、统摄人的力量。我们要学习马克思处理黑格尔学说的方法,在被黑格尔颠倒的体系里发现合理的内核,在黑格尔的绝对唯心论中揭示出关于人的精神发展的核心思想。

一、对人的精神的发生学考察

黑格尔的体系开始于先于和高于人的绝对精神,但他首先必须回答:我是如何认识到绝对精神的? 换言之,他所说的那一套关于绝对精神的道理是从哪里来的? 黑格尔的第一部著作《精神现象学》回答了这个问题。马克思说,《精神现象学》是"黑格尔哲学的真正诞生地和秘密"[1]。只有从人的精神的发生学角度来论证绝对精神的可能性和现实性,他的理论才不至于成为无源之水、无本之木。

黑格尔对人的精神的考察不限于对个人意识的发生过程的研究。他的基本立场是:只是因为人在历史中创造了、改造了和理解了人所生活的世界,人才有可能认识绝对精神,获得绝对知识。他在这里已经突破了近代认识论只研究个人意识的局限性,把劳动、实践、历史、人与人的社会关系和社会意识形态等存在方式引入知识发生过程。法国的考耶夫(A. Kojeva)在《关于黑格尔讲演导论》(1947年)中指出,《精神现象学》的每一个环节都与西方文明的一个阶段、与西方社会的一种时代特征相对应。正如恩格斯所说,精神现象学"也可以叫作同精神胚胎学和精神古生物学类似的学问,是对个人意识各个发展阶段的阐述,这些阶段可以看作人的意识在历史上所经过的各个阶段的缩影"[2]。

根据辩证法、历史和逻辑一致性的原则,黑格尔把人的精神的发生过程解释为一个从低级到高级的发展过程,经历了意识、自我意识、理性、精神等阶段,最后才达到关于绝对精神的绝对知识;精神发展的每一个阶段都是人类历史的一个阶段的缩影,又包含一些发展环节。下面对这些阶段作一简要介绍。

1. 人的自然认识能力

个人意识的最初形式是感性认识,它的对象是个别事物的存在。黑格尔说,感性认识只能用简单的语言,表达感性对象是"这个",在"这里",是"现在",等等。黑

1《马克思恩格斯全集》第 42 卷,人民出版社 1979 年版,第 159 页。
2 恩格斯:《路德维希·费尔巴哈和德国古典哲学的终结》,人民出版社 1972 年版,第 10 页。

格尔把人的最初认识称为"感性确定性"，这是意识的自然形态，是刚刚脱离了自然界的人用语言所表达的最初的认识。随着历史的前进，人的自然认识能力继续发展，能够用一般概念来把握个别事物，把抽象的概念作为思考对象，这就是知觉和知性。

2. 自我意识开始于欲望

大多数近代哲学家都认为"自我"是人的自然本质，是天赋的意识。黑格尔不同意这种说法。他认为，自我意识不是自然赋予的意识或能力，而是在人与人的社会关系中形成的。人只有在意识到了自己与他人差别的情况下，才会有自我意识。

当一个人自称是"我"的时候，他就已经意识到了自己与外物的对立，意识到了把外物的存在转化为自己的存在，这就是欲望。生命的欲望首先是动物的欲望。动物的欲望使动物超越被给予的事物，但结果不是朝向另外事物的存在，而是毁灭被给予的存在，以填补自身存在的缺乏。

欲望只有指向另一个存在时，才是人的欲望。人的欲望首先是被人承认的欲望，它是从对物的欲望开始的。每一个人都要求占有可欲物，但是，"要求"是权利的要求，权利只有在被他人承认的条件下才是有效的。为了得到他人的承认，我首先必须承认，他人是与我一样独立的自我；正如他人是我的对象一样，我也是他人的对象。只有在相互承认对方的自我和对象性的条件下，人的欲望才能满足。一个人只有在意识到自己和他人的独立的自我本性的情况下，他才具有了真正意义上的自我意识。

黑格尔对人的相互承认的欲望的阐述与近代思想家关于"自然状态"的描述相似。黑格尔同意说这一阶段没有社会和国家，但这并不是说没有任何集体和社会关系。最初的、最简单的社会关系表现为家庭。人们相互承认的欲望最初在家庭关系中得到满足，人在家庭中进入了自我意识的家园。

3. 社会开始于主奴关系

部落是家庭关系的扩大。每一个人都声称对可欲物有普遍的占有权，并要求得到其他人的承认。这种要求普遍占有权的欲望是不可能同时满足的，当欲望的冲突发展到不可调和的地步，就引起了生死的斗争。斗争的结局是奴隶制的出现。奴隶制的社会意识是主奴关系,这是一种什么样的关系呢?

黑格尔分析说,主人是那些不顾自然的、现实的生命,为了精神的、理想的目的——被普遍承认的优越性而冒险的人。主人的自我意识是靠奴隶实现的。只有在被他人承认的情况下,主人才能意识到他是主人,在他的意识中,奴隶不能不是人。再者,主人不为满足自己的自然欲望而劳动,他通过统治奴隶的劳动而得到享受和快乐。总之,主人不是在战场上死去的英雄,也不能靠残忍而快乐。主人意识的实现要靠奴隶,并且实现在奴隶意识(奴隶对主人的承认)之中。在此意义上,主人就是奴隶。

另一部分人因为惧怕失去自然的生命而成为奴隶,换言之,奴隶是依赖和惧怕自然的人。退出战场的奴隶用另一种行动——劳动来克服对自然的依赖和惧怕。奴隶在劳动产品上认识到自己的价值,他们通过劳动获得了主人在战场上得到的东西:不再依赖自然,意识到自身的自主性。不再有奴隶意识的人就是主人。

黑格尔关于主奴关系的论述是《精神现象学》的精彩篇章,是运用辩证法的典范。他说明了社会的起源,劳动的异化及其精神价值,劳动创造历史和造就劳动者的过程,统治别人的人不可能自由,等等道理。主奴关系相当于古代奴隶社会,此时出现了人类历史上最早的阶级和国家。最初在家庭中平等的自我意识,在阶级国家中表现为奴役和被奴役的不平等意识。

4. 取消意识与现实差别的自由意识

主奴关系辩证发展的结果是主奴关系的解体:主人不再是主人,奴隶不再是奴隶。但是这只发生于意识之中,现实中的奴役仍然存在。失去了奴隶意识的奴隶和失去了主人意识的主人在现实中都是不自由的,他们只能在意识中寻求自由。

这一阶段的人们相信,只要意识到自由,实际上也就是自由;重要的是自由的观念,存在的现实并不重要。最初的自由意识取消了意识与现实之间的差别,调和了自由的理想与奴隶制现实之间的矛盾。这种自由意识被主人用来证明奴隶制,被奴隶用来证明自身。

斯多亚派是自由意识的第一个形态。斯多亚派相信,不管是皇帝、贵族,还是奴隶,不管是富人,还是穷人,都有共同的本性,人人在意识上都是自由的,在现实中都是不自由的。他们被迫承认奴隶也是主人,主人也是奴隶。但是,观念毕竟不等同于现实,意识到两者差异的人以否定现实存在的方式来维护自由意识,这就是怀疑派的意识形态。极端的怀疑派连自己的存在也要否定,自杀成为最彻底的怀疑方式。斯多亚派和怀疑派相当于古罗马时期的意识形态。

5. 分裂的苦恼意识

经过斯多亚派和怀疑派两个阶段,人们最终意识到,理想与现实之间的矛盾不可克服,一切存在都有矛盾,因此出现了自由意识的第三个形态——苦恼意识。

苦恼意识是分裂的意识,因种种矛盾对立面的分裂而苦恼。为了脱离分裂的苦恼,人们设立了更高的理想——彼岸世界。在彼岸世界,人人都是平等的,不再有主奴之分;真正的自由也只能在那里实现。人们为了彼岸世界而牺牲现世的自由和利益。古罗马的意识形态就这样过渡到中世纪的基督教意识形态。

6. 近代理性的发展过程

近代思想家把人的理性看作天然合理的存在,黑格尔却把理性意识作为一个历史形成的过程来考察。这一历史形成的过程同时也是辩证的过程。自然意识在知性阶段达到了抽象的普遍性,社会意识在苦恼意识达到外在的个别性,即彼岸的个人的权利和自由。理性是自然意识和社会意识的合题。理性知识的发展经过了从外在到内在、从抽象到具体、从概念到实际的过程。黑格尔把理性的过程分为下列三个发展阶段:

第一个阶段是观察理性,这是实验科学的理性,经历了从外到内的发展过程。当观察理性完成了对内在的自我意识的观察,它就要通过行动来实现自我意识,由此过渡到道德理性。

道德理性大致相当于快乐主义、幸福主义等以个人情感为道德基础的伦理观。黑格尔把情感主义作为理性从内到外、从个别到普遍的活动,与观察理性的过程恰恰相反。为了克服两者的矛盾,道德理性过渡到自律的理性。

广义地说,自律的理性也是道德理性。与狭义的道德理性不同,自律的理性把普遍规律引入道德领域。并且,这不是外在的自然规律,而是理性为自身设立的规律;它也不是抽象的,而是被自我意识在行动中实现的规律。自律的理性是理性发展的最后结果,意识和实际、自为和自在、个别与普遍、具体与抽象达到了统一。

不难看出,以上三个阶段分别相当于 17 世纪开始的自然科学、18 世纪开始的情感主义伦理学和康德的道德哲学。它们分别代表了理性时代的三种意识形态。

7. 精神结束于绝对知识

理性还要继续发展为精神。黑格尔把历史称为"在时间里外在化了的精神"1。他把外在化了的精神分为伦理、教化和道德三阶段。需要理解的是,黑格尔用这些术语指示大致与自我意识和理性阶段相对应的历史过程。伦理阶段大致相当于古代社会,其中,家庭与"欲望"相对应,古希腊城邦社会与"主奴关系"相对应,古罗马与"自由意识"相对应。教化阶段指中世纪和近代社会的精神,如中世纪的善恶观念、法权关系和财产关系,以及近代理性主义、启蒙运动、法国大革命等,这些大致与理性阶段相对应。道德阶段指拿破仑时期和德国古典哲学。黑格尔在对德国古典哲学作出自己的批判性的反思之后,声称此时的精神达到了绝对知识。

绝对知识是纯概念的知识。黑格尔强调,绝对知识是科学,而不是宗教。宗教通过上帝的形象把握绝对精神,绝对知识通过概念把握绝对精神。人的意识只有经过了《精神现象学》所描述的精神发展的所有阶段和环节,才能把绝对精神作为纯概念来认识。精神现象学使人认识到绝对精神的概念的存在,人们会继续问:这些概念是哪些? 它们有什么样的关系? 它们是如何组成绝对精神的整体的? 绝对知识就是对这些问题的回答。绝对知识作为一门科学是辩证法的过程,黑格尔称之为"逻辑学"。

二、 对精神自由的辩证考察

黑格尔的逻辑学的起点就是精神现象学的终点,逻辑学的对象是纯概念,它是研究绝对精神的绝对知识。黑格尔说:"绝对知识是在精神形态中认识着它自己的精神,换言之,是精神对精神自身的概念式的知识。"2 就是说,纯概念不是只

---

1 黑格尔:《精神现象学》下卷,贺麟、王玖兴译,商务印书馆 1979 年版,第 274 页。
2 同上书,第 226 页。

存在于人的意识中的主观观念,它们毋宁说是绝对精神的存在形式。但是逻辑学的"纯粹"和"绝对"并不能掩盖它与人的关系。前面对精神现象学的解释已经揭示了绝对知识发生于人的意识和社会意识形态的秘密。这里将继续说明,黑格尔通过对逻辑学的纯概念的辩证运动的考察,论证了人的精神朝向自由的发展过程。

黑格尔年轻时是法国大革命的支持者。他欢呼,法国大革命是"壮丽的日出",是"一个光辉灿烂的黎明";"一切有思想的存在者都分享到这个新纪元的欢欣。一种崇高的情绪激动着当时的人心,一种精神的热忱震撼着整个世界,神圣的东西和世界的和谐仿佛在当下被实现了"。[1] 他正确地把法国大革命的精神理解为自由。他说:"我们的时代的伟大在于承认自由和精神的财富,精神本身是自由的。"虽然黑格尔后期的政治态度趋于保守,但在承认自由是时代精神这一点上,他的思想没有变化。黑格尔的哲学是自觉地发扬自由精神的理性方式。正如他自己所说:"理性和自由永远是我们的口号,无形的教会是把我们联结在一起的共同目标。"[2]

1. 实体就是主体

黑格尔说:"照我看来……一切问题的关键在于,不仅把真实的东西或真理理解和表述为实体,而且同样理解和表述为主体。"[3] 正如马克思所理解的那样,黑格尔关于"实体就是主体"的命题表达了斯宾诺莎所说的实体与费希特所说的自我的统一。[4] 从人学的角度来看,这也是绝对精神和人的意识的统一。我们可以从两方面来理解这一统一的意义所在。

主体与实体的同一,其意义是主观与客观的统一。黑格尔受斯宾诺莎哲学的影响,认为实体不是在人的意识之外,相反,人的意识在实体之中。另一方面,他用费希特所说的"绝对自我"改造了斯宾诺莎的实体观。自我设定了实体,但是自我是在实体之中设定实体的。黑格尔说:"理性是宇宙实体。"[5] 自我在"宇宙实体"的理性之中,发展和完善自身,这与精神实体的创造属于同一过程。

---

1 黑格尔:《历史哲学》,王造时译,生活·读书·新知三联书店1956年版,第493页。
2 苗力田译编:《黑格尔哲学通信百封》,上海人民出版社1981年版,第38页。
3 北京大学哲学系外国哲学史教研室编译:《西方哲学原著选读》下卷,商务印书馆1982年版,第366页。
4 参见《马克思恩格斯全集》第2卷,人民出版社1957年版,第177页。
5 黑格尔:《历史哲学》,第47页。

主体与实体的同一也是自由与必然的统一。实体不是现成的、被给予的存在,也不是永恒不变的本质。实体的特征在于自我的能动性:自我设定自身,并在克服矛盾对立面的辩证发展过程中完善自身。自我按照精神的本性,自由地设定绝对精神;当然,自我是辩证运动的主体,遵从辩证法的必然规律。但辩证运动不是被决定的,而是自我发展的全过程。主体的自由是符合实体必然性的自由,用黑格尔的话来说,是自为自在的。

总之,黑格尔关于"实体就是主体"的命题把绝对精神的客观性、必然性等同为人的精神的主观能动性和自由创造,为人们从人的意识活动的角度认识绝对精神提供了依据。

2. 世界本质的发现

逻辑学体系中的一个个纯概念都是哲学概念范畴,它们都是历史上的哲学家建立的。黑格尔认为,纯概念是世界的本质,不依赖人的意识而存在;哲学家们只是发现了它们,而不是发明了它们。在此意义上,纯概念是客观的。

纯概念的辩证发展也不依赖于人的意识,因此,哲学家的发现不是任意的,而是自觉或不自觉地遵从辩证法的客观规律认识和阐明纯概念。黑格尔把历史上的哲学体系都解释为纯概念的一个个环节,从最简单的"纯有"开始,到汇集了全部真理的"绝对理念"为止。黑格尔的哲学把历史上所有的哲学体系都作为一个个由低到高的辩证环节,包含在自身。哲学发展到黑格尔达到了绝对理念,这是辩证法发展的必然。

3. 精神的异化和自由

黑格尔把"绝对理念"定义为"绝对和全部的真理"。精神达到了绝对理念,标志着它穷尽了自身的所有纯范畴。但是精神在达到了绝对理念之后,仍要继续发展。这是因为,绝对理念虽然集中了所有的真理,却没有实现精神的一个主要目标——自由。在逻辑学领域里,纯概念的发展是必然的,服从辩证法规律的必然性。纯概念是必然真理,但缺乏精神的自由。

精神为了自由,必须在纯概念之外继续发展,从逻辑领域转到自然领域。黑格尔说:"自然界是自我异化的精神。"[1]"异化"(alienation)是辩证法的一个重要

---

1 黑格尔:《自然哲学》,梁志学等译,商务印书馆 1980 年版,第 21 页。

概念,它的意思不仅指背弃自身,转变为异己的东西;更重要的是指在与自身不同的领域发展。自然界虽然不是自由的领域,却是绝对精神的自由所必需的领域。不经过自然界的发展过程,绝对精神就没有外在的丰富多彩的形态,就不能最终成为真正自由的精神。

按照黑格尔的唯心论,自然界始终贯穿着精神的运动,它不是偶然性和杂乱无章的事物的堆砌,而是一个活生生的系统,经历了机械论、物理论和有机论三个由低级到高级的辩证发展阶段。在有机论的最后阶段,出现了生命。动物生命进一步发展为人的精神。至此,绝对精神终于扬弃了外在的形式,返回到精神自身。

与不依赖人的意识的纯概念相比,从自然界发展而来但又扬弃了外在化形式的精神是人的精神,其特点是自由。所谓自由指"能够在否定中肯定地保住自己并成为自身同一"[1]。黑格尔的意思是,精神在与自然的对立中取得自由。精神扬弃了自然,进入人类精神领域,这也就是返回了自身。当然,精神取得自由也是一个辩证的发展:首先,它通过认识自身而自由,这是主观精神;其次,它通过创造世界而自由,这是客观精神;最后,它在自在自为的存在和自创造的统一性中实现自由,这是人的绝对精神。人的绝对精神是最完全的精神,它不但集中了纯概念的全部真理、自然哲学的全部知识,而且集中体现了人的自由。人的绝对精神是绝对精神的最高形态。

三、 对精神发展的社会历史考察

黑格尔的精神哲学中的主观精神是人认识自身的意识,与《精神现象学》关于个人历史的论述相一致。主观精神的最后阶段是自由精神(der freie Geist)。自由精神认识到自己是自由的,但同时认识到主观精神是有限的,个人自由冲动得不到满足,只有超出个人、超出主观精神,到社会中去创造自由。客观精神是被精神创造的社会和历史形态,包括抽象法、道德和伦理三个阶段。

1. 抽象法

抽象法体现着意志自由。黑格尔说:"自由是意志的根本规定……自由的东

---

1 北京大学哲学系外国哲学史教研室编译:《西方哲学原著选读》下卷,商务印书馆 1982 年版,第439 页。

西就是意志。意志而没有自由,只是一句空话;同时,自由只有作为意志,作为主体,才是现实的。"[1] 有意志的人都有自由,伴随自由意志而来的是与生俱来的权利。黑格尔把近代思想家所说的自然权利称为"抽象法"。抽象法有三个环节:财产、契约和不法行为。

财产(或所有物)是个人得以存在和借以实现自己的手段。人的自由意志首先声称占有财产的权利。"人唯有在所有权中才是作为理性而存在的。"[2] 黑格尔竭力张扬权利的主体性,认为"人有权把他的意志体现在任何物中,因而使该物成为我的东西……这就是人对一切物据为己有的绝对权利"[3]。

黑格尔维护财产私有制,认为"(私人所有权)在所有权中,我的意志是人的意志;但人是一个单元,所以所有权就成为这个单元意志的人格的东西"[4]。私有财产又依据个人的意志对物的不同关系分为物的占有、使用和转让三个环节。

物的占有是直接的身体把握,如用手占有某物;或通过劳动来改变自然物,如耕种土地、栽培植物、驯养保护动物等。劳动也是财产权的标记,"人能够给某物以标志,因而取得该物,这样正表明了他对该物有支配权"[5]。

物的使用或是直接把握而加以利用,"通过物的变化、消灭和消耗而使我的需要得以实现";或是可持续的利用,"对不断再生的产品的反复利用,又为保持其再生而限制其利用"[6]。物的使用和所有权是统一的,谁使用耕地,谁就是整块地的所有人。产权虚置不过是"空虚的主人"或"抽象的所有权",因为"所有权本质上是自由的、完整的所有权"[7]。

物的转让出于财产权。我可以转让自己的财产,因为财产是我的;如果我不能转让,那就表明那财产不属于我。没有转让,社会的链条就会断裂。但是,黑格尔指出,人的精神存在,如我的人格、普遍意志、信仰是"不可转让的","永远不会

---

1 黑格尔:《法哲学原理》,范扬、张企泰译,商务印书馆 1961 年版,第 11—12 页。
2 同上书,第 50 页。
3 同上书,第 52 页。
4 同上书,第 55 页。
5 同上书,第 66 页。
6 同上书,第 67 页。
7 同上书,第 68 页。

失效"。[1] 精神产品的所有权转让则需要保护。

契约是财产权必然包含的转让权。人们缔结契约关系,进行赠予、交换、交易等。契约以当事人双方互认为前提。[2] 康德把婚姻归为契约,社会契约论者把国家看作契约,黑格尔都加以反对。他的理由是,因为契约是以任意性为前提的,而国家是绝对的,所以国家不是契约的产物。

不法行为是违法的行为,是对合理的普遍意志的违背,包括过错、欺诈和犯罪。对不法行为的惩罚导致道德。

2. 道德

黑格尔说:"道德的观点就是自为地存在的自由。"[3] 自由的个人在法的阶段只是人格(person),而在道德中被规定为主体(subject)。道德分为故意和责任、意图和福利、善和良心三个环节。

故意是自我的自主意识,责任是对自主行为的后果应负责任的意识。黑格尔在谈到个人的历史责任时说,在复杂的历史事变(如法国大革命)中,情况不胜繁多。道德主体"作为这种状态的条件、根据、原因而出现每个环节,都贡献他的一份力量,而可以被看作应对这种状态负责,或者至少有一部分责任"[4]。

意图是主观动机,福利是指行为的客观效果和利益。黑格尔批评动机论,反对在主观意志和行为效果之间划一条鸿沟。他批判把伟大人物的行为看成出于不良的或自私的动机的"仆人心理";同时也批判了"好心肠"干坏事的"陈腐学说"。他特别强调个人福利的正当性。

善是个人特殊意志与普遍意志的统一,是"被实现了的自由,世界的绝对最终目的"。他批评康德把善当作处于不可实现的彼岸的"应该",认为"善不是某种抽象法的东西,而是某种其实质由法和福利所构成的、内容充实的东西"。他反对康德"为义务而义务"的伦理学,说那是"空虚形式主义"。他强调善福一致:"福利没

---

1 黑格尔:《法哲学原理》,范扬、张企泰译,商务印书馆1961年版,第73页。

2 同上书,第80页。

3 同上书,第111页。

4 同上书,第118页。

有法就是不善。同样,法没有福利也不是善。"[1]

善的发展有三个阶段:认识善,表达并发展善,以及内在化为良心。良心首先是人内部的绝对自我确信,"真实的良心是希求自在自为地善的东西的心境"[2]。个人良心所辨认的对立关系就是善和恶。人性善和人性恶的观点都不正确,因为善恶都取决于自由意志,离开自由意志,无所谓善恶;作为自由意志选择的对象,"善与恶是不可分割的"。情欲、冲动等自然意志无所谓善恶,"它们可能是善的,也可能是恶的"[3]。在"善"掩盖或粉饰下的恶行是伪善。伪善"对他人把恶主张为善,把自己在外表上一般地装成好像是善的、好心肠的、虔敬的……总之在有利的理由中,为他本身找到替恶行作辩护的根据,因为凭借这种根据他就可以黑白颠倒变恶为善了"[4]。此外,黑格尔还反驳了"只要目的正当,可以不择手段"的说法,指出这种说法似是而非,拘泥于"抽象的善"。

3. 伦理

体现在"法"中的自由只有外在性,体现在"善"中的自由只有内在性,两者的合题才是真实的自由,这就是伦理。

伦理是自由的理念,是善的生命。如果说道德是个体的,是个人的广袤的道德精神世界,那么伦理则为共同的价值,是人们可以相互要求共识的那些价值。伦理的规范是普遍的,伦理着眼于社会整体。"因此,人类把伦理看作永恒的正义,是自在自为地存在的神,在这些神面前,个人的忙忙碌碌不过是玩跷跷板的游戏罢了。"[5]伦理规范通过习惯内化为风尚,成为取代最初的纯粹自然的第二天性,即人们习惯地遵守风尚,犹如遵守自然规律一样。伦理有三个环节:家庭、市民社会和国家。

4. 家庭

家庭以爱为规定性。爱是精神对自身的统一的感受。爱既是一种伦理精神,

1 黑格尔:《法哲学原理》,范扬、张企泰译,商务印书馆1961年版,第132页。
2 同上书,第139页。
3 同上书,第143—144页。
4 同上书,第148页。
5 同上书,第165页。

又是一种主观的感受。爱不是占有,而是生命自身的存在,是"在别一个人身上找到了自己"[1]。家庭的三个环节是婚姻、家庭财富和子女教育、家庭解体。

婚姻(die Ehe)是两性因自然规定性而互助互爱,具有理智的和伦理的意义。黑格尔说:"婚姻的客观出发点则是当事人双方自愿同意组成为一个人,同意为那个统一体而抛弃自己自然的和单个的人格。在这一意义上,这种统一乃是作茧自缚,其实这正是他们的解放,因为他们在其中获得了自己实体性的自我意识。"[2]

婚姻不仅需要爱,而且需要设置持久的和稳定的产业,即家庭财富。子女也是家庭所有物。子女教育的目的:一是矫正子女任性,灌输伦理原则;二是使子女具有独立意识,获得参与社会生活的能力。子女成年以后,形成自由人格,又组建新的家庭,家庭自然而然地分为多数家庭。家庭扩大为民众,即民族,"民族是出于共同的自然渊源的"[3]。家庭于是通过民族自然地过渡到市民社会。

5. 市民社会

市民社会是以物质利益为纽带,并按占有不同的物质利益划分等级的物质生活关系的总和。"整个市民社会是中介的基地。在这一基地上,一切癖性、一切禀赋、一切有关出生和幸运的偶然性都自由地活跃着;又在这一基地上的一切激情的巨浪,汹涌澎湃,它们仅仅受到向它们放射光芒的理性的节制。"[4]市民社会包含需要体系、司法、警察和同业公会这三个环节。

需要体系是人们彼此交往的"中介场",生命个体生活的公共空间。黑格尔说:"通过个人的劳动以及通过其他一切人的劳动与需要的满足,使需要得到中介,个人得到满足——即需要的体系。"[5]

需要体系有三个要素:第一个要素是需要及其满足的方式。动物的需要受制于一套局限的手段和方法,而人的需要和满足需要的手段是多样化的。黑格尔赞成"精炼"(即满足需要服务的手段和方法的改进),反对"无穷无尽的舒适",即每

---

1 黑格尔:《法哲学原理》,范扬、张企泰译,商务印书馆 1961 年版,第 175 页。
2 同上书,第 177 页。
3 同上书,第 195 页。
4 同上书,第 197—198 页。
5 同上书,第 203 页。

一次舒适又重新表明他的不舒适,这种需要是为了追逐利润人为制造出来的。同时,他既不同意卢梭关于自然状态是自由的说法,也不同意"鄙视奢侈"的犬儒派生活方式。第二个要素是劳动方式。劳动是需要与满足之间的中介。"劳动通过各色各样的过程,加工于自然界所直接提供的物资,使合乎这些殊多的目的。"[1]技艺、教育、分工、机器的使用等提高着劳动能力。第三个要素是财富。资本、技能、禀赋的不平等,带来财富分享方式的差别,并由此形成了农业、工商和管理三个社会等级。个人必须成为某种人物,"他应隶属于某一特定阶级"[2]。

在市民社会中,财产关系、契约关系都得到法律上的承认,并具有法律效力,不允许侵犯。公民的财产权和人权由"司法"来保护。

市民社会的第三个环节是警察和同业公会。"警察"实际指的是公共权利。个人日常生活离不开公共性,个人生活中会与他人产生共同利益,也会产生共同使用的手段和设施。"这些普遍事务和公益设施都要求公共权力予以监督和管理。"[3]生产者和消费者利益不同,可能发生冲突。为了平衡起见,需要一种凌驾于双方之上的调节手段。除此之外,个人与普遍性之间的中介,如路灯、搭桥、日需品的价格、卫生保健等都需要公共权力的保证。"市民社会必须保护它的成员,防卫它的权利;同样,个人也应尊重市民社会的权利,并受其约束。"[4]这里,不难体会到黑格尔的公共性是从个人权利伸展出来的公共性,是保护个人利益的。市民社会在生长过程中会产生贫困和贱民。黑格尔敏锐地看到了效率与公平的矛盾,指出"怎样解决贫困,是推动现代社会并使它感到苦恼的一个重要问题"[5]。其中一项措施是向外的商业扩张,"与遥远的国家进行交易……这种交易又是文化联络的最强大手段,商业也通过它而获得了世界史的意义"[6]。"同业公会"是社团、行业组织等民间自治组织,也承受着市民社会的公共性,是民间组织或社区的自我管理。

---

1 黑格尔:《法哲学原理》,范扬、张企泰译,商务印书馆1961年版,第209页。

2 同上书,第216页。

3 同上书,第239页。

4 同上书,第241页。

5 同上书,第245页。

6 同上书,第246页。

6. 国家

国家是个人与整体、主观自由与客观自由的统一,是至高无上的伦理实体。黑格尔是国家主义者,他歌颂说,"国家是地上的精神","国家是比个人更高的东西","个人必须尊敬国家,把它视为地上的神物"。国家与市民社会不同,国家不是保障个人自由的手段,而是目的本身;国家包括三个环节:国家法、国际法和世界历史。

国家法是国家的政体。黑格尔认为合理的政体为君主立宪制,包括代表国家尊严、靠遗传而得到巩固的王权,应用国家的普遍意志的行政权,靠各等级的代表的理性来确立国家普遍意志的立法权。

国际法以国家相互承认对方的独立性的方式,体现了国家之间的合理关系,但国际法的条约是偶然的,没有权威性。

世界历史是"绝对精神"在世界范围的运动过程,是一切国家的最高法庭。世界历史经历了三个阶段:只知道一个人(君主)的自由的东方世界,知道一些人(主人)的自由的希腊罗马世界,以及认识到所有人的自由的日耳曼世界。日耳曼世界也有一些具体的环节,最后在北欧的日耳曼世界实现了完全的自由,普鲁士王国达到了国家的最高形式,世界历史至此终结了。

在普鲁士王国中,精神达到了绝对精神的最高形态,其艺术是最高级的浪漫型艺术,其宗教是基督教这一绝对宗教,其哲学是达到绝对真理的黑格尔体系。按照黑格尔的设想,正如普鲁士王国终结了世界历史一样,黑格尔也终结了人的精神的历史。

当然,终结的不是人的精神的历史;毋宁说,黑格尔的体系终结了近代理性主义的人学。近代"理性人"的观念在他的体系中被推到极点,成为无限的、完全自由的、神圣的绝对精神。这样的精神不是别的,正是上帝的化身。

正像费尔巴哈所批判的那样:黑格尔的学说是"理性化和现代化了的神学",是"神学的最后的避难所和最后的理性支柱"。他还警告说:"谁不抛弃黑格尔哲学,谁就不抛弃神学。"[1]西方人学从文艺复兴以来一直与神学分离,它当然不会回到黑格尔所构造的这个"神学的最后的避难所"。这大概也是理性主义的人学在黑格尔之后一蹶不振的一个原因吧。

---

1 《费尔巴哈哲学著作选集》上卷,荣震华、李金山等译,商务印书馆 1984 年版,第 103、114、115 页。

第三编

挑战与转型

从 19 世纪下半叶开始,西方文化进入了现代阶段。首先需要交代的是,西文"现代"(modern)一词与中文的意义有所不同。西方的现代开始于 17 世纪,相对于中国人所说的"近代"。西文中没有相对于中文"近代"这一词汇,而中国人所说的"现代"指 20 世纪以来的历史阶段,此时西方的现代化已经发展到了成熟的阶段。因此,当我们用"现代"来表述西方文化的特征时,首先应该区别"现代"(later modern)与"近代"(early modern)。

"现代"与"近代"不仅仅是时间上的区分,在思想史上,这是两个根本不同的思想发展阶段。与近代相比,现代西方人学发生了根本的变化。在 19 世纪后期到 20 世纪初期的交替时期,西方三位思想家——达尔文、马克思和弗洛伊德从根本上扭转了近代关于人的观念,对现代人学的产生和发展起到了决定性的作用。如果说,达尔文改变了人对自身在自然界地位的看法,弗洛伊德改变了人对自身的看法,那么,马克思的学说不只属于西方思想。本书第六、七、八章将讲述达尔文对西方现代人学思想的贡献和影响,第九章讲述弗洛伊德的贡献和影响,第十章可以看作现代西方哲学对达尔文、马克思和弗洛伊德思想作出的一种特殊反应。

第六章

"生物人"的观念

　　达尔文创建的进化论标志着一个新时代的开始，马克思和弗洛伊德后来创建他们的学说时，都承认受到达尔文的影响。在达尔文之后，没有一种关于人的理论可以忽视达尔文的进化论。正如杰里米·里夫金所说："一个多世纪以来，我们对自然和人性、存在的意义的认识，在很大程度上反映了达尔文的物种起源和进化理论对我们的影响。对我们中的大多数人来说，不以他的理论指导我们的人生旅途似乎是不可能的。"我们可以用"生物人"来概括在达尔文的进化论影响下出现的关于人的新观念。

　　"生物人"是根据人适应环境的行为来观察人、研究人所产生的一种观念。按照这种观念，人的个体和社会，人的身体和意识，都是通过自然选择、基因遗传而产生的一种自然行为，这种自然行为可以通过人的神经系统、行为模式或语言模式得到科学的理解或合理的说明。

　　"生物人"是以达尔文进化论为范式的多种学科共同建构出来的流行观念，在英美学术界和文化界的影响尤为广泛。一般说来，英美的人类学、社会进化论、生物社会学、进化认识论，以及实用主义、语言哲学和心灵哲学关于身心关系问题的讨论，都渗透着"生物人"的观念。本章将以这些学科的材料为内容，对"生物人"观念的各个侧面作一全方位透视。

进化论与人学

达尔文的进化论不仅仅是生物学的理论,而且是现代西方很多人学理论,特别是现代英美人学理论所共同遵守的一个范式。这一范式的核心是"自然选择"理论,它是在一种特殊的人学理论——马尔萨斯的人口论的影响下产生的,产生之后又反过来改变了人的自我观念,发展出社会达尔文主义、种族优生学等人学思想。

一、西方人学的一个新范式

虽然达尔文(Charles Darwin)的名字是与进化论联系在一起的,但进化论并不是达尔文的发明,达尔文的主要贡献是发现了进化的自然机制——自然选择,从而使进化论成为一门科学。不仅如此,"自然选择"理论还成为达尔文之后的人学理论的一个新范式。那么这一范式是如何产生的?它对人学研究有何重要意义?它又是如何被用来解释人和社会的呢?这些是我们首先需要解答的问题。

1. 拉马克进化论的机制

早在古希腊时期,一些自然哲学家就已经提出了关于生物物种进化的猜测。他们只是在猜测,因为他们没有回答生物为什么会进化以及如何进化的问题,就是说,他们没有发现生物进化所需要的机制。在达尔文之前,拉马克(Jean Bap-tiste Lamarck)已经提出了一个比较成熟的进化论,因为他不但肯定物种从简单到复杂的进化过程,而且开始回答进化的机制。拉马克提出的机制是"用进废退"。就是说,随着自然条件的变化,生物由于需要而经常使用某些器官,使得这部分器官的组织和功能按照从简单到复杂的方向进化;反之,一些器官因为不需要被使用而沿着相反的方向退化。

拉马克还认为,生物器官功能"用进废退"的变化是可以遗传的,由此,一个生物个体因适应自然环境而后天获得的新的性状可以遗传给后代,产生新的物种。比如,一头鹿因为要吃高树上的树叶而经常伸长脖子,踮起前腿,它的前肢和脖子因而变长,而且它的后代也有长脖子和高腿,产生出长颈鹿这一新的物种。

拉马克的进化论保留了传统自然哲学目的论的残余,他认为生物为了达到一定的目的而进化，而遗传，则赋予生物以主动适应和选择的能动性。"用进废退"和"获得性遗传"的解释与当时反对目的论和强调客观性的自然科学精神不相吻合，这种解释需要对生物的主观努力做太多的假设，由此还不能被当作真正意义上的自然机制。

2. "自然选择"的机制

达尔文认为，生物没有主动地适应环境的自然机制，它们没有预测、选择和改变环境的目的性，也没有把因适应环境而养成的后天习惯遗传给后代的机制。生物适应环境的行为是偶然的，无目的的；物种能够遗传的性状完全是先天的，后天获得的性状是不能遗传的。但是自然界有一种必然的、合规律的淘汰或保留物种的机制，这就是自然选择。

按照达尔文的进化论，物种的遗传不只是一成不变地复制，复制过程总会出现变异，总会有一些"与众不同"的个体。遗传中的变异是盲目的、偶然的，没有更好地适应环境的目的性。自然环境也在不断地变化，原来与环境相适应的物种由于不再适应新的环境而消亡，这些物种的变异体中的一部分也会因为同样的原因而消亡，但是它们中总有一部分会适应环境的变化而被保存下来，并繁衍为新的物种。这些新物种也会随着环境的进一步改变而消亡，而它们的变异体则又繁衍成更新的物种，如此形成连续的物种进化。

按照达尔文的进化论，自然环境的变化对物种的存亡和进化起着决定性的作用，不是物种主动适应自然，而是自然决定物种的存亡。自然与物种都在变化，物种能否变得与自然相适应，这不是物种自身所决定的，物种的变化是盲目的，偶然的，但自然的选择却是必然的，它必然淘汰那些已经不能适应环境的物种，必然保存那些恰巧变得能够适应环境的物种。

3. 生存斗争

达尔文通过长期的科学考察，积累了大量的观察材料，建立了他的进化论。但正如现代研究者杰里米·里夫金所指出的那样，"和每一位科学家一样，达尔文也是用他所处的环境文化赋予他的思想来探索自然、人性和社会的"[1]。达尔文

---

1 转引自杰里米·里夫金《生物技术世纪》，付立杰等译，上海科技教育出版社 2000 年版，第 207 页。

自己承认,他关于自然选择的想法受到了马尔萨斯的人口论的启发。

马尔萨斯认为,人口按照几何级数增长,而人所需要的生活资料只能按照算术级数增长;如果不控制人口的增长,生活资料及其依赖的自然资源就会耗尽,人类将无法生存。他于是设想,自然灾害和战争大量减少人口,在客观上能起到控制人口增长和维持人类与自然平衡的作用。

在达尔文看来,自然界所有的物种都面临着同样的生存威胁,自然界也有控制物种数量无节制增长的有效手段。他在《自传》里说,读了马尔萨斯的《人口原理》,他认识到生存斗争在自然界的普遍存在,而自然选择决定着生存斗争的胜负,"有利的变异往往得以保存,而不利的变异则往往遭到毁灭……其结果是新的物种的形成"。每一种生物都要无限制地繁殖自身,尽可能地占有更多的自然资源;但是,能够满足生物需要的自然资源是有限的,生物之间存在着争夺自然资源的生存斗争。并且,同一物种所需要的自然资源是相同的,由此,同一物种内部的生存斗争比不同物种之间的生存斗争更加激烈。

达尔文虽然承认同一物种内部和物种之间的生存斗争具有改进物种适应程度的作用,但他认识到,生存斗争的作用是有限的,它可以限制一个物种数量增长的速度,但不能减少物种的绝对数量,也不能减少生物消耗自然资源的数量。如果自然界没有一种能够控制物种数量增长的机制,物种数量尽管以低于几何级数,却高于算术级数的速度不断增长,自然资源迟早会被数量不断增长的生存斗争的胜利者们消耗殆尽,以至于地球上没有任何生物种类能够生存。

自然选择不但是物种进化的机制,它同时也有效地控制着物种数量。由于物种进化结果是一些物种被另一些所代替,由此在物种的数量和自然资源之间始终保持着一种平衡。生物与它们所依赖的自然界其他部分的平衡是自然选择的机制所造成的,正如物理世界的平衡是物理规律所造成的那样。从这一意义上讲,达尔文把进化论变成了科学。

4. 达尔文进化论的人学意义

达尔文的进化论不但使人们第一次掌握了生物进化的自然机制,而且从根本上改变了人的自我形象和自我观念。这首先表现在进化论与神创论的冲突所产生的巨大思想震荡上。达尔文和他的支持者以科学的名义彻底否定了"神创造人"这一根深蒂固的教义,肯定了人是生物长期进化的自然产物,猿猴是人类的直接祖先。在一些神学家看来,这不但是对神的大不敬,也是对人类的亵渎。

在达尔文的支持者有力地驳斥了这一论调之后,有些世俗思想家还认为,达尔文的进化论剥夺了人在自然中的优越地位,打击了人是万物之灵的自尊心。在他们看来,进化论把人降低为动物,把人学还原为动物学、生物学或生理学、物理学。这些都是对达尔文学说的误解。

达尔文的进化论所揭示的自然选择的机制说明了生物与自然界其他部分的和谐关系,以及人与生物界其他部分的关系,使得人能够在更大范围内,更加细致地认识人与自然的和谐。人与自然的和谐是西方人学的主题,也是人的自尊形象的重要来源。达尔文的进化论也是如此。当人认识到自身是亿万年进化的最高产物,认识到人类适应环境的无比复杂和奇妙的机制,人的优越地位和自尊形象非但没有削弱,反而大大加强了。正如杰里米·里夫金所说:"达尔文为工业时代的男男女女们提供了一个担保,使他们不再对自己行为的正确性表示任何怀疑。他的理论确认了他们渴望相信:他们的社会组织方式与事物之自然秩序是'和谐一致的'。"[1]

5. 进化论的解释范式

更重要的是,达尔文的进化论为西方人学提供了一个新的范式。所谓范式,指一个科学理论,它对本学科和其他门类的科学理论具有方法论的指导作用和理论示范意义。比如,牛顿力学、爱因斯坦的相对论就是这样的范式,达尔文的进化论也是一个范式,一个科学研究的纲领,对于西方人学同时具有方法论的指导作用和理论示范意义。

当代美国哲学家丹尼特(Daniel Dennett)形象地把达尔文学说与传统理论之间在方法论上的分歧比喻为"举重机"(cranes)与"吊车"(skyhooks)[2]。传统的形而上学和神学像一架吊车,它从一个最高的统摄原则或上帝出发,由上到下地解释人的现象,如说人是神造的,君权是神授的,道德规范来自自然律,这是思辨的

---

1 转引自杰里米·里夫金《生物技术世纪》,付立杰等译,上海科技教育出版社 2000 年版,第 201—202 页。

2 D. C. Dennett, *Darwin's Dangerous Idea*, Penguin Books, 1995, p. 73.

推论,无法接受科学实验的检验。与此相反,达尔文的进化论像一台举重机,它按照生物与环境之间的适应—选择的模式,自下到上地解释人的现象,他的解释是观察的、经验的方法,是可以接受实证科学的检验的。被这种"举重机"抬起来的人的形象是以生物机制为基础的"生物人"的观念。

现代"生物人"的观念与传统的"自然人"的形象有所不同,"生物人"的本质虽然是生物的自然属性,但与"文化人"和"社会人"却是一致的。这是因为人的社会文化属性也被达尔文的进化论这台"举重机"从生物机制的基础上推了出来。达尔文本人关心的只是人类的自然来源,他并没有考虑过人类诞生之后出现的文化和社会形象。但是后来的一些达尔文主义者把人类的文化和社会现象解释为生物进化的继续,提出了"文化进化论""社会进化论"等解释模式。在文化进化论和社会进化论看来,达尔文用以解释生物进化的自然选择和生存斗争等模式也适用于人类社会和历史,他的生物进化论为理解人类文化提供了示范。按照这一理论示范所解释的文化和社会现象也属于"生物人"的行为。

二、 人的遗传与优生

达尔文之后发展起来的遗传学使进化论趋于完善,但一些社会达尔文主义者和种族主义者借此宣扬血统决定论,提出了"优胜劣汰"的种族主义理论。这是社会进化论的一大败笔,也是"生物人"观念的一个污点,给后世留下深刻的教训。

1. 优生学

优生学的创始人是达尔文的表弟高尔顿(Francis Galton)。他指出,人的智力和体力特征主要来自祖辈的遗传,天才是"超乎一般的天生能力";可以用科学的方法,通过遗传特征优越的配偶选择,来增加具有天才禀赋的人口比例。本来,达尔文的进化论并不十分关注遗传对后代的选择作用,但他在读了高尔顿的《世代相传的天才》之后承认,他过去一直认为,"一般说来,人的禀赋不相上下,只是由于热情和勤奋的程度不同而成就各异",高尔顿的书使他改变了这种看法。达尔文在后期发表的《人类遗传》这本书中还多次引用高尔顿的观点。

高尔顿认为人的体质、性格和智力都是遗传的,他的优生观念是"以更好的育种方式改善人类"。为此,他研究人的指纹、相貌和家族史,企图找到评估人的血统的标准。他还以动物育种为范例,说明应该区别社会上的"优良"和"不良"分子,把"好的脾气、个性和能力"加到人种里,同时消灭"酗酒""犯罪""游手好闲"和"贫困"等不好的品质。[1]

在遗传规律没有发现之前,优生学主要依靠例证的枚举来证明,没有科学的根据;优生学曾经与面相学、骨相学结合在一起,根据人的外表生理特征来判断人种的优劣。优生学又被分成消极的和积极的两种,消极优生学企图通过排除非优良的遗传性状来改良人种,积极优生学则是通过选择和培育优良的遗传性状来改进人的遗传特性。在后来的发展过程中,消极优生学与极端种族主义结合在一起,产生了种族灭绝的思想和行动。

2. 遗传机制的确立

达尔文在创立进化论时,把物种的个体作为遗传的主体,他并不了解物种的遗传是按照固定的数量比例和方式进行的。人们只能通过观察来确定哪一些性状是可以遗传的,并将一物种的众多个体的不同遗传性状统计出一个平均值,作为该物种的遗传特征。但是,后来更为系统的统计表明,一物种的个体的变异并不围绕着它们遗传性状的平均值而上下波动,有些变异程度很大,有些则很小。这一发现削弱了自然选择的作用,因为即使在自然环境不变的情况下,一物种个体的数量也会由于变异的不稳定而大大减少或增加。

孟德尔于1865年发现的遗传规律揭示了物种遗传的稳定性,以及引起物种改变的变异的偶然性和突然性,遗传规律补充完善了达尔文发现的进化机制,再次肯定了自然选择的决定性作用。遗传学最初是用豌豆、果蝇做实验而建立起来的,但人类的遗传也服从遗传学的规律,它的一个副产品是支持了优生学。因为如果人与动植物有着同样的遗传规律,那么人们当然可以指望像改良植物和动物品种那样改良人种。

如果优生学所要改进的对象只是人的个体,那还不失为排除先天性疾病或提高人的遗传素质的有益于人体健康的手段。但是,如果它所针对的是人类的种族,那么它还必须假定:(1)人类各种族的遗传特征之间存在着相当大的优劣差别;(2)种族成员的行为主要是靠遗传特征,而不是由后天的社会文化因素所决

---

1 转引自约翰·奈斯比《高科技,高思维》,马来西亚大将出版社2000年版,第117—118页。

定的。这两条假定分别是种族主义和社会达尔文主义的原则。当这些假定被人们信以为真时,优生学变成了种族歧视和种族压迫的工具。

3. 血统决定论

20世纪初在西方国家流行的种族主义、社会达尔文主义与优生学结合起来,为鼓吹白种人至上和黑人或犹太人低劣的种族歧视寻找"科学"的依据。比如,美国一个社会学家在一份研究报告中说,高加索人好色,无理性,有暴力倾向;斯拉夫人懒惰、愚昧和迷信,男人好酗酒,打老婆;犹太人好拉宗派,狡猾,做欺诈生意。一位优生学家说,印度人没有从他们所接触的文明获益,在生理、智力和道德上没有进步;黑人只能听从白人主人的使唤;北欧人"有干劲、勤奋、有魄力和富有想象力,具有很高的聪明才智"[1]。值得注意的是,这些言论出自学者和科学家之口,因此有更大的欺骗性。至于美国白人种族主义者歧视黑人和德国法西斯主义的反犹宣传,更是甚嚣尘上。

这些言论的唯一"根据"是"血统决定论",即血统决定人的一切,血统有高下之分。"血统决定论"是一种古老的迷信,历史上自认为"血统高贵"的统治者曾使用这一说法论证自己统治被压迫者的合法性。但是现代的"血统决定论"打着科学的旗号,与优生学结合在一起,制造了空前的社会灾难。

德国法西斯灭绝犹太人的种族屠杀的罪行已经被钉在历史的耻辱柱上。具有讽刺意味的是,世界上最大的"民主国家"美国也受这种"血统决定论"的人学理论误导,试图用消极的优生法灭绝"低劣人群"。1907年,印第安纳州通过法案.规定对罪犯、白痴、低能人或州专业委员会批准的其他人,实行强制性绝育;到1931年,美国已有30个州通过了类似的法案,成千上万的美国公民被手术阉割。连素有开明思想的美国总统罗斯福也主张:"非常希望能禁止劣等血统人种的生育⋯⋯让优等人种去繁殖生育。"1933年,当希特勒颁布推行种族灭绝政策的《遗传卫生法》时,法西斯主义者认为这只是"有着第一流文明的美国很早以前就已经推广了"的东西。为了表彰美国优生学,海德堡大学于1936年授予美国众议院的

---

1 转引自杰里米·里夫金《生物技术世纪》,付立杰等译,上海科技教育出版社2000年版,第125页。

"专家优生学总管"劳克林名誉博士称号。[1]。

4. 种族优生学批判

第二次世界大战之后,德国法西斯的种族灭绝罪行暴露了种族优生学在实践上是极其有害的。科学研究进一步表明,种族优生学在理论上也是荒谬的。已有的研究成果表明,两个不同种族的成员的遗传差异只有7％与各自的种族遗传特征有关,而8％的差异偏离了种族遗传特征,就是说,人种内部的差异要大于种族之间的差异。[2]

再说,种族之间的差异也不是优劣之分,一个种族的遗传特征在某一方面比另一种族差,但在其他方面则优于他们。比如,现在大家都承认,黑人的某些运动能力优于其他种族。没有一个标准可以判断一个种族在整体上要优于或劣于其他种族。

即使承认一个种族的遗传特征在某些方面比较低下,这种劣势也可以通过后天的方式得到弥补,没有理由认为遗传特征要比社会文化的因素和个人的后天努力更加重要。我们可以设想这样一个实验,把一对双胞胎分开,一个留在原住处,一个被带到与原住处文化传统完全不同的社会中去抚养,当他们成年之后,他们两人的行为差异要比他们与本社会其他成员之间的行为差异要大得多。这就说明,人的社会行为更多是由后天因素,而不是由遗传特征所决定的。

三、 生存斗争的社会化

通常认为,赫伯特·斯宾塞(Herbert Spencer)把进化论的原理运用于社会,建立了社会进化论。但是我们必须注意的是,斯宾塞是在达尔文之前建立他的进化论的,他提倡的进化原理与拉马克的进化论更加接近。因此,斯宾塞的社会进化论不能属于严格意义上的达尔文主义,但对社会达尔文主义影响很大。

1. 广义的进化论

斯宾塞认为,进化论是一切事物发展的普遍规律,从太阳系到地球上的物种,所有事物都是由简单的形式进化为复杂的形式,人类社会也不例外。他说:"不管

---

1 转引自杰里米·里夫金《生物技术世纪》,付立杰等译,上海科技教育出版社 2000 年版,参见第118—128 页。
2 米歇尔·弗伊:《社会生物学》,殷世才、孙兆通译,社会科学文献出版社 1988 年版,第 108—109 页。

是在地球的发展中,在地球表面上的生命的发展中,还是在社会、政府、人工制品、商业贸易、语言、文化、科学、艺术的发展中,同样都是从简单的事物经过连续的分化发展为复杂的事物,进化规律是齐一的。"[1]

斯宾塞建立了一个名为社会学的体系,包括生命进化的《生物学原理》、社会进化的《社会学原理》、神经系统进化的《心理学原理》、人种进化的《描述社会学》和宗教进化的《第一原理》。在他看来,进化就是进步,人类是自然进化的产物,社会是人在脱离自然之后继续进步的产物。

由于人类社会是从动物机体进化而来的,两者之间仍然保持着结构上的一致性。斯宾塞认为动物与人类社会都是机体,带有调节系统、维持系统和消化系统;动物的神经系统和人类的政府都是机体的调节系统,动物的消化系统和社会工业系统都是机体的维持系统,而动物的血管和社会的交通、通信系统都是机体的分配系统。

2. 适者生存

斯宾塞认为,适者生存是生物界的普遍规律。人和其他物种一样,都要适应环境才能生存,机体的适应程度不同,他们的生存空间也就不同,能够最大限度地适应环境者占有最大的生存空间,完全不能适应环境者只能被自然所淘汰。"适者生存"的真谛是生存斗争,弱肉强食。

我们知道,达尔文的进化论的根本原则是"自然选择",物种能否适应环境,并不取决于自身的变化,而是被环境变化所决定的。达尔文所理解的生存斗争是物种和生物个体为了繁殖后代的需要而争夺生活资源的自然倾向,但决定生存斗争胜负的不是参与斗争的各方力量的强弱,而是自然的选择和淘汰,生存斗争的结果也不是弱肉强食,而是新物种的产生。新物种只是比旧物种更能够适应变化了的环境,但并不一定比旧物种更强大,更能够适应一切环境。

斯宾塞强调生物机体对环境的主动适应,并且认为生物为适应环境而造成的机体变化可以遗传给后代,这一"适者生存"的原则更接近于拉马克的进化论;他的这一原则更是早期资本主义激烈竞争的直接反映和真实写照,与达尔文进化论

---

1 转引自吕大吉《西方宗教学说史》,中国社会科学出版社 1994 年版,第 676 页。

的旨趣大相径庭。需要指出的是，严复在其宣传达尔文进化论的著作《天演论》中，用"物竞天择，适者生存"来概括达尔文的学说，这是不完全准确的，毋宁说，这是被从斯宾塞开始的社会进化论者改造了的达尔文主义的口号。

3. 利己和利他的本性

按照斯宾塞的"适者生存"的原则，做一切有利于自己生存的事情，这是一切生物的本能，也是人的本性。但是他也承认，人类与动物的利己行为还是有差别的。作为进化的最高产物，人类意识被个体化，不像动物，只有种类的意识，个体按照种类意识行事。动物行为在个体层次上是无意识的，这并不是因为动物无意识，而是因为它们没有个体意识，意识不到个体的特殊目标和利益，它们的行为总是表现为群体行为的一部分。人类则不同，人类的意识只能存在于个体之中，个体意识到自己的目标和利益，并能够主动地采取一切行动来实现这些目标和利益。可以说，利己主义是人有意识地适应环境的本能。

斯宾塞承认，人性中也有利他主义的一面，但是利他主义不过是利己主义的放大。因为一个人为了实现自己的利益，他就必须考虑到他人的利益，让别人对自己作出回报，以获得他靠个人努力而得不到的利益。由此可以说，利他主义只是利己的一个方式。斯宾塞说："利己主义比利他主义占有优势。总而言之，首先必须进行一切使生命继续下去的活动，然后才能进行其他可能的活动（不可有益于他人的活动）。"[1]

斯宾塞根据人的本性解释社会的性质。在他看来，社会是个人为了最大限度地实现各自的利益而组成的合作体。社会的目标是为了实现个人利益，社会整体和政府是为个人利益服务的，不能颠倒个人和社会的主次关系，让社会成员服从社会整体。但另一方面，生活在社会共同体里的个人不能只顾各自的利益，社会合作需要利他主义。斯宾塞说："首先是利他主义依靠利己主义而存在，其次是利己主义依靠利他主义而存在；尽管如此，利他主义比利己主义更必不可少。"[2]斯宾塞的伦理理想是在利己主义和利他主义之间达到平衡，只有这样的社会才是稳

---

1 转引自米歇尔·弗伊《社会生物学》，殷世才、孙兆通译，社会科学文献出版社1988年版，第21页。
2 同上书，第22页。

定和公正的。

第二节
社会的生物性

在传统的人学理论中,人的生物本能与社会性是对立的,但在 20 世纪 70 年代兴起的生物社会学中,两者被结合起来。通过生物社会学,"生物人"不但具有生物的本性,而且具有社会性;但是按照进化论范式的从下到上的"起重机"式的解释方式,人的社会性以人的生物性为基础,人类社会的伦理以生物的行为模式为基础。

一、 动物社会的行为模式

生物社会学的创始人威尔逊(E. O. Wilson)说,生物社会学是"系统地研究一切社会的生物学基础"的科学。[1] 他所指的一切社会包括动物社会和人类社会。过去,人们认为社会现象是人类所特有的,如果把某种动物的群体称为社会,那只是因为它们表现出与人类社会相似的行为。认为必须用人类社会的特征来解释动物社会,这显然是从上到下的"吊车"式解释,与进化论范式不相符合。生物社会学的首要任务是研究动物社会,然后再用动物社会的特征来解释人类社会。生物社会学实际上是从生物学到人学的理论,它运用生物学的材料得出结论,再把这些结论运用于人。

1. 动物生态的平衡机制

威尔逊认为,每一次自然选择的结果都产生了这样一些新的物种,它们能够繁殖并抚养数量足够多的后代,繁殖后代是每一物种的最高利益,它支配着生物的行为。当然,生物没有意识,并不能自觉地、有目的地为这一目的服务。但在长期进化的过程中,自然选择造就了这样的物种,它们的基因能够使自己的行为符合保存物种的利益;如果没有这样的基因,一个生物就不能繁衍出数量足够多的个体而形成一个新物种;如果一物种原有的这种基因因变异而消失,那么这一物

---

1 转引自米歇尔·弗伊《社会生物学》,殷世才、孙兆通译,社会科学文献出版社 1988 年版,第 2 页。

种也会随之消亡。

按照进化论的生存斗争法则,繁殖更多的后代就是争夺更多的自然资源。如果一物种只有那种以繁殖为最高利益的基因,那么该物种的每一个体都有无限制地繁殖后代的倾向,以致物种个体的数量超过了自然所能提供的生存资料,此时物种个体就会大批死亡,甚至导致物种的灭绝。为了保存物种的最高利益,一个物种或其中部分成员还应有这样的基因,使得它们能够为了种族而牺牲自己的生命或放弃繁殖后代的要求,以减少物种个体的数量,维持物种和自然资源之间的平衡。

达尔文曾设想,生存斗争在同一物种的个体之间表现得更为激烈,越来越激烈的生存斗争可以改进物种,但也可能导致物种自行消亡。但他更强调生存斗争对于改进物种的正面作用,而没有过多地考虑生存斗争所导致的负面作用。新达尔文主义者提出了一个新问题:在自然环境基本不变的情况下,物种是否以及如何能够避免生存斗争可能导致的物种自行消亡的结果?

一些生物学家和心理学家建立的动物生态学通过对动物行为的观察和概括,在一些动物种类内部发现了个体数量与自然资源相平衡的机制:当资源充足时,动物数量趋于增长;当资源匮乏时,动物数量趋于下降。动物生态的平衡机制使得动物能够避免种类内的激烈的生存斗争,在自然环境基本不变的情况下保持足够数量个体的生存和繁衍。

2. 动物的利他行为

根据动物生态学家的观察,有些动物的生态平衡机制靠两种行为来维持:一是当一种动物数量过多而出现食物匮乏时,部分动物离开栖息地,到远处的荒野地自行饿死;二是部分动物终身都避免交配,以降低繁殖率。

第一种行为的典型例证是苏格兰雷鸟的行为。这种鸟有固定的栖息地,当气候适宜、食物丰富时,常驻鸟会允许外来的雷鸟进入它们的属地,但冬天来临或食物减少时,它们就把多余的鸟赶走,这些鸟将在远处死去。需要说明的是,驱逐行为是"礼仪性"的,并没有激烈的争斗,离开群体的雷鸟与其说是被赶走的,不如说是接到"请走"的信号而自愿离开的。[1]

---

[1] 转引自米歇尔·弗伊《社会生物学》,殷世才、孙兆通译,社会科学文献出版社1988年版,第17页。

第二种行为的例证是在大多数蜂类社会只有一个雌性蜂王,由她承担繁殖功能,其他雌蜂则不与雄蜂配对,而致力于觅食、抚养幼蜂和保卫群体等工作。

这些行为可被称为利他主义。为了群体而牺牲个体生命固然是利他主义,为了群体而放弃繁殖后代的机会也是利他主义,因为繁殖后代就是延续了自己的生命,放弃繁殖等于大大缩短了自身的生命,这也是生命的牺牲。动物虽然没有意识,但它们有保存生命的本能,为了保存群体的生命,它们牺牲了自己的生命,虽然这不是自觉行为,但仍可称作利他主义行为。

二、 动物社会的基础

如何解释某些动物的利他主义行为呢? 根据现代生物学,生物的行为是受基因控制的。综合进化论把动物不自觉的利他主义行为的原因归结为一种特殊基因的作用,这种利他的基因是在动物长期进化的过程中形成的,是自然选择的产物,它的出现对于维持动物生态的平衡机制、保障种类的生存是必不可少的。

如果把放弃繁殖、牺牲生命的动物行为及其原因称作利他主义和利他基因,那么,与之相反的无节制地繁殖和延长生命的行为及其原因就可被称作利己主义和利己基因。利己基因对于维持动物生态的平衡也是必不可少的,也是长期进化和自然选择的结果。自然选择的作用不但造就了这两种功能相反的基因,而且使两者密切配合,相反相成,共同维持生态平衡机制。

1. 基因利他主义

社会生物学的研究表明,动物的利他主义行为的结果是,它们的亲属能够把与自己相同的基因更多、更好地传递给下一代。比如,一部分雷鸟飞走之后,它们留在栖息地的亲属就会顺利地繁殖与它们有相同基因的后代。同样,正如汉密尔顿所指出的那样,蜂类群体表现出来的利他主义的秘密是膜翅目动物的单一二倍体的遗传关系。雌蜂的基因来自父体基因的全部和母体基因的 1/2,而雄蜂的基因来自父母基因的各 1/2,因此,雌蜂姐妹有 3/4 相同的基因,而她们与兄弟间只有 1/4 相同的基因。如果她们有后代,那么她们与后代只有 1/2 相同的基因;但如果让她们的母亲做蜂王繁殖,那么可保持后代携带 3/4 相同的基因。为了尽最大可能地复制与自身相同的基因,蜂群在前几代形成一个奇特的雌性社会:蜂王利用受精囊里的精子,只繁殖雌蜂(她们同样是工蜂),这样,工蜂抚养的幼蜂就有

3/4 的基因与她们的相同。因此,她们与其说在为一个蜂王服务,不如说在为自己的姐妹们服务;她们之所以不繁殖后代,是因为蜂王的后代(她们的姐妹)比她们自己的后代携带有更多的与自己相同的基因。[1]

威尔逊把在基因层次上的利他主义称为"相互利他主义",意思是,一些动物牺牲自己,帮助亲属繁殖后代,这实际上是让亲属更多、更好地复制了它们共同的基因,双方互助互利。

2. 基因利己主义

很多社会生物学家认识到,相互利他主义实际是基因利己主义。巴拉什(D. Barash)说:"被错误地称作相互利他主义根本不是什么利他主义,而是彻头彻尾的自私自利,因为它产生于这样的期待:个体得到的收益大于支出。"[2]确实,如果把尽可能地复制自身的基因称为基因利己主义,那么基因利他主义也好,相互利他主义也好,都只不过是实现基因利己主义的手段。在生物界,个体和种类的最大利益是繁殖后代,至于是由自己还是由亲属来繁殖,这并不重要。

大多数动物(包括人类)的遗传关系是二倍体,后代各从父母继承 1/2 的基因。个体与自己的后代有 1/2 相同的基因,而与自己兄弟姐妹的后代和同父异母或同母异父的兄妹只有 1/4 相同的基因。按照基因利己主义的解释,这些种类的动物都要直接繁殖后代,而不要由自己的亲属来代替自己繁殖后代,完全是为了更多地复制自身基因的缘故。

比如,动物界普遍存在的父母抚养、照顾自己子女的行为看起来似乎是利他的,但实际上是利己的。这一行为模式被社会生物学家称为"双亲投资"模式,意思是,父母双方都尽最大努力来保存和复制它们共同的基因。有些动物,如螳螂和某些蜘蛛养育后代的任务完全由雌体承担,雄体对子女的"投资"则必须是在完成交配后被雌体吃掉,为雌体孕育后代提供营养。

"双亲投资"的模式是为了父母的基因利益,而不是为了子女的利益,社会生物学家也把它称为"父母操纵"的模式。意思是,第一,父母与子女对待养育的态

---

1 W. Hamilton, "The Genetical Evolution of Social Behaviour", in *Journal of Theoretical Biology*, 7:1-16, 17-52.

2 D. Barash, *Sociobiology: The Whisperings Within*, Fontana/ Collins, p. 155.

度是有冲突的:"父母的目的是把尽可能多的子女抚育到成年,从而最大限度地繁殖自己的基因。当一个孩子长到一定年龄能够自食其力时,与其继续照料它,不如再生一个孩子。但是子女之间的亲属关系只有 1/2……对于长子来说,是否有兄弟无关紧要。"第二,父母与子女的冲突必然以父母的胜利而告终。[1] 因为如果不制止子女的任性要求,父母就不能及时地、最大限度地繁殖后代,有这种遗传基因的后代就会越来越少,最终被物种内的生存斗争所淘汰。因此,经过自然选择而保留下来的基因,执行的必然是"父母操纵"的行为模式。

3. 利己主义和利他主义的平衡

对动物群体的观察研究表明,基因利己主义和基因利他主义对于保持群体的生存都是必要的。如果没有基因利己主义,一个动物群体就不能保持足够多的后代,在与其他群体的生存斗争中占有的自然资源就会越来越少,最终因生活资料匮乏而被自然所淘汰。同样,如果没有基因利他主义,群体的一些成员不牺牲自己的基因利益,或在完成繁殖任务之后不牺牲自身(如多余的雷鸟和雄性螳螂),所有的个体都按照"基因利己主义"的要求无节制地繁殖后代,最终也会因为群体内部的生存斗争越来越激烈而趋于消亡。

上述分析的结论是,任何一个动物社会都以基因利己主义和基因利他主义之间的平衡为基础。没有个体层次上的这两种基因行为的平衡,也就没有宏观层次上的群体与自然资源之间的生态平衡,也就没有"自然选择"的进化论模式中物种存在的理由。

4. 动物社会的形成

从进化论的角度看问题,基因利己主义和基因利他主义之间的平衡是长期自然选择的结果。遗传学家梅纳德-史密斯(J. Mayard-Smith)把自然选择对动物社会基础的形成所起的作用称为"亲属选择"。一个动物社会实际上是具有亲属遗传关系的群体,其中既有利他基因的成员(它们会自动放弃繁殖来避免群体因生活资料匮乏而成员大量死亡的厄运),也有利己基因的成员(它们会无节制地繁殖自己的后代,从而抵消前者作出的牺牲所带来的群体利益)。在生物进化过程中,

---

1 米歇尔·弗伊:《社会生物学》,殷世才、孙兆通译,社会科学文献出版社 1988 年版,第 43—44 页。

利他和利己的基因都是突变的产物,开始时两者的数量比是不稳定的。但是,既然利己基因对群体利益是不利的,过多的利己基因必然会导致群体的消亡。自然选择最后保存的是两种可能的结果:第一,"利己"和"利他"两种基因相互平衡;第二,"然而只有一种情况,即可能把利他主义特征最终固定下来,只需在亲属中实行利他主义即可。这样,利他主义者既使它的群体得到好处,也有益于自己的基因。它的合作行为不是由它的直接后代遗传,而是由合作行为参与者的后代来遗传"[1]。

第一种结果是利己主义者和利他主义者共同组成的社会,第二种是利他主义者的社会。但是需要注意的是,利他主义社会是亲属内部的相互利他主义,表现为仁慈、尊重等级和为群体利益而做自我牺牲。对于亲属以外的群体,这些利他主义者则表现出利己主义的"基因恶意",表现为战争,表现为对非亲属的排斥和各种形式的虐待。这些就是社会生物学家所看到的动物社会的特征。

三、人类社会的生物性

1. 人类的利他主义和利己主义

威尔逊把动物社会的特征运用于人类社会,得出了人类社会的基础也是利己主义和利他主义的结合,并且,利他主义不过是人们相互实现自己利益的手段的结论。他说:"相互利他主义是个体之间在不同时刻所采取的一种利他主义行为的交换。比如,一个人救了一个落水者,以此而得到一种承诺(至少是一种愿望),即有朝一日他遇到危险时,他的这一行动将得到回报。"[2]

人类的利他主义归根到底也受最大限度地繁殖后代的基因利益的支配,如同动物的基因利他主义只在亲属内部实行,人类的利他主义起源于史前时期狩猎者和采集者的小群体。按照社会生物学的"亲属选择"模式,这些小群体内部服从首领的统治,相信巫师的魔法,实行男女分工,对外则互不信任,相互排斥。史前时期部落的这些特点可以解释人类社会普遍存在的一些行为,如排外、侵略、社会统治、宗教信仰、性别歧视和家庭本位等。

---

1 米歇尔·弗伊:《社会生物学》,殷世才、孙兆通译,社会科学文献出版社 1988 年版,第 18 页。
2 转引自上书,第 40 页。

2．"文化基因"说

社会生物学用生物学的材料来说明动物的利己主义和利他主义的行为,试图为人类社会的行为模式作出科学的解释。但是我们可以看得很清楚,他们所谓的"科学的解释"不过是"生物学的解释"。威尔逊进一步声称:"从宏观的角度来看,人文科学和社会科学就成为生物学的一些专门学科;历史、传记和小说是人类行为学的记录。"[1]

在威尔逊看来,基因控制着文化,他用"文化基因"概念来解释一个社会文化行为的总和。"文化基因"不完全是先天的,它包含着对文化行为的后天选择。但是,威尔逊强调,后天选择受遗传的倾向和禀赋的影响,而遗传特征又是自然选择的结果。所以,归根到底,能够有效地适应环境的文化选择是自然选择的基因的倾向。

3．社会生物学批判

社会生物学把人类社会的特征归结为动物社会,是一种典型的还原主义的做法。且不说人类社会有很多的与动物社会不同的、不可还原的特点,就连社会生物学家描述动物社会特点的词汇也不得不依赖于对人类行为的理解。例如,"利己主义"和"利他主义"本来是描述人类社会特点的概念。我们在上一节提到,斯宾塞早就指出社会机体既需要利己主义,更需要利他主义的道理。社会生物学正是根据这样的理解来解释动物社会的,这种貌似生物学解释的前提实际上是社会进化论的人学。它的思路不是从生物学到人学,而是从人学经过动物学,再返回到人学。社会生物学实际上是以生物学为外衣的社会达尔文主义。

由于自觉或不自觉地受某种特殊的人学前提的指导,社会生物学对动物行为的观察和概括是片面的。比如,它关注动物的性行为,把繁殖后代作为动物社会的最高利益,这不免使人想到弗洛伊德把人的本能归结为性欲的心理学,两者都没有摆脱西方现代泛性论的文化视域。

再如,受到社会达尔文主义关于利己主义和利他主义关系看法的影响,社会生物学家只注意到雌雄性动物之间支出和收益、牺牲和回报的历时性关系,而没有充分注意到生物界中大量的互惠互利的共时性关系。比如,非洲的鬣狗合群捕

---

1 转引自米歇尔·弗伊《社会生物学》,殷世才、孙兆通译,社会科学文献出版社 1988 年版,第 2 页。

捉猎物,然后返回驻地吐出食物喂养幼崽,不管这些幼崽是不是自己的后代;海洋里大鱼身上的寄生小鱼为大鱼清除身体的垃圾,同时获得食物,等等。大量的事实表明,动物间的互利互惠可能比生存斗争更为重要,比自我牺牲更加普遍,不能只用一种行为模式来说明动物社会的特点。

第三节
进化博弈论

一些社会生物学家引进了博弈论,对动物利他主义的"支出"和利己主义的"收益"进行计算,在"收益"大于"支出"的条件下推算出动物的行为准则。更重要的是,他们认为人类社会的基础也是以利益博弈的最大值为行为模式,人类社会的伦理准则也可还原为动物的利益博弈准则。这种理论的特点仍然是以一定的人学理论为前提,概括出动物行为的准则,然后再把这些准则运用于人类社会。

一、进化博弈论的人学背景

进化博弈论这一貌似生物学的理论,其实是把原本用于人的市场行为的博弈论扩大到生物行为的领域。从思想史的角度来考察,这种对利益加以计算的想法最早来自功利主义。功利主义是一种关于人类社会道德和政治的学说,它为博弈论提供的是一种方法论的基础,并通过博弈论间接地成为社会生物学的人学前提。

1. 进化论与博弈论

我们知道,达尔文的进化论受到马尔萨斯人口论的影响,社会达尔文主义使人更加相信生物与经济之间至少有一种类比关系:物种之间的生存斗争犹如资本主义市场的激烈竞争,自然选择犹如一只"看不见的手"对市场竞争进行宏观调控。斯宾格勒(Oswald Spengler)在《西方的没落》一书中提出,达尔文的进化论不过是"把经济学运用于生物学"而已。这句话表达了当时人们对达尔文主义的一种印象,但也十分敏感地看出进化论与经济学的密切关系。[1]

---

1 转引自杰里米·里夫金《生物技术世纪》,付立杰等译,上海科技教育出版社 2000 年版,第 210—211 页。

博弈论本来是经济学的一个数学模式,它涉及"经济人"在利益冲突的条件下的最佳选择。社会生物学家认为,动物虽然不能像人那样作出有意识的选择,但自然可以选择动物的适应性,被自然选择所保留的动物行为必然具有一定条件下的最佳适应性。因此,可以把博弈论运用于对动物适应行为的解释。但需要记住的是,博弈论的解释不是由原因(动物对自己利益的博弈)推导结果(动物适应环境的最佳程度),而是由结果(自然选择所保留的符合博弈论的行为模式)追溯原因(动物适应环境的无目的的、偶然的行为)。

2. 功利的计算

进化博弈论的另一人学背景是与达尔文主义几乎同时兴起的功利主义。功利主义的创始人杰里米·边沁强调,趋乐避苦是人的本性。他说:"自然把人类置于两个强有力的主人的控制之下:痛苦和快乐。只有它们才能向我们指出应当做什么,并决定了会做什么。"[1]

一切社会活动都被建立在快乐和痛苦的感情的基础之上,这些感情也是善恶的标准。判断一种行为是否符合道德,是否符合社会正义,只要看一看这种行为的后果是否能够增加人们的快乐,或减少人们的痛苦。道德的、正义的行为就是能够最大限度地增加绝大多数人幸福的行为。边沁说:"功利原则是这样一个原则,它根据增加或减少当事人的幸福的倾向来认可或拒绝一种行为,我指的是任何一种行为,不仅包括任何私人行为,也包括政府的任何措施。"[2]

边沁指的"当事人"是一切与该行为有利害瓜葛的个人。因此,行为后果应根据当事人所感受到的快乐和痛苦的总量来衡量。如果快乐的总量大于痛苦总量,便是善、正义,反之就是邪恶和不正义。为了计算快乐的总量,边沁设计了"快乐计算法",它包括七项指标:快乐强度、延续时间、发生概率、发生的时间、产生有益后果的概率、产生有害后果的概率和发生范围等。

功利主义的目标可被表达为最大多数人的最大幸福,简称为"最大幸福原则"。这一原则蕴涵着集体主义和整体主义的结论,要求为了集体利益而牺牲个

---

1 J. Bentham, *Introduction to the Principle of Morals and Legislation*, London, 1923, p. 24.

2 J. Bentham, *Utilitarians and Other Essays*, Penguin, 1987, pp. 17 - 18.

人利益,或为了整体的、长远的利益而牺牲局部的、眼前的利益。

功利主义虽然是关于人的理论,但它所提倡的最大幸福原则与社会生物学家所推崇的基因利他主义不谋而合,而边沁所设计的"快乐计算法"又为他们所讨论的收益与支出关系提供了方法论的启示。于是,当博弈论流行之后,他们便顺理成章地用博弈论来计算动物社会的利益。

二、 动物行为的博弈论模式

进化博弈论假定,只有那些能够最大限度地实现自己利益的物种才能生存;在利益相互冲突的条件下,一个体所能达到的最大利益不可能以牺牲其他个体的利益为代价,而要通过个体间的相互作用来实现利益博弈。它们之间的相互作用包括彼此妥协、进退均衡和针锋相对等行为。不同的行为有着不同的博弈论模式。

1. 妥协行为的利益博弈

达尔文观察到不少动物为求偶而争斗的现象,他认为优胜者有更多的机会繁殖是自然选择改进物种的一种机制。后来的动物生态学的观察表明,动物之间的生存斗争很少达到你死我活或两败俱伤的激烈程度。比如,前例提到的雷鸟驱赶多余的鸟是一种"礼仪式"的示意行为,没有肢体的接触。动物在发情期的行为最为激烈,但即使在为了繁殖而进行的激烈的生存斗争中,动物行为也表现出礼仪性和妥协性。

礼仪式的求偶争斗的一个例子:刺鱼平时成群生活,颜色不分雌雄,都是灰色的,但到繁殖季节,雄鱼肚皮发红,背部变绿,而雌鱼的鳞片发出银光。此时如果一条外来的雄鱼接近雌鱼,本群中的雄鱼就会把头部扎在沙里,露出红肚皮,进犯者看到这一信号就会溜走。

妥协式的求偶争斗的一个例子:雄鹿在角斗之前会有一些步骤:开始用角翻耕土地,然后同时前进和后退几步,只是在没有一方让步的情况下才进行角斗,较弱的一方在体力不支时就会落荒而逃,较强的一方也不会孤注一掷地决一死战。[1]

1 米歇尔·弗伊:《社会生物学》,殷世才、孙兆通译,社会科学文献出版社 1988 年版,第 6—7、45—46 页。

很明显,动物的求偶争斗不能耗费它们的全部精力,它们的繁殖利益要求它们尽可能地养精蓄锐。于是,在求偶争斗所耗费的精力与繁殖行为所耗费的精力之间应有一个最佳的比例,使得它们既能够获得配偶,又能够顺利地完成交配行为。自然选择所保留的动物按照这一比例,分配它们在繁殖活动的各个部分中使用的精力,正如精明的商人为了最大收益而分配在市场各部门的投资一样。虽然两者有不自觉与自觉、无意识与有意识之分,但它们的博弈论模式是相同的,因为博弈论关心的不是行为的动机和目的,而只是行为的实际后果。

2. 进退均衡的利益博弈

进化博弈论试图证明,生存斗争的策略不只是进攻,也包括退让;在一定的条件下,退让会比进攻获得更大的利益。自然选择的机制在一个物种中所保存的,必定是进攻者和退让者的数目相均衡的结果。

梅纳德-史密斯设想了一个"鸽子和鹰"的模式,用以说明进退双方的利益博弈。假设这里的鸽子代表在生存斗争中的退让者,鹰是进攻者,那么则有下面的博弈矩阵。

	鹰	鸽
鹰	$1/2(v-c)$	v
鸽	0	$1/2v$

说明:v代表收益,c代表付出。因为双方都不会退让,鹰与鹰之间的斗争要付出高昂的代价,c>v,斗争的平均收益是 $1/2(v-c)$;鹰与鸽之间的斗争鹰获得全部胜利 v,鸽的收益则为 0;鸽与鸽之间相互退让,平均收益是 $1/2v$。[1]

这一矩阵表明,自然选择的结果不会是完全由鹰或完全由鸽组成的群体。如果一个群体完全由鹰组成,那么这个群体的平均收益[$1/2(v-c)$是负数]小于鸽在这一群体中的收益(0)。这意味着这时有些鹰就会变成鸽,以消极的退让获得更大的收益。反之,如果一个群体完全由鸽组成,那么这一群体的平均收益($1/2v$)小于鹰在这一群体的收益(v)。这意味着这时有些鸽就会变成鹰,以积极的进

---

1 米歇尔·弗伊:《社会生物学》,殷世才、孙兆通译,社会科学文献出版社 1988 年版,第 48 页。

攻获得更大的收益。

当然,以上只是比喻的说法,动物并没有博弈的理性,并不会为了追求更大的利益而选择自己的本性。以上的结果是自然选择的结果,即当群体内生存斗争趋于激烈时,具有"退让"型基因的个体能够获得更大收益,表现为后代数量增加;在相反的情况下,当生存斗争趋于和缓时,具有"进攻"型基因的个体能够获得更大收益,后代数量因而增加。自然选择以进退均衡的利益博弈模式保持着动物群体内部进攻者和退让者的数目平衡,并由此进一步控制着生存斗争的节律、程度和范围。

3. 针锋相对的模式

梅纳德-史密斯设想,在生存斗争中除了鹰和鸽之外,还有第三种态度,这就是针锋相对:以进攻对进攻,以退让对退让。但针锋相对者也有不变的态度,那就是对首先发现的资源总是采取积极占有的态度,由此,针锋相对者之间总是相互进攻的。下面的博弈矩阵说明,针锋相对者总是可以获得比鹰和鸽更大的利益。

	鹰	鸽	针锋相对者
鹰	1/2 (v—c)	v	3/4 v—1/4 c
鸽	0	1/2 v	1/4 v
针锋相对者	1/4(v—c)	3/4v	1/2 v

说明:第一行和第二行分别表示鹰的群体和鸽的群体与针锋相对者群体相遭遇时的收益,第三行分别表示针锋相对者在与鹰、鸽以及其他针锋相对者相遭遇时的收益。鹰与针锋相对者之间相互进攻,鹰所获得的是它的全部收益的平均值,即 3/4 v—1/4c;鸽与针锋相对者相互退让,获得的也是它的全部收益的平均值,即 1/4 v。而针锋相对者如果向鹰进攻或退让所获得的收益是鹰与鹰之争和鸽负于鹰的收益总和的一半,即 1/4(v —c);如果向鸽进攻或退让也能得到鹰胜于鸽和鸽与鸽互让的收益总和的一半,即 3/4v;如果针锋相对者之间为了争夺新发现的资源而相互争夺,那么它们将各得一半收益,即 1/2 v。[1]

---

1 参见米歇尔·弗伊《社会生物学》,殷世才、孙兆通译,社会科学文献出版社 1988 年版,第 50—51 页。

从这一博弈矩阵可见,第三行的数据要大于第一行和第二行的对应数据,这表明,针锋相对的策略比单纯的进攻和退让更为优越,是最佳选择的行为模式。这些抽象的数字显示的实际意义是,不能一味进犯他人的利益,也不能一味放弃自己的利益;而要尽可能地谋求自己的利益,除非他人主动进犯,否则,不要损害他人的利益。这可以说是博弈进化论建立的关于动物行为的普遍准则。

三、人类利益的博弈

一些社会生物学家进一步把描述动物行为的博弈论模式应用于人类的社会行为,把针锋相对的行为准则作为人类社会伦理准则的基础。其实,在他们之前,一些思想家就已经自觉或不自觉地运用博弈论来寻求社会利益的最大化原则,论证社会道德的功利基础。

1. 关于上帝存在的"赌博"式证明

17 世纪的思想家帕斯卡是博弈论的前驱,他为上帝存在提出了一个"赌博"式的证明。"赌博"(gambling)和"博弈"(game)都是权衡利益的活动,只不过赌博更具有冒险性。帕斯卡认为,是否相信上帝存在不是一个理论问题,而是关系到个人幸福的人生问题。有神论向信徒承诺永生和永恒的幸福,无神论只相信今生,不相信死后还有什么永生。从理论上说,有神论与无神论都合乎逻辑,都有各自的经验证据,谁也说服不了谁。但是人们必须在两者之间作出选择,不作选择实际上就是选择了无神论。信仰的选择虽然没有理论上的根据,却是有理性的,这就是自觉地选择自己的最大利益。"上帝是否存在"的问题于是成为"相信还是不相信上帝存在,哪样对自己更有利"的问题。帕斯卡的回答是,选择相信上帝存在,好像是一场赌博:如果我赢了,我赢得一切;如果我输了,我没有失掉一点。他的理由可用下列图式来解释。

收益 选择	履行宗教义务的生活	享乐的生活
上帝存在 (有永恒的生活)	今生的节制 永恒的幸福	今生的享受 永恒的受难
上帝不存在 (只有今生的生活)	今生的节制 无其他收益	今生的享受 无其他收益

图式说明:帕斯卡认为,即使从短期收益来衡量,节制的生活也比享受的生活

更好;更不用说长期收益(永恒的幸福远大于永恒的受难)了。不管在哪一种情况下,相信上帝存在都比不相信上帝存在更有利。

2. 囚徒的两难选择

数学家塔克(Albert Tucker)设想了一个故事,说明在未知的情况下,人应如何尽可能地实现自己的最大利益。这个故事设想一个人与另一个人共同犯了其他人都不知道的罪行,他们被警察当作犯罪嫌疑人隔离拘留,一方不知道对方是否会供认。如果双方都不供认,每人将被判一年徒刑;如果双方都供认了这桩罪行,各判五年;如果一人供认,另一人不供认,供认的人将立功受奖,立即开释,不供认的人将被从严处理,被判十年。经过一番博弈,这两个人都供认了罪行。他们的博弈可用下列图式表示。

同伙	该犯	
	不坦白	坦白
不坦白	1,1	10,1
坦白	0,10	5,5

图试说明:坦白的最好结果是被立即释放,最坏的结果是被判五年;而不坦白的最好结果是被判一年,最坏结果是被判十年。在这两种情况下,坦白的结果都要好于不坦白。

"囚徒的两难推理"已经成为当代道德哲学和政治哲学的一个典型模式。罗尔斯(John Rawls)和高塞尔(D. F. Gauthier)利用这一模式来论证古典的社会契约论。高塞尔在《道德契约》中把道德看作是为了社会成员的最大利益而对利己行为加以限制的制度。[1]

罗尔斯在《正义论》中说:"霍布斯的自然状态是囚徒的两难推理这一一般案例的典型范例。"[2]因为霍布斯所说的"自然人"与上述"囚徒"所处的条件相似:他们都不知道对方将采取合作的或不合作的行动,差别只是在于:"囚徒"受警察管辖,而"自然人"受自然律管辖。按照追求自己最大利益的博弈,"自然人"选择了对自然律的服从,走出了"人对人是狼"的"自然状态",进入了服从"社会契约"的

---

1 参见 David Gauthier, *Morals by Agreement*, Oxford University Press, 1985。
2 John Rawls, *A Theory of Justice*, Oxford University Press, 1972, p. 269.

社会状态。

3. 自私的基因和道德的人

道金斯(Richard Dawkins)的《自私的基因》一书对人类的基本道德准则作了生物学的解释。他认为,人类和其他动物一样,也是基因利己主义者,但是为了实现自己的最大利益,他们的利己主义会采取某种形式的利他主义。他说:"我们的基因是在一个高度竞争的社会里,经过几百万年的时间而被保存下来的。我们有理由认为,一个可能成功的基因的主要性质是赤裸裸的自私性。基因的自私性通常产生出个体行为的自私性。但是在特殊的环境中,基因能够在个体动物的层次上,通过一种有限形式的利他主义,尽可能地达到自私的目标。这里的'特殊'和'有限'是重要的限制词。我们更愿意相信的其他观念,诸如博爱和全种族的利益,根本没有进化论上的意义。"[1]

道金斯所说的"特殊环境"主要指针锋相对的利益博弈,在这样的条件下,一个人的收益是通过他人的回报而获得的,由此,他必须要适当顾及他人的利益,以便得到他人的回报。这种利他主义是"有限"的,因为它只是自私的基因"尽可能地达到自私的目标"的一种手段。

人类各个文明社会都普遍地存在着被称为"金律"的伦理规则:"你要别人怎样对待你,你就怎样对待别人。"但道金斯解释说,这一条规则之所以能够成为普遍的行为规则,只是因为人们期待为别人所付出的努力能够得到别人更大的回报。"金律"的根据是对自己可能获得的最大利益的博弈,这是基因的自私性的一种特殊表现。但在社会合作的交往中,它比赤裸裸的自私性有更多的表现机会,由此被人们误解为人类道德本性的流露。按照道金斯的解释,人的本性表现在基因层次上,这是完全自私的;而被基因所决定的个体行为却可以是利他主义的。自私的基因和道德的人是两个不同层次上的现象,不能混淆,也不能用一个去否定另一个。

4. 金律、铜律和铁律

道金斯把"金律"归结为获得自己最大利益的博弈,这引起了一些批评。比

---

1 Richard Dawkins , *The Selfish Gene*, Oxford University Press, 1976, p. 3.

如，米切尔·卢斯(Michael Ruse)说："一旦我们知道道德信念仅仅是为了维持人类的繁殖目的而被自然选择所建立的一种适应性，那么道德只是我们的基因为了繁殖的目的而强加于我们的一种集体幻觉。"[1]

道金斯的失误也许不是把道德与利益博弈相联系，而是把道德"金律"与利益博弈直接挂钩，并且进一步把人的利益归结为基因的繁殖利益。其实，进化博弈论的"针锋相对"模式有宽广的应用范围，也可以像帕斯卡的"赌博"式证明和"囚徒的两难推理"那样应用于各种社会行为的选择。如果把"针锋相对"的博弈论模式应用于人际关系的交往，那么博弈论也许可以成为道德的基础之一。

沿着这一想法，一些博弈论的专家最近已经作了一些有益的尝试。比如，阿斯洛斯(Robert Axelrod)在计算机上做实验，随机地比较几个博弈论模式的优劣，结果证明"针锋相对"模式优于其他模式。"针锋相对"首先采取合作的方式，然后根据上一回合的结果，对进攻者进攻，对退让者退让，经过几个回合的较量，结果获胜。而"进攻者"模式在前几回合占上风，但后来被"针锋相对"模式所代替。[2]这一实验证明了梅纳德-史密斯所设计的"鹰、鸽和针锋相对者"之间的博弈论模式。

如果把"你要别人怎样对待你，你就怎样对待别人"的"金律"解释为"退让者"的行为准则，那么，"针锋相对者"的行为准则就是"铜律"："别人怎样对待你，你就怎样对待别人"，而"进攻者"的行为准则是"铁律"："在别人进攻你之前，首先进攻别人"[3]。卡尔·萨根(Carl Sagen)认为，"铜律"比"金律"和"铁律"更为优越，这一符合博弈论的结论能够为人类道德提供进化论基础。[4]

从价值论的角度看，"金律"是道德规则，"铜律"是非道德的规则，而"铁律"则是反道德的规则。进化博弈论证明，自我牺牲和一味退让的利他主义固然不符合

1　Michael Ruse," On the Significance of Evolution", in *Blackwell Companion to Ethics*, ed. by Singer, 1991, p. 506.

2　参见 Robert Axelrod & William Hamilton,"The Evolution of Cooperation",in *Science*(1981),211, pp. 1390－1396.

3　赵敦华:《中国古代价值律的重构及其现代意义》,载《哲学研究》2002 年第 1、2 期。

4　Carl Sagan, "The Rules of the Game",in *Billions and Billions：Thoughts on Life and Death at the Brink of the Millennium*, New York：Random House, 1997,pp. 180－191.

个体的利益,赤裸裸的利己主义最终也不能达到利己的目标。只有与他人合作,才能尽可能地实现自己的最大利益。合作和利他主义是利益博弈的最佳结果。从这一意义上可以说,"铜律"本身虽然是非道德的,但按照"铜律"的利益博弈却能够导致社会合作和道德。

在历史上,近代思想家已经不自觉地运用博弈的思想,把"铜律"作为社会价值体系的核心。比如,霍布斯和洛克在政治领域,休谟和功利主义者在道德领域,亚当·斯密等人在经济领域,都把合理地追求个人最大利益作为社会合作的基础。进化博弈论提出的"针锋相对"模式正是对近现代价值观所作的一个合乎科学主义精神的证明。

第四节 ————————————————————————————

基因决定论

现代"生物人"的观念继承了传统"自然人"观念的一个重要因素,即认为人的本性和本质是天生的本能,自然先于文化,先天决定后天。这些观念在遗传学建立之前,表现为"血统决定论";遗传学建立之后,表现为"种族遗传决定论";在基因遗传学建立以后,又出现了"基因决定论"。

基因决定论的基础是基因控制生命活动的机制,但这一机制被用来解释人的现象,就成为一种关于人的理论。它的人学性质在于:第一,对前一节所解释的社会生物学和进化博弈论中的人学观点作出了进一步的生物学解释;第二,指导生物技术,试图改造人的现实,规划人的未来。

一、泛基因论

在当今西方,特别是美国的文化氛围中,人的一切行为和社会现象被大量地渲染为基因的产物,由此出现了越来越多的"文化基因"种类:自私基因、享乐基因、暴力基因、名人基因、同性恋基因、撒谎基因、抑郁基因、天才基因、宗教基因、节俭基因、犯罪基因,等等。正如一些评论家所说,基因已经成为一种符号,"一种以具有社会意义的方式定义人的特征和人际关系的便利工具"[1]。

1. 基因决定人的性格

来自美国的报道说,几乎每一个星期都有新的成果发表,揭示人的性格与基因之间的联系。据美国的一个研究中心统计,遗传基因对人的以下性格影响的程度是:焦虑性,55%;创造性,55%;顺从性,60%;攻击性,48%;外向性,61%。

有一些研究人员声称,他们已经找到了"寻求新奇"以及"寻求兴奋"和"兴奋"的基因。还有人辨别出基因的"活跃"启动子和"不活跃"启动子,企图证明"不活跃"的基因启动子是焦虑、悲观和恐惧等神经行为的根源。

一些行为过去被人们认作是后天形成的不良习惯,现在也被解释为基因决定的生理倾向。比如,研究人员已经发现了同性恋是一种生物禀性,决定这种禀性的基因处在大脑底部。同性恋不应被看作是犯罪、缺陷和疾病,它充其量只是性功能的变异。有人通过小鼠实验,找到了酗酒行为的基因标记,这引起了人的酗酒行为是否也能如此解释的争论。

还有人试图用性别差异来解释人的社交能力,他们发现位于 X 染色体上的一组基因决定了女孩比男孩有更好的社交能力,继承了父方 X 染色体的女孩比继承母方 X 染色体的女孩更活跃、更听话;同样,继承母方 X 染色体的男孩的社交能力也较差。

2. 基因是社会问题的根源

如果基因决定人的性格和行为,那么很多社会问题就被归结为基因。正是按照这一逻辑,一些人在积极地寻找可能导致犯罪行为的基因。有人用猴子实验证明,有某种遗传物质的猴子倾向于咬、打和追逐其他猴子。有人通过关于酗酒的研究说明,有同样遗传物质的人易犯冲动杀人罪。

有的研究报告说,"寻求兴奋"和"易于冲动"的遗传倾向可能是导致暴力犯罪的直接原因。有人说,对焦虑和恐惧有较高遗传阈值的人的心律和血压较低,他们更具有暴力犯罪的风险。据此,通过遗传测试,他们在每 1000 个儿童中辨别出

---

[1] 转引自杰里米·里夫金:《生物技术世纪》,付立杰等译,上海科技教育出版社 2000 年版,第 230 页。本节所使用的材料全引自该书第五章"基因社会学"。

15 个有暴力倾向的人。

研究人员还使用脑扫描技术来跟踪有暴力行为的精神病人的脑遗传物质的变化。加利福尼亚州法院运用这项技术来裁定犯人被释放后是否会重新犯罪。

3. 基因治疗改良社会

一些社会生物学家宣称,过去我们认为我们的命运在我们所在的星座里,现在我们知道我们的命运就在我们的基因里,基因组序列决定一个人。朱利安·赫胥黎说,为了获得任何国家和国际的进步,既不能依靠社会和政治制度的改造,也不能依靠教育的改造,而"必须越来越多地依靠能够增强人的智力和行为能力的遗传水平"[1]。

"基因决定论"的逻辑是,既然人类行为都是由我们的遗传基因的组成所决定的,所以如果要改变我们的社会环境,首先必须改变我们的基因。按照这一逻辑,基因治疗成为解决社会问题的良方。比如,有人把无家可归者看作具有精神病倾向的人群,主张用遗传预测和治疗的方法,解决这一社会问题。

用基因治疗解决社会问题的主张很难行得通,遭到越来越多的人的反对。很多人指出,把社会问题归咎为遗传疾病或缺陷,其实质是为社会当权者推卸责任,放弃对社会环境的治理,为反对社会改革的保守主义张目;并且还会把种族歧视和性别歧视等社会偏见披上"科学"的外衣。

"基因决定论"虽然未能支配社会公共政策,但在美国教育界却有很大的市场。传统的教育观念强调环境的作用和人为的努力,但现在却越来越强调教育的生物学基础。学生在成长中的问题越来越多地被当作心理问题,可以用药物加以治疗。在诊断精神障碍的手册上,针对学生的病症越来越多,诸如多动症、注意力缺乏症、表达性书写障碍、模式化习惯障碍等,不一而足。越来越多的心理测验被设计出来,用来判断学生的素质禀赋,越来越多的测试技术被用于测定学生的神经障碍。正如一个评论家指出的那样,传统的"教师—学生"模式有被"医生—病人"模式所取代的趋向。

---

1 转引自杰里米·里夫金《生物技术世纪》,付立杰等译,上海科技教育出版社 2000 年版,第 156 页。

二、 人学限度里的基因技术

"基因决定论"不仅是对人的一种解释,也是对人的一种改造。现在的基因工程和生物技术提供了比过去的优生学更精确、更有效的手段,以致当今"基因决定论"的实践者已经不满足改良人的某些部位,而要用克隆的手段来制造人。用基因技术改造人和克隆人的问题已经成为当今社会争论的一个焦点,这一问题涉及人的本质、人的权利、人的责任、人的社会关系乃至人和自然关系等一系列重要的人学问题。很多具有人文精神和终极关怀的学者不无忧虑地指出,基因技术的应用不能是无限的,人学应该为基因技术设定符合全人类利益的、合适的应用范围。

1. 基因治疗引发的问题

现在的基因技术已经可以诊断出不少先天性疾病的原因是基因缺陷,通过修复这些缺陷,就可以治愈这些过去被判为不治之症的先天疾病。基因治疗的这一效果得到普遍的欢迎,但也引起了一些疑问。

疑问一:有些基因缺陷可能有我们现在还不知道的用处。科学家已经知道的是,这种联系确实存在。比如,导致镰状细胞性贫血病的基因能够使很多人免于疟疾,导致膀胱纤维症的基因可以使人不得霍乱。我们现在还没有致病的基因对人类有什么好处的全面知识。有些人担心,在这种情况下,根除一些有缺陷的基因,可能是弊大于利。

疑问二:有缺陷的基因是人类基因库的一部分,它是社会公有的。为了治疗某个人的疾病而改动人类基因库,很可能导致不可想象的严重后果。比如,如果出现一种过去从来没有出现的病毒,而能够抵御这种病毒的抗体恰恰被我们删除了,这种病毒导致的疾病会不会成为不治之症呢?

疑问三:为治疗遗传疾病而采集的基因标本在医疗和制药产业有很高的商业价值,一些公司纷纷申请使用个人基因标本的专利,但基因所有者是否也应享有专利? 有人质疑,基因标本属于人类基因库,是人类公有的,基因知识不是属于一个人或公司的专利。

2. 改良后代遗传特征引发的问题

人们设想,以后可以利用生物技术改变后代的体形体貌,甚至大大提高他们的智力,比如使后代的相貌如同电影明星,智力如同获诺贝尔奖的科学家;比如使矮个子的后代变高,使先天肥胖人的后代变苗条。人工授精的技术虽然可以使人在一定的程度上选择后代的遗传特征,但远远达不到按照自己的意愿来改良后代的目的。于是人们很自然地设想运用基因修复和重组的技术来达到这样的目的。

关于基因技术的这一应用设想,所导致人类基因库的改变,将比为了治病而进行的基因修复大得多,由此招致更加广泛的批评。

批评一:基因改良所依据的人体美或智力高的标准来自传统,来自公共舆论,会产生体貌、性格和智力特征单一的"标准人",取消长期的进化过程造成的人类特征的多样性。

批评二:人工干预自然选择是危险的,也是无益的。人们现在无法预测未来环境状况,由此也不知道现存基因类型的未来命运;如果我们恰巧把那些最能适应未来环境的基因除去,将给人类带来巨大的灾难。

批评三:未来的社会环境也是不可预测的。现在被社会欢迎的职业将来不再时髦,现在被推崇的才能、性格和相貌不再稀罕,按照现有标准设计的"标准人"不会有成就和幸福。

批评四:富人比穷人有更多的机会利用基因技术,将按照自己的审美观和价值观,更多更好地复制富人们的基因;社会上的贫富差异将在基因层次上被放大和固定,形成两个不同的、不平等的人种。

批评五:基因检测和修复的一个后果是,个人的基因图谱将成为社会信息,个人隐私权受到侵害,被认为有基因缺陷的人在求职、投保、择偶和社会交往方面可能会遇到歧视的待遇。

3. 人的克隆引发的问题

人类已经具备了克隆生物的技术,但在是否克隆人自身的问题上存在激烈的争论。社会生物学的代表人物威尔逊在《论人性》一书中说,人这一物种的遗传特征的主要部分是在几百万年前的冰川时代的环境中被选择的,其中有些部分已经不能适应现在的环境,有些部分是围绕这一主要部分而变异的产物,这些部分被偶然地、草率地拼凑在一起,构成现存人类的本性。他鼓吹用基因技术改变人的本性,"从遗传上模拟白手长臂猿的近乎完美的核心家庭或和谐的蜜蜂群体是完全可能的"。这一主张与他把动物社会作为人类社会的模本的一贯立场是一致的。另有人主张制造的理想儿童的形状是"金发碧眼和雅利安基因"[1]。

现在,世界上大多数学者和政府人士都表示反对克隆人。他们认识到,人是自然界或造物主的作品,人代行天职或代行神职会打乱自然秩序,不可逆转地改变人类基因库。除了前面提到的那些批评意见之外,反对克隆人的一个重要理由是,克隆人没有父母亲,他们没有家庭,没有亲属。但克隆人的基因来源如果采自同一家庭,则会违反血亲禁忌,混淆伦理关系。传统的和现存的社会关系以家庭关系为基础,如果克隆人大量出现,家庭伦理将不复存在,社会伦理和道德也会失去基础。

从更深的层次上来看,围绕基因技术的应用范围问题所展开的争论的焦点是人在自然界的地位问题。反对者认为,自然是完美的,自然不做无用功,看起来有缺陷的自然产物是自然整体不可或缺的一部分;人不能完全理解自然的整体和谐,不能预测未来,人工干预自然进程会产生难以想象的灾难。赞成者则认为,自然是有缺陷的,人有改变自然的能力和义务,不但改造自然界,而且要改造自然进程造就的人本身。这一争论已超出了"生物人"观念的范围,使人联想起近代以来"自然人"与"理性人"对待自然的不同态度。

三、 理性的基因特征

人的理性在"生物人"的观念中占有显赫位置。理性仍被认为是把人与其他动物区别开来的主要特征,但这是基因的特征是在长期的进化过程中高度适应环境的生物机能。与社会生物学同步发展起来的进化心理学和进化认识论考察了人的理性的基因特征,与传统心理学和认识论的考察不同。首先,进化论对理性的考察揭示人与动物的基因的连续性,以及产生理性的基因突变。其次,进化论的考察指出,理性与其他心理特征,如激情、冲动等是相互作用的,纯理性只是理论的抽象,并不存在单独的"理性基因"。

1. 计算的基因

进化博弈论认为,个体在与其他个体的关系中最大限度地实现它们的利益是动物行为的模式,由此可以推断,动物在长期进化过程中形成了具有博

---

[1] 转引自杰里米·里夫金《生物技术世纪》,付立杰等译,上海科技教育出版社 2000 年版,第 173、129 页。

弈功能的基因。帕卡德（Norman Packard）认为，推动进化的因素是计算能力的增强。他说："生存需要计算，这一点似乎是合理的。如果属实，那么对生物的选择必然导致计算能力的增强。那将产生一个变异箭头，不仅仅是向上的积累。"[1]

自然选择的结果是那些具有较高博弈能力的基因占优势，是具有这种基因的物种占有较大份额的自然资源。但这仅仅是自然选择的一个方向，一种倾向。后来出现的物种的基因并不必然包含超过它们前辈的博弈能力，动物的博弈行为会变得更复杂、更精密，但博弈的模式并不一定发生根本的变化。

按照进化心理学的解释，人的理性的主要功能是谋求最大利益，是在长期进化中形成的高度发展了的博弈能力。人的理性博弈比动物博弈行为具有更大的优势，表现在博弈的步骤更加复杂、应用范围更大、变化速度更快、个体化程度更高，等等。如果把社会群体当作个体博弈行为的场所和结果，那么人类的理性优势可以解释为人类社会比动物社会规模更大、结构更复杂、稳定性程度更高、个体作用更重要，等等。

但是，最佳博弈模式在动物社会和人类社会都是"针锋相对"的模式，这是因为，人类基因的理性功能与动物基因的计算功能有进化论上的连续性，两者只有程度高低的差别，并无本质的不同。因此，人类理性可以在"针锋相对"的模式中更好地发挥作用，但不能根本改变或推翻这一模式。

2. 生物的试错知识[2]

进化认识论的创始人卡尔·波普尔（Karl Popper）认为，知识的根本作用是解决如何生存，如何更好地适应环境的问题。任何生物都有解决这些问题的本能，在此意义上，可以说，任何生物都拥有必要的知识，动物知识是人类知识的前身。广义的知识的定义是：以解决问题为目标的尝试性的探索活动。他说："动植物都是问题的解决者，它们也都以竞争的方式，以尝试性的反应和排除错误的方式解决问题。"

---

1 转引自杰里米·里夫金《生物技术世纪》，付立杰等译，上海科技教育出版社 2000 年版，第 216 页。
2 本小节的引文和解释参见赵敦华《卡尔·波普》，香港三联书店 1988 年版，第 106—114 页。

这种尝试性的试错过程的一般图式是：P_1（原初的问题）→TS（尝试性解决）→EM（排错）→P_2（新的问题）。说明：每一物种都通过遗传获得适应环境的行为方式，然而，当环境变化以后，它们遇到生存问题（P_1），一部分个体的基因发生变异所导致的行为方式或机体结构的改变，是对问题的尝试性解决，而自然选择对生物的尝试性解决加以排错，保留那些适应环境的变异，排除那些不适应的变异。被保留下来的变异基因发展为新的物种，它们在环境发生进一步的变化时又会遇到新的问题（P_2），如此循环往复就是物种进化的过程。

波普尔说，从阿米巴虫到爱因斯坦，知识的增长总是相同的：尝试解决问题，通过排错，接近对环境的适应。"从阿米巴虫到爱因斯坦仅有一步之差"，但是，人类在进化中迈出的这一步极为重要和关键。

生物只能通过基因的变异来对新的生存问题作出尝试性的解决，它们通过行为或机体结构的变化来适应新的环境。它们的变化必须经过自然选择的考验，只有通过严峻考验的生物才可能生存。大量的生物的改变因为不能适应环境而被自然选择所排除，它们为错误所付出的代价是物种被淘汰。人类有意识和语言，这使得人成为万物之灵。人类尝试性解决问题的方式主要是假说性的理论，他们使用的是"符号试错法"。由于符号是人和环境之间的中介，环境所排除的是错误的命题和理论，而不是使用这些符号的人。因此，人的理性进步表现为不断否定错误的学说，建立新的假说，但不否定人自身的存在。

3. 爱好的基因

进化认识论对人类意识的产生作了进化论的说明。根据生物学家迈耶尔（E. Mayer）的区分，生物的基因分两类，一类是构造有机体解剖特征的 a 基因，另一类是控制有机体行为的 b 基因，b 基因又分控制爱好和目的的 p 基因和控制技能的 s 基因。编制在 b 基因上的行为程序还可分封闭的和开放的两种，封闭的程序严格地规定动物行为的全部细节，开放的程序使得动物在一定的范围内可以选择自己的行为。

波普尔根据生物的基因构造，解释了意识产生的进化过程。他说，当环境变化时，被封闭程序控制的有机体不能随之改变行为而很快死亡；被开放程序控制的机体有可能作出适应环境的改变。首先，p 基因改变了爱好和目的，这一改变最初表现为尝试性的行为,如果通过自然选择的考验,p基因的变异将成为稳定的遗传特征,s基因会相应地朝着有利于保留p基因的方向变异。最后,b基因的成功变异诱发a基因发生有利于保存b基因的变异,最后产生新的物种。比如,当树上的叶和果实大量减少时,一些鸟用喙在树干上找虫为食,引起控制食物爱好的p基因的成功变异,这一变化接着使得控制技能的s基因有利于啄木技能的变异成功,最后造成了鸟的喙和舌的变异成功,自然界因此出现了啄木鸟这一新的物种。

4. 意识发生学的进化论考察

波普尔对物种进化的这一解释,强调生物有为适应环境而改变爱好和目的之主动性,并随之引起基因的变异。变异不完全是盲目的,也不完全是在外部环境的压力下作出的选择。这些是对达尔文进化论的修正。达尔文强调自然选择,波普尔则强调爱好的选择,爱好的选择也会改变环境。比如,鸟选择较好的筑巢场所是一个爱好,并不涉及鸟的生死存亡;但这一爱好改变了栖息地的环境,被改变的环境决定了基因变异能否保留,决定了鸟的进化方向。这就说明,进化往往是因生物爱好的不同选择引起的,并不完全取决于环境变化的选择作用。

最初,生物爱好的改变只是适应环境的一种保护性的本能反应,如上述啄木鸟的例子。但到后来,爱好的改变编入开放性的基因程序,成为先天性的期待,使得动物能够采取尝试和试错的主动行为。这一基因特征解释人类感觉和意识的产生过程。

进化认识论的一个内容是意识发生学,它所依据的是基因变异机制的进化。按照这一解释,在进化过程中,有些动物在神经中枢出现某些警告信号,如不安、不舒适或疼痛,警告信号使得动物改变行为方式,避免更大损害。随后,在神经系统中出现了代表警告信号的想象符号,使得动物能够采用"想象的试错法",代替以身试错的实际试错法。这样,它们能够在不受痛苦或损伤的情况下就可以排除错误。想象的试错之后出现的是动物对试错后果的反应,对有利的后果的反应是期待,对有害的后果的反应是逃避。期待和逃避都是合目的性的行为,目的和意图便是意识的萌芽。进化到了人类阶段,出现了意识现象,伴随着意识出现了语言以及其他文化现象:艺术、宗教、道德和科学技术。

第七章

"文明人"的观念

现代"文明人"的观念既是近代"文化人"观念的继续，又是与现代"生物人"相对应的一个观念。如同近代"文化人"的观念一样，现代"文明人"的观念主要是依托人文学科和文化研究而构建出来的，尤其是历史学、社会学、语言学、文化哲学和价值哲学等学科，使人们对于人类从史前时期到现代文明的发展过程有了更加全面和深入的了解。

受达尔文进化论的影响，启蒙时期的社会进步观演化为人类进化观。"文明人"成为与"原始人"（早期被歧视地称为"野蛮人"）相对立的一个观念。文化人类学通过对原始文化和原始思维的研究，从"原始人"与"文明人"的差异和相似，揭示了人类文明的起源、发展，以及"文明人"的特质；通过对人类精神生活的起源、嬗变的解释，涉及"文明人"的全部精神生活。

第一节

价值世界的创造

19世纪末到20世纪初，一些西方哲学家认识到文化的本质是价值，人类从蒙昧状态进入文明状态标志着人脱离了自然界而进入价值世界。他们认为哲学就是价值论，是对人类文明的综合研究。哲学价值论把文艺复兴时期以来的人学分科研究综合成一门统一的科学,它以人的价值世界为其独特的研究对象,并采用与自然科学方法不同的独特的方法。价值论的出现大大扩展了近代以来的"文化人"观念的内涵,人们不但对文化的要素进行描述,而且进一步对文化的本质加以规范和全面评价。

一、 人的价值与自然属性的分别

价值论是新康德主义者首先提出的。新康德主义认为,康德关于人是目的自身的思想是现代人道主义的先声;人道主义者相信教育能改善人,并通过改善人性来改善社会。"人"的概念中包含了个体性和社会性的统一,两者的统一只有在一个体现了权利的正义原则的国家中才会真正实现;也只有在这样的国家中,自由的个人才会有公共的理想目标。为了从根本上论证人是目的的人道主义理想,他们把哲学归结为价值论。

1. 价值的客观性和普遍性

德国哲学家文德尔班(Wilhelm Windelband)把康德的"自在之物"转变为"自在价值";"自在价值"是事物之间相互联系的总和。自在价值是客观存在,表现为人们关于事物的形式和秩序的同一规范意识。人们对于个别事物的价值判断是主观的,但总是以自在价值的客观性为依据。

文德尔班在其代表作《知识确定性的研究》(1873)里,论证了哲学的中心概念是"价值",在各门具体学科纷纷脱离哲学而成为经验科学的情况下,哲学只有作为关于具有普遍意义的价值的学说,才能恢复其生命力并继续存在下去。现代哲学只能是具有普遍适用性的价值科学。

文德尔班还说,价值论(Axiology)是一切科学的统一原则。不但伦理学、美学的原则是价值判断,认识论的问题实际也是价值论的问题。真理是逻辑判断的价值,真理不但是事实判断,而且是应该这样思维的价值判断,是思想的规范。价值论是科学和文化的共同基础。

2. 人的价值不服从普遍规律

文德尔班把"自在价值"分为真、善、美和神圣四种,价值论的四个分支是逻辑学、伦理学、美学和宗教学,分别对上述四种价值进行研究。他还按这些价值的不同特点,提出了历史科学与自然科学的区别。按他的区分,历史科学的任务是记述有价值的个别事实,自然科学则要建立思想的法则。

文德尔班的继承者李凯尔特(Heinrich Rickert)却认为价值是个别的,只有历史科学的对象是价值,而研究普遍规律的逻辑学属于价值论,自然科学的对象与价值无关。为了说明历史科学和自然科学的区别,他提出了"现实的连续性和异质性的原理"。

按照这一原理,连续性是普遍共同性,异质性是个别性、差异性,现实同时具有这两种性质。但李凯尔特说,科学研究的对象不容矛盾,一门科学的对象或者是普遍的连续性,或者是个别的异质性,二者必居其一。自然科学是事实判断的体系。人们为了认识现实,用数学把现实改造为同质的连续性,用历史学将现实改造为异质的间断性。也就是说,自然领域里,个别事物是一般规律的事例。在文化历史领域,事实都是个别的,始终都是一次性的,不可重复的。

连续性和异质性的区别是自然和文化的区别:自然是事实,而无价值;只有文化才有价值。李凯尔特说:"关于价值,我们不能说它们实际上存在或不存在,而只能说它们是有意义的或无意义的。"[1]价值的意义不在于一般的、与普遍规律的联系,而在于自身的独特的价值。文化科学是价值判断的体系,文化科学都是历史的,它把历史事实与一定的价值相联系,揭示历史的本质和意义。这种研究文化历史的个别化方法是"价值联系方法"。文化科学家的任务是根据这一方法,对事实作出本质与非本质的区分,这是客观的方法,不涉及主观评价,文化科学应该是客观的科学。

二、 文化的符号系统

恩斯特·卡西尔(Ernst Cassirer)的三卷本的《符号形式哲学》及其简写本《人论》把对人的研究扩大到整个文化领域。卡西尔认识到,人的象征功能创造的符号系统是整个文化世界,科学只是文化世界特殊的、后起的部分。

1. 人是符号动物

在《人论》中,卡西尔指出哲学的中心问题是人的问题,即人的本性及其在宇宙中的地位问题。过去的哲学家把人看作是政治动物、理性动物、制作工具的动

---

1 李凯尔特:《文化科学和自然科学》,涂纪亮译,商务印书馆1986年版,第21页。

物,等等,他们只是从人的工作的结果或特性去研究人,把人性看成静态的本质,不了解人的文化世界是一个创造过程。

卡西尔建议从人的工作的功能出发来认识人的本质。人的特殊功能圈不仅包括感受系统和反应系统,而且包括符号系统。符号系统使人从动物的物理世界进入一个更为宽广的新的世界,即文化世界。动物对外界刺激的反应是直接而迅速的,但人却通过符号化的过程,不但延缓了对外界的反应,而且改变了外界刺激的作用。符号给予外界刺激以普遍的指称意义,给予直接的感性对象以多方面的联系和抽象的结构形式。经过符号处理的感受对象不再是物理世界,而是符号化的世界,他说:"人不再能直接地面对实在……人的符号活动能力进展多少,物理实在似乎也就相应地退却多少。在某种意义上说,人是在不断地与自身打交道,而不是在应付事物本身。"[1]

卡西尔将人、符号与文化联系在一起,从人与动物的区别上解释符号对于人的重要性,从而对人类本质作出了全新概括。他说:"我们应当把人定义为符号的动物来取代把人定义为理性的动物。只有这样,我们才能指明人的独特之处,也才能理解对人开放的新路——通向文化之路。"[2]

2. 文明人的符号世界

卡西尔强调,符号化的世界与动物世界在时空形式与现实结构这两方面都不相同。他认为时空形式是心理—生理的构架,有机体的机体空间与高级动物知觉空间具有感性的多样性和感性的主观性,与身体的行动相联系,他称之为"行动空间"。原始人只有行动空间,原始人的空间观念与身体行为是一体的,他们可以熟悉路径,却画不出一张完整的位置图。只有文明人才把空间与主体相脱离,把空间看作是客观的、同质的、可以度量的几何空间或理论空间。再看时间形式上的差别:动物的时间是表象时间,人的时间是构造性时间。这意味着,人不只是反映事物的先后,而是通过时间关系重新组合过去,用以规定现在,过去渗透在现在之中;同时,人又把未来分化出来,使未来成为理想,指引现在。卡西尔赞赏柏格森

---

1 卡西尔:《人论》,甘阳译,上海译文出版社 1985 年版,第 33 页。
2 同上书,第 34 页。

关于过去、现在、未来彼此交融的时间观。

人的世界结构包括现实与可能两部分。人具有超越现实、追求可能世界的能力，如果不超越现实世界的界限，科学与道德就不能前进一步。能够区别理想和现实，这是人的特殊能力。卡西尔说，低于人的动物或高于人的神都没有或不需要这种能力。歌德说："生活在理想的世界，也就是要把不可能的东西当作仿佛是可能的东西那样来处理。"伽利略的不受外力影响的运动物体、负数、无理数、虚数，柏拉图的"理想国"，莫尔的"乌托邦"，卢梭的"自然状态"等，都属于可能世界，都是按照理想对现实世界的再造。

3. 人类自我解放的历程

人通过符号功能，在理论空间和构造性时间中感受，在可能世界的结构里对现实世界进行改造。这种改造活动的结果是人的文化世界。文化世界包括语言、神话、宗教、艺术、科学、历史六个形式。卡西尔的《符号形式哲学》第一卷论述语言，第二卷论述神话思维，第三卷论述认识的现象学。它们从符号体系的不同层次，分别考察了文化世界的六种形式。

符号体系的第一层次是语言与神话。语言是最古老，也是最典型的符号形式，语言伴随着其他文化形式。它的功能是赋予主观的、流动不居的世界以确定的意义，使之成为客观的稳定世界。卡西尔引用洪堡的"语言是人的世界观"的名言，说明语言构造世界的功能。神话是语言的孪生兄弟，神话用感情将世界生命化；图腾是生命一体化的空间形式，祖先崇拜则是生命一体化的时间形式。

符号体系的第二层次是宗教。原始宗教产生于神话，把生命·体化引向个体意识，人格化的神的功能在于用有明确形象的个体性来确定神话语言所表达的游离而含糊的普遍性。

在第三层次上，符号体系表现为艺术和科学。两者都是对感觉世界深层结构的认识，艺术发现的是变幻的动态世界结构，科学发现的是简约稳定的世界结构；艺术以审美活动摆脱物质利益的压力、超越现实，科学通过系统性和和谐性的知识来超越现实，两者都是追求可能性的自由活动。

最后，在第四层次，历史对人本身加以反思。历史以上述形式中的人的活动为对象，借助对过去的符号的识别和解释来复活过去，对过去的解释都是从现在出发的,并给予过去事实以面向未来的理想性。因此,历史也是追求可能性的自由活动。

卡西尔在《人论》中把语言、宗教、艺术和科学作为"人不断自我解放的历程",他总结说:"在所有这些阶段中,人都发现并且证实了一种新的力量——建设一个人自己的世界、一个'理想'世界的力量"[1]。

第二节

文明进程的反思

从19世纪末到20世纪上半叶,人类文明开始由地域性文明历史向世界文明发生转变。各种民族、地域文明之间的相互冲突与融合随之加剧。如何认识历史上各种不同文明形式的区别、联系及其演变,成为十分突出的理论问题。同时,与西方物质文明的高度发展极不相称的精神失落,也促使有远见的思想家们对具有文化特质的人的历史与存在进行深刻的反思。人类命运的困境与危机促使人的科学走向成熟。正是在这种背景之下,一些思想家开始用世界的眼光反思人类文明的历史和命运。

一、 历史是文明人的精神创造

意大利的新黑格尔主义的主要代表本尼迪托·克罗齐(Benedetto Croce)与英国新黑格尔主义者柯林伍德继承和发展了黑格尔的精神哲学,把人类的文明史解释为文明人的精神创造。

1. 一切历史都是当代史

克罗齐认为,人类历史纯粹是个人精神活动的产物。他说:"除非我们从这样一个原则出发,就是认定精神本身就是历史,在它存在的每一瞬间都是历史的创造者,同时也是全部过去历史的结果,我们对历史思想的有效过程是不可能有任

---

1 卡西尔:《人论》,甘阳译,上海译文出版社1985年版,第288页。

何理解的。"[1]既然历史是人的精神过程,谁要否定历史的价值,也就是否认精神生活的价值;只要存在着精神生活,也就存在着人的历史。

表现在历史中的人的精神不是对客观事实的理性认识和反映,而是审美直观的艺术品。克罗齐认定,历史不是科学,而是广义艺术的一部分。他认为一切艺术直观都是抒情,但直观同时也有认识功能。这是因为,直观虽然以可感个体为对象,却忽略了个体的存在,能够把握个体的普遍特征,并因此折射出人类精神;直观的内容虽然是变动、不确定的,却能给予宏观的图式。直观"恍惚有象"的特点使得它不但具有娱乐功能,而且具有刻画历史的功能。

艺术直观的本质是创造。历史是通过想象创造出来的一种特殊的艺术品。克罗齐说:"人类所真正需要的是在想象中去重现过去,并从现在去重想过去,不是使自己脱离现在,回到已死的过去。"就是说,历史是生活在当代文明中的人们所想象的过去;过去的历史体现的是现在的精神文明。因此,"历史决不是关于死亡的历史,而是关于生活的历史"。在此意义上,他得出了"一切真历史都是当代史"的结论。[2]

2. 一切历史都是思想史

柯林伍德发挥了克罗齐关于一切历史都是当代史的思想,提出"一切历史都是思想史"。在他看来,历史学家研究的过去,是在某种意义上仍是现在的世界中活着的过去,而历史知识就是历史学家们正研究着的那些思想在他自己心灵里的重演。但这种重演不是简单地重复和再现过去,而是将现在的思想与过去的思想相对照,把后者限定在现在的思想所能够达到的思想层次上。所以,"历史的过程不是单纯事件的过程,而是行动的过程,它有一个由思想的过程所构成的内在方面;而历史学家所寻求的正是这些思想过程。一切历史都是思想史。"[3]

重演过去的历史,涉及过去的事实和现在的思想主体两个方面。历史学家当然要从一定的证据材料出发,否则就会把历史变为纯粹的想象或虚构。但是历史

---

1 转引自韩震《西方历史哲学导论》,山东人民出版社 1992 年版,第 454 页。

2 同上书,第 459 页。

3 柯林伍德:《历史的观念》,何兆武、张文杰译,中国社会科学出版社 1986 年版,第 244 页。

学家不关心事实本身,他们把事实材料处理为思想的外壳。如果毫无思想地对待证据材料,那只不过是摘抄、复述和编排文献资料,那只是"剪刀加糨糊的历史学",根本没有满足科学的必要条件。柯林伍德要求把历史资料和权威证据押上思想的审判台,拷问出原始记录中隐瞒的思想信息。这不啻是历史学中的康德式的"哥白尼革命"。

3. 人是善于利用别人经验的动物

柯林伍德强调的思想作用是历史学家个人的思想。他说:"每个历史学家都以自己为中心,根据他自己的角度来观察历史。"但他遇到这样的问题:历史学如何能够成为人类共同的知识呢?他诉诸人类思想本性回答这一问题。他说,人是善于利用别人经验的动物,"人类思想或心灵活动的整体乃是一种集体的财富,几乎我们心灵所完成的一切行动都是我们从其他已经完成这些行动的人那里学来的"。他在这里看到了体现在历史中的人类精神的整体性和连续性。

历史虽然是思想史,离不开个别的历史学家的精神创造,但就人类历史的整体而言,它是不依赖人的主观思想的。柯林伍德在晚年写的《艺术原理》一书中承认:"文明的死亡与诞生并不是伴随着大街上的旗帜挥舞或机关枪的喧嚣,它是在暗中无声无息、无人觉察地进行的。它从不登报,时隔多年之后,少数人回首往事,才开始明白它已经发生了。"[1]

二、 从文化到文明的衰落

德国哲学家斯宾格勒是西方文明没落的预言者。他的《西方的没落》一书包含着对西方文明发展的与众不同的见解。斯宾格勒将自己的研究视野投向全球范围内的不同地域文化,形成了从全球文化的视角来把握文化发展的历史观,并以此为理论依据对西方文明进行重新审视认识。总的来看,斯宾格勒的文化历史观主要包括三个有机联系的理论,即文化相对论、文化生命论和西方文明没落论。

1. 人类文化的多元性

文化相对论是斯宾格勒的文化史观的基础。斯宾格勒对在他之前一直盛行的文化一元论和西方中心论进行了无情的批判,进而提出了世界文化多元发展的

---

1 转引自韩震《西方历史哲学导论》,山东人民出版社 1992 年版,第 497 页。

文化相对论。他将世界文化分成古典(希腊—罗马)文化、印度文化、巴比伦文化、中国文化、埃及文化、阿拉伯文化、墨西哥(玛雅)文化和西欧文化等地域文化,并认为每一种文化都是封闭的有机体。他说:"八个高级文化,都有同样的架构、同样的发展与同样的持续,这一事实,使我们能够把这些文化当作'可比较的'事实来处理,对它们施以比较的观察,比较的研究。"[1] 这种走出西方文化的封闭圈子的积极探索开创了文化历史观的新领域,对整个 20 世纪西方文化研究与历史研究的发展都具有十分深远的影响。

2. 人类文化的生命活力

文化生命论,也可以称为"文化有机论",是斯宾格勒文化史观的中心环节。在斯宾格勒看来,"每一种文化,从其终身依附的母土之中,以原始的坚韧之性,跳跃而出;每一个文化,在其自己的影像之内,各具有其物质、其'人类';每一个文化,各有其自己的观念,自己的热情,自己的生命、意志与感受,也各有其自己的死亡。"[2]

考察不同地域文化的生长与衰落,正是斯宾格勒文化史观的重要内容。在斯宾格勒看来,每一个文化都要经过如同个人那样的生命阶段;每一个文化,都有自己的孩提、青年、成年与老年时期。从这一理论出发,他将文化的生命历程描绘为春、夏、秋、冬四季,并且认为文化在挣扎着实现自己时经历的过程即是历史,"人不但在文化诞生之前,是无历史的;而且一旦当文化的活生生的发展已经终结、文化的生命中最后的潜力已经用尽,而文明已完全塑成了自身的最终形式的时候,人又再次回返于无历史的状态"[3]。

文化的必然归宿就是文明的形成。在斯宾格勒的概念体系中,文明有着与文化完全不同的内涵,它是紧随在文化之后的不可避免的历史命运,是文化的"结局"和"终结"。文明一旦凝固,就会变成一种僵化的东西,失去文化所应有的活力与生机。

---

1 斯宾格勒:《西方的没落》,陈晓林译,黑龙江教育出版社 1988 年版,第 333 页。
2 同上书,第 20 页。
3 同上书,第 347—348 页。

3. 西方文明的命运

"西方文明没落论"是斯宾格勒文化史观的逻辑结论。按照斯宾格勒的观点，西欧文化也和其他文化形态一样，已经发展到文明阶段，失去了活力，不能摆脱没落的命运。在他看来，19世纪末到20世纪初的西方文化已经不可避免地进入了没落的阶段。西方艺术的没落，已成为不可挽回的事实；大城市的发展，使所有文明中的城市都趋向于整齐划一，这正是灵魂消逝的象征；资本主义社会金钱支配政治，使人的自由屈从于物欲的奴役……所有这一切都表明，西方文化已经进入了没落的阶段，正在衰亡之中。

尽管斯宾格勒常因故意歪曲事实或任意使用历史资料而受到专业学者的指责，但他所提出的西方的没落，却的确给西方中心主义者以当头棒喝，对人们的思想产生了极大的冲击。尽管斯宾格勒的悲观主义结论是不足取的，但他的确提出了一个值得深思的问题，这正是斯宾格勒的贡献所在。

三、 文明生长的生命力[1]

英国历史学家阿诺德·J.汤因比（Arnold Joseph Toynbee）在斯宾格勒的文化史观的基础上进一步反思了人类文化的类型和过程。他在接受了斯宾格勒一些基本观点的同时，也克服了斯宾格勒的理论的不足之处，从而发展出关于人类文明的完整理论。

1. 文明的类型和联系

汤因比同意斯宾格勒的文化相对论，看到了世界各地域文化的多样性。所不同的是，汤因比并不区分文化与文明，他认为文明的要素是文化、政治和经济，其中文化是文明的精髓，政治和经济是次要成分。因此他经常在同一个意义上使用"文明"和"文化"这两个概念。

汤因比将近6000年来的世界文明分成以下文明：西方社会、东正教社会（包括拜占庭和俄罗斯）、伊朗社会、阿拉伯社会、印度社会、远东社会（包括中国和朝鲜）、希腊社会、叙利亚社会、古代印度社会、古代中国社会、米诺斯社会、苏美尔社会、赫梯社会、巴比伦社会、安第斯社会、墨西哥社会、于加丹社会、玛雅社会；以及

---

1 本分节引用了张志刚《宗教文化学导论》（人民出版社1993年版）的部分观点和材料。

一些停滞的文明:波利尼西亚社会、爱斯基摩社会、游牧社会、斯巴达社会和奥斯曼社会等。

汤因比把这些文明社会分为流产的文明、发展的文明、停滞的文明、衰落的文明以及解体或消亡的文明五种不同的类型。他说:"把进步看成是直线发展的错觉,可以说是把人类的复杂精神活动处理得太简单化了。"[1]

这些不同的文明形态是历史研究的基本单位,它们是相对独立的存在,但汤因比强调不同地域文明之间的关联性。他说,时间最长的文明不超过 6000 年,而人类的历史至少有 30 万年,文明社会只占人类历史的 5%。在漫长的时间长河中,所有文明社会属于同一个时代。这意味着它们是同步的、可比的。历史研究是比较研究,只有从一个文明与另外文明的比较中,才能对这个文明的历史有一个完整的认识。

2. 创造文明的两种超级人格

汤因比接受了斯宾格勒的文化生命论,认为"文明的生长实质上是一种生命力"[2]。他把文化的生长发育归结为对于一系列"挑战"所发生的一系列"应战",这好像是两种超级人格之间的冲突。他说:"创造是一种冲突的结果,而起源是相互作用的产物"[3]。"生长的意义是说,生长中的人格或文明的趋势逐渐变成它自己的环境、它自己的挑战者和它自己的行动场所。"[4]

人类之所以能够创造文明,既不是因为"技术的进步",也不是"地域的延伸"。汤因比明确指出:"我们会发现许多这样的事例:技术前进了而文明却静止不动甚或在衰落;也有相反的事例证明技术静止不动,而文明却在变动——或是前进或是后退。"[5]文明的生成是人们面对某种挑战,成功地进行了应战。

汤因比把文明的兴衰分为三代。第一代文明产生于应付自然环境的挑战。比如,古埃及文明产生于应付干旱的挑战,玛雅文明产生于应付热带雨林的挑战。

---

1 汤因比:《历史研究》上册,曹未风等译,上海人民出版社 1966 年版,第 48 页。
2 转引自张志刚《宗教文化学导论》,人民出版社 1993 年版,第 157 页。
3 同上书,第 156 页。
4 汤因比:《历史研究》上册,第 262 页。
5 同上书,第 244 页。

第二三代文明产生于应付社会环境内出现的挑战。当少数统治者压迫多数人时，多数人就会脱离母体文明，创造新的子文明。

汤因比认为，适合创造文明的挑战的强度不能过大或过小，人对过大的挑战无力回应，对过小的挑战则无兴趣回应。汤因比说，"最富有刺激力的挑战在强度不足和强度过分之间"，这是产生文明的"最适度"[1]。

3. 创造文明的救世主

在汤因比列举的几十个文明中，有的已经消亡，有的即将消亡，还有的处在被西方文明同化或消灭的危险之中。究竟是什么原因造成了文明的衰亡呢？

汤因比分析说，文明成长的原因是多数人在少数人的领导下成功地应付了挑战，并模仿领导人的创造，形成了能够自觉应战的生活习惯。在此意义上，"生长的标准是自决能力的进步"[2]。

文明的衰落是由自决能力的丧失引起的，表现为社会整体各部分的失调。少数领导人失去创造力，或者他的追随者失去了对领导人的信任，放弃了模仿领导人而形成的习惯，都会造成内部失调，结果是社会的分裂，文明的瓦解。

汤因比指出，社会分裂是一种集体的经验，社会群体的灵魂的分裂是文明解体的征兆。社会成员在文明衰落时期的灵魂分裂表现在各种相互矛盾的情感和生活方式中，诸如自暴自弃与自我克制的矛盾，逃避义务与以身殉道的矛盾，欣快感与罪恶感的矛盾，复古主义与未来主义的矛盾。

汤因比相信某种文明的死亡有时也并非只有消极的意义，濒死的文明将成为新社会成长的摇篮。在一个文明衰亡之际，创造的火花没有泯灭，少数创造者承担起应付社会内部挑战的使命，他们是新的文明的救世主。按照汤因比的标准，真正的救世主一定克服了灵魂的分裂。打着维护现状、复古主义、未来主义、超凡脱俗招牌的救世主都是无济于事的。只有那些像神一样创造和引导民众的人，才是新文明的救世主。正是抱着对救世主的希望，汤因比满怀信心地说："我们完全能够通过自己的努力给历史以某种新的史无前例的发展形式。"[3]

---

1 转引自张志刚《宗教文化学导论》，人民出版社 1993 年版，第 156 页。
2 同上书，第 158 页。
3 汤因比：《文明经受着考验》，沈辉等译，浙江人民出版社 1988 年版，第 33 页。

第三节 ————————————————————————————

文明起源的探讨

19 世纪中叶兴起的文化人类学深刻地影响了西方人的文明观念,其影响主要有两个方面。第一,文化人类学对人类文化起源的考察加深,甚至在某种程度上改变了人们对文明本质的看法。西方人的思维习惯是由事物的起源来决定事物的本质,因此,希腊人学思想从对世界"本原"(arche)的追问开始。希腊人认为,最初存在的东西贯穿于事物存在的全过程,因此,人的最初状态是人的本质。近代的"社会契约论"者也把社会的起源作为社会的本质,但他们对人的"自然状态"的论述仅仅是假说,没有任何实证依据。文化人类学通过大量的考古学["考古学"(archealogy)的意思就是本原之学]和对现存原始部落的社会调查,不但对人类文明的起源有了实际的了解,而且获得了关于文明的缘由和本质的前所未有的丰富知识。

第二,通过对原始思维和行为的研究,对"文明人"的思维和行为有了新的认识。任何东西的特质只有在与不同的东西进行比较和对照的情况下,才能被理解。过去的思想家一般都是在与动物的比较中理解人性和人的本质。但是人与动物的差别太大,况且有不同种类的动物,只有与最接近于人类的动物进行比较,才能深刻理解人自身。达尔文进化论的创立使人知道人和猿的亲缘关系,这不但可以通过与猿人的比较来了解人的体质和生理特征,更重要的是,可以通过与原始人的比较,来理解"文明人"的特征。

本节首先谈文化人类学对人类文明起源的考察,下一节接着说明对原始思维的研究对于"文明人"观念的贡献。

一、"文化人类学"的观念

《韦伯斯特大词典》中"人类学"的定义是:"关于人的科学,着重研究人种、人类的体质和文化上的特征,人类的分布、习俗、社会关系等等。"[1] 在这个定义中,

---

1 *Webster's New World Dictionary* (Third College Edition),New York:Prentice Hall,1994,pp. 58 - 59.

包含着人类学的两个方面和发展向度：一是人种的和体质的方面，一是文化的方面。虽然只有在这两方面的统一中才能把握人的全部属性，但随着后来的学科分化，人类学发展为体质人类学和文化人类学两大体系。体质人类学与生物学和生理学、解剖学等实验科学相关，文化人类学与人学的关联度更强，在 19 世纪中叶之后，成为西方人学的一个重要部分。

1. 文化人类学的起源

在西方，文化人类学的传统由来已久。我们在解释古希腊人学思想时已经谈到，在被称为"历史学之父"的希腊学者希罗多德的九卷本大著作中，有很多文化人类学的材料，他因此也被称为"人类学之父"。罗马诗人和哲学家卢克莱修的哲学诗中，对人类的起源和文化发生等问题作了许多探讨，其旨趣与现代文化人类学相同。

然而，正如美国学者 W. 哈奇所说："大多数欧洲历史中，对异族文化的民族兴趣较少，也极少思考对其他不同生活方式做系统的研究。然而，这种冷漠与轻视在哥伦布发现新大陆以后逐渐消失，因为随着欧洲探险与拓展的自然发展，对于'奇怪'与'陌生'的风俗，以及对那些看起来乃至闻嗅起来不同于家乡本土的民族渐增好奇心。"[1]

阿道夫·巴斯蒂安（Adolf Bastian）是近代第一个真正意义上的文化人类学家。他九次环球旅行，曾到过美洲、非洲、印度、东亚、南海群岛等地实地考察，积累了大量有关世界风俗文化的研究资料，具有丰富的地理学、生物学和心理学知识。他的著述包括游记及论著约 60 部，较重要的有《人类根本观念》《历史上的人类》《民族学的史前史》等。

随着旅行次数的增加、所见所闻的开阔，巴斯蒂安逐渐产生了人类具有相同的"根本观念"的思想。什么是根本观念呢？在抽象的意义上讲，根本观念就是人类的天性或者说是自然倾向，它是人类文化赖以产生和发展的心理基础。换言之，在巴斯蒂安看来，心理是人类一切文化创造的渊源，是统一世界观的基石，是社会历史文化隧道的入口。然而，抽象的根本观念是不能体现自身、展开自身的，

---

1 W. 哈奇：《人与文化的理论》，黄应贵、郑美能编译，黑龙江教育出版社 1988 年版，第 2 页。

它只有在具体的地域、具体的民族中才能获得现实性的展示,这就使得特殊境况下的民族观念的发生成为必然。正是由于根本观念相同,各个民族才会发生类似的民族观念,从而形成类似的文化模式。

虽然巴斯蒂安认为文化的发生和发展具有各民族一致的心理基础,类似的观念及其产物会在各民族中独立发生,并行出现,但他并不否认这些观念及其产物可以传播并融合到其他民族的文化之中。相反,传播与融合对一种文化的形成是很重要的。在这一点上,他与后来的极端进化论者对文化传播与文化融合现象的轻视态度形成了对比。

文化人类学作为一门学科,建立得比较晚。直到 19 世纪 60 年代早期,专业学者才开始进行人类学的田野调查,19 世纪最后二三十年间才有几位人类学者开始在欧洲和美国的大学以及博物馆接受任职,到 20 世纪初才设立研究生课程。

2. "文化"和"人性"的主题

从入学的角度看,文化人类学有两个根本的特征:第一,它是在"文化"与"人"的关系中展开的,是一种人与文化关系的理论。第二,文化人类学不是从概念出发,而是从具体的、经验的文化现象和文化活动中来考察和研究人的社会和文化行为,田野调查法是文化人类学的基本方法。

但是田野调查方法的目的、角度以及对调查材料的概括都离不开人学的基本概念和原则。哈奇认为:"一个人类学者所采用的文化观念与人类形象对他的学术工作是最基本的。"他说:"人类学田野研究的成功或失败,经常取决于研究者对某些关键名词当地意义的掌握,同样,对于历史的观念研究也是如此。20 世纪的人类学所要了解的最基本名词之一便是文化。"不仅如此,文化人类学家还要关心人性问题。他说:"一个与文化概念密切相关的题目是有关人性的问题。文化需要行为,因此,一位学者对风俗的概念便隐含着他所采用人类形象的意义。"[1]

不过,文化和人性的内容是十分复杂的,文化人类学中歧见迭出。就"文化"这一概念来看,哈奇认为,对某些人来说,文化是满足人类物质需要的良好适应工具,而另一些人则心照不宣地认为它实质上是独立于生活的层面,并几乎是随

---

1 参见 W. 哈奇《人与文化的理论》,黄应贵、郑美能编译,黑龙江教育出版社 1988,第 1—2 页。

意地依这些而改变的;有些人将制度受社会成员主动地使用与操纵看作理所当然,而另一些人认为文化背后的支配原则位于个人所掌握不到的一个层次里;有些人坚持文化在现时的条件上生根,而还有一些人认为它是历史偶然事件的产物。

关于"人性"概念,同样也是众说纷纭。"有些人将个人看作是几乎完全受他的文化环境所塑造出的无定形的群众(mass);有些人则视个人受种种需要与内驱力束缚,虽可经由文化来满足,却无法将其改变;还有其他人则将个人视为是自我中心与情绪型的,且随时需要道德的约束。"[1] 这种歧见和复杂性,虽然有违思维的简单性和明晰性的要求,却也为我们进一步的文化追求和思考保留了广阔的空间。

3."社会交往"的主题

文化人类学的一个基本信念是,人在与他人的交往中,在复杂的社会和文化活动中展开自己的存在方式并塑造自己的特有的能力、属性。文化人类学的根本意义或价值,就是探寻人类共同交往和社会生活的基本方式,因此,文化人类学有时也被称为"社会人类学"。

英国学者麦克尔·卡里瑟斯(Michael Carrithers)在介绍人类学的通俗著作《我们为什么有文化》中,在与古希腊哲学家苏格拉底提出的哲学问题的对照中,深刻地表述和规定了文化人类学的主题。苏格拉底曾经提出一个至今仍在引起反响的命题:"认识你自己。"人要认识的首先是他的生活的价值,"未经思考过的生活是不值得过的生活"。针对苏格拉底思想的主题,卡里瑟斯说,人类学家提出的问题不是"我应该怎样生活",而是"我们如何生活在一起";不是"我是谁",而是"我们是谁";不是"我该怎么办",而是"我们该怎么交往";不是"应该做些什么",而是"已经做了什么"。

卡里瑟斯说:"人类学家的问题并非是无关紧要的。苏格拉底要求我们对自我进行反思,人类学家则强调,这一思考还必须包括对我们共同分享的生活的思考。这里'我们'是指我们人类。作为同一物种,我们表现出密切的休戚相关和令人惊讶的相互依赖。我们是社交的动物这一点不是我们属性的偶然、意外的因素

---

1 W.哈奇:《人与文化的理论》,黄应贵、郑美能编译,黑龙江教育出版社 1988 年版,第 1—2 页。

所导致的结果,而是决定我们之所以为人类的根本所在。没有社会,我们就无法生活,就无法继续作为人类存在下去。正如莫里斯·戈德里耶(Maurice Godelier)所说:'相对其他社会动物而言,人类不光生活在社会中,他们还为了生活而创造社会。'因此,以人类学家的眼光看问题,把人类仅仅当成个人来研究是不全面的。不了解我们和他人的关系,我们就无法了解我们自己。"[1]

二、 文明起源的进化论解释

关于人类各种族的起源,西方人长期接受的是《圣经·创世记》第十章的说法:洪水之后,挪亚的子孙闪、含和雅弗"分开居住,各随各的方言、宗族立国"(《创世记》10:25)。16世纪地理大发现之后,西方人知道了世界各种族的分布,他们对人类最初的迁徙有这样的解释:闪留在中东附近并向东迁徙,繁衍成黄种人的各种族;含向南迁徙,繁衍成黑种人的各种族;雅弗向西迁徙,繁衍出白种人的各种族。就是说,人类所有种族或民族是同源的,是从同一地方传播出去的。

达尔文创立的进化论,对"上帝造人"的信条是一个沉重的打击。达尔文揭示了人类起源的生物进化根源,但他并没有对人类社会和文明的起源作更多的猜测。一批社会学家和文化人类学家把生物进化的模式运用于人类社会和文明,提出了人类文明的文化进化论解释。

文化进化论学派是近代人类学史上影响最大、实力最强的派别之一,主要的理论精英有美国的摩尔根,英国的斯宾塞、泰勒、弗雷泽、麦克伦南,以及瑞士的巴霍芬等人。他们研究的视角不尽相同,但都认为人类文明是不同地域的种族进化发展的结果,不同民族的文明遵循着同一进化规律,处于进化的不同阶段。

1. 人类进化的阶段性

赫伯特·斯宾塞接受了法国思想家孔德关于人类精神从神学到形而上学再到科学的三阶段进化模式,认为社会的各个方面都经历了从简单到复杂、从低级到高级的进化阶段。文化上的进化是从原始到野蛮再到文明的三阶段,经济上的进化表现为从狩猎、畜牧到农耕的三阶段,生产工具的进化表现为从石器、铜器到

---

1 麦克尔·卡里瑟斯:《我们为什么有文化——阐释人类学和社会多样性》,陈丰译,辽宁教育出版社、牛津大学出版社 1998 年版,第 1 页。

铁器的三个时期,家庭和社会关系的进化表现为从杂婚、群婚、母系社会到父权社会等阶段,宗教上的进化是从祖神崇拜到多神论和一神论,近代的自然神论和不可知论则是更高的进化阶段。

摩尔根(Lewis Henry Morgan)长期居住于印第安易洛魁人部落,通过实地调查论证了社会阶段性进化的模式。他的《古代社会》一书被恩格斯称为"在论述社会的原始状况方面""像达尔文学说对于生物学那样具有决定意义的书"[1];他给原始历史研究所建立的系统,在基本的要点上,迄今仍是有效的。

摩尔根相信,社会文化的阶段性进化的推动力就是技术发明;以家庭为基本单位的整个社会文化系统内部的各个方面又是相互关联的,技术作为其中最重要的因素起着关键性的作用。要用全景式观点透视一种新的技术发明所导致的人类生活方式的连锁变化。

摩尔根的社会演进阶段理论对不同文化进行了比较研究,尤其对作为生活手段的技术革新状况进行了比较。《古代社会》一书为我们描述了一个从野蛮时代经过蒙昧时代,进而达到文明时代的社会进化的全景图式。

(1)野蛮时代

野蛮低级阶段　　以野果为食物

野蛮中级阶段　　食用鱼类和使用火

野蛮高级阶段　　发明弓箭

(2)蒙昧时代

蒙昧低级阶段　　发明制陶术

蒙昧中级阶段　　饲养家畜(旧世界),用灌溉法种植玉蜀黍和使用土坯、

　　　　　　　　石头(新世界)

蒙昧高级阶段　　使用铁器

(3)文明时代　　发明和使用文字

进入20世纪之后,随着实证性研究的发展,人们发现各民族文化普遍的单线进化的观点不合实际,并不是所有的社会组织都像摩尔根所认为的那样,进化到某

---

[1]《马克思恩格斯全集》第36卷,人民出版社1975年版,第112页。

一阶段就会产生氏族制度,氏族制度也并非总是遵循从母系到父系的发展顺序。

然而,进化论仍是具有生命力的,它在沉默了几十年以后又以一种新的面目活跃起来,这就是新进化论。20世纪30年代前后,一批文明人类学家举起了复兴进化论的旗帜,他们分别从普遍进化论和特殊进化论两个角度革新了19世纪的古典进化论。

2. 文化进化的"常数"

L. A. 怀特(Leslie A. White)赞同早期文化进化论者的基本观点,认为人类社会文化的发展具有一个总体的方向,通过对一般性的文化内容的研究可以概括出文化的规律。但他反对早期文化进化论者对特殊文化形态的关注。在《文化科学》一书中,他说,把文化当作整体来讨论时,我们可以把一切环境因素平均看待,当作一个"常数"。文化是整个人类的综合的经验,就其作为一个独立的整体而言,对文化的解释只能通过文化自身来完成,将它归结到生物学、心理学、生态学等各个方面来解释是不正确的,文化的进化是一种超乎偶然性的历史积累,是一个自己决定自己的过程。怀特认为,文化是人创造的象征能力,是一种赋予事物本身所不具有的意义的能力,这种能力是人类所独有的。文化由技术体系、社会体系和观念体系三方面构成,其中技术体系直接决定着社会体系,并以社会体系为媒介间接地决定着观念体系。

怀特认为,文化进化是一种以时间为顺序的形式和过程,可以纯粹从技术的角度来定义。技术以帮助人们从环境中获得能量为目的,因而,一定人群的进化程度又可以用每人每年所能得到的能量来衡量。他从能量的角度来考察文化进化,将其划分为四个阶段:(1)人类依靠自己体内能量的阶段;(2)通过种植和饲养得到粮食的阶段;(3)通过动力革命利用煤炭、石油等地下新能源的阶段;(4)以核能为日常生活能源的阶段。

3. 人的文化生态

J. H. 斯图尔德(Julian H. Steward)在批判怀特普遍进化论的基础上提出了特殊进化论(也称"多系进化论")。与怀特相比,他更注重对特定区域的民族文化进行研究,强调生态环境对文化的影响,注意到了技术与环境的互动关系对社会文化系统的作用。他对文化的进化历程进行了多线索的考察,其理论目标不是要寻找普遍规律,而是要发现文化与历史发展的并行性。

斯图尔德认为,一定的基本的文化类型在相似的条件下,可以沿着相似的道路发展,然而这种在人类一切集团中按照正常顺序出现的具体文化是很少的。问题就在于生态环境的影响。人类的生活方式与他们所处的自然环境之间具有相适应的关系,越是低级的文化受其特定地理环境的影响越大,人类要满足自己生存的需要就必须调整生活方式以适应环境,这就是文化的调适(adaptation)机制。调适的具体方式是由特定的环境和用来开发这种环境的技术共同决定的。

按照环境、技术与调适的关系的密切程度,斯图尔德把社会文化系统划分为两个部分:主要由技术和经济决定的要素,如居住形式、劳动分工、资源配置等,这些是"文化内核";文化内核之外的,如文化艺术等要素被称作"第二性征"。斯图尔德认为,第二性征对人群的基本生存方式无关紧要。就其产生来说,文化内核大多是独立发明的,第二性征则容易在更广大的区域内通过传播而获得。

斯图尔德的调适、文化内核、第二性征理论被称为"文化生态学",对说明各民族文化的特色及其内部的关系具有很大帮助。

4. 人类文化进化的多样性和阶段性

怀特与斯图尔德共同的学生——萨林斯和塞维斯认为普遍进化论与特殊进化论并不矛盾,应该把两者结合起来说明文化的进化,由此提出了一些协调性的理论。

萨林斯认为,特殊进化是按年月的时间顺序发展的在功能上相互联系的形态。文化在适应环境的过程中,从旧的形态分化出新的形态,从而形成特殊性和多样性;另一方面,文化进化也仍然是时间的普遍化过程,将各种文化按定向进化的阶段进行排列是可能的,这种排列的顺序就是一般进化。萨林斯的努力旨在把形态的分类与系统的发育相结合。赋予文化的各个阶段以形态的特征,使具有显著形态特征的文化都自动地排列在文化发展的普遍阶段上。

塞维斯整理了大量民族志资料,在普遍进化与特殊进化结合的前提下,提出了人类文化进化五阶段设想:(1)以家族纽带来统一较小群体的简单社会,如采集和狩猎民族的社会;(2)以非地缘性的纽带统一几个群体社会为一个部落;(3)以生产的专业化、产品的再分配以及中央集权等来统一更为复杂的社会,如酋长制社会；（4）以国家这个行使法律权力的官僚制度来进一步加强统一；（5）由工业社会——国家机构及其相互依赖的分工网络进行统一。

5. 文化进化论的功过

文化进化论者们普遍对自己的理论持一种乐观的态度，认为创立一门有关文化和社会发展的独立的科学是完全必要并且可能的，人类历史是自然史的一部分，人类最终也会像发现动植物生长规律那样精确无误地发现主宰人类发展的规律。他们基于人类本性一致的观点，得出了社会和文化进化的多样性和单线性的结论，将特定的文化因素或者全体的人类文化按照预设的进化阶段顺次排列，从而建构了一种宏伟的文化进化史。

文化进化论有以下几个前提：（1）人类在心理上是一致的；（2）人类生活条件大同小异；（3）在一致的心理和基本相同的生活条件下，不同的民族能够独立地创造出大致相同的文化；（4）不同地区的文明是平行地、逐步地、进化的；（5）不同民族的文化进化程度不同，处于不同的文明发展阶段。

文化进化论者把西方技术文明作为进化的最高阶段，把西方文化的其他方面也作为文化进化的最高阶段，如一神教是宗教进化的最高阶段。这难免落入"西方文化中心论"的窠臼。体质人类学中的西方种族至上的种族主义偏见和文化人类学中的西方文化中心论是一对孪生兄弟，两者都把西方民族，尤其是日耳曼-盎格鲁民族作为进化的最高结果，以此为标准去贬低其他民族。

尽管有这样或那样的缺陷，文化进化论的历史作用仍然功不可没，它为我们确立了全景的观点和比较的研究方法，系统地描述了人类文化起源和发展的过程；它所确定的人类历史的发展方向使人们获得了关于自身发展的更为正确的认识。

三、 人类文明起源的传播论解释

文化进化论认为人类文明是多元的，不同地区的文明是平行地、逐步地进化的，没有一个共同的来源。有些学者不同意进化论的这种解释，认为人类文明是传播的产物。"传播"（diffusion）这一概念源于物理学，是"扩散""漫流"的意思。传播论学派认为，各民族文明的发生不是或很少是独立的，而是由最初的文明传播的结果，传播的方式主要是部落迁徙和通婚、交流。传播论者提出两条原则：其一是说文明的创造是罕见的,多为一次性的;其二是说进步不是必然的,文明的传播多伴随着退化和衰落。他们认为,人类文明起源于中东或西亚,从那里传播到世界各地。传播论者有英国派和德国派两大派别。

1."文化圈"理论

德国派的传播论者提出了"文化圈"(Kulturkreis)的理论。他们认为,每一种文化现象都是在某时某地一次性产生的,产生之后便通过人们的交往活动向外传播,从而形成一定的文化圈。凡是相同的文化现象,都源于一个中心,属于同一文化圈。格雷布内尔(Fritz Graebner)说,重建各种文化圈是文化历史学家的"首要的和基本的任务"。他建立了六个文化圈,它们都起源于非洲的"原文化"。

格雷布内尔制定了确定文化圈的主要标准。他提出,每个文化圈大约含有 5 至 20 个文化因素,文化因素包括物质文化形式、社会生活以及精神生活的某些文化形式,文化圈的特性就是由这些文化因素的不同组合形成的。格雷布内尔认为,整个世界有 6 至 8 个单独的文化圈。

为了证明文化传播的事实,格雷布内尔采取了分析文化类似点的方法,来辨认传播所留下的痕迹。为此,他提出了评判文化类似点的两个具体标准。第一个是质的标准,即物质的形状及社会制度或观念的构造与作用。以非洲和美拉尼西亚的弓箭所作的比较研究为例,两地的弓箭不仅制弓材料的截面呈相同的半圆形,而且编织的环都被用于接弦处。格雷布内尔认为,由这种形态上的相似性就可以推断出,两地的弓箭是有着共同的起源或某种相关性的。但是这种用事物属性的特征来判别事物起源的方式显然带有很大的主观性。为了把这种主观性限制到最低程度,他又提出了量的标准。

量的标准指质的类似点的多少。例如,进一步调查弓箭分布地域可以发现,不仅弓箭,非洲和美拉尼西亚两地房子的形状、假面具、植物制纤维衣以及鼓的形状等,也存在着类似点,这些文化要素的复合构成了类似的独特关系,这种类似达到一定程度,我们便可以判断说它们属于相同的文化现象。凡相同的文化现象,不论距离远近,只要能找出传播的痕迹就能证明它们之间存在着系谱关系,属于同一文化圈。

2. 原始一神论

施密特(Wilhelm Schmidt)对"文化圈"作了更为深入的研究,提出了新的划分方法。他认为,人类最早的文化是一种名为"非洲矮人"(African Pygmy)的人种的发明,最早的文化是"一夫一妻外婚制"的原始文化圈。这个原始文化圈又派生出"父权图腾制高级狩猎者文化圈""母权制种植者文化圈"和"父权制畜牧者文化圈"三个基本文化圈,此后的人类文化都是这三个基本文化圈向外传播与相互结合的结果。

虽然基本文化圈的物质文明程度很低,却有高级的宗教。施密特在 12 卷的《上帝观念的起源》这部名著中证明,多数原始民族都崇拜一个全能的父亲般的至上神。他在考察了世界各地留存的原始部落的宗教之后,得出了这样的结论:"假如在这个庞大的区域中,原始民族的残余都有至上神的信仰,那么这种信仰显然是人类古文化的主要成分。这种信仰必然是最古时代的黎明,在个别民族彼此没有分开之前,就已根深蒂固地生长在这文化中了。"[1]

原始宗教信仰的至上神是全知、全能、仁慈的,是万物的创造者。原始宗教是严格意义上的一神教,原始一神教是宗教的最初形式,多神教和神鬼崇拜只是后来的附加和退化的表现。这就说明,至少在宗教这一文化的主要形态里,文明的发展不是进化,而是退化。

3. "雅利安人"的起源

宗教学的创始人缪勒(Friedrich Max Müller)通过对印欧语系、闪族语系和图兰语系中关于天神的发音和意义的比较,力图证明在各民族分化之前,人类都崇拜一个共同的"无限者"。他虽然没有明确地主张原始一神论,但明确地反对把从原始宗教到现代宗教的发展解释为由低级到高级的进化过程。他认为信仰一个无限者的能力一开始就存在于人类的心灵中,因为人类"感到有'无限者'的存在,于是神有了各种不同的名称,各种不同的形象。没有这种信仰的能力,就不可能有宗教,连最低级的偶像崇拜或物神崇拜也不可能有。只要我们耐心倾听,在任何宗教中都能听到灵魂的呻吟,也就是力图认识那不可能认识的,力图说出那说

---

1 转引自吕大吉《西方宗教学说史》,中国社会科学出版社 1994 年版,第 712 页。

不出的,那是一种对无限者的渴望,对上帝的爱"[1]。

缪勒的宗教学研究方法主要是比较语言学的方法,他所熟悉的语言是印欧语系。通过古印度语、中亚语言和德语等欧洲语言的比较,他得出了现在的欧洲民族起源于古代中亚的雅利安娜(Ariana)地区,因此被命名为"雅利安人"(Arian)。缪勒并没有提出人类学和考古学上的证据。雅利安种族是否存在,以及欧洲哪些民族属于这一种族?这一问题立即在欧洲引起激烈的争论。有人评论说:"除了进化论的问题外,也许再没有其他科学问题能引起如此激烈的讨论,能被盲目排外以及其他带有偏见的作者搞得如此混乱。"[2]

一些人指出,从"雅利安语"推断"雅利安人"混淆了语言现象和民族现象,"雅利安人"是一个没有科学根据的、种族主义的概念。即使在承认雅利安人存在的人中间,德国学者和法国学者也持不同的意见。德国人说,雅利安人身材高大,皮肤白皙,是现在德国条顿族的祖先;而法国人则说,雅利安人是沿着阿尔卑斯山把语言和文化带入欧洲的种族,是现在法国人口的重要成分。而后兴起的德国法西斯主义运动,借机把雅利安族奉为德国民族的祖先,宣扬德国民族至上,更是毫无根据的谎言。

4. "泛埃及主义"的文明起源论

传播论英国派的主要人物史密斯(Elliot Smith)是一位体质人类学家,对古埃及的文化有浓厚兴趣,提出了"泛埃及主义"的文明传播论。他认为尼罗河流域是世界文明的唯一中心,古埃及是所有高级文化因素的发源地,世界上较为粗朴的文化不是原始形成的,而是由埃及的古文明退化而来的。

埃及文明以崇拜太阳和建筑史前巨石为其文化标志,史密斯称之为"太阳文明"。1911年,他出版了《古埃及人》一书。该书推断,大约在公元前9世纪以后,埃及文明开始向世界各地传播,传播的路线向东经阿拉伯、波斯湾直到印度尼西亚,后又继续向东到大洋洲,经大洋洲和太平洋北部而达到美洲。史密斯认为,建立史前巨石的习俗、尸体的木乃伊化、崇拜太阳和蛇、制作偶像、崇拜神王(太阳之

---

1 转引自吕大吉《西方宗教学说史》,中国社会科学出版社1994年版,第628—629页。
2 转引自A.C.哈登《人类学史》,廖泗友译,山东人民出版社1988年版,第137页。

子)、织布工艺、颅骨变形、割耳、穿耳、拉耳等习俗,都是从埃及传播到世界各地的。他也列举了一些证据,例如,在中美洲印第安人的文化中,也出现了与古埃及金字塔的建筑风格和巨石结构十分相似的金字塔。在他看来,印第安人自己发明这么高级的建筑技术是不大可能的,非常可能是从古埃及传播过来的。

5. 文化传播伴随着退化

史密斯的泛埃及主义没有解释古埃及人为什么要远渡重洋,为什么能够把自己的建筑技术移植到不同民族人的头脑中去。他的学生佩里(William James Perry)和里乌斯(William Rivers)力图回答这些问题。佩里说,古埃及人是"太阳之子",他们为了探寻珍宝而长期跋涉,随着频繁的迁徙而把自己的文化带到了世界各地。

那么,世界各地的文化为什么不是同一而具有差异呢?佩里解释说,文化越是远离原始中心就变得越贫乏,并且也因为与土著的混合而变异。佩里在《太阳之子》一书中得出这样一个著名结论:"文化的传播总是伴随着退化","没有经久不变的器物和艺术"[1]。

里乌斯在《美拉尼西亚社会历史》一书中分析了美拉尼西亚原始部落的习俗,找出了这些部落文化的外来成分。比如,他发现在一个狭小地区竟存在五种复杂的葬礼。里乌斯分析说,这些葬礼不大可能是缺乏创造力的部落的独立发明,它们倒很可能是外来的。他推测说,很久以前,一批外来男子乘筏来到美拉尼西亚群岛,与当地女子结婚,采用了当地习俗,逐渐忘记了自己原来的文化,包括筏的制造和使用。因此,美拉尼西亚人居然不用筏这种工具。但是这些外来人唯一不能忘记的是祭奠他们祖先的葬礼,于是,多种葬礼被保留下来。

6. 文化传播的途径

传播论力图纠正文化进化论关于文明起源的独立同步模式和文明发展的直线式进步模式。进化论者对传播论也有不少直接的和间接的反批评。最常见的批评是指责它过于思辨和臆断。传播论者在发现相似的文化现象时,便断定其中必有传播和模仿,而不论它们距离之遥远,也不在乎它们实际接触的途径和传播

---

1 W. J. Perry, *Gods and Man*, London, 1927, pp. 53, 61.

路线。美国的人类文化学家威斯勒(C. Wissler)是后起的历史批判学派的一员,他试图发展文化传播的途径,来克服传播论的主观随意性。

威斯勒以北美的资料为核心论述了文化传播的途径,提出了时代—地域假说。该假说认为,某种文化特征目前的地域分布状况可以指示出这种文化特征最初的发源时间和发源地。由于文化的传播总是从中心向四周扩散开来的,而要扩散到一定距离就需要一定的时间,所以,一种文化的特征分布越密集的地方,就越靠近这一文化的源头;一种文化特征分布范围越广,就说明这一文化产生得越早。

威斯勒把传播途径区分为两种形式:自然传播形式和有意识、有计划的传播形式。自然传播是在人们不自觉的情况下,从中心向四周,无意中被传播开来的;有意识、有计划的传播,表现为拓展殖民地、开发新大陆、战争、传教等活动,由于有人的主观意志的控制,不一定按照从中心向四周扩展的模式进行,而是具有特定的方向性。

四、 西方学者关于中国文明起源的解释

对于古代诸文明之间的联系,传播论关于中东与中国文明之间联系的解释最缺乏证据。中东与希腊文明之间的联系是众所周知的,印度与希腊文明之间的联系可以从语言的角度加以分析。唯独中国与中东文明之间的联系既缺乏历史的证据,又难以发现语言学上的关联。正是鉴于这样的理论需要,19 世纪末出现了"中国文明外来说",为传播论增添了有力的支持。

1. 中国文明外来说

19 世纪与 20 世纪之交,说中国文化来自东南西北的各种主张都有。"南来说"的代表有法国人戈宾(A. De Gbinean)和德国人威格尔(F. Wieger);"北来说"的代表是美国人安德鲁(R. G. Andrews)和奥斯本(H. F. Osborn);一些日本人则主张"东来说",据王伯祥《中国史》参考书第一篇引述日本人的意见,说中国文化来自东边的海岛;"西来说"有各种版本:日本人乌居龙藏认为中国文化起源于甘肃,德国人李希霍芬(F. Von Richthofen)认为中国文化起源于新疆,瑞典人克尔甘(Kerlgarn)认为中国文化起源于土耳其,有一批人,如奥斯本、威斯勒、克鲁伯(Kraeber)、华莱士(Wallis)和亨廷顿(Huntington)等都主张中亚细亚是人类种族的发源地,英国人拜尔(Ball)、美国人庞培尔(Pumpelly)和威廉姆斯(Williams)也

据此认为中国各族来自帕米尔高原。

在各种外来说中,"西来说"影响最大,历史也最长。早在17世纪,耶稣会上克齐尔(Athanase Kircher)认为中国人的远祖来自埃及,波兰人波姆(M. Boym)和英国人威金生(J. G. Wilkinson)也持此说。"西来说"在很长时间里只是在耶稣会等修会内研究传播。直到19世纪末,英国人查尔默斯(J. Chalmers)和法国人拉克伯里(T. Lacouperie)提出中国文化来自巴比伦之后,"西来说"才广为人知。

2. 中国文明西来说

据拉克伯里的《中国早期文明的西源论》一书,中东地区的图兰人(Turanian)分苏美尔人(Sumeiarmn)和阿卡德人(Akkadian)两支。公元前2280年左右,阿卡德人之王廓特奈亨台兼并了苏美尔人的迦勒底国后,率巴克族东迁,经中亚细亚到达中国西部,"巴克"即中国古籍传说的"盘古",廓特奈亨台即黄帝。[1]

拉克伯里的这些说法被清末至民国初年的一些中国学者所接受。刘汉光的《华夏篇》《思故国篇》《黄帝之立国篇》,章太炎的《种族篇》,蒋观云的《中国人志考》等书都采用此说。另外,王桐龄的《中国民族史》等书也说,从帕米尔高原下来的南三族和北三族的分支构成了中国人的各民族。

拉克伯里的西来说之所以能够风靡一时,主要有三个原因。第一个原因是因为巴比伦地处西端,西来说的其他版本都可以追溯到巴比伦。第二个原因是与当时中国知识分子的救亡心态有关。正如余英时所说,当时一流学者章炳麟、刘师培等之所以笃信不疑西来说,他们的用意是:"如中国的人种与文化源出于西方,那么中国人仍然处于现代世界的中心,而不在边陲。这也给当时不少人提供了'中国不亡'的心理保证。"[2]第三个原因更为重要:1921年,瑞典人安特生(J. G. Anderson)发现的仰韶彩陶上与中东古器上相似的几何花纹,似乎为西来说提供了考古证据。不过,安特生的态度还很谨慎,只说:"著者因联想李希霍芬之意见,谓中国人民乃迁自土耳其斯坦(即新疆),此即为中国文化之发源地,但受西方民

---

1 参见 T. Lacouperie, *The Western Origin of the Early Chinese Civilization*, London, 1894。

2 余英时:《钱穆与中国文化》,上海远东出版社1994年版,第23页。

族之影响。"[1]他并没有进一步说明这个影响中国文化的西方民族是在中东,还是在现在的西方世界。

3. 反西来说

拉克伯里的西来说传播开来不久,也遭到不少中国知识分子的强烈反对,说中国人的祖先来自西方,那是他们的民族情感无论如何也不能接受的。陈汉章在《中国通史》里说,巴克在里海西岸之波斯,"若率巴克民族东来,则来者仍是白种,而非黄种……由土耳其斯坦来中国者为黄帝乎?"又如,缪凤林在《中国通史纲要》里说,丢那尼安族属印度欧罗系,"从西来之说,则伏羲、神农、黄帝为白种人,而国人亦白人之子孙矣"。

西来说从中国古籍摘取证据,早期传教士在这方面已做过大量工作。拉克伯里所依赖的主要也是文献方面的证据。但是正如很多学者指出,这些文献证据是不充分的,有些甚至是明显的错误。比如,拉克伯里说八卦与楔形文字相似,这显然没有道理;又如,他把黄帝与盘古的传说相联系,这也难以说得通,因为盘古的传说是后起的,而且不见于正史,来源于南方的民间故事,它与比较可信的、流传于北方的黄帝的传说可以说是南辕北辙。

更重要的是,西来说缺乏考古上的依据。本来,安特生发现的仰韶彩陶与中东、南欧地区彩陶花纹之间相似的证据就不够充分。后来,中国的考古学家比较精确地确定了仰韶文化的年代,发现它并不晚于中东两河文化。并且,仰韶彩陶与中国本土其他文化区域的彩陶有着更密切、更明显的联系,有证据表明,仰韶彩陶的前身可能来自东部。仰韶文化的属主和年代的确定,对于驳倒拉克伯里的西来说具有决定性的意义。早在拉克伯里所假设的巴比伦部落迁移中国这一事件的二三千年以前,即公元前五六千年,蒙古人种的一个亚种就在中国西部创造了仰韶文化。面对着这样有力的证据,谁还能说中国西部的文化英雄黄帝是在公元前 2800 年左右从巴比伦来的呢?

---

1 J. G. Anderson. "Preliminary Report on Archaeological Research in Kansu", in *Bulletin of the Ceological Survey of China*, 1925, p. 36.

面对着种种不利于西来说的考古证据,安特生终于在 20 世纪 40 年代初放弃了旧说,他诚恳地说:"当我们欧洲人在不知道和缺乏正确观点的优越感的偏见的影响下,谈到把一种什么优越文化带给中国的统治民族时,那就不仅是没有根据的,而且也是丢脸的。"[1]

最近,考古学界以苏秉崎为代表的一些人,提出了"文化区系类型"的理论。他们根据新时期的考古发现,在公元前 8000 年至公元前 2000 年间的中国境内,区分出六个文化区域,它们是:甘肃的仰韶文化,燕辽的红山文化,山东的大汶口文化和龙山文化,江浙的河姆渡文化和良渚文化,长江中游的大溪文化、屈家岭文化和石家河文化,以及中原文化区。严文明把六个文化区的关系形象地比喻为"重瓣花朵式的向心结构":"这五个文化区都紧邻和围绕着中原文化区,很像一个巨大的花朵,五个文化区是花瓣,而中原文化区是花心……起着联系各个文化区的核心作用……与古史传说中各个部落集团经常迁移、相互交往乃至发生战争的记述是相呼应的。"[2]

4. 传播论的启示

在文化进化论与文明传播论的争论中,考古学的发现最具有决定意义。在考古证据方面,文化进化论略占优势,大多数曾经用来证明传播论的考古学证据,后来反而成为对文化进化论有利的证据。比如,中国仰韶文化的发现就是如此,这方面的考古发现无可辩驳地宣判了拉克伯里的西来说的死刑。我们是否能够说,现有的考古学证据已经一劳永逸地驳倒了所有形式的外来说呢?我们知道,中国文明西来说是人类文明传播论的一个版本,现有的考古发现是否在世界范围内决定性地驳倒了传播论呢?

现在考古界承认,在旧石器时代和新石器时代之间存在着一个中石器时代,最初的文明是伴随着中石器时代产生的现代智人的演化而出现的,是由那些在新石器时代早期(约在公元前 10000 年之前)定型的现代智人的某些种族创造的。

---

1 J. G Anderson, "Researches into the Prehistory of the Chinese", in *Bulletin of the Museum of Far Eastern*, *Antiquities*, 1943, 5, p. 291.

2 严文明:《中国史前文化的多样性与统一性》,见北京大学中国传统文化研究中心编《北京大学百年国学文粹·考古卷》,北京大学出版社 1998 年版,第 258 页。

但中石器时代的考古发现很少，现在所发现的只是新石器时代中晚期（约公元前8000年之后）的文化遗迹。由于从中石器时代到新石器时代中晚期之间存在着一个相当大的考古学的空白，这就遗留下一系列问题：现在发现的新石器时代中晚期的文化是本地区内土生发展起来的文化，还是由外部居民移入造成的文化飞跃？最早文明的丰富遗存所反映出的高度发展的文化水平有着什么样的基础等等。这些问题都有待于更多的考古资料以及更细致的分析之后才可望逐渐获得解答。

在公元前8000年左右，世界各地的文化已经具备了最早文明的部分或全部特征，包括磨制的细石器、墓葬、彩陶、家畜和农作物等。考古学家一般根据细石器形状和彩陶花纹的分类、器物的搭配（如猪和水稻属于一种文化类型，牛羊和麦黍属于另一种）、墓葬方式的不同等等，来区别文化的不同类型。但是出土器物的细微相似或差别只能回答先民是在什么自然和生活条件下使用这些器物的，并不能解决这些有着共同用途的器物是如何起源的问题。比如，早期文明都是养家畜、种农作物的文明，至于养什么样的动物，种什么样的植物，那是由气候地理等自然条件决定的，并不是区分文明类型的必然条件。同理，细石器形状和彩陶花纹的区别也许是次要的，重要的是，先民们用精凿细磨的方式来制造石器，他们在陶器上描绘和欣赏自己的"生活世界"，这标志着他们进入了共同的文明形态。

我们不妨用现代文明来做一个类比。如果把20世纪文明的标志物定为电视机、计算机、小汽车和电话等，那么这些标志物的类别，比如电子管、晶体管和集成电路的电视机，有线的和无线的电话，微机和大型计算机，不同款式和功能的小汽车，都不能区别文明的类型，更不能说明这些器物的不同类别是不同民族独立创造的。

美国人类学家林顿（Ralph Linton）曾写过一篇题为《百分之百的美国人？》的文章，描述了一个现代美国人日常生活中的情景："他早上从床上爬起来，那床是波斯或小亚细亚人发明的；身上的睡袍是东印度人发明的，制睡袍的丝绸是中国人发明的；床上用品的材料——棉花最早是印度人培植的，亚麻源于近东，羊毛源于小亚细亚，鸭绒睡袋发明于斯堪的纳维亚。他看了看墙上挂着的欧洲人最早发明的钟，走进了铺满了东方人发明的瓷砖的卫生间，坐上源于古罗马的卫生设备；

然后面对着地中海人发明的镜子,扣上了石器时代欧洲人发明的纽扣。随后走进厨房,取出中国人发明的餐具,喝了一杯阿拉伯人发明的咖啡,吃了一个地中海人最早培植的橘子,几粒小亚细亚人最早种植的葡萄,几片斯堪的纳维亚人发明的华夫饼干,并涂上近东人发明的黄油,还吃了一只最早由东南亚人驯养的禽类的蛋,一片用北欧方式腌制熏烤过的、由东亚人最早驯养的动物的肉。吃完早饭,他戴上用东方游牧民族发明的毡布制成的帽子,穿上用墨西哥人发现的橡胶制成的鞋子,撑了一把印度人发明的伞,然后出门,花了几枚古代吕底亚人最先发明的硬币,买了一包墨西哥人发明的香烟或巴西人发明的雪茄,一份用中国人最早发明的印刷术把闪米特人发明的字母印在中国人发明的纸上而形成的报纸。最后,他在报纸上看到一条关于外来文化对美国社会造成'恶果'的评论文章时,不禁用那本是源于印欧大陆的语言叹曰:'谢谢上帝!'(注:'上帝'是希伯来人发明的)我可是一个百分之百的(注:十进制是古希腊人发明的)美国人(注:'美国人[American]'一语源于意大利地理学家 Americus Vespucci 的名字)!"

　　毋庸置疑,文明是一个复合的整体,各个民族之间的频繁交往使得文化传播成为不可避免的事实。现在的问题是:人类文明最初是由一个民族创造并把它传播到世界各地的,还是由世界各地的民族在大致相同的时期内不约而同地创造出来的? 这需要考古学方面的证据才能回答。很多人认为,关于人类文明的起源所需要的考古学证据也许永远埋在地下,成为解不开的谜。因此,后来的文化人类学家没有全副精力地投入进化论和传播论的争论,或在两者之间持非此即彼的立场。他们更多地转向对已知的文化进行历史的、批判性的研究。

第四节 ————————————————

原始思维的解码

　　文化人类学家在解释原始文化时,不可避免地遇到原始思维的特点问题。文化进化论者在回答这一问题时,有意或无意地用文明人所具有的理性,说明原始思维的低下不足之处,同时又用原始思维的特点,反过来说明文明人的理性思维的起源和发展过程。也有少数学者把原始思维和理性思维放在同等层次,寻求其共同性。但不管用哪种方式说明原始思维,原始思维都只是文明人反思自身的一个参照系,其最后归属指向"文明人"自身。

一、万物有灵论

泰勒(Edward Burnet Taylor)以丰富的民族志资料为基础,在进行跨文化比较的过程中,以人类思维的统一性和文化发展的进化论为基点,围绕"语言""神话""宗教""巫术"等概念建立起文化理论体系。他揭示了原始思维"万物有灵论"的特征,以此探讨宗教起源及其发展过程,在学术界的影响极大,被称为"人类学之父"。

1. 文化领域的"残存物"

泰勒在《原始文化》的开端为人类学规定了两条基本原则。第一,文明的发生和发展如同自然过程一样,服从于普遍规律,相同的原因产生相同的结果。因此,为了说明我们尚不知其原因的某一民族的文化现象,我们可以用已知原因的另一民族的相同文化现象来进行类比推理。第二,人类文化是一个进化过程,上一阶段是下一阶段的原因,文明时代较高级文化是蒙昧时代、野蛮时代较低级文化的产物,从那里可以找到文明的根基。在这两条原则的指导下,研究人类文化的人类学就可以成为"适合人类思想和活动规律的对象",变成一门真正的科学。[1]

泰勒认为,尽管早期文化已经消失,但它们在后来文化中还有"残存物"(survival)。比如,现实中残存着的一些无意义的习惯在前一阶段曾经具有实用意义。所以,我们可以根据这些习惯原来所拥有的意义来解释许多其他办法所不能解释的现象,重新确认各个习惯间的相似关系,通过实证性的分析,从通常认为是不可理喻的行为中发现新的、合理的意义。当重构已经不能直接了解的过去时代的文化时,运用"残存物"的方法常常是卓有成效的。

2. 宗教起源于万物有灵论

泰勒认为,人的思维能力也是有一个进化过程的,人们在长期的经验中逐步摆脱错误思想,获得较为正确的观念,宗教的发展就反映了这一点。从万物有灵

---

1 转引自吕大吉《西方宗教学说史》,中国社会科学出版社 1994 年版,第 644 页。

阶段,到多神教阶段,再到一神教阶段,是宗教进化的一般过程。

在万物有灵阶段,原始人对生、死、环境、幻觉等现象迷惑不解,于是逐渐产生了灵魂观念。泰勒说:"灵魂是不可捉摸的虚幻的人的影像。"灵魂作为一种超自然的东西既存在于人们生前,又存在于人们死后。整个世界充满着灵魂,并且,不但人有灵魂,世界万物都有灵魂或与之相类似的东西。他认为:"我们所记述的作为原始万物有灵论的这一切,毫无例外地都是一切蒙昧人所固有的。"[1]

后来,人们的思维更靠近了实际一些,从这些超自然的东西当中选出一部分较高级的作为神灵来崇拜。这样,就进入了多神教阶段,天、地、日、月等都成为人们敬畏和祭祀的对象。人们认为,对这些神灵的祭拜,能够为他们带来实际的好处。最后,人们又感到多神统治过于混乱,需要一个最高神来统率其他所有的神,于是一神教阶段便到来了。

通过对万物有灵论的研究,泰勒得到的结论是,现代世界主要宗教体系仍然保持着原始人的思维方式,甚至现代哲学也"惊人牢固地保持着原始的蒙昧人的思路"[2]。文化人类学的任务是要揭示那粗糙而古老的文化残存物,把其中有害的迷信的东西淘汰掉。

二、 原始思维的规律

文化人类学家不但描述原始思维的种种表现,而且追问原始人为什么会如此思维。为了回答这一问题,他们力图总结出原始思维的规律。但是,作为现代文明人,他们不得不按照文明人的标准来概括原始思维的规律,这样就不可避免地出现两种不同倾向:一是强调原始思维与现代思维的相似性,二是强调两者的本质区别。弗雷泽(James George Fraze)和列维-布留尔(Lévy-Brühl)分别是这两种倾向的代表。

1. 相似律和接触律

弗雷泽认为,原始文化的主要成分是巫术,巫术的基础是原始思维的原则。他把原始思维的原则归结为两条:一是相似律,即认为"同类相生""结果与原因相

---

1 转引自吕大吉《西方宗教学说史》,中国社会科学出版社 1994 年版,第 648、652 页。
2 同上书,第 665 页。

似"；二是接触律，即认为曾经有过接触的东西之间存在着远距离的感应性。根据相似律，巫师相信可以通过模仿来施行法术，这叫"模拟巫术"。根据接触律，巫师相信可以实施远距离的交感作用，这叫"接触巫术"。

弗雷泽认为相似律和接触律来源于人类普遍的心理联想的原则，却是心理联想原则的错误的运用，并无客观根据。他因此把巫术称为"伪科学""没有成效的技艺"。但另一方面，作为一个进化论者，弗雷泽也不得不承认原始思维和现代思维的联系，也肯定巫术是"科学的近亲"。他说："早在历史初期，人们就从事探索那些扭转自然进程为自己利益服务的普遍规律。在长期的探索中，他们一点一点地积累了大量的这类准则，其中有些是珍贵的，而另一些则是废物。那些属于真理的或珍贵的规则成为我们称之为技术的应用科学的主体，而那些谬误的规则就是巫术。"[1]

在弗雷泽看来，巫术和现代科学有着共同的心理学基础，这就是心理联想原则。两者的区别仅在于，原始人没有区分观念的联系和事实上的因果联系，因此错误地运用了这一原则，而现代科学则要求观念的联系必须与事实相符合，从事物的规律性抽象出因果关系的观念。从巫术到科学是一个有历史连续性的进步，而不是跨越鸿沟的飞跃。但正如维特根斯坦所批评的那样，弗雷泽按照现代科学的观点分析古代巫术的性质，实际上是用现代英国绅士的眼光看待他不熟悉的人的生活和语言。

2. 集体表象

法国人类学家列维-布留尔继泰勒和弗雷泽之后对原始思维的特征进行了深入考察，但他不同意把原始思维解释为至今仍然在起作用的"历史残余"或与科学有联系的"联想原则"，他认为这些看法把原始思维的规律普遍化了，实际上是在用现代人的思维方式看待原始思维。列维-布留尔说，现代思维是逻辑思维，而原始思维是"前逻辑思维"，这是两种在本质上不同的思维方式。现代人的任务不是在原始思维中概括出符合现代逻辑思维的因素，而是要在比较中总结出与现代思维相反的因素。

---

1 转引自吕大吉《西方宗教学说史》，中国社会科学出版社 1994 年版，第 689—690 页。

按照近代以来的认识论,人的一切思想活动都是以个人的自我意识为核心的。列维-布留尔指出,与之相反的是,原始思维的核心是"集体表象"。按照列维-布留尔的说法,集体表象"在一个集体中世代相传,在集体的每一个成员身上留下深刻的烙印,同时在不同场合引起他们对表象的对象产生尊敬、恐惧和崇拜等感情。这些对象的存在不取决于个人……因为它们的特征不可能通过研究个体本身得到理解"[1]。就是说,"集体表象"不但是集体共同信仰的表象,更重要的是,它的内容不是对现实中个体的反映、模仿或变形,"集体表象"与现实中的事物并没有对应关系。

3. 互渗律

列维-布留尔进一步指出,"集体表象"是通过"互渗律"形成的。所谓互渗律,就是指这样一种思维方式,它能够想象不同种类的事物之间的相互渗透,从而看到它们之间的接近和联合,甚至把完全不同的事物看作是同一的。这种"互渗"关系毫无逻辑联系,是感觉不到的,理性不可理解的,即使现代人的想象力也无法领会。因此,"集体表象"对于现代人是神秘的,但对原始人来说却是自然的、显而易见的。

列维-布留尔认为,弗雷泽和泰勒所描述的原始文化现象都可以用"互渗律"来解释。原始人按照"互渗律"很自然地把事物的表象等同于存在的事物本身,把事物的一部分等同于事物全体,把事物的过去状态等同于未来状态,因此,可以毫不费力地想象它们之间存在着相互感应关系。这就是弗雷泽所说的巫术的由来。同样,泰勒所说的"万物有灵"的观念实际上也是原始人把图腾物与部落集体相等同而产生的。原始人把图腾物和部落结合在一起而形成一个"集体表象",这种表象伴随着集体和每一个成员,以致泰勒把它当作无处不在的"灵魂",其实,原始人并没有这样的"灵魂"观念,"集体表象完全不符合泰勒确定的那个灵魂的观念"[2]。

三、 文化的功能性结构

功能主义学派的创始人是英国人类学家马林诺夫斯基(B. Malinowski)和拉德克利夫-布朗(A. R. Radcliffe-Brown)。马林诺夫斯基从个体需求的角度出发提出了

---

1 列维-布留尔:《原始思维》,丁由译,商务印书馆1981年版,第5页。
2 同上书,第75页。

生理—心理功能论,而拉德克利夫–布朗则从群体需求的角度出发提出了结构—功能论,二者相映成趣、相互补充。

功能学派认为,进化论和传播论可以使我们现代人对人类种族的起源有所了解,但这不足以了解人类文化的本质和各种形态。因为个人或群体的本质不是种族特征,而是文化特征,文化的影响比种族遗传更重要。他们提出,人是文化的动物,通过文化获得生存,为了维持个体和群体生存的需要,人类必须创造一定的社会文化结构,并维护这一结构的稳定。最终而言,文化的张力来源于人的需要。所以,文化人类学应该注重对现存社会文化系统的运作进行研究,了解各个文化要素在文化整体中的功能。我们应该看到,功能论对社会文化系统的剖析也就是对人类现实生活的回归,对人的自身本质的回归。在此意义上,功能论的理论探讨可以说是揭开人类诸多秘密的又一把钥匙。

1. 功能就是满足需要

马林诺夫斯基为"文化"下了这样一个定义:文化是包括一套工具及一套风俗——人体的或心灵的习惯,它们都是直接或间接地满足人类的需要。[1] 他认为,社会文化的主要功能就是满足人类生存和发展的需要,包括营养的需要、繁衍后代的需要、防御侵害的需要、健康或保持身体良好状态的需要等。同时,这些基本的个体需要又派生出维持群体的各种组织制度的需要,如教育、政治、宗教、艺术等都是个体需要迫使文化作出的反应形式。

马林诺夫斯基把人的各种需要、行为和满足之间的对应关系用下表表示。[2]

需　要	行　为	满　足
呼吸驱动	吸入氧气	在生理组织中排出二氧化碳
饥饿	进食	饱足
干渴	饮水	解渴
性欲	性行为	性满足

---

1 参见马林诺夫斯基《文化论》,费孝通等译,中国民间文艺出版社1987年版,第14页。
2 转引自朱狄《原始文化研究》,生活·读书·新知三联书店1988年版,第141页。

需　要	行　为	满　足
疲劳	休息	身体复原
烦躁	娱乐活动	神经放松
困倦	睡眠	精力恢复
膀胱胀压	排泄	胀压消除
惊恐	逃避危险	安全感
疼痛	止疼	恢复正常

马林诺夫斯基把人的基本需要看作生理需要,他甚至认为像烦躁和惊恐的心理活动也要靠身体活动来满足。这实际上是把文化建立在生物的基础之上,把文化看作是生物现象的派生现象。总的来说,他的思想仍然属于文化进化论。

2. 文化是"人造环境"的结构

当然,马林诺夫斯基也认识到人的需要不等于动物的需要,文化不能被完全归结为生物现象。他认为,文化从最基本的方面可以分为器物和风俗两个层面,只有在人类的精神改变了物质,人们能够依据自己的理智的道德见解去行事时,物质才是有用处的,而文化的物质方面则是理智与道德的试验场。物质工具的意义都是依据它在人类活动体系中的地位、它所关联的思想及其所具有的价值而定的。所以,我们可以得出结论:观念、风俗等精神的东西决定了物质器具,而物质器具又会成为每一代新人不可选择的文化前提,模塑着那一代人的生活习惯与思想观念,深深地改变着他们的先天赋予。从这种意义上说,世界上没有自然人,人必须有文化地生活。某种定型的社会制度,即由一群能利用物质工具,而固定地生活于某一种环境中的人们所推行的一套有组织的风俗与活动的体系,尤其反映了文化的体用关系及其与个体的连接。人脱离动物性而获得人性不是自然的过程,而是文化的过程。

在马林诺夫斯基看来,功能论就是这样的理论,它把有机体(即个人)的需要转变成为文化上的"必须"或"规范"。所以,人类文化中种种基本制度的变动并不是突然的,而是出于因功能的增加而引起的形式上的逐渐分化。文化要素的动态性指示了人类学的重要工作就是研究文化的功能,在要素与人的需要的相互关系中发现文化的功能和意义。

马林诺夫斯基说："一切文化要素，若是我们的看法是对的，一定都是在活动着的，发生作用，而且是有效的。文化要素的动态性质指示了人类学的重要工作就在研究文化的功能。近来，在人类学中产生了一个新的学派，他们注重于制度、风俗、工具及思想的功能。这派学者深信文化历程是有一定法则的，这法则是在文化要素的功能中。这派学者认为把文化分成原子及个别研究是没有希望的，因为文化的意义就在要素间的关系中，他们亦不同意文化总体是偶然集合的说法。"[1]

马林诺夫斯基在这里提到的新的学派即结构主义学派。在强调文化现象的结构方面，他与结构主义并没有分歧，但他为文化结构的形成提供了功能性的解释，这就是，结构是为了实现人的文化功能而形成的"人造环境"，但另一方面，文化功能归根到底是为了满足人的基本需要的行为方式。他的功能论包括了"文明人"和"生物人"两种不同的观念。

3. 社会结构是一个有机体

以个体需要为出发点来解释社会文化的特性具有一定的概括性和衍生意义，但基于生物性的个体需要本身又无法全面地解释人类文化的多样性和差异性。例如，某些民族特有的禁忌行为恐怕不是用个体的生物需要所能解释清楚的。要对不同类型的人类文化之间的多样性作出说明，也许有必要从文化自身的结构出发。

布朗把注意力集中到了整个社会结构的研究，他认为，文化是抽象的产物，不能作为直接的观察对象，社会人类学的研究对象不是文化，而是通过人类行为可以观察到的社会结构，社会结构是文化的最重要的部分。他强调用社会学的方法来研究功能。在他那里，社会结构即社会互相关联的各个部分，作为一种经验性的实在，是构思一般的文化人类学理论的基础，通过对社会结构的相似或者相异的研究，就可以建立起关于"人类社会的自然科学"，发现文化的内在本质和规律。

布朗认为，人类社会就像一个活着的有机体，多个器官都有其不可替代的作用，这些器官协调统一地工作，维持着整个有机体实现其正常的功能。这些器官

---

1 转引自朱狄《原始文化研究》，生活·读书·新知三联书店 1988 年版，第 141 页。

与社会整体的关系实质上就是个体与群体的关系,只有个体与群体的关系结构处于稳定、有序的状态时,社会整体的功能才能最大限度地满足个体的需要。由此,一些用于维持个体与群体关系的特定的风俗和礼仪便成为不可或缺的了。例如,为了处理一些容易引起麻烦的社会关系,许多民族都有"强制回避"的规定,即规定某些个人有义务回避与另一些个人的接触。所以,对于文化现象的研究,应该从它对整个社会结构的协调作用上入手,注意它与整体的联系性。

四、 文化结构的下意识逻辑

布朗的结构—功能论以功能与结构的关系来解释功能,事实上已经引发了对结构理论作更深层次研究的可能,而把这种可能发展为现实的就是以列维-斯特劳斯(Claude Lévi-Strauss)为代表的结构人类学学派。但与布朗不同的是,列维-斯特劳斯所谓的"结构"是指作为人类文化的共同规律的"深层结构",是文化中潜隐的无意识的秩序。在他看来,人类学如果要得到关于人类文化的普遍性原理,就不能只注意"功能的普遍性",而必须透过千变万化的文化事实和文化现象,找到各种文化版本的无意识的根据。他以功能学派的人类学思想为素材,分析语言、象征、心理、宗教等无意识的结构模型,通过这种抽象的结构来把握深刻的现实。他认为,所有社会文化现象都内蕴着普遍的结构,而功能似乎就是这种结构的演绎而已。

1. "人到处都一样"

列维-斯特劳斯出于对法国文化和西方文明的不满到美洲考察原始文化,他对被欧洲人压迫的印第安人抱有深切的同情。他这样描述白人与印第安人第一次相遇时的情况:"当白人认为印第安人是野兽时,印第安人却在怀疑白人是不是神,虽然双方的态度同样出于无知,但印第安人的行为肯定更符合人性。"[1]

由于态度的不同,列维-斯特劳斯通过实地考察得出了与过去的人类学家完全不同的结论。在他之前,文化人类学家虽然有进化论和扩散论的区别,有强调原始思维与现代思维相似和强调两者根本不同两种观点的分歧,但双方都认为现

---

1 Lévi-Strauss, *Tristes Tropiques*, trans. by J. and D. Weightman, New York: Athencum, 1975, p. 76.

代人和原始人的区别是历史的进步所造成的。列维-布留尔虽然提出不能用"成年白种人"作为判断标准,但他的《原始思维》一书仍把原始人的思维归结为以情感为特征的"集体表象",认为它与现代人的思维有本质的区别。列维-斯特劳斯的结论与此相反。他说:"人到处都一样,现代西方人和原始人没有区别。"[1] 人类都是"意指动物"(signifying creature),意指即把意义归附于事物的过程。原始思维和现代科学有着同样严格的逻辑,同样充满着理智,两者没有质的差别。可以说,列维-斯特劳斯的工作是为原始文化正名,这不仅适应"二战"后反殖民主义的普遍心态,而且为在哲学上探索共同的人性和人类的共同的思维特征开辟了一条新的途径。

2. 文化高于自然

列维-斯特劳斯说,原始部落之间有三种交换的媒介:女人、食物和信息,由此造成亲族关系、生产关系和语言关系。他研究了原始部落的亲族关系、图腾、神话等现象,发现它们都有类似于语言的意指结构。列维-斯特劳斯的人类学理论是自觉应用结构主义语言学的成果。他的《语言学和人类学中的结构分析》一文,沟通了这两个领域,指出了它们之间的"同型同构性"(isomorphism)。

列维-斯特劳斯发现,原始部落的亲族关系不是建立在自然区别(性别及长幼)基础上的,它的实质是社会区分。在他之前,人类学家已经知道,在某些部落中,孩子们的舅舅和父亲有着同样重要的社会地位。他们只把这一现象作为母系社会的残余而未加深入研究。列维-斯特劳斯使用结构主义的方法,把亲族关系作为一个结构来研究,父亲、舅舅、母亲和孩子是这一结构的四个要素,这些要素之间存在着四种关系:夫妻、兄(舅)妹(母)、父子(或女)以及舅甥。这些关系服从对立原则,夫妻关系与兄妹关系相对立,父子关系与舅甥关系相对立。就是说,如果夫妻关系好,则兄妹关系不好,反之亦然;如果父子关系好,则舅甥关系不好,反之亦然。在亲族关系这一结构中,要素之间有严格的逻辑关系。

列维-斯特劳斯说,图腾是"把自然和社会理解为一个有机整体的分类图

---

[1] 转引自 H. Guidner, *The Quest for Mind*, Random House, 1973, p. 113。

式"[1]。这样的图式把社会的某一团体和自然的某一物种归于一类。图腾对与人们生产和社会有着密切联系的外界事物作出了区分,并把某些特殊事物(自然物与人工物,如某些星星、动物、植物、手工制品)当作一部落的专利品,他们对此有特权,并据此对部落的社会功能作出分工,如只有某些部落才能捕猎某种鸟兽,另一些部落则把这些鸟兽作为图腾加以保护;同样,有些部落负责保管种子,有些部落负责造弓箭,并通过互换产品满足生产、生活需要。每一图腾的部落都是为了其他部落的利益而负责保护和管理某一动植物的。每一部落还保存着关于本部落图腾的神话,并以此与其他部落交换信息,这样又构成了部落之间的语言关系。

图腾象征的差别原则并不是根据自然能力作出的区别。从经济学的角度看,图腾规定的禁忌和交换既不方便,又缺乏效力,但是对于原始部落来说,重要的是维护他们之间的社会的联结力,图腾对于部落之间的生产关系和语言关系的重要性,犹如女人对于部落之间的亲属关系一样。部落按照它所崇拜的图腾,被分为"送 X 的部落"和"收 X 的部落"。

图腾的分类原则与亲属关系的分类原则都是差别对立的原则,它们都是文化的产物。列维-斯特劳斯指出,在原始人看来,没有什么纯自然的东西。"就自然而言是同质的女人,从文化的角度被看作是异质的;同样,就自然而言是异质的自然物种,从文化的角度被看作是同质的。"[2]图腾和原始社会的结构说明,文化高于自然的原则在人类思维的开始阶段就已经在起作用了。

3. 原始思维和现代思维

列维-斯特劳斯指出,人是意指活动的动物。意指活动的特点是把外界事物与意义联系起来。意义建立在区别、分类基础之上,现代人通过语言、符号为中介,从事意指活动。原始人缺乏这一中介,意义和事物直接联系。但是原始人的意指也是抽象,因为任何区分都是抽象,只是原始人的抽象与具体相结合的方式与现代人不同。原始思维并不是同科学思维完全不同的、出于对自然界的恐惧和不理解而产生的错误与幻觉。列维-斯特劳斯指出,原始人的思维"是通过理解,

---

1 列维-斯特劳斯:《野性的思维》,李幼蒸译,商务印书馆 1987 年版,第 153 页。
2 同上书,第 142 页。

而不是感情来进行的,其手法是区别与对立,而不是混同与互渗"。原始人和现代人的区别犹如手工匠与工程师的区别,他们使用的意指的工具和材料不同,手工匠使用的材料是信手拈来的,在此基础上修修补补;工程师的材料是预先设计的,每样都有专门的用途。神话与科学的区别犹如手工艺与工业工程的区别,不能相互否定,而应彼此补充。

列维-斯特劳斯把野性思维与现代科学思维看作是一个二元对立结构,并且认为,它们之间没有高级和低级之分,而是平行的两极——高度具体的思维紧邻着高度抽象的思维。野性思维是人类文化的源头,它具有非时间性、类比性、整体性、二元对立逻辑等特点,对其进行深入研究,能使我们更清楚地了解人类的心灵和文化的根源。列维-斯特劳斯在《野性的思维》一书的结尾处以肯定的语气写道:"如果我们承认,最现代化的科学精神会通过野性的思维本来能够独自预见到的两种思维方式的交汇,有助于使野性思维的原则合法化并恢复其权利,那么,我们仍然是忠实于野性思维的启迪的。"[1]

原始人思维的另一特点是,不对观察和理解、感性与理性加以区分,因为在他们看来,自然界自身已经形式化了,"对于原始人而言,没有什么是过于抽象的东西"[2]。他们不是先看后想,先听后理解,当他们说时,信号同时携带意义。这一点在儿童行为中也可以看出,儿童的理解是直观的,重要的是他已经观察并同时理解了部分之间的区别,这就是抽象。抽象的(区别)是先天的思维方式,先天不能作生物学或个人主义的解释,"先天"的意义是社会性,是"社会先于个人"的意思。社会关系是通过差别原则在意指活动中构成的,生活在社会中的人自幼起就不可避免地接受这种思维方式。只要他从事意指活动,他就不能摆脱这种"社会先天哲学"。

---

1 列维-斯特劳斯:《野性的思维》,李幼蒸译,商务印书馆 1987 年版,第 309 页。

2 Lévi-Strauss, *From Honey to Ashes*: *Introduction to a Science of Mythology*, vol. 2, trans. by J. Weightman, London: Jonathan, 1973, p. 467.

第八章

"行为人"的观念

　　20 世纪英美国家流行的哲学具有强烈的科学主义的精神和语言分析的方法，因此经常被当作欧陆人本主义的对立面，似乎缺乏人学思想。但如果我们熟悉英国近代的"自然人"以及现代英美等国流行的"生物人"的观念，进而理解这一人学传统的特殊方法和风格，那么我们在英美国家高度技术化、专业化的现代哲学中，就可以解读出丰富的人学思想。如果用一个概念来概括这些英美人学思想的"家族相似"的特征，这个概念就是"行为人"。

　　"行为人"这一概念概括了人的哪些特征呢？首先，按照"行为人"的观念，人就是他所做的一切行为的总和，不存在什么看不见的人性和本质。与中文"行为"相应的英语词汇很多，哲学中经常出现的有 conduct，behaviour，performance，act，action 等等。这些词的意义虽然有差别，但都有一个共同的特征，就是指示一个可以观察的经验活动。现代英美哲学要求排拒形而上学，这也是现代英美关于人的哲学研究的要求：要研究人，就必须观察人，观察人就是观察人的行为。这样，人学的对象就被集中在人的行为上。

　　集中于人的行为，为解决人的本质问题提供了新的途径和方法。在历史上，人的本质被当作"灵魂""心灵""身体"或"身心关系"。但是，除了人的身体，"心灵"和"身心关系"都是不可观察的。英美思想家要求把观察人的行为作为研究人的准绳，他们并没有把人的本质归结为身体行为。可观察的行为包括生理行为和心理行为,两者是相互作用的;身心相互作用不仅表现为身体的变化,而且表现为大脑神经活动。对生理、心理和大脑神经活动的观察和研究把心理学和心灵哲学、行为科学和认知科学结合起来,对身心关系的科学研究同时成为对人的哲学研究,这种研究与我们在第六章看到的对人的生物学研究一样,体现了现代英美人学的科学精神。"行为人"和"生物人"这两种观念是哲学和科学对话交流的产物,它们使人学问题进入了科学,使人学获得了经验证据和科学方法。

如果把观察人的要求局限在实证科学的经验研究范围内,那么人学固有的人生价值、人文精神和社会作用就会大为降低。事实上,英美现代人学的科学精神并没有产生这样的副作用,其中一个主要原因是,哲学的"语言学转向"为人学开辟了新的途径和领域。语言哲学的对象好像是语言,但实际上是一种关于人的哲学。语言之所以成为哲学关注的焦点,正是因为语言行为是最熟悉的可观察的人的行为,通过语言行为,我们可以更真实地理解语言的使用者——人;通过研究语言的交流功能,我们可以更全面地理解人际关系和人的社会。

人的语言行为大量的是日常行为。对语言行为的观察和研究不但与人的日常生活休戚相关,而且把人的科学、道德、政治和经济等领域的行为建立在日常生活的基础之上。在研究语言行为的基础上发展起来的人学没有抽象空洞的道理,也没有关于人生的说教,它以日常生活为素材和背景,以脚踏实地的风格,扩大和深化了人对自身的认识。

第一节

行为的实效

直到 19 世纪与 20 世纪之交,美国人才有了第一个产生于美国本土的哲学——实用主义。这是一种把行为的实效作为一切思想的准则的行动哲学,它是美国特殊环境的产物。正如一个评论家指出的那样:"从 1620 年'五月花号'载着第一批英国移民来到这片新大陆起,美国人一刻也没有停止与环境的抗争。他们把行动看得高于一切,行动的效果是所有理论的出发点与归宿。"[1]

实用主义(pragmatism)来自希腊文的 pragma,意思是行动。但是后来这个词在哲学中被用作与"理论"相对应的"实践",并特指人的道德行为。实用主义把行动放在一切的首位,用行动的实效衡量思想,用行动的性质解释人、社会和世界。这种哲学是彻底的人的哲学。但是实用主义的代表人物对行动和实效有不同的理解,皮尔士强调实效行动的习惯性的行为(conduct),詹姆斯认为它是有人生价值的活动过程(action),杜威则认为它是实验性的公共操作(performance)。

一、哲学的"人学转向"

实用主义不满意以形而上学和知识论为中心的旧哲学,认为这种哲学忘记了人类建立哲学的初衷,忽视了人的行动的意义和价值,这也就阻碍了人们对自身的认识。他们的任务是要把"哲学问题"还原为"人的问题",实现旧哲学转向人的哲学的"人学转向"。

1. 把哲学从云霄高处拉到经验的低层

查尔士·皮尔士(Charles S. Peirce)在 1878 年 1 月发表的《如何使我们的观念清楚》一文标志着实用主义的诞生。他指出,哲学家一直把清楚的观念作为真理的标志,但在传统哲学中充满了深奥难懂、模糊不清的词语。皮尔士看到,迄今为止的形而上学都是失败的努力,形而上学的语词除了从反面告诉人们要避开这些"暗礁"之外,没有任何其他的用途。实用主义要求用真实的定义代替抽象的定义,用科学的方法代替传统的、固执的、权威的、经验的方法。

按照传统的形式逻辑,定义是"种+属差"的方法,如从"鸟""两足动物""动物""生物",到"自然物""事物""实体",就是这样一个由低到高的抽象定义的系列,造成了很多模糊和混乱的概念和术语。笛卡尔以来所使用的反思"自我意识"的方法,不但没有消除这些模糊,反而引进了更多的模糊概念。实用主义要求用与人的具体行为有关的,可以在活动中被证实、被检验的词语来"翻译"或取代抽象的形而上学术语,同时要求逻辑的精确和定义的完整,才能排除形而上学的废话,达到科学的目标。在此意义上,皮尔士说,实用主义是名副其实的实证主义。

---

1 陈亚军:《实用主义:从皮尔士到布兰顿》,江苏人民出版社 2020 年版,前言第 2 页。

实用主义反对形而上学的做法是把它从云霄高处拉到经验的低层。正如他所说："在观念问题上，大家宁愿要廉价而平庸的东西。"[1]"廉价而平庸的东西"对人的日常生活有着最大的价值和效用，但并不是不精确、不严格的东西，而是符合逻辑和科学的东西。皮尔士的实用主义是在人的行为习惯的基础上，把平实简单的语言和严格的逻辑结合在一起的一种方法。

2. 哲学史是人类气质的冲突

威廉·詹姆士(William James)认为，哲学与人的趣味和理想不可分割。人是一种奋斗的、自我设定目标并负载着价值的生物。认识、信念和理论都只是实现人的目的和价值的工具。任何哲学体系如果与人的目的和行动无关，那么不管它看上去多么高尚，"在这个充满汗水和肮脏的世界里，应该被当作对真理的傲慢和冒牌的哲学"[2]。

正是因为哲学是实现人的目的和价值的工具，表现人的目的和价值的气质对于接受或拒绝一种哲学便有决定性的意义。詹姆士于是提出："哲学史在很大程度上是人类几种气质冲突的历史。"气质能够"造成比较重情感或比较冷酷的宇宙观"，哲学上的分歧归根到底来自"柔性的"和"刚性的"两种气质的分歧。这两种气质与不同的哲学立场之间有以下的对应关系[3]：

柔性的气质	刚性的气质
理性主义的	经验主义的
（根据原则而行）	（根据事实而行）
理智主义的	感觉主义的
唯心主义的	唯物主义的
乐观主义的	悲观主义的
有宗教信仰的	无宗教信仰的
意志自由论的	宿命论的
一元论的	多元论的
独断论的	怀疑论的

---

1 陈启伟主编：《现代西方哲学论著选读》，北京大学出版社 1992 年版，第 132 页。
2 陈亚军：《实用主义：从皮尔士到普特南》，湖南教育出版社 1999 年版，第 69 页。
3 威廉·詹姆士：《实用主义》，陈羽纶、孙瑞禾译，商务印书馆 1979 年版，第 9—10 页。

3. 改造静态的理智主义哲学

约翰·杜威(John Dewey)从起源处批评了哲学的形而上学冲突。他指出,哲学起源于人类对安全感的需要。人们发现自己面临着一个变动不居的、充满偶然性和陌生感的世界,他们需要找到一个不变的本质,把一切变化和未知因素都尽收囊中,在这个不变的体系中找到宁静感和安全感。杜威批评说,形而上学的传统把满足人类心理需要的东西当作世界原本存在,哲学体系成了逃避世界、安于现状的家园,人的积极改造世界的行动变得毫无意义。

杜威进一步指出,把知识和行动对立起来,起源于古希腊社会的主人和奴隶的等级差别,它的社会学意义是闲暇和劳动的分野:一边是优越地位的人在安静环境中的消极的自我完善,一边是不得不靠双手为生的人们的低级活动。希腊人所偏爱的静态的、理智主义的知识观被基督教思想和近代哲学所继承,在历史上派生出其他二元对立的范畴,如本体和现象、永恒和变化、真理和意见、感性和理性、先天和后天,前者总是高于后者。因为发明这些对立的理论家认为,他们思考的对象高于实际行动的对象。杜威说,这是前科学的思维方式,完全不符合我们生活的科学和民主的时代精神,必须加以彻底的改造。

二、 澄清观念的行为

皮尔士划清了实用主义和旧哲学的根本界限:人的行为和观念之间的界限。旧哲学把观念作为研究对象,把意识作为人的本质,人的活动被归结为意识的外化;实用主义以人的活动为研究对象和标准,它的方向与旧哲学相反;它把内在的意识归结为可观察的外在活动,把活动的实效作为衡量观念真假的标准。

1. 内在观念不可知

皮尔士指出,旧哲学的词语之所以含糊不清,是因为它们所表达的对象是不可知的内在观念。他以笛卡尔哲学为例,剖析了这种以观念为对象的内在性哲学的根本错误。皮尔士批判说,我们没有内视的能力,没有直观的能力,没有不用记号思维的能力,没有关于绝对不可知的东西的概念;而这些能力和概念恰恰是研究内在观念所必备的。因此,以观念为对象的内在性哲学超出了人类实际具有的能力。

2. 人是一种记号

皮尔士特别指出,关于我们的意识、思想和观念的知识都是从关于外部事实的知识推论而来的间接知识,一切思维都要靠记号的记录、联结、表达和理解。他说:"每一个思想都是记号这一事实和生命是一系列思想这一事实共同证明了,人是一种记号;每一个思想都是外在记号的事实证明了,每一个人都是外在的记号。"[1]

皮尔士所说的记号主要是语言符号,外在记号则是被人所使用的记号。人的思想被归结为人所使用的记号,意识过程被归结为使用语言的活动过程,观念的意义被转化为活动的效果。这样一来,内在的观念和意识变成了外在的、可观察的可知的对象,实用主义把传统的内在性的认识论改造成为一种科学的逻辑。

3. 行为与效果之间的逻辑联系

所谓科学的逻辑后来被称为"实用主义的翻译原则"。根据这一原则,为了把我们的观念讲清楚,必须把一句话里的抽象的、模糊的概念"翻译"成具体的术语,用来表示可观察的人的活动与活动结果之间的联系。例如,"这块黄油是软的"可以被翻译为:"如果刮这块黄油,可以很容易地刮出明显的凹处。"皮尔士强调,在人的有意活动的目的与活动的结果之间有逻辑的联系。他说:"任何人只要他满足某些条件,则某一特定事件必将对他出现。"[2]

皮尔士强调,与人的活动有必然的逻辑联系的结果是人所预期的效果。这种活动是"行为"(conduct)或"习惯"(habit),而不是一般意义上的活动(act)。原初的活动(brute action)是个别的、偶然的,这种活动与预期的效果之间并没有必然的逻辑联系,因此不属于皮尔士所谓的"行为"范畴。在他看来:"在给定的环境里,受给定的动机驱动,以某种方式行动,才是习惯。一个深思熟虑或自我控制的习惯也就恰好是一个信念。"[3]皮尔士并不否认人的思想和观念的重要性,他只是反对离开可观察的人的行为来谈论内在的观念意识。他提倡的行为是有思想的、

---

1 陈亚军:《实用主义:从皮尔士到布兰顿》,江苏人民出版社 2020 年版,第 14 页。
2 陈启伟主编:《现代西方哲学论著选读》,北京大学出版社 1992 年版,第 133 页。
3 陈亚军:《实用主义:从皮尔士到布兰顿》,第 24 页。

习惯性的、带有普遍意义的行动。

三、 获取实效的行为

詹姆士沿袭了皮尔士的思想,发展起有自己特色的实用主义真理观。按照这一观点,真理并不是认识论的概念,而是一个价值概念。观念的真假,要看它们对于人的行动是否有意义,要看它们对于人和人的需要有什么作用,要看它们是否可以帮助人达到所期望的实际效果。因此,不是用事物的性质,而是用人的行动的效果来确定思想观念的真假;不是用事物而是用行动决定观念的价值。凡有价值的东西才是真的。真理与问题的解决是同义语,观念代表的是人的行动的效果,而不是什么客观事物本身的性质。

1. 真理是行动过程

传统的真理观一般都是"符合说",詹姆士探究"观念和实际的符合"到底是什么意思。他举例说,墙上挂着一个钟,我们看它一眼,会有一个印象,以后在记忆中也会有摹写式的画面;但是,静态的摹写和印象不是"符合"的根本意思,因为我们对钟的内部运转毫无所知,而钟如何工作对我们的生活极其重要,如果我们的观念仅仅符合钟的外表,而不是钟的工作过程,那算不上什么真理。

詹姆士说:"掌握真实的思想意味着随便到什么地方都具有十分宝贵的行动工具。"拥有真的观念或错误的观念在生活中造成的后果是极为不同的。[1] 他举例说,一个人在森林里迷了路,他发现地上好像有牛走的痕迹,他随着这一似乎是牛径的痕迹走,如果他的思想是真的,那么他就得救了,否则就会饿死在森林里。他说,真理是生活的先决条件,真理的对象是观念的实效,比如上例中人的住处对一个人是至关重要的。人们通过真的思想获得了预期的实效,这才是"观念与实在相符合"的真实含义。

这一"符合"是行动的过程,是动态的而不是静态的符合。真理不是静止的观念或判断,真理是一个过程、一个事件,一个真的思想获得了预期的实效的过程。詹姆士把这一意义上的符合称作"证实的过程",这一过程有起点和终点,因此,既可以说"观念之为真,因为它有用",也可以说"观念之有用,因为它为真"。第一句

---

1 威廉·詹姆士:《实用主义》,陈羽纶、孙瑞禾译,商务印书馆 1979 年版,第 103—104 页。

话表达了证实过程开始时人们给予真理的期望,第二句话是在证实过程结束时人们对真理作用的评价。[1]

2. 真理的兑换价值

詹姆士提出,真理意味着一种价值,它能够"预示"或"表示"更遥远的对象的意义。如果人们顺从真理,就能够很稳定地工作,而且能够"简化劳动,节省劳动","我们把真理解释为一种多数的真理,是许多引导过程的真理,这些真理是在事物中实现,而且只有一个共同的性质,那就是这些真理是合算的"[2]。

詹姆士说,真理是有兑换价值的。这并不意味着真理的价值是立即兑现的。詹姆士肯定很多真理只是潜在的,即每个人除了拥有现实生活必需的真理之外,他还贮备了一批"额外的真理",它们在平时潜藏不用,在需要时随时可供调遣使用。

"兑换价值"这一比喻还意味着真理是可交换的,是公共的。真理好像是金融的信用体系,人们互相交换被证实为有用的观念,你接受我对这个事件的证实,我接受你对那个事件的证实,人们无须对所有的真理一一加以亲身检验。但是真理的最后的基础是,总有一些人具有证实真理的亲身经历,没有经过亲身证实的人是靠对他人的信任而接受这些真理的。如果没有这个基础和这种信任,就会像没有信用的金融系统一样崩溃。

3. 信仰的人生价值

詹姆士所说的实效是一切使人满意的人生价值,无疑,宗教信仰对于人生也有价值,也属于真的信念。他说:"如果神学观念能够证明它们对具体的生活有某种价值,那么对实用主义来说,这些观念既然有那么大的用途,也就在这一意义上是真的。"[3]

詹姆士认为宗教与科学并不矛盾。科学所能认识的只是世界的一小部分,"未知世界是大海,我们的科学是一滴水"[4]。科学有很多前提,如"世界是统一

---

1 威廉·詹姆士:《实用主义》,陈羽纶、孙瑞禾译,商务印书馆 1979 年版,第 104—105 页。

2 同上书,第 111 页。

3 同上书,第 202 页。

4 Willian James,*Will to Believe and Human Immortality*, New York: Dover, 1956, p. 54.

的""存在的重量是不变的""自然按照最简单的方式活动""自然界不飞跃"等,是科学自身不能证明的,它们是"理性的预设"。理性的预设通常是相互矛盾的,如多元论和一元论、决定论和非决定论。情感的一个功能是选择理性的预设,很多形而上学的命题,甚至数学公理都是以一定的美感、和谐感为基础的。同样,宗教情感也是如此。

在如此多的相互矛盾的学说和信念之间,每一个人都有选择信仰的权利。"如果某种生活真是我们应当过的较好的生活,而且如果某种观念,我们信仰了它,就会指引我们去过这种生活,那么除非信仰了它有时会和其他更重大的利益相冲突,我们最好是去相信那个观念。"[1]

四、 操作工具的行为

杜威认为,人生活在一个充满不确定因素的环境中,好像树林里的迷路人,没有上帝为我们指路,一切要靠人自己探索。人的可贵之处是有思想,思想是探索的工具。工具的意义在于操作。操作是有一定目的、有程序的创造性活动。杜威的工具主义对人的行为作了系统的阐述,大大丰富了"行为人"观念的内涵。

1. 参与性的实验

杜威认为,知识不是摄影式的反映,而是对某一对象施加活动,并产生一个经验后果的实验过程。他说:"知识的对象是一个事件,它是有指导的实验活动的结果,而不是什么在知识活动之前就已自足地存在的东西。"[2]

当然,杜威不是说实验造成了事物的存在,而是说,实验参与了知识对象。如果没有人的参与,一个事物不成其为知识对象,也无经验可言。因此,实验是有决定意义的。杜威以天文学观察为例,说天文学观察当然不能改变天体,但它却改变了星光到达地球的方式,天文学家捕捉到那些不经过实验就无法发现的变化。所以知识是一种"转化",它把人以外的事物转化为知识对象,把人的活动转化为对外界有指导、有目的的探索。

2. 实验操作的全过程

杜威把知识或经验解释为人所特有的接受刺激和给予反应的方式。正如著

---

1 威廉·詹姆士:《实用主义》,陈羽纶、孙瑞禾译,商务印书馆 1979 年版,第 42 页。
2 John Dewey, *The Quest for Certainty*, New York, 1929, p. 171.

名的实用主义者胡克(Sidney Hook)所说:"据杜威看来,经验是一个生物和环境之间交互作用的关系,他有时候把它称为主动和被动的过程,或更简单地称它为一种交错作用。"

杜威提出"研究的连续性原则",把知识看作刺激—反应的全过程,从日常感觉到科学实验,从实验科学到数学和逻辑,它们之间并无"知识论的区分"。感觉并不是消极地接受刺激,它也是主动的反应。比如,记笔记的人只是按书写习惯活动,对笔并无感觉,但当笔头断了或秃了的时候,他会感觉到出了事情,引起对笔的注意,并有所反应,把笔削尖,或找另一支笔。杜威说:"感觉标志着行为习惯发生了从一个过程进入另一个行动方式的过渡。"[1]在有感觉和无感觉以及感觉和思考、无意和有意行为之间并无绝对的界限。

数学和日常经验的界限也是相对的。杜威说:"人们开始计数和测量事物,正如他们砸毁和焚烧事物一样,某些事情做成了,不仅仅是取得了直接的实际效果,而且也引起了兴趣,唤起了注意,激起了进一步改进的企图……数学的结果正是长期的历史性的成长的产物,在此过程中,所有的实验都被试过了。"[2]这段话强调,具体的活动结果为从事数学这样的抽象活动提供了动力。

3. 操作的程序

杜威认为,具有探索作用的操作行为是有一定程序的,这就是他在中国之行提到的"实验五法":"一曰感觉错误;二曰困难所在,及其指定;三曰意思(可能的解决);四曰以演绎之法发挥臆想中所涵之义;五曰继续观察及实验,以凭驳斥或承诺所臆,此即信或不信之结论也。"[3]

杜威的意思是,人的思想是解决问题的工具。当人们的活动遇到困难的时候,就要用思想指导行动克服困难,解决问题。这是一个实验操作过程,它的程序可以被概括为五个阶段:(1)感觉暗示困难;(2)使感觉到的困难明确化,成为有待解决的难题和必须寻求答案的问题;(3)一个接一个地提出解决问题的方案,或称假设;(4)对一种概念或假设加以认真地分析比较,选择其中一个在逻辑上

---

1 洪谦主编:《现代西方哲学论著选辑》上册,商务印书馆 1993 年版,第 215—216 页。
2 John Dewey, *Reconstruction of Philosophy*, New York, 1920, pp. 137 - 138.
3 陈亚军:《实用主义:从皮尔士到布兰顿》,江苏人民出版社 2020 年版,第 137 页。

最合理的假设;(5)假设不论在逻辑上多么合理,没有经过实际操作的检验,充其量只是潜在的解决问题的方案,一定要通过操作的效果来检验它的可信或不可信。

4. 操作的社会工具

杜威不同意詹姆斯把个人满意作为实效,他说:"个人的因素不是究极的,而是要加以分析的,要对其发生做生物学的规定,对其未来和功能做伦理学的规定。"[1]在他看来,公共的操作把个人与环境、个人与社会结合起来,操作的效果比个人的满意有更大的普遍性,能够更好地发挥检验思想的作用。

操作的社会性表现在它使用语言为工具。杜威说:"凡是人们所谈过的有关工具作用的东西,都要服从语言所提供的一个条件;语言是工具的工具。"[2]在杜威看来,语言最重要的作用,在于语言是社会交际的工具。他强调,语言是一种关系,参与性是语言的根本性质。他说:"语言至少是在两个人之间交相作用的一个方式:一个言者和一个听者;它要预先承认一个组织起来的群体,而这两个人是属于这个群体之内的,而且他们两人是从这个群体中获得他们的语言习惯的。所以它是一种关系。"

语言的核心不是表达,而是交际和沟通。传统观点认为,语言是思想的表达式,杜威指出,这种观点只说出真理的一半。因为语言的确要表达思想,但是首要的并不是表达思想,至少不是有意地表达思想。"语言的要点并不是对于某些原先存在的事物的'表达',更不是关于某些原先就有的思想的表达。它就是沟通。"[3]人们的行动是合作进行的操作行为,在合作中,往往由于误解或不了解,要产生意见分歧和行为冲突,这就必须运用语言来协调人们的交际关系。语言与单纯的信号相比有许多优点,特别是它引起的反应是双向交流,人们只要正确地使用了语言这一交际和沟通的工具,就能够在有许多人参加的活动中协同合作。在杜威那里,"交际"是一个很广泛的概念。从广义上说,整个人类的活动、整个人类社会都是一种交际。

---

1 陈亚军:《实用主义:从皮尔士到布兰顿》,江苏人民出版社 2020 年版,第 136 页。
2 约翰·杜威:《经验与自然》,傅统先译,商务印书馆 1960 年版,第 137 页。
3 同上书,第 145 页。

身心统一的行为

身心关系问题涉及人的本质,是西方人学史和哲学史上长期争论又莫衷一是的问题。19世纪的哲学家海克尔(Ernst Haeckel)把身心关系称为"所有一切现象中最奇异的现象""心理学的神秘中心""理性难以攻克的坚壁"。德国生理学家杜布瓦-雷蒙(Du Bois-Reymond)列举了七个"宇宙之谜",其中有五个涉及身心关系问题。[1]

"行为人"的观念在很大程度上是为了解开这一"宇宙之谜"而兴起的。具有科学精神或科学主义的思想家认为,必须依靠经验科学解开这个谜。人的本质既不是不可观察的心灵,也不是身体的机械运动,而是身心统一的行为。通过对人的行为的经验观察和研究,我们就可以得到关于身心关系的可靠知识。

但是,从人的行为入手来解决身心关系问题并没有完全解开这个谜。问题的关键在于,身心统一的行为是什么样的行为?如果那是生理行为,那么身心的统一以身体为基础,这是行为主义的立场;如果那是大脑和全身的神经活动,那么身心统一以生化属性和结构为基础,这是物理主义的立场;如果那是有因果关系的信息输入反馈的状态,那么身心统一以信息处理的系统模式为基础,这是功能主义的立场。但是,如果认为所有这些行为都不能解释身心的统一,心灵具有另外的、独立的活动、状态和属性,那么又回到过去的二元论立场。

不管哪一种立场都不是对传统的观点的重复,它们都以充足的经验证据和跨学科的科学解释,极大地丰富了人们对自身的认识,对身心关系的认识更加具体和深入。

一、 生理行为的意义

行为主义是20世纪初诞生在美国的一种心理学思潮,其特征是把人的心理现象归结为生理行为。行为主义把生理学当作关于人的行为科学,这与当时科学发展的状况是相适应的。

---

1 转引自高新民编著《人自身的宇宙之谜》,华中师范大学出版社1989年版,第8页。

1. 研究行为的科学

行为主义心理学的创始人华生（John Broadus Watson）明确提出，由于旧的心理学只关注内省，这就使得它先天具有浓厚的主观主义和心灵主义特色，与科学精神和科学方法格格不入。为此，首先应当对心理学进行改造。

行为主义者明确地主张，心理学作为研究人的行为科学必须坚持纯粹的客观性，心理学首先是一门自然科学。为了使之成为科学，就必须研究可以直接观察或借助实验仪器可以对其发生作用的对象，这种对象只能是人的行为。甚至可以说，若不放弃不可观察的"心灵"概念，便无法使心理学成为一门自然科学。有些行为主义者发誓"永不使用意识、心理状态、心理内容、意志、意向，以及诸如此类的名称"，因为它们所指称的对象不是科学研究的客观对象。1

华生明确地提出，行为主义的研究方法是：(1) 观察的方法，即使用仪器和直接观察，测验的结果应作为行为的样本，而不是人的心理品质的度量；(2) 条件反射法，这是客观地分析行为的方法，它把行为分解为最基本的单元：刺激—反应联结，为在实验室内研究人的复杂行为提供素材；(3) 言语报告法，内省虽然不可观察，但是言语反应是能够客观地加以观察的，因而言语反应也像任何其他类型的运动反应一样，是可以对其进行客观的研究的；(4) 测验法，对观察对象提出问题，对他们的答案加以统计学的归纳，概括出人群行为的一般倾向。

2. 心理现象是有机体的一种反应

行为主义所观察的行为是有机体对环境的反应，如肌肉运动、腺体分泌等。行为是可以分析的，如把一个复杂的行为分解成多个刺激和反应的步骤。从行为获得方式上分，又有后天行为（如言语、体操）和先天行为（如吸吮、恐惧）；从部位上分，则有外显的行为（如肢体动作）和内隐行为（如唾液反射）。

不管什么样的行为，都是对外界刺激的反应，思维、情感等心理行为也不例外，只是比肢体行为更加复杂、更加隐蔽而已。但不管如何复杂和隐蔽，总能通过仪器加以分析和观察。比如，思维可以通过言语活动来观察，而言语活动是一种肌肉活动的习惯；言语是"大声的思维"，思维则是"无声的独白"。但思维的默语

---

1 转引自高新民编著《人自身的宇宙之谜》，华中师范大学出版社 1989 年版，第 337 页。

不等于没有行为,默语和大声言语一样,行为是集中在喉头上的运动,喉头可以被认为是思维的主要器官。除了喉头习惯外,言语和思维还与手势、皱眉、耸肩等身体活动相配合。据此,华生提出了与"中枢说"不同的"外周说",即认为思维不是大脑皮层的活动,而是以喉头为中心的全身活动。

情绪也是如此。在遇到外界刺激时,身体不仅有外显的反应,还会有内隐的反应,如出现脉搏、呼吸的变化。比如,当我们观察到一个人面临危险时,他的一系列的身体变化,尤其是内部器官和腺体的活动,可以用"恐惧"这个词来概括。后来,斯金纳用"操作性的条件反射"实验,对所谓内省的活动作了机能性的分析。他认为对心理事件作出科学的描述是行为主义最重要的成果。

行为主义提出了"行为流"的概念,即如果把人的身体行为都一一分解为细微的反应,那么就可以发现,这些反应是连续不断的,没有生理和心理、身体和心灵的区分,人的一切都是身体的生理变化,人的一生就是"动作的生命史"[1]。

3. 行为主义的人文价值

行为主义以科学的方法和实验手段研究人的行为,其目标在于合理地指导人的行为,号召人们按照行为科学来形成和控制自己的行为,从而摆脱虚构的神话、习惯和风俗的束缚,过健康有益的生活。华生说:"当存在一种独立的、有趣的、有价值的而且有权利存在的心理科学时,它必定在某种程度上成为探索人类生活的基础。我认为行为主义为健全的生活提供了一个基础。它应当成为一门科学,为所有的人理解他们自己行为的首要原则作准备;它应该使所有的人渴望重新安排他们自己的生活,特别是为培养他们的孩子健康发展而作准备。"[2]

为了说明行为主义的实际功效,华生甚至乐观地提出,如果给自己一打健康而没有缺陷的婴儿,并在他自己设定的特殊环境中教育他们,那么他担保,他可以随便挑选其中的一个婴儿,将其训练成为他所选定的任何一种专家:医师、律师、艺术家、商界首领乃至乞丐和盗贼,而不管这个婴儿的才能、嗜好、趋向、能力、天资和他祖先的种族。

---

1 本小节参见高新民编著《人自身的宇宙之谜》,华中师范大学出版社 1989 年版,第 339—342 页。
2 J. B. 华生:《行为主义》,李维译,浙江教育出版社 1998 年版,第 304 页。

二、 大脑神经活动的支配作用

物理主义是 20 世纪中叶流行的一种研究纲领,它强调世界是统一的物理世界,人是遵循物理学规律的物理客体,世界上除了物理的构成和过程之外再没有其他任何东西,心理过程和状态不过是中枢神经系统的过程和状态而已。从广义上说,行为主义也属于物理主义,因为一切外界刺激及其引起的生理反应都是物理化学变化。但是严格意义上的物理主义要求用物理规律来统一一切活动,用物理术语来描述一切现象,而不像行为主义那样,仍然用生理学和医学的词汇描述人的行为。在物理主义看来,红色实际上是电磁反射频率的各种波长的特定组合,音响实际上是声波的振动频率,因此,"我听到高八度的 C 调口哨"可被物理主义的语言转译成"我的耳膜受到振荡频率为 52 千赫兹空气波的振动",当然,"我"和"耳膜"还可以作进一步的物理主义描述。

总的说来,物理主义的身心关系学说是"等同论",把物理和生理现象在物理主义的基础上统一起来。

1. 物理与心理语言的等同

卡尔纳普(Rudolf Carnap)和费格尔(Herbert Feigl)首先提出了物理主义的纲领。他们认为,各门科学的语言都可以以物理学的语言为基础统一起来,应该对心理现象和规律作出物理主义的描述。他们的基本观点是强调心理现象与物理现象的统一,心理学语言与物理学语言的统一,"心理学是以物理学为基础的统一科学领域的一个组成部分"。

费格尔认为,消除身心二元论的关键是清除非物质的精神实体和存在于物理因果关系之外的原因。人们用来证明精神实体存在的意识活动如推理、计划、意图和价值等,不过是对大脑内微观的物理过程的一种概括,它们完全可以被转换成物理主义的语言。

物理主义用以描述大脑活动的语言与神经生理学的术语是等值的,这样就不会把关于神经中枢状态和过程的心理词汇归结为普通生理学的词汇,可以避免行为主义的"某些朴素形式"。比如,"发怒"不能只被描述为身体动作的变化,也不能被转换为对于心律、呼吸律和脉搏变化的记录,而应更进一步被描述为脑电波频率的变化。

2. 物理与心理结构的等同

物理主义的纲领从原则上肯定了物理与心理在语言上的等同，为什么会出现词义上的等同呢？这是因为词所指称的现象是等同的。但物理现象和心理现象之间的等同需要经过一定的解释模式才能进行比较。物理主义的下一步发展就是寻找能够把物理与心理现象统一起来的模式。

斯马特(John Smart)认为，世界上只有物理存在及其属性，物理学的概念和定律足以描述人的行为。他说："科学日益给我们提供这样一种观点，使我们能够把有机体看作物理化学结构，人本身的行为有朝一日也可以用力学的名词来解释。"比如，"我决定去喝酒"这一心理描述，可被转换为脑活动的一定模式，每当一个人作出这一决定时，那个模式就会出现在脑海里。

赖斯特(C. Rister)证明，物理与心理的等同不仅是词义上的，而且是事实上的等同。他对"思辨"和"闪电"这两种不同现象作了比较，认为两者分别与电荷运动的不同结构相等同，这就说明，思维现象与物理结构是等同的。

3. 物理和心理功能的等同

脑神经的一些活动是现有的物理规律解释不了的，因此很难找到脑神经活动的物理结构。为了应付这样的困难，物理主义者提出了物理和心理在功能上是等同的新解释。

福多(J. Fodor)承认心理属性、活动和状态的存在，但他认为，心理状态的行为特性与神经生理状态的行为特征是等同的，于是提出了"中枢状态等同论"。按照这一理论，两者都是受一个中枢控制的因果关系的网络，这符合物理因果关系的规定性。在福多看来，心理状态的特征并不取决于有没有神经细胞，而取决于构成要素之间的相互关系是否符合物理因果关系，没有生命的电子元件组成的计算机具备了中枢状态的因果关系，也可以有记忆、运算和逻辑推理等心理特征。

拉兹洛(Owen Laszlo)是进化心理学家，他认为人是在长期进化过程中形成的自然系统，能够自我维持和进化，通过与外部物质的交换，使系统内熵的增加与输入的负熵相抵消，保持内部能量的平衡。可以对人这一自然系统进行"双重透视"：如果把它看作能够自我完善的信息反馈系统，那么人就是精神，包括感觉、反省、意识和与生存没有直接联系的精神，它们都是依次附加在自然系统上的越来越复杂的信息处理的回路。另一方面,如果把人这一自然系统看作"波束或波—粒子的传播以及引力场内的一种异常现象",那么人的身体就是一个整体和谐的量子结构。拉兹洛的"双重透视论"吸收了现代物理学的成果,把人的心理和物理属性解释为信息和能量相等同的系统,这属于物理主义的功能等同论。

三、行为的功能分析

把身心关系归结为心理和物理在功能上的等同的物理主义已经接近了功能主义。福多说:功能主义产生于"人工智能、计算机理论、语言学、控制论和心理学中的哲学思维"。功能主义的理论基础不完全依赖于物理学,它并不要求把心理现象归结为大脑的神经活动或其他可用物理词汇描述的活动,而是把心理功能解释为计算机的程序,而大脑和神经系统则是计算机的硬件。

1. 心理功能 ≠ 理化属性

从词源上看,"功能"(function)来自"操作"(perform)。按照操作主义的要求,操作的过程决定属性。比如,要发现一个东西的长度,就要进行物理操作,物理操作的过程决定了长度的物理属性。同样,要知道一架机器的功能,也要进行物理的和化学的操作,也可以把机器的功能归结为物理和化学属性。这就不难理解,为什么早期功能主义与物理主义之间并没有明显的不同,事实上,福多和拉兹洛的学说既是"象征性的物理主义",也是功能主义。被称作功能主义之父的阿姆斯特朗(Tomas Armstrong)和刘易斯(D. K. Lewis)虽然认为,心理的功能是对刺激作出的反应,但又把心理的功能归结为物理和化学的属性,因为他们看到心理反应的功能是通过中枢神经系统的物理化学作用而实现的。

普特南(Hilary Putnam)为了区分功能主义与物理主义的界限,明确地指出,功能与实现功能的中介作用不是一码事。他说:"功能主义认为,行为(比如计算机行为)不能用物理学和化学来解释,而要用程序来解释。当然,程序是通过物理和化学的方式来实现的,可能还是从物理学和化学中推导出来的,但这并不能把程序变成机器的物理和化学属性,程序是机器的抽象属性。同样,人的心理也不是人的物理和化学属性,虽然前者是以后者为中介而实现的。"

2. 大脑的信息处理功能

机器功能主义的根源可以追溯到图灵(A. Turing)在 20 世纪三四十年代发表

的文章。他设想,将来的图灵机可以和人的大脑一样执行并完成同样的任务,那时,让机器和人回答同样的问题,如果我们不是根据声音和外表,而是根据在键盘上打出的答案本身,就不能区别答案是人还是机器做的。控制论的创始人维纳(N. Wiener)在20世纪50年代指出:"生物个体的物理功能与一些新型通信仪器的操作相类似,它们在通过反馈机制控制熵的改变方面具有相似的目的。"[1]按照这样的观点,人是生物界最好的信息处理者,人的大脑活动不是物理和化学的变化,而是信息处理的过程。

以后的一些功能主义者把人的心理功能归结为信息处理过程。法尔曼(S. Fahlman)说,"人的心灵能做许多事情,其中最明显的是能够贮存大量的关于世界的知识",包括将外界刺激的信号加以定位、编码、提取、加工和输出,这与计算机处理信息的过程一样,因此,可以把心理的功能还原为信息处理过程。

对一个心理行为作功能主义的分析,涉及两个对应的领域:生理学家和物理学家根据大脑的神经解剖结构,描述大脑在此时的状态;认知心理学家根据一定的机器程序,用抽象的计算机语言描述大脑的这一状态。这两方面描述的同步对应关系证明,心灵和大脑的关系是作用和作用者、程序和元件、软件和硬件的关系。

3."小人"的功能

大脑活动的生命状态与机器程序的信息状态之间很难发现一一对应或同步发生的关系,功能主义的分析很难被实际操作。为了克服这样的困难,有人设想了一个新的方案,即设想构成人的行为的每一个要素都是一个"小人"(homunculus),"小人"是缩小了的人体模型,具有一种特别的功能。比如,柏拉图曾经设定人的灵魂由理智、激情和欲望三部分组成。现在可以把每一部分都设想为一个"小人",分别执行这三种功能,人的行为是这三个"小人"共同参与所造成的。但是"小人"是一个独立的系统,又被分析为子系统,多个子系统共同参与造成了"小人"所执行的功能。每一个子系统还可以分析,直到最终达到一个在功能上不可再分析的神经解剖单元。

---

1 转引自杰里米·里夫金《生物技术世纪》,付立杰等译,上海科技教育出版社2000年版,第220页。

"小人"功能主义把神经生理现象和信息程序结合为一个整体模型,即"小人",两者不是相互对应的两部分,而是要素与结构的关系。对人的行为的功能主义分析分多层次进行,每一层次的要素都有一个相应的组合程序,所有层次按照计算机等级控制的原则被组合成一个有机整体。

"小人"功能主义的困难是,低层次的系统服从高层次的功能,它们之间似乎具有手段和目的之关系,整个系统的运作需要目的性,这样就不可避免地引进了目的论。但是任何关于生物有机体的目的论都要与进化论发生纠纷,这又引起了进一步的争论。

四、 不可归约的心理行为

我们看到,在对人及其心理的本质特征的问题上,广义的物理主义(包括行为主义和功能主义)在 20 世纪的西方心灵哲学中一直是居于主导地位的思潮。根据这种理论,人是特殊的物理存在,没有非物理的实体、属性和功能。尽管不时有对立的理论提出质疑,但并未形成太大的威胁。最近二三十年来,情况发生了很大变化。很多人根据思想的和经验的实验,从科学哲学的角度指出了物理主义的遗漏,用经验证据说明了存在着不可被归约为物理语言、属性、功能和规律的心理行为。

1. 物理主义的遗漏

所谓物理主义的遗漏指物理主义对人的认识忽视了人的主观经验的特征。为了说明非物理的感觉性质的存在,F. 杰克逊(Frank Jackson)构想一个"知识论证"的思想实验。假设有一个人,她生来就被关闭在一个只有黑白两种颜色的房间里,对她的教育是通过只有黑白两色的书和黑白电视中的讲座进行的。通过黑白电视,她了解到外面的事情,她的想法通过打字机传给外面的世界。尽管受到了这样的限制,但由于她有极高的天赋,她最终成了一位极其卓越的科学家,得到了关于物理世界的一切存在的和可能存在的对象及其物理本性的知识,包括物理学、化学、神经科学等的一切知识。她所知的就是全部物理世界中的一切,只要是物理世界中的存在,没有她不知道的。她所知的界限与物理世界的界限是相等的。对此,杰克逊质问道:这个世界真的只存在物理的物质和属性吗?人真的是一个物理实在吗?假如有一天,这个人从黑白房间被放出来了,在她面前突然出现了各种色彩。在这种情况下，她碰到了以前没有碰到的新的现象，她在看红色时会有不同于以前的新的经验，又学习到了新的东西；就是说，在有红色的经验时，她头脑里必然呈现出现象性质、内容或信息，这些在她的物理知识之外，因而是物理属性之外的非物理的属性。由此杰克逊得出结论说："物理主义是虚妄的。这就是反物理主义的知识论证。"[1]

为了证明人的头脑不只具有机器的信息处理功能，普特南设计了一个"缸中之脑"的思想实验。设想一个邪恶的科学家把一个人的大脑切下，放进充满了营养液的大缸里，大脑的神经末梢被连接在一台超级计算机上，这台计算机能使"缸中之脑"像在人身上时一样感觉、思维，即使在没有外部世界时，也会产生"看到""听到"世界上的事物的幻觉。普特南的问题是：这样的脑能够"说"或者"想"它是缸中之脑吗？当然不能，因为"缸中之脑"根本提不出这样的问题，否则的话，它就不再是"缸中之脑"了。"缸中之脑"具有人的大脑的所有信息处理功能，但即使如此，人的大脑不是"缸中之脑"，人的大脑中有关于人自身的形象和观念，而"缸中之脑"却没有。因此，人的意识和心理活动不能被归结为大脑的信息处理功能。

2. 非自然的精神

尼科尔森（K. Nicholson）在心身关系问题上，"反对把意识当作是大脑的产物，而宁愿把意识看作是贯穿于、并控制着大脑的动力源泉（agency）"[2]。这就是解决心身问题的非自然主义方案。其基本主张是：心理现象必须用非自然的、纯意向的术语才能得到完全的说明。

尼科尔森旗帜鲜明地主张，人不是物质性的东西，而是一种精神性的存在。尽管人也有物质媒介，但这个媒介既不是持久的，又不是必不可少的。更明确地说，生命是一种精神性的复杂事业，人就是与这种超越自然界的限制的生长、发展事业有关的精神存在。正是在这个意义上，他把他关于人的理论、关于心身的学说称之为"精神主义"的学说。

尼科尔森认为，人的本质在于人是非物质的动因，是有理性的、自动的、能应

1 F. Jackson. "What Mary did not Know", in ed. by D. Rosenthal, *Nature of Mind*, New York, 1986, p. 392.

2 K. Nicholson, *Body and Soul*, Oxford, 1983, p. 150.

对物质世界挑战的存在。人的本质之所以是精神的本质,就在于人的本质比肉体本质更广泛、更深邃,认识了肉体的本质并不等于认识了人的本质。例如,幸福、快乐、有事业心、精神境界高的人,与没有这些状态的人在肉体上可能没有质的差别,但事实上他们是两类完全不同的人。

尼科尔森把人学分成三个构成部分。第一,意识论,主张意识是一种实在,它不同于我们在周围物质世界中所看到的实在;这是由意志、情绪、激情、爱和理性所构成的世界。第二,道德论,主张道德主体不是纯物理的存在,因为我们能作出道德判断,能据此行动。这些判断肯定不只是我们的生理活动的表达和报告,它涉及我们的判断的特殊根据——价值;因此,我们不是单纯由控制自然界的物质力量所决定的东西。第三,宗教论,认为宗教经验不是外物引起的,并不是关于外物的,我们也不是基于证据或合理性而接受宗教的。总之,人的非物质性在于精神性,而精神、心灵不能用自然主义的术语说明。

3. 心灵与意识的二元论

波普尔和艾克尔斯(J. Eccles)在《自我及其大脑》一书中,提出了关于人的一种二元论的学说。与传统的二元论不同,它是区别人的意识和心灵的二元论,是对波普尔提出的"三个世界"理论的科学证明。

波普尔认为,事物存在于三个世界中。世界 1 是物理世界,如物质、能量、一切生物的机体,包括动物的躯体和头脑等等;世界 2 是人的心理现象,包括意识、感觉等心理状态和过程;世界 3 是客观知识的世界,包括人造产品和文化产品,如语言、艺术品、图书、机械设备、工具、房屋建筑等等,以及用语言表达出来的人的意识的固定对象,如问题、猜测、理论、反驳、证据等。人是生物进化的最高产物,人同时存在于三个世界,人的身体属于世界 1,人的意识属于世界 2,人的心灵或自我意识则属于世界 3。

艾克尔斯通过脑神经科学的研究,证明人确有与意识和身体不同的心灵(mind)或自我(self),它处于大脑的联络脑。联络脑区域非常巨大,包括优势半脑的大部分,特别是语言区,由不同的、大片连续的大脑皮层组成,拥有 10 万或数目更多的升级图式。但联络脑的神经结构只是"自我"的物质形式,正如纸张构成的书是思想的物质形式,但思想不等于纸张的结构。"自我"是连续脑的功能,它既不是物理、化学、神经生理的,也不是信息处理。"自我"的功能没有特定的物质结构,既不输入,也不输出物质能量,它处在大脑的最高水平,是独立于身体、意识的存在。

日常生活的语言行为

人们早就注意到语言对于人的行为的重要性,比如,19 世纪的德国思想家洪堡(Karl Wilhelm von Humboldt)说过,语言是人的世界观。但是,人们还只是从语言和思想联系的意义上评价语言的重要性。20 世纪初英国哲学发生了"语言学的转向",从此语言分析哲学成为英美哲学的主流。按照美国实用主义哲学家莫里斯(Charles W. Morris)的区分,语言哲学是符号学(semiotics),可分成研究符号与符号关系的语句学,研究符号与对象关系的语义学,研究使用者与符号关系的语用学。如果说早期分析哲学关注的是语义学和语句学,那么第二次世界大战之后,分析哲学发生了"语用学转向"。大多数分析哲学家不再热衷于分析语言逻辑结构,或探讨语言与实在的关系,而是把语言的使用作为最基本、最重要的人的行为,通过对语言行为的研究考察,解释人与人交往的方式、待人接物的态度和一般的生活形式。这种意义上的语用哲学实际上是关于人的哲学。

一、 语言—游戏说

维特根斯坦(Ludwig Wittgenstein)在其后期提出的"语言—游戏说"首先改变了人们关于语言功能的认识,语言不再只是陈述事实的工具,而是我们生活的基本部分,我们使用语言的方式就是我们的生活形式。他对语言的日常用法的分析扭转了分析哲学的发展方向,对英美各种人学理论都有深远的影响。

1. 意义就是用法

维特根斯坦提出,语言之所以有意义,首先是因为它是人们的一项行动。他说:"我把语言和行动交织在一起的整体,称之为'语言—游戏'。"(PI. 7) [1] "语

---

1 PI 是《逻辑研究》(*Philosophical Investigations*)的缩语,数字表示节数。下同。

言—游戏"这一概念提醒我们,语言的使用是多种多样的,通过名称来指称事物只是其中的一种,运用语言是一种活动,是一种生活方式。

"语言—游戏"这个概念延伸到了人类生活的每一个角落,包括了人们日常生活中的各项活动。如命令、描述、报告、思考、检验、图示、讲故事、游戏行为、唱歌、猜谜语、开玩笑、讲笑话、解数学题、翻译、提问、感谢、诅咒、问候、祈祷等等,都是"语言—游戏"(PI. 23)。

根据"语言—游戏"的实践性和多样性,维特根斯坦要求人们从动态的观点来观察语言的意义,他得出了一个具有深远影响的结论:"在多数情况下,虽然不是一切情况下,我们可以给'意义'这个词下这样一个定义:一个词的意义就是它在语言中的用法。"(PI. 43)

2. 语言是遵守规则的行为

尽管语言的用法繁多,维特根斯坦不能不承认,使用语言是一种遵守规则的活动。如果每个人都可以随意使用语言,语言将会变成一种不可理解的现象,利用语言来进行交流也将不可能实现。

但是语言规则不是写在书上的语法,也不是语言学家或理论家们对语言本质的解释。因为"规则"是一个具有强烈社会性、实践性的概念,而"解释"则是一种个人的、理论的行为。人们尽可以对规则作出自己的解释,但解释规则不是遵守规则,人们不能根据一个人的解释正确与否来判断他是否遵守规则。维特根斯坦说:"遵守规则是一种实践行为。一个人认为他是遵守规则的并不等于他真是在遵守规则。因此,人们不可能'私自'地遵守规则。不然的话,对遵守规则的思考就和遵守规则的行动混为一谈了。"(PI. 203)

事实上,语言规则是在使用语言的行为中自然形成的,是社会加诸每一个语言使用者的前提。维特根斯坦说:"当我遵守一条规则的时候,我别无选择,我盲目地遵守规则。"(PI. 219)盲目性是对于人们不能任意理解规则的决定性的一种形象说明。我们的理解是在我们咿呀学语的时候就开始灌输给我们的,我们训练和学习的过程又受社会文化诸因素影响、决定,是生活方式的一部分。遵守规则就是遵守生活方式上的约定,因为归根到底,"语言—游戏"就是一种生活方式。某种意义上,维特根斯坦对日常语言的推崇,实际上就是对约定俗成的常规和生活方式的肯定。

3. 没有私人语言

根据"人们不可能'私自'地遵守规则"的要求,维特根斯坦否认了"私人语言"的存在。什么是"私人语言"呢? 维特根斯坦假设有这样一个人,他每天都在日记中记下自己的一种特殊的内心感受,比如说疼痛。每当这种疼痛发生在心中的时候,他就写下"S"这一符号。在这种情况下,只有他本人才理解"S"所代表的是一种怎样的疼痛,别人却无法联系那种感受来理解"S"的意义。也就是说,"S"是只有他才能理解的私人语言。

维特根斯坦用一个思想实验说明个人的主观感觉无论如何也不能成为语言的规则。设想在某地,人人都有一个匣子,匣子里装着一种他们都把它叫作"甲虫"的东西。各人匣子里的甲虫可能不完全一样,有些人的匣子里可能根本没有甲虫,但这并不妨碍他们谈论自己匣子里的甲虫。虽然每人都看不到别人匣子里的甲虫,他们可以根据自己匣子里的东西知道别人匣子里装的也是甲虫(PI. 293)。

在这个比喻中,匣子好比是人的身体,甲虫好比是发生在身体之内的"疼痛"。虽然各人都从自己的感觉中理解了"疼痛"这个概念的意义;虽然他观察不到别人身体内的"疼痛",虽然各人所感觉到的"疼痛"不尽相同(好比每个匣中的甲虫不完全相同一样),虽然有人在假装疼痛(好比有个匣子根本没有甲虫),但这一切并不妨碍我们使用"疼痛"这个共同概念来谈论每个人对于"疼痛"的不同感受。因为"疼痛"不是一件事物,"疼痛"这个词也不是指示事物的名称。这个词所对应的是疼痛的自然表达方式(如哭喊,脸部抽搐的表情等),而不是疼痛这一心理状态本身。只要我们具有共同的表达疼痛的自然方式,我们就不会用一个只有自己才能理解的符号来表示疼痛。

维特根斯坦又说,当我们用图画来表示一壶水处在沸腾状态的时候,我们只画一个喷着水蒸气的水壶,而不需要把水壶中的沸水也画出来(PI. 297)。同样,当我们用"疼痛"这个词来表示一个人疼痛状态的时候,我们只需描述他的可观察的表示"疼痛"的行为,如他痛苦的表情和呻吟,而不用对一个人的心理状态进行摹写。人的疼痛状态是使用"疼痛"这个词的前提,而不是这个词所表达的内容,正如沸水是产生水蒸气的来源,却不包含在图画之中一样。"疼痛"的意义并不是指称一个内在事物或一种内在状态,被指称的东西都是在经验中被大家所观察到的。那些只被感觉者自己体验到或"内在指称"的事物是不存在的。

4. "特殊词汇"的用法

维特根斯坦反私人语言的论证只是他考察"特殊词汇"用法的一个范例。在他看来,"最能在哲学中制造麻烦的,是这样一种倾向:它把我们诱入歧途,使我们把一些重要的、特殊的词汇的用法与一般词汇的常规用法等量齐观"(BB, p. 44)[1]。

"时间""意识""心灵"等就是这样一些特殊词汇。从语法学的角度来划分,它们属于名词,但和名词的常规用法不同,它们不是指一个或一类事物,而是提供了关于某种现象的标准。按照这个标准,我们可以判定哪些词汇可以用来描述这种现象。例如,"时间"这个词是运用所有与时间有关的词汇的标准。这些词汇,如"早晨""昨天""1988 年""一秒钟"等等都符合"时间"这个词所规定的概念的标准。如果把"特殊词汇"的用法混同于一般词汇的常规用法,就会混淆概念与事实,提出像"什么是时间"这样的哲学问题,引起无休止的争论。

为了防止由于混淆特殊词汇与一般词汇而引起的思想混乱,维特根斯坦再三要求:"不要想,但要看!"(PI. 66)按照这一要求,必须观察实际使用"特殊词汇"的具体语境,才能知道它的意义。比如,除非在一个人从昏迷不醒的状态中恢复过来的场合,否则说"我有意识"或"他有意识"是没有意义的。再比如,"疼痛"的第一人称和第三人称用法是不同的,说"我疼痛"的意义相当于小孩哭喊的一种表露,而说"他疼痛"则是对一个事实的陈述。还有一些心理词汇,如看、想、认识、意识等,都只有与它们的宾语或者它们的从句联系时才是有意义的。单独考察这些词汇的意义如同问"什么是时间",属于没有答案的哲学问题。

二、 语言行为说

约翰·奥斯丁(John Austin)把维特根斯坦所说的"意义即用法"发展为"说话就是做事",他认为意义是使用语言的行为,语言的主要功能就是执行各种行为。按照不同的执行方式,他对语言行为作了系统的、细致的区分。

---

1 BB 是《蓝皮书和褐皮书》(*Blue and Brown Books*)的缩语。

1. 用语言做事

奥斯丁的"语言行为说"的要旨是告诉人们怎样用语言做事。他发现,有些陈述句在某种语境之中并无真值。比如,"我命名这只船为北海号",这句话不是对事件的描述,没有真值。这句话的意义在于执行了一个命名行为。同样,凡是以第一人称为主词,含有"答应""保证"等动词的句子,都是在用语言做事。

用语言可以做哪些事呢?奥斯丁通过动词分类将语言行为分成不同类别。这些类别是:(1)判决(verdictives)。判决一件事的是非真假由宣判、发现、理解、估计等动词来执行。(2)行使(exercitives)。行使职责或权利由任命、建议、警告、降级、解雇、命名、否决等动词执行。(3)约束(commissives)。约束自己行为由承诺、保证、发誓、同意、反对、支持等动词执行。(4)示意(behavitives)。表示对他人态度由道歉、感谢、同情、抱怨、欢迎、咒骂等动词执行。(5)表述(expositives)。表述道理由确认、否认、接受、回答等动词执行。奥斯丁最后总结说:"我们可以说,判决式作出判断,行使式施加影响或行使权力,约束式承担义务或表达意图,示意式是采取某种态度,表述式则是阐述理由,提出论证和传达信息。"[1]

2. 语旨力

奥斯丁认为,语言行为的执行及其效果取决于语言本身包含的行为力量,不同的说话方式有不同的力量,可以做不同的事情,我们可以按照语言行为的不同力量来对语句进行分类。

奥斯丁把说话的力量称作"语旨力"(illocutionary force)。语旨力即语言的意旨所具有的力量,它是完成语言行为的推动力。根据不同的语旨力,语言行为可分为三类:(1)表达语意行为(locutionary act)。其力量在于命题本身,能够说出有意义和所指的句子,其主要作用在于陈述。(2)完成语旨行为(illocutionary act)。其力量在于说话人附加在命题之上的态度,在表达语意的同时完成某一意图和目的。(3)取得语效行为(perlocutionary act)。其力量在于命题对听话人的影响,在表达语意的同时对其他人施加影响,产生预期效果。实际的语言行为至

---

1 J. Austin, *How to Do Things with Words*, Harvard University Press, 1978, p. 62.

少兼有两种行为。[1]

3. 语言行为的社会交往功能

塞尔(John Searle)不同意奥斯丁按照动词类别来区别语言行为,因为动词具有的语旨力要与命题内容一起才能发生作用。任何语言行为都包含有一个命题成分和一个语旨力成分,其典型的形式是 F(p),p 是命题内容,F 是语旨力,没有语旨力,命题本身甚至不能表述。只有与一定的语旨力结合,命题内容才能成为有所表述和断定的"命题行为"。他提出,应根据语言行为的目的、适应外界的方向和表现的心理状态等 12 个标准,对命题行为进行分类。塞尔的分类法更加突出了语言的社会交往作用,对德国哲学家哈贝马斯的社会交往理论产生了直接的影响。

格里斯(H. P. Grice)注意到,即便是说话者的意图也需要在语言交往中转变成一种行为,才具有意义。他关于说话者意义的定义是:"'A 用 x 表示某一意义'大致等于'A 意图用 x 的表达来影响听众,使听众认识到他的意图才能达到一定效果'。"可以说,了解 A 的意图是什么就是了解他意图达到什么样的效果。[2]

正因为意义存在于说话者的意图和听众之间的相互沟通,语言才能发挥其社会交往的功能。格里斯设想用不同语言的人们最初如何交往的状况,来证明意义与意图的关系。设想一个白人躺在棕榈树下,树上果实摇摇欲坠,当地土人要警告他有危险,于是作出头被落物砸破、躺在地上装死等情状。白人知道土人这些动作的意图,也就知道他所想传递的警告意思。原初的手势语言正是通过这种意图的沟通而有意义。同样,语言的最初意义也是通过说话者的意图在说话人与听众之间搭起桥梁。在后来的发展过程中,一些词语表达着固定的意图,于是便获得了常规意义。即使如此,常规意义并不是写在字典上的词语释义,而取决于社会交往中说话者和听众之间的相互理解。

三、 心理词汇的作用

身心关系问题也是语言分析哲学讨论的一个主题。与我们在第二节看到的

---

1 J. Austin, *How to Do Things with Words*, Harvard University Press,1978,pp. 20 - 51.

2 N. P. Grice,"Meaning",*in Philosophical Review*,1957.

那些理论的方法和风格不同,分析哲学家主要对心理词汇的意义加以分析。但是,关于人的行为的语言分析与经验研究的立场大体是一致的:有行为主义的立场,也有人在物理主义的前提下承认心理词汇不同于物理词汇的用法,还有人用进化论的模式解释心理词汇的意义。

1. 驱赶"机器里的幽灵"

吉尔伯特·赖尔(Gilbert Ryle)把笛卡尔以来哲学中的身心二元论叫作"官方(或正统)学说"。按照这种学说,人有身心两部分,身体存在于空间,受物理规律支配,心灵不占空间,不受物理规律支配;由此又产生外在与内在的区分。根据这些区分,身体好像是外在的、可以观察的机器,而心灵寓于身体之中,不可观察,好似"机器中的幽灵"。

赖尔指出,关于身心关系的二元论是犯了混淆"心灵"和"身体"两个范畴的错误。那么,什么是"身体"和"心灵"的用法呢?据赖尔考察,"身体"范畴来自近代物理学和哲学。伽利略证明,一切在空间中占有位置的东西都服从因果律。笛卡儿作为一个自然科学家,相信机械论,把人的身体也看作一架机器;但他同时又是一个虔诚的宗教信仰者,认为人不同于机器,人的心灵不同于身体。即使如此,笛卡尔仍然相信心灵也要服从于某种不同于机械因果律的因果律。这样,他就把人分为两个平行的部分,各有自身的因果律。赖尔分析说,因果律实际上属于关于物体的机械论范畴,笛卡尔认为心灵也服从因果律犯了混淆范畴的错误。因此,身心二元论的实质不是区分,而是混淆,即把本来不属于机械论范畴的心灵的概念放在这一范畴之中,用因果关系的语言来描述心灵活动,致使心灵与身体纠缠不清,疑难丛生。

赖尔还为解决身心二元论提出一条途径。他指出,"心灵"这一概念所指示的事实只与人的行为有关。谈论一个人的精神就是谈论这个人在做某些事情时所具有的能力、倾向和爱好。比如说一个人聪明,并不是对他当下精神状态所作的判断,而是根据对他过去的行为以及将来可能作出的行为的认识,取决于他面对不同任务时做什么、怎么做以及做事的效率。心灵的性质既然只与人的行为有关,当然也与身体和身体活动相关。事实上,关于心灵活动的命题的真伪是由相关的身体活动的事实来判别的,只是由于人们具有种种不同的行为方式,我们才相信人具有像"记忆""知觉""想象"这样一些能力和属性。赖尔肯定,属于心灵概念的事实是与身体相关的事实,因而也是可以观察的。

赖尔坚持心灵活动要通过描述身体活动的语言来表达,否认不可观察幽灵般的心灵概念,这是他与行为主义者的共同之处。但他坚持认为,属于心灵概念的事实不能被还原为"身体"范畴,因为它们不从属于因果律。行为主义者认为人的一切行为都服从实验科学研究的规律,这在赖尔看来也是混淆范畴的错误。这里的关键在于,赖尔所说的行为指语言行为,而行为主义者所说的行为指人的物理、生理活动。赖尔认为,心灵的性质表现为复杂的语言行为,这并不一定意味着把心灵还原为物理或生理活动。[1]

2. 判断信念的好意原则

唐纳德·戴维森(Donald Davidson)提出的"异常一元论"是一种有调和倾向的物理主义。他从语言分析入手,首先肯定语言的使用有意向句和非意向句的区分。比如,"我愿意他下午 4 点到"是意向句,而"他乘下午 4 点的火车到"是非意向句。

戴维森接着说明,这两类句子的区分并无本体论的意义。从本体论来说,只存在着物理事件和状态,心理事件和状态只是在头脑中发生的极其复杂的物理事件和状态;并且,世界上只存在着物理规律,不存在着心理规律。可以说,他所谓的一元论就是物理主义。

戴维森同时强调一元论的"异常性"。从理论上说,物理规律应该而且可以给予包括心理现象在内的一切事件以严格的决定论解释,但事实上却做不到。因为心理事件包含着信仰与欲望的参与,我们在语言中不能把所有的原因一一标明、解释清楚,不能给予像物理事件那样的决定论的预测。因此,虽然在本体论上不存在身体和心灵、物理和心理的鸿沟,在语言上却存在两种解释和预测的方式,一种是严格的决定论方式,适用于物理事件;另一类是大致的概括,意向句即属于这一类。

意向句和非意向句在意义上的区别产生出一个问题,即判断意向句真假的标

---

1 参见赖尔《心的概念》,刘建荣译,上海译文出版社 1988 年版,第 5—19 页。

准是什么呢？戴维森说,任何意向句都涉及心理上的整体解释,即与意向者的欲望和信念体系相关。因此,意向句的真假归根到底取决于意向者的信念体系是否正确。戴维森提出了判断信念体系是否正确的"好意原则"(principle of charity)。这一原则要求抱着与人为善的好意去看待别人的信念。它肯定在一个意向体系中,大多数信念都是正确的,错误的信念相对而言是比较稀少的,需要加以特殊的解释。在大多数场合下,我们可以理所当然地信任一个信念体系的正确性。从实践上说,好意原则有利于不同信念体系之间的相互理解和对话,反对以邻为壑的文化相对主义和怀疑主义。

3. 民间心理学的用途

从理论上说,好意原则是一种自然主义的原则,它肯定一切信念体系都是在自然进程中形成的,都有其存在的合理性,因而不能用一些异己的标准去排斥它、否定它。丹尼特说得更清楚:"一个种属可以通过突变在一些无效力的体系里做'实验',但正因为这些体系的缺陷和无理性,它们不能被称作信念体系,因此,一个错误的信念体系在概念上是不可能的。"[1]正因为如此,人们一直在使用的心理词汇是一个系统,丹尼特称之为"民间心理学"(Folk Psychology,或简称FP)。

Folk有大众、通俗的意思。哲学家们现在讨论的"心理词汇"是民众在世世代代的日常生活中一直使用的词汇,民众使用心理词汇不是理论,而是学术界以外的实践。但是民间的用法所蕴含的信念系统和所具有的正当理由是民众日用而不知的,需要学者深入研究才能发掘出来。正如系统搜集、整理和研究民间故事是一门学问一样,专门研究民间心理词汇用法的系统及其原由也是一门学科,这就是民间心理学。

丹尼特不承认有内在的心理实在,因此,民间心理学的术语,如"意识""相信""愿望""意向"等,并没有真实的所指。但是丹尼特强调说,民众使用这些词汇来表达人的信念和愿望,并不是描述了某种物理实在的任何碎片,而只是像拨动了算盘上的小珠;小珠并不是真实的数量关系,因而拨动了小珠并不是拨动了真实的存在,但不可否认,对小珠的拨动可帮助我们认识真实的数量关系。同样,表达

---

1 A. Dennett, *Brainstorms*, London, 1978, p. 17.

和说明信念、意图并不涉及任何真实的过程和状态,却"碰巧"可帮助我们解释和预测人的真实行为的发生。

因此,即使民间心理学不是一种关于实在的理论,也可以是一种意向系统,是解释、预测行为的策略,它有其特殊性、独到之处。如果不用这种预测、解释策略,完全用物理的观点和方法,那么就会遗漏掉客观的东西。预言、解释行为的手段不外三种,即物理的、设计的和意向的。当被预言的对象比自然事物、闹钟要复杂得多时,采用意向策略就是不可避免的。意向的策略是专门用来解释某类实体(人、动物、机器人等)的行为的,特别是在面对人这样的对象时,另外两种策略常常无能为力。

4. 适应环境的策略

民间心理学的策略是把人当作是有理性的行动者,认为人通过自己的信念、愿望决定自己的行动。这一解释、预测的策略把人的自我形象和道德主体的观点交织在一起。如果抛弃了民间心理学,那么"人"和"道德主体"这样的概念也会一起被抛弃。

在人学的历史上,"道德主体"是一个与自由意志密切相关的概念,涉及哲学本体论(自由与决定论)和认识论(行为因果关系的认识),以及价值论(人的行为的价值和评价)和伦理学(行为的目的、义务和责任)等问题。从民间心理学的立场看,所有这些问题实质上都是对人的常识观点,如人是有理性的行动者、人由心身构成、心身有因果关系等的严肃的反思。汉南(B. Hannan)尖锐地提出:"问题的焦点在于:我们是否得放弃这样的观点?……说'心理属性没有真实的因果性'就等于说,对行动的信念、愿望的解释是不真实的,这无异于说,我们并不是真正的行动者(或人)。"[1]

民间心理学是解释人的行为的原因和预测其结果的一种行之有效的策略,这并不是因为它揭示了发生在人之内与之外的事件之间的因果关系,因为心理词汇没有描述实在的功能,心理词汇的意义并不是告诉人们因果关系,现在物理学发展的水平也不能解释这样的因果关系。那么,为什么没有客观实在基础的民间心

---

1 B. Hannan, *Subjectivity and Reduction*, Westview Press, 1997, p. 107.

理学能够"碰巧"成功地解释和预测人的行为呢？这是一个需要解释的问题。偶然性不等于无理由，而是可以解释的事实；否则，那就不是偶然，而是神秘了。

对于民间心理学的"理由解释"（R-explanation）是进化论的自然选择：如果我们不如此解释和预测人的行为，人类就不知道如何行动，也许早就被自然淘汰了；反过来说，人类的祖先由于使用了一些心理词汇来解释、预测自己的和他人的行动，而很好地适应了环境，人连同心理词汇一同被自然选择所保留，并且随着人类文化的进化，原初的心理词汇发展成为民间心理学的系统。

当然，进化论的"理由解释"不只适用于人类，也适用于动物。动物心理学的观察表明，在进化过程中成功地被保留下来的动物都有一定的心理倾向。这并不是说动物与人类使用同样的心理词汇，而是说，人类心理词汇的意义也能描述和预测动物行为。用人类心理词汇所表示的动物行为和人的行为，两者只有程度的差别，而没有本质的不同。这再次证明了，物种进化是一个连续发展的过程，而民间心理学既是人类适应环境的人为工具，又是理解人自身与环境关系的自然系统。

语言分析哲学关于人的语言行为的讨论虽然表现出一种自然主义的态度，但与达尔文的进化论范式还有一些隔膜。在民间心理学中，两者的隔膜被打通了，我们再次看到了达尔文范式对英美现代人学的深刻影响。

第九章

"心理人"的观念

现代的"心理人"观念与近代的"理性人"观念有关。近代人学秉承了古代人学观念,把人的生命本能当作人的动物性,不属于人的本质和人性。近代思想家关于人的本质和人性的思想虽然多种多样,各不相同,但他们都强调,人可以认识、支配或顺应自身的本质和本性,并通过自身的本质和本性,认识、支配或顺应整个世界。可以说,西方近代人学的核心其实是同时代的理性主义和人类中心主义。西方现代人学不同于近代人学的显著特征则是对人的生命本能的认识。在以下的分析中,我们会对近代人学与现代人学的这一分歧有更深的认识。

从第六章开始,我们已经看到达尔文进化论的范式在对人的生命本能的认识方面是如何突破近代人学樊篱的。我们在本章将看到现代人学的另一个范式——弗洛伊德的范式,这种范式对人的生命本能提出了不同的解释,构造了一个与"生物人"不同的"心理人"。

实际上,在弗洛伊德之前,西方的一些哲学家就已经开始把人的本性乃至世界的本质都归结为生命的能量。弗洛伊德的贡献是,通过精神分析的实证研究,提出了关于人的心理能量的系统解释,从而把关于生命本能的形而上学和抽象思辨转变为人学理论和人性学说。按照我们的解释,意志哲学、生命哲学和精神分析学说都属于同一个人学思想范式。这一范式有以下特点:

第一,这一范式认为,人与自然界和动物之间并没有绝对的鸿沟。自然界不是不同类别的事物的堆砌和总和,而是不断变化生成的能量的聚合、释放和转化;无机物是这样,有机物也是这样;动物是这样,人也是这样。人的生命本能与推动世界或社会历史的动力是同一种能量。

第二,对人的生命能量的重视与科学的进展有关。在自然科学领域,进化论、生机论和唯能论对机械论的世界观的批判不可避免地影响到人对自身的看法。但是关于人的生命本能的人学范式却不是自然科学研究的延伸,它不是把人的生命本能归结为物理能量;而是反过来,把物理能量或人类社会的集体力量归结为人的生命本能。从这方面来判断,这种范式属于人本主义的传统。这是它与达尔文范式的自然主义的根本区别。

第三,现代西方的人类中心论具有明显的非理性主义的倾向。人的行为只是生命本能不自觉的运动,在大多数情况下,人并不知道他的生命本能是什么,更不能控制和改变它。人的本质不是理性,人的本性也无善恶,而是在理性与非理性、善恶区分之前就已经存在的活动着的生命能量。

第四,这种非理性主义(non-rationalism)并不一定是反理性主义(irrationalism)。大多数现代思想家承认理性是人的生命本能的派生形式,人的认知活动和人类知识对于生命的维持和进化具有巨大的价值。但是他们拒斥西方传统的唯理智主义,认为知识的最终的、不竭的源泉是人的生命本能,人的本质不是理性,而是形态极其丰富(理性只是其中一种)的生命本能。

最后,崇尚这一范式的一些(不是全部)思想家肯定积极的、健康的人生的重要价值。他们认为,人虽然只能顺应生命本能,但不自觉的、消极的顺应往往是苦难的、病态的甚至是邪恶的生活的根源。关于人的生命本能的人学研究揭示了生命本能的生成变化和多样创造性,这使得人们能够自觉地发挥自己的生命能力,从而实现个人的丰富多彩的人生价值,积极推动社会的进步。

以上几个特征只是众多思想家"家族相似"的特征。事实上,他们对于人的生命本能是什么及其属性的阐述大相径庭,对人生价值的看法也各不相同。即便如此,我们仍可按照科学研究系统分类的要求,大致把这些形形色色的学说观点综合为一个新的关于人的整体观念,这就是"心理人"的观念。

"心理人"的观念按照对心理活动的不同理解可分为三类:一是主张人的生命

本能为意志力的意志主义;二是强调人的生命冲动的生命哲学;三是以人的心理欲望为研究对象的精神分析学说。最后一种主张试图解释的不仅是个人心理,还有社会历史,不仅是反常的、病态的行为,还有健康的人格。本章从对人的生命本能的研究这一角度,通过对关于"心理人"的所有这些观念加以分析和评论,展现现代西方人学的这一范式的各个重要方面。

第一节 ─────────────────────────────

人的意志力

19世纪下半叶开始流行的意志主义不仅是反理智主义传统的一个哲学流派,而且标志着西方人学的一个转折点。自此之后,西方人学对象的研究从理性主义转向非理性主义,重点从对人的事实描述转向对生命的价值判断。但是意志主义者对意志力的生命价值的判断有着两种截然不同的方向:一是以叔本华为代表的主张灭寂生活意志的人生观,另一是以尼采为代表的主张发扬强力意志的价值观。

一、灭寂生活意志的人生观

叔本华(Arthur Schopenhauer)首先在哲学上提出了意志主义,其核心是人生观和价值观。他肯定意志是世界的本体,把人的意志力当作意志活动的最高阶段,意志的其他客体化形式都要被人的意志所理解和把握。人的思想、行为也被解释为不自觉地服从于意志的活动,因而没有自身价值。关于人与意志关系的这种解释最后导致悲观主义和宿命论的人生哲学。

1. "世界是我的意志"

叔本华对意志的理解是从人与世界的关系入手的。他在其代表作《作为意志和表象的世界》的开头就说:"'世界是我的表象';这是一个真理,是对于任何一个生活着和认识着的生物都有效的真理。"[1] 他声称,他"不认识什么太阳,什么地

---

1 叔本华:《作为意志和表象的世界》,石冲白译,商务印书馆1982年版,第25页。

球,而永远只是眼睛,是眼睛看见太阳;永远只是手,是手感触地球"[1]。叔本华承认,"世界是我的表象"的见解并非出于自己的独创,英国哲学家贝克莱是第一个明确表达这个观点的人。然而,叔本华认为,哲学家不能停留于此,还需要进一步看到世界的本质是意志,而不是理智或观念。他说:"一切表象,不管是哪一类,一切客体,都是现象。唯有意志是自在之物。"[2] 因此,"世界是我的意志"是意志主义的核心。

叔本华进一步提出,意志不只是人的意志,还包括自然界到处可见的盲目的冲动,如石头自由落体运动、植物向上生长、磁针指向北方、地球被太阳吸引、动物的欲望冲动、水流的向前奔腾等,都是意志主体的活动。他把这种盲目的自然冲动力称为"生活意志":"意志所要的既然总是生命,又正因为生命不是别的而只是这欲求在表象上的表现,那么,如果我们不直截了当说意志而说生命意志,两者就是一回事了。"[3]

2. 生活意志

人的有目的的活动、动物的活动和植物的生长等都是意志的客体化,其差别在于客体化程度的不同。叔本华说:"以可见性或客体化的程度说,那么在植物里的是高于在石头里的,在动物里的又高于在植物里的,是的,意志已出现于可见性,它的客体化是无穷等级的,有如最微弱的晨曦或薄暮和最强烈的日光之间的无限级别一样,有如最高声音和最微弱的尾声之间的无限级别一样。"[4]

意志所派生的万物所具有的意志客观化和可见性程度,有高低、大小之分。一切事物按由低级到高级顺序排列,它们的关系是:"那些较高现象是从一些较低端的相互冲突中产生的,它吞噬了这一切(较低)现象,然而又在较高的程度上实现了这些现象向上的冲动。所以这里就已经是'蛇不吃蛇,不能成龙'这一条(生存竞争)规律在支配着。"[5]

---

1 叔本华:《作为意志和表象的世界》,石冲白译,商务印书馆 1982 年版,第 28 页。

2 同上书,第 164—165 页。

3 同上书,第 376—377 页。

4 同上书,第 188—189 页。

5 同上书,第 210 页。

人的活动、人的身体的各个部分和身体的各种机能都是意志的客体化,人的一半是主体,一半是客体(身体)。意志的每一个活动都立即表现为身体的活动,身体活动就是客体化的意志。比如,胃和肠道的蠕动是客体化的食欲,生殖器的勃起是客体化的性欲。

包括理性认识能力在内的人的一切认识都是意志的产物和工具。从时间上说,人的理性思维能力只是意志客体化到一定程度之后才产生的;从作用上看,理性认识是意志的工具,是为意志服务的。叔本华说:"从根本上看来,不管是理性的认识,还是直观的认识,本来都是从意志自身产生的;作为仅仅是一种辅助工具,一种'器械'。认识和身体的任何器官一样,也是维系个体存在和种族存在的工具之一。"[1]

3. 悲观主义的人生观

叔本华的意志主义的主题不是个人主义和崇高自由创造,而是非理性主义的宿命论和悲观主义。他认为,作为自在之物的生命意志是一种永远不可满足的冲动,是一种饥饿的意志。当生命意志的追求得不到满足时,就会产生痛苦感;得到满足时才会有幸福感。但欲望的满足是无法长久维持的,暂时的满足很快就被"空虚"所代替。

生命意志所带来的痛苦与意志客体化的程度是成正比的,"生物愈高等,意志现象愈完全,智力愈发达,烦恼痛苦也就愈显著"[2]。作为意志的最为完善的客体化的人最痛苦。人的生命是满布着暗礁和漩涡的海洋,人是最小心翼翼地、千方百计地避开这些暗礁和漩涡的,尽管他知道即使自己使出"浑身解数"成功而侥幸地绕过去了,他也是由此一步一步地向着不可抗拒的生命的"目的地"——死亡驶去。

由于人生从根本上说是由"痛苦"构成的,因此,人们竭尽所能所做到的只是改变"痛苦"的形态,而不是"痛苦"的本质。叔本华认为,人们的"痛苦"的形态多种多样,它们既包括为了解决人生中面临的稀缺问题而付出的种种努力,也包括

---

1 叔本华:《作为意志和表象的世界》,石冲白译,商务印书馆1982年版,第220页。
2 《叔本华论文集》,台湾志文出版社1984年版,第68页。

人生中不同阶段都要面临的问题,如爱情、性爱、嫉妒、好名、仇恨、疾病等等,更包括人生所体验到的各种心理状况:疲倦感、厌世感直至无聊感,"人生在整个根性上便不可能有真正的幸福,人生在本质上就是一个形态繁多的痛苦",把一种痛苦从前门驱赶走,另外一种痛苦会不请自来,由后门而入,与痛苦作奋斗和挣扎的人仅仅是在痛苦的形态之间跳跃。因此,"人生是在痛苦和无聊之间像钟摆一样的来回摆动着"。[1]

4. 人生的三个层次

叔本华把人作三个层次的理解:第一,具有共同人性的群体;第二,具有个性的个体;第三,具有天才的个人。

在第一层次上,人不自觉地受意志的支配,意志看似主观任意,为所欲为,但实际上是客观盲目的冲动。在多数情况下,意志不服从理智,我们甚至不知道自己真实的意愿动机是什么(这类似于后来弗洛伊德所说的"下意识动机")。人只不过是意志的工具,生活对人是折磨和苦难。以性欲为例,性欲不是人能控制或选择的欲望,而是盲目意志的实现,人似乎做了他愿意做的,其实只不过不自觉地、无目的地做了意志延续自身的工具。事过境迁,人们往往有所醒悟与后悔,然而,人还是要在意志支配之下,再次追求性的满足。叔本华说,性欲是生命意志最集中的表现,性欲的满足等于延长了人的有限生命,把生命肯定于死亡之后,这不过是人写给意志的"卖身契",性欲表明人受一种潜在于身体内部的盲目意志的控制,表明人的理智和目的性控制人的行为的程度是何等之小。

在第二层次上,叔本华说,个性是天生的。这意味着,人的性格从出生之时就被意志严格决定,千差万别的性格不过是意志的多样形态;人们如同不能选择体质一样,不能选择性格,人的性格就是他的命运。因此,人的善恶是天生的,幸福与不幸也是命中注定的,但人们却相信,自己的努力可以塑造个性、改变命运,这是人世纠纷争斗的根源,人力图满足自己的欲望,他的个性必然是利己的。利己主义生活的结果不是贪得无厌,就是恐惧不安,或是百无聊赖。个性越突出,则欲

---

1 叔本华:《作为意志和表象的世界》,石冲白译,商务印书馆 1982 年版,第 427 页。

望越强烈,痛苦越深刻。摆脱生活折磨的途径是彻底压制欲望,杜绝生命之源,无欲无争,万念俱寂,心如死灰,达到佛教的虚无涅槃的境界,从而彻底摆脱身心的困扰。

叔本华提出,彻底否定生命意志,实现禁欲主义的步骤有以下三个:一是自愿地、彻底地不近女色。不近女色便否定了超出个体生命的意志,预示着意志将随着身体的生命一同终止。二是甘愿受苦,因为痛苦可以净化人的原本贪欲的心灵。三是自愿地以死来灭绝意志。人要采取斋戒绝食的措施,甚至采取自鞭自苦的办法,以便用经常的菲薄的生活和痛苦来逐步降服和灭绝意志。最终,死亡作为渴望的解脱,就是极受欢迎而被欣然接受的了。叔本华是在斯多亚派之后公然倡导自杀的西方哲学家。

第三层次的人即天才,天才摆脱了意志(或欲望)控制,看破红尘,超凡脱俗。他们的天才主要表现于艺术和哲学。叔本华有一套关于艺术本质的独特理论。他说,意志不是通过感官,而是通过心灵在艺术创作和欣赏的过程中被认识的,心灵认识意志的途径是艺术想象和直观,而不是推理思维。艺术形象是意志向心灵的显现,心灵的瞬间感受和意志的创造是同一的;艺术的本质是意志对自身的直观,而不是对外在的人或事概念化的产物。叔本华把艺术直观称作"自失"。自失是直观者与直观境界的融合,"人自失于对象之中,也就是说,人们忘记了他的个性,忘记了他的意志"[1]。在艺术创造和欣赏时,人们超越了因果律,不受经验和个人利益的支配,不管在王宫还是在狱室,人们都可以观赏到同样壮观的落日。艺术的创造者和欣赏者具有同样的才能。叔本华这样描述心灵的艺术感受:"那永远寻求而又永远不可得的安宁就会在转眼之间自动的光临,而我们也就达到了十足的怡悦。"[2]

但是,艺术欣赏只能达到暂时的解脱。永恒的解脱是彻底地否认生命意志,断绝生命之源。哲学指出了无欲忘我、超凡脱俗的永恒之路。叔本华声称要向"远古的印度智慧"学习,他是为数不多的融合东方哲学的西方哲学家,但他在印

---

1 叔本华:《作为意志和表象的世界》,石冲白译,商务印书馆1982年版,第250页。
2 同上书,第274页。

度哲学中学到的只是消极悲观的人生态度。不过,叔本华承认,人不能改变自己的性格,任何关于如何生活的哲学理论对于实际生活都无能为力。因此,哲学家不一定是圣贤,圣贤也不一定是哲学家,哲学的结局就是保持沉默。

二、 强力意志是人生价值的终极标准

尼采(Friedrich Nietzsche)年轻时受叔本华影响,同时又对其思想中"危机、死亡和坟墓的气息"不满,开始寻求克服叔本华的悲观主义的途径。他在自传中说:"我在本质上就是一个战士,攻击是我的本能。"[1] 在新旧时代交替之际,提出了"重估一切价值"的口号,他要批判一切流行价值,推翻一切偶像,并提出了以"强力意志"为标准的"超人"价值观。

1. 强力意志

尼采把叔本华的"生活意志"变为"强力意志"。他说:"世界除了强力意志之外,什么也不是;同样,你本人除了强力意志之外,什么也不是。"[2] 强力意志实际就是生命力。在他的眼里,世界处于万类竞长、生生不息的状态,这就已经证明了能动的生命意志的普遍存在和支配作用。

尼采借波斯琐罗亚斯德教教主查拉图斯特拉之口,宣扬了"永恒轮回"的论断,据说这也是赫拉克利特的预言。在尼采看来,古代人所说的永恒轮回的火不过是强力意志的象征,整个世界、整个生活都是强力意志的自我创造又自我毁灭的永恒流转的过程。只有生成的东西才会轮回,轮回就是生成往复的存在,永恒的存在意味着永恒的生成,世界万事万物都只是强力意志的流转易形,只有强力意志才是永恒的存在。

尼采对强力意志的永恒轮回作了精彩的描述:"各种力量、浪潮合演,亦多亦一,此起彼伏,一个奔腾泛滥的力量的海洋,永远流转易形,永远在自流,无穷多的回流,以各种形态潮汐相间,从最简单的涌向最复杂的,从最静、最硬、最冷的通向最烫、最野、最自相矛盾的,然后再从丰盛回到简单,从矛盾的纠缠回到单纯的欢悦。在这种万化如一、千古不移的状态中肯定自己,祝福永远必定回来的东西,这

---

1 尼采:《瞧!这个人》,刘崎译,中国和平出版社1986年版,第11—12页。
2 尼采:《权力意志》,张念东、凌素心译,商务印书馆1991年版,第700页。

是一种不知满足、不知厌倦、不知痛苦的迁化。这就是我所说的永恒的自我创造、自我摧毁的迪奥尼索斯世界。"[1]

这一段语言可以说是对生命活力的丰富想象和热情讴歌。尼采用诗的语言阐明一种存在论的道理：永恒轮回是在摧毁中创造，在创造中摧毁，没有开端，没有终结，在这一过程中，过去的尚未过去，现在的还未开始，将来的处于无限的可能性之中。

2. 生命的价值标准

更为重要的是，"永恒轮回"是尼采的价值论的基础。世界处于无穷的变化之中，人面临着选择，有选择才会有价值，价值是人的选择所赋予的。尼采说："本质没有价值，但却一度被赋予和赠予价值，我们就是这赋予者和赠予者。"[2]

在尼采看来，真正的选择是意志对生命的选择，强力意志是一切价值的不言而喻、无可置疑的标准。他说："当我们谈论价值，我们是在生命鼓舞之下，在生命之光照耀下谈论价值的；生命迫使我们建立价值；当我们建立起价值，生命又通过我们对之进行评价。"[3]

任何价值都是关于生命的价值，生命的最高价值只是强力意志，它是包括真、善、美在内的一切价值的标准。尼采说："什么是善？凡是增强我们人类力量的东西，强力意志及本身都是善；什么是恶？凡是来自柔弱的东西都是恶；什么是幸福？幸福是一种力量增长和阻力被克服的感觉。"[4]真理的标准也被归结为强力意志。他说："真理是一种离开了它某种生物便不能生存的错误，归根到底，生命的价值起决定作用"；"知识被作为强力的工具来使用，它随着强力的增长而增长"[5]。科学是"真理意志"的强力工具，强力意志为了控制自然，把自然概念化，这样才产生了科学。科学是强力意志控制和支配外物的得心应手的工具，因此值得肯定。

---

1 洪谦主编：《现代西方哲学论著选辑》上册，商务印书馆 1993 年版，第 19 页。

2 *Nietzsche's Werke*, ed. by K. Schlechta, vol. II. p. 1128.

3 尼采：《偶像的黄昏》，周国平译，光明日报出版社 1996 年版，第 31—32 页。

4 尼采：《上帝之死·反基督》，台湾志文出版社 1996 年版，第 61 页。

5 洪谦主编：《现代西方哲学论著选辑》上册，第 10—12 页。

3. 重估一切价值

按照强力意志的标准,尼采要对一切价值重新估价,这也就是对传统的宗教、道德、哲学、艺术等所表现的西方文明的价值——真、善、美加以彻底破坏,推倒前人设立的一切偶像,首先是上帝这个偶像。他指责传统价值的虚伪、病态和堕落,因为传统价值观削弱了强力意志,必须以健康的、刚强的、新的价值标准取而代之。根据强力意志的价值标准,尼采对西方文化作了全面批判。他说,西方文明是对它的源泉——希腊文化价值的否定。这种虚无主义表现为苏格拉底的辩证法、基督教道德以及现代主义精神。

尼采认为希腊悲剧体现了古希腊人的健康的生命价值观,希腊人已经了解叔本华所揭示的道理,即生命是苦难、危险、难以言状,但这种认识并未使他们否认生命的价值,采取悲观主义的态度。相反,他们敢于直面人生,却不是肯定生活本身,而是赋予生活以价值。他们的价值观表达在酒神狄奥尼索斯和日神阿波罗两种形象中。酒神象征着生命之流,它冲破所有羁绊,不顾一切禁忌,撕破现象世界的面具,将自己消融在原始的统一之中。酒神的性格最初表现为原始的酒神崇拜仪式,它构成了悲剧和音乐的本质。酒神精神揭示了意志与现象的矛盾,表现了生活中欲仙欲死、苦难而又光荣的矛盾。日神象征着光明、限制,代表着个体化原则,并通过这一原则构造出美妙的现象和幻景,用以消除人生的痛苦。日神的性格表现在奥林匹斯神话、史诗和队列舞蹈之中。希腊悲剧是酒神和日神的综合,是黑暗的、本能的生命冲动与对形象和美的爱的结合。

苏格拉底是第一个堕落的天才,他把生命的价值归结为对知识的追求,这是对生命的变相否定,因为只要我们用知识去评价生活,我们势必把生活看作是消极的、被动的东西,把有意义的生活看作是沉思而不是行动。尼采说:"我们只要清楚地设想一下苏格拉底命题的结论:'知识即是美德,邪恶仅仅来源于无知,有德者即幸福者。'悲剧的灭亡已经包含在这三个乐观主义的基本公式之中了。"[1]

尼采猛烈地抨击了基督教道德。基督教道德的理想是"善良的、仁慈的、宽厚的人",这是"颓废的道德""虚伪的意志"。因为这是对生命意志的违抗。他说:

---

1 尼采:《悲剧的诞生》,周国平译,生活·读书·新知三联书店 1986 年版,第 60 页。

"生命本质上就是掠夺、伤害,对陌生者和弱者的压迫、压制、严酷,把自己的倾向强加于人,吞并和剥削。"[1]基督教道德是奴隶用来反抗主人的工具,其实质有三:复仇精神、坏良心和禁欲理想。奴隶们出于怨恨的心理,否定生活中一切有价值而得不到的东西——权力、财富、享受、强健、智慧,并以"最后的审判"的教义来恐吓强者,用"天国和地狱"的区分进行复仇。尼采说,基督教的复仇精神是从无能和忌妒中生长出来的仇恨,"既暴烈又可怕,既最富有才智又最为阴毒"。基督教的良心并不是出于什么神圣的道德律,而是一种残酷的本能,在弱者身上,"残酷的本能不能对外释放就转向反对自身",在良心的名义下折磨自己。禁欲主义则用恭谦取消差别,用禁欲否定生命。根据这种道德理想,只有受苦难的人、贫困的人、被阉割的人、卑贱的人才是好人。基督教道德由于在历史上没有对手,成为西方道德的根深蒂固的传统,它成功地把奴隶信奉的准则强加在主人身上。尼采要颠倒习以为常的善恶概念,被人们当作最大的恶实际上是最大的善,而基督教的善则是最大的恶。基督教的"至善"观念等于上帝,因此尼采特别反对"上帝"观念。他说:"上帝的观念迄今为止是存在的最大障碍"[2];对生活、自然和生命意志的战争都是以上帝名义发动的。因此,他发出"上帝死了"的呐喊。这里的"上帝"应理解为基督教价值观的化身。尼采并不关心上帝的人格、上帝的存在这一类神学问题,他是在彻底否定基督教价值观的意义上宣布上帝的死亡的。

尼采也反对佛教,称佛教和基督教一样是"堕落的宗教",差别在于,佛教是强力意志在一个文化高度发展之后的自我否定,基督教则是在一个文化尚未开展之时,就对其中的强力意志加以遏制。

尼采还反对近代理性主义哲学,反对社会自由主义和民主运动,反对男女平等。他对这些思潮所代表的现代文化最为不满之处是"人人平等"的观念。按照强力意志的强弱程度,他把人分为强者和弱者两个等级。强者和弱者的区分是生命力向上还是向下的区分,前者是健康、正当,后者是堕落、虚伪。两者之间的差别是天然合理的,强者与弱者是不可能平等的。在"平等"的口号下取消差别,其

---

1 *Nietzsche's Werke*, ed. by K. Schlechta, vol. II. p. 576.
2 尼采:《偶像的黄昏》,周国平译,光明日报出版社 1996 年版,第 42 页。

结果是弃强就弱,按照弱化标准把强力意志的高低差别拉平。强力意志的"平面化"不符合它的本性,造成了大多数人统治少数强者精英的"畜群文化"。尼采认为启蒙运动以来"自由、平等、博爱""人是目的"等等口号都是基督教道德的变种,他对现代文化的批判实际上是他反对基督教战斗的继续。

4.超人

尼采的"价值重估"同时也是价值重建,他不但否定一切传统的和流行的价值观,而且致力于建立新的价值观。尼采本人的价值观根源于对人性的狄奥尼索斯式的看法。尼采持极端的"人性恶"的论点。他说:"人类是最残忍的动物。"[1]并且在文明的进程中这头野兽从来没有被驯服过。从罗马的斗兽场到西班牙的斗牛场的狂热,从古代基督徒的殉道到现代普鲁士工人对革命的执着,尼采都看到了残酷这一"最古老、最难以想象的地层文化"。人性的残忍正是强力意志无所顾忌地实现自身的倾向,应该是不受限制、不受指责的。强者和弱者对人的残忍本能采取了不同的态度。弱者试图掩盖自己的本能,限制强者的本能,道德是他们的武器。尼采说,从摩奴到孔子、柏拉图,从犹太教到基督教,"迄今用来使人类变得道德的一切手段,归根到底都是不道德的"[2]。既然弱者并没有改变残忍的本能,他们只是在"道德"的掩盖下实施这一本能,强者公开的、顺应强力意志要求的残忍岂不更是正当?任何有生命的东西都自觉或不自觉地按强力意志的标准行事,弱者也无法放弃这一标准,只是弱者的标准不符合强力意志的本性,只有强者的价值标准才符合强力意志的本性。

尼采承认,他所说的"主人""强者"总是少数,不能摆脱多数人强加给他的精神枷锁,在现实中,主人道德和奴隶道德总是混合地并存于强者和弱者之中。于是他呼唤"超人"(übermensch)的出现。超人是完全按照强力意志行动、完全摆脱奴隶意志的纯粹的强者;超人具有巨大的创造力,是超越芸芸众生的"充实、丰富、伟大而又完全的人"。他强调,超人若要摆脱传统习俗和道德标准的约束,就必须在恶劣环境中成长。

---

1 尼采:《苏鲁支语录》,徐梵澄译,商务印书馆 1992 年版,第 221 页。
2 尼采:《偶像的黄昏》,周国平译,光明日报出版社 1996 年版,第 46 页。

超人是强力意志的化身,是"主人道德"的纯粹标准。尼采的"超人说"是理想、是神话,不是对某种现实的描述。他说:"超人是世界的意义,按我的意志说,超人将成为世界的意义。"这里的"意义"就是价值标准的意思。尼采从来没有说哪一种社会地位的人适合成为超人。超人是一种理想人格,是有着耶稣灵魂的恺撒,是拿破仑和歌德的结合。虽然他说:"人处于超人与猿猴之间",但这并不意味着超人是进化过程中的新种族,他从来就不相信进化论,也没有从生物学或种族主义的立场看待超人。

尼采的思想被后来的纳粹政权所推崇,其原因不能完全归结为纳粹的歪曲误解,他的思想中确实包含有西方人学史上罕见的非人道、反人道的因素。正如1946年1月17日纽伦堡审判纳粹战犯时有这样的评语:"他(指尼采)的那些观点使得统治者毫无限制地统治民众,这是预示纳粹政权的不祥的征兆。"另一方面,尼采思想不止一次成为激励被压迫民族、革命者和旧文化的批判者的精神力量。其中原因是人们对"强者""主人""超人"可以作不同的理解和解释。如果这些人被理解为统治者,尼采思想可以充当为强权政治张目的工具;但那些社会和文化地位低下的"小人物",也往往会有精神上、意志上、道义上的优越感,他们会认同尼采推崇的"主人"和"超人",做冲决罗网的"狂人"。

第二节

人的生命冲动

生命哲学是19世纪末20世纪上半期在德、法等国流行,进而波及英美的一种具有非理性主义特征的哲学思潮,它把揭示人的生命的性质和意义作为全部哲学研究的出发点,进而推及人的认识和实践,特别是人的情感意志等心理活动,再由人的生命和存在推及人的历史和文化,以至人与周围世界的关系。也就是说,人的生命获得了本体论的意义,由对生命的揭示推及对整个世界的揭示。

一、"生命"的意义

生命哲学的主要代表人物在德国有狄尔泰、奥伊肯(R. Eucken),在英美有怀特海(A. N. Whitehead),在法国有柏格森(H. L. Bergson)。生命哲学倡导者的理论没有明显的因袭相承关系,但他们对"生命"意义的阐述有一些相似性,主要表现为以下几点:

1. "生命"是创造的活力

生命哲学家把人的本质归结为充满世界的生命活力。生命的意义不是生物学的意义,生命不是自然科学所研究的物质,也不是传统意义上的"精神",而是一种富有创造的活力,一种可以自由释放的能量,可称之为"活力"或"生物能"(orgonon)。它与物理学的"力"或"能"不同,生命是非物质的,其活动的连续性是不能被度量的。它与传统哲学的"精神"概念也不同,生命是非实体、非理性的。

传统哲学中"精神"实体与"思想"的属性不可分,没有思想的精神被看作是自相矛盾的概念。但是生命哲学家在肯定生命的精神性时,却不肯定生命必然有思想。他们把思想看作属于人的生命的一种特殊的、派生的形式,思想并不能等同于存在于生物或一切事物之中的原初的精神。虽然如此,生命哲学却用只限于描述人类精神现象的概念,如"直觉""记忆"(柏格森)、"领悟"(怀特海)、"精神"(奥伊肯)等,表示生命的本质。因此,他们常常被当作唯心主义者。但需要注意的是,他们强调的是超越理性、支配生命的创造力,并以此来取消或至少模糊近代哲学二元论所产生的"物质"与"精神"的区分。

"生命"是"生成"(becoming)的过程,其本质是创造。生命哲学家指责传统形而上学世界观的静止、孤立、非连续性和机械性的特征。他们认为,世界是一个充满生机与活力的整体,有形事物在时间和空间中独立存在的形式仅仅是人为的、分析的产物。生命本质是活动,活动本质是自由创造。更重要的是,世界不是冷漠、孤寂的,它是有价值的、"人化"的世界。

2. 生命的价值

生命哲学又是一种新的人生观和道德观,几乎所有的生命哲学家都涉足伦理和美学领域,这绝非偶然。19世纪末期,自然科学获得重大发展,但对于解释和改善人的道德的任务却无能为力。宗教也失去了指导人们精神生活的权威。生命哲学以对生命本质的思考满足了人们对新的人生观的渴求。生命哲学家告诉人们,广义上的生命(世界)是什么,人的生活(狭义的生命)又应该是什么。柏格森有一句名言："我们做什么取决于我们是什么，但必须附加一句，我们是自己生活的创造者，我们在不断地创造自己。"[1]

生命哲学家们普遍认为，人的道德生活应该是创造，而不是服从；应该是实践，而不是沉思；应该是进取，而不是保守。

3. 生命哲学和人的科学

最后需要注意的是，生命哲学虽然具有反唯科学主义倾向，但这并不意味着反科学。因为生命哲学家反对的主要是自然科学的机械论的理论基础，而自然科学的基础并不一定是机械论。科学史上历来有机械论和生机论之争，只是17世纪以来的自然科学以经典物理学为范式，机械论才取得统治地位。19世纪末生物学的发展激发了生机论的复兴，这是生命哲学产生的一个理论背景。生命哲学家往往站在生机论的立场上批判机械论，企图为科学提供新的理论基础，改变科学的发展方向。从客观效果上看，生命哲学对自然科学发展有一定的影响。例如，把自然界看作是过程而不是事物总和的观点导致了物理学中的"唯能论"；关于理性产生于非理性、意识来源于无意识的猜测使得心理学家注意到下意识的研究；把生命本质看作是创造进化的观点引起了对达尔文进化论的改造，进化论由强调自然选择转向强调变异。

更为重要的是，生命哲学的科学观把"科学"的概念由自然领域扩大至人文社会领域。科学研究对象不再是自然界的事物，而是一切有生命力的事物，自然事物只是其中的一类，科学研究的更重要的对象应当是社会和人的精神现象。根据这个道理，狄尔泰作了精神科学与自然科学的区分，并且强调研究人的生活的精神科学比自然科学更根本、更重要。很多生命哲学家在历史学、社会学、伦理学、美学、宗教学、人类学等人文社会科学领域都作出了卓越贡献。生命哲学家中有两位诺贝尔文学奖的得主——奥伊肯和柏格森，足见这一哲学思潮的影响和贡献之大。

在不少中国人的印象中，生命哲学是和反科学的立场联系在一起的，这种印象在很大程度上与20世纪30年代发生的那场"科玄之争"有关。平心而论，张君劢等人利用柏格森关于科学与哲学的区分，认为科学不能解决人生问题，这并不

---

[1] 柏格森：《创造进化论》，王珍丽、余习广译，湖南人民出版社1989年版，第10页。

能得出哲学必然是反科学的结论。只是在科学精神刚刚被引入中国的环境中,国人对柏格森哲学的理解与已经认识到科学主义弊病的西方人的感受完全不同,这才出现了把生命哲学家看作"玄学鬼"的不实之词。

二、 生命冲动的创造

柏格森的学说是最典型的生命哲学。他对传统形而上学的中心概念"存在"作了新的诠释。在他看来,存在不是实体,既不是精神的实体,也不是物质的实体;存在只是流动和变化。从巴门尼德、芝诺时起,存在被当成生成的对立面。从字面上分析,"生成"(becoming)是正在进行中的、尚未完成(coming to be)的"存在",是既非存在,又非不存在的"半成品"。柏格森说,正是这种拘泥于文字而不切合现实的存在的概念,造成了否认变化和运动真实性的芝诺悖论,并一直困惑着西方的哲学家。他说,在现实中,运动变化比事物更恒久、更根本。他说:"变化存在,但不是变化的事物在变化中存在,变化无需载体;运动存在,但不是惰性的、不变的物质在运动,运动并不蕴涵着运动之物"[1];"对有意识的存在者来说,事物不是存在,存在的只是活动"[2]。正是在这种动态的世界观的框架中,柏格森大力宣扬人的生命的创造作用。

1. **生命之流**

人的生命属于世界的"生命之流"。生命的状态是"绵延"。绵延不是事物一个跟随着另一个的连贯或联串,而是状态的连续。在连续关系中,分别不出一个个彼此相连的事物,因为在这里不分彼此。连续出现的每一个状态都包含了过去,预示着未来,但又与另一状态有质的不同,如同乐曲中一个个音符的既连续又有差别的状态一样。

生命之流沿着顺行和逆行两个方向运动。顺行时,生命之流紧缩、凝聚,出现生物有机体;逆行时,生命之流扩张、松弛、堕落,出现无生命的物质。生物界和非生物界,有机物和无机物都有生命之流的维系和贯通,都是生命创造进化的派生物。柏格森说:"我会说许多世界都从一个中心抛出,就像火箭从烟火中飞出一

---

1 Bergson, *The Creative Mind*, trans. by M. L. Andison, New York, 1946, p. 185.

2 柏格森:《创造进化论》,王珍丽、余习广译,湖南人民出版社 1989 年版,第 11 页。

样。我不把这个中心描述成事物,而是描述成为一种连续的发射。"[1] 按他的比喻:生命好比是火箭,火箭发射之后落在地面上的弹片是物质;生命又好比喷泉,散落在地上的水珠是物质。

柏格森把变化和进化的动力称为"生命冲动"(élan vital),这是一个类似古代哲学中"世界灵魂"的概念,并被明显地等同于"上帝",但这不是有人格的造世主。他明确地说:"神并没有创造任何事物,神只是一个永不止息的生命力,是行动和自由。可见创造并不神秘。"[2]

2."创造进化论"的人学意义

柏格森的生命哲学开辟了西方人学的一个新的视野。正如一个评论者所说:"虽然19世纪的最后30年是自觉的和武断的人类科学(心理学、人类学和社会学)的诞生期,但这些学科主要是从1859年以前的道德哲学和对社会政治的思考中产生的,在明确的内容方面与达尔文主义的取胜无关。因此,对人进行的科学研究很大程度上依赖进化生物学的成功,这个流行的结论,有待谨慎的考察和严格的论证。"[3]

依据生命冲动的自由创造本性,柏格森批判了达尔文进化论的消极方面。在他看来,进化并不只是生物适应外界环境的结果,生命的进化有内在的创造动力,进化的方向是由生命内部的"冲动",而不是由外部环境来决定的;再者,既然进化的动力是生命的冲动力,那么进化就不是渐变,而是突变。他说:"进化是一种不停顿的崭新创造。"[4] 为了区别达尔文的生物进化论和斯宾塞的机械进化论,柏格森把这种生命的进化称为"创造的进化"。

现在生物学家在解释进化时倾向于在生命基因的变异和遗传中更看重突变的因素,而不把达尔文所强调的自然选择作为进化的根本原因。这一变化虽然不能完全归结为受柏格森的影响,但至少可以说明,柏格森的"创造进化论"在某种程度上符合生命科学的发展需要。

---

1 柏格森:《创造进化论》,王珍丽、余习广译,湖南人民出版社1989年版,第196页。
2 同上书,第11页。
3 威廉·科尔曼:《19世纪的生物学和人学》,严晴燕译,复旦大学出版社2000年版,第101页。
4 柏格森:《创造进化论》,第103页。

3. 人类认识"生命"的方式

柏格森由分析时间入手,认为人类认识"生命"之流有两种方式。按照他的区分,人类生活有两种不同的度量方式,于是有两种时间:纯粹时间和物理时间。纯粹时间是真正的时间,它是绵延,是无形、超空间的。通常人们用直线表示时间的概念是以空间来想象时间的,这只是对时间的一个形象的描述,正如人们用具体的可感事物代表数目,但数目的本质与可感事物并不一样,时间的线形表示法也不能表示时间的本质。物理学的方法是把时间的感性形象作为时间的本质,并进而把时间分解为一系列独立的、连贯的单位。物理时间是把绵延空间化、数量化的结果,它好比一张胶片上的一个个画面,记录的是人为割裂的静止图像,只有电影才能放映出活动的实际状态。同理,物理事物也是在生命之流中截取下来的静止状态,是把绵延之流分割成固定的、静止的、有形的单元的结果。

与纯粹时间和物理时间相对应,人有两种认识事物的方式:直觉和理智。直觉通过对内心意识状态的体验把握绵延,通过细密地、专心地关注自我,便可以意识到存在于内心的精神"由过去侵入未来的持续的涌进"的绵延。在直觉中,本能与实在融为一体,"精神直接地洞察精神"[1],达到了主观与客观的一致。

理智的特征是分析,是从整体到部分、从运动到静止的几何与逻辑的方法。理智的对象是空间中的事物,这是人类为解决日常生活问题而不得不采取的方法。科学的方法是理智,因而科学摆脱不了机械论、目的论与决定论。即使对于自我意识,理智也把它截成一段段独立状态,以便发现它们之间的因果关系,这是扭曲意识本性的做法。理智没有能力处理活的、创造性的、自由的东西,它们只能是直观的对象。

科学与形而上学有不同的方法与对象,科学研究物质,形而上学研究精神。两者应各得其所。传统的形而上学把世界看作实体,夸大理性的作用,沉溺于理智的方法,其错误在于混淆了绵延和广延、连续和连贯、性质和数量,最后,哲学被科学所取代。

柏格森在哲学和形而上学面临科学挑战的危急时刻,极力为哲学的权利辩

---

1 Bergson, *The Creative Mind*, trans. by M. L. Andison, New York, 1946, p. 23.

护,但他并不想恢复哲学的"科学女王"的地位。他说,"哲学不是科学的综合","而是对科学研究的事实进行了不同的概括"[1]。也就是说,无论把哲学置于科学之下还是科学之上,都是错误的,两者应当相互独立、平行发展。

4. 人的意识之分析

柏格森把人的意识看作是生命对自身的认识。他特别注意分析意识的记忆功能,因为记忆"确切地表示了心灵与物质的相互作用点"[2]。对记忆的分析是他解决身心统一问题的关键。他把记忆分为两种:机械的记忆和纯粹的记忆。机械的记忆是身体器官的习惯,它如同走路动作一样,是习惯性的重复,所有有机物都有机械的记忆;纯粹的记忆是对生活全过程的反应,是精神的创造活动。按柏格森的分析,纯粹记忆存在于印象之中,印象虽然不能离开大脑而存在,但大脑不是记忆的贮存器,它起着电话交换机、过滤器的作用,它只保留那些与将来行动有关的印象,在记忆中,过去的事件提醒着现在,预示着未来。大脑的记忆功能来自意识的创造能力,大脑与心灵两者在状态上的同步,指示出心理活动与身体活动的一致。

记忆与知觉是一致的,知觉是对当下呈现于感官之前的事物的反映。知觉的反映是有选择的,知觉只反映那些可能采取反应的对象。比如,心理学家用动物做实验,得出这样的结果:饥饿动物所见的对象只有可吃的和不可吃的两种;正在逃命的动物眼里看到的只有可藏匿的或不可藏匿的东西。知觉为什么能作出如此选择呢? 这是因为记忆中的印象进入知觉,知觉按过去的印象选择反映的对象。记忆是精神性的印象,知觉的对象是物质性的当下存在的外界事物,两者在认识中的结合也就是主观和客观的一致性。

5. 人类社会中的生命创造

柏格森把科学与哲学、理智与直觉的对立引申到道德和人生领域,区分出两种社会:封闭的社会和开放的社会。封闭的社会是静态的,它的最高理想是忠顺和服从,它的特征是以法律、行为为准绳,它的思想根源是理智。开放社会是动态

---

1 Bergson, *The Creative Mind*, trans. by M. L. Andison, New York, 1946, pp. 155–156.

2 Bergson, *Matter and Memory*, trans. by N. M. Paul and W. S. Palmer, London and New York, 1911, p. xii.

的社会,它的道德理想是自由创造,它以英雄与圣者的行为为特征,它的思想根源是直觉。直觉不但是艺术和哲学自由创造的基础,也是圣者的神秘体验。柏格森从道德和宗教的根源上分析了开放社会与封闭社会的思想和文化特征,他的区分启迪了现代人。后来,卡尔·波普尔进一步从心理学的角度分析了封闭社会和开放社会的根源。

第三节

人的性欲冲动

如果说性欲在人的生活中是难以启齿的话题,那么在人学史上,性欲曾经就是一个不值得认真讨论的话题。思想家们总是把性欲当作人性中低级的兽性因素,它的唯一作用就是传宗接代,虽不能完全抛弃,但要加以严格控制和驯服。弗洛伊德(Sigmund Freud)从根本上转变了人们的性观念,也深刻地改变了人对自身的认识。在他创立精神分析学说时,临床实验的基础并不牢靠。有人揭露他的结论的全部实验基础只是三个半病人的案例。但这并不妨碍他的学说成为 20 世纪最有影响力的理论之一,因为精神分析学说不仅是精神病理学和治疗学,更重要的是已知的关于人性的文化理论。人们现在把弗洛伊德列为对现代思想作出了最大贡献的三个犹太人之一,说如同马克思改变了人们关于社会的观念,爱因斯坦改变了人们关于宇宙的观念一样,弗洛伊德改变了人们关于人自身的观念。这一评价的依据是他的关于人与文化的理论。也正是由于这方面的贡献,弗洛伊德的学说成为 20 世纪西方人学的一个范式。

弗洛伊德关于性本能的思想比我们在前两节介绍的意志主义和生命哲学对于人的本能的认识更具体,更全面。后者所说的意志力或生命意义宽泛,举凡世界一切有机乃至无机现象都被解释为意志或生命的表象,在此拟人式的世界观中对人的本能作了诗意般的猜测。弗洛伊德把人的本能限制在性欲范围,并通过对许多精神病患者的精神分析,发现了一般称之为"无意识"(unconsciousness)或"潜意识""下意识"的人的本能。弗洛伊德说:"精神分析既然可以发现神经病症候的原因,可见潜意识的精神历程的存在有着不可否认的证据。"[1]不可否认,弗洛伊德理论中也有不少思辨的猜测和大胆的想象,但即使是这些猜测和想象,也能进入心理学和社会科学的讨论,极大地推动了西方人学的跨学科综合研究。

概括地说,弗洛伊德学说有三条要义:第一,人的行为的动力是无意识的冲动,即性本能的冲动;第二,性本能的冲动和对它的压抑,构成了一切心理活动的内容;第三,性本能在意识领域的升华是人类一切精神创造的源泉。他的精神分析学说主要就是对性本能和欲望的分析。以下我们分别评述这三方面的思想。

一、性欲

在长期观察、研究和治疗精神疾病的过程中,弗洛伊德发现,精神病的原因与被压抑在内心深处的、平常意识不到的性欲冲动有关。假如弗洛伊德的这一发现只是停留在精神异常者的精神活动,那么它显然不具备普遍性,也就谈不上是一种人学。但是弗洛伊德的意图是通过精神病的病理分析来揭示人的一切意识和精神现象的本质,他的主要贡献是证明了无意识活动也存在于正常人的精神活动中;或者说,无意识活动是一切意识活动的基础。

1. 人的生命能量

弗洛伊德提出,无意识实际上就是人的本能欲望,而在人的本能欲望中,性本能是最为主要的,它是无意识活动的基础和动力。弗洛伊德用"力比多"(libido)这一术语表示性本能的力量。他认为人的机体是一个复杂的能量系统,它的心理能量就是力比多。他在大多数场合把力比多等同于以性爱为目标的爱欲,但在后期著作《超越快乐原则》一书中,他进一步区别了生命本能的两种力量:爱欲(eros)与死欲(thanatos)。爱欲是个体生存和种族繁衍的动力,是创造的力量,它追求欲望的满足和快乐,人的一切求生、求爱和求乐的欲望都出自爱欲的"快乐原则"。与之相反,死欲是仇恨和毁灭的力量,它用强制的力量,追求事物的原初状态,在毁灭中得到新生,它服从的是"强迫重复原则"。死欲指向外部时,表现为攻击、破坏和斗争;指向自身时,表现为自责、自惩,甚至自杀。这两种本能针锋相对,在一定条件下又相互转化,因此,生命表现为创造与毁灭两种力量的冲突和妥

---

1 弗洛伊德:《精神分析引论》,高觉敷译,商务印书馆 1984 年版,第 219—220 页。

协,我们日常生活中遇到的爱恨交加的感情,根源也在于此。

虽然弗洛伊德并不否认死欲也是人的本能,但是他尤其强调性本能。然而,弗洛伊德认为,性本能不只是生殖活动,它是广义的快感冲动;生殖活动虽然是性的重要表现,但除此之外还有其他表现形式,如接吻、触摸等一切快感都直接或间接同性有关。他说:就"性的"一词而言,"大多数人以为这个词和'生殖的'——或者更精确地说,和'生殖器的'——含义相同,至于我们则把不属于生殖器的以及无关于生殖的各事也可以认为是'性的'"[1]。可以说,弗洛伊德是一个泛性论者。

弗洛伊德认为性欲是驱使人们追求快感潜在的动力:"关于人类或动物界的性需求现象,生物学常以'性本能'这个名词来表达。这种冲动可以比拟于觅食的冲动(亦即饥饿感)。但是口语中并没有适当的词汇足以表达在性方面相当于饥饿的那种感觉,所以在学术方面我们使用'原欲'(libido)一词以形容之。"[2]

2. 与生俱来的孩童性心理

弗洛伊德反对幼儿没有性本能的观点,认为性本能是与生俱来的。他在分析性欲发展史时,一直追溯到幼儿时期。他把性欲的发展分为四个时期:从出生到5岁为幼儿期,是第一时期;从5岁到12岁是潜伏期,为第二时期;从12岁到18岁是青春期,是第三时期;以后是第四时期,即生殖时期。这四个时期中最重要的是第一时期,因为孩童时期的性心理会影响一个人毕生心理发展的特征。

第一时期又分为三个阶段。在性发展的每一个阶段上,都有一个身体的特殊区域,成为力比多(Libido)兴奋和满足的中心。弗洛伊德把这个区域叫"性感带"或"性觉区"。第一阶段是口腔期,它的性觉区是唇舌。婴儿的吸吮活动显示他最初的性冲动。母亲的乳房是他性本能的第一个对象,以后儿童吸吮自己的指头来取得性的满足。"一个小孩啃指头,表示他正在追寻某一种记忆犹新的愉快体验。"[3]婴儿吸吮指头并不是为了解除饥饿,婴儿的这一动作除了求得快感之外并没有别的目的。口腔期阶段大约从出生到一岁半左右。第二阶段是肛门期,大约从一岁半到3岁。这个阶段的性觉区是肛门,儿童通过解大便所带来的轻松的快

1 弗洛伊德:《精神分析引论》,高觉敷译,商务印书馆1984年版,第254页。
2 弗洛伊德:《爱情心理学》,林克明译,作家出版社1988年版,第20页。
3 同上书,第61页。

感得到满足。第三阶段是性器期,大约从 3 岁到 5 岁,是最危险的阶段。在这个阶段男孩具有"恋母情结",女孩具有"恋父情结"。

3. 俄狄浦斯情结和爱列屈拉情结

弗洛伊德认为,小孩最原始的"性愿望"发生在很早的年岁,女儿的最早感情对象是父亲,而男孩的对象是母亲,因此,对男孩而言,父亲变成可恶的对手,同样地,女儿对母亲的感觉也是如此。男孩要独占母亲的爱,对母亲所爱的人常怀妒忌,特别是对自己的父亲。由于希腊神话中有一个俄狄浦斯不自觉地杀父娶母的故事,于是弗洛伊德把恋母情结叫"俄狄浦斯情结"。他认为俄狄浦斯杀父娶母是一种愿望的满足——人们童年时期愿望的满足。他说:"儿童在潜伏期之前选择对象的时候,我们若对他们作直接的观察,则他们的俄狄浦斯情结究竟有何种表现呢?我们不难看见小孩要独占母亲而不要父亲;见父母拥抱则不安,见父亲离开而满心愉快。他常坦直地表示自己的情感,而允许娶母亲为妻。"[1]"女孩常迷恋自己的父亲,要推翻母亲取而代之"[2]。古希腊神话中有一位公主爱列屈拉,她父亲被母亲杀了,她就怂恿兄弟为父亲报仇,把母亲杀死了。因此,弗洛伊德把恋父情结叫"爱列屈拉情结"。

弗洛伊德认为,第一时期的三个阶段是否顺利,通常对儿童将来的心理生活是正常还是变态具有决定性意义。由于某些不利的原因,人格的发展停滞在某一阶段不再前进,这叫"固定作用",返回到早先的某一阶段,叫"回归作用"。

固定或回归都会引起心理生活的不正常。固定于或回归到口腔期的人格,称为"口腔人格",其特征是:惯于吸吮拇指和咬指甲盖,好吸烟,贪食,喜欢做嘴巴的各种姿态,过度的依赖性,不现实而富于幻想。固定或回归于肛门阶段的人格,称为"肛门人格",其特征为:固执,吝啬,洁癖,喜收藏,言辞富于学究气。同理,还有"性器人格",其特征为鲁莽,冲动,具备这些特征的人实际上胆小怕事却要故意从事自己所害怕的活动,以证明自己的胆量和掩盖自己的恐惧。

4. 性压抑和精神病

弗洛伊德指出,精神分析足以触怒全人类的一个命题就是"性本能是无意识

1 弗洛伊德:《精神分析引论》,高觉敷译,商务印书馆 1984 年版,第 264 页。
2 同上书,第 265 页。

活动的基础",这一命题"也是精神分析的基础之一,它认为性的冲动,广义的和狭义的,都是神经病和精神病的重要起因,这是前人所没有意识到的"[1]。

弗洛伊德通过对精神病人的观察和治疗,认为性本能的障碍是精神病产生的主要原因:不能真正满足一种实在的性欲需要,是心理病症最基本的因素之一。病人在现实生活中不能满足性欲的目的,就在无意识的幻想中用症候来满足性欲的目的,实际上症候是不能满足的性欲的替代物。他认为,精神病的症候不过是"病人的性活动"而已。可以说,性是开启心理病症难题之门的钥匙。轻视此钥匙的人决不能开启那扇门。[2] 俄狄浦斯情结(或女性的爱列屈拉情结)在精神病的产生中起着尤其重要的作用。一些精神病人阉割自己的生殖器就是这种情结起作用的表现。

二、无意识

弗洛伊德指出,在意识下面是更为深层、活跃、有力、被压抑的无意识的、非理性的精神活动,它是整个精神活动的基础和实质。这是因为:第一,无意识是原始的精神活动,意识是在无意识的基础上发展而来的;第二,无意识在整个精神活动中占绝大部分,而意识只占一个很小的部分;第三,无意识为整个精神活动提供了取之不尽的能源。它具有巨大的心理能量,就像运行在人内心深处的永不熄灭的火苗,时刻想冲破意识的罗网以求得自我发展与自我实现。同时,由于无意识对意识的冲击和挑战,使得意识始终处于某种高度的警觉状态,迫使意识总是保持着活动的态势。所以,"对于潜意识的心理过程的承认,乃是对人类和科学别开生面的新观点的一个决定性的步骤"[3]。弗洛伊德认为性本能在人的意识中的下意识的流露有多方面的表现,梦、遗忘、失语、笔误、口误等反常行为就是那些乘虚而入、不期而至的下意识在意识中的表现。

1. 日常生活的精神分析

弗洛伊德认为,精神病、轻微的反常行为和精神作品的创造都以性本能为共同的来源和动力,正常人和精神病人的反常行为,天才的创造与精神病人的狂谵,

---

1 弗洛伊德:《精神分析引论》,高觉敷译,商务印书馆1984年版,第9页。
2 参见弗洛伊德《少女杜拉的故事》,台湾志文出版社1984年版,第125页。
3 弗洛伊德:《精神分析引论》,第9页。

只是程度深浅与范围大小的区别,每一个正常人都是一定程度上的精神病人,天才与精神病只有一步之差。为了证明性欲是一切意识现象的基础,他对日常生活的各种反常现象进行了精神分析。

无意识活动最普遍、最重要的表现是梦。弗洛伊德把梦的研究纳入科学研究的对象。他认为,梦并不是毫无意义的,并不是荒谬的,并不是以我们的观念储蓄的一部分休眠、而另外一部分开始觉醒为先决条件的,它是一种有充分价值的精神现象。通过对各种各样的梦细致的分析,弗洛伊德除了确立分析梦的方法和手段之外,也进一步证明了人的无意识活动的存在。他认为,对梦的分析和研究在学术研究上的主要贡献在于:第一,它可以证明潜意识的精神活动的存在;第二,它可以使我们了解到,梦的来源是无意识,梦的解析是了解潜意识活动的大道。"对梦我们仍然可以这么说:它们证明了那些被压抑的东西仍然会继续存在于正常人或异常人的心灵中,并且还具有精神功能。梦本身即是此受压抑材料的一种表现。"[1]

弗洛伊德说,在人们被压抑的本能欲望中,使人们感到羞怯而最不愿意表露的是性本能欲望,梦是欲望的满足,梦大多与性有关。在对梦的解释中,弗洛伊德把梦境中的许多形象看成性的象征。"梦中大多数的象征都是性的象征。和性有关的事物很少,而其用以象征的数目则多得不可胜数。"[2]如梦中的树、杖、伞、数目三、飞机、手枪等,弗洛伊德认为都是男性生殖器的象征,梦中的房屋、保险箱、船只、火炉等则是女性生殖器的象征。

此外,无意识活动可以体现为人们日常生活中出现的人量错误行为——口误、笔误、遗忘,等等。也就是说,正常人的行为中,人们的意识占据了优势,压抑着无意识,而在人的过失行为中,意识暂时失去了对无意识活动的控制,无意识活动以种种形式表现出来。"不管是错失行为,偶发行为,或最轻弱或最严重的病症,它们的共通点,在于我们皆可将之追溯至可厌的、潜抑了的精神素材,这些精神素材虽已远离意识,却永远在伺机而动,一有机会便表现出来。"[3]

---

1 弗洛伊德:《梦的解析》,台湾志文出版社 1985 年版,第 508 页。
2 弗洛伊德:《精神分析引论》,高觉敷译,商务印书馆 1984 年版,第 115 页。
3 弗洛伊德:《日常生活的精神分析》,台湾志文出版社 1984 年版,第 227 页。

2. 本我、自我和超我

"力比多"是在一定的心理结构中活动的。弗洛伊德把心理能量的结构分为下意识、意识和前意识。下意识或本我是储藏性本能的领域,性本能在其中没有任何约束,表现为无理性的、原始的冲动,它的唯一目标是追求满足。为了社会的利益和人格的进一步发展,需要对性本能加以压抑。社会本身就是一个压抑系统,它以法律和道德的禁令,在下意识和意识之间建起了一道堤坝,这就是前意识。下意识的本能冲动只有经过前意识的闸口才能进入意识领域。就是说,生命能量在意识到来之前,就已经受到压抑,这样的压抑被称为"潜抑",即使在意识之中,潜抑也不会被察觉。在意识领域,下意识经过前意识的过滤,本我受超我的管辖,性本能在理智的、社会允许的范围内释放能量,个人的快乐原则与服从社会的"现实原则"相协调。正常的婚姻关系和其他社会关系在此基础上建立起来。

下意识、意识和前意识的结构性区分相当于弗洛伊德后期所说的本我、自我和超我的人格结构。所谓本我就是人的无意识的本能欲望。本我同肉体联系着,肉体是它能量的源泉,本我是贮存心理能量的地方,仿佛是一口充满本能欲望的沸腾的大锅。

本我的重要特征有:第一,它活动的基本原则是快乐原则,即无条件地追求快乐与满足。第二,它是无意识的,在一般情况下,我们自己无法意识到它的存在和作用。第三,它是非理性的,根本不考虑客观条件、客观规律,它只是一味地要求满足。第四,它是非道德的,为了满足它的要求,根本不顾善恶、是非标准。弗洛伊德认为,幼儿的精神人格完全属于本我,幼儿没有羞恶观念,其全部生活都受欲望支配,不管条件和社会道德,处处要求满足自己的愿望,寻求快感。

所谓自我,就是意识结构部分,是精神人格的理性部分,是"现实化了的本能"。弗洛伊德说:"性本能的发展显然自始至终都以追求满足为目的;这个机能可以永远保存不变。自我本能最初也是如此;但因受必要性的影响,立即知道用他种原则来代替唯乐原则。它们既认为避免痛苦的工作和追求快乐的工作同等重要;于是自我乃知道有时不得不舍弃直接的满足,延缓满足的享受,忍耐某些痛苦,甚至不得不放弃某种快乐的来源。自我受了这种训练之后,就变成了'合理的',不再受唯乐原则的控制,而顺从唯实原则去了。"[1]

自我的主要特征有:第一,自我的活动原则是唯实原则或现实原则。自我也是以快乐为目的的,但它不是要立即直接地要求满足,而是考虑到客观事实和现实条件,在现实条件许可的情况下,有选择地追求欲望的满足。第二,它是有意识的,一般能意识到自己的存在和作用。因而它是理性的,是建立在对客观规律和客观条件认识的基础上的,它压抑、控制和调整本我的无意识活动,防止被压抑的东西扰乱意识,使有意识的活动在人的现实生活中占优势。可见,自我乃是意识和理性的人格化。

所谓超我,就是道德化、社会化和理想化的自我,是遵从社会和道德规范的精神活动。超我是一个由父母、师长的指示而形成的、在人的精神世界中起作用的结构。超我的特征有:第一,超我活动的原则是理想主义至善原则。第二,超我具有社会性,是社会道德的代表。第三,超我的主要职能是以社会道德原则指导自我,并通过自我去规范本我的盲目冲动。

本我与超我是根本对立的。本我不但是不能泯灭的,而且是难以约束的。如果自我和超我失去作用,人就会只按盲目的本能冲动活动,为所欲为,就会严重地危害人类和社会。相反,如果社会和理性的束缚力过大,达到不适当的程度,抹杀了人的自然本能和需要,使人得不到任何快乐,这种过分的压抑会造成人们的变态心理和精神病。这同样会危害人类和社会。

3."中间人"

弗洛伊德认为,人的精神活动是本我、自我、超我的相互冲突的统一,现实的人既是本能的人,又是理智的人和社会的人。由于三者的性质和活动原则不同,三者总是存在着激烈的冲突。本我是人的原始动物性,它的本性是按快乐原则活动,不服从理性和道德原则,是盲目的欲望冲动。本我是人的活动的基础。为了使本我、自我、超我三者协调起来,就需要靠自我调节超我与本我的关系。自我是超我与本我的中间环节。它一方面服从超我的影响,用社会原则来约束本我的冲动,另一方面给本我要求以部分的或间接的满足,抵抗社会过大的压力。本我无

---

[1] 弗洛伊德:《精神分析引论》,高觉敷译,商务印书馆1984年版,第285页。

原则地要求满足,超我有原则地进行压服,自我在中间调节,既要符合道德观念,又设法满足本我的要求。在弗洛伊德看来,正确处理超我与本我的关系,关键是要有一个坚强的自我,自我是调节超我与本我关系的"中间人"。

自我是理性的"我",它努力以理性原则使本我的要求合情合理,按理性原则行动。超我则更高一级,不但要求本我的要求是合理的、现实的,同时要求它的活动同社会伦理道德相一致,要求个人活动与社会要求相一致,个人的现实活动与远大理想联系起来,在远大理想的指导下活动。这三者协调一致的活动,就表现为健全的精神活动或健全的精神人格。反之,就会出现精神失常。

三、人类文化的精神分析

弗洛伊德于晚年由精神病理学转向对文化问题的研究。关于这一转折,他有这样的说法:"我很久以前着迷于文化问题,但我那时太年轻,还没到能够思考这些问题的年龄。经过在自然科学、医学和心理治疗领域的长期迂回,我的兴趣又回到了文化问题。"[1] 可以说,文化问题是弗洛伊德终生的关怀。在他晚年发表的《图腾与禁忌》(1913)、《超越快乐原则》(1920)、《文明及其不满》(1929)和《摩西与一神教》(1939)等书中,他把精神分析学说推广到宗教和其他文化领域。

1. 精神的升华

弗洛伊德关于文化理论的基础是"升华"的概念。他认为,除了精神病、反常的释放(如梦、失语、遗忘等)和正常的释放(性行为)之外,性本能最为重要的释放是"升华"。侵入到意识领域的性本能创造适合于自身的新的精神形式,以创造的方式释放能量,这就是升华。弗洛伊德说,性本能的升华是一切精神文化活动的根本动力,"性的冲动对人类心灵最高的文化、艺术和社会成就作出了最大的贡献"[2]。

弗洛伊德用心理能量升华的理论解释人类文化现象。他提出,人类历史上的各个事件,人类天性间的各种作用,人类文明的发展以及人类原始经验的沉积都

---

1 *The Pelican Freud Library*, vol. 15, New York: Peguin Books, 1955, p. 257.
2 弗洛伊德:《精神分析引论》,高觉敷译,商务印书馆1984年版,第9页。

是自我、本我、超我三者之间冲突斗争的反映而已。

2. 宗教的心理根源

弗洛伊德把儿童下意识的恋母情结称为"俄狄浦斯情结"。他在后期认为,这不只是一个比喻,关于俄狄浦斯杀父娶母的希腊神话是对人类早年社会的回忆,是以真实的历史事实为基础的。这一历史事实就是犹太教和基督教的心理根源。

据弗洛伊德的解释,人类早年过着群居生活,部落首领是最强壮的男人,他占有所有的女人,并把他的儿子们都驱逐出去。儿子们不堪忍受外部的压迫和内政的压抑,于是联合起来杀死了父亲,分配他的女人为妻子。为了避免这样的悲剧重演,他们按照血缘关系组成氏族,禁止血亲婚姻,只在氏族间通婚。这些杀父娶母的儿子们在心理上承担着巨大的罪责感,于是创立宗教,以求安慰。他们把被杀死的父亲供奉为神,神是一个严厉而有报复心的父亲,这就是犹太教信仰的耶和华的形象;他们对父亲所负有的罪责就是犹太教的原罪观念。从犹太教脱胎而来的基督教不理解犹太教的心理根源来自人类共同的历史,把犹太人当作上帝的罪人,把人类祖先们杀父的历史转变为犹太人杀死上帝的化身和儿子——耶稣的现实。

弗洛伊德指出,基督教反犹排犹的历史不是偶然的,而是出自一种本能的仇恨;反犹主义的心理根源是追求血缘亲情的爱欲和强迫返回原初的死欲共同造成的。弗洛伊德以自己特殊的思维方式,似乎已经预料到犹太人在"二战"期间遭到大屠杀的命运。

3. 精神分析学说的人学意义

弗洛伊德以精神分析理论为基础提出了包括人的本性、本能和人格、社会道德的性质、文化的起源等人学理论。尽管弗洛伊德的思想自产生之日起就屡遭非议,他本人的学术之路也坎坷不平,即便如此,西方许多学者仍然赞誉他为"心理学的牛顿""心灵世界的哥伦布""精神领域的达尔文"。从人类思想发展史的角度来看,弗洛伊德人学思想的提出,尤其是他对于人的精神分析,影响了当代人类文化的发展方向,即把启蒙运动以来西方思想家关于人性和人类社会进步的乐观主义转变为对人的沉重的、阴暗的心理负担的揭示。

弗洛伊德自己清楚地意识到这一点,并引以为豪。他宣称,他自己肩负着将人们从沉睡中唤醒的使命,他的精神分析学的创立引起了人类自我和精神认识史上的第三次革命。第一次是哥白尼的天文学革命,哥白尼推翻了"地心说",提出"日心说",从此人们不再相信自己居住的地球是宇宙的中心。人类的自恋遭到第一次打击——宇宙论的打击。第二次是达尔文的生物学革命,达尔文提出物种进化论,论证了人起源于动物,人不是不同于动物的生物,也不比动物优越。人的进化的结果并不足以抹掉他在身体结构以及精神气质方面与动物同等的证据,从而结束了人关于人的本性与动物的本性之间有一条绝对的鸿沟的幻想,这是对人的自恋的第二次打击——生物学的打击。弗洛伊德认为他给人的自恋造成的打击,比哥白尼的天体论、达尔文的生物学更为沉重。由于精神分析学的提出,从此以后,人再也不可能把自己看成是自己家中无可争议的主人了。因为,现在人们知道,人的生命原本是受他意识不到、不可把握的潜意识本能冲动的支配而活动的。弗洛伊德提出这样一个著名命题:心理过程主要是潜意识的,至于意识的心理过程则仅仅是整个心灵的分离的部分和动作。这样,弗洛伊德一反传统,将无意识在人的心理过程、精神活动中的作用提到特别重要的地位,开了无意识研究的先河,给人类的传统文化以巨大的冲击。

但是,弗洛伊德对自己学说提出的总的评价,强调的是关于人性的消极的、悲观的观点。受精神分析学说影响的人学思想更注重阐发他的思想中积极的、建设性的因素。20世纪初期,弗洛伊德提出的精神分析理论体系日趋成熟,他的工作也日益引起世人的广泛重视和关注。在弗洛伊德身边也集结了一批志同道合的同行和学生,精神分析已进入国际研究领域,呈现出良好的发展趋势。与此同时,随着弗洛伊德理论体系的确立,精神分析学派内部也开始出现分裂。在弗洛伊德生前,他的两个得意门生 A. 阿德勒(A. Adler)和 C. G. 荣格(Carl G. Jung),就已经在一些重要观点上和弗洛伊德产生了较大的分歧,并最终对弗洛伊德的理论进行了有重要意义的修正。他们俩代表了对弗洛伊德人学理论的两个方面的发展:一方面,荣格等思想家发挥了弗洛伊德的"升华"理论,以此解释文明的集体心理基础,批判黑暗的社会现实;另一方面,阿德勒等一些心理学家发挥了弗洛伊德关于自我调节作用的论述,把健康的人格作为人生的目标。

第四节
社会心理的分析和批判

西方一些思想家认识到,弗洛伊德的精神分析学说不但适用于个人,而且适用于社会;他们还认为,社会心理也许比个人心理更加重要,因为个人的病态和不幸最终是由社会造成的。他们把社会现象的根源归结为集体下意识,或用集体下意识解释人类文明和现实的人格,或用之来批判社会现实,特别是现代资本主义的文明,企图通过匡正集体心理的方式来改造社会。

一、人类的"集体下意识"

从 1913 年开始,荣格对精神分析理论提出了修改意见,在无意识、力比多等问题上独树一帜,提出了与弗洛伊德本人不同的解释,从而形成了独特的关于集体下意识的精神分析理论。

1. 从个体到集体的下意识

荣格发展了弗洛伊德的学说,对人的潜意识和本能提出了以下几个值得注意的见解:

(1)力比多——一种普遍的生命力。荣格认为,力比多的内涵必须加以扩大,可以把力比多规定为一种普遍的先天的生命力,它既包括性本能,又包括营养和生长本能以及整个人的活动的原始动机。它类似于柏格森的"活力","力比多,粗略地说是生命力,类似于柏格森的活力"[1]。

(2)潜意识或者无意识有个体与集体之分。荣格认为,潜意识作为心灵的一个基本因素,既包括最浅层的个体潜意识,也包括深层的集体潜意识。而所谓集体潜意识,是指在生物进化和文明的历史发展过程中所获得的心理上的沉淀物以及从祖先遗传下来的气质,它构成了个体的意识和潜意识的基础,集体无意识具有不可磨灭的个人特征。

(3)特别强调象征同潜意识的关系及其重要意义。荣格提出,潜意识不仅表现在精神病症患者身上,体现在正常人的梦境之中,还表现在神话、宗教、艺术甚

---

[1] 转引自高觉敷主编《西方近代心理学史》,人民教育出版社 1982 年版,第 395 页。

至科学等其他人类活动之中。广而言之,人类的全部活动,如果从心理根源考察和挖掘的话,都具有象征的意义。在他看来,世世代代的所有人,都有共同承传的种族性质、情感和活动的模式。这种内在的隐含的"原型"通过各种特殊的活动形式表现出来。由于每一种表现形式都同原型本身具有象征性的关系,因而,象征不但是自然的产物,也体现了文化的价值。荣格断定,这种内在的尚未知晓的人类精神领域的联系,尽管还不能用科学方法确切地加以界定,但确实是毋庸置疑的心理现象。这样,荣格的学说就在心理学内部容纳了神话、艺术、哲学甚至炼金术、原始图腾仪式和宗教教义等神秘主义因素。

2. 人的性格类型

荣格认为,社会中的人不是孤零零的个体,而是按照一定的心理特征所组成的社会群体,因此有必要从心理学角度对人的性格气质的类别进行划分。在他看来,就其心理结构内部而言,个体包括自我和自身两个方面。所谓自我,是意识的主体,是在自身基础上产生和发展的。而所谓自身,则是心灵的主体,包括无意识的东西。就其个体同社会关系而言,他既有"人格面具"的一个方面,又有隐蔽的不能见诸社会的"阴影"部分。前者起掩饰作用,迎合外界需要;后者是人格最底层的黑暗的东西。这二者又总是处在不断的冲突过程之中。荣格还按力比多倾注的对象方向的不同,把人的性格划分为内倾型格和外倾性格。

荣格认为,外倾类型的人的兴趣主要侧重于客体,侧重于外部的社会关系。周围的世界如同磁铁一样对外倾型的人发生影响。内倾型的人,兴趣主要侧重于主体,侧重于自己本身的心理过程,他们主要对自己所理解的外部世界而不是作为客体的外部世界感兴趣。两种类型的人之间常常有一种相互吸引的力量,性格相反的人反倒可以作为一种互补相处得很好。

荣格把性格类型方向划分为外倾和内倾两大类,并称之为"一般态度类型"。他认为在一般类型之下,还有四种特殊的类型——机能类型。这四种类型是:思想、情感、感觉、直觉。荣格把他划分的两种一般的态度类型和上述四种机能类型相组合,从而认为人大体可以分为八种类型。

第一种是"外倾思维型"。这种类型的人多为男性。这种类型的人的思维特点是:客观材料在他的思维过程中起决定性作用。

第二种是"外倾情感型"。这种类型的人多是女人,情感容易成为主导机能。这类女子以情感为指导路线,而她的情感符合客观的情境和一般的价值。荣格说,这在一个属于这种类型的女人的爱情选择中看得最清楚。她对一个男子的满意并不是由于这个男子的基本性格,而是由于他的身份、年龄、能量、身高和家庭声望等符合她的要求。

第三种是"外倾感觉型"。这种类型的人大多是男人。他们所遵循的是"唯实主义"原则,倾向于受感觉的支配,认为感觉体现了实际生活的丰富性。这种类型的人的生活目的是追求具体的享受,他们的道德观也大抵如此。

第四种是"外倾直觉性"。属于这种类型的人通常都是一些商人、承包人、投机商、经纪人和政客。这种类型的人对事物的潜在价值有一种特殊的领悟力,对尚在孕育、未来会大有前途的事物有一种敏锐的嗅觉,随时随地搜寻新的可能性。而一旦这些事物的价值显露出来,不再具有发展前途时,他们就会抛弃它们,寻找新的事物、新的途径。

第五种是"内倾思维型"。荣格曾以达尔文和康德作比较。他认为,达尔文代表标准的外倾思维型,重在探求范围广泛的客观事实,在他的全部著作中,力求以事实说话。康德则属于标准的内倾思维型,重在诉诸主观因素,致力于知识的批判,以思维的优先为特征。

第六种是"内倾情感型"。这种类型多属女人,其特点是沉默寡言,气质忧郁,不易接近,往往把真实动机隐藏在一种面具后面。她们的生活顺从于主观调节的情感,而外表则是不引人注目的。

第七种是"内倾感觉型"。艺术家们属于这种类型。他们的行为多受对客观外界的主观感受的制约。客体与主体之间往往有很大差异。属于这种类型的人一般服从于很不规律的和任意决定的东西。

第八种是"内倾直觉型"。这是一种比较特殊的类型。属于这种类型的人往往很突出地远离有形的现实,甚至会使亲近的人也感到他莫名其妙,不可理解。属于这种类型的人,要么就是天才的艺术家,他会在他的作品中显示出超凡、奇异的内容;要么就是不被赏识的天才,怀才不遇的大人物;或者所谓"聪明的傻瓜"之类。荣格的人格类型说,引起了心理学界的普遍注意。他注意到了人们普遍存在的共性,并按照不同的性格特点把它们分了类,应该说,确实存在着引起人们思考的价值。

二、 病态的人格与社会

弗洛伊德之后,出现了以 A. 弗洛伊德、K. 霍妮和 E. 弗洛姆(Erich Fromm)等为代表的新弗洛伊德主义。新弗洛伊德主义对弗洛伊德的人格学说进行了修改,认为人格与社会之间有着相互作用的关系。弗洛伊德所揭示的精神病理学可以被应用于社会分析,病态的社会,尤其是资本主义、法西斯主义的社会,既是病态人格的放大,又是病态人格的根源。根据对病态人格和社会关系的心理分析,他们提出了社会批判的理论。

1. 人格与社会的互动关系

新弗洛伊德主义者把自我看作人格的一个更富于独立性的部分,认为自我在起源、发展和功用方面都独立于本我;就是说,人格不是人的本能所能决定的,应该承认社会因素对人格的影响。新弗洛伊德主义把文化、社会条件和人的个体之间的关系等因素对人的心理形成和发展的影响问题提到了首位。

这些精神分析学家否认个人固有的反社会性,而试图以社会环境去解释人的侵略性和破坏性倾向。比如,霍妮(Karen Horney)从更为广泛的社会联系中来探讨人格的形成问题。她发现,社会历史条件对神经症人格类型的形成具有决定性意义。霍妮在揭示社会条件对神经症的制约性时指出,生活在当代资本主义社会条件下的神经症的人格具有以下特点:隐蔽而强烈的敌意,与爱相反的憎恨倾向,与周围环境的感情隔绝,自我中心的倾向,私有习气,特别注意威望问题。她认为,人格的这一神经病症的基础源于经济领域中占统治地位的、经常性的、最剧烈的竞争,"在于西方文明",即资本主义生产方式的条件。

另一方面,新弗洛伊德主义者也看到,一切不合理的社会现象都有其病态的心理根源,而社会的病态心理也可以用个体的精神病理学来解释。比如,弗洛姆借用弗洛伊德学说,阐明人类"逃避自由"的本性,以此揭露法西斯主义的心理根源。

弗洛伊德在《文明及其不满》中提出了"文明的张力"这一概念,用以说明文明社会中的人在道德准则下所受的压抑。弗洛姆发挥了这一思想,认为人并非生而自由,追求自由并不是人的天性。相反,人的本能需要首先是安全,儿童在家庭庇护下得到安全感。人类在其童年时代则在以血缘关系为枢纽的部落中得到安全感,他们需要一个严厉又仁慈的父亲的庇护,摆脱心理上的恐惧,包括对黑暗、陌生人和死亡的恐惧,还包括对未来,对自己行为的后果,对一切未知事物的恐惧。权威主义、图腾和祖先崇拜以及原始宗教,都出于摆脱恐惧、获得安全感的心理需要。在文明社会中,部落和家庭的庇护丧失,人在成年之后,被抛到社会,面对陌生人和未知的未来,人有了相对多的自由。但自由意味着丧失庇护,是以丧失安全感为代价的。人对此的本能反应不是选择自由,而是逃避自由。这种本能表现为受虐和施虐的潜意识,前者在自我责备、逆来顺受中取得安慰,后者以支配、控制和残害他人为乐趣,两者都表现为对他人的依赖,对个人自由和独立人格的厌恶。法西斯主义正是施虐狂和受虐狂在人类历史上的空前的发泄。

2. 社会人格和社会无意识

弗洛姆力图用精神分析理论来"补充"马克思对社会的分析。他承认,"马克思是一位具有世界历史意义的人物,就这点而言,弗洛伊德是不能与马克思相提并论的",但是运用精神分析学说这个工具,可以弥补马克思社会理论中的不足。弗洛姆提出,从弗洛伊德学说中可以引申出以下两点非常有价值的观点。

第一,关于社会性格的观点。社会性格相当于弗洛姆早期所说的社会的"力比多"结构,这个概念是指"在某一个文化中,大多数人所共同拥有的性格结构的核心"[1]。社会性格与下面两个问题相关:

首先,社会的经济结构是社会性格结构的基础,比如现代的消费者——一个以分期付款的方法购买商品的人——在他祖父的眼里,可能是一个不负责任的、没有道德的挥霍者,而这个祖父在孙子眼里又可能是一个讨厌的小气鬼。

其次,一定的社会性格又是某些思想和理想的基础,"正是从这种社会性格中,各种思想和理想才得以获得自身的力量和吸引力"[2]。同时,弗洛姆也指出,社会性格是社会的经济结构与思想和理想之间的中介,"一般情况下,它起一种凝

---

1 弗洛姆:《健全的社会》,孙恺祥译,贵州人民出版社1994年版,第62页。
2 弗洛姆:《在幻想锁链的彼岸》,张燕译,湖南人民出版社1986年版,第88页。

固剂的作用,赋予社会制度更多的稳定性;在特殊情况下,它也是炸药,会炸毁这个社会制度"[1]。

第二,关于社会无意识的观点。社会无意识是社会结构及其思想之间的相互关系、相互作用的另一个环节。弗洛姆认为,在弗洛伊德那里,所谓"个人的无意识",它是指由个人的生活境况所造成的对人压抑的内容。"社会的无意识"则是指"那些被压抑的领域,这些领域对于一个社会的最大多数成员来说都是相同的。当一个具有特殊矛盾的社会有效地发挥作用的时候,这些共同的被压抑的因素正是该社会所不允许它的成员们意识到的内容"[2]。

弗洛姆提出,精神分析的一个深刻的见解是:"我们本身内在大部分真实的东西是没有被意识到的,而许多被意识到的却是不真实的。"[3]这种疏忽,即记住一件事情的某些方面而不去注意它的另外一些方面,这正是社会压抑造成的结果之一。从这个意义上说,弗洛姆坚信:"认识到人的无意识意味着接触到了人的完整的人性,抛弃了社会设在每个人身上的、最终设在每个人与他人之间的种种障碍。"[4]

最后,弗洛姆认为,只有从根本上改变人的性格结构,才能避免经济上和精神上的彻底崩溃。弗洛姆提出,人的性格的改变需要具备四个条件:"1. 我们有病而且意识到这一点;2. 我们找出了病态的原因;3. 我们认识到这种病态是有办法克服的;4. 我们明白,为了战胜这种病态,必须树立起一定的行为规范和必须改变我们现在这种生活实践。"[5]

3. 法西斯主义的心理结构分析

美籍奥地利精神分析专家和社会学家 W. 赖希(Wihelm Reich)是一个弗洛伊德式的马克思主义者。他主张结合一些社会现象去讨论人的"性格结构"。赖希尤其反对把法西斯主义的流行简单地看作反动政治势力"愚弄""蒙蔽"的结果,而

---

1 弗洛姆:《占有还是生存》,关山译,生活·读书·新知三联书店 1988 年版,第 141—142 页。
2 弗洛姆:《在幻想锁链的彼岸》,张燕译,湖南人民出版社 1986 年版,第 93 页。
3 同上书,第 94 页。
4 同上书,第 135 页。
5 弗洛姆:《占有还是生存》,第 177 页。

是试图以对"性格结构"的分析为基础,探索大众的心理结构为什么能够吸收法西斯主义的意识形态。

在赖希看来,所谓性格结构或"心理结构"是社会发展的沉淀物。这种性格结构分为三个层次:第一,性格表面层次。在这个层次上,人是正常的、含蓄的、彬彬有礼的、富有同情心的、负责任的、讲道德的。第二,中间的性格层次。它完全是由残忍的、虐待狂的、好色的、贪婪的、嫉妒的冲动所构成的。"它代表着弗洛伊德的'无意识'或'被压抑的东西'。"[1]第三,性格的生物核心。在这个核心中,在有利的社会条件下,人基本上是诚实的、勤奋的、爱合作的、与人为善的动物。赖希指出:"正是这种不幸的性格结构造成了这样的事实:每一个出自生物核心而投入行动中的自然的、社会的或力比多的冲动,都不得不经由第二反常倾向层次,从而被扭曲。这种扭曲改变了自然冲动最初的社会性质,使它成了反常的,从而禁锢了生命的每一种真正的表现。"[2]

法西斯主义所体现的恰恰属于"第二反常倾向层次"。赖希断言:"我的关于各个阶级、种族、民族、宗教信仰的男女大众的医学经验告诉我,'法西斯主义'仅仅是普通人的性格结构的有组织的政治表现。这种性格结构既不限于某些种族或民族,也不限于某些政党,而是普通的和国际性的。从人的性格的角度来看,'法西斯主义'是具有我们权威主义机器文明及其机械主义神秘生活观的被压抑的人的基本情感态度。正是现代人的机械主义的神秘的性格产生了法西斯主义党,而不是相反。"[3]

赖希还以弗洛伊德的性心理学对"权威主义"进行了分析。他认为:"对一切时代、一切国家和每一社会阶级的男男女女的精神分析表明:社会经济结构同社会的性结构和社会的结构再生产的交错,是一个人最初的四五年里在权威主义家庭中进行的。"历史地看,这种权威主义乃是伴随着父权制的出现而产生的,它的基本特征是性禁锢。而"权威主义国家则从权威主义家庭中获得了巨大的利益:

---

1 赖希:《法西斯主义群众心理学》,张峰译,重庆出版社 1990 年版,第 1 页。
2 同上书,第 1—2 页。
3 同上书,第 3 页。

家庭成了塑造国家的结构和意识形态的工厂"[1]。

三、 人类文明的精神分析

精神分析学说之所以在西方有巨大影响的一个重要原因,是精神分析学说一直试图解释和理解文明与人的本性的关系问题,一些学者致力于以精神分析为出发点考察当代资本主义社会中人的生存状况问题,理解现代西方社会所面临的难题。我们在上面看到的对法西斯主义所做的批判只是其中的一个范例。在一些激进的弗洛伊德的马克思主义者看来,即使是被人们当作健康的、"幸福的"社会生活,实际上也是病态的,表面的繁荣和幸福下面所掩盖的是意识不到的痛苦。他们从关于社会下意识与意识的精神分析出发,对资本主义文明展开了激烈的批判。

1. 现代文明对人的本性的压抑

现代西方人学学者认为,科学技术革命给人类带来的文明无疑会改变人在世界中的地位,改善人的生活,它减少了对劳动的需要,但同时也引出一个新的问题:怎样恢复传统的人生意义,怎样看待文明对人的存在的不利影响? 弗洛伊德认为,现代文明不但不能促进人类的进步,反而增加了人的痛苦。他认为,在正常的文明社会中,人的性冲动的本能受到了过分的压抑,不能理直气壮地要求性满足,特别是俄狄浦斯情节更被看作是大逆不道。他说:性成熟的人选择的对象限于异性,凡属生殖以外的满足多作为反常而被禁止。这些限制性措施把有正常性能力者的性兴趣纳入合法的轨道,社会可以许可的异性爱情的唯一出路必须受法律和一夫一妻制的限制。他的结论是:"我们的痛苦要由我们的所谓文明负责,如果我们背弃了它,复返于原始的情境,我们将永远较幸福了。"[2]

弗洛姆发展了弗洛伊德的这一说法。他进一步提出,以现代文明为主要特征的现代科学技术对人的生活内容和生活环境产生了非常恶劣的影响。在现代科学技术面前,人们想独立地主宰自己生活的梦想破灭了,因为我们认识到,人变成了机器的齿轮。他写道:掌握着大众传播媒介的工业——国家机器操纵着我们的

---

1 赖希:《法西斯主义群众心理学》,张峰译,重庆出版社 1990 年版,第 251 页。
2 弗洛伊德:《精神分析引论》,高觉敷译,商务印书馆 1984 年版,译序 xiv。

思想、感情和趣味;不断发展的经济进步仅局限于一些富有的国家,穷国与富国之间的差距越来越大;技术的进步不仅威胁着生态平衡,也带来了爆发核战争的危险,不论是前种威胁还是后种威胁或两者一起,都会毁灭整个人类文明,甚至地球上所有的生命。

2. 发达工业社会的"畸形人"

在众多的现代西方思想流派中,以马尔库塞(Herbert Marcuse)为代表的法兰克福学派对现代发达资本主义社会的批判最具代表性和系统性。马尔库塞认为,当代发达社会是个"最病态的社会",所有以上学者列举的现象"都是互相联系着的;它们造成了由'富裕社会'的正常功能所表现出来的综合病症"[1]。

具体地说,现代发达社会的"病态"表现在以下几个方面:第一,当代发达社会造成了单向度的人。人本来应该是既有物质要求又有精神要求的多面的人。可是,由于科学技术的高度发达,当代工业社会利用先进的科学技术手段加强了对人的精神的控制,使人变成了单向度的人,他们丧失了对现代社会制度的否定和批判的原则。这一点可以从以下三个层次来看。

首先,在当代发达社会中,人变成了被控制的机器,丧失了内心的自由。在高度发达的现代资本主义社会中,人被贬低为机器和奴隶。马尔库塞说:"控制性的社会管理愈是合理、愈是有效、愈是技术性强、愈是全面,受管理的个人用以打破奴隶状态并获得自由的手段与方法就愈是不可想象。"[2]其次,在现代发达社会中,科学技术造就的现代化的生活方式使人只追求物质享受,而放弃了对精神自由的追求。马尔库塞说,在现代工业社会中,"人们似乎是为商品而生活。小轿车、高清晰度的传真装置、错层式家庭住宅以及厨房设备成了人们生活的灵魂"[3]。最后,现代发达社会及其高度发达的通信手段——无线电、电影、电视、报纸、广告等完全控制了人们的思维走向,使人们失去了可以借以变动和保存"他自己"的私人空间和内部自由。马尔库塞认为,在今天,这一私人空间已被技术现实所侵占和削弱。由于这种现实,人们在不知不觉中陷于"模仿",而不能具有否定

---

1 马尔库塞:《当代工业社会的攻击性》,伯幼、任荣编译,载《哲学译丛》1978 年第 6 期。
2 马尔库塞:《单向度的人》,刘继译,上海译文出版社 1989 年版,第 8 页。
3 同上书,第 10 页。

性的思维力量。

第二,当代发达社会表现了越来越强烈的攻击性。马尔库塞认为,发达的科学技术及其带来的巨大成就不仅直接地压抑了人的发展,使他们成了单向度的人,而且更为重要的是,它还使得当代社会表现出了明显的攻击性。当代社会的攻击性最主要体现在:首先,当代社会越来越军事化。马尔库塞认为,单向度的人特别富于攻击性,"我们把富裕社会的军事化看作为攻击倾向最突出的社会动员。这一动员远不只局限于征集义务兵役和建设军火工业,它的真正的面貌在向'公众提供精神食粮'的宣传中暴露无遗。"就是说,大众传媒(包括影视作品)对军事暴力的大肆宣扬和美化,使得整个社会的好战倾向愈加强烈。而且,一旦需要,各行各业都会立即转入军事活动体系,并为大规模战争提供尽可能多的人力、财力和物力的支持。其次,现代工业社会的攻击是工艺技术的攻击。马尔库塞认为,高科技的、昂贵的现代战争的方式已与过去大不一样,在现代战争中,人们使用的武器得到了最先进科学技术手段的支持,使得杀人过程越来越"科学化""工艺化"。他说:"攻击的新形式进行毁灭,而人不必弄脏双手,不必玷污肉体,不必加重精神负担,杀人犯还是干干净净的——从生理上和精神上来说都是如此。"[1]

第三,当代发达工业社会对生态环境造成了巨大的危害。人与外部环境有着天然的联系,人的衣食住行等需求的满足最终都离不开环境。在现代工业社会中,掌握了最尖端科学技术的人在改造、控制和利用环境方面已经取得了巨大的发展,"在沙特阿拉伯的沙漠中和阿拉斯加的冰天雪地里确实能建造出像美国城郊住宅区那样的建筑,在月球上也能造得出来"。即便如此,人也无法避免他对环境所造成的破坏,"凡是用现代技术提炼自然资源并对它加工的地方,都会有如何处理工业废料、工业污染和其他由此而产生的生物副产品等问题"[2]。可以说,任何一种新科学、新技术的应用都是以对环境的某种程度上的损害为代价的。

归根到底,当代发达的工业社会之所以是病态社会,是因为它摧残人的本性,迫使人们自觉或不自觉地屈服于控制,而本能欲望受到过分压抑的人则成为了畸

---

1 马尔库塞:《当代工业社会的攻击性》,伯幼、任荣编译,载《哲学译丛》1978年第6期。
2 哈里斯:《文化人类学》,李培茱、高地译,东方出版社1988年版,第55页。

形的、空虚的、孤独的和片面发展的人。

3. 无压抑的文明

马尔库塞提出，既然人的本质就是人的欲望，那么人的解放从本质上说就是爱欲的解放。现代社会的病根在于人的本能结构的破坏，因此，消除社会疾病的关键首先在于进行改变人的心理结构的"本能革命"或"解放爱欲"。此种意义上的爱欲不等于弗洛伊德所说的"力比多"（包括爱欲和死欲）。马尔库塞美化了爱欲，说它不是单纯的性本能，而是多形态的生命本能，它追求的满足是完整而和谐的理想，象征着真善美的圆满境界。爱欲特别具有美的创造的功能，可升华为艺术和由此产生的一切文明创造。爱欲是生命、自由和美的三位一体，是文明的最高理想和楷模。这是希腊人早已了解的真理。柏拉图在《会饮篇》中指明了爱欲是对美和善的理念的爱。希腊神话中的俄狄浦斯（同性恋的诗神）和那喀索斯（自恋的水仙花神）是爱欲的具体形象，象征着灵魂之间和内部的精神交流。弗洛伊德的贡献在于把爱欲引进了本体论，把本体论从工具理性支配下解放了出来，爱欲意味着自由和美进入了本体论。马尔库塞说："这个以快乐为目的、以美为表现的新本体论就是要以人类生物学的角度，寻找蕴涵在人类个体生命中美的源泉，确立人的有机体为不可还原的本体，用生命本能的冲动来解释美的创造。"

马尔库塞对弗洛伊德的潜抑理论进行了改造。按照弗洛伊德的说法，潜抑（repression）阻止原始冲动进入意识，并把意识感觉到的痛苦、冲动、欲望归入潜意识。潜抑首先是对俄狄浦斯情结（乱伦欲望）的压抑；其次，将原始本能的攻击性"升华"成为社会服务的动力。潜抑的外在表现是与快乐原则相对立的现实原则，即对冲动的克制和对社会禁忌的妥协。马尔库塞指出，潜抑是现实原则代替快乐原则的社会历史过程，它在文明社会的形成中起到了积极作用。在前技术阶段，由于物质匮乏，人们不得不把大部分精力放在生产劳动中，对于爱欲的潜抑是必要的，这样的潜抑是"基本潜抑"。但是到了技术阶段，即进入近代以后，潜抑成为多余的"额外潜抑"，现实原则成了履行原则。这就是，毫无目的地履行某种职责，为工作而工作，为生产而生产，为赢利而赢利；在生产机器或国家机器中占据一个位置，充当一个角色；使生命活动让位于社会需要，把个人权利转让给统治者;"把爱欲集中到生殖区,身体的其他部分则留作劳动工具"[1]。马尔库塞在这里特别批判了"性解放""性自由"的主张和做法。他分析说,现代技术在削弱了爱欲的同时加强了性欲,使性自由获得市场价值,造成虚假的幸福意识,成为贩卖压迫的工具;"性解放"是人的非爱欲化与性冲动的定点和集中的产物,使得爱欲被简化为性经验和性满足,使人摆脱了升华的需要,限制了升华的范围。他还批判说,工业社会不但压抑了人的爱欲,而且使人驯服、被动、无创造性。这样的人都患有"不幸中的欣快症",他们在潜抑状态获得一种虚假的满足,在本真的痛苦状态体验到非本真的愉悦,自得其乐地成为巴甫洛夫实验中的狗,被动地接受条件反射和催眠术的指令。

马尔库塞同意弗洛伊德的看法,把以前的文明看作爱欲在潜抑下升华的结果。基于对现代文明社会的批判,他提出了人的全身爱欲化和爱欲普遍化的主张,要求爱欲摆脱额外潜抑而自由发展,这就是他设想的乌托邦——无潜抑的文明(non-repressive civilization)。

第五节 ————————————————————

健康的人格

精神分析的目的是什么? 弗洛伊德对此有不同的说法。他一方面公开地揭露了人的本性是他们难以启齿的性欲,在人类历史上第三次也是决定性的一次打击了人类的自尊心;另一方面,他也承认社会道德禁忌具有压抑精神反常的积极意义以及肯定"自我"的调节作用。弗洛伊德本人更强调精神分析第一方面的意义,我们在前一节看到的那些弗洛伊德的后继者也是如此,他们把精神分析作为揭露和批判人性和社会的阴暗面的工具。但是,与此同时,另外一些精神分析学家把塑造健康人格和合理社会作为自己的主要目标。弗洛伊德的学生阿德勒首先明确地表达了精神分析的旨趣,后来在美国兴起的人本主义心理学进一步发展

---

1 马尔库塞:《爱欲与文明》,黄勇、薛民译,上海译文出版社 1987 年版,第 31 页。

了关于健康人格的各种理论和实践。

一、追求优越

阿德勒对弗洛伊德学说作了重大修改,把人的"性本能说"修改为人追求优越、完善自身的潜力。他与弗洛伊德的差别在于,弗洛伊德认为人格可以是分裂的,可被分割为各个不同的方面,阿德勒则特别强调人格的不可分割的统一性;在对行为动机的探讨上,弗洛伊德强调的是与生俱有的无意识对精神活动的影响,阿德勒则更相信未来的特定目标对精神活动的决定性作用。由于这样的差别,阿德勒能够更加积极地评价人的行为的合理性和社会性。

1. 个体的统一与目标定位

阿德勒强调,没有关于某个目标的知觉,我们就不能思考、感受、意愿和行动。阿德勒经常举如下例子来说明这个观点:如果一个人看到一个男子在脚手架下做着各种奇怪的姿势时,他会感到莫名其妙,甚至认为这个男子有精神疾病。但是一旦发现这个男子的目的是要坐到脚手架的顶端时,观察者就不会对他的种种动作感到惊奇,尽管他很可能清楚这个男子很难达到他的目标,但仍然会相信这个男子的行动是充满理性的。这个例子说明,人天生就追求一种向上的目标。

阿德勒确信,人的全部心理活动可以由一个预先决定了的目的来指引方向。那么这个被预先决定了的目的是什么?阿德勒认为,"追求优越"和"追求权力"是一切精神活动的总目标,"对优越感的追求是所有人类的通性"[1]。

弗洛伊德强调各种无意识欲望,特别是性欲的满足,认为这来源于本能的冲动。而阿德勒则强调优越、权力的实现,并认为它来源于幼儿时期就形成的自卑感。在阿德勒看来,起源于儿童时期的自卑感,对人来说并不是坏事;相反,它对人生有很大价值。他认为,儿童的整个潜在的可教育性正是依赖于这种自卑感。因为在他看来,由于自卑,就会产生一种生理上的或心理上的"补偿"欲望。未来变成了能够带来这种补偿的一种境界。这样,在儿童时期,一个想象的自尊的目标就被安排了。他说,个人追求权力和自尊的基本倾向在年龄很小的时候,已反映到他所追求的目标之中。贫困的人向往着富有,从属者憧憬着支配他人,无知

1 阿德勒:《自卑与超越》,台湾志文出版社1984年版,第56页。

者期待着无所不知,无能的人则希望着艺术般的无所不能的创造。愈是自卑的人,这种追求自尊的补偿欲望就愈强烈。"依我看来,我们人类的全部文化都是以自卑感为基础的。"[1] 阿德勒认为,超凡的努力,追求补偿,会产生两种不同的结果。第一种结果是,补偿不但克服了某种缺陷,还会把这种缺陷发展成为优点。例如,古希腊的狄摩西尼由于小时候的口吃而变成后来的大雄辩家;身材矮小的人常常成为重要人物。补偿可能会产生的另一个结果是,产生神经病。追求自尊与优越,遇到外界强大的抵抗力,有的时候就会产生神经病。关于梦的理论,阿德勒也认为是一种愿望的满足,但不是弗洛伊德所认为的性欲,而是权力欲望或向上欲望的满足。即使一个人的梦与性有关,他也不认为是这个人的无意识在梦中追求性欲的满足,而认为这只是意味着这个人征服另外一个人的欲望的表露。

2. 人的社会性

阿德勒提出了"社会兴趣"概念,这意味着个体与社会的一致性。为了说明体现个体与社会利益一致性的社会兴趣的性质,以及建立这种社会兴趣的必要性和可能性,他把社会比作母亲,而把社会的每个成员比作她的孩子:母亲和孩子是相互依赖的,双方都需要得到对方的爱。在婴儿满足了自己食欲的同时,它也使母亲膨胀着奶水的乳房获得了解脱。他认为,社会兴趣正是以这种方式得以产生。阿德勒描绘的母子关系显然与弗洛伊德所认为的婴儿对母亲的性欲关系完全不同。在他看来,母子间的关系不是孩子对母亲的性欲关系,而是双方可以并不是在性的意义上互相满足的关系。

阿德勒又提出了"生活风格"概念,这是指一个人在幼年时期就形成了的固定的行为方式或生活方式。阿德勒认为,一个正常发展的儿童会逐渐纠正他自己的各种自卑感,以便于他的生活风格适应他周围的环境标准,从极广的意义上说,为人类的进步服务。阿德勒不像弗洛伊德那样,把人看作是各种无意识心理活动的被动者;他认为,一个人能够发挥主观能动作用,按照自己的生活风格决定自己的人格能力,使之与外界协调。

此外,阿德勒还认为:一个人在家庭中的出生次序及地位对生活风格及人格

---

1 阿德勒:《自卑与超越》,台湾志文出版社 1984 年版,第 44 页。

的形成有很大影响。兄弟姊妹间的人格往往是极不同的。一般地说,家庭的第一个子女常常会有一种不安全感并敌视别人,这类人容易发展为罪犯、神经病患者或酗酒者。第二个子女则常常有野心,反抗性、忌妒心要强一些,但同时善于适应环境。最小的子女则往往表现为任性,容易产生行为上的种种问题。这些都是由于儿童的"向上意志",争相向父母邀宠,以争得自己在家庭中的优越地位的结果。

阿德勒还提出,职业、社交、性爱是"人生的三个主要问题"。他认为,儿童对未来职业的选择会显示出什么人或什么事情对他的影响最大。一个人如果到 13 岁以后还无心考虑自己未来从事什么职业,则是一个危险的信号,它意味着这个人很可能一生都是一个对社会无用的人,终将一事无成。人生的第二个主要问题是有关社会方面的,阿德勒认为,人们的各种能力是在互相联系中发展的。所以,他提出社交问题意在表达个人与群体之间关系的重要意义。在论述人生的第三个主要问题时,阿德勒认为性的活动象征地表达了个人与整个人类的关系。他举例说,当一个男子只想通过性行为而获得自己的满足时,就会给婚姻生活带来不可克服的困难;而当他首先考虑的是对方的满足时,夫妻双方才会都希望创造一种永久的婚姻生活。

二、 人的需要和潜能

美国人本主义的心理学起始于对弗洛伊德、叔本华、尼采等人关于生命本能主张的批判性的反思,他们认为,人的本能问题不是形而上学的对象,也不是生物学研究的动物的本能,而是现代社会中的人们面临的现实问题,如人的需要、潜能和发展的问题。也就是说,研究的重点应当从古希腊开始的"认识你自己"的古老问题转变成"成为你自己"的现代问题。这些西方学者确信,经过他们的研究,人们应当能够明白:"你能激励自己选择伟大——纵使你从未这样做过。"[1]

1. 需要不等于本能

马斯洛(Abraham Maslow)等人认为,弗洛伊德、叔本华、尼采等人虽然对于人的本能提出了说法,但都把人的需要混同于人的本能。这种"本能需要说"是错误的,一个人为了食物而攻击别人,我们只能说他有攻击的需要,但不能因此而说

---

1 戴埃:《无限度的人》,杨立军等译,浙江人民出版社 1989 年版,第 7 页。

他有攻击的本能。马斯洛指出,"本能需要说"有以下一些主要缺点。

第一,根据"本能需要说"的研究成果,人们不必花力气去寻找人所特有的本能。因为很明显,人们从低等动物最为有害的经验研究中得出了这样一个原理:本能是强大的、牢固的、不可变的、不可控制的。在"本能需要"论者那里,所谓人的需要充其量不过是动物的本能。

第二,"本能需要说"导致性恶论。马斯洛确信,西方文明已普遍认为,人们身上的动物性是一种邪恶本性,人们的原始冲动是邪恶的、贪婪的、自私的、敌意的。这一观点还与神学家的"原罪说"遥相呼应。马斯洛指出,这种观点"就是把我们的动物性看成与狼、老虎、猪、秃鹫,或蛇的本性一样,而不是用稍好些或至少温顺些的动物,如鹿、象、狗或猩猩来比较。这种表达方式是'将我们的内在本性解释为恶的动物性'"[1]。我们现在已经掌握了更为丰富的人种学、社会学、生物学和遗传学的知识,从而能够避免粗俗的种族中心论和庸俗的社会达尔文主义,而这些学说正是从"本能需要说"中推导出来并受到它们的全力支持的。

第三,在"本能需要说"的影响下,人们以本能来解释一切社会现象,认为个人需要和社会需要之间存在着与生俱来的对抗,特别是对于病态的个人来说,他们更加坚持这种对抗。

由于将"本能需要说"解释为恶的动物本能,人们认为,在精神错乱者、神经病患者、罪犯、低能者、心理变态者身上,这些恶的动物本能会表现得最为明显。这样就把人类判为非理性的,并进而诅咒人类永远摆脱不了战争、分裂和弱肉强食的状态,所谓良心、理性、伦理道德、学校、法庭、教堂、监狱等都不过是掩饰罪恶的力量。

第四,"本能需要说"没有意识到"冲动是在一个强度有差异的层级序列里能动地互相联系的"[2]。他们孤立地对待每一个本能的冲动,根本无法解决复杂的问题。因而,"本能需要说"就忽视了一个明显的事实:任何一个需要的满足,随着它的逐渐平息,其他曾被挤到一旁的软弱的需要就登上突出地位,力陈各自的需

---

1 马斯洛等:《人的潜能和价值》,林方主编,华夏出版社1987年版,第184—185页。
2 同上书,第187页。

要。需要永远不会停息,一个需要的满足会产生另外一些需要。

2. 需要的层次

马斯洛等学者认为,人的需要是在一定的生活环境中形成和发展的,是社会的产物,也随着个人需要的满足而变化。他们考虑到个人与社会的需要、欲望和满足,物质生活需要与精神需要等复杂关系,把人的需要看作一个综合的整体,把人的需要分成不同层次,阐述了不同需要层次之间的内在关联。

弗洛姆对人的需要做过比较细致的分析。他认为,人除了具有生理需要之外,还有另外一些较高层次的需要,包括定向和献身的需要,力求与自然结合的本根性(即需要帮助,需要温暖和庇护),爱的需要,超越性和创造性的需要,统一性的需要,有效性的需要(即为了证明自己是积极的、富有生命力的需要),兴奋和刺激的需要。

马斯洛关于需要层次的区分最为全面。他认为,人的基本需要可以分为如下几个层次:

第一,生理需要。马斯洛认为,人的需要中最基本、最强烈、最明显的需要就是对生存的需要。人们需要食物、燃料、衣、行、性、休息和空气等。如果一个人的生理需要没有达到起码的满足,其他的需要都无从谈起。"如果一个人极度饥饿,那么除了食物外,他对其他东西会毫无兴趣。他梦见的是食物,记忆的是食物,想到的是食物。他只对食物发生感情,只感觉到食物,而且也只需要食物……这样的人真可谓单靠面包为生。"[1]比如,如果一个人饥饿难熬,那么写诗的愿望,获得一辆汽车的念头,对祖国历史和文化的兴趣,对一双名牌运动鞋的需要,则统统被遗忘或退居第二位。

马斯洛发现,当人的机体受到生理需要支配时,他本人对未来的看法也会发生变化,"对于长期处于极端饥饿状态的人说,他的理想的境界可能就是食物十分丰富。在他看来,只要在他的有生之年食物有保证,他便是最幸福的,不企求更多的东西了。生活本身被看成是吃饭,其他任何东西都是次要的。自由、爱情、团体

---

1 转引自弗兰克·戈布尔《第三思潮:马斯洛心理学》,吕明、陈红雯译,上海译文出版社 1987 年版,第 41 页。

的感情、尊重、哲学观念都可以置之一旁,都是无用的东西,因为它们不能填饱肚子"[1]。一言以蔽之,生理需要的极度不满足会使人失去理想,变成短视和贪图享受的人。

第二,安全需要。马斯洛认为,一旦人的生理需要得到了充分的满足,他就会表现出对安全的需要的追求。安全需要与生理需要一样,是客观存在的。对于安全需要的重要性,马斯洛写道:"有机体可以完全受它们所支配。它们几乎成了行为的唯一组织者,调动有机体的一切能量去工作。因此我们可以公正地说,整个有机体是一个追求安全的机制⋯⋯我们在一个饥饿人的身上发现,他的支配目标,不仅强烈地影响他目前的世界观,而且也影响到他未来的人生观。"[2]

马斯洛认为,在健康发育和正常生活的成年人身上,安全需要一般都得到了满足。因而,人们可以通过观察儿童或患神经病的成年人来验证安全需要也是人的一种基本需要。经过临床实验,马斯洛发现,儿童需要一个可以预料的世界,他们喜欢统一、公正及一定的规律性。一旦缺乏这些因素,他就会变得焦虑不安。同样,患有精神疾病的成年人,行为方式就像不安的儿童,做起事情来总好像大难临头似的,总像在怕挨打屁股似的应付每件事情。

第三,归属和爱的需要。在生理需要和安全需要都满足了的条件下,就会产生爱、情感和归属的需要。观察婴儿的行为,人们不难发现,他们不能没有爱。同样,人们之所以心理失调,也是因为爱的需要遭到了挫折。他说:"爱的饥饿是一种缺乏症,就像缺乏盐或缺少维生素一样,我们需要碘和维生素 C,这一点对于每个人来说都是毋庸置疑的。"[3]人们追求与他人建立友情,也就是为自己在团体里求得一席之地。他们也会为达到这个目标而不遗余力。

马斯洛非常不满地说,学者们对爱的研究少得惊人,人们有理由指望那些严肃地讨论家庭、婚姻、性生活的作者会把爱作为一个适当的甚至基本的任务。但马斯洛不无遗憾地告诉读者,在他自己工作的那个图书馆里有关这些主题的书

---

1 马斯洛等:《人的潜能和价值》,林方主编,华夏出版社 1987 年版,第 163 页。
2 同上书,第 164 页。
3 转引自弗兰克·戈布尔《第三思潮:马斯洛心理学》,吕明、陈红雯译,上海译文出版社 1987 年版,第 44 页。

中,"爱"这个词根本没有被编入索引中。马斯洛于是大声疾呼,必须懂得爱,必须能够教导爱、创造爱、预测爱。否则,整个世界就会陷于敌意和猜忌之中。

第四,尊重的需要。尊重的需要可以分成两类——自尊和来自他人的尊重。自尊包括获得信心、能力、本能、成就、独立和自由等愿望。来自他人的尊重包括威望、承认、接受、关心、地位、名誉和赏识等。马斯洛写道:"社会上所有的人(病态者除外)都希望自己有稳定、牢固的地位,希望别人的高度评价,需要自尊、自重,或为他人所尊重。牢固的自尊心意味着建立在实际能力之上的成就和他人的尊重。"1

第五,自我实现的需要。马斯洛指出,在人的生理需要、安全需要、爱的需要以及尊重的需要得到满足之后,人又会产生出自我实现的需要。这就是成长、发展、利用潜力的心理需要。它是"一种想要变得越来越像人本来的样子、实现人的全部潜力的欲望"。由于自我实现的需要的作用,"一个人能成为什么,他就必须成为什么"2。

马斯洛在其《通向存在的心理学》中对他的基本需要理论进行了扩展。他发现,在基本需要之上,人有一系列更高层次的"全新的"需要,他称之为"发展的需要"。他说,作为更高级层次或更高级本质的发展的需要很难用语言来精确描述。从表面上看,实现了发展的需要的人一派天真,无拘无束,就好像在一步一个脚印艰难地攀登到了山的顶峰,在充分欣赏了大自然的美妙景色之后,正沿着山的另一边较平坦的、坡度小得多的山路漫步而下。

3. 人的潜能是尚待开发的宝藏

人不仅有需要,而且有寻求和实现这些需要的能力。人的需要和他的能力是不可分割的,正如人的需要不是本能,人的能力也不是本能,而是随着社会发展和人的需要层次的提高而不断得到发挥和实现的潜力。人的潜能的实现和发挥既是自然的,也是必要的。从自然的意义上说,人发挥他的潜力与一粒橡树种子迫切地希望长成橡树是相同的;从人生的意义上说,人生应当是一个不断培养自己

1 马斯洛等:《人的潜能和价值》,林方主编,华夏出版社1987年版,第167页。
2 弗兰克·戈布尔:《第三思潮:马斯洛心理学》,吕明、陈红雯译,上海译文出版社1987年版,第45页。

的能力、发挥自己的潜能的过程，人总是不断地寻求一个更加充实的自我，追求更加完善的自我实现。

不过，非常遗憾的是，人类的可悲之处就在于他未能充分开发自身的潜能，甚至于大部分人至死也没能意识到自己的无限的潜能。因而，人们不能不探讨，为什么人的潜能得不到应有的发挥，如何才能充分地发挥人的丰富多样的潜能，等等。

迄今为止，人类大部分的潜能都白白地随着个体的消亡而付诸东流了，形成这种现象的主要原因有以下几点：

第一，习惯的、贫乏的文化环境和条件的缺乏，都会使人的潜能的发展的趋向受阻。奥托（H. Otto）指出："长期形成的风俗习惯，'粘住'或'冻僵'了不少的人。"西方文化向来具有把人的本能看成是邪恶的动物性的传统，这也在抵抗而不是在鼓励人们发挥自身的潜能。许多哲学家发现，能力达到了高度发展的人比一般人更容易接受新事物，对新观点更敏感，思路更灵活。但是，习惯却严重地阻碍了人的潜力的发展，因为大部分人都倾向于墨守成规。奥托说："陈规旧习逐渐根深蒂固，最后把你带入六尺深土之下。你的希望成灰，瞑目而眠。应该认识到陈规旧习正侵害着我们，阻止我们接受新经验。"马斯洛也告诫人们：无论习惯对于世上某些一成不变的事物是何等有用，但是当要去应付世上一些不断变化和波动着的事物的时候，习惯显然就构成了障碍和阻力，它影响我们去适应新的、独特的、从未碰到过的情况。习惯也是一种"惰性"——最少努力原则。按照这种惰性原则行事，人的潜在能力受到严重的压抑。

第二，人有寻求安全的需要和其他较低级的需要，这些需要的满足会减缓甚至扼杀人对发展的需要和追求。马斯洛说："人可以作选择，回头是安全，前进则会发展，人必须一而再、再而三地选择发展，一而再、再而三地克服恐惧"；"所有引起恐惧和焦虑的因素都会打破倒退与发展之间的平衡，使之变成倒退和停滞不前。"[1] 依据这一观点，处于和平、安全和友爱的环境中的孩子很容易发展，并容易

---

1 转引自弗兰克·戈布尔《第三思潮：马斯洛心理学》，吕明、陈红雯译，上海译文出版社 1987 年版，第 66 页。

理解发展的过程。而处于不安全环境中的孩子总是渴求稳定和安全,甚至一个健康的孩子到了一个陌生的环境也会变得小心翼翼,不敢轻举妄动。

第三,"约拿情节"也对人的发展有消极的影响。根据《旧约全书》记载,上帝派约拿到尼尼微城去传话,但约拿却企图逃避这一神圣的使命,乘船远去。马斯洛等以此作比喻,说明人们总是怀疑甚至害怕自己的能力得到发挥——"惧怕自身的伟大之处"。他指出,我们都有未被利用或发展不充分的潜力。我们许多人的确回避了我们自身暗示给我们的天职,或者说召唤、命运、使命、人生的任务。我们往往逃避本性、命运,甚至有时是偶然事件指示(或暗示)给我们的责任,就像约拿徒劳地试图逃避他的使命一样。他由此写道:"我们既害怕自己最低的可能性,又害怕自己最高的可能性。在最美好的时刻,在最完美的条件下,在最勇敢的状况下,我们常常能瞥见一些神圣的东西,然而我们一般都害怕这种东西。在这种高峰时刻,我们在自身看到的超绝的可能性给我们以快乐,面对它们,我们会激动得颤抖,因而也会因为虚弱、害怕、畏惧而直打哆嗦。"[1]

第四,个人所处的文化背景往往也会限制其潜能的发挥。根据传统文化,人们在评价某人是否具备男子汉气概时,常常将同情心、善良、温柔等作为没有男子汉气概的指标来考虑。久而久之,就使得同情心、善良、温柔等人类天性中美好的东西因受到约束而得不到发展。

最后,现行的教育体制的弊端不利于人的潜能的发展。某些学者提出,现行的教育方针并不能激发人们求知的好奇心,它不鼓励人们去探求新的经验,"据统计,我校毕业生每年只读一本书。我认为,这就是对我们教育制度的最严厉的控诉"[2]。

4. 人的无限度的潜能

人本主义心理学的一个基本观点是:不论人们的人生价值观如何,就他们在社会生活中实现快乐、成长,创造设计的能力而言,不存在什么限度。他们经常使用"摩西老母效应"来说明,人只在运用着他的潜能的极小一部分:美国有一位著

---

1 马斯洛:《自我实现的人》,许金声等译,生活·读书·新知三联书店 1987 年版,第 143 页。
2 马斯洛等:《人的潜能和价值》,林方主编,华夏出版社 1987 年版,第 398 页。

名的艺术家摩西老母,她直至晚年才发现自己有惊人的艺术才能。类似的事例有很多,"许多人到了垂暮之年,忽然发现自己有这样或那样的能力。这种能力过去从未被发现,只有到了老年,才派上用场……当我访问称之为'退休村'的村子时,我发现了具有各种各样才能的老人,在暮年之际正发挥着自己的才能"[1]。

早在 20 世纪初,美国实用主义哲学家威廉·詹姆士就明确地断定:普通人只用了他们全部潜力的极小部分。他甚至惊喜于自己已经作出了重要的发现:"与我们应该成为的人相比,我们只苏醒了一半。我们的热情受到打击,我们的蓝图没能展开,我们只运用了我们头脑和身体资源中的极小一部分。"[2]另一位美国学者玛格丽·米德认为,一个正常健康的人只运用了其能力的百分之六。

奥托估计,一个人所发挥出来的能力,只占他全部能力的百分之四。后来,在《人的潜能》中,他又提出,"愈来愈多的行为科学家认为,人只发挥了十分之一,或者较十分之一更少的潜能"[3]。

马斯洛确信,人类具有大量尚未加以利用的潜力。他认为,所有的或至少是绝大部分的婴儿,生来就具有心理发展的潜力和需要。他以奥林匹克金牌获得者为例说明,过去被人们认为是"不能"的事后来成了可能的事,人们一再证明的"极限"是肯定而且必然会被打破的,每一次刷新纪录都证明人的潜力在这些项目上有所增加。所以说,每个人身上都有伟大的潜力,却又很难加以测定。"我们无法测出一个人将来可能有多高,只知道他现在有多高,我们无法知道在最好的条件下他会变得多聪明,只知道在目前的实际情况下他确有多聪明。"[4]

人本主义心理学提出了值得重视的两个观点。第一,潜能是人们所具有的正常的但尚未被开发的能量,它对于人的历史现实都有极其重要的意义。"人类的历史就是发挥潜能的历史。发挥人类潜能,也是开启人类未来的钥匙。"[5]就是说,人类美好未来的实现,在极大程度上依赖于人的潜能的发挥。哲学家必须研

1 马斯洛等:《人的潜能和价值》,林方主编,华夏出版社 1987 年版,第 391 页。
2 弗兰克·戈布尔:《第三思潮:马斯洛心理学》,吕明、陈红雯译,上海译文出版社 1987 年版,第 58 页。
3 H. A. 奥图:《人的潜能》,刘君业译,世界图书出版公司 1988 年版,第 3 页。
4 转引自弗兰克·戈布尔《第三思潮:马斯洛心理学》,第 59 页。
5 H. A. 奥图:《人的潜能》,第 8 页。

究人的潜能问题。第二,由于潜能是人类正常的心理需要,由于人对自己潜能的无知程度,所以,哲学家们和心理学家们必须扩大研究领域,既不能只局限于研究人的某一方面的能力(如艺术能力、语言表达能力或抽象思维能力),也不能孤立地从人类心理缺陷的角度来考察人类的历史,换言之,学者们应当对正常人的潜能问题给予足够的重视。

5. 潜能表现的多样性

人本主义心理学家提出,人的潜能之所以是无限的,是因为人的潜能具有多种多样的表现形式。人的巨大潜能主要体现为以下几个方面:

第一,感觉能力。某些学者认为,人的感觉能力(包括对非语言的暗示的感觉)远远没有得到充分的发挥和利用。

第二,直觉意识。人的直觉意识是人类潜在能力的另一种表现。奥托指出,在未开化的部落中,人的感觉能力和直觉意识得到了进一步的体现。比如,印第安人有着非常敏锐的意识,通过地上的鹿蹄印,他们就可以作出判断:此鹿离开已约有一个半小时,它有多高,有多重等。一位巫师也许会指着万里无云、艳阳高悬的天空对一位来访者说:"用不了一个钟头,准有一场暴风雨。"人类学家对此或许浑然无觉,但巫师感觉敏锐,早已嗅出暴风雨的蛛丝马迹。

第三,创造力。创造力是人类潜在能力的又一表现。许多学者认为,我们所有人都有惊人的创造力,观察一下我们生活的世界,我们不能不为人们巨大的创造力所震撼。

第四,脑力活动潜能是人体潜在能力的又一表现。一些学者断言,人的脑力的潜能远远未得到应有的开发。英国的 T. 布赞提出,人的脑子"如同一个沉睡的巨人","近几年来,在心理学、教育学、生物化学、物理学和数学等方面的研究已经表明,大脑的潜力远远超出人们一般的想象。就连我们通常听到的一句话——'我们平均只使用了我们脑子的百分之一'——也可能是很不正确的,因为现在看来,我们对大脑的使用甚至还不到百分之一。这就是说,你的脑子还有庞大的潜力可供挖掘"[1]。奥托也相信,在正常情况下工作的人,一般只使用了其思维能力

1 T. 布赞:《充分发挥你大脑的潜力》,俞祖元译,科学出版社 1985 年版,第 1 页。

的很小部分。如果我们能迫使我们的大脑达到其一半的工作能力，我们就可以轻而易举地学会 40 种语言，将一本苏联大百科全书背得滚瓜烂熟，还能够学完几十所大学的课程。

另外，有的学者还提出，人类潜力的另一种表现是精神潜力或意志潜力。奥托认为，人的潜能包括人的各个方面的能力，例如，身体的能量和持续力、道德的成熟、智力的成就、创造力的成就、情绪的表达和社交的能力，等等。

总之，人的潜能是多方面的，能量是很大的，"我们之中的每一个人都只是发挥着自身潜力的很小一部分，小如芥豆之微。……希望诸位去不断发掘自己的潜力，进行那人生旅途上最激动人心的探索"[1]。

正如有的学者所说，一个人不了解自己的潜能，就像一个牡蛎不知道自己身上的珍珠，一块岩石不知道其中的钻石。的确，人们对自己的潜能的认识、理解和运用的程度是非常低的。现代西方学者的研究成果再次说明，人的潜能的确是无限的、多样的。

三、成为你自己

在讨论了影响人的潜在能力的发展的诸多不利因素之后，许多学者提出了根治弊病的"灵丹妙药"。他们提出，只要作出努力，谁都能够成为自我实现的人，发挥无限的潜力，成为无限度的人。对此，马斯洛概括道：人们应当牢记尼采的告诫："成为你自己。"

1. 发挥潜力的条件

要充分发挥自己的潜力，关键是打破和抛弃各种不利因素，超越种种束缚力量而发展和成长。针对人的潜能遭到压抑等不利情形，现代西方学者提出了"打破旧习""明确人生的目标""增强使命感与责任感""勇于面对挑战和压力"等方法。

（1）打破陈规旧习。既然一些习惯的东西束缚了人的潜在能力的充分发展，那么理所当然地，人必须意识到"如果你想提高自己的能力，挖掘更大的潜力，就要除去其中限制你发展的陈规旧习，让新的经验和信息输入"[2]。

---

1 马斯洛等：《人的潜能和价值》，林方主编，华夏出版社 1987 年版，第 399 页。
2 同上书，第 398 页。

（2）明确人生的目标。一些学者提出，如果人们想达到自己"发展的最高层次"，他们必须有一个明确的生活目标。有了目标，人的发展才有努力的方向，戴埃（Wayne W. Dyer）指出："确立生活的目的并置之于崇高的地位，是成为一个生机勃勃、全面发展的无限度的人最为重要的因素。没有目的，生活必然空虚、不充实。"[1]

美国学者舒尔兹也认为，动机对于心理健康的人来说是极为重要的，"这样的人积极地追求目标、希望和理想，而且他们的生活是由目的感、献身感和义务感指引的。对于目标的追求永无止境。如果一个目标必须抛弃，那么另一新的动机必定会迅速形成"[2]。所以，渴望不断发展的人应当总是面向未来，并生活在未来之中。

（3）自知之明和自我理解。人是有理性的动物，所以，在人的发展过程中，他对自己的认识是通向他的持续发展的最重要的途径。就是说，"认识你自己"的格言并不过时，只有自我认识、自我评估，人才能选择和确定生活的目标，才能肩负起自己的使命和责任。奥托进一步认为，对人的潜能的发展确有成效的方法是"自我承认法"。他说，每当我完成一项工作，只要我自己认识到它是出类拔萃的，并且也真正喜爱它，我就对自己承认它。通过这个过程，高质量的工作和创造性可以重现，这就是自我承认的方法之一，而且确有成效。

（4）变压力和挑战为动力。根据观察和分析，某些学者发现，对于已经在健康发展的人来说，压力和挑战有助于他的潜能的发展。也就是说，只有压力和挑战，人才能竭尽全能。从这个观点出发，某些学者甚至提出，一个人非要有点不知天高地厚的、辉煌的梦想，才敢说他将来可以超过柏拉图。马斯洛提出，假如你不渴望写出伟大的新的一流作品来，那么谁来写？假如你故意想偷懒，少花一点力气，那么我警告你，你今后的一生都会极其不幸。你将总是避开力所能及的事，避开自己有可能做到的事。奥托断言，"害怕失败、不愉快和危险，都会变得过度小心、被动，而限制创造力"[3]。

---

1 戴埃：《无限度的人》，杨立军等译，浙江人民出版社 1989 年版，第 331 页。
2 舒尔兹：《成长心理学》，李文湉译，生活·读书·新知三联书店 1988 年版，第 31—32 页。
3 H. A. 奥图：《人的潜能》，刘君业译，世界图书出版公司 1988 年版，第 35 页。

2. 多种需要的全面发展

在对人的多种需要全面考察的基础上,马斯洛、弗洛姆等现代西方学者进一步探讨了各种需要与人的充分发展之间的关系。

这些人本主义的心理学家认为,在人的需要的不同层次中,有高级需要与低级需要的差异。人们可以将这些需要排列出一个相对确定的等级。他们承认,人有生理需要,这些需要必须得到满足,然而,生理需要的满足并不足以使人快乐,甚至不足以使人健全。健全、完满的人性要求人们调和各种需要,使它们都能得到尽可能全面的发展。弗洛姆认为:"人在满足其动物性的需要之后,又受到其人性的需要的推动。当他的肉体告诉他吃什么和逃避什么的时候,他的良心应当告诉他,该培植和满足哪些需要,该消除和避开哪些需要。"[1]

美国学者韦恩·W.戴埃也强调指出,人的需要是一个相对变动着的整体,过分强调人的"高级需要"而忽视或贬低人的"低级需要",是有害的非此即彼观,它会导致忽视人的根本的统一,酿成内部分裂,给人带来内心的焦虑不安和纷争冲突。戴埃形象地指出,人的需要是一个网络组织,有些类似于蹦床:当你在蹦床上翻跟头时,不管它的哪一部分——支架也好,绳子或床眼也好——出了毛病,你都将跌落到地上。反之,若蹦床的支架稳固,绳子结实,纤维柔韧而富有弹性,则你要跳多高就能跳多高,可以自由地在其上表演各种特殊技巧而无须担心蹦床是否会散架。人的基本需要好比蹦床的支架,而"高层"需要则犹如蹦床的纤维,缺少了其中的任何一类,人还能在蹦床上前翻后滚、左右腾挪吗?人的全部需要互相依存、不可分割,缺少了其中的任何一种,人性都是不完善的。"当你的基本动物需求得不到满足时,因为身体方面的原因你会得病或死亡;而当你的高层需求被摒弃到相当的程度时,你会精神错乱,完全不能控制自己、掌握自己的命运,最终的结局不外乎是进精神病院或自杀。"[2]

尽管持不同见解的学者对人的除了生理需要之外的其他层次的需要的看法不尽相同,但是在重视人的友爱、创造性、尊重以及个性发展等需要方面,他们往

---

[1] 黄颂杰主编:《弗洛姆著作精选——人性·社会·拯救》,上海人民出版社1989年版,第277页。
[2] 戴埃:《无限度的人》,杨立军等译,浙江人民出版社1989年版,第296页。

往是一致的。其实,在这种观点上相似或一致的背后有着内在的原因。在现代西方社会中,人们完全被物质享受所控制,人与人之间的关系只是一种赤裸裸的金钱关系和雇佣关系,生活在这种环境中,人与人之间冷漠无情,缺乏应有的尊重和真诚的友情,更谈不上有太多的创造性。所有这些都非常不利于人的个性的全面发展。正因为如此,许多现代西方学者能够"不约而同"地强调爱、尊重以及创造性,并试图以此来治疗个性发展严重受阻的病症。

3. "自我实现的人"

人本主义的心理学家提出,按照"成为你自己"的要求发展自己的潜能,人就可以成为一个"自我实现的人"。马斯洛明确提出,"我们所有的人都有一种改进自己的冲动,一种更多地实现我们的潜力、一种朝向自我实现或人性充分发展的冲动"[1],"自我实现也许可以大致被描述为充分利用和开发……能力、潜能等等。这样的人几乎在竭尽所能,使自己趋于完美"。"自我实现或意味着基本满足再加上最起码的天才、能力或者(人性的)丰富"。或者说,自我实现是"人性发展能够达到的境界","自我实现意味着充分、忘我、集中全力,全神贯注地体验生活"[2]。在马斯洛的著作中,对自我实现者的人格作了极其详尽的论述。

(1)自我实现者对现实有更有效的洞察力并勇于承认现实。马斯洛认为,自我实现的人有能力辨别人格中的虚伪、欺骗、不诚实,即"大体正确和有效地识别他人的不寻常的能力"。关于自我实现者所具有的这种能力的重要性,马斯洛概括道:在艺术和音乐方面,在智力方面,在科学方面,在政治和公共事务方面,他们作为一类人,似乎能比其他人更敏捷、更正确地看出被隐藏和被混淆的现实。正因为如此,自我实现者可以比许多其他人更能够轻而易举地辨别新颖的、具体的和独特的东西。结果,他们更多地生活在自然的真实世界中,可以不受片面的愿望、希望、恐惧、焦虑、理论和信仰的影响而领悟实际的存在。

(2)自我实现者承认自己、自然和他人。马斯洛认为,自我实现者以毋庸置疑的态度来接受自己的脆弱、过失、弱点和罪恶。这就是说,他能够全面地接受自

---

1 马斯洛等:《自我实现的人》,许金声等译,生活·读书·新知三联书店 1987 年版,第 142 页。
2 同上书,第 1、4 页。

我。自我实现者往往是优良的、强健的动物;他们胃口很好,生活得很快活,没有懊悔、羞耻或歉意。他们似乎始终食欲良好、睡眠香甜。所有这些都是自我实现者倾向于接受自然产物的表现,可见,"自我实现者倾向于接受自然的作用而不是因自然的作用不合意而愤愤不平"。也可以说,自我实现者与他人有密切的、正常的关系,这主要体现在他们以实待人,没有防御性,没有保护色或者伪装;他们以善待人,"假话、诡计、虚伪、装腔作势、面子、玩弄花招,以庸俗手法哗众取宠,这一切在他们身上异常罕见"[1]。

(3) 自我实现者不墨守成规,他们的行为特征是坦率、自然,很少做作或人为的努力。马斯洛认为,自我实现者都可以被描述为在行为中具有相对的自发性,并且在内在的生活、思想、冲动等中更有自发性。

(4) 自我实现者的思想通常以问题为中心。自我实现者有强烈的义务或责任感,所以,他们有明确的人生使命。这就是说,他们"一般都强烈地把注意力集中在他们自身以外的问题上。用流行术语来说,他们是以问题为中心,而不是以自我为中心"[2]。

(5) 自我实现者有一种独处和自主的需要。通过研究,马斯洛发现,自我实现者都明确喜欢与外界隔绝以及独处,且其程度明显比一般人更大。"他们常常可以超然于物外,泰然自若地保持平静,而不受那些在其他人那里会引起骚乱的事情的影响。他们发现远离尘嚣,沉默寡言,并且平静而安详是容易的。"[3] 所谓自主的需要的含义是,自我决定、自我管理,他们是有主见的强者。马斯洛说:自主的另一层含义是自我决定,自我管理,做一名积极、负责、自我训练的、有主见的行动者,而不是一个完全被他人所左右的兵卒,做一位强者而不是弱者。他们自己下决心,自己拿主意,他们是自己的主人,对自己的命运负责。

(6) 自我实现者有持续的新鲜感和愉快感。自我实现者具有奇妙的反复欣赏的能力,他们带着敬畏、兴奋、好奇甚至狂喜,精神饱满地、天真无邪地体验人生的天伦之乐。马斯洛写道:对于自我实现者,每一次日落都像第一次看见那样奇

---

1 马斯洛:《动机与人格》,许金声等译,华夏出版社 1987 年版,第 183 页。
2 同上书,第 187 页。
3 同上书,第 188 页。

妙,每一朵花都温馨馥郁,令人喜爱不已,甚至在他见过许多花以后也是这样。这个人可能已经是第十次摆渡过河,在他第十一次渡河的时候,仍然有一种强烈的感受,一种对于美的反应及兴奋油然而生,就像他第一次渡河一样。

(7)顶峰状态是人的一生中最能够发挥作用的时刻。在这个时刻,人感到坚强自信,能够完全支配自己。马斯洛把顶峰状态比作一台发动机。突然间,这台发动机的所有汽缸都工作起来了,它运转极好,产生了从未有过的力量。进入顶峰状态的人不但觉得自己变得更有决断力,更坚强,更专心致志,更禁得住别人的反对,而且在他眼里,整个世界看上去也更美好、更统一、更真实了。对一个普通人来说,一次顶峰体验可以说是对自我实现究竟是怎么回事的一瞥。由于进入顶峰状态的人体验强烈,它有时变得气势磅礴、混混沌沌、漫无边际,所以马斯洛又称之为"神秘体验"。

(8)自我实现者具有比较丰富的社会感情。马斯洛认为,自我实现者能够与人类打成一片,"他们对人类怀有一种很深的认同、同情和爱的感情。正因为如此,他们具有帮助人类的真诚愿望,就好像他们都是一个大家庭的成员"[1]。

(9)自我实现者能够发展与他人的深刻关系。马斯洛认为,自我实现者比其他成年人具有更深刻和深厚的人际关系。他们比一般人具有更多的融合,更崇高的爱,更完美的认同,以及更多的摆脱自我限制的能力。自我实现者具有民主的性格结构。马斯洛认为,自我实现者都是谦虚和具有民主意识的人。一方面,他们可以对任何性格相投的人表示友好,而不去注重人的教育程度、政治信仰、种族或肤色;另一方面,自我实现者具有谦逊好学的性格。他们都明白,与可能了解的以及他人已经了解的相比,自己懂得太少了。正因为如此,他们才可能毫不装腔作势地向那些在某方面较自己有所长的人们表示真诚的尊重甚至谦卑。

(10)自我实现者能够区分手段与目的、善与恶。马斯洛认为,自我实现者具有明确的道德标准和是非概念。另外,他们致力于目的,而将手段明确地看作是从属于目的的,这样,他们就可以为了实现目的而有效地使用手段。自我实现者一般还具有哲理的、善意的幽默感。

---

1 马斯洛:《动机与人格》,许金声等译,华夏出版社1987年版,第194页。

（11）自我实现者具有极强的创造力。马斯洛认为，创造力是健康人格的一种显现，每个人都在这方面或那方面显示出具有某些独到之处的创造力或独创性。只有充分发挥了创造力，世界才会彻底改变面貌。

总之，对"自我实现者"可以从三个方面来理解：第一，自我实现者就是自我发展的人或潜能得到充分发挥的人；第二，人的自我实现是一个过程；第三，由于自我实现者已依次地充分满足了低等需要，他的一个外部特征是年龄："自我实现者看来是中年人和老年人。"

4．理想人格

实现了潜能的充分发展的人就已具备了理想人格（或称健康人格、成熟人格）。在人的自我实现的过程中，健康人格也在逐渐形成。粗略地说，可以把理想人格看成是：当人们意识到自己在成长、在进步时，其心情是欣慰的，这是一种满足和欣赏结合在一起的丰富情感。奥尔波特提出，成熟人格有以下标准：

（1）自我感的扩展。健康发展的人可以把自己的主体作用体现在他的多种活动之中，从事工作时真正做到了全神贯注，"一个人愈是专注于各种活动、专注于人或思想，他或她的心理就会愈加健康"[1]。

（2）自我与别人的亲密联系。成熟的人能够保持与他人的密切的社会关系。按照奥尔波特的说法：人在其所爱的人那里表现出真正的参与，并关心他的幸福。

（3）安全感。具有理想人格的人感受不到任何来自外界和他人的威胁，因而，对于他们来说，没有被动屈从的情况，"健康人格能够承认包括弱点和缺点在内的他们的特质的各个方面"[2]。

（4）现实主义的知觉。发展成熟的个人能够面向现实，承认现实，他"不需要适合个人关于现实的先入之见，而认为其他的人和境遇全是坏的，或者全是好的"[3]。

（5）技能和任务。成熟的人掌握了必要的技能，使他能够得心应手地运用这些技能解决难题，完成多种任务。

---

1 舒尔兹：《成长心理学》，李文湉译，生活·读书·新知三联书店1988年版，第41页。
2 同上书，第42页。
3 同上书，第44页。

（6）自我客观化。自我人格得到了健康发展的人能够通过自己的活动,取得令人满意的客观效果。

（7）统一的人生观。健康的人格是向前看的,是被长远的目标和计划推动的。这些人有目的感,有完成工作的使命感,这是他们生活的柱石。

在此基础上,罗杰斯对"充分起作用的人"进行了研究。罗杰斯认为,除了一般的特点之外,充分起作用的人还有五个具体特征:第一,经验的开放性。充分起作用的人具有宽广的胸怀和包容一切的心情。第二,存在主义的生活。充分起作用的人的适应性是很强的,因为他们的自我结构对于新的经验通常是敞开的,在这样的人格中,没有僵化的成分。实际上这种人在说:"在另一时刻,我将是什么样子,以及我将做什么,都会变得与此刻不同,而且不可能被我,也不可能被其他人在事先预测出来。"第三,信任自己的机体。罗杰斯提出,充分起作用的人能够按着瞬间的和直觉的冲动行动。在这样的行为中,有大量的自发性和自由。第四,创造力。所有充分起作用的人都具有高度的创造力,所以,"难得看到什么事情是他们所不能做的"[1]。第五,自由感。罗杰斯深信,人的心理愈是健康,人的发展愈是充分,他体验到的自由和行动的自由也就愈大。

第六节

欲望的结构分析

"新弗洛伊德主义"和"人本主义心理学派"强调弗洛伊德后期关于本我、自我和超我的区分。他们的解释以对自我的分析为中心,把本我视为动物本能,把超我解释为社会伦理对本我的压抑。他们的理想是本我与超我之间的平衡,既使自我对幸福追求得到满足,又使之合理化,防止社会对自我的过分压抑。不难看出,这样的理解把精神分析的学说和实践纳入传统的个人主义和经验主义的框架,与流行的行为主义和科学主义相呼应。

---

1 参见舒尔兹《成长心理学》,李文湉译,生活·读书·新知三联书店 1988 年版,第 71—74 页。

雅克·拉康(Jacques Lacan)在他的博士论文《偏执狂以及它与个性的关系》(1932)中,就已经批判了弗洛伊德主义的主流派。1936 年,拉康在国际精神分析协会第 14 届大会上发表《超越现实原则》演讲;在第 16 届大会上,他又提出自己的理论,但无人理睬。1953 年,拉康组织了"法国精神学会",并开设研讨班,宣扬他的思想。1963 年,国际精神分析协会和法国协会开除他的会籍,他又组织"巴黎弗洛伊德学派"。在拉康的影响下,巴黎的学术风气为之一变。巴黎人 20 世纪50 年代时以谈论精神分析为耻,到了 60 年代,却以此为时髦。很多著名哲学家,如阿尔都塞、福柯、德里达、巴特尔、利科等,都参加过拉康的研讨班。拉康对弗洛伊德的新解释成为法国文化思想的主要基石之一,他的学派是法国最大的精神分析学派,对弗洛伊德主义的转向和西方人学的解构都起到重要作用。

一、 研究欲望的人学

拉康之所以被精神分析的主流派视为异端,除了表达形式上的神秘、奇异色彩之外,主要是由于与"正统学派"的旨趣完全不同。拉康早年曾把精神分析看作一门独立的实证科学,但后来强调它是一门关于人的学问,认为精神分析与哲学、人类学、文学、艺术和语言学的关系越来越密切,有着自己独特的研究对象和方法。他通过对精神分析学说对象和方法的阐述,加深了人们对人的全面理解。

1. "欲望"是科学研究的对象

我们知道,任何学科的研究对象都有相对于该学科的客观性。比如,自从毕达哥拉斯以来,人们普遍相信数学对象的客观性,认为不如此就不能保证数学真理的普遍必然性;对于物理学家来说,原子也是客观的;对于心理学家来说,心理学的研究对象也应该是客观的。那么,心理学的客观对象是什么呢? 拉康回答说:"虽然心理领域是欲望这一事实,但只是在弗洛伊德建立了对象的相对独立性之后,心理学才成为一门科学。"[1]

他认为,人的欲望是一客观事实,这一事实既不能被还原为外界事物的可欲性,又不能被归结为人的生理本能。欲望是一种文化现象,没有产生欲望的那些

---

[1] B. Benvenute and R. Kennedy, *The Works of Jacques Lacan*, London: Free Association Books, 1986, p. 65.

文化条件,人就不会有恰当的可欲对象。弗洛伊德指出,儿童把自己的身体作为可欲对象,其原因在于儿童还没有进入文化领域。在本能与外部世界之间存在暗合这个中介,没有这一中介,外界事物就不会被心理所接受。这个中介是一种心理活动,它就是欲望。

拉康强调弗洛伊德早期作出的下意识、前意识和意识的区分。按照拉康对弗洛伊德的解释,下意识是人的本能,人的原初欲望;前意识是儿童在最初的文化环境——家庭关系中产生出来的欲望,它起中介作用,通过这样的欲望,人才由自然人变成文化人,进入了现实的意识世界。拉康的精神分析的主要对象就是这种起中介作用的心理行为。

2. 下意识和语言有着一样的结构

拉康认为,精神分析的方法是结构分析。在实践中,拉康把精神病人的语言作为精神分裂或错乱的症状,通过对精神病人语言的分析,理解它的意义,找出病根,并从此入手,引导病人宣泄情感,在对话中因势利导,加以匡正。在理论上,拉康主张回到中期的弗洛伊德,即《梦的分析》和《日常社会精神病理学》的立场。在这些书中,弗洛伊德通过对梦的叙述和失语、遗忘的研究来揭示下意识的线索。弗洛伊德把下意识同语言联系起来,比如,在催眠状态中,语言同日常意义脱离;在梦中,人们经历了语言效果与语言形式的脱离。拉康从中得到的结论是,精神分析是"语言治疗",精神分析的对象只有一个,那就是病人的语言。尤为重要的是,索绪尔的语言分析的方法也适用于对精神病人语言的分析,因为"下意识和语言一样有结构"[1]。通过对儿童和精神病人的语言的分析来揭示下意识的结构,这是拉康对结构主义的一大贡献。

二、 欲望的结构

为了揭示下意识与语言结构的一致性,拉康作出想象界、象征界和实在界的三重区分。我们来看一看,拉康是如何通过象征界的中介,把语言和想象界的下意识联系在一起的。

---

[1] J. Lacan, *The Four Fundamental Concepts of Psychoanalysis*, trans. by A. Sheridan, Penguin, 1974, p. 20.

1. 镜像阶段和想象界

拉康指出,儿童在 6 个月左右之后,心理状态进入镜像阶段。镜像阶段是人类特有的心理现象。猫在镜前不能辨认自己的形象,黑猩猩可以辨认,却对此无动于衷。儿童却不同,他辨认出镜像中的身体就是"我",并且为此感到高兴。但又发现镜像是会消失的,于是产生与镜像同化的欲望,这是"自恋"现象(narcissism)。拉康把自恋现象同弗洛伊德的"恋母情结"看作同一心理感受。儿童从母亲对自己的态度所发现的,与自己在镜前所发现的是同一个东西,即自己身体的整体性。他与镜像同化的欲望也是与母亲同化的欲望,他下意识地想去补充她的短缺物"菲勒斯"(phallus),这不是生物性的生殖器官,而是"父亲"的隐喻。

拉康对镜像阶段作了哲学的解释。他说,镜像阶段的欲望反映出人类的特殊性,人类欲望与动物欲望的不同之处在于,人想要得到他人的承认。拉康说:"儿童的欲望是他人的欲望。"[1]这句话有两层意思:一是说儿童想要自己成为他人的所欲对象,一是说儿童欲求他人所欲求的东西。这样一来,儿童的自我既是欲望的对象,又是欲望的主体。拉康指出,镜像阶段的特点是主体与客体、自我和他人在想象中的等同:镜像既是儿童的可欲对象,又被想象为自我;儿童看到他是母亲的可欲对象,因此把他自己想象为母亲的欲望。我们可以用下面的等式来表示这些想象的关系。

$$儿童:镜像=儿童:母亲$$
$$主体:客体=自我:他人$$

因为这种想象中的等同,拉康把镜像阶段的心理状况称为想象界。精神病学中的"转移现象"(transitivism)也属于想象界。转移现象指精神病人这样一些行为,他们看到别人跌倒而哭泣,他们打了别人反说别人打了他。他们的心理仍停留在镜像阶段,不能区别自我和他人。

2. 俄狄浦斯情结和象征界

"俄狄浦斯情结"是弗洛伊德学说的一个关键概念。据弗洛伊德的解释,这一

---

1 J. Lacan, *Ecrits*, trans. by A. Sheridan, London: Tavistock Press, 1977, p. 137.

情结在儿童心理发展中的作用在于,儿童在心理上产生被阉割感,感到了父亲的威胁和禁令,不得不用其他对象来替代原初的可欲物,以维护自己与父亲相等同的地位,并认可父亲的禁令,从而获得"超我"和"自我"的结合,形成完全的人格。

拉康沿用了弗洛伊德的解释,但他强调的是俄狄浦斯情结的象征意义。根据拉康的解释,大约 18 个月之后,儿童感到一个有"菲勒斯"的父亲的介入,他与母亲的双边关系成为"俄狄浦斯情结"的三边关系。父亲夺走了儿童所欲对象。"菲勒斯"的象征意义是自我与母亲之间想象中的融合;它不是指示生理器官的能指,而是指示自我与他人完满结合的原初欲望的能指。同样,"父亲"的名称也是一个能指,它代表着象征规律。"阉割感"所象征的是儿童与母亲的分离以及主体与客体同化关系的割裂。这同时象征着儿童与父亲相认同,接受了父亲所代表的象征规律,成为与父亲一样的主体,就是说,他从此进入了象征界。从想象界到象征界的变化可用下图表示。[1]

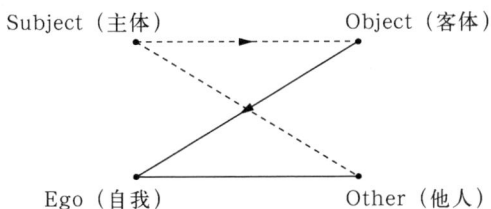

这一图式把俄狄浦斯情结的三角关系变成表示象征界中主体与对象的关系。图中虚线表示象征关系,实线表示想象关系。自我与可欲对象的完满结合由于他人(父亲)的出现而被切断,自我因此成为主体,可欲对象成为客体,两者建立起象征关系,同时,主体与他人也建立起象征关系。象征关系的建立是把自我与可欲对象的完满结合留在下意识的结果,或者说,下意识是主体进入象征界而付出的代价。

三、 语言的象征意义

语言的意义在于符号的象征意义。我们看到,符号所象征的可欲对象已经被遗失在下意识之中,因此,语言的象征意义要用下意识中的欲望来说明。拉康说:"下意识是语言的全部结构。"[2] 在他看来,语言的意义存在于象征界与想象界的

---

1 B. Benvenute and R. Kennedy, *The Works of Jacques Lacan*, London: Free Association Books, 1986, p. 100.

2 同上书,第 107 页。

关系之中。人在进入了象征界之后,逐步地掌握了语言,人通过语言所掌握的世界就是"实在界"。实在界可被视为意义的对应物。既然意义是由象征界和想象界共同决定的,实在界的概念便没有独立的意义,拉康把它作为意义理论的附属物。在拉康的意义理论中,有两点值得我们注意:第一,所指是下意识的可欲对象,第二,能指的转喻和所指隐喻。

1. 可欲对象的遗失

结构主义的创始人索绪尔(Ferdinand de Saussure)把语言的"意指"理解为用"能指"代表"所指"的活动,"能指"和"所指"的结合组成符号。但拉康所说的符号只是"能指"符号,"所指"是留在下意识中的可欲对象,象征是用"能指"代替"所指"的活动。拉康说,"能指"对"所指"的代替是使用语言的前提,没有这种代替,人的心理行为将像想象界的儿童一样,身体和器官与他人乃至外界事物处于直接等同的关系。能指符号的作用在于代替身体和器官,与"所指"对象发生关系。

由于有了符号的中介作用,人们不必联想自身或可欲对象便使用语言。拉康使用弗洛伊德分析的一个著名案例来说明符号代替可欲对象是如何发生的:18个月的小汉斯一面念念有词地发出 Fort(去)! Da(来)! 的声音,一面把玩具摔来摔去。弗洛伊德分析说,玩具和词都是小汉斯用来代替他母亲的符号,他通过这个游戏,可以使他的母亲消失和再出现,通过不断地使用符号,把他的身体与母亲的身体分开。拉康还发现,在精神分裂症病人的语言中,语言符号的中介作用丧失,词成为身体器官的一部分,说出特定词会引起身体异常感觉,如,他们说出"牙齿"这个词,会产生牙齿脱落的感觉;说出"心""四肢"等词会有受伤、身体分裂成碎块的感觉。不但如此,亲近事物的消失,也会引起身体被伤害的感觉,还会引起精神病人觉得自己的身体不存在的感觉。

2. "我"的隐喻

拉康接受了雅克布森的观点,认为语言的实质是隐喻,并把隐喻理解为用符号象征可欲对象。拉康指出,一个人学会了"我"以及其他人称代词的意义,标志着他进入了语言,进入了文化和社会。"我"的意义是由象征界所获得的主体意识建立的,它的意义不是想象界的"自我"。作为与他人完满结合的想象以及因此而产生的满足已经被遗留在下意识之中,意识里没有"自我"的位置。拉康说:"自我是抗拒治疗的中心。"[1] 在精神分析的实践中,"自我"表现为虚幻的偏执狂。以"自我"为中心的精神病人会说:"我不能忍受被别人解救的想法。"

另一方面,语言的目标是他人,是站在他人的角度,说给他人听的、旨在获得他人赞同的行为,因此,语言和意识中没有主体的独立性。这意味着,"我"的意义摆脱不了想象界的那个与他人等同的"自我"。在语言和意识中,"我"与"他人"有着与镜像同样的结构关系,即"我"想要成为他人欲望的对象,我想要有与他人同样的欲望。

拉康说,人在意识的深处有与他人认同和得到他人承认的欲望。我们最害怕的是自己在他人的眼里消失,人们为什么害怕看到尸体,因为他看到的是一个再也不能得到他人承认的躯体,主体的消亡是死亡的真实含义。我对他人的依赖就是对我的否定。因此,人有否定作为主体的"我"的倾向,当他在作出这样的否定时,他也就肯定了那个下意识的与他人等同的"自我"。

有这样一个值得分析的案例:女儿烧了一道菜款待父亲,父亲用开玩笑的口吻说:"我不喜欢这道菜。"他的语言所否定的,恰恰是他想要与女儿等同的下意识的欲望。即使在日常语言中,"我"的意思常常是"我们"。比如,一个鼓动者对听众说:"我要为此而奋斗。"他的意思是我们都要这样做。精神病病人的语言表现出不分人称的症状,比如,别人问他"你好吗?",他的回答是:"这要看你是否吃药了",这里的"你"的意思是"我"。

3. 符号的转喻

我们已知,拉康认为意义的所指是下意识的欲望,语言的符号功能只能由能指来承担。能指符号的一连串的联结和转换就是转喻的过程。比如,我们用"老虎"比喻"勇敢的人",又用"虎皮"比喻"老虎",用斑斓的颜色比喻"虎皮",以至于一个人身穿斑斓服,便有了"勇敢的人"的象征意义。

我们有意识地使用和理解的语言意义只是能指符号的无穷的转喻。至于它们所象征的意义,即它们的所指,那是在下意识层次的欲望的运动和流变。能指的流转与所指的流动虽然发生在两个彼此分离的层次,但它们却是共时的、同构

---

1 J. Lacan, *Ecrits*, trans. by A. Sheridan, London: Tavistock Press, 1977, p. 23.

的。当下意识的欲望撕裂了所指与能指的障碍而逃逸到语言之中，在失语与玩笑等这些语言的"空白"处，显示能指的隐喻，即它所指的欲望。下意识如同是彩色画布下的素描，我们只能通过空隙认识它。

拉康用下面的图式表示转喻和隐喻的发生过程。

$$\frac{S_1 \quad S_2 \quad \ldots \quad S_n}{S}$$

图式的分子部分表示能指的无限的运动，图式的分母部分表示能指所象征的所指，即下意识的欲望。拉康说，分号的隔离表示能指与所指的"永恒的分离"。但是也有反常或例外的时候，那就是，能指从下意识泄漏到意识之中，所指作为语言的隐喻。

拉康使用弗洛伊德分析的一个事例说明了隐喻的发生。一个德国人某天早晨照镜子，觉得自己发胖了，于是外出跑步，运动量之大，已超出正常活动的范围。他的动机似乎是减肥，其实真实的动机与一个名叫 Richard 的英国人有关。原来，他在前一天晚上发现，这个 Richard 是他的妻子的情人。Richard 的英文爱称叫 Dick，Dick 在德文中的意思是"胖"。经过这样的分析，我们可以看清楚，"减肥"对于他的意义是"杀死 Dick"。在这一意义的转换过程里，从 Richard 到"胖"是能指的转喻，但"减肥"的隐喻"杀死 Dick"是下意识造成的。

第十章

"存在人"的观念

　　20 世纪西方哲学的"人学转向"集中地表现在关于"存在"意义的新发现。"存在"(existence)是从西方形而上学的首要对象 being(可译为"是者""存在""本质"等)引申出的一个意义,是适用于所有事物的一个极为普遍的哲学范畴,人只是世界万事万物中的一个存在者而已。因此,传统的形而上学的存在论不属于人学,而是一种世界观或本体论。一些哲学家把"存在"限定为"人的存在",人以外的事物的"所是"(being,是什么、为什么是这样,等)以及它们的本质都是在人的存在过程当中向人显示出来的,它们的意义只是人的存在的意义的一部分。通过"存在"意义的转换,"人"占据了哲学的中心位置,人们把这种转向人学的哲学恰当地归诸人本主义或人类中心主义(anthropocentrism)。

　　人本主义思潮是 20 世纪西方哲学的一大主流,属于这一思潮的哲学派别除了上一章提到的意志主义、生命哲学外,还有本章将要介绍的存在主义。人本主义是西方人学的一个传统。在本书前面的章节中,我们可以看到,从古希腊、文艺复兴到近代,人本主义思潮绵延不绝。我们需要同样注意的是,存在主义与传统的人本主义有着不同的特性,它建构了一个前所未有的"存在人"的观念。那么"存在人"有哪些特征呢?

　　首先,存在主义者反对传统的理性主义,反对把人的本质归结为理性,他们关注人的意志、欲望、情感、心境等非理性的一面。"存在人"有着强烈的非理性的内心感受,如恐惧、焦虑、孤独、荒谬的体验,以及烦恼、彷徨、悔恨、无奈等心情,还包括同情、爱、信仰等宗教伦理和神秘的体验。他们认为只有此类心理体验才是每个人最为贴己、最为深刻的存在历程。这些心态以及与之相关的自由、选择、自我设计、责任等生存活动都成了存在主义的主题。他们还说,人的生存心路不是出于本能,而是伴随着人的自由选择和人的价值取向而出现的,他们因此也不赞成使用弗洛伊德的精神分析方法来分析人的存在的意义。

其次,从理论根源上分析,"存在人"的观念与现象学方法有着渊源关系。现象学所主张的"回到事物本身"的口号要求人们把最熟悉、最本真、最接近的东西当作哲学研究对象,把现象学的创始人胡塞尔(Edmund Husserl)所说的"现象"从"先验自我"领域转到了"人的存在"的领域,从"纯粹本质"转到"生活世界",这是现象学运动发展的必然结果。

最后,从社会根源上分析,"存在人"的观念是时代的象征。20 世纪上半叶,西方经历了两次世界大战,战争中不寒而栗的经历,使人们在生死之间对生存的意义经历了刻骨铭心的体验;在战争的大是大非面前,人们对个人责任感有了更深刻的反思。战争中的经历改变了战后的生活,也改变了哲学的主题,存在哲学、人道主义、自主意识和责任意识因此得以广泛流行。"存在人"不仅是一种哲学观念,而且几乎成为一种生活方式,表现在社会生活各方面:意识形态、文学、艺术、服饰、饮食、家庭关系等。在哲学史上,很少有一种哲学能够具有如此明显的时代精神,能够如此广泛地改变西方人的观念和生活。这一社会实践充分说明,哲学在转向人学之后,具有何等巨大的现实力量。

第一节 ————————————————————

哲学人类学的观念

哲学人类学是 20 世纪 20 年代至 60 年代在德国和其他一些西方国家流行的人学思潮。"人类学"(anthropologia)这个词在 17 世纪才出现,它源于希腊文的 anthropos(人)和 logia(科学或学说),这个词的意思就是"关于人的科学"。沃尔夫在此意义上把人类学作为哲学体系的一个重要组成部分。康德也是把人类学当作人学来研究。19世纪以后,人类学脱离哲学成为一门独立的科学,又有文化人类学和体质人类学之分。一些哲学家认为,不管文化人类学还是体质人类学都没有全面把握人的本质以及人在宇宙的地位。他们提出了"哲学人类学"的新概念,一方面表达了对西方哲学没有把"人"当作首要研究对象的传统和现状的不满,另一方面也表达了要吸收和提升关于人的实证科学研究成果的愿望。在此意义上可以说,哲学人类学是哲学与生理学、心理学、社会学,乃至新兴的行为理论和传统的神学等学科相交叉和融合的产物。哲学人类学分支众多,思想庞杂,不能一一介绍,本节拟以该学科的创始人马克斯·舍勒(Max Scheller)的观点为例,来阐释哲学人类学的一般特点。

一、 人的精神和价值

舍勒最早使用现象学方法,吸收了生命哲学的成果,从哲学、伦理学、人类学乃至宗教等方面,集中透视了人的问题。他把人的本质归结为精神和价值。

1. 生命冲动和人的精神

舍勒认为,人的本质既不是灵魂,也不是物质,又不是灵魂和物质的结合。人作为一个单独的个体是"人格"(person),这是他的所有活动的中心。但是自然界所有活动都有一个中心,比如,电子可以被看作微观能量辐射的中心,动物和植物也有自身生命活动的中心。这就提出了一个问题:人格与其他自然活动的中心有何不同呢?

舍勒承认,人的活动属于一般意义上的生命活动;无论是自然界中的生命现象,还是人的生命现象,都可以视为生命欲望的冲动。但是人的生命与其他动物的生命的不同之处是,人是有精神的,而动物则缺乏精神。什么是精神?舍勒说:"精神本质的基本规定便是它的存在的无限制、自由——或者说,它的存在中心的分离性,与魔力、压力,与有机物的依赖性的分离性,与'生命'乃至一切属于'生命'的东西,包括与它自己的冲动理智的可分离性。"[1]

舍勒这里所说的"分离性"指与生命冲动相抵触。在他看来,人的生命与存在

1 《舍勒选集》(下),上海三联书店1999年版,第1330—1331页。

同时被赋予,存在是对生命冲动的一种限制,因为生命冲动是盲目的、混乱的,在很多场合和时候是自我毁灭的,人的存在一方面需要生命冲动作为生活动力,另一方面又要限制生命冲动的盲目性和破坏性。人的活动是利用与限制生命冲动的张力,这一张力的中心就是人的本质——人格。

生命冲动与精神虽有差异,但二者互相依赖。精神本身无力实现其观念,需要生命冲动作基础。精神规范生命冲动,为生命冲动指出方向。无生命的精神是不能活动的,而无精神的生命则是没有方向的。

2. 价值和生命

舍勒主张用精神限制和规范生命冲动,但这并不意味着用理智来克制欲望的传统观点。首先,舍勒并不认为理智与生命欲望是相互冲突的,相反,他认为理智是实现生命欲望的工具,因此,精神所要限制的生命冲动也包括理智的冲动。其次,他还认为,对生命冲动的限制并不一定是理性的行为,不一定被意识所理解。因此,舍勒不是从传统的理智主义的角度来阐述"精神"概念的内涵,而是把"精神"与当时德国哲学界流行的价值论联系起来考察。"价值"也是关于人的本质的范畴。他说:"不论我探究个人、历史时代、家庭、民族、国家或任一社会历史群体的内在本质,唯有当我把握其具体的价值评估、价值选取的系统,我才算深入地了解它。"[1]

舍勒反对说价值是主观的,是人赋予的。相反,他明确地区分了"价值"(werte)和"好处"(guter),"价值"是事物所固有的属性,而"好处"是人根据价值而对事物作出的主观判断。

价值的客观性并不妨碍价值属于人的本质。舍勒运用现象学的原则和方法,在主观与客观的关系中把握价值的特征。价值是人的情感的意向对象,没有人的意向活动就没有价值的显示;反过来也可以说,价值是情感所直观到的永恒本质,没有客观的、永恒的价值,也就没有直观的内容。

关于价值的现象学描述把事物所固有的价值当作人的本质的构成部分。人通过情感所感受到的价值首先是人的生活的价值,价值是人对其生命冲动和精神

1《舍勒选集》(下),上海三联书店1999年版,第739页。

活动的原因和结果的判断。这些原因和结果是超越人的主观意识的,但又是人利用事物的标准,是人利用和限制自身生命冲动的规范。正是由于价值与人的生命的不可分割的联系,价值构成了人的本质的不可或缺的部分。因此,当人们说到事物的价值时,总是使用与他们情感有关的词汇,如快乐、美丑、对错、善恶等。这些词汇的意义并不指示事物的客观属性,也不是指人的主观感受,而是表示事物对于人的存在所具有的价值。

3. **价值的分类**

根据人的存在的不同领域,舍勒区分了四类价值。

第一,感性价值,如可悦和不可悦,这是人的生命欲望的价值。可悦是有利于生命欲望的事物属性,与之对应的情感是快乐;与有害于生命欲望的不可悦的价值相对应的情感是痛苦。

第二,生活价值,如高尚和庸碌,这是人的日常生活的价值。高尚是高品位生活的价值,与之相对应的情感是荣誉感、崇高感;庸碌是低品位生活的价值,与之相对应的情感是厌倦、萎靡等。

第三,精神价值,如美丑、对错等,这是人的精神生活的价值。美和对是精神所欣赏和肯定的价值,丑和错则是精神所抵触和否定的价值。我们已知,精神是对生命冲动的一种限制和规范,美丑、对错等既是生命冲动与精神相符合或不相符合的属性,又是精神利用与之符合的生命冲动,限制与之不相符合的生命冲动的规范。

第四,宗教价值,如神圣和世俗,这是人的宗教生活的价值。舍勒把宗教生活评价为最高的精神生活,在宗教活动中,精神所意向的对象不是生命冲动,而是生命冲动的源泉。生命冲动的本源被作为无限的、无形的信仰对象,这就是神圣;如果它被想象为有限的偶像,这就是世俗。

舍勒没有把善恶作为一类特殊的价值,因为他认为上述四类价值中,所有的肯定性价值都是善的,所有的否定性价值都是恶的。善恶不只是伦理价值,而且是最普遍的价值。善恶价值有高低程度之分,分别表现在感性价值、生活价值、精神价值和宗教价值这样一个从低到高的价值等级体系之中。

二、 **人的情感和价值**

舍勒认为,以往哲学家把人区分为知、情、意三部分,并且总是把知性(或理性)置于人的核心。康德提出了善良意志高于知性,但康德仍把善良意志看作纯粹理性,他的伦理学是形式主义的义务论,缺乏生命实在和生活存在的基础。舍勒以情感经验作为人的中心,建立了自己的价值论的人学。

1. 情感的先天性

康德提出了知识、道德和审美的先天性的问题,并用人的能力的先天形式来回答这一问题。舍勒指出,康德没有看到,人有这样一种先天能力,它的先天性不是形式上的,而是实质性的;这种能力就是情感。"情感"(emotion)不是内向的感受,它来自拉丁文 emovere,其意义是"向外(e＝out)的运动(movere＝move)"。就是说,情感是一种朝向一定的外在对象的意向活动。按照胡塞尔提倡的现象学,意向性是人的意识的先天结构。舍勒据此肯定,人的情感也有先天的意向性结构,他称之为"情感上的先天"(emotional a priori)。

在情感的先天意向结构中,意向对象是生命,包括人自身的生命冲动、外部的生命现象和生命之源;意向活动是本质直观。胡塞尔认为本质直观是意向活动的最高阶段,但他把本质直观理解为理性的认识活动。舍勒则说,情感也是一种本质直观,它直接把握了生命活动的本质属性——价值。

2. 情感的自发性和伦理特征

舍勒认为,情感对象和情感活动之间的关系是吸引与被吸引的关系。肯定性的价值本身具有吸引情感的力量,因为它具有生命的力量;另一方面,情感也是生命的运动,情感朝向生命价值的意向活动是生命朝向生命的汇合。

价值吸引情感和情感朝向价值的双向互动关系说明了伦理学的价值论基础,那就是一切伦理情感都是关于价值的情感。舍勒批判康德的形式主义的伦理学。他指出,形式主义伦理学忽视情感的作用,把道德的规范作用归结为道德规则所规定的义务。情感的价值内容填补了形式主义的空白,情感的自发和真诚满足了伦理所要求的自律,为道德义务的履行提供了足够的动力。

情感与价值之间的互动关系也说明了道德情感的一般形式:移情、感应、同情、爱。道德情感是人们之间相互同情、相互尊重的情感交流,但它的价值论基础却在人的生命活动之外。舍勒后期皈依天主教之后,特别注重基督教之爱。他把人定义为"爱着的存在者"(ens amans/being that loves),爱是被生命的价值所吸引,并归根结底被生命之源所吸引而产生的激情。舍勒以泛神论的观点把生命之源解释为创世并在世的上帝,人对上帝之爱出于面对生命之源油然而生的"被造感"(creature feeling)。他把宗教情感作为道德情感的基础,这与基督教用上帝之爱来统摄邻人之爱的教义是完全一致的。

3. 面对存在的情感

如果说,舍勒关于情感的价值论有着明显的神学色彩,那么他从存在论的角度阐述的情感论则更有哲学意蕴。他提出了"哲学三项真理":第一,存在是有,而不是无;第二,所有东西的存在或者是绝对的,或者是相对的;第三,所有东西都有存在和本质。

重要的是,这三项"哲学真理"都有情感内容。面对着无处不在、无时不在的"有",我们感到诧异、惊奇;认识到人的存在的相对性,即对绝对存在的依赖性,人们感到自身的谦卑和对绝对存在的敬仰;在与其他和我们一样具有存在和本质的对象打交道时,人们富有同情心和爱心。不难看出,虽然使用了存在论的术语,舍勒这里涉及的仍然是宗教情感和道德情感,并且把宗教作为伦理的基础。

三、 人的存在和知识

舍勒虽然把情感作为人的中心,但并非不重视人的理性认识活动。他从人的存在活动出发,对人类知识加以系统的分类,阐述各类知识的性质和功能。他特别重视人对自身的认识,对历史上各种人学知识也进行了系统的分类。

1. 人类知识的性质和类别

舍勒把人类知识解释为"存在的充实"。存在最初被赋予人类时,其内容只是生命的冲动和限制,但后来人的存在与周围事物的存在相遭遇,人按照自己存在的意义,用符号象征周围事物的意义,在一定的文化和语言的结构中用概念把握事物。人类从不同层次上把握事物,由此形成了不同种类的知识。

首先,人类按照自身生命存在的需要和目的,把周围世界分化成功能性的要素和关系。概念就是这些功能性要素和关系的符号,与语言不可分的概念体系是人类的"本质知识"(Wesenswissen)或"构造知识"(Bildungswissen)。概念所把握的事物"本质"具有人的存在的目的性和选择性,并代表事物不依赖人的本来面目。但是人类的概念系统决定了他们所能看到和理解的对象,在人的知识范围中，没有所谓的不依赖人的存在的事物本身。

比"构造知识"更高的是"统摄知识"（herrsschaftswissen）或"攫取性知识"（leistungswissen）。这是指以自然科学和技术为代表的知识。这类知识的目的是控制人的存在的环境，按照人所设计的整体世界图式来认识世界中的每一个事物。被如此认识的事物，如分子、原子和粒子，似乎与个人的存在无关，却是世界图式的组成要素，归根到底是对人的存在的整体环境的一种人为设计。

关于人与周围世界的关系，舍勒持一种"万物一体""物我合一"的理想，他把知识看作人得以分享事物但又不改变事物的一种存在方式。前两种知识都不符合这一理想。"构造知识"对事物采取了一种观察的立场，不能最大限度地分享事物；"攫取性知识"采取的是干涉的立场，导致对事物的改造。只有他所说的第三类知识——"拯救知识"（heilswissen）或"消融知识"（erolüsungswissen）才能达到知识的最高目标。这种知识开始于对人的自我认识，并以同情和爱的精神欣赏宇宙万物，最后认识到人与宇宙的同一，分享到创世的根源，体验到人性之中的神性。舍勒用知识最后所达到的神秘境界来解释基督教所追求的拯救，他自以为忠于天主教的信仰，但人们在他所谓的拯救知识中更多看到的是古代诺斯替派的神秘主义。

2. 人学知识的分类

如前所述，人学是舍勒所说的最高级知识——拯救知识的开始，包括三个部分。

第一部分是哲学人类学，这是对个人和社会的本质的认识。个人的本质是人格，包括人的精神和价值等主题。人的共同价值和情感是社会结构的基础，也是社会学研究的基础。

第二部分是人的实在知识，是关于人的生理和心理构造，以及社会的自然环境和物质条件的知识，包括生物学、生理学、心理学、地理学、气象学、经济地理、人种地理等学科。

第三部分是第一部分和第二部分的综合，从人的精神与人的物质环境的相互关系的角度，全面地理解人自身。舍勒称这部分知识为"知识社会学"，它是人在一定的社会条件（包括个人的和物质的条件）下对人自身的概括。舍勒把人对自身的概括称作人的"自我形象"（self image）。人对自身的形象不是消极的反应，而是人积极构造自身的活动。因为人不是像把握周围事物的本质那样来理解自身的，人总是按照一定的形象来塑造他自身的。在一定的意义上可以说，人自认是什么，他就是什么。

3. 人的五种自我形象

舍勒在其知识社会学部分比较全面地总结了西方人学史，按照时间顺序概括出历史上人关于自身的五种形象。

最早出现的人的形象是"宗教人"（homo religious）。人自认是由神所造的，把神作为崇拜对象，人类早期的宗教仪式和神话都表现了"宗教人"的自我形象。这一形象也是中世纪流行的宗教人学的来源。

其次出现的是"智慧人"（homo sapien）的形象。从古希腊哲学开始，人被看作是理性动物，理性是人区别于其他事物的本质属性。受"智慧人"形象的支配，古希腊以来的西方文化传统的主流是理性主义，人学传统的主流是理性人学。

近代以来，新出现了"工艺人"（homo fabel）的形象。在自然科学，特别是进化论的影响下，人被看作最高级的动物。人具有最高级的生理机能，能够使用工具改造和控制自然，使自然为自己的利益服务。"工艺人"的形象是自然主义人学的一个概括。

现代又出现了"本能人"的形象，这一形象的代表是尼采推崇的酒神狄奥尼索斯，这是一个按照本能冲动，朝向黑暗与死亡堕落的人的形象。舍勒因此称这种人的形象为"狄奥尼索斯人"（homo dionysiacus）。狄奥尼索斯式的本能代表了人的堕落本性。叔本华、尼采以及斯宾格勒等思想家认可人类的堕落本性，把文明解释为堕落的过程，表现了一种悲观主义的文化人学。

与此同时还出现了"创造人"（homo creator）的形象。比如，费尔巴哈颠倒了人神关系，认为不是神创造人，而是人创造神；尼采的"超人"克服了人性的堕落，是强力意志的创造力的象征。"创造人"的形象表现了文化人学的积极进取的一面。

舍勒列举的五种人的形象是对人学历史的概括，并不代表他自己的人学理论。他所要创立的哲学人类学的目的是要批判性地吸收以上五种形象：人的存在既是生命本能,也是理性知识;既有改造外界的能力,又有判别价值的情感;既信仰上帝,又要成为与上帝一样的"共创者"(co-creator)。

存在的澄明

马丁·海德格尔(Martin Heidegger)曾被胡塞尔看作最合适的接班人。胡塞尔说:"现象学就是海德格尔和我。"但海德格尔发表了《存在与时间》之后,胡塞尔大失所望,批评海德格尔走向了"人学研究"。虽然海德格尔本人不承认自己的学说是"人道主义"或"人本主义",也不接受"存在主义"的标签,但胡塞尔对他的学说性质的判断是正确的。海德格尔哲学的核心概念——"此在"其实就是"人",他所谓的"基础存在论"实际上就是关于人的存在的学说。

一、 从形而上学转向人学

海德格尔的哲学是从传统的形而上学转向现代人学的一个典型,他由批判西方哲学的形而上学传统出发,从研究对象、方法和内容等方面建立了一个存在论的人学体系。

1. 显现存在的方法论

海德格尔认为,现象学的方法是唯一科学的哲学方法,他从词源学上来考察"现象学"的意义。他说,"现象学"(phenomenology)由两部分组成:第一部分是"phenomenon",意思是自我显示出来的东西;第二部分是"logos",它的基本含义是"言说",言说是显示意义的判断过程。综合这两方面的意义,"现象学"的定义是:在判断或理解的过程中,让存在显示自身。

海德格尔认为,现象和真理不是相互独立或平行的客观与主观两个过程,二者都发生于"存在"的过程。存在首先是人的存在,虽然存在是显现自身的过程,但人并不总是明确地理解这一意义。相反,"存在"的意义经常在历史和日常生活里被隐蔽、歪曲和割裂,需要揭示,即回到事物本身。揭示"存在"的意义即恢复存在的自我显示的内容,既然对存在的揭示和哲学的自我显示都发生于人的存在,那么主观和客观就不可能发生分离，当然也就无所谓二者的统一。传统哲学依主观和客观的关系来说明真理，却忘记了真理的源泉——存在。笛卡尔曾把人类知识比作一棵大树，形而上学是树根，但他却没有想到扎入树根的土壤。海德格尔说，存在就是知识和真理扎根于其中的土壤。

海德格尔对现象的理解不同于胡塞尔。对于胡塞尔来说，现象是在意向活动中显示出来的对象——意向事物或一般本质。海德格尔承认，任何显现都是对人的显现，却不同意说显现只在人的意识中发生，表现为意向行为。"显现"的确切含义应当是最贴近人的过程，但最贴近人的并不是人的意识，而是人的存在；人并非总是处于有意识的状态，却须臾不可离开存在。显现就是人对自身存在的理解，人首先是在对存在有所作为的过程中理解自身存在的，对存在的作为是行动；其次，才是对存在意义的思考，即胡塞尔所说的"意向"，这是第二性的、派生的行动。现象学的中心问题不是认识论，而是存在论。

2. 存在论的区分

《存在与时间》以柏拉图的一段话开头："当你们用'存在着'（einai/to be）这一词的时候，显然你们早已熟悉它的意思，不过，虽然我们也曾相信领会了它，现在却茫然失措了。"[1] 人们对存在的意义岂止是"茫然失措"，它在历史中已经被遗忘了。表面上看，全部的西方形而上学都在谈论"存在"，但实际上，人们谈论的只是"存在物"，人们忘记了"存在"和"存在物"之间的"存在论的区分"（ontological difference）。

亚里士多德在《形而上学》中提出了"存在之为存在的意义是什么"这样一个存在论的问题，却作了不正确的回答。亚里士多德的错误在于混淆了"存在"（Being）与"存在物"（beings）两个概念，"存在"的意义是过程，是动词（to be）的含义；"存在物"的意义是实体，是名词的含义。只是在自我显示的过程中，一事物才进入存在状态，获得一个存在物的具体名称。然而，亚里士多德却把存在物看作是"存在"的基本意义，用实体及属性来定义存在，把存在论归结为本体论。更有甚者，他把一切实体存在的终极原因和最初动力归结为神，神学于是成了第一哲

---

[1] 海德格尔：《存在与时间》，陈嘉映、王庆节译，生活·读书·新知三联书店 1987 年版，边码 1 页。

学。海德格尔把西方形而上学通称为本体论-神学传统。根据这一传统,实体之间只存在着等级差别,人是各类存在物中的一类,所有实体皆因与最高实体的关系而得以存在,人也不例外。

尽管传统形而上学混淆了存在与存在物的区别,但其中仍有对存在意义的可贵探索,虽然作了歪曲、片面的解释,但歪曲和片面性也是自我显示过程中的环节,它们从一个方面、层次和角度揭示了存在的意义,对形而上学的批判不是全盘否定,而是"解构"(de-construction),在摧毁它的同时,保留了合理的成分。

3."此在"的概念

传统形而上学给人的启示是:存在论不能直接从存在的一般意义开始,它的出发点必须是"存在物","要从存在物身上拷打出它的存在"[1]。但存在论的出发点不能是任何一种存在物,而必须是这样的存在物:它的存在是其他存在物的存在的基础,因此,对于它的分析能够导致对一般存在的把握。人就是这样的存在物。因为只有通过人的存在,其他事物才能得以显示自己,人的存在是其他事物存在的先决条件。

为了区别人的存在,海德格尔以"生存"(existence)表示人的存在。只有人生存着,其他存在物都不能生存,它们的存在(Being of beings)是一般意义上的存在,只能通过对于原本意义上的存在,即人的生存才能被理解。人虽然只是存在物中的一个或一类,却是体现了存在原本意义的存在物。

海德格尔用"此在"(Dasein)这一名称指称人这样的存在者。"此在"就是"存在于此"的意思,如果有人问:什么是"此在"? 海德格尔就会指着一个人说,"这"(Da)就是"此在"(Sein)。更明确地说,"此在"就是真正的存在者(如果我们把"者"理解为人称代词,专指的是人,而不是物)。

只有人才能追问存在的意义的问题,而追问存在的意义问题本身就蕴涵着"此在"的概念。人是唯一关心其他存在物的存在、能够对于存在的一般意义提出问题的存在者,一个与存在的意义最贴近的存在者,这就是"此在"。当人们提出存在意义的问题时,他就已经成为"此在"了。

---

1 海德格尔:《存在与时间》,陈嘉映、王庆节译,生活·读书·新知三联书店 1987 年版,边码 6 页。

"此在"是存在论的出发点,对人的存在的分析把存在与存在物沟通起来,是对一切存在物的存在所作的存在论分析,是存在论的基础与入门,因此被称作"基础本体论"。《存在与时间》一书原来的计划是通过基础存在论来阐明存在的一般意义,但实际上只完成了基础存在论的部分。海德格尔心目中的一般意义上的存在论始终未能建立,但这并不影响他的思想的完整性,因为基础存在论自成体系,而且是海德格尔哲学中最有新意、最为深刻的精华。

4. "此在"的特征

"此在"有两个特征:第一,"此在的本质在于他的存在";第二,"这个存在者为之存在的那个存在,总是我的存在。"[1]这两点可以说是海德格尔"基础存在论"的总纲。

第一点说明了人与其他存在物的根本不同点:人不像其他存在物那样具有固定的、不变的本质,他的本质是由他的存在过程决定的。一个人在他一生中的所作所为,决定了他是一个什么样的人。人也不像其他事物那样,有一个事先预定的本质决定他的存在;相反,一切取决于他自己,取决于他的选择、他的努力。中国人常说的"盖棺论定"也是这个意思。

海德格尔用哲学的语言强调,人的存在是一个自我显示的过程,他的本质就是这一显示过程的全部内容;只要这个过程还没有结束,他就能够改变自己,重新塑造自己。当然,一个人也可以一成不变地度过一生,但他这样生活,并不表示因为他有什么一成不变的本质,而是因为他选择了一成不变的存在方式。归根到底,他的存在决定了他的本质。

第二点说明了人与其他存在物的另一个不同点:人不像其他存在物那样是一个类属,每一个人都是一个存在者。海德格尔之所以把人称作"此在",意在说明人是这样一个存在者,除了存在之外,"此在"一无所有。"人"在生物学上是一个属概念,但"此在"却没有种属。从存在论的角度看,"此在"不是人类的一员。海德格尔说,当谈及"此在"时,只能用单数人称代词"我是""你是"。每一个"此在"都是一个单独的自我。

---

1 海德格尔:《存在与时间》,陈嘉映、王庆节译,生活·读书·新知三联书店 1987 年版,边码 42 页。

海德格尔并不否认人的日常生活的公众性。他区分了"此在"的两种状态：本真的状态和非本真的状态。本真的状态是自我的真实存在，非本真的状态是被平凡的、公众的生活所掩盖的个人存在。但是按照他对现象的解释，假象也是一种显示；同样，非本真的方式的掩盖同时也是一种自我显示，只不过是不完全的、片面的甚至是歪曲的显示。更重要的是，人们在现实的条件下不能离开日常生活来了解真实的自我，这意味着，只有通过非本真的状态，才能达到本真的状态。海德格尔遵循这一途径，通过对大量的日常生活现象和心理体验的分析，揭示"此在"的本真存在。

二、人与世界和他人的关系

海德格尔所说的决定人的本质的存在过程是多样的，包括人与外部事物打交道，与他人交往，还包括人的内在生活。它们都是"此在"的存在方式。海德格尔正是通过对所有这些存在方式的描述来把握人的本质的。

1. 人的"在世之在"

人的存在方式首先是有所作为，与其他事物"遭遇"，人把它们作为自己生存的环境而联系在一起，这样才形成了"世界"的概念。人的存在的方式是"在世之在"(Being-in-the-World)。正是在这种存在方式中，其他事物才显示出来作为世界中的存在物，彼此联系的存在物。

在海德格尔看来，"世界"是人的存在的方式，是其他事物向人显示的结构。因为人的存在方式就是"在世之在"，没有独立于人的存在物。海德格尔力图证明，像"事物""整体""空间""联系"这些概念，都是人在行动中，与人的存在有关的显现物。他把人显示事物的存在方式称作"烦忙"(concern)，把人与事物的遭遇关系称为"打交道"。他列举了"烦忙"和"打交道"的12种方式："不得不做某事，制造某物，关注和探询某物，利用某物，放弃某事随它去，承担某事，贯彻某事，查看某事，询问某事，重视某事，讨论某事，决定某事。"[1]

在人的"在世之在"中，所有事物都与人的生存及其环境不可分割地联系在一起，都是作为"器具"而存在的，即使那些看起来独立于人的自然物，也都是"器

---

1 海德格尔：《存在与时间》，陈嘉映、王庆节译，生活·读书·新知三联书店1987年版，边码56页。

具"。"木是木材之林,山是采石之场,河是水力,风是扬帆之风"[1]。

2. 人与物的联系

在人与存在物"打交道"的过程中,器具可以变成似乎独立于人的外物,成为认识中的客观对象。这种变化是从"应手之物"(ready-to-hand)到"现成在手之物"(present-at-hand)的转变。"应手之物"即人的得心应手的器具,它们与人的存在和环境有"上下其手"的关系;"现成在手之物"是被思考所分离出来的事物,它们是"呈现"在人的面前的对象。

海德格尔举例说明了从"应手之物"到"现成在手之物"的转化。一个人的屋子漏雨,他使用锤子修屋顶。此时的锤子是他的修理活动的一部分,是与他的生存环境不可分的"应手之物",此时他所关注的是修理屋子,而不是锤子。但如果他突然发觉锤子不好用了,比如说,觉得"锤子太重了",他就会把锤子当作手边的一个对象加以注视和研究,找出改进或取代它的办法。此时的锤子便成为"现成在手之物","锤子太重了"的感觉也随之成为"锤子是重的"这样一个判断,这就是理性认识的开始。从"应手之物"到"现成在手之物"的转变,实际上就是从行动到认识、从实践到理论的过程。海德格尔从存在论的角度说明了行先于知、知来自行的道理。

海德格尔联系哲学史说明了"在世之在"的理论意义。他说,康德所说的哲学家不能证明外部世界存在的"哲学的丑闻",至今仍未解决。在这一问题上,唯心论和实在论的对立似乎不可调和。他的"在世之在"的概念提供了解决这一问题的新途径。因为"世界"是人的存在的应有之义,世界的存在和人的存在一样确定无疑,无须证明。唯心论认为世界是与人不可分割的现象,这是正确的,只是这里的现象不是意识的显现,而是人的存在的显现。另一方面,实在论认为,世界是独立于人的外部对象,这也是正确的,只是这里的"外部"和"独立"应被看作是"现成在手之物"的呈现,是从原生的"世界"概念中派生出来的。

3. 人的共在

"此在"的存在方式也摆脱了主观唯心论的唯我论的困境。因为"此在"的存

---

[1] 海德格尔:《存在与时间》,陈嘉映、王庆节译,生活·读书·新知三联书店 1987 年版,边码 70 页。

在是"与他人共在"(being-with-others),"他人"是"此在"的自我的另一半,他人的存在对于"此在"而言根本不是一个问题。海德格尔强调本真的"此在"是自我,这只是为了说明如何在与他人的交往中保持个人的自我独立性与独特性,丝毫也没有否认他人存在的意思。

"共在"是一种把自我和他人同时显现出来的存在方式。"共在"的关系决定了自我和他人的关系不可能是非此即彼,但可以是此长彼消,在消长之中显出人的"烦神"(solicitude)。"烦神"作为显示"共在"的方式,又有本真和非本真的分别。

非本真的"共在"有两种情况:一是让自我消失在他人之中,一是用自我代替他人。这两种情况都是自我和他人的混淆和两者关系的失衡。消失在他人中的自我是"常人"(they)。"常人"是集体的、匿名的自我。海德格尔描述了"常人"的六个特征:服从、平凡、迁就、公众性、不负责任和适应感。这些特征也是逐步发展的过程,开始于不太情愿的服从,逐步地丧失了自己的个性,最后与集体的生活方式完全认同,随波逐流,人云亦云,获得了机械的、麻木的适应感。至于用自我代替他人的非本真状态,海德格尔也使用了一个专用的术语"介入"(leap-in),意思是越俎代庖,操办他人事务。他说:"这种方式使他人成为被控制和受掣肘的人。"[1] 与"介入"相反的状态是"超脱"(leap-ahead),海德格尔认为这才是"共在"的本真状态。在"超脱"的状态中,自我保持了与他人的距离,达到了自我和他人之间的平衡关系;同时又能以我为主,回应他人。

三、 显现存在意义的时间过程

海德格尔再三强调,人的存在是在时间中被揭示的。可以说,时间性是更普遍、更深刻的显示存在的方式。通俗言之,人可以不烦忙于事物,不烦神于他人,却不能不打发时间。广而言之,人如何打发时间,他也就如何生活,如何存在。海德格尔通过对"此在"的各种存在状态的分析得出这样一个结论:"存在的意义在于时间"。

---

1 海德格尔:《存在与时间》,陈嘉映、王庆节译,生活·读书·新知三联书店 1987 年版,边码 112 页。

1. 人的三种存在形态

海德格尔建立了时间性与"此在"的存在状态之间的联系。时间性的三部分，过去、现在和将来，分别对应于"此在"存在的三种方式：沉沦态（falling）、抛置态（thrownness）和生存态（existentiality）。每一种存在状态都有一种相应的显示方式，每一种显示方式又有本真和非本真之分。按照这一格式，海德格尔对大量的生活现象和心理体验进行了详尽的描述。

沉沦态指"此在"的存在被他一直存在着的状态所决定，沉沦在过去是、现在仍然是的既定状态之中。沉沦态主要由"心态"所揭示。心态是由业已形成的生活条件和状况所形成的持续的情绪，比如，在好的环境中兴高采烈，在坏的环境中垂头丧气，在顺利的条件下心平气和，在不顺利的条件下心烦意乱。心态的非本真状态是"恐惧"（dread）。恐惧揭示的是逃离现实的态度，在现实的压力下孤独、沮丧、忧心忡忡、闷闷不乐，即使好的心境也有如释重负之感。揭示沉沦态的本真的心态是"焦虑"（anxiety），焦虑起于这样的生活态度：它把生活看作不可推卸的重担，并因此而想方设法地迎接人生的挑战，即使获得暂时的成功，也仍有"人无远虑，必有近忧"的压力。

抛置态指"此在"的存在拘囿于现有的存在状态，如同被抛置在一个正在进行的生活进程之中。抛置态主要由语言来揭示。这不是说语言只与现在状态有关，而是基于语言的流动性。语言作为语词的活生生的流动过程，把过去的和将来的内容都转化为当下状态。海德格尔因此说，语言的主要功能是"创造现在"。语言的本真状态是"言谈"，言谈奠基于语言的内在结构，根据对过去的解释和对将来的理解，把语词符号加以连接和运作。语言的非本真状态有三个：闲谈、好奇和含混。闲谈是道听途说、流言蜚语、人云亦云的议论；好奇是对于与己无关的目标走马观花式的见解，以获得无所用心的印象；含混是揣测公众心理的见风使舵的解释。这三者都是常人的语言，掩盖了本真的自我。

生存态指"此在"设计并实现自己的可能性的面向未来的生活状态。"理解"是揭示生存态的主要方式。理解是对自己未来的前途，对现在的处境加以抉择，对过去的事件加以解释。本真的理解是"设计"（projection），它的德文词是entwurf，意思是"抛将出去"。如果说沉沦态是对世界的一种"归顺"，那么设计则是一种相反的态度,它把自己的计划加诸世界,依可能性改变现实,让世界适应自己。非本真的理解表现为等待、观望和忘记,这些都是对自己的未来所采取的敷衍了事和得过且过的生活态度。

上面所说的三种存在状态的时间性都只是相对的,就是说,每一存在状态都包含着过去、现在和将来的因素,只不过各以一种时态为主,分别显示为不同的生活方式和态度。海德格尔在分析了这三种存在状态之后又对之进行综合。正如过去、现在和将来在现实中是不可分割的一样,沉沦态、抛置态和生存态在生活中也是一个整体的存在过程。

海德格尔用一个专有的词组表示"此在"的全部的存在过程,这就是,"先行于自身的—已经寓于的—在世之在"(ahead of itself—in already—being in a world)。词组表达了一个三联式:第一式是将来式,第二式是过去式,第三式是现在式。每一式都依附于其他两式,三者相互依存,联成一个完整的过程,表示"此在"的完整的存在状态。

2. "烦"的存在论意义

揭示"此在"完整的存在状态的过程是"烦"(care)。"烦"是"烦忙"和"烦神"的一般形式。这从它们的德文形式可以更清楚地看出:besorgen(烦忙)和 fursorgen(烦神)都是从 sorge(烦)派生出来的。但"烦"与"烦忙"和"烦神"的不同之处在于,后两者是针对特定对象的"烦","烦忙"的对象是特定的事物,"烦神"的对象是特定的人;而"烦"本身却没有特定对象,它是一般的人生态度。我们会有这样的体会,即使在无所事事的时候,也会感到心烦。

海德格尔追溯"烦"的拉丁文 cura 的词源,找到这样一个传说。相传 cura 是一个女神,她用泥土捏成了人的形体,她称这样东西为"人"(homo),因为它来自"泥土"(humus)。她请求朱庇特给人以灵魂,人死后灵魂归还朱庇特,但只要人活着,就要拥有他。这个故事说明,"烦"与人终生相伴,人从诞生那一天起就已把他的存在交由"烦"来支配。为什么会如此呢? 因为"烦"所揭示的是"此在"的存在的全部结构。

对于"烦",海德格尔提出了三个问题:"烦"对人意味着什么?"烦"是一种摆脱不掉的心情,它揭示了人的当下处境;人为什么而烦? 他的目标,他的未来,他的"烦"显示了他的潜在性；人面对什么而烦？他已经存在于世界之中，他的"烦"揭示了一个已经显示出来的世界，"烦"是过去的延续。"烦"揭示的是将来—过去—现在的整体结构。"烦"使人感到了他的现实性和可能性、抛置性和沉沦性，他的自由和已经形成的特征，他周围的环境与他的选择，如此等等。

如果一个人对他的存在感到不胜其烦，感到可畏，这就会滑入非本真状态，在"他人"的庇护下取消自我。"畏"(fear)是非本真的"烦"，这种意义上的"畏"不是揭示沉沦态的"恐惧"，它没有具体对象，"畏"与"烦"一样，是一般的人生态度，揭示的是"此在"的整体存在状态。

"烦"的本真的也是最后的形式是"面对死亡的决断"。这一本真状态包含三个因素：先行、良知和决断。决断是当下抉择，先行是未来的展望，良知是以往体验的呼唤。在此种状态中，最后可能性渗进了现实，切断了未来，并保存在已经实现的过去之中。只是在面向死亡的心境中，人才体验到存在的全部含义——对他的全部可能性的依附、设计与实现。海德格尔说："死亡是此在本身必须承担的存在的可能性……死亡于自身显示的是最合适的、无所牵挂的、超越不了的可能性。"[1]

3. 存在论的人生哲学

海德格尔关于人生的存在形态的论述，可用下表表示：

"此在"的存在 时间性	存在 状态	显示方式		
		一般的	非本真的	本真的
过去	沉沦态	心态	畏惧	焦虑
现在	抛置态	语言	闲谈 好奇 含混	言谈
将来	生存态	理解	等候 观望 忘记	设计

---

[1] 海德格尔：《存在与时间》，陈嘉映、王庆节译，生活·读书·新知三联书店 1987 年版，边码 300—301 页。

续表

时间性 \ "此在"的存在	存在状态	显示方式		
		一般的	非本真的	本真的
将来—过去—现在	先行于自身的—已经寓于的—在世之在	烦	畏	面向死亡的决断

海德格尔把人生的全部态度归结为"烦",有些人可能会不喜欢。他们会说，如果生活只是"烦"，不是非本真的"畏"，就是本真的"面向死亡的决断"，那么人岂不是生活得太累了吗？人为什么不能活得更轻松、更愉快呢？显然，海德格尔所说的"烦"并不与任何一种具体的娱乐方式相抵触。但是，按海德格尔的标准，如果把轻松愉快、无忧无虑作为一种基本的生活态度，那实际上是逃避现实，而又不敢面对未来，忘记了自己的责任，而又害怕自我设计和选择的后果，这些不但没有摆脱"烦"，却恰恰是非本真的"烦"——"畏"的种种表现。海德格尔所说的"烦"作为基本的人生态度，我们并不陌生。中华民族的先哲前贤的很多教诲，比如，"君子终日乾乾，夕惕若厉""鞠躬尽瘁，死而后已""先天下之忧而忧，后天下之乐而乐"，表达的都是这种深沉的、严肃的、积极有为的人生态度。只是海德格尔用我们不熟悉的语言和现象学方法，道出了我们久已熟知的人生真谛。

第三节

人的存在与自由

存在主义者认为，自由是存在的应有自由，人是自由的存在者。他们通过对存在意义的分析和对存在过程的描述，回答了人学史上争论不休的问题——人是否自由以及在何种意义和条件下自由的问题。本节以萨特(Jean Paul Sartre)和加缪(Albert Camus)两人的思想为例，来说明存在主义思想家关于人的自由的看法。

一、 自由是存在的先天结构

萨特认为，自由不是人性或人的本质，自由属于有意识的存在的结构，这就是人的意识的先天的结构。萨特说："人不是首先存在以便后来变成自由的,人的存在和他的自由两者没有区别。"

1. 意向活动的自由

自笛卡尔以来的哲学,都把"自我意识"当作"意识"的核心,认为有了自我意识,才会有意识现象与活动。萨特接过胡塞尔关于"意向性"的理论,对它作了全新的解释,把它改造成一个不再以"自我"为核心的关于意识的理论。按照萨特的解释,意向性不是表示"自我"与意识活动和现象之间关系的特性,而是表示意识与外界事物之间关系的特性。他说:"如胡塞尔所说,所有的意识都是对某种东西的意识,这就是说,意识都要设定一个超越的事物。"[1]

意识能够设定超越自身的对象,正是因为它的本性是自由。萨特分析了各种意向活动的自由,为他的自由理论提供了一个认识论的基础。他分析的意识活动包括知觉、想象和情绪。

萨特认为,知觉总是意向一个存在着的事物,但并不能因此否认知觉中有错误,甚至幻觉成分,比如,在黑暗中,把一个树桩当作一个人。但是错误与幻觉不是发生在知觉活动中,而是发生在其后的对意向事物性质的判断之中。被知觉的是一个真实的存在事物,但在判断中,却可以把这一事物错误地判断为另一事物,如把树桩判断为人。判断与知觉的不一致,显示出意识具有相对于外物的自由,意识并不总是按照外部存在来判断外物的。在后来写作的《存在与虚无》一书中,萨特进一步指出,意识有对外部存在说"不"的自由。并且,意识的否定判断并不只有消极的、错误的后果,它是自为的创造的源泉。

与知觉相比,想象的意向性具有更大的自由,它可以设定知觉不到的事物作为意向对象。只在想象中存在的意向对象叫影像。影像虽然不是知觉到的事物,虽然不存在于意识之外,却是显现于意识之中的真实存在,影像是通过对知觉的否定,并伴随着知觉对象的存在。比如,"半人半马的怪物"是对人和马的知觉的分别否定,而又伴随这些知觉的影像。萨特承认了两种存在:外部事物的存在和影像的存在,两者的差别是意向性所造成的,而不是真假程度的差别。他说:"影

---

1 萨特:《存在与虚无》,陈宣良等译,生活·读书·新知三联书店1987年版,第345页。

像和知觉是两种意向经验,它们首先通过各自的意向对象而区别开来。"[1] 在这两种意向活动中,想象比知觉更自由,如萨特所说:"人之所以能够进行想象,那是因为他先天地是自由的。"[2]

最后是情绪。情绪是把握世界的一种方式。萨特否认认识是把握外部世界的唯一方式,他说,除了认识事物之外,我们还能"爱它,怕它,恨它。这种从意识到意识的超越,人们也称之为意向性"[3]。"意识到意识的超越"指把知觉对象转变为情绪对象,把决定了的因果世界转化为自己可以对之有所反应与作为的世界,比如,对某人仇恨的情绪是把某人当作仇恨对象的意识。萨特举了这样一个例子:我晚间坐在窗前的桌边,忽然窗上出现一只大手,从决定论的观点看,手并不是可恐惧的对象,即使它要伤害我,后边还有门,我还可以夺门而逃。但在情绪这种特殊的意向活动中,我们对它的第一反应是恐惧。恐惧的情绪把这只手由知觉对象变成了恐惧对象。

萨特对意识现象的分析旨在表明意向活动是自由设定对象的自为活动,从知觉、相信到情绪,是一个自由程度越来越大的过程。但不管在哪一种意识活动中,都不存在一个决定性的内核——自我意识,意识不受自我意识的限制。可以说,自由是意向活动的内在结构。

2. 他人意识

我们知道,意识的意向对象是超越自身的事物,当它以自我为对象时,意识就成为自我意识。那么,意识是如何由外物转向自身的呢? 萨特的回答是,只是由于他人意识的出现,自我意识才会发生,可以说,"他人"是"自我"的先决条件。他用现象学描述的方法,形象地说明了自我意识的发生过程。设想我通过钥匙孔窥视房里的人,此时我的注视对象是他人,我把他人当作意向对象。但是,如果我突然听到走廊里有脚步声,意识到有一个他人会注视我:"我在干什么呢?"羞愧感会油然而生。羞愧感是对于自我的反思,它把我的意识由被窥视的他人转向了自

---

1 萨特:《影像论》,魏金声译,中国人民大学出版社 1986 年版,第 123 页。

2 J. Sartre, *Imagination:A Psychological Critique*, trans. by F. Williams, Ann Arbor, 1962, p. 195.

3 J. Sartre, *The Transcendence of Ego*, trans. by F. Williams, New York, 1957, p. 97.

我,自我意识因此产生。在这个例子中,正是我感到他人有可能注视我,我才会注视自己。即使后来他人并未出现,这场虚惊也会使我放弃窥视。因为此时起作用的是他人意识,并不涉及我与他人的现实关系,我意识到他人的注视,这就足以唤醒我的自我意识。

萨特用自我意识与他人意识的不可分割的关系,说明了现实生活中我与他人既依存又冲突的复杂关系:"我看见自己是因为有人看见我……他人在这里不是对象,也不可能是对象,而同时,我又仍然是为他的对象,但并不因此而消失。"[1]萨特在这里说的是我既不能完全把他人当作对象,又不能完全把我当作他人对象的两难处境。

这种纠缠产生两种矛盾的心理倾向:一是把我作为注视他人的主体,把他人彻底对象化;一是把他人作为注视我的主体,把我彻底对象化。按弗洛伊德的精神分析学说,前者是性虐待狂的心理,后者是性受虐狂的心理。在现实中,人际关系不像心理感受中那样极端,但也有与之相应的较为温和的两种行为。一种情况是,当他人把我当作对象时,我可以自由地投入到他人的自由中去,这就是爱情。因为"恋爱者不想像占有一个物件那样占有被爱者,他祈求一种特殊方式的化归己有,他想占有一个作为自由的自由"。但是,我不可能自由地成为他人的完全对象,我仍然有自己的独立性;他人也一样。因此,爱情不可避免地伴随着摩擦,萨特深有体会地说:"爱情是冲突。"另一种情况是,当我把他人当作对象时,我可以自由地成为和他人一样的对象,以便同化他人的自由,这就是情欲。在情欲中,"我变成面对他人的肉体,以便把他人的肉体化归己有"[2]。

萨特把我与他人的关系称作"为他之在"(being-for-others),其意义是,我既不能完全被他人对象化,又不能完全把他人对象化;我与他人总是处在互为对象化的纠缠和矛盾之中。他说:"冲突是为他的存在的原初意义。"[3]在后来写的剧本《禁闭》中,他又说:"他人是地狱。"这些话经常受到误解,以为萨特否定利他主义,宣扬"人不为己,天诛地灭"的利己主义。实际上,从我们上面的介绍和分析可

---

1 萨特:《存在与虚无》,陈宣良等译,生活・读书・新知三联书店 1987 年版,第 345 页。

2 同上书,第 474、475、473、502 页。

3 同上书,第 470 页。

以看出，萨特所说的"他人是地狱"的含义不同于霍布斯所说的"人对人是狼"。我和他人的冲突不是你死我活的决斗，而是若即若离、又即又离的"悲欢离合"。两者的冲突主要也不表现为现实的利害冲突，它更多地表现为意识和情感上的不适和困扰。在"为他之在"中，完全的利己主义和完全的利他主义一样不可能。

3. 集体意识

我与他人的冲突也有中断的时候，那发生在"我们意识"之中。"我们意识"是集体意识，此时我与他人有共同的注视对象。萨特描写了它的发生过程："坐在咖啡馆的露天座上，我观察着别人，并且知道我也被观察着，我在这里仍然置身于与他人冲突的平常情况之中。但是现在，马路上突然发生了一件什么小事，比如，一辆三轮车和出租车轻轻地撞了一下，立刻，在我变成这一事故的观众的那一瞬间，我出乎意料地介入了我们之中。"

但是，集体意识是暂时的，一旦我和他人又恢复相互注视，集体意识马上就会消失。举一个例子，在一场球赛中，球迷们有极强的集体意识，因为他们有着共同的观看对象和目标。设想我和其他球迷一起狂喊时，旁边一个球迷用奇怪的眼光看了我一眼，我的集体意识会立即消失，我会感到与这个人处于相互注视的冲突之中。萨特说："为他之在先于并奠定了与他人共在的基础。"[1] 我们知道，"与他人共在"是海德格尔提出的表示个人与他人相互依存关系的概念，萨特则用"为他之在"表示人际关系，说明人际关系的本质和基础是冲突而不是依存。

4. 自在与自为

"自在"（being-in-itself）与"自为"（being-for-itself）是关于存在的两个最基本的概念。自在即不依赖于人的意识的存在。萨特说，对于自在，我们只能说三句话："自在是，自在是自身，自在是其所是。"[2] 第一句话没有谓词，第二句话的谓词是自身，第三句话进而肯定了"自在"是某种东西。除此之外，我们不能对自在有更多的判断和知识。

一切东西，就其自身的存在状态而言，处于一团混沌、无差别、朦胧的状态，它

---

1 萨特：《存在与虚无》，陈宣良等译，生活·读书·新知三联书店1987年版，第532—533页。
2 同上书，第27页。

好像是一个漆黑一团的、充实而又不动的整体,我们最多只能说,这是一个东西。这是什么东西呢？如果要对自在作进一步的判断,势必要涉及它的性质、时间、空间等等,我们需要有这些方面的概念,而概念是由意识确立的。"自在"这一概念表明了在未被意识所意向之前,存在着某个东西,但我们不知道,也不能说出,它以何种方式存在,处于何种状态。

"自在"的混沌与朦胧为意向活动提供了背景和素材,意识从中分辨出具体的事物和具体事物的存在状态,包括时间、空间状态。被意识活动所意向的存在是"自为"的存在。它们是按意识所规定的目的倾向而如此这般地存在着。比如,按照在生活中用途不同,人的意识区分出不同材料,木、石、土等,一块木头在不同境况下可以被进一步规定为桌子、槌木、木柴或块垒等。空间关系也是如此,远、近、上、下、左、右等,都是因为有意识的比较、联结而存在的关系。

"自在"只提供背景和素材,并不是"自为"的原因。"自在"没有理由、没有原因、没有必然性。"自在"完全是偶然的、无缘无故的,对人来说是荒谬的。只是人的意识的安排和改造,才会有互相区别与联系的,具有实用价值和工具效用的存在——世界。

5. 人使虚无来到世界

人的意识是如何把自在转化为世界的呢？人的意识是自由的,没有任何规律性或必然性来指导意识如何处理自在。意识活动的自由在于是对自在的否定,意识可以根据自己的设想,说自在不是什么,如说它是不动的,不可分的,不可辨别的,如此等等。但是,这些否定判断如何产生肯定的存在呢？这里的关键是理解萨特关于"虚无"的概念。

萨特说,虚无和存在是"互补"的,"把世界理解为世界,这是一种虚无化"。他又说:"虚无是使世界获得一个轮廓的东西。"[1] 所谓虚无化是这样一个过程(nihilation):它把充实的、不变的自在的一部分虚空掉,使之有差别、相互分离,因而成为相互联系、可以运动的各种事物。比如,当我辨认出一张纸时,我把纸从整个背景中抽取出来,虚空了其他现象。虚无化好像是照相曝光的底片上的背景部分被

---

1 萨特:《存在与虚无》,陈宣良等译,生活·读书·新知三联书店 1987 年版,第 47 页。

模糊，或被取消，留下清晰的、所要摄影的对象。

　　萨特说："人是使虚无（nothingness）来到世界的存在。"[1] 意思是，人的意识的作用在于否定、分辨、分离，通过虚空其他而让一个或一些事物显现于意识之中。没有意识的虚无，也就没有人所能意识到的世界。

　　不但外部有自在和自为之分，人的存在也有自在与自为之分，人也要虚无自己的自在。人的自在是他现在所处的生活境况，人的自为表现为对已有的存在境况的否定。人的意识不断地否定他的自在，这是自我虚无化，即从自在只分离出自己所欠缺的存在。在一个人的意识中，他的存在总是欠缺的，他永远不满足已有的一切，总要设定并努力实现新的可能性，这就是他的自为。

　　人根据他所欠缺的存在，按照他的自为存在的目标，赋予事物以新的工具性意义，使它们成为实现自己所涉及的可能性的手段，或成为需要克服的障碍。人不断实现自己的新的可能性的自为的存在，就是穿越所有这些手段或障碍的过程，或者说，世界连接着人的存在的两端：一端是从自在开始的出发点，人所要达到的目标在世界的另一端显露出来。在此意义上，萨特说："世界从本质上说是我的世界。……没有世界，就没有自我性，就没有人；没有自我性，就没有人，就没有世界。"[2]

二、　存在先于本质

　　萨特说："人类的自由先于人的本质，并且使人的本质成为可能。"[3] 与海德格尔提出的"人的存在就是他的本质"这一命题相比，萨特所说的"存在先于本质"的命题更强调自由选择的过程。正是从"自由选择"的基本原则出发，萨特阐述了人的道德责任等一系列伦理学主题，得出"人是绝对自由"的结论。

1. 人没有被决定的本性

　　萨特明确地指出，人的任何存在状态都是人的自由选择，存在的过程就是自由选择的过程。他说："人除了他自己认为的那样以外，什么都不是，这是存在主义的第一原则。……人首先是存在——人在谈得上别的一切之前，首先是一个把

---

1 萨特：《存在与虚无》，陈宣良等译，生活·读书·新知三联书店 1987 年版，第 55 页。
2 同上书，第 152 页。
3 同上书，第 56 页。

自己推向未来的东西,并且感到自己在这样做。"引文中"自己认为的那样""感到自己在这样做"指的都是自由选择,自由选择不能不是自觉的,因而也是主观的。萨特在说到"存在先于本质"时,紧接着说:"或者不妨说,哲学必须从主观开始。"[1]萨特再三强调的存在的主观性、哲学的主观性,意思就是选择的自由和自觉。

对存在的自由选择的强调是与决定论格格不入的。萨特反对一切形式的决定论,特别反对宗教决定论。他说,存在主义是从彻底的无神论推出的结论。在西方思想传统中,基督教的上帝是存在的源泉,上帝在人的存在之前决定了人的本质。萨特说,启蒙运动虽然否定了上帝的决定作用,但又假设了一个"人性"作为人的存在之前的本质。存在主义把上帝不存在的后果推演到底,得出了人的存在先于本质的结论。并且,人的存在就是人的自由,"存在在先"的意思是"自由在先","存在先于本质"的意思是"人的选择造就了他自己"。

2. 绝对自由

自由选择是绝对的,"绝对"的意义是"无条件",就是说,选择不受任何条件的决定;除了人自己的自由选择之外,没有什么东西能够决定人的存在。萨特同意,人是在各种条件下进行选择的,但是条件能否发生作用,归根到底取决于人自己的选择。比如,一个抵抗者被关进监狱,他的环境似乎决定了他不能够作任何选择,其实不然,仍然有很多可能性可供他选择:他可以选择越狱,可以选择读书,即使他什么也不做,静静地躺着看天花板上的小虫爬行,这也是一种选择。萨特反对一切决定论的因素:环境、遗传、教育、性格等,这些因素都属于过去,它们能够对人的存在发生作用,是因为人自己的选择,接受了它们的影响,不是过去决定现在和将来,而是人自己决定并选择了一条捷径通向未来。

绝对的自由选择是把上帝不存在的后果推演到底而得出的又一个结论。俄国作家陀思妥耶夫斯基在小说《卡拉马佐夫兄弟》中有一句名言:"如果上帝不存在,什么事都将是容许的。"萨特说,这句话是存在主义的起点,但也只是起点而已。人可以自由地选择任何事情,没有一个全能的上帝在约束他,但同时他也要

---

1 萨特:《存在主义是一种人道主义》,周煦良、汤永宽译,上海译文出版社 1988 年版,第 6 页。

为他的选择承担全部的后果,没有一个上帝为他承担责任。绝对自由意味着绝对的责任。这里的"绝对"同样是"无条件"的意思。一个人只要选择了一个事件,他就得为这一事件的后果承担全部责任,他不能把责任推诿于他无法控制的条件,把自己的选择及其后果说成是不可避免、命中注定、迫不得已、顺乎自然、随波逐流的,等等。萨特说:"上帝不存在是一个极端尴尬的事情,因为随着上帝的消失,一切能在理性天堂内找到价值的可能性都消失了……因此人就变得孤苦伶仃了,因为他不论在自己的内心里或者在自身以外,都找不到可以依靠的东西。他会随即发现他是找不到借口的。"[1]

绝对自由给人带来的不是什么幸福和喜悦,而是萨特称之为"苦恼"(anguish)的无依靠感、惶恐感和巨大的责任感。这种心态犹如一个站在深渊边缘的人欲跳而止、欲罢不能的感觉,它是一般人难以忍受的。因此,人不像传统哲学家所相信的那样向往自由、热爱自由,而是千方百计地逃避自由。

萨特说:"存在主义的核心思想是什么呢?是自由承担责任的绝对性质;通过自由承担责任……"[2]绝对自由意味着选择的绝对自由以及承担选择后果的绝对责任。自由是绝对的,因为自由不是人的选择,人是完全自由的,自由不是外在于人的目标,而是他的存在和意识的内在结构。任何有意识的人都是自由的,任何存在着的人都是自由的。绝对的责任和随之而来的苦恼是人为他的自由所承担的重担。

3. 逃避自由的"自我欺骗"

萨特爱说"人注定是自由的",这里的"注定"(to be condemned)的原意是"被定罪",有"被迫""被逼"的意思。也就是说,人不得不自由,自由是他摆脱不掉、必须承担的生活负担。

人不能逃避自由,却能找出种种借口推卸责任,这些借口就是自我欺骗(mauvaise foi/bad faith)。自我欺骗当然也是一种自由选择,却采取了决定论的内容。在萨特笔下,人在任何情况下的选择都是自由的,如在参军和留下之间选

---

1 萨特:《存在主义是一种人道主义》,周煦良、汤永宽译,上海译文出版社1988年版,第12页。
2 同上书,第23页。

择的青年、伪警察、囚禁中的抵抗者、调情的女人、过分殷勤的侍者、作伪证的妓女，都没有借口推卸自己的责任。但是，如果他们相信，自己不能作出选择或没有责任，那就是自我欺骗。自我欺骗的对象与其说是他人，不如说是自己。也就是说，在主观上，欺骗者并不想找推卸责任的借口，他们或许根本没有意识到自己有什么责任，或许真诚地相信自己是不自由的。萨特在《存在与虚无》的"自我欺骗行为"一节里，描写了两个自我欺骗者的这种心理状态。一是初次约会的女人，她的手被约会的男人抓在手心，她虽然很不情愿，但又不把手抽回，而是假装沉浸在关于高尚爱情的对话中。她不抽回手，就是选择了与男人调情，她好像不在意于此，而在意于关于高尚爱情的谈话，那是她不愿意面对调情这一事实及其后果的借口，是对自己的欺骗。另一个人是咖啡馆的侍者，他过分地殷勤，过分地灵活，好像他并没有什么选择，只是模仿一个模范侍者的形象，他没有意识到或者不愿意相信，他模仿的模范侍者，是在他的心目中树立起来的，是他为自己的生活而作出的选择，重复的模仿行为只是自我欺骗的行为。

三、 个体和集体的自由

萨特对马克思主义的态度颇为复杂，在后来写作的《辩证理性批判》一书中，他企图把存在主义与历史唯物主义结合起来。他一方面说，马克思主义是我们时代活的哲学，是不可超越的，任何超越的企图都将返回到马克思之前的过时的哲学；另一方面又企图用存在主义的人学来"补充"马克思主义，建立一个"任何未来人学的导论"[1]。

1. 个体、群体和集体的历史辩证法

萨特说，人学要解决的问题是"历史知识何以可能"。在历史中，有这样一对矛盾：历史和社会是人创造的，但同时每个人又生活在一定的社会环境中，在一定的先决条件中创造历史。马克思用经济关系解释历史的动力与方向，解决人与历史的矛盾问题。萨特则认为，辩证法应首先是"人学"，它的出发点是个人实践。

人的存在是有机现象，是对无机体的否定。但是人的物质需求则是回归物质环境，是否定之否定，是自然对人的否定。这构成了辩证法的第一个"圆圈"。

---

1 J. Sartre, *The Critique of Dialectical Reason*, London：New Left Books, 1976, pp. 65 - 66.

接着出现的是需求与匮乏的辩证法,这是人的生产活动的基础。在生产活动中,通过自然的中介,人的超越活动统一过去、现在和将来,表现为物以人为中介、人以物为中介的"辩证法循环"。辩证法循环又产生自身的否定,这就是反辩证法的实践惰性。人在这一否定阶段成为自己生产物的奴隶,人被异化,被组成在群体(collection)中,成为满足需求的生产中的一个环节。

在历史否定之否定的阶段,社会集体(group)的建立,在其中人有共同目的,并超越给定的生存状况,在自由活动中实现未来的可能性。这是历史辩证法的第二个"圆圈"。辩证法不会至此结束,在以后的发展过程中,集体又会蜕化为功能性的团体,产生官僚国家,产生新的异化,引起革命。历史辩证法在异化—革命—再异化的循环中继续前进。

2. 从个人主义到集体主义

萨特后期思想与前期思想不同,其侧重点不再是个人自由,而是先决条件对人的活动的限制。社会和自然环境、人的生理和心理因素的影响,不再是人可以自由选择的和可以决定是否接受的东西。人的最终自由要在集体中实现。萨特说:"归根到底,不要让人把我们解释成似乎在说,人在任何情况下都是自由的,我们要说的恰恰相反,即只要人的生活经验在实践惰性的范围中发展,所有人都是奴隶。"[1]

萨特的存在主义经常遭到非议,被指责为"消极的""悲观的""资产阶级的""利己主义的"和"个人主义的"哲学。在《存在主义是一种人道主义》一书中,萨特回答了一些指责。比如,他说,存在主义不是消极的,而是"行动的哲学";不是悲观的,而是"严峻的乐观主义";不是利己主义,而是人道主义。他又说,存在主义是一种主观的哲学,"这并不是因为我们是资产阶级,而是因为我们要把自己的教导建立在真理上"[2]。但是,此时的萨特没有回答"个人主义"的批评,也许他默认了存在主义就是个人主义,他在《存在与虚无》中的存在主义也确实是个人主义。在西方哲学的传统中,个人主义与利己主义有不同的意义,也不等同于唯我主义,

---

1 J. Sartre, *The Critique of Dialectical Reason*, London: New Left Books, 1976, p. 325.
2 萨特:《存在主义是一种人道主义》,周煦良、汤永宽译,上海译文出版社1988年版,第21页。

它倒是与人道主义有密切联系。即使承认存在主义是一种个人主义,也并不损害萨特的一贯立场。

但是,萨特最终还是决定放弃个人主义,他在《自传》中说:"我放弃了战前的个人主义和纯粹个人的概念,转向社会里的个人和社会主义。"[1]《辩证理性批判》一书表达的就是这样的努力。至于他是否真的由个人主义走向了社会主义,是否真的实现了存在主义与马克思主义的结合,那就要另当别论了。

四、 存在的勇气

阿尔伯特·加缪在他的哲学论文和文学作品中,深刻而又形象地阐述了存在主义者关于荒谬、死亡等主题思想。他认为,不应从消极方面来理解荒谬和死亡,而要以此激发起存在的勇气,勇于直面人生,创造生活的价值。

1. 存在的荒谬

加缪有一句名言:"真正的严肃的哲学问题只有一个:自杀。判断生活是否值得经历,这本身就是在回答哲学的根本问题。"[2]这里所谓的"判断生活是否值得经历"是对生活价值的怀疑,它是由人的存在的荒谬而引起的。

从存在主义的立场看,世界没有自身的目的和意义,现实并不是合理的,这就产生了世界是荒谬的感觉。严格地说来,世界本身并不荒谬,它只是存在着,并不管人的理想和价值、希望和意义。荒谬是由于人对世界的合理的期望与世界本身不按这种方式存在之间的对立而产生的。荒谬感的产生有各种途径,加缪对此有详尽的描写。

比如,在单调的、令人窒息的日常生活中,我们免不了会在忙碌中停下来问一句:如此生活是为什么? 我们忽然感到日常生活毫无目的,我们的存在顿时失去了意义,世界显得黯淡无光。这是通过日常经验而生成的荒谬感。我们中国读者熟悉的《红楼梦》中的《好了歌》,表达的不也是这种荒谬感吗?

再如,我们看到自然对人的价值和知识的漠视。人类追求关于世界的绝对可靠的知识,但在世界不可还原的多样性面前,这种企图注定要失败。人类在灵魂

---

1 *Sartre by Himself*, New York: Urizen Books, p. 48.
2 加缪:《西西弗的神话》,杜小真译,生活·读书·新知三联书店 1987 年版,第 2 页。

深处躁动着明晰性的愿望，这是我们对于存在追根求源，想要给予一个最终的说明的愿望，但是世界的无理性和存在的神秘性无视我们的愿望，甚至充满着敌意，我们的知识却无能为力。这是从人类认识的有限性中生成的荒谬感。

对生命有限性的认识，更会产生荒谬感。特别是意识到死亡将至的时刻，死亡成了一切价值的毁灭者，从而最突出地揭示了世界的荒谬性。加缪描写了《局外人》的主角在牢房里知道他即将死去时的念头："从根本上说，我明白，不管在三十岁还是在七十岁时死去，都无关紧要，因为无论如何，别的男人和女人都会在千万年继续生活下去，这是再清楚不过的了。但现在的问题是，将要死去的是我，我将在此时或在二十年后死去。一想到能再活二十年，我就突然感到特别高兴。"

人在面对着死亡的时刻，生命成了世界的唯一价值，死亡将至的现实与希望活下去的愿望的对立，让人陷入不能自拔的荒谬感之中。

2. 回避荒谬的非本真人生

面对着荒谬感，有下面三种不同的反应。前两种态度是回避、逃脱，是非本真的人生态度，最后一种才是加缪提倡的本真的存在。

一是自杀。加缪说：自杀的根源在于"看到生活的意义被剥夺，看到生存的理由消失，这是不能忍受的，人不能够无意义地生活"[1]。

二是在人的生活之外寻求意义，这是大多数哲学家的态度，其中有非理性主义的和理性主义的态度。有神论的存在主义者克尔凯郭尔(S. A. kierkegaard)和雅斯贝尔斯(Karl Jaspers)代表了非理性主义的立场。他们把荒谬神化，崇拜理性不可理解的东西，主张从世界向上帝的飞跃。他们说，上帝存在于人的理性之外，因此才有荒谬感，但上帝又是意义的源泉，生活的意义不是在理性，而是在信仰中获得。加缪说，有神论用上帝压制人类追求合理秩序的愿望，把人的理智的追求变成了罪恶。另一方面，胡塞尔代表了理性主义的立场。胡塞尔在事物本身上面找到绝对价值，力图恢复那个缺少了它就会产生荒谬的理性原则。加缪说，这是用理性来压制荒谬存在的不可理解性。他认为，无论理性主义还是非理性主义都没能克服荒谬感，他们虽然逃避了肉体的自杀，却没有摆脱哲学的自杀。他

---

1 加缪：《西西弗的神话》，杜小真译，生活·读书·新知三联书店 1987 年版，第 5 页。

说:"在荒谬的精神看来,世界既不是如此富于理性,也不是如此富于非理性。它是毫无理由的。"[1] "毫无理由"指理性是无能为力的,但在理性之外又一无所有的悖论。哲学家一旦意识到这一悖论,他的哲学也就在荒谬感面前完结了。

3. 存在是创造意义的过程

直面存在的荒谬而能在存在的过程中创造意义,这是无神论者特别是加缪的意见。希腊神话里的西西弗[2]代表了这种态度。

据说,西西弗因为揭露和欺骗诸神被罚终生服劳役,他的命运是把巨石推上山,但就在石头被推上山的那一刹那,石头滚回山下,他又要开始新的劳动,如此循环,永无止境。西西弗明白自己的劳作归根到底是无意义的,但他把无意义的生活看作是一个从中可以获得快乐和满足的过程。他认识到世界的荒谬性,面对着生活的有限性和无目的性而又藐视荒谬,以积极的、创造性的态度对待生活,从中创造价值。

加缪写道:"西西弗无声的全部快乐就在于此。他的命运是属于他的。他的岩石是他的事情。……西西弗告诉我们,最高的虔诚是否认诸神并且搬掉石头。他也认为自己是幸福的。这个从此没有主宰的世界对他来讲既不是荒漠,也不是沃土。这块巨石上的每一个颗粒,这黑黝黝的高山上的每一颗矿砂,唯有对西西弗才形成一个世界。他爬上山顶所要进行的斗争本身就足以使一个人心里感到充实。应该认为,西西弗是幸福的。"[3]

西西弗是加缪心目中的英雄,其他像唐璜、征服者、演员、艺术家那样的人,也都是在不断重复的、看起来是无目的的动作中创造价值和获得满足的。这些人的态度似乎是"目的是没有的,过程就是一切"。无神论者也是这样,他们认识到,死亡之后没有来世,没有上帝的奖励和惩罚,自我牺牲的利他行为并不比彻头彻尾的利己行为更有价值,两者对个人终极目的而言是无差别的。即使如此,他还是选择了前者,因为前者是一个创造意义的过程。这就是"不信上帝的圣徒"的态度。

---

1 加缪:《西西弗的神话》,杜小真译,生活·读书·新知三联书店1987年版,第60页。
2 又可译为"西绪弗斯"。——引者注
3 加缪:《西西弗的神话》,第160—161页。

4. 反抗是人生意义的创造

在《反抗的人》中，加缪不再强调在无目的的过程中创造价值，而是强调在对现实的不正义、压迫、残酷现象的反抗中，肯定生命的价值。他的出发点不再是归根到底的荒谬感，而是价值失落。价值失落的原因是宗教信仰的失落。陀思妥耶夫斯基的《卡拉马佐夫兄弟》一书对此有深刻的描写。书中的主人公伊凡声称："如果上帝不存在，什么事都将是容许的。"小说的另一位主人公斯米嘉耶夫受影响堕落为彻头彻尾的利己主义者，最终杀死了自己的父亲，伊凡本人也堕落在虚无主义之中，最终变疯了。加缪从这本书读出的道理是，现代社会因为失去宗教信仰而失去价值。

面对着价值的失落，先知式的思想家呼唤着新价值的重建，他们都寄希望于革命。尼采说，上帝死了，一切价值荡然无存，为了超人的理想，一切都可以牺牲。黑格尔说，历史在最后阶段达到绝对观念，为了这一目的可以破坏一切价值，为了未来可以牺牲个人。加缪说，前者导致法西斯主义，后者导致共产主义："在天国覆灭之后，马克思的先知式的梦想和尼采灵感般的预言召唤出合乎理想的国家或非理性的国家，但在两种情况下都靠恐怖来统治。"[1]加缪错误地把法西斯主义与共产主义等量齐观，认为两者都是有目的、有计划的革命，革命以自由和正义的价值为目标，但建立的新政府却是警察国家。

加缪提出了一个与革命不同的创造价值的过程——反抗。他所说的反抗是个人的反抗。对于个人反抗的特殊的意义，加缪有这样一些说明。首先，上帝之死固然是价值失落的原因，但也是产生新价值的唯一来源。因为价值失落产生荒谬感，而要察觉到荒谬必须先有意识，而要有意识又必须先有生命，生命于是成了代替上帝的新的价值。再者，生命一旦成为价值，就是所有人的共有的价值，于是，像"不准自杀""不准杀人"这样的道德命令就是普遍的规范。最后的结论是，凡是违反生命价值和普遍规范的行为和主张，都要加以反抗。反抗不仅是维护生命价值的手段，它本身就是价值。价值不但是自在的，更重要的是创造出来的，是在维护生命价值的过程中创造出来的新价值。比如，当我冒着死亡的危险争取生

---

1 Camus, *The Rebel*, trans. by A. Bower, New York, 1956, p. 177.

命的价值时,我也就超越了个人的生命,进入了以生命为神圣的境界。再如,在争取共同目标的反抗过程中,人们相互团结,产生出利他主义的新道德。加缪把笛卡尔的第一原则"我思故我在"改为"我反抗,故我存在",说明反抗对于人的生存是头等重要的价值。

第四节 ————————————————————————————

存在的终极关怀

存在主义者有无神论者与有神论者之分。萨特和加缪属于无神论阵营,本节要重点介绍的是有神论的存在主义者,他们把人的存在与存在着的上帝联系起来,认为人的存在的终极关怀是回到超越的存在者——上帝。

一、 面向上帝的"飞跃"

克尔凯郭尔与同时代的叔本华和尼采一样,具有非理性倾向,强烈关注生命和人生问题,但他的思想中缺乏任何本体论的哲学,他的思想焦点始终是人,人的存在、人的自由选择。在此意义上,他被看作是第一个存在主义者。就风格与性格而言,他是一个依靠主观体验来写作的诗人哲学家。但与尼采不同的是,他还是一个虔诚的宗教思想家,如何做一个人的问题,对于他来说就是如何做一个真正的基督徒。

1. 只有个人才是存在着的人

克尔凯郭尔对黑格尔的反抗是从神学和宗教的问题开始的。克尔凯郭尔承认,黑格尔创造了历史上最完整的思想体系,但令他感到滑稽的是,黑格尔的体系包括现实和思想的一切,却偏偏遗漏了哲学最重要的主题——存在(exist)。当然,这不是说黑格尔没有使用"存在"这一概念。"存在"是黑格尔体系的一个逻辑范畴。"存在"对于克尔凯郭尔来说却是一个只能适用于个人的概念。"存在"意味着一个人自己的生活过程,包括自我参与、自由选择以及自我实现三个环节。

自我参与就是以自己特有的方式生活,这表现为积极地、主动地参与人生的全过程,而不是随波逐流地附从于他人的生活方式。自我参与的意识是为什么只有个人才能存在,而其他事物的个体不能存在的原因。克尔凯郭尔说:"人类区别于动物,不在于他在种类上的一般优越性,而在于人类的特征是:这一种类的每个单独的人(不是卓越的个人,而是每一个人)都具有比种类更多的东西。"[1]动物和其他事物只能按照种类规定的方式存在,它们只有类本质,而没有存在。一匹马的规定性与一类马的规定性并没有什么不同,而人却不同,每一个人的存在都有人的类本质不能包容的东西,因为每一个人都可以按自己选择的、类本质所不能规定的独特方式生活。克尔凯郭尔承认,并非每一个人都在自我参与生活。他有一个比喻:生活好比是驾驶马车,有的人在打瞌睡,任马拉他,有的则驾驭着马任意驰骋;只是后一种人才是存在着的人,前一种人并不存在,他们的生活与动物并没有什么差别。

自由选择是自我参与过程中面临着的选择。人不是理性动物,不被驱向一个预定的目标。生活充满了各种各样的可能性,参与生活就是自主自由地选择自己的生活道路。"存在"的拉丁文是 ek-sistere,意思是"站到之外"。"之外"是有待实现的各种各样的可能生活的领域,存在就是选择并实现一种特殊的可能生活。克尔凯郭尔强调选择的自由,就是强调选择的无依据和不确定性。按照无个性的理性规则和公认的道德准则行事不是自由选择,就像不自主地被马拉着的人一样,不是人的存在方式。自由选择是人生的冒险,只有在结果不确定的情况下作出的选择才是自由的选择,否则那不过是被已知的目的所预定的手段。但不管后果如何,自由选择总是朝向一个预定目标的飞跃(leap),而不是偏离目标的堕落。为什么无理性的自由选择的方向总是向上,而不是向下的呢?克尔凯郭尔对此提出了一个宗教的理由:上帝是包含着无限可能性的目标,自由选择是面向上帝的选择,是朝着上帝的无限可能性的不断努力。克尔凯郭尔说"存在是无限和有限的综合,存在的个人既是无限,又是有限的"[2]。也就是说,存在是在有限的生活中实现无限可能性的过程,这一越来越接近上帝的不断努力即克尔凯郭尔所说的"飞跃"的含义。

---

1 Kierkegaard, *The Point of View*, trans. by W. Lowrie, London, 1939, p. 88.

2 Kierkegaard, *Concluding Unscientific Postscript*, trans. by D. F. Swenson, Pinceton and London, 1941, p. 350.

自我实现是把人变得越来越个体化,同时也越来越脱离社会的存在的过程。克尔凯郭尔对群体、集体、整体深恶痛绝。他说:"一个群体,不管是这一个还是那一个群体,不管是现存着的还是消亡了的群体,不管是卑贱的还是高贵的群体,富人的还是穷人的群体一个群体在概念上就是错误,因为它把个人变得彻底的顽固不化与不负责任。或者退一步说,它削弱了个人的责任感,使人的责任成为一种幻觉。"[1]

个人的责任感来自自我参与和自由选择。只有一个存在着的个人才会为自己选择和参与的后果承担全部责任。群体意识为推诿责任提供了借口,一个随波逐流的人在任何时候、任何情况下,都会把责任推卸给群体。克尔凯郭尔强调自我实现,所要实现的正是个人意识以及与之相连的个人责任感。

2. 生活辩证法

存在是一个由低级向高级的飞跃过程,克尔凯郭尔在此意义上把存在当作是生活辩证法。生活辩证法与黑格尔的观念辩证法至少在两点上有重大不同。第一,黑格尔辩证法中没有个体的独立地位,个体只是在整体中才有意义,其结果是绝对的整体化;生活辩证法是个体的自我实现过程,其结果是彻底的个体化。第二,黑格尔的辩证运动由理性来驱动,在克尔凯郭尔的辩证法中,一个阶段到另一个阶段的"飞跃"是无理性的心理转变所导致。两者的形式也不同,克尔凯郭尔的辩证法的核心是非此即彼的选择,黑格尔的辩证法的重心是亦彼亦此的合题。即使有如此多的分歧,生活辩证法之所以还是辩证法,那是因为它毕竟还保留了辩证法的两个基本点:一是强调由低到高的发展,二是强调内部矛盾是发展的原因。

生活辩证法开始于感性阶段。在感性阶段,生活被感觉、感情所支配,道德准则与宗教信仰不起作用。西方文艺作品中的典型人物唐璜也是感性阶段生活的代表。唐璜以爱美之心追求无穷享受,但总是不得满足,在一个目标达到以后又有了新的追求目标,最后,追逐女性变成一场无目的的游戏,感官刺激在百无聊赖的重复中变成空虚而又痛苦的煎熬。克尔凯郭尔指出,唐璜的经历说明,无拘无束的生活并不是自由,相反,生活为官能享受所决定,没有自身意义。当人们认识

---

1 Kierkegaard, *The Point of View*, trans. by W. Lowrie, London, 1939, p. 114.

到这一点，便感到绝望，自暴自弃。他们面临选择：或者在绝望中打发日子，或者超越官能享受，做一个有道德的人。

在生活辩证法的第二阶段——伦理阶段，人们的生活为道德准则所支配，追求普遍性、理性，生活以"善"为明确目标。伦理阶段的典型人物是苏格拉底。有道德的人相信自己的意志和理性能克服自身弱点，相信道德自律和自我完善的可能性。但是苏格拉底是悲剧式人物，他被他所热爱的人民杀死。苏格拉底的遭遇使人认识到，人不可能完全实现道德自律，获得完善的品德；人在道德生活中不可避免地面临着理想与现实的矛盾，苏格拉底的名言"我知道我一无所知"就是这一矛盾的表达。这一矛盾导致了道德意识中的犯罪感和内疚心理，这是宗教信仰的前身。因为在道德犯罪和内疚感中，对谁负有罪责的问题不是面对某一个具体当事人，而是面对一个无时不在注视着你的全知者而被提出的。道德犯罪感促使人再次面临选择：或者沉溺于犯罪感而不能自拔，或者飞跃到宗教阶段，皈依上帝寻求拯救。

宗教阶段是生活辩证法的最高阶段，在此阶段，个人与有人格的上帝直接沟通。《旧约》中阿伯拉罕是这一阶段的生活的典型人物，他听从上帝命令，准备牺牲儿子伊萨克。阿伯拉罕不像苏格拉底那样追求普遍的道德自律，而是听从上帝的声音。他与上帝的关系和他与人、人与事物的关系不同，不能由人类理性来度量。在理性思考中，个人与上帝的关系充满着悖论与荒诞，如上帝是人，又不是人；个人的存在既有限，又无限。宗教生活的悖论只有靠信仰来解决。从理性的角度来看，信仰是荒诞的。比如，阿伯拉罕为信仰而要亲手杀死自己唯一的、无辜的儿子，是毫无理性、极其荒谬的。但是，克尔凯郭尔却说，荒谬是始终伴随着信仰的情绪，是检验信仰强度的尺度。荒谬感越强，则所坚持的信仰越强烈。

3. 存在的内在体验

在对生活辩证法的论述中，克尔凯郭尔注重对人的心理状态进行分析，如感性阶段的"绝望"，伦理阶段的"犯罪感"和宗教阶段的"荒谬感"。他特别强调，在每一个飞跃的时刻，自由选择的人都有一种畏惧感（dread）。畏惧是人面临着矛盾、面临着选择而又不能确定选择的后果的心情，克尔凯郭尔将之定义为"同情的反感和反感的同情"[1]。人处于畏惧这种心理状态时,既有对新生活的向往,又有对未知生活的焦虑;既有冒险对人的吸引,又有对不确切后果的害怕。前者是"同情",后者是"反感",两者相互排斥、相互交织。人们此时的心理状态很像做悬崖跳水游戏的运动员,既感到刺激,又感到害怕。

所有这些面临着"飞跃"的强烈的内在体验揭示了存在的真谛,是实践着的真理。在克尔凯郭尔看来,真理都是主观的。他的理由是,真正重要的问题是如何成为一个存在的个人,这个问题不可能为思想、理性所解决。科学和哲学的道理能解决这一问题,因此不是真理。这一问题要靠自由选择,最终靠信仰解决。自由选择是主观的,起决定作用的是"存在处境",即克尔凯郭尔所分析的那些心理状态。尤其重要的是,信仰是个人与上帝的直接交往,也是主观的体验。但是这些主观状态是解决存在这一根本人生问题的途径,它们就是真理,即主观真理。

克尔凯郭尔对真理有一个著名的定义:"真理是客观的不确定性对最为激情的内在性的适应过程的依附……是客观依附于激情的适应过程,这是存在的个人可以获得的最高真理。"[2]历来的真理说强调主观与客观之间的"符合"和观念之间的内在"一致",克尔凯郭尔却强调真理是自相矛盾的,因为真理的对象是荒谬。

但是荒谬并不影响真理与信仰的一致性。克尔凯郭尔在《非此即彼》结束处说:"只有启迪你的道理才是真理。"归根结底,真理就是信仰。信仰越是强烈,则存在的程度越高,因此我们就不难理解,为什么他说做一个真正的人就是做一个基督徒,这是他由真理的非理性与主观性得出的结论。克尔凯郭尔把基督教变为实现人的存在的信仰。在他的思想里,信仰主义、神秘主义、存在主义交织在一起,不但有神论者从中得到鼓舞,无神论的存在主义者也深受启发。

二、 自由超越的存在过程

雅斯贝尔斯把人的存在理解为一个不断自由地超越现有的存在境遇的过程,但这一超越过程是有终结的,存在的终极关怀是不可超越的存在者,即上帝。人的自由是在无所不包的超越的存在者召唤下的精神的突破。他从多方面说明了

---

1 Kierkegaard, *The Concept of Dread*, trans. by W. Lowrie, Pinceton and London, 1944, p. 38.

2 Kierkegaard, *Concluding Unscientific Postscript*, trans. by D. F. Swenson, Pinceton and London, 1941, p. 182.

人的存在过程中充满着有限性和无限性、相对性和绝对性的矛盾,以此表现人对终极的存在者——上帝的依赖。

1. 关于人的存在哲学

雅斯贝尔斯说,他关心的仍然是存在的意义这一古老的哲学问题,但他要从存在哲学这一角度来阐明这一问题。"存在哲学"是与"科学"相对的一个概念。科学只研究存在的一个方面,它只有把存在分割成各种客体才能处理存在的某一个方面。作为科学对象的人也是客体,心理学、社会学、人类学等科学都从一个方面研究"人"这个客体。哲学不是科学之科学,不是科学之总汇,因为存在不是各门科学的对象的总和。哲学家研究的存在总是与他的独特的内在体验分不开的,存在的意义就是对于存在的体验。因此,哲学家总是按照个人的存在体验从整体上把握科学研究的客体,个人存在是他的经验和创造的源泉,是他所思考的存在的中心和方向。因为如果没有存在这一主观体验,存在就不能显示出整体的、完全的意义,而只能保留在被分割的客体形态。

雅斯贝尔斯说,哲学应重申克尔凯郭尔关于"真理是主观的"这一道理,不要企图把哲学变成科学。这一企图不是在"抬举"哲学,而是颠倒了哲学与科学的主次关系,把局部当作全部,把客体当作存在。哲学不能是科学,既不是各门科学中的一门,也不是科学的世界观,哲学只能是存在哲学。

雅斯贝尔斯说,存在哲学是这样一种思想:"(它)利用专门知识,又超越专门知识;它并不认识客体,而是阐明并实现思想者本人的存在。它由于超越了规定一切存在的世界观而飘忽不定,诉诸自身的自由来阐明生存,并通过对超越者的召唤而创造绝对活动的领域。"[1]

可以看出,雅斯贝尔斯的存在哲学以主观性为出发点,这也就是以个人的自由为出发点的创造活动。与萨特不同的是,雅斯贝尔斯强调的是自由地"召唤"出一个超越者,即上帝。雅斯贝尔斯所说的自由是面对上帝的自由。在这一点上,他与克尔凯郭尔相近。但他的"召唤"与克尔凯郭尔的"飞跃"不同,它是一个相当合理的逐步推进的过程。

---

1 雅斯贝尔斯:《时代的精神状况》,王德峰译,上海译文出版社 1997 年版,第 150—151 页。

2. 存在三阶段

雅斯贝尔斯把人的存在理解为对未来可能性的自我设计与实现。他说："存在不是如此存在,而是能够存在,就是说,我不是存在着,而是可能的存在;我没有自我,而是正在达到自我。"[1]存在的过程之所以是自由,就是因为这是一个不断摆脱既定的限制的过程,这也是面向未来的超越。在这种意义上理解的自由,不是随心所欲、为所欲为;在这种意义上理解的超越,也不是无目标、无方向的。自由和超越是有章可循的,是一个逐步摆脱限制的过程,其结果是对意识的约束越来越小。这一过程经历了世界阶段、生存阶段和超越阶段。

雅斯贝尔斯提出,人首先是一个世界存在,是世界中的一分子。在这一阶段,人有实存、意识和精神三种状态。实存的人(即"此在")是世界因果链条上的一环,他被动地服从客观世界的普遍规律;人的意识能自觉地认识和遵从必然规律;人的精神虽然是普遍和理性的力量,使人可以摆脱偶然的、个别经验的决定性,但精神同样支配着人的命运。在世界阶段,人的存在状态是固定的,人受制于必然性。

超出世界阶段的存在状态是生存阶段,在这里人被看作非固定和未完成的。人不断摆脱既定的限制,去发现自己的各种可能性。生存是一个不断确证自己的自由的过程,人要把自己的可能性表现在存在物与他人身上。雅斯贝尔斯特别强调个人在与别人交往时所能够实现的自由,他把人际交往叫作"爱的搏斗"。

但是处在生存阶段的人还不是绝对自由的,人总会意识到自己的有限性。人意识到自己有限性的状态是临界状态。雅斯贝尔斯说,人的存在的"基本状态以人的'此在'的有限性为基础,只要人把自己理解为有限性和无限性的综合,基本状态就是临界状态"[2]。临界状态是指当人处在死亡、苦难、罪孽等状态中时所产生的自我迷失,在这种情境中,人对周围世界失去了把握,人"震惊"了,人若能因此而发现超越的存在者,就能够跃出生存状态。

雅斯贝尔斯说,超越的存在者是无所不包的大全,它是一切存在的基础和源

---

1 转引自萨内尔:《雅斯贝尔斯》,程志民等译,中国社会科学出版社 1992 年版,第 162 页。
2 萨尼尔:《雅斯贝尔斯》,张继武、倪梁康译,生活·读书·新知三联书店 1988 年版,第 156 页。

泉,超越的存在者不是人的认识对象,它只向人透漏一些"密码",这样的超越的存在者实际上就是上帝。人的存在是朝向超越的存在者的不断跳跃,最终达到大全。大全化解了主客体的一切分裂,只有人的信仰才能领悟超越的大全。用雅斯贝尔斯的话来说:"只有当我们认识到超越的存在者乃是使我们真正成为我们自己的力量时,我们才是真正存在着的人。"[1] 对于他来说,没有对超越者的信仰的哲学不是真正的哲学,没有信仰的哲学家不是真正的哲学家。

3. 人类"轴心时代"的精神突破

雅斯贝尔斯所说的"大全"的密码是多义的、不可穷尽的,人不可能完全领悟密码,在这一终极意义上,人企图破解大全的密码的努力最终会失败。但是超越的存在者会在一定的时间向人类透露他的密码,使人类的精神发生根本性的突破。这一时刻就是"轴心时代"。

"轴心时代"指的是公元前 800 年到公元前 200 年这 600 年的时间。这是人类思想史上最为激动人心的年代,中国出现了孔子和老子这样的伟大思想家,印度出现了《奥义书》和佛教的始祖释迦牟尼,伊朗出现了查拉图斯特拉创立的宗教,希腊出现了荷马史诗以及一批伟大的悲剧作家和哲学家,近东出现了犹太教的先知。雅斯贝尔斯说,在轴心时代,整个人类实现了精神突破,是人类的全面精神化和人性的全盘改造的过程。在此之前,人类囿于单纯的物质生产活动,以谋生为生活目标。只是到了轴心时代,人类才开始了自由的、超越的活动,上升到精神生活的阶段。直至现在,人类精神生活的主要形式和内容仍然来自轴心时代的遗产。雅斯贝尔斯指出:"人类一直在靠轴心时代所创造的一切而生存。每一次飞跃都要回顾这一时期,并被它重燃火焰。轴心时代的潜力的苏醒和对轴心时代的潜力的回忆或复兴,提供了无穷的动力。"[2]

轴心时代之后,人类进入了雅斯贝尔斯所说的"新普罗米修斯时代",即科技时代。这一时代的最高成果是现代科技,它极大地改善了人类的物质生活条件,但是人类的生存境况并没有得到相应的提高。相反,人类的生存境况因技术的无

---

1 转引自徐崇温主编《存在主义哲学》,中国社会科学出版社 1986 年版,第 264 页。
2 雅斯贝尔斯:《历史的起源与目标》,魏楚雄、俞新天译,华夏出版社 1889 年版,第 14 页。

限制发展、群体意识的兴起和宗教的没落而恶化,科学主义的思维方式淹没了哲学,使人们忘记了对存在与生存的意义的寻求。雅斯贝尔斯预言,我们正面临着第二个轴心时代,世界各地的人将在世界范围内思考全体人类的生存境况问题,可以说,第二个轴心时代的主题就是世界范围内的存在哲学。

三、 遭遇奥秘的存在境遇

加布里哀·马塞尔(Gabriel Marcel)在人的日常境遇中揭示人的存在的意义,他以细腻的描述,向人们展示了他们在人际关系和生活体验中所遭遇的存在内涵,在平凡中显示奥秘的意义。

1. 人的生存处境

马塞尔从事哲学的准则是从人的具体的生存处境出发,他认为这是哲学与科学的根本区别。科学的材料是客观对象,与人的生存处境没有直接关联。他举例说,一个化学家做实验所需要的材料可以向任何人购买,实验材料与购买者和出售者的生存处境无关,化学家可以利用这些材料得到普遍的结论。哲学的思考则不同,哲学家使用的材料必须经过他的亲身体验,他所处的生存境遇不同,他的体验也就不同,他思考的材料的意义也就不同。这就是为什么哲学家好像使用相同的概念和术语,却得到不同的结论。因为他使用的材料和因此得到的结论都与他的生存处境息息相关,哲学在本质上是一种个人的行为。即使哲学家使用了一些大家公用的材料,那也是经过他的特殊体验,赋予它们与众不同的意义。这就是为什么每一个哲学家的思考都必须从头开始,不能依靠和利用他人取得的成果。哲学不能像科学那样不断地进步,这是由哲学的本性所决定的。马塞尔说:"不断地重新开始,这是真正的哲学工作不可避免的部分。"[1]

马塞尔把人的生存处境分为两种:问题和奥秘。在问题的处境中,问题的对象是明确的,呈现在我的面前,发生在我的外部。我可以与问题保持距离,对它加以观察和分析,得到普遍有效的答案。比如,解一道数学题时的处境就是问题的处境。奥秘的处境则不同,在这样的处境里,我与问题的界限消失了,我不知道是在解决问题,还是在处理我自己。或者说,我面临的不是具体的问题,而是我自己

---

[1] G. Marcel, *The Philosophy of Existence*, trans. by M. Harari, London, 1948, p. 93.

的生存处境。比如,一个人在溺水时的处境就是奥秘的处境。"奥秘"(mystery)的意思不是神秘的体验,而有"不由自主""异乎寻常"的意思。马塞尔说:"奥秘是我自己投入其中的东西,它只能被想象为这样一种处境,在其中发生于我之内的与之外的东西失去了意义和原先的有效性。"[1]可以说,在奥秘的处境中,一个人接触的是最为贴己的生存状态,处境中的一切与他的生存是如此接近,以至于它们的意义和作用都因他的生存而转移。溺水者眼中的水不再有小桥流水的诗意,他所能找到的一根浮木也不是烧火的木材,这一切都失去了寻常的意义和原先的有效性,变成只有溺水者本人才能体验到的奥秘。

人们的共同的问题处境构成了我们的日常世界。马塞尔把我们所处的世界称为"功能世界",功能世界是分裂的世界,每一事物按照它的功能被划归于各种类别。每一个人也按不同的功能被列入不同的类别,按照他在不同社会组织的功能,一个人有不同的角色,比如,他在教会内是教徒,在政府机构里是官员,回到家里被称为父亲。功能世界中的人是不同功能的集合,他的人格是分裂的。我们可以设想这样一个问题处境,一个人对他的同伴说:"作为一个政治家,我把你当作同伙;但作为一个道德家,我把你当作敌人。"我们再设想这样一个处境,一个人对一个前来求助的人说:"作为政府官员,我无能为力;但作为一个人,我深深地同情你。"这一句话反映的是问题处境与奥秘处境的分裂。在奥秘处境里,一个人不再是承担某个功能的角色,他体验到真实的、完整的人格。马塞尔关心的是这样的人格,他的处境,他的所思所为。但他总是以分裂的人格为对照,来阐述人的真实的存在与完整的人格。

2. 第一反思与第二反思

"反思"一词的意义是对原生性的经验的再思考。在最初的经验中,经验的主体和对象是混沌一体的,反思意味着主体与对象的分裂,意味着主体的自觉和对象的呈现。马塞尔在总结他的哲学思想时说:"我不得不说,我的哲学思想的发展始终围绕着两个初看起来是自相矛盾的主题:一是我所谓的存在的突显,一是存

---

1 G. Marcel, *Being and Having*, trans. by K. Farrer, London, p. 117.

在物的浮现,它们浮现为单独的个体,但被奥秘地连为一体。"[1] 这里所说的"突显"和"浮现"都是指主体对于对象的反思。按照主体与对象的关系的不同,马塞尔区别了第一反思和第二反思。

第一反思的对象是外在事物,即时空中的对象。第一反思是抽象的活动,它用概念把握事物的存在和属性,用分析的方法处理事物之间的关系。马塞尔指出,笛卡尔的"我思"就是第一反思的样板。"我思"的对象是时空中的一切,包括我的身体,它按照抽象的本质属性,把一切对象分为两类:物质的与精神的,因此造成了二元论。"我思"也是科学的思维方式的模式,可以说,一切科学思维都属于第一反思。但是,第一反思也被应用于人际关系。在第一反思中,每一个人都是独立的主体,他人都只是像外物一样的对象,人际关系变成了抽象的物我对立的关系,没有温情和爱。

第二反思的对象不是与我对立的,比如,我在倾听贝多芬交响乐或以爱关注孩子时,我所反思的是与我不可分离地联结在一起的对象。当然,我与对象的区别仍然存在,但两者区别的方式与第一反思中的情况大不相同。马塞尔用"我"与"我的身体"的关系说明了这一点。在第一反思中,"我思"与"我的身体"被抽象化为两种本质属性、两种实体,处于二元对立的两极。在第二反思中,"我"和"我的身体"在具体的生存处境之中,身体是我的生存的不可或缺的部分,没有我的身体也就没有我的存在。但是,"我"不等于"我的身体",身体从属于我,而又不像外物那样从属于我,它以它物不可替代、他人不可体验的那种方式从属于我。我既不能说"我是我的身体",也不能说"我有我的身体"。"我的身体"既从属于我,又构成了我。

虽然第二反思也适用于我与物的关系,但它的主要应用范围是人际关系。第二反思中的人际关系是"我"与"你"的关系。"你"既是"我"的反思的对象,又是一个我可以与之交流、与之分享的另一半的"我"。这种"我—你"关系的极端情况就是上面所说的"我"与"我的身体"的关系。我与他人虽然不像与我的身体那样密不可分,但两者的实质是相同的,都处于休戚相关、荣辱与共的境地。

---

1 转引自 H. Spiegelberg, *The Phenomenological Movement*, Martinus Nijhoff, 1982, p. 451。

如果说，第二反思是始于对"我"与"我的身体"的关系的反思，那么经过"我—你"关系的体验，它最后到达的终点是"我"与"上帝"的遭遇。马塞尔把上帝说成是一个大写的、绝对的"你"。就是说，我在第二反思中，通过"我—你"的人际关系而与上帝遭遇。上帝既是通过人与人的精神沟通而出现的，也是人们精神交流的基础。对马塞尔来说，爱上帝与爱他人是不可分的，一切良好的、和谐的人际关系都依赖于上帝，并指向上帝。马塞尔认为人是向存在开放的存在者，人在他的生存处境中把越来越多的事物在越来越大的领域内联系起来，更通过人际关系体验到"爱""创造性的忠诚""希望"等情感交流的真谛。在这样奥秘的处境中，他最终体验到存在的意义，这个大写的存在就是上帝。

3."我是谁"不等于"我有什么"

马塞尔从形而上学的根本问题上区别了人的两种生存方式或生活态度。形而上学的根本对象是"是者"，而不是"所拥有的东西"，"存在"的意义在于"是"某一过程，而不是"有"什么本质。对于一个人而言，"我是谁"和"我有什么"是完全不同的问题，两者所针对的是两种完全不同的生活方式。

马塞尔认为，传统形而上学把"是"的原初意义理解为固定的本质，而不是存在的过程；"是什么"的意义变成了"有什么本质"，"我是谁"的问题也变成了"我拥有什么东西"。

马塞尔分析说，"我是谁"的问题针对的是我的存在过程，只有在"奥秘"的处境里，我才接触到真实的人格，在"我—你"关系中，我才能反思人生的真谛，只有在与上帝的遭遇中，我才体验到存在的意义。所有这些过程都是对"我是谁"的回答，存在过程的内容越深刻、越丰富，这一问题的答案也就越完整、越清楚。

"我有什么"的问题针对的是我所拥有的东西。马塞尔进一步区别了"具有"和"占有"。前者指我所具有的内在属性，如技能、健康、资格等；后者指我所占有的外在事物或标志，如财富、名誉、地位、权利等。不论我具有或占有什么，这些东西都不能构成我的存在，相反，它们是对我的存在的异化，把我异化为被拥有的东西，这在"占有"的状况中表现得很明显。首先，"占有"包含一个占有者和被占有物，人与物是分离的，占有者需要确立他对于被占有物的权利，于是引起了"占有欲"。其次，被占有物有被丧失和被损害的危险，这引起了我的惧怕、嫉妒的心理和看管、监视的习惯,就是说,我被"物欲"所累。最后,占有需要权利、控制和服从,这些引起了"支配欲"。总之,在占有的状态中,我被异化为物,我的存在被异化为拥有物。马塞尔在他的哲学著作和文学作品中,深刻地揭示了现代人为了拥有什么而存在的可怜处境。

人的消解

　　"人的问题"自从希腊人提出"斯芬克司之谜"开始,一直吸引着人类的思想,引导着人类的行动。但是在后现代主义思潮的冲击下,当代人学面临着危机。近现代思想家创建的人学观念一个个被消解。"人死了"成为继"上帝死了"之后的又一时髦口号。但是我们深信,只要人类继续存在,或者人类未来进化成的高级生物可能存在,那么"人的问题"就会继续吸引智慧这一"宇宙进化的最美丽的花朵",继续引导理性存在者这一"万物之灵"的生活实践。

　　1970年,利奥塔德(Jean-Francois Lyotard)发表了《后现代状态:关于知识的报告》,这标志着后现代主义的兴起,同时也标志着西方人学的消解。利奥塔德批评现代主义的话语是"宏大叙事",一是关于人性解放的神话,一是关于所有知识统一性的神话。前者是法国启蒙主义的传统,后者是德国唯心主义的传统。很明显,他所说的这两个国家的"神话"正是本书所叙述的以"自然人""理性人"为主导的现代人学传统。利奥塔德把"后现代"定义为"对宏大叙事的不信任"[1]。他分析说,后工业或后现代社会是以计算机产业为基础的信息社会,人已经不再是知识的主体和对象,信息的生产、储存和控制决定了知识的内容和社会发展方向。按照利奥塔德的这篇纲领性报告所预示的方向,后现代主义者把"人"的观念消解在信息的产生和流动的过程之中,得出了"人死了""人被消解了"的结论。

---

1 利奥塔德:《后现代状态:关于知识的报告》,参见王岳川等编《后现代主义文化与美学》,北京大学出版社1992年版,第26页。

一、"宗教人"的消解

后现代主义者把马克思、尼采和弗洛伊德称作三位"怀疑大师",并不是因为认可他们的理论,而是因为他们彻底的、不调和的批判精神,因为他们把批判的矛头指向西方文化传统的最高实体和原则——上帝。

早在马克思之前,启蒙时代的唯物主义者就已经得出了"不是上帝创造人,而是人创造上帝"的无神论结论。但是,这些启蒙学者把宗教解释为愚昧无知或恶意欺骗的产物,与人的本质无关。费尔巴哈第一次看到上帝的本质就是人的本质,但他据此肯定了宗教的必要性,又回到了传统的"宗教人"的观念。

马克思、尼采和弗洛伊德都同意,人是按照自己的本性创造上帝的;同时更加深刻地指出,如此创造出来的"上帝"是一个虚幻的观念。马克思说,"宗教是人民的鸦片",这是人民需要和拥有的鸦片,而不是少数统治者为人民所准备的鸦片。人民之所以需要宗教,是因为他们所处的世界是颠倒的,而宗教是这个颠倒的世界的"总的纲领";还因为这个世界是苦难的,而"宗教是被压迫生灵的叹息"。尼采批判的角度是价值论。他指出,宗教(包括犹太教、印度教和佛教,但主要是基督教)是弱者对强力意志的本能的反抗,是强加给一切人的奴隶道德,甚至强者也不能免除这一精神枷锁。他说,"'上帝'的观念迄今为止是存在的最大障碍"[1];对生活、自然和生命意志的战争都是以上帝名义发动的,因此,他发出"上帝死了"的呐喊。弗洛伊德从心理学的角度,指出宗教起源于原初民的性冲动行为留在潜意识里的记忆,"上帝"的观念是对"弑父娶母"的"原罪"的心理补偿。

马克思、尼采和弗洛伊德的宗教批判旨在彻底摧毁"宗教人"的核心观念:神按照自己的形象创造了人。他们指出,事实恰恰相反,神是人按照自己的形象所创造的虚幻的、不真实的形象,所谓人神关系不过是人与颠倒了的现实或虚幻的观念的关系。当"宗教人"的实在基础被否定,这一观念也就成为虚幻的观念。

但是否定"宗教人"只是否定其他一系列人的观念的开始。按照马克思、尼采和弗洛伊德的思路,人按照自己的本性所创造的"上帝"只是一个虚幻的观念;按照同样的逻辑,人们有理由质疑人对自身的观念:这些按照人的本性对人自身加

---

1 尼采:《偶像的黄昏》,周国平译,光明日报出版社 1996 年版,第 42 页。

以反思观照的观念,是否也是虚幻的呢? 按照后现代主义者的解释,如果把那三位"怀疑大师"的思想贯彻到底,对这一问题的回答应该是肯定的。因此,"上帝死了"的一个必然后果是"人死了"。

二、"存在人"的消解

"宗教人"的观念被消解之后,随之消解的是"存在人"的观念。我们知道,存在主义的创始人克尔凯郭尔提出"存在人"的观念本来是为了解决个人与上帝之间的关系问题。他的前提是,存在是个人的独立存在;他的结论却是,真正的存在是依赖上帝的存在。克尔凯郭尔意识到"存在人"观念的前提与结论之间的矛盾,他在表达自己思想的对话里经常变换角色,一会儿是无神论者,一会儿是宗教信徒。

后来的存在主义分有神论和无神论两大阵营,基本上反映了克尔凯郭尔认识到的"存在人"观念的矛盾性。严格地说,有神论的"存在人"的观念归根结底属于"宗教人"的范畴,存在的过程只是"宗教人"遭遇上帝、体验神圣的生活历程。如果"存在人"是"宗教人"的依附,"皮之不存,毛将焉附"? 看出这个道理的存在主义者只能选择无神论的立场。萨特欣赏俄国作家陀思妥耶夫斯基在小说《卡拉马佐夫兄弟》中的一句话:"如果上帝不存在,做什么事都将是容许的。"萨特把这句话作为存在主义的起点。这说明了"存在人"的无根性。海德格尔说,人的存在直面人生、直面死亡,"死亡是个人必须承担的存在的可能性……最合适的、无所牵挂的、超越不了的可能性"[1]。加缪把一切有意义的人生问题归结为要不要自杀。同样都表达了"存在人"的无根性。

"存在人"的无根性同时也是他的决定性。正因为个人的任何选择和活动都没有根据、理由和原因,他才是绝对自由的,才必须为他所做的一切承担绝对的责任。但问题是,个人能否承担起绝对的重负? 在存在主义的作品中,我们看到的"存在人"都是不堪重负的形象,好像整个世界的重量都压向一个渺小的中心,焦虑、恐惧、无奈的存在体验只不过是"存在人"不堪重负的呻吟。

为了使"存在人"不被世界和生活的重负压碎,必须为人在这个世界重新定

---

1 海德格尔:《存在与时间》,陈嘉映、王庆节译,生活·读书·新知三联书店 1987 年版,边码 300—301 页。

位。于是,海德格尔和萨特的后期思想都发生了转折,他们早期勾画的"存在人"的形象被放置在后期建构的关于存在的结构中。后期海德格尔扩展了早期的"世界"的概念,"世界"不再是"存在人"揭示存在的场所,而是"天、地、人、神"的结构,如下图所示:

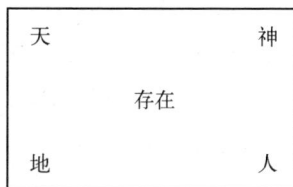

```
天                    神

        存在

地                    人
```

这里的"天"象征着明亮、敞开,"地"象征着隐匿、关闭,"神"是神秘之域,"人"的生存之域只是存在领域的一隅。人也不再是最贴己、最亲近的存在者,人是大地之子,匍匐在天神之下。"语言是存在之家,人栖住在语言之家。"[1] 就是说,人的生存依赖地球,人的思想不断地廓清、除弊,人的情感充满神秘感,却始终摆脱不了语言的结构。萨特的后期思想虽然没有神秘因素,但也为个人活动建构了一个结构。他对"未来人学何以可能"问题的回答是:个人始终存在于自然、群体和集团之中;个人没有绝对自由,只有在历史的、辩证的结构中实现的集体的自由。就是说,个人不可能成为自由的主体和人学的对象。

以上分析说明,"存在人"摆脱不了被消解的命运:有神论的"存在人"的观念随着"宗教人"的观念的消解而消解,无神论的"存在人"的观念或者被绝对的重负压碎,或者消失在存在的整体结构里。

三、"自然人"的消解

继存在主义之后兴起的结构主义否认了个人的独立性和重要性。按照结构先于、大于要素总和的原则,结构主义认为个人只是社会文化结构的要素,只有在结构中才有价值和意义。萨特在《辩证理性批判》中批判说,结构主义有一种把人当作蚂蚁的倾向。对此,列维-斯特劳斯在《野性的思维》一书中反驳说,结构主义研究的社会和文化的共时性结构比萨特研究的历史结构有更大的优势,因此能够继存在主义之后成为法国哲学的主流学派。

---

1 Heidegger, *Basic Writings*, ed. by D. Krell, Doutledge, 1977, p. 193.

结构主义自诩的一个优势是消除了"自然人"的观念。列维-斯特劳斯首先证明了"文化先于和高于自然"的原则。按照他的结构主义人类学,被当作自然关系的亲属关系是一个符号交换系统,被当作自然物的图腾是支配部落之间生产关系和语言关系的分类原则,描述自然现象的神话——比如关于生的和熟的食物的神话——隐藏着社会生活各个领域的结构。

列维-斯特劳斯把"自然"解释为一种描述社会文化的结构,而阿尔都塞(Louis Althusser)在此基础上,进一步把"自然人"归结为资产阶级的意识形态。阿尔都塞消解"自然人"的另一个思想资源是马克思。按照他的分析,资产阶级的意识形态是人道主义,马克思对资产阶级意识形态的批判主要表现为反人道主义。

阿尔都塞把人道主义的特点归结为对个人价值的推崇,这种意义上的人道主义实际上是以个人为本位与中心的个人主义。以个人为本位的人道主义在哲学上强调自我意识,在社会观上表现为社会契约论,在经济观上提倡个人之间的自由贸易。

阿尔都塞指出,马克思对资产阶级政治经济学的批判实质是强调经济结构对人的活动的决定作用。英国古典经济学家亚当·斯密、大卫·李嘉图等的出发点是作为个人的"经济人",他们强调经济活动的本质是出于供需关系的个人与个人之间的交换,自由贸易的目的是私人财产的增值。这是不符合历史事实的。阿尔都塞指出,人类交换关系从一开始就是社会的,而不是个人的行为。他引用人类学家马歇尔·莫斯的名著《礼品》中的观点说明,社会交换的最初目的并不是互通有无,而是出自赠送礼物的好意和回赠礼物的义务,礼物的交换是社会联系的纽带;私有财产增值的欲望在原始文化和以后的强权时代并不存在。

阿尔都塞还说,人从来就生活在一定的社会结构中,个人独居的自然人和自然状态是一个神话。社会契约论是17世纪思维方式的产物,它要解释的问题"人如何从社会关系的零点状态进入有组织的社会之中"是一个假问题。19世纪的进化论和20世纪的人类学的研究成果表明,人的祖先从来就是群居动物,原始社会是结构复杂、礼仪丰富的群体。

阿尔都塞虽然认为以"自然人"为核心的人道主义是资产阶级的意识形态,但他并不认为人道主义的形式和内容可以用资产阶级的"欺骗"来解释。相反,他指出，"自然人"的观念在一定文化背景下具有某种"天然的合理性"。笛卡尔的问题"我能够确切地知道什么"及其"自我意识"的解答出自"深刻的下意识"[1]。近代认识论的"自我意识"不是天赋的、先验的、普遍的，而是一个特殊的分类原则。按照这一原则，人的世界分为个人和社会两部分。这种分类原则本身就是意识形态，一切观念、经验和理论都要经过它的过滤，才能确立自身的存在权利。"自我意识"作为一种下意识的分类原则，把个人作为社会的本位，社会于是成了个人的集合，社会属性被归结为个人属性，个人属性再进一步被还原为自然属性。这样一来，个人的权利和自由占据了天赋的、绝对的位置，成为社会和合法政府的依据；社会的不平等和不正义被归于自然差别，自由经济成为社会经济的本质。

阿尔都塞提出，消除这一"深刻的下意识"的途径是从意识形态到科学的"认识论上的突跃"。要像马克思在《资本论》中所做的那样，不断地对意识形态进行批判，摆脱它的整体影响，达到客观地把握整体结构的科学。这实际上就是要用关于社会结构的科学来消解"自然人"的个人主义观念。

四、"理性人"的消解

福柯的"知识考古学"是对西方近代以来各种关于人的知识的历史考察。他由此得出的结论是，关于人的各种观念不是对人的本性和本质的真实反映，也不是思想启蒙的必然产物，而是外在的、偶然的历史事件的产物。这一结论对近代以来的理性主义的传统具有极大的破坏作用，直接导致了"理性人"观念的消解。

过去，人们一直把理性的时代解释为人类理性的长期发展和科学知识的诞生的结果，但福柯的《癫狂与非理性》却把这一原因追溯到一个偶然的历史事件——17 世纪中叶麻风病在法国的灭绝和大囚禁时代的开始。他要告诉人们的道理是，理性的标准不是天然的合理性，不是来自知识的论证，而是一定的外在的历史因素所造成的。更重要的是，"理性"观念随之产生。福柯说："只是在癫狂与非理性的关系之中，癫狂才能得到理解，非理性是癫狂的支撑，或者说，非理性限定了癫狂可能性的范围。"[2]在相当长的历史时期，理性与非理性的关系是平行的，而

---

1 Althusser, *For Marx*, trans. by B. Brewester, London：New Left Books，1969，p. 233.
2 转引自莫伟民《主体的命运》，上海三联书店 1996 年版，第 51 页。

不是对立的,癫狂也不被当作是应受理性管辖和匡正的疾病。只是在特定的历史条件下,癫狂才被视为危害社会的罪恶,应受到社会的管辖和理性的审查。因此而来的后果是理性与非理性的对立,以及理性在这样的对立中获得了凌驾于非理性的权威,理性因此成了判断人类和全社会利益的标准,具有支配一切的力量。理性的时代就是这样开始的。

在《事物的秩序》一书中,福柯考察了近代以来的"知识型"的变迁。"知识型"的特征依生物学、经济学和语言学这三门学科的内容而定。因为福柯认为,人是生活着的、生产的、说话的动物,关于生命、劳动和语言的学科反映了人的生物、经济和文化的特征。因此,我们可以把"知识型"看作是关于人自身特征的知识。《事物的秩序》的副标题是"人文科学的考古学",它的一个中心问题是"人何以把自身作为研究的对象?"福柯说明,文艺复兴的"知识型"是"相似性",人与万物是相似的;古典时期的"知识型"是"表象",人是表象的主体,但不能表象自身;现代的"知识型"是"抽象",在抽象的主客体关系中,人既是表象的主体,又是被表象的客体。人被理解为这样的存在:只有在他的内部,知识才成为可能。人的"自我表象"的特征表现在康德和现象学关于"自我意识"以及存在主义关于"自我"的哲学之中。这一时期发展起来的人文科学以"人"为对象,"人"走到了表象的前台,成为世界的中心。正是在此意义上,福柯说,人是 19 世纪以来的产物。

但是到了当代,一种新的抽象力量——意指活动被索绪尔的语言学、拉康的精神分析学和列维-斯特劳斯的人类学发现了,人的经验不再是自我意识的对象,主客观的关系和人的优越性都被结构消解了。这意味着,"人被消解了"[1]。福柯的意思是,作为知识的主体和知识的对象的"人"已经不复存在,"人只是近期的产物,并正在走向消亡","人像是画在沙滩上的肖像,是可以被抹去的"[2]。

五、"文化人"的消解

结构主义实质上是一种"文化哲学",其原则是"文化高于自然",并进而把文

---

1 Foucault, *The Order of Thing*, New York: Random House, 1971, p. 379.
2 同上书,第312—326页。

化解释为符号系统。早期的结构主义者尚承认人是使用符号的意指动物；而一些后期的结构主义者，特别是罗兰·巴特（Roland Barthes），开始用符号系统来消解人。巴特想把符号学也建立成一门可与自然科学相媲美的科学。如同自然科学中没有个人的地位一样，符号学也不研究人，它只见符号，不见人；如同自然科学的对象统一于最小的单元——原子、粒子，社会对象也统一于符号；符号之间的关系也服从一定的结构关系，如同自然要素服从数学关系一样。

雅克·德里达（Jacques Derrida）的解构主义进一步消解了结构和系统，包括符号系统和使用符号的"人"。我们知道，"文化人"的主要特征是使用符号进行主观创造。德里达既消解了符号系统，又否认了人的主观创造，这就从根本上消解了"文化人"的观念。

在德里达看来，一切文化现象都只是文本而已，"文本之外无他物"。他的意思是，一切对象都要通过文本才能被理解，才能被赋予意义。文本不是静止不变的书本，文本的意义是在写作和阅读时被显现出来的，由此，文本是写作和阅读的过程。那么写作是什么呢？一言以蔽之，写作是字符的流动。德里达强调，书写的字符才是真实的语言；语言的特征在于它的自主、独立性，语言独立于一切，甚至独立于人。字符的特征在于，它独立地存在于空间，是印在纸上的物质存在；在字符起作用的时候，书写者并不存在。字符所能具有的意义并不依赖于与它相关的人，不但在它被读者理解的时候是这样，而且在它被作者书写的时候也是如此。作者的心灵并不是意义的源泉。德里达的解构就是对写作中的字符不依赖于作者的意义的揭示。当作者要用字符来否定文字的作用时，字符却肯定了自身；当作者要用字符作出区别时，字符却显示出混同的意义；当作者要把字符限定在逻辑的范围中时，字符却在逻辑以外的领域创造出隐喻。

文本是字符的流动所"编织"（textile）出来的网络。在"文本"这一网络中，无中心，无结构，无本质。字符在编织文本的同时，解构了一切中心、结构和本质。在文本之中，没有主观和客观的对立，甚至没有作者和读者的对立。文本是向作者和读者同样开放的意义领域；作者的写作和读者的阅读是同样的意义的流动过程，但没有任何一方、任何一个人是文本意义的最终决定者和裁判人。文本的意义是字符流动的产物，它既不依赖于作者的意识，也不依赖于读者的意识。解构主义者声称，文本是没有作者的写作，作者死了；文本又是没有读者的阅读，读者死了。如果说文本是文化的符号，那么文本的"作者"和"读者"就是使用文化符号的"文化人"。"作者死了"和"读者死了"的结论宣告了"文化人"的消解。

六、"心理人"的消解

现代"心理人"的观念是依据弗洛伊德的精神分析学说而建构出来的。福柯的"知识考古学"的任务是消解"理性人"观念，而他后期提出的谱系学进一步消解了"心理人"。"心理人"把人看作是心理能量的中心，并认为社会中的人可以通过意识控制自己的心理冲动。福柯针锋相对地用"身体/力量"这样的概念来代替"心理人"。

在福柯看来，人就是身体以及与身体不可分割地联系在一起的力量。这样的力量有两种：一是加诸身体的"权力"，一是身体自身的"强力"。加诸身体的权力塑造、训练、折磨身体，强迫身体执行命令，从事指定的仪式性活动，按照规定发出符号，并按照差别的原则，把身体置于象征性的对立关系之中，包括阶级关系、家庭关系、师生关系、上下级关系。另一方面，身体也拥有自身的力量，身体自身的力量如同尼采所说的强力，它是欲望和意志力，是革命的源泉，其特征在于扩张。身体的强力"倾向于产生力量，并使它们增长、有序；而不是致力于去阻挠它们，使它们屈服或摧残它们"[1]。

身体是权力与强力较量的战场，两种力量在身体内进行着无声的、秘密的内战。身体内的微观战争是宏观的社会组织与经济关系的基础。身体是社会的真正基础，这并不是因为它统摄一切，而是因为一切都来源于它；不是因为它处于中心，而是因为它处于边缘和底层。谱系学正是在这一基础之上，从微观的角度，在人的身体的内部，看待加诸身体的权力是如何塑造人、改造人的。

加诸身体的权力塑造"正常人"的形象，代表权力监管、约束身体。比如，弗洛伊德的精神分析学说所谈论的性本能并不是人的自然本能，而是一定的话语的产物，它涉及知识的领域、正常人的标准和主体性的形式等问题。弗洛伊德学说代表的现代的性观念是控制我们的秘密，它使"性"成为人的本性，成为意义的源泉

1 Foucault, *History of Sexuality*, trans. by R. Hurley, New York: Vintage Books, 1980, p. 137.

和中心、生命中最重要的真理。对于性欲的态度成为是否为"正常人"的试金石。生物学、病理学为人们提供了自我监督、自我约束的科学标准，性行为不再受"罪恶"的指控，但受"不正常"观念的压抑。

吉尔斯·德勒兹(Gilles Deleuze)也承担了消解"心理人"的任务。他同意福柯所说的，资本主义后期关于正常人的标准是通过精神分析学说而建立起来的，在人出生伊始，弗洛伊德和拉康等人就把对家庭的犯罪感加在他身上。德勒兹质问道："逾矩、犯罪、阉割决定了下意识，这岂不是神父看待事情的方式吗？"[1]

德勒兹把人看作欲望的流动，是一架"欲望机器"(desiring-machine)。他说，欲望是类似于工厂那样开工和生产的物理的、机械的过程，"除了欲望和生产，什么也没有"[2]。"欲望机器"是无器官的身体，人的身体只是接受欲望的工作器官。当欲望作用于身体的不同部位时，便产生了不同的欲望，如作用于味觉和消化器官的欲望产生食欲，作用于性器官的欲望产生性欲。同样，求知欲、权力欲、荣誉欲等也都是欲望作用于某些身体器官而产生的。但是作为"欲望机器"主体的身体是一个整体，不是欲望作用部位(工作器官)的组合。身体是欲望的载体，身体的每一处都分布着"欲望机器"的动力和燃料，它既感受到欲望的无序的扩张，又感受到欲望在某一器官的集中。

在德勒兹看来，人的精神分裂状态更接近于"欲望机器"的运转，精神分裂状态中的意义是永不休止地流动，在不停止地显现意义，如同德里达所说的"散播"和"分延"的过程。精神分裂的这种状态比正常状态更接近于"真正"的意义。精神分裂者体验到的意义正是无潜抑的欲望、无休止的欲望的生产，他们不是正常社会中的疯人，而是疯狂社会中的正常人。他们对社会的一切都深感厌烦，否认社会的一切准则。用德勒兹的话来说，他们只按照"欲望机器"的自然规律生产和生活，是一群"无产者、复仇者、资本主义的掘墓人"[3]。

福柯和德勒兹对精神分析学说塑造的"心理人"的批判是一种政治批判，但也反映了后现代主义的一个特点，即消解一切中心、本质和结构，特别是要把"人"这

1 Deleuze and Guattari, *L'anti-Oedipus*, Paris：Minuit，1972，pp. 132 - 133.

2 同上书，第419页。

3 同上书，第155页。

一中心、本质和结构消解在无休止的欲望的流动过程之中。

七、"生物人"的消解

与法国的后现代主义相比，英美的后现代主义从现代科学技术中吸收了更多的概念，他们不是把人消解为欲望之流、字符之流，而是信息之流、能量之流；他们不是依据政治批判或社会理论，而是依据人在自然界的地位，重新思考人的命运。他们要消解的首先是在英美国家占主导地位的"生物人"观念，为此，他们需要修改达尔文的进化论的模式。

英美的后现代主义者从怀特海那里，找到了一个替代达尔文学说的进化模式。怀特海把世界看作充满生机的演化过程，这一过程的每一个机体不是个体，而是一组关系；它们在与其他关系的相互作用中保持着自身的组织结构，同时不断地调整自身的活动方式，以应付环境的变化。与达尔文的进化模式不同，过程哲学强调机体不只是盲目地适应环境，消极地等待自然选择，而是主动地预见未来的变化，在多种可能的活动方式中选择一个，并按照期望值实现与否及时调整行动。怀特海认为，预见性或目的性是进化机体的基本功能，没有这一功能，它们就不能在无时无刻都在变化的环境中存活。心灵的本质是预见未来，根据预见选择活动方式。在此意义上，每一种有机体都有程度不同的心灵。进化表现为心灵的预见范围越来越大、越来越准确，反应活动越来越及时、有效。因此，进化不是自然选择的结果，而是随机的创造和有目的的选择。用怀特海的话来说，进化是"向创新的创造性的擢升"[1]。

怀特海的过程哲学是一种形而上学，还需要科学理论作为中介，才能与达尔文的进化论对垒。普里戈津(Ilya Prigogine)的耗散理论充当了后现代主义者需要的中介。根据耗散理论，生物和一些无生命的事物有着与外界交换能量的耗散结构。当能量交换的涨落较小时，系统通过负反馈维持平衡；但当能量涨落很大时，系统无法自我调节，正反馈就开始起作用。在不断加强、放大的能量涨落的冲击下，系统或者崩溃，或者重新组织自身。如果系统有自组织的能力，那么新的耗散结构有着更高层次的复杂性，能够接受更大的能量流，同时也更难以平衡能量

---

1 转引自杰里米·里夫金《生物技术世纪》，付立杰等译，上海科技教育出版社 2000 年版，第 215 页。

的涨落,自组织的概率会越来越大。这样就为自组织能力较低到自组织能力较高的系统的进化提供了条件。进化的关键取决于处理信息的方式:负反馈导致停滞,正反馈引起进化。

控制论用信息交换代替了耗散理论的能量交换,组织的复杂性可被等同于信息的积累,进化是信息处理能力的逐步推进和改善。生物的预见和反应与信息的反馈和处理,以及系统的平衡和自组织,都是宇宙进化过程的同一种现象。生物的进化是处理信息的基因不断改良的过程。

在这个被修改了的进化论的模式中,如何看待人这一进化的最高产物?有两种不同的观点:按照功能主义的"行为人"的观念,人是最好的信息处理机器;按照后现代主义的观点,人这架信息处理机器可以进一步被还原为自由分解和组合的信息流。

控制论的创始人维纳设想,人既然是信息的一种模式,那么能否把人的身心分化为信息流,"以类似电报的方式,从一个地方传到另一个地方","能否有一个接受工具可以重新使这些信息以适当的方式恢复成原来的身体和心智呢"?他认为,"这种想法具有高度的可行性",问题只是技术困难。[1]

基因技术的进展似乎为实现维纳的设想提供了可能性。控制着人的身心的基因是可被数字化的信息块,如果把人的基因分解为信息数码传递、复制、接受、储藏,这些被分解的信息数码也可被还原为基因,乃至基因控制的生命过程和人的全部身心。现在的计算机已经可以完成信息数码与图像(包括人的图像)之间的转换,谁能断言未来功能无比强大的计算机不能完成信息数码与基因和人体之间的转换呢?美国科学幻想电影《星际旅行》为人们描述了这一未来图景:在宇宙飞船"企业号"上有一间"运输舱",人体在这里被转换为数以亿计的信息块,以电子脉冲的形式送入太空;这些信息在目的地被下载,被重新组装成人的原状。

后现代主义者并不满足于人与信息流的互换。他们设想,人被消解为信息流,可以获得任何的物质形式。戴森(Freeman Dyson)说:"对生命可能存在的物质形式设置任何限制都是不可能的……可以相信在另一个 10^{10} 年里,生命进化可

---

[1] 转引自杰里米·里夫金《生物技术世纪》,付立杰等译,上海科技教育出版社 2000 年版,第 222 页。

能远离肉体和血液,变成镶嵌在一团星际黑云中……或者有意识的计算机中的东西了。"[1]这个没有肉体和血液的东西不能被叫作人,与人也没有共同的语言、知识和能力,但无疑比人更加高级。与此相反,有些未来学家预测,人类未来或许会退化为低级动物。比如,狄克森(D. Dickson)在《人类的未来》一书中预言,由于人类生存环境被破坏,50万年以后的人类将回到树上,成为茎状软体动物。

生物学家西尔弗(Lee Silver)在《重造伊甸园》一书中以乐观主义的态度描述了人类未来进化成的生物:"在这一新时代,存在着一组特殊的脑力劳动者。尽管他们的祖先可以直接追溯到智人,但是他们和人类的差异就像人类和具有微小脑部并首先在地球表面爬行的原始蠕虫之间的差异一样。很难找到确切的语言来描述他们的特征。'智力'不足以描述他们的认知能力,'知识'不足以解释他们对宇宙和其意识的理解深度,'强大'不足以描述他们对用来塑造他们所生活的宇宙的那些技术的控制程度。"

但是,西尔弗提出了一个耐人寻味的问题:这些"脑力劳动者"将如何看待人呢?"他们发现自己将直面自己的创造者。他们看到了谁? 是否有什么东西是20世纪的人类无论怎样想象也无法捉摸的呢? 当他们试图想象最初的人类形象时,是否只是简单地看到了自己的镜像?"[2]

八、 人学的未来

面对人学的危机,一些人疑惑:人学还有必要存在吗? 对于这个问题,我们的回答是肯定的。不管人类的未来如何,也不管人类未来进化成的生物与现在的人类有多大程度的共同之处,但是,只要他们能够提出——如果他们比人类更高级的话,也必定会提出:"我是谁?""我从何而来?""我的命运如何?"他们就一定会像他们的祖先那样,反思自身的形象,设想出一个接着一个的关于自身的观念。这是一个未来的必然性。

未来的另一个必然性是,未来人类(或人类未来进化成的高级生物)反思自身的观念必定会回到现存的人自身的观念。这是普特南通过"缸中之脑"的思想实

---

1 转引自杰里米·里夫金《生物技术世纪》,付立杰等译,上海科技教育出版社2000年版,第229页。
2 同上书,第228页。

验向我们证明的一个道理：即使把人变成宇宙间一台超级计算机，只要这个东西反思自身，一旦它提出了"我是谁"的问题，它就不再是一架机器，而又变回成人。

从未来的这两个必然性，我们可以得到这样一个必然的结论：人学不会消亡，"人"是消解不了的。后现代主义者试图消解历史上一个个关于人自身的观念，但他们消解不了"人的问题"。这就是人学的未来，"人"的观念史还要继续写下去。但是我们这本书叙述的"人"的故事到此就打住了。让后人把这个故事接着讲下去吧！